2024 유통관리사 2급 1000제

이동근, 유준수

2024

유통관리사 2급 1000제

인쇄일 2024년 1월 5일 2판 1쇄 인쇄
발행일 2024년 1월 10일 2판 1쇄 발행
등 록 제17-269호
판 권 시스컴2024

ISBN 979-11-6941-302-2 13320
정 가 24,000원

발행처 시스컴 출판사
발행인 송인식
지은이 이동근, 유준수

주소 서울시 금천구 가산디지털1로 225, 514호(가산포휴) | 홈페이지 www.nadoogong.com
E-mail siscombooks@naver.com | 전화 02)866-9311 | Fax 02)866-9312

발간 이후 발견된 정오사항은 홈페이지 도서정오표에서 알려드립니다.(홈페이지 → 자격증 → 도서정오표)

머리말

국내 유통시장 개방과 해외 유통업체의 진출로 유통의 글로벌화가 진행되고 있으며, 인터넷의 급성장과 국민생활수준의 향상으로 유통 및 물류와 관련된 소비자의 요구가 심화되고 있습니다. 또한 유통업체들이 점차 전문화, 대형화되어감에 따라 물류관리를 합리화하고 물류비용을 절감하는 한편, 판매업무 등을 효율적으로 관리하려는 움직임이 일면서 각 유통업체와 물류업체들은 종합적인 판매기획과 전략을 수립하고, 유통경영과 관리를 수행할 수 있는 전문 인력에 대한 필요를 절감하게 되었습니다.

국가에서도 업계의 이러한 움직임에 부응하여 유통관련 종사자의 일정비율을 유통관리사로 고용하도록 의무화하고 있으며, 또한 이를 고용하는 업체에는 자금을 지원하는 등 아낌없는 투자와 노력을 다하고 있는 실정입니다.

이런 유통 전문 인력에 대한 수요 폭증의 추세로 볼 때, 취업대란을 겪고 있는 지금의 현실에서 유통관리사 자격증 취득은 백화점이나 대형할인점, 마트, 기타 유통 · 물류회사의 유통책임자로 쉽게 취업할 수 있는 마스터키를 쥐는 것과 다름이 없습니다.

유통관리사 2급 핵심 1000제는 새롭게 변경된 유통관리사 자격시험의 출제기준을 적극 반영한 기출예상문제 1000문제를 수록하고, 이에 대한 풍부한 해설을 담아 기본서를 따로 참고하지 않고도 명쾌하게 이해할 수 있도록 구성한 예상문제집입니다. 또한, 중요한 문제의 상당수가 변형되어 반복 출제되고 있다는 점을 고려해 '정답해설'뿐만 아니라 '오답해설'도 상세하게 수록하여 다양한 유형의 문제에도 보다 쉽게 대처할 수 있게 하였습니다.

본서로 유통관리사 자격시험을 준비하시는 모든 수험생들에게 합격의 영광이 함께 하길 바랍니다.

유통관리사 2급 자격시험 안내

유통관리사 가이드

유통관리사란?

유통관리사 검정은 대한상공회의소에서 시행하는 국가공인 자격시험으로, 소비자와 생산자 간의 커뮤니케이션, 소비자 동향 파악 등 판매 현장에서 활약할 전문 인력을 양성하기 위해 마련되었다.

유통관리사의 주요 업무

백화점, 쇼핑센터 등 대규모 유통업체에서 유통실무, 유통관리, 경영지도, 판매관리, 판매계획 수립 및 경영분석 등의 업무를 담당한다.

- **유통관리사 1급** : 유통업체의 경영자, 지점장급으로 경영 담당
- **유통관리사 2급** : 유통업체의 매장 주임이나 감독자, 실장, 과장급으로 일선관리업무 담당
- **유통관리사 3급** : 고객을 직접 상대하는 일반 판매원으로 고객응대업무 담당

「유통산업발전법」 제24조 유통관리사

유통관리사는 다음 각 호의 직무를 수행한다.

1. 유통경영 · 관리 기법의 향상
2. 유통경영 · 관리와 관련한 계획 · 조사 · 연구
3. 유통경영 · 관리와 관련한 진단 · 평가
4. 유통경영 · 관리와 관련한 상담 · 자문
5. 그 밖에 유통경영 · 관리에 필요한 사항

진출분야 및 전망

- 유통업체의 전문화 · 대형화, 국내 유통시장 개방, 해외 유통업체의 진출 등으로 말미암아 유통전문가에 대한 필요성 증대로 인력수요가 크게 늘어날 예정이다.
- 유통시장의 개방과 산업구조의 변화로 유통관리사의 업무비중이 점차 높아짐에 따라 대우와 수입 면에서 전망이 밝은 자격증으로 자리 잡고 있다.
- 정부 및 유통업체의 관심 증가로 유통업체나 물류업체 취업 시 필수 자격증으로 인정받고 있다.

유통관리사 자격시험 안내

주관 및 시행처

- 주관 : 산업통상자원부
- 시행처 : 대한상공회의소

응시자격 : 제한 없음

원서접수

- 인터넷 접수 : 대한상공회의소 자격평가사업단(license.korcham.net)
- 접수기간 중 해당 상공회의소 방문 접수 가능
- 검정수수료 : 29,700원(부가세 포함)

검정기준

자격명칭		검정기준
유통관리사	2급	유통에 관한 전문적인 지식을 터득하고 관리업무 및 중소유통업 경영지도의 보조 업무 능력을 갖춘 자

시험과목별 문제 수 및 제한시간

등 급	검정방법	시험과목	문제 수	시험시간	출제방법
2급	필기시험	- 유통물류일반관리 - 상권분석 - 유통마케팅 - 유통정보	객관식 90문항	09:15~10:55 (100분)	객관식 (5지선다)

※ 필기시험 입실시간 – 09 : 00

유통관리사 2급 자격시험 안내

출제기준 : 상위 급수는 하위 급수의 출제범위를 포함함

합격결정 기준

등 급	검정방법	합격결정 기준	
		만 점	합격점수
2급	필기시험	매 과목 100점	매 과목 40점 이상 전 과목 평균 60점 이상

※ 과락은 40점으로 평균 60점이 넘는다 하더라도 한 과목이라도 40점 아래가 있으면 과락 처리되어 불합격입니다.

가산점수 혜택기준

가산점수	혜택기준
10점	유통산업분야에서 3년 이상 근무한 자로서 산업통상자원부가 지정한 연수기관에서 40시간 이상 수료 후 2년 이내 2급 시험에 응시한 자

● 가산점 적용방법

- 채점 결과 과락이 있으면 적용치 않고 불합격 처리됩니다.
- 평균 점수에 가산점을 부여하는 방식으로 총점이나 과목별 점수에 가산하는 방식이 아닙니다.
  예) 2급 평균 50점 + 가산점 10점 = 합격

● 유통연수 지정기관

- 대한상공회의소
- 한국생산성본부
- 산업통상자원부 장관이 지정한 기관(산업통상자원부 유통물류과)

※ 각 기관별 연수 시행 유무는 별도로 확인하시기 바랍니다.
※ 통신강좌는 가점혜택을 받을 수 없습니다.

과목별 세부 출제기준

제1과목	대분류	중분류	세분류
유통 물류 일반 관리 (25문항)	유통의 이해	유통의 이해	유통의 개념과 분류 / 유통(중간상)의 필요성 / 유통기능(function)과 유통흐름(flow)
		유통경로 및 구조	유통경로의 개념 / 유통경로의 유용성 / 유통경로의 유형과 조직 / 유통경로의 믹스
		유통경제	유통산업의 경제적 역할 / 상품생산 · 소비 및 교환 / 유통비용과 이윤
		유통산업의 이해 및 환경	유통의 발전과정 / 유통환경의 변화와 특징 / 유통산업관련 정책 / 글로벌 유통산업의 동향과 추세
	유통 경영전략	유통경영환경 분석	유통경영전략의 필요성과 이해 / 유통경영의 비전과 목표 / 유통경영의 외부적 요소분석 / 유통경영의 내부적 요소 분석
		유통경영전략의 수립과 실행	유통기업의 사업방향 결정 / 기업수준의 경영전략, 사업부수준의 경영전략, 기능별 경영전략 / 경쟁우위와 경쟁전략 / 경영혁신 / 다각화 · 통합전략과 아웃소싱전략 / 전략적 제휴, 합작투자, 인수합병전략 / 유통기업의 글로벌화 전략 / 기타 유통경영전략 / 경영전략의 대안 평가 및 선택
		유통경영전략의 평가 및 통제	전략의 평가 / 전략의 통제 / 성과의 환류(feedback)
	유통 경영관리	조직 관리	조직 이론 / 조직구조의 유형 및 설계 / 조직의 목표관리와 동기부여 / 조직의 의사전달과 갈등관리 / 조직문화와 리더십
		인적자원관리	인사관리의 기초와 개념 / 직무분석과 직무평가 / 인적자원의 확보와 개발 / 인적자원의 활용과 배치 / 인적자원의 보상과 유지
		재무관리	재무관리의 개요 / 화폐의 시간적 가치와 현재가치 및 균형가격 / 자본예산과 자본조달 / 자본비용
		구매 및 조달관리	구매 및 조달관리의 개념 및 절차 / 공급자 선택 및 관리 / 구매실무(원가계산, 구매가격, 구매계약, 구매협상, 재고관리) / 품질관리 / 글로벌 구매 및 조달관리

	대분류	중분류	세분류
	물류 경영관리	도소매물류의 이해	도소매물류의 기초 / 도소매물류의 고객서비스
		도소매물류관리	물류계획 / 운송, 보관, 하역, 창고관리 / 포장관리 / 물류관리를 위한 정보기술 / 물류비 / 물류아웃소싱과 3자물류, 4자물류 / 국제물류
	유통기업의 윤리와 법규	기업윤리의 기본개념	기업윤리의 기본개념 / 기업윤리의 기본원칙 / 유통기업의 사회적 책임 / 유통기업윤리 프로그램의 도입과 관리 / 기업환경의 변화와 기업윤리 / 시장구조와 윤리/ 양성평등에 대한 이해
		유통관련 법규	유통산업발전법 / 전자문서 및 전자거래기본법 / 소비자기본법

제2과목	대분류	중분류	세분류
상권 분석 (20문항)	유통 상권조사	상권의 개요	상권의 정의와 유형 / 상권의 계층성
		상권분석에서의 정보 기술 활용	상권분석과 상권정보 / 상권정보시스템, 지리정보 활용
		상권설정 및 분석	상권분석의 개념 및 평가 방법 / 상권설정 / 업태 및 업종별 상권의 분석 / 상권 · 입지분석의 제이론 / 상권조사의 방법과 분석
	입지분석	입지의 개요	도매입지와 소매입지의 개요 / 업태 및 업종과 입지 / 물류와 입지
		입지별 유형	지역 공간 구조 / 도심입지 / 쇼핑센터입지 / 기타입지
		입지선정 및 분석	입지선정의 의의 / 입지영향인자 / 업태별 입지 개발방법 / 경쟁점(채널) 분석 / 입지의 선정
	개점 전략	개점 계획	점포개점 의의 및 원칙 / 투자의 기본계획 / 개점입지에 대한 법률규제검토
		개점과 폐점	출점 및 개점 / 점포개점을 위한 준비 / 업종전환과 폐점

제3과목	대분류	중분류	세분류
유통 마케팅 (25문항)	유통마케팅 전략기획	유통마케팅전략	시장 세분화 / 목표시장 선정 / 포지셔닝 전략
		유통경쟁 전략	유통경쟁의 개요 / 유통경쟁의 형태 / 소매업태의 성장과 경쟁 / 글로벌 경쟁전략 / 서비스 마케팅
		상품관리 및 머천다이징 전략	머천다이징 및 상품관리의 개요 / 머천다이징과 브랜드 / 업태별 머천다이징 및 상품기획 / 상품 카테고리 계획과 관리 / 상품매입과 구매계획 / 상품수명주기별 상품관리전략 / 단품관리전략
		가격관리전략	가격관리의 개요 / 가격설정의 방법 / 가격설정 정책 / 업태별 가격관리
		촉진관리전략	촉진관리전략의 개요 / 프로모션믹스 / 업태별 촉진전략(옴니채널, O2O, O4O 등) / e-Retailing촉진 / 소매정보와 촉진
	디지털 마케팅 전략	소매점의 디지털 마케팅 전략	디지털 마케팅에 대한 이해 / 온라인 구매결정과정에 대한 이해 / 소매점의 디지털 마케팅을 위한 목표결정 / 타겟 고객층 파악 / 경쟁분석과 마케팅 포지셔닝
		웹사이트 및 온라인 쇼핑몰 구축	사용자 경험(UX)에 대한 이해 / 온라인 쇼핑몰의 중요성과 이점 / 온라인 쇼핑몰 기능과 결제 시스템 / 검색엔진 마케팅과 검색엔진 최적화(SEO) / 보안과 개인정보 보호
		소셜미디어 마케팅	소셜미디어 플랫폼에 대한 이해 / 소셜미디어 마케팅 전략과 콘텐츠 제작 / 소셜미디어 광고
		데이터분석과 성과측정	디지털 마케팅 데이터 분석의 개요 / 효과적인 분석도구와 측정지표 / 사용자 데이터 수집과 분석
	점포관리	점포구성	점포구성의 개요 / 점포의 구성과 설계 / 점포 디자인 / 온라인 쇼핑몰 구성과 설계 / 온라인 쇼핑몰 UI, UX 등
		매장 레이아웃 및 디스플레이	매장 레이아웃의 개요 / 매장의 구성과 분류 / 매장 배치와 통로 설정 / 상품진열의 조건 및 형식 / 상품진열 및 배열기법 / 비주얼 프리젠테이션 개요 및 기술 / 컬러 머천다이징의 기초지식 / 디스플레이 웨어와 POP 광고 취급 방법
		매장 환경관리	매장환경의 개요 / 매장 내외부 환경관리 / 매장 구성요소와 관리 및 통제 / 매장 안전관리

	상품판매와 고객관리	상품판매	상품판매의 개요 / 판매서비스 / 상품 로스(Loss)관리
		고객관리	고객의 이해 / 고객관리의 개요 / 고객정보의 수집과 활용 / 고객응대기법
		CRM전략 및 구현방안	CRM의 배경 및 장점 / CRM의 도입방법 및 고려사항 / CRM의 정의 및 필요성 / CRM의 유형 / CRM 구현 단계 / 유통기업의 CRM 구축방안
	유통마케팅 조사와 평가	유통마케팅 조사	유통마케팅 조사의 개요 / 유통마케팅 조사의 방법과 절차 / 유통마케팅 자료분석기법
		유통마케팅 성과평가	유통마케팅 성과평가의 개요 / 유통마케팅 목표의 평가 / 유통업의 성과평가 / 경로구성원의 평가 / 영향력 및 갈등 평가 / 온라인유통마케팅의 성과지표(전환율, 노출수, CPC, CPM 등)

제4과목	대분류	중분류	세분류
유통 정보 (20문항)	유통정보의 이해	정보의 개념과 정보화 사회	정보와 자료의 개념 / 정보 · 자료 · 지식 간의 관계 / 정보혁명의 의의와 특성 / 정보화 사회의 개요 / 정보화 사회의 특징과 문제점 / 정보의 유형
		정보와 유통혁명	유통정보혁명의 시대 / 유통업에 있어서의 정보혁명 / 정보화 진전에 따른 유통업태의 변화
		정보와 의사결정	의사결정의 이해 / 의사결정의 종류와 정보 / 의사결정의 단계와 정보 / 의사결정지원 정보시스템(DSS, GDSS, EIS 등) / 지식경영과 지식관리시스템 활용
		유통정보시스템	유통정보시스템의 개념 / 유통정보시스템의 유형 / 유통정보시스템의 운영 환경적 특성 / 유통정보시스템의 구성요소 / 유통정보시스템의 기획 / 유통정보시스템의 분석 · 설계 · 구축 / 정보 네트워크
	주요 유통정보화 기술 및 시스템	바코드, POS EDI, QR 시스템 구축 및 효과	바코드의 개념 및 활용 / POS의 개념 및 활용 / EDI의 개념 및 활용 / QR의 개념 및 활용

유통정보의 관리와 활용	데이터관리	데이터베이스, 데이터웨어하우징, 데이터마트 / 빅데이터, R, 데이터마이닝 등 데이터 수집 · 분석 · 관리기술 및 관련 장비 / 데이터 거버넌스
	개인정보보호와 프라이버시	개인정보보호 개념 / 개인정보보호 정책 / 개인정보보호 기술 / 보안시스템 / 프라이버시 개념 / 프라이버시 보호 정책 / 프라이버시 보호 기술
	고객충성도 프로그램	고객충성도 프로그램의 개념과 필요성 / 고객충성도 프로그램을 위한 정보기술
전자상거래	전자상거래 운영	전자상거래 프로세스 / 물류 및 배송 관리 시스템 / 전자결제 시스템
유통혁신을 위한 정보자원관리	ERP 시스템	ERP 개념 / ERP 요소기술 / ERP 구축 / 유통분야에서의 ERP 활용
	CRM 시스템	CRM 개념 / CRM 요소기술 / CRM 구축 / 유통분야에서의 CRM 활용
	SCM 시스템	SCM 개념 / SCM 요소기술 / SCM 구축 / 유통분야에서의 SCM 활용
신융합기술의 유통분야에서의 응용	신융합기술	신융합기술 개요 / 디지털 신기술 현황 / 신융합 핵심 기술 / 신융합기술에 따른 유통업체 비즈니스 모델 변화
	신융합기술의 개념 및 활용	빅데이터와 애널리틱스의 개념 및 활용 / 인공지능의 개념 및 활용 / RFID와 사물인터넷의 개념 및 활용 / 로보틱스와 자동화의 개념 및 활용 / 블록체인과 핀테크의 개념 및 활용 / 클라우드컴퓨팅의 개념 및 활용 / 가상현실과 메타버스의 개념 및 활용 / 스마트물류와 자율주행의 개념 및 활용

이 책의 구성과 특징

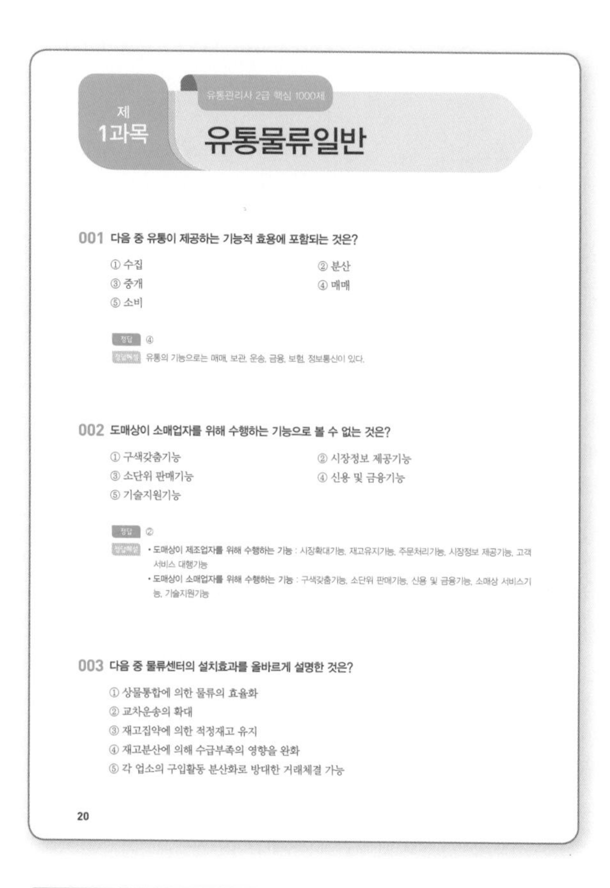

유통관리사 2급 핵심 1000제

제 1과목 유통물류일반

001 다음 중 유통이 제공하는 기능적 효용에 포함되는 것은?

① 수집 ② 분산
③ 중개 ④ 매매
⑤ 소비

정답 ④
정답해설 유통의 기능으로는 매매, 보관, 운송, 금융, 보험, 정보통신이 있다.

002 도매상이 소매업자를 위해 수행하는 기능으로 볼 수 없는 것은?

① 구색갖춤기능 ② 시장정보 제공기능
③ 소단위 판매기능 ④ 신용 및 금융기능
⑤ 기술지원기능

정답 ②
정답해설
- 도매상이 제조업자를 위해 수행하는 기능 : 시장확대기능, 재고유지기능, 주문처리기능, 시장정보 제공기능, 고객서비스 대행기능
- 도매상이 소매업자를 위해 수행하는 기능 : 구색갖춤기능, 소단위 판매기능, 신용 및 금융기능, 소매상 서비스기능, 기술지원기능

003 다음 중 물류센터의 설치효과를 올바르게 설명한 것은?

① 상물통합에 의한 물류의 효율화
② 교차운송의 확대
③ 재고집약에 의한 적정재고 유지
④ 재고분산에 의해 수급부족의 영향을 완화
⑤ 각 업소의 구입활동 분산화로 방대한 거래체결 가능

20

핵심 1000제

올해 변경되는 출제기준을 분석하고 전년도 기출문제들을 이에 맞게 적절히 변경하여 1000문제로 구성하였습니다. 이를 통해 올해 시험의 출제유형이 어떨지 예상하고 알맞은 공부 계획을 수립할 수 있습니다.

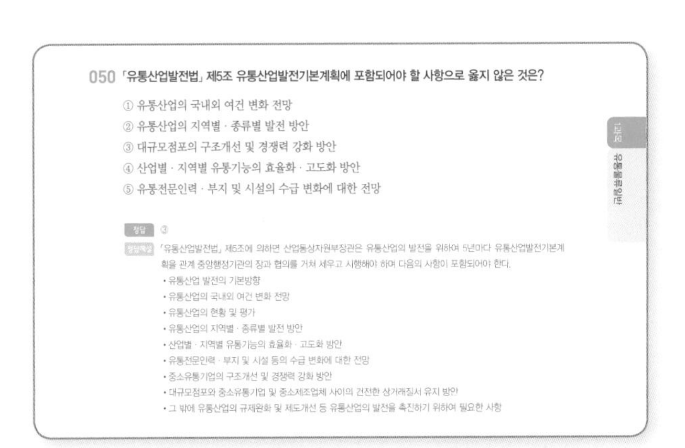

050 「유통산업발전법」 제5조 유통산업발전기본계획에 포함되어야 할 사항으로 옳지 않은 것은?

① 유통산업의 국내외 여건 변화 전망
② 유통산업의 지역별 · 종류별 발전 방안
③ 대규모점포의 구조개선 및 경쟁력 강화 방안
④ 산업별 · 지역별 유통기능의 효율화 · 고도화 방안
⑤ 유통전문인력 · 부지 및 시설의 수급 변화에 대한 전망

정답 ③

정답해설 「유통산업발전법」 제5조에 의하면 산업통상자원부장관은 유통산업의 발전을 위하여 5년마다 유통산업발전기본계획을 관계 중앙행정기관의 장과 협의를 거쳐 세우고 시행해야 하며 다음의 사항이 포함되어야 한다.

- 유통산업 발전의 기본방향
- 유통산업의 국내외 여건 변화 전망
- 유통산업의 현황 및 평가
- 유통산업의 지역별 · 종류별 발전 방안
- 산업별 · 지역별 유통기능의 효율화 · 고도화 방안
- 유통전문인력 · 부지 및 시설 등의 수급 변화에 대한 전망
- 중소유통기업의 구조개선 및 경쟁력 강화 방안
- 대규모점포와 중소유통기업 및 중소제조업체 사이의 건전한 상거래질서 유지 방안
- 그 밖에 유통산업의 규제완화 및 제도개선 등 유통산업의 발전을 촉진하기 위하여 필요한 사항

1과목 유통물류일반

정답해설

해당 보기가 문제의 정답이 되는 이유를 논리적이고 명확하게 설명하였습니다. 또한 유사한 문제뿐만 아니라 응용문제까지도 폭넓게 대처할 수 있도록, 경우에 따라 정답과 관련된 배경 이론이나 참고 사항 등을 수록하였습니다.

110 다음에서 설명하고 있는 수직적 유통시스템(VMS)은?

기업이 생산과 유통을 모두 소유함으로써 결합되는 형태로 제조업체가 도소매상을 소유하는 전방통합과 도소매상이 제조업체를 소유하는 후방통합 두 가지가 있다.

① 기업형 VMS　② 자유형 VMS
③ 동맹형 VMS　④ 계약형 VMS
⑤ 관리형 VMS

정답 ①

정답해설 기업형 VMS는 한 경로구성원이 다른 경로구성원들을 법적으로 소유하고 관리하는 경로유형으로 제조회사가 도소매업체를 소유하거나 도매상이 소매업체를 소유하는 전방통합과 소매상이나 도매상이 제조업자를 소유하거나 제조업체가 부품공급업자를 소유하는 후방통합으로 나뉜다.

오답해설 ③ **동맹형 VMS** : 2명 이상의 구성원들이 동등한 관계에서 제휴하는 경로조직이다.
④ **계약형 VMS** : 경로구성원들이 각자 수행해야 할 마케팅 기능들을 계약에 의해 합의함으로써 공식적 경로관계를 형성하는 경로조직으로 이는 다시 도매상후원 자발적 연쇄점, 소매상 협동조합, 프랜차이즈 시스템의 세 가지 유형으로 나뉜다.
⑤ **관리형 VMS** : 경로구성원들 중에서 가장 규모가 크거나 시장영향력이 큰 구성원이 다른 구성원들에게 비공식적으로 영향을 미쳐 생산이나 유통활동을 조정하는 형태로 비공식적으로 작용하는 것이 특징이다.

오답해설

다른 보기들이 오답이 되는 이유를 각 보기별로 세세하게 설명하고 유사문제에서 오답을 확실히 피할 수 있도록 문제의 요지에 초점을 맞추어 필요한 보충 설명을 제시하였습니다.

이 책의 목차

Study Plan

과목		학습예상일	학습일	학습시간
제1과목 유통물류일반관리	001번 ~ 050번			
	051번 ~ 100번			
	101번 ~ 150번			
	151번 ~ 200번			
	201번 ~ 250번			
제2과목 상권분석	001번 ~ 050번			
	051번 ~ 100번			
	101번 ~ 150번			
	151번 ~ 200번			
	201번 ~ 250번			
3과목 유통마케팅	001번 ~ 050번			
	051번 ~ 100번			
	101번 ~ 150번			
	151번 ~ 200번			
	201번 ~ 250번			
4과목 유통정보	001번 ~ 050번			
	051번 ~ 100번			
	101번 ~ 150번			
	151번 ~ 200번			
	201번 ~ 250번			

유통관리사 2급 동영상강의

유통관리사 2급 4주완성(이론서 교재 별도)

유통관리사 **4과목**
핵심이론 완벽정리

유통관리사가 생소한
수험생들에게 꼭 필요한
유통 길잡이

저자 직강의 명강의와
함께 달리는 즐거운
합격 로드

시스컴
SISCOM

Special Information Service Company
SISCOM

제1과목

유통물류일반관리

제 1과목 유통물류일반관리

001 다음 중 유통이 제공하는 기능적 효용에 포함되는 것은?

① 수집
② 분산
③ 중개
④ 매매
⑤ 소비

정답 ④

정답해설 유통의 기능으로는 매매, 보관, 운송, 금융, 보험, 정보통신이 있다.

002 도매상이 소매업자를 위해 수행하는 기능으로 볼 수 없는 것은?

① 구색갖춤기능
② 시장정보 제공기능
③ 소단위 판매기능
④ 신용 및 금융기능
⑤ 기술지원기능

정답 ②

정답해설
- **도매상이 제조업자를 위해 수행하는 기능** : 시장확대기능, 재고유지기능, 주문처리기능, 시장정보 제공기능, 고객서비스 대행기능
- **도매상이 소매업자를 위해 수행하는 기능** : 구색갖춤기능, 소단위 판매기능, 신용 및 금융기능, 소매상 서비스기능, 기술지원기능

003 다음 중 물류센터의 설치효과를 올바르게 설명한 것은?

① 상물통합에 의한 물류의 효율화
② 교차운송의 확대
③ 재고집약에 의한 적정재고 유지
④ 재고분산에 의해 수급부족의 영향을 완화
⑤ 각 업소의 구입활동 분산화로 방대한 거래체결 가능

정답 ③

정답해설 **물류센터의 설치효과** : 상물분리에 의한 물류의 효율화, 교차운송의 방지, 재고집약에 의한 적정재고 유지, 각 업소의 품목정리, 활동의 간략화로 판매활동에 전념 가능, 각 업소의 구입활동 집약화로 유리한 거래체결 가능, 판매정보의 집약 · 조기파악으로 구입계획에 반영, 수급조정을 위한 재고집약에 의해 수급변동의 영향을 흡수 완화, 신속 · 정확한 배송에 의한 고객서비스 향상 등

004 다음 중 한정기능 도매상에 해당하지 않는 것은?

① 트럭도매상
② 직송도매상
③ 선반중개 도매상
④ 중개인
⑤ 현금거래 도매상

정답 ④

정답해설 중개인은 대리도매상에 해당한다.

005 다음 중 점포의 통제에 따라 분류한 소매 업태는?

① 콤비네이션 스토어
② 편의점
③ 아웃렛 몰
④ 프랜차이즈
⑤ 점포형

정답 ④

정답해설 점포의 통제에 따라 분류했을 때 포함되는 소매 업태의 종류는 프랜차이즈, 브로커, 기업연쇄점, 소매상협동조합, 소비자협동조합 등이 있다.

006 다음의 내용 중 옳은 것은?

① 고용과 수요의 관계에 있어 단기적으로 한 지역의 고용율과 구매력은 반비례한다.
② 실업이란 일할 수 있는 노동력이 완전히 고용되지 않은 상태이다.
③ 다양한 산업에 걸쳐 고용이 이루어질수록 상품 수요가 경기순환의 영향을 크게 받는다.
④ 물가상승에 따라 인플레이션이 일어날 경우 화폐의 실질가치는 상승한다.
⑤ 극소수 산업의 비중이 높은 지역의 고용 동향은 상황에 따라 서서히 악화된다.

정답 ②

정답해설 실업이란 노동할 의욕과 능력을 가진 자가 자기의 능력에 상응한 노동의 기회를 얻지 못하고 있는 상태로 일할 수 있는 노동력이 완전히 고용되지 않은 상태이다.

오답해설 ① 고용과 수요의 관계에 있어 단기적으로 한 지역의 고용율과 구매력은 비례한다.
③ 다양한 산업에 걸쳐 고용이 이루어지는 지역일수록 상품 수요가 경기순환의 영향을 적게 받는다.
④ 물가상승에 따라 인플레이션이 일어날 경우 화폐의 실질가치는 하락한다.
⑤ 극소수 산업의 비중이 높은 지역의 고용 동향은 상황에 따라 급격하게 악화된다.

007 다음은 경제학적 관점에서 어떤 시장의 구조에 대한 설명인가?

공급자와 수요자가 다수 존재함으로써 상품의 가격에 어느 누구도 아무런 영향을 줄 수 없는 시장을 말하며 기업은 시장가격이 한계비용과 일치하는 수준에서 공급량을 결정할 때 이윤이 극대화된다.

① 독점시장
② 과점시장
③ 독점경쟁시장
④ 완전경쟁시장
⑤ 비협조적경쟁시장

정답 ④

정답해설 완전경쟁시장은 공급자와 수요자가 다수 존재함으로써 상품의 가격에 어느 누구도 아무런 영향을 줄 수 없는 시장으로 경제주체들이 가격 등 시장에 관한 정보를 보유하고 있으며 진입과 퇴출이 자유롭고 시장 내에 기업들이 가격 수용자로 행동하여 장기적으로 이윤을 확보하지 못한다.

008 제품, 가격, 구입단위, 지불조건 등을 일괄적으로 변화시켜 시장에서의 거래를 용이하게 하는 유통의 역할을 일컫는 용어는?

① 거래의 표준화
② 공동거래물류
③ 목표단일화의 원칙
④ 거래 수 최소화의 원칙
⑤ 분업의 효용

정답 ①

정답해설 거래의 표준화는 제품, 가격, 구입단위, 지불조건 등을 표준화하여 시장에서의 거래를 용이하게 한다.

009 다음의 유통경로에 대한 설명 중 옳지 않은 것은?

① 수평적 경로 갈등은 다른 상품을 취급함에도 서로의 영역 침범이나 한 가맹점이 전체 가맹점의 이미지를 손상시키면서 발생한다.
② 수직적 경로 갈등은 서로 다른 단계의 경로구성원들 간에 발생한다.
③ 복수 경로 갈등은 서로 다른 유통경로에 속한 주체들 간의 갈등이다.
④ 유통경로의 갈등은 경로구성원들 간의 목표가 불일치할 경우 발생한다.
⑤ 유통경로의 갈등은 중재와 조정 절차를 수행하는 기구를 설립함으로써 해결할 수 있다.

정답 ①

정답해설 수평적 경로 갈등은 소매상과 소매상 또는 도매상과 도매상 등 동일 단계에 있는 경로구성원들 간에 발생하는 갈등으로 동일한 상품을 취급하며 서로 간의 영역 침범이나 한 가맹점이 전체 가맹점의 이미지를 손상시키는 형태가 해당된다.

010 유통분야에서 제조업자와 유통기관이 적당히 역할을 분담한다면 비용 면에서 훨씬 유리하다는 유통의 원칙은?

① 거래비용최소화 원칙
② 집중준비의 원칙
③ 분업의 원칙
④ 총 거래 수 최소화 원칙
⑤ 변동비 우위의 원칙

정답 ⑤

정답해설 변동비 우위의 원칙은 유통분야에서 제조업과는 달리 변동비의 비중이 상대적으로 커서 제조분야와 유통분야를 통합 판매하여 큰 이익을 기대하기 어려우므로 무조건 제조분야와 유통분야를 통합하여 대규모화하기보다는 제조업자와 유통기관이 적당히 역할을 분담한다면 비용 면에서 훨씬 유리하다는 원칙이다.

011 경로구성원 중 누가 재고부담을 하느냐에 따라 유통경로가 결정된다는 이론은?

① 연기-투기 이론
② 분업이론
③ 거래비용이론
④ 대리인이론
⑤ 가치사슬이론

정답 ①

정답해설 연기–투기 이론은 경로구성원 중 누가 재고부담을 하느냐에 따라 유통경로가 결정된다는 이론으로 경로구성원은 이익(비용우위)에 따라 재고부담에 대한 위험을 연기하거나 투기한다.

012 다음에서 설명하고 있는 이론은?

소매점의 진화과정을 소매점이 취급하는 상품믹스로 설명하는 이론으로 소매점은 다양한 상품 구색을 갖춘 점포로 시작하여 시간이 경과함에 따라 점차 전문화된 한정 상품 계열을 취급하는 소매점 형태로 진화하고, 이는 다시 다양하고 전문적인 상품 계열을 취급하는 소매점으로 진화한다.

① 진공지대이론
② 소매아코디언이론
③ 소매정반합이론
④ 대리인이론
⑤ 소매수레바퀴이론

정답 ②

정답해설 소매아코디언이론에 대한 설명으로 소매점의 진화과정을 소매점에서 취급하는 상품믹스로 설명하며 그 진화과정인 상품믹스의 확대 → 수축 → 확대 과정이 아코디언과 유사하여 붙여진 이름이다.

013 다음의 특징을 가진 유통경로는?

- 일정지역 내에서 자사의 제품을 독점적으로 판매하는 권한을 부여함으로써 그 판매점에서 적극적으로 판매활동을 하도록 한다.
- 중간상인의 판매활동을 통제함으로써 제품의 이미지 또는 명성을 높이려는 유통경로 정책이다.

① 집약적 유통경로
② 전속적 유통경로
③ 선택적 유통경로
④ 통합적 유통경로
⑤ 다채널 유통경로

정답 ②

정답해설 각 판매지역별로 하나 혹은 극소수의 중간상에게 자사제품의 유통에 해당 독점권을 부여하는 전속적 유통경로에 대한 설명이다.

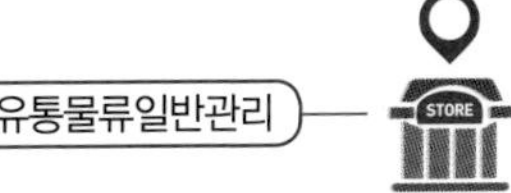

014 기업이 집약적 유통경로를 선택하는 이유로 알맞은 것은?

① 제품 구매 시 고도의 관여를 필요로 한다.
② 제조 기업이 유통경로 구성원에 대한 고도의 통제가 요구된다.
③ 타사 상표들과 효과적인 경쟁이 필요하다.
④ 제품과 연관된 배타성과 유일하다는 이미지를 더욱 효과적으로 전달한다.
⑤ 저관여상품을 효과적으로 판매해야 한다.

정답 ⑤

정답해설 ⑤를 제외한 나머지는 기업이 전속적 유통경로를 선택하는 이유이다.

015 유통기업이 생산기업을 통합하거나 생산기업이 원재료 공급 기업을 통합하는 것은 수직적 통합의 유형 중 어떤 사례에 속하는가?

① 전략 통합
② 전방 통합
③ 후방 통합
④ 관련 통합
⑤ 비관련 통합

정답 ③

정답해설 후방 통합은 기업이 공급자에 대한 영향력을 강화하기 위해 사용된다.

016 유통시스템 성과평가기준 가운데 효과성 판단지표로 볼 수 없는 것은?

① 리드타임률
② 고객만족도
③ 클레임건수
④ 중간상 거래전환건수
⑤ 신시장 개척건수

정답 ①

정답해설 **효과성 요소** : 고객만족도, 클레임건수, 수요예측 정확성, 시장별 차별적 서비스, 신시장 개척건수 및 비율, 중간상 거래전환건수, 신규대리점 수와 비율

017 전략적 이익모형(SPM)의 주요 재무지표에 포함되지 않는 것은?

① 순자본이익률(net profits/net worth)
② 총자산회전률(net sales/total assets : asset turnover)
③ 총자산이익률(net profits/total assets : return on assets or earning power)
④ 순가치 대비 총자산비율(total assets/net worth : leverage ratio)
⑤ 순가치 대비 순이익비율(return on investment or return on net worth)

정답 ①

정답해설 SPM모형의 주요 재무지표
- 순매출이익률(net profits/net Sales)
- 총자산회전률(net sales/total assets : asset turnover)
- 총자산이익률(net profits/total assets : return on assets or earning power)
- 순가치 대비 총자산비율(total assets/net worth : leverage ratio)
- 순가치 대비 순이익비율(return on investment or return on net worth)

018 성과를 높이는 행동은 직무상의 성취감이나 자신의 성장 및 발전 등 동기요인에 의하여 조성된다는 이론은?

① 앨더퍼(Alderfer)의 ERG 이론
② 매슬로우(Maslow)의 욕구계층이론
③ 허즈버그(Herzberg)의 욕구충족요인
④ 맥그리거(Mcgreger)의 X, Y 이론
⑤ 맥클리랜드(McClelland)의 성취동기이론

정답 ③

정답해설 허즈버그(Herzberg)는 직무태도에 관한 연구결과에 대하여 만족과 불만을 갖고 있는 경우 각각 다른 두 개의 원인이 있으며 불만을 품고 있는 경우에는 환경요인에 관한 것이 많으나 만족하고 있는 경우에는 일 그 자체에 관심을 갖고 있다고 하였으며 이때 만족을 주는 요인을 동기요인이라 하고 불만을 갖게 하는 요인을 위생요인이라고 한다.

019 다음 물류의 중요성에 관한 설명 중에서 옳지 않은 것은?

① 물류산업을 활성화하기 위한 도로건설과 같은 사회적 자본확충은 국가 균형발전에 이바지하여 인구의 대도시 집중현상을 막을 수 있다.
② 효율적 물류활동은 자원의 효율적인 이용과 생활환경의 개선을 이끌며 증가하는 에너지비용, 부존자원과 재료의 부족, 생산성감소 등으로 특징지어지는 현시대의 환경문제를 해결하거나 개선하는 데 도움을 준다.

③ 물류는 유통업체의 대형화와 소비자 욕구 다변화와 같은 시장변화에 능동적으로 대응할 수 있도록 해준다. 예를 들어 배송 시 정해진 시간 내에 할 수 있어 수요자의 욕구에 부응한다면 고객만족을 창출할 수 있다.

④ 물류 흐름이 향상되면 기업은 물류비를 절감할 수 있다. 이것은 제조원가 및 유통원가 하락으로 이어져 최종제품의 가격을 낮추고 기업의 사업 경쟁력을 강화시킨다.

⑤ 제조원가는 관리의 혁신을 통하여 혁신적인 비용절감이 가능하지만 물류원가는 그렇지 않기 때문에 기업은 제조원가에 관심을 가짐으로써 기업 경쟁력을 하락시키는 비부가가치 활동의 낭비를 제거함과 동시에 유통물류부분의 역량을 강화시킬 수 있다.

정답 ⑤

정답해설 제조원가의 경우 일정수준 이상으로 비용절감이 불가능한 반면 물류원가는 관리의 혁신을 통한 원가절감의 폭이 크므로 기업은 물류원가에 관심을 가짐으로써 제품의 가격경쟁력을 확보하려 한다.

020 다음 중 직무의 가치를 단계적으로 구분하는 등급표를 만들고 직무평가를 그에 맞는 등급으로 분류하는 방법은?

① 서열법
② 분류법
③ 점수법
④ 요소비교법
⑤ 척도법

정답 ③

정답해설 점수법은 평가요소의 각 단계마다 일정한 점수를 부여한 직무평가를 작성하고 총점을 몇 가지 범주로 나눈 등급기준표를 작성한 뒤 이러한 기준에 따라 분류대상 직위의 총점이 몇 등급에 해당하는지를 가리는 방법이다.

021 물류 서비스를 결정하는 요인 중 거래 후 요소에 포함되는 것은?

① 고객관련 문서
② 거래정책관련 문서
③ 반품처리능력
④ 재고부족 수준
⑤ 제품추적

정답 ⑤

정답해설
- **거래 전 요소** : 물류와 직접 관련되지는 않지만, 고객 서비스 전체에 영향을 주는 행동
  예 거래정책관련 문서, 고객관련 문서, 조직구조, 시스템 유연성, 기술적 서비스 등
- **거래 중 요소** : 제품을 고객에게 이동시키는 과업과 직접 관련된 활동
  예 제고부족 수준, 반품처리능력, 주문 사이클 요소, 적시성, 이동적재, 시스템의 정확성, 주문의 편리성, 제품 대체 가능성 등
- **거래 후 요소** : 제품이 판매된 후 영향을 발휘하게 되는 활동
  예 설치, 보증, 수리, 부품, 제품추적, 고객의 항의 및 불평, 제품보장, 수리기간 중 대체품 제공 등

022 다음 중 물류관리의 7R에 포함되지 않는 것은?

① 적절한 상품(Right Commodity)
② 적절한 품질(Right Quality)
③ 적절한 양(Right Quantity)
④ 적절한 구색(Right Line)
⑤ 적절한 시기(Right Time)

정답 ④

정답해설 물류관리의 7R
- 적절한 상품(Right Commodity)
- 적절한 품질(Right Quality)
- 적절한 양(Right Quantity)
- 적절한 시기(Right Time)
- 적절한 장소(Right Place)
- 적절한 가격(Right Price)

023 각 화주의 주도로 유통가공, 분배, 납품 등의 작업을 대행하는 공동 수 · 배송 방식은?

① 배송공동형
② 집 · 배송공동형
③ 납품대행형
④ 노선집하공동형
⑤ 공동수주

정답 ③

정답해설 납품대행형은 각 화주의 주도로 유통가공, 분배, 납품 등의 작업을 대행한다.

024 소비자 피해구제에 대한 설명으로 옳지 않은 것은?

① 당사자가 수락한 분쟁조정의 내용은 재판사의 화해와 동일한 효력을 갖는다.
② 조정위원회는 분쟁조정 신청을 받은 경우 신청받은 날부터 30일 이내에 분쟁조정을 마쳐야 한다.
③ 당사자가 통보를 받은 날로부터 15일 이내에 조정을 수락한 경우 조정위원회는 조정조서를 작성하고 조정위원회 위원장 및 당사자가 기명 · 날인해야 한다.
④ 소비자는 물품의 사용 및 용역의 이용으로 인한 피해의 구제를 소비자정책위원회에 신청할 수 있다.
⑤ 대통령령이 정하는 사건에 대해서는 30일 이내의 범위에서 처리기간을 연장할 수 있다.

정답 ⑤

정답해설 「소비자기본법」상 상당한 시일이 요구되는 피해구제 신청사건으로서 대통령령이 정하는 사건에 대해서는 60일 이내의 범위에서 처리기간을 연장할 수 있다.

025 다음 중 「유통산업법」상 대규모점포에 포함되지 않는 것은?

① 대형마트
② 백화점
③ 쇼핑센터
④ 복합용도개발건축물
⑤ 복합쇼핑몰

정답 ④

정답해설 「유통산업법」상 대규모점포로서 대통령령이 정하는 것은 대형마트, 전문점, 백화점, 쇼핑센터복합쇼핑몰 등이 있다.

026 다음 중 대규모점포가 설립될 수 있는 요건으로 옳지 않은 것은?

① 하나 또는 둘 이상의 연접되어 있는 건물 안에 매장이 하나 또는 여러 개로 나뉘어 설치되어 있을 것
② 건물 안의 가장 가까운 거리가 100m 이내일 것
③ 소비자가 통행할 수 있는 지하도 또는 지상통로가 설치되어 있어 하나의 점포로 가능할 것
④ 상시 운영되는 매장일 것
⑤ 매장면적의 합계가 3000㎡ 이상일 것

정답 ②

정답해설 대규모점포는 둘 이상의 연접되어 있는 건물 간의 가장 가까운 거리가 50m 이내여야 한다.

027 다음 중 소비자의 기본적 권리로 올바르지 않은 것은?

① 물품 또는 용역으로 인한 생명 · 신체 또는 재산에 대한 위해로부터 보호받을 권리
② 물품 등을 선택함에 있어서 필요한 지식 및 정보를 제공받을 권리
③ 물품 등의 사용으로 입은 피해에 대하여 희망하는 보상을 받을 권리
④ 합리적인 소비생활을 위하여 필요한 교육을 받을 권리
⑤ 안전하고 쾌적한 소비생활 환경에서 소비할 권리

정답 ③

정답해설 소비자의 기본적 권리(소비자기본법 제4조)

- 물품 또는 용역(이하 '물품 등'이라 한다)으로 인한 생명 · 신체 또는 재산에 대한 위해로부터 보호받을 권리
- 물품 등을 선택함에 있어서 필요한 지식 및 정보를 제공받을 권리
- 물품 등을 사용함에 있어서 거래상대방 · 구입 장소 · 가격 및 거래조건 등을 자유로이 선택할 권리
- 소비생활에 영향을 주는 국가 및 지방자치단체의 정책과 사업자의 사업 활동 등에 대하여 의견을 반영시킬 권리
- 물품 등의 사용으로 입은 피해에 대하여 신속 · 공정한 절차에 따라 적절한 보상을 받을 권리
- 합리적인 소비생활을 위하여 필요한 교육을 받을 권리
- 소비자 스스로의 권익을 증진하기 위하여 단체를 조직하고 이를 통해 활동할 수 있는 권리
- 안전하고 쾌적한 소비생활 환경에서 소비할 권리

028 영업을 하고자 하는 자가 영업의 종류별 · 영업소별로 허가를 받고 변경 시 그 내용을 신고해야 하는 직책은?

① 식품의약품안전처장
② 공정거래위원장
③ 해당지역 상공회의소장
④ 중소벤처기업부장
⑤ 한국소비자원장

정답 ①

정답해설 영업을 하고자 하는 자는 영업의 종류별 · 영업소별로 식품의약품안전처장 또는 특별자치도지사 · 시장 · 군수 또는 구청장의 허가를 받고 경미한 사항의 변경 시 그 내용을 신고하여야 한다.

029 「남녀고용평등과 일 · 가정 양립 지원에 관한 법률」에서 규정하는 남녀의 평등한 기회보장 및 대우로 틀린 것은?

① 사업주는 동일한 사업 내의 동일 가치 노동에 대하여는 동일한 임금을 지급해야 한다.
② 동일 가치 노동의 기준은 직무 수행에서 요구되는 기술 · 노력 · 책임 및 작업 조건 등으로 한다.
③ 사업주가 임금차별을 목적으로 설립한 별개의 사업은 마찬가지로 별개로 본다.
④ 사업주는 임금 외에 근로자의 생활을 보조하기 위한 금품의 지급 또는 자금의 융자 등 복리후생에서 남녀를 차별하여서는 아니 된다.
⑤ 사업주는 여성 근로자의 혼인 · 임신 또는 출산을 퇴직 사유로 예정하는 근로계약을 체결하여서는 아니 된다.

정답 ③

정답해설 「남녀고용평등과 일 · 가정 양립 지원에 관한 법률」에 의하면 사업주가 임금차별을 목적으로 설립한 별개의 사업은 동일한 사업으로 본다.

030 유통경로의 마케팅 기능 중 조성기능에 해당하지 않는 기능은?

① 표준화기능
② 소유권이전기능
③ 시장금융기능
④ 위험부담기능
⑤ 시장정보기능

정답 ②

정답해설 조성기능은 소유권이전기능과 물적유통기능이 원활히 수행될 수 있도록 지원하는 기능으로 표준화기능 · 시장금융기능 · 위험부담기능 · 시장정보기능이 이에 속한다.

031 소매업 수레바퀴이론(Wheel of Retailing)의 단계별 특징 중 성장기의 영업특성에 해당하는 것은?

① 저가격
② 제한적 제품구색
③ 고품질 · 고서비스
④ 세련된 점포시설
⑤ 보수주의

정답 ④

정답해설 소매업 수레바퀴이론(Wheel of Retailing)의 단계별 특징

구분	도입기	성장기	취약기
성격	혁신적 소매상	전통적 소매상	성숙 소매상
시장지위	유치	성장	쇠퇴
영업특성	• 저가격 • 최소한의 서비스 • 점포시설 미비 • 제한적 제품구색	• 고가격 • 차별적 서비스 • 세련된 점포시설 • 제품구색 욕구의 충족 • 번화가에 위치	• 고가격 • 고품질 · 고서비스 • 고비용 · 대자본 • 보수주의 • 투자수익률 감소

032 전속적 유통경로의 선택에 필요한 조건으로 옳지 않은 것은?

① 고객들이 제품 구매 시 고도의 관여를 필요로 한다.
② 제조기업의 유통경로 구성원에 대한 고도의 통제가 필요하다.
③ 타사 상표들과의 경쟁을 되도록 피해야 한다.
④ 제품과 연관된 배타성과 유일하다는 이미지를 더욱 효과적으로 전달할 수 있다.
⑤ 경로구성원과의 긴밀한 관계를 더욱 공고히 하여 판매의 원활화를 꾀할 수 있다.

정답 ③

정답해설 전속적 유통경로를 선택하는 데 있어서 타사 상표들과의 효과적인 경쟁이 필요하다.

033 개방적 유통경로의 문제점에 대한 설명으로 옳지 않은 것은?

① 중간상의 수가 많아질수록 동일한 제품 판매에 대한 경쟁이 과열된다.
② 중간상의 숫자가 많아지므로 제조업체는 가능한 빨리 재고를 소비해야 한다.
③ 품질보증이나 수리 같은 부수적 서비스의 수준이 낮아진다.
④ 중간상 간 치열한 가격경쟁으로 인해 동기부여가 감소할 수 있다.
⑤ 중간상의 경쟁이 심해져 별도의 촉진 프로그램을 통한 동기부여가 필요하다.

정답 ②

정답해설 개방적 유통경로를 사용하면 중간상의 숫자가 많아지므로 제조업체는 이들에게 적시에 상품을 공급하기 위해 충분한 재고를 항상 보유하여야 한다.

034 다음 중 대체재에 해당하는 재화는?

① 실과 바늘
② 프린터와 잉크
③ 커피와 설탕
④ 버터와 빵
⑤ 올리브 오일과 포도씨 오일

 대체재는 서로 대신하여 소비될 수 있는 재화를 의미하고 보완재는 동시에 소비할 때 효용이 증가하는 재화를 의미하므로 올리브 오일과 포도씨 오일은 서로 대신하여 소비될 수 있는 대체재이지만 나머지는 모두 보완재에 해당한다.

035 조직의 형성 시 먼저 각 직무의 존재 이유와 그 기능의 내용을 명확히 한 후 그 직무에 적합한 인력을 배치해야 한다는 조직화의 원칙은?

① 목적성의 원칙
② 명령의 일원화 원칙
③ 전문화의 원칙
④ 책임 · 권한의 원칙
⑤ 권한위임의 원칙

 전문화의 원칙은 조직의 형성 시 먼저 각 직무의 존재 이유와 그 기능의 내용을 명확히 한 후 그 직무에 적합한 인력을 배치해야 한다는 원칙이다.

036 명령일원화의 원리와 전문화의 원리를 조화시켜 경영의 대규모화, 복잡화에 대응할 수 있도록 만들어진 조직구조는?

① 기능별 조직
② 직계참모 조직
③ 제품관리 조직
④ 지역별 조직
⑤ 프로젝트별 조직

정답 

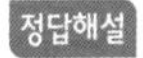 직계참모 조직은 명령일원화의 원리와 전문화의 원리를 조화시켜 경영의 대규모화, 복잡화에 대응할 수 있도록 만들어진 조직구조이다.

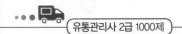

037 **라인 & 스태프형 조직의 단점이 아닌 것은?**

① 물류의 일원적 관리가 어렵다.
② 책임과 관련하여 권한이 없다.
③ 실행력이 결핍되기 쉽다.
④ 물류에 관한 최종 책임이 없다.
⑤ 영업과 물류활동의 일체화가 불가능하다.

정답 ⑤

정답해설 라인 & 스태프형 조직은 직능형 조직의 결점을 보완하고 라인과 스태프의 기능을 분화하여 작업 부문과 지원 부문을 분리한 조직으로 라인과 스태프를 분리함으로써 실시기능과 지원기능을 명확히 하고 영업과 물류활동의 일체화가 가능하다는 장점이 있다.

038 **다음 중 그리드형 조직에 대한 설명으로 알맞은 것은?**

① 라인 & 스태프에 의한 분권적 집권조직이라 할 수 있다.
② 전사적인 물류행정 · 전략 · 계획 등을 도모할 수 없다.
③ 영업을 대표하여 생산이나 구입부문과의 조정이 쉽다.
④ 모회사의 스태프 부문이 복수 자회사의 해당 부문을 횡적으로 관리한다.
⑤ 계층적인 기능식 구조에 수평적 사업부제 조직을 결합한 부문화의 형태로 상호 연관된 구조이다.

정답 ④

정답해설 그리드형 조직은 모회사와 자회사 간의 권한이양 형태로 이루어진 조직으로 모회사의 스태프 부문이 복수 자회사의 해당 부문을 횡적으로 관리하며 ① · ② · ③ · ⑤는 각각 직능형 조직 · 라인 & 스태프형 조직 · 사업부형 조직 · 매트릭스 조직에 관한 설명이다.

039 **맥그리거(D. McGregor)는 인간에 대한 가정을 전통적 인간관인 X이론과 현대적 인간관인 Y이론으로 제시하였는데 이 중 Y이론에 해당하는 경우는?**

① 본성적으로 일을 싫어하며 되도록 일을 회피
② 변화를 싫어하며 수동적이고 소극적인 성향
③ 일을 하게 하려면 강제 · 명령 · 벌칙 등을 가함

④ 금전적 보상이나 제재 등 외재적 유인에 반응
⑤ 조직문제 해결에 창의력과 상상력을 발휘할 수 있음

정답 ⑤

정답해설 맥그리거(D. McGregor)의 XY이론

X이론	• 본성적으로 일을 싫어하며 되도록 일을 회피 • 변화를 싫어하며 수동적이고 소극적인 성향 • 일을 하게 하려면 강제 · 명령 · 벌칙 등을 가함 • 금전적 보상이나 제재 등 외재적 유인에 반응
Y이론	• 반드시 일을 싫어하지는 않으며 상황이나 조건에 따라 일을 즐김 • 조직의 목표달성을 위해 수동적인 명령도 따르지만 능동적인 활동도 중시 • 책임의식과 자아존중 욕구를 가지고 충실히 일하는 존재 • 조직문제 해결에 창의력과 상상력을 발휘할 수 있음

040 고과자가 피고과자를 평가함에 있어 쉽게 기억할 수 있는 최근의 실적이나 능력을 중심으로 평가하려는 데서 오는 인사고과 평정상의 오류는?

① 관대화 경향
② 중심화 경향
③ 규칙적 오류
④ 시간적 오류
⑤ 논리적 오류

정답 ④

정답해설 시간적 오류는 고과자가 피고과자를 평가함에 있어 쉽게 기억할 수 있는 최근의 실적이나 능력을 중심으로 평가하려는 데서 오는 오류이다.

041 물류비를 기능별로 분류하였을 때 물자유통비에 해당하지 않는 물류비는?

① 포장비
② 수송비
③ 보관비
④ 유통가공비
⑤ 재고관리비

정답 ⑤

정답해설 물자유통비는 유형의 제품을 물리적으로 유통시키기 위하여 소비되는 비용으로 포장비, 수송비, 보관비, 하역비, 유통가공비가 이에 포함되며 재고관리비는 물류정보비에 해당된다.

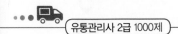

042 물류비를 영역별로 분류하였을 때 왕로물류비에 해당하지 않는 물류비는?

① 조달물류비
② 폐기물류비
③ 생산물류비
④ 사내물류비
⑤ 판매물류비

정답 ②

정답해설
- **왕로물류비** : 조달물류비, 생산물류비, 사내물류비, 판매물류비
- **귀로물류비** : 반품물류비, 회수물류비, 폐기물류비

043 물류비의 원가를 계산하는 절차로 올바른 것은?

① 물류비 자료의 식별과 입수 → 물류원가계산 목표의 명시 → 물류비 배부기준의 설정 → 물류비의 배부와 집계 → 물류원가계산의 보고
② 물류비 자료의 식별과 입수 → 물류비 배부기준의 설정 → 물류원가계산 목표의 명시 → 물류비의 배부와 집계 → 물류원가계산의 보고
③ 물류원가계산 목표의 명시 → 물류비 자료의 식별과 입수 → 물류비 배부기준의 설정 → 물류비의 배부와 집계 → 물류원가계산의 보고
④ 물류원가계산 목표의 명시 → 물류비 배부기준의 설정 → 물류비 자료의 식별과 입수 → 물류비의 배부와 집계 → 물류원가계산의 보고
⑤ 물류비 배부기준의 설정 → 물류비 자료의 식별과 입수 → 물류원가계산 목표의 명시 → 물류비의 배부와 집계 → 물류원가계산의 보고

정답 ③

정답해설 물류비의 원가계산 절차는 물류원가계산 목표의 명시 → 물류비 자료의 식별과 입수 → 물류비 배부기준의 설정 → 물류비의 배부와 집계 → 물류원가계산의 보고 순으로 이루어진다.

044 물류공동화에 대한 장점으로 적절하지 않은 것은?

① 물류비용의 절감
② 수 · 배송의 효율성 향상
③ 정보망 구축에 대한 효율성 향상
④ 물류 서비스의 안정적 공급 및 서비스 수준의 향상
⑤ 중복 투자의 감소에 따른 물류의 생산성 향상

정답 ⑤

정답해설 ⑤는 물류공동화의 단점에 해당한다.

045 다음에서 설명하고 있는 물류센터의 배치형태는?

각 생산회사에서 생산한 물품을 인근 영업창고에 보관한 후 고객이 주문할 경우 상물분리 형태에 따라 상호 간 데이터 전송 등의 방법으로 정보시스템을 결합하여 이를 배송 운영하는 형태이다.

① 집중배치형
② 분산배치형
③ 규모별 연결형
④ 기능별 구분형
⑤ 전략창고형

정답 ②

정답해설 분산배치형은 각 생산회사에서 생산한 물품을 인근 영업창고에 보관한 후 고객이 주문할 경우 상물분리 형태에 따라 상호 간 데이터 전송 등의 방법으로 정보시스템을 결합하여 이를 배송 운영하는 형태이다.

046 물류조직의 활동에서 라인(Line)활동에 해당하는 업무활동은?

① 재고관리
② 재고분석
③ 하역기술
④ 창고설계
⑤ 지역계획

정답 ①

정답해설 라인(Line)활동은 제품 또는 서비스의 생산과 판매에 직결되며 주문처리, 커뮤니케이션, 재고관리, 창고보관, 선적, 운송, 차량관리 등의 업무활동을 한다.

047 물류업무 수행능력 및 정보기술, 컨설팅 능력을 보유한 업체가 공급망상의 모든 활동에 대한 계획과 관리를 전담하는 물류활동은?

① 회수물류
② 통합적 로지스틱스
③ 상적물류
④ 제4자 물류
⑤ 조달물류

정답 ④

정답해설 제4자 물류(4 Party Logistics, 4PL)는 다수의 물류업체 운영 및 관리를 최적화함으로써 생산자와 유통업체 간의 물류 효율화를 도모하는 물류활동으로 모든 영역의 물류 서비스를 제공할 수 없었던 기존 전문 물류업체(제3자 물류의 한계를 극복하고 공급체인에 대하여 탁월하고 지속적인 개선효과를 발휘한다.

048 목표에 의한 관리(MBO)에서 목표를 수립할 때 주의할 점으로 옳은 것은?

① 능력범위 이내라면 목표의 난이도는 약간 어려운 것이 좋다.
② 피드백은 업무가 완성된 후에 한꺼번에 하는 것이 효과적이다.
③ 목표설정 과정에서 당사자가 참여하는 것은 바람직하지 않다.
④ 목표는 기간, 범위 등이 간략해야 효과적이다.
⑤ 업무담당자가 일방적으로 지시한 목표가 좋다.

정답 ①

정답해설 목표에 의한 관리(MBO)는 목표설정 이후 지속적인 커뮤니케이션의 과정으로 업무추진과 지도 등 지속적인 중간관리 과정을 강조하고 있으며 지속적인 중간관리를 통해 목표의 난이도 및 비중 등을 점검하고 달성상황여부를 체크하여 달성정도와 향후 일정 피드백이 가능하고 그것으로 인해 목표달성 및 신뢰를 구축할 수 있기 때문이다. 따라서 목표의 난이도가 능력범위 이내라면 약간 어려운 것이 효과적이다.

049 다음 글 상자에서 설명하고 있는 경로파워 원천은?

- 한 경로구성원이 다른 경로구성원에게 여러 가지 물질적 또는 심리적인 도움을 줄 수 있을 때 형성되는 영향력이다.
- 주로 높은 품질의 서비스를 제공한다고 강조하는 광고가 여기에 속한다.

① 보상적 파워
② 준거적 파워
③ 강압적 파워
④ 전문적 파워
⑤ 합법적 파워

정답 ①

정답해설 보상적 파워는 한 경로구성원이 다른 경로구성원에게 여러 가지 물질적 또는 심리적인 도움을 줄 수 있을 때 형성되는 영향력으로 높은 품질의 서비스를 제공한다고 강조하는 광고가 여기에 속한다.

050 「유통산업발전법」 제5조 유통산업발전기본계획에 포함되어야 할 사항으로 옳지 않은 것은?

① 유통산업의 국내외 여건 변화 전망
② 유통산업의 지역별 · 종류별 발전 방안
③ 대규모점포의 구조개선 및 경쟁력 강화 방안
④ 산업별 · 지역별 유통기능의 효율화 · 고도화 방안
⑤ 유통전문인력 · 부지 및 시설의 수급 변화에 대한 전망

정답 ③

정답해설 「유통산업발전법」 제5조에 의하면 산업통상자원부장관은 유통산업의 발전을 위하여 5년마다 유통산업발전기본계획을 관계 중앙행정기관의 장과 협의를 거쳐 세우고 시행해야 하며 다음의 사항이 포함되어야 한다.

- 유통산업 발전의 기본방향
- 유통산업의 국내외 여건 변화 전망
- 유통산업의 현황 및 평가
- 유통산업의 지역별 · 종류별 발전 방안
- 산업별 · 지역별 유통기능의 효율화 · 고도화 방안
- 유통전문인력 · 부지 및 시설 등의 수급 변화에 대한 전망
- 중소유통기업의 구조개선 및 경쟁력 강화 방안
- 대규모점포와 중소유통기업 및 중소제조업체 사이의 건전한 상거래질서 유지 방안
- 그 밖에 유통산업의 규제완화 및 제도개선 등 유통산업의 발전을 촉진하기 위하여 필요한 사항

051 「전통시장 및 상점가 육성을 위한 특별법」 제66조 상인연합회가 하는 사업으로 옳지 않은 것은?

① 시장과 상점가 상인의 상권활성화
② 시장과 상점가 상인의 공동 상품개발과 판로 확보
③ 시장과 상점가 상인의 구매 · 판매 및 물류에 관한 공동사업
④ 상인의 자조조직 육성 및 지원
⑤ 중소벤처기업부장관이 위탁하는 사업

정답 ⑤

정답해설 연합회의 사업 내용은 다음과 같다.

- 시장과 상점가 상인의 상권활성화
- 시장과 상점가 상인의 공동 상품개발과 판로 확보
- 시장과 상점가 상인의 구매 · 판매 및 물류에 관한 공동사업
- 상인의 자조조직 육성 및 지원
- 정부와 지방자치단체의 장이 위탁하는 사업
- 그 밖에 중소벤처기업부장관이 필요하다고 인정하는 사업

052 「전자상거래 등에서의 소비자보호에 관한 법률」 제34조 과징금을 부과할 때 고려해야 할 사항으로 옳지 않은 것은?

① 위반행위로 인한 소비자피해의 정도
② 소비자피해에 대한 사업자의 보상가능 범위
③ 소비자피해에 대한 사업자의 보상노력 정도
④ 위반행위로 취득한 이익의 규모
⑤ 위반행위의 내용 · 기간 및 횟수 등

정답 ②

정답해설 소비자피해에 대한 사업자의 보상가능 범위는 과징금을 부과할 때 고려해야 할 사항에 포함되지 않는다.

053 「방문판매 등에 관한 법률」 제15조 다단계판매원으로 등록할 수 없는 사람은?

① 「공립학교법」에 따른 교원
② 제4호 또는 제5호에 해당하지 아니하는 법정대리인의 동의를 받은 미성년자
③ 법인
④ 제49조에 따른 시정조치를 3회 이상 받은 자
⑤ 이 법을 위반하여 징역의 실형을 선고받고 집행 중에 있는 자

정답 ③

정답해설 「방문판매 등에 관한 법률」 제15조 제2항에 따르면 다음의 어느 하나에 해당하는 자는 다단계판매원으로 등록할 수 없다.

- 국가공무원, 지방공무원, 교육공무원 및 「사립학교법」에 따른 교원
- 미성년자. 다만, 제4호 또는 제5호에 해당하지 아니하는 법정대리인의 동의를 받은 경우는 제외한다.
- 법인
- 다단계판매업자의 지배주주 또는 임직원
- 제49조에 따른 시정조치를 2회 이상 받은 자. 다만, 마지막 시정조치에 대한 이행을 완료한 날부터 3년이 지난 자는 제외한다.
- 이 법을 위반하여 징역의 실형을 선고받고 그 집행이 종료되거나(집행이 종료된 것으로 보는 경우를 포함한다) 집행이 면제된 날부터 5년이 지나지 아니한 자
- 이 법을 위반하여 형의 집행유예를 선고받고 그 유예기간 중에 있는 자

054 「유통산업발전법」 제3조 유통산업시책의 기본방향으로 옳지 않은 것은?

① 유통산업의 지역별 균형발전의 도모
② 유통산업의 국제경쟁력 제고
③ 유통산업에서의 건전한 상거래질서의 확립 및 공정한 경쟁여건의 조성
④ 유통산업에서의 구성원 편익의 증진
⑤ 유통산업의 종류별 균형발전의 도모

정답 ④

정답해설 「유통산업발전법」 제3조 유통산업시책의 기본방향은 다음과 같다.

- 유통구조의 선진화 및 유통기능의 효율화 촉진
- 유통산업에서의 소비자 편익의 증진
- 유통산업의 지역별 균형발전의 도모
- 유통산업의 종류별 균형발전의 도모
- 중소유통기업(유통산업을 경영하는 자로서 「중소기업기본법」 제2조에 따른 중소기업자에 해당하는 자를 말함)의 구조개선 및 경쟁력 강화
- 유통산업의 국제경쟁력 제고
- 유통산업에서의 건전한 상거래질서의 확립 및 공정한 경쟁여건의 조성
- 그 밖에 유통산업의 발전을 촉진하기 위하여 필요한 상황

055 RFID(Radio Frequency Identification)가 유통물류에 제공하는 직접적인 효용으로 옳은 것은?

① 제품생산과정 자동화
② 생산품질 향상
③ 분실 및 멸실의 방지
④ 생산량 증가
⑤ 물품파손 방지

정답 ③

RFID(Radio Frequency Identification)는 자동인식 기술의 하나로서 데이터 입력 장치로 개발된 무선인식기술이다. RFID는 궁극적으로 여러 개의 정보를 동시에 판독하거나 수정, 갱신할 수 있는 장점을 가지고 있으므로 제품에 붙이는 태그에 생산, 유통, 보관, 소비의 전 과정에 대한 정보를 담고 있어 분실 및 멸실을 방지할 수 있다.

056 소매업체가 공급업체로부터 야기된 상품 수량의 차이에 대해 대금을 공제하는 것을 일컫는 말은?

① 독점거래협정
② 역청구
③ 회색시장
④ 역매입
⑤ 구속적 계약

정답 ②

정답해설 역청구는 공급업체가 만든 제품이 소비자들에게 호응이 좋지 않아 판매가 저조할 경우 소매업체가 공급업체로부터 야기된 상품 수량의 차이에 대해 대금을 공제하는 것을 일컫는 말이다.

057 소매상의 기능으로 가장 옳지 않은 것은?

① 소비자가 원하는 상품구색을 제공한다.
② 소매상의 소비자에게 필요한 정보를 제공한다.
③ 소비자에게 시장확대기능을 제공한다.
④ 자체의 신용정책을 통해 소비자의 금융 부담을 덜어준다.
⑤ 소비자에게 에프터서비스를 제공한다.

정답 ③

정답해설 소매상은 제조업자 또는 도매상에게 시장확대기능을 제공한다.

058 유통경로에서 대형 유통업체들이 경로파워를 얻게 된 일반적인 배경으로 옳지 않은 것은?

① 유통업체들이 대형화, 다점포화 경쟁을 벌이면서 구매력을 확보하여 영향력이 증가하였다.
② 가격이 전략적 무기가 됨에 따라 유통업체들이 범위의 경제를 추구하게 되었다.
③ 많은 소비용품 시장이 성숙기에 들어섬에 따라 제조업자들이 유통업체에게 이전보다 많고 다양한 판매촉진을 경쟁적으로 제공하였다.
④ 유통정보기술의 발달로 인해 재고관리, 배송, 주문 등에서 기술혁신을 이뤄 효율적 경영이 가능해지고 가격경쟁력이 생겼다.
⑤ 유통업체가 소비자와의 풍부한 거래 데이터를 축적·활용하여 제조업체와 적극적으로 정보를 공유하기 시작함으로써 유통경로에서 대형 유통업체들이 경로파워를 얻는 배경이 되었다.

정답 ②

정답해설 가격이 전략적 무기가 됨에 따라 유통업체들이 규모의 경제를 추구하게 되었다.

059 기업이 얼마나 효율적으로 관리되고 있는가를 나타내는 종합적 지표가 되는 것은?

① 유통비율
② 순운전자본
③ 수익성비율
④ 당좌비율
⑤ 부채비율

정답 ③

정답해설 수익성비율은 기업이 얼마나 효율적으로 관리되고 있는가를 나타내는 종합적 지표로 매출액순이익률, 자기자본경상이익률, 자기자본순이익률, 주당순이익 등이 있다.

060 도매상의 형태로 볼 수 있는 산업재 유통업자(Industrial Distributor)에 대한 설명으로 옳지 않은 것은?

① 산업재 제조업체들과의 긴밀한 관계가 형성되어 있다.
② 제조업체나 기관보다는 소매상을 상대로 주로 영업한다.
③ 연구개발부문에도 자원을 할당한다.
④ 마케팅지향적 성향보다는 기술지향적 성향이 강하다.
⑤ 고객과의 관계마케팅을 중요시한다.

정답 ②

정답해설 산업재 유통업자(Industrial Distributor)는 소매상보다는 제조업체나 기관을 상대로 주로 영업한다.

061 JIT(Just In Time) 생산 및 유통의 장점으로 옳지 않은 것은?

① 재고비용을 최대한 감소시킬 수 있다.
② 재고 보관공간을 줄일 수 있다.
③ 제조공정의 시간을 단축할 수 있다.
④ 재료가 제조라인에 공급될 때와 상관없이 납품업자로부터 재료가 반입된다.
⑤ 낮은 수준의 재고를 유지하면서도 생산 및 유통활동을 할 수 있다.

정답 ④

정답해설 JIT(Just In Time)는 출하된 재료를 남김없이 모두 그대로 사용하는 형태의 관리 방식으로 재고를 남기지 않고 재고비용을 최대로 감소시킴으로써 재료가 제조라인에 공급될 때에 맞춰 납품업자로부터 재료를 반입하는 상태에 접근하려 하는 것이다.

062 마이클 포터(Michael Poter)의 산업구조분석모형(5-force model)에 대한 설명으로 옳지 않은 것은?

① 교섭력이 큰 구매자의 압력으로 자사의 수익성이 낮아질 수 있다.
② 대체재의 유용성은 기존 제품의 가치를 얼마나 상쇄할 수 있는지에 대한 변수이다.
③ 공급자의 교섭력이 높아질수록 시장 매력도는 떨어진다.
④ 진입장벽의 높이는 신규 진입자 위협의 강도를 판단하는 기준이 된다.
⑤ 경쟁기업간의 동질성이 높을수록 암묵적인 담합 가능성은 떨어진다.

정답 ⑤

정답해설 마이클 포터(Michael Poter)의 산업구조분석모형(5-force model)에서 경쟁기업간의 동질성이 높을수록 암묵적인 담합 가능성은 높아지며 경쟁을 하면서도 서로 협력하는 관계로 발전하여 산업 내 경쟁강도는 낮아진다.

063 「전통시장 및 상점가 육성을 위한 특별법」 제19조의5에서 시장 · 군수 · 구청장이 사업계획의 승인을 신청한 경우 시 · 도지사가 이를 결정하기 위해 협의를 거쳐야 하는 직책은?

① 중소벤처기업부장관
② 산업통상자원부장관
③ 공정거래위위원장
④ 식품의약품안전처장
⑤ 한국소비자원장

정답 ①

정답해설 「전통시장 및 상점가 육성을 위한 특별법」 제19조의5 1항에 의하면 시 · 도지사는 시장 · 군수 · 구청장이 사업계획의 승인을 신청한 경우에는 중소벤처기업부장관과의 협의를 거쳐 승인 여부를 결정하여야 한다.

064 체인스토어 경영에 대한 설명으로 옳지 않은 것을 모두 고르면?

㉠ 공동 구입, 공동 광고, 공동 설비로 중앙의 통제에 따라 경영된다.
㉡ 각 점포는 판매, 접객 업무만을 전문으로 한다.
㉢ 다점포경영을 하더라도 각 점포가 개별적으로 상품구성과 조달을 하고 있으면 체인스토어 경영이라 할 수 없다.
㉣ 소량구매를 해서 특정한 양을 판매한다.

① ㉠, ㉡
② ㉠, ㉢
③ ㉡, ㉢
④ ㉡, ㉣
⑤ ㉠, ㉡, ㉢

정답 ④

정답해설 ㉡ 체인스토어는 판매를 담당하고, 판매원을 관리하며, 접객 업무를 하는 것 외에 판매동향 등을 본부에 보고함으로써 기업 전체의 영업활동에 참가한다.
㉣ 체인스토어는 대량구매를 해서 많은 양을 판매하고 스스로 서비스를 하도록 되어 있기 때문에 자기 소유의 상점보다 가격을 더 낮출 수 있다.

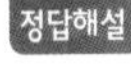
065 컨테이너 수송을 위한 시설 중 하나로 수출화물을 용기에 적화시키기 위하여 화물을 수집하거나 분배하는 장소는?

① CY(Container Yard)
② 내륙컨테이너기지(ICD)
③ CFS(Container Freight Station)
④ 창고
⑤ 유통단지

정답 ③

정답해설 CFS(Container Freight Station)는 컨테이너 화물 집하소로 화물의 반출 및 반입 업무를 관리하고, 집하소의 설비와 인력을 총괄 관리한다.

066 「전자상거래 등에서의 소비자보호에 관한 법률」 제12조 통신판매업자의 신고 등에서 통신판매업자가 공정거래위원회 또는 특별자치시장 · 특별자치도지사 · 시장 · 군수 · 구청장에게 신고해야 하는 사항이 아닌 것은?

① IP 주소
② 전화번호
③ 전자우편주소
④ 인터넷도메인 이름
⑤ 호스트서버의 소재지

정답 ①

정답해설 통신판매업자는 대통령령으로 정하는 바에 따라 다음 각 호의 사항을 공정거래위원회 또는 특별자치시장 · 특별자치도지사 · 시장 · 군수 · 구청장에게 신고하여야 한다. 다만, 통신판매의 거래횟수, 거래규모 등이 공정거래위원회가 고시로 정하는 기준 이하인 경우에는 그러하지 아니하다.
• 상호(법인인 경우에는 대표자의 성명 및 주민등록번호를 포함한다), 주소, 전화번호

• 전자우편주소, 인터넷도메인 이름, 호스트서버의 소재지
• 그 밖에 사업자의 신원 확인을 위하여 필요한 사항으로서 대통령령으로 정하는 사항

067 소비자기본법에서 규정하는 사업자의 책무 사항으로 옳지 않은 것은?

① 사업자는 스스로의 권익을 증진하기 위하여 필요한 지식과 정보를 습득하도록 노력하여야 한다
② 사업자는 물품 등을 공급함에 있어서 소비자의 합리적인 선택이나 이익을 침해할 우려가 있는 거래조건이나 거래방법을 사용하여서는 아니 된다.
③ 사업자는 소비자에게 물품 등에 대한 정보를 성실하고 정확하게 제공하여야 한다.
④ 사업자는 물품 등으로 인하여 소비자에게 생명 · 신체 또는 재산에 대한 위해가 발생하지 아니하도록 필요한 조치를 강구하여야 한다.
⑤ 사업자는 물품 등의 하자로 인한 소비자의 불만이나 피해를 해결하거나 보상하여야 하며, 채무 불이행 등으로 인한 소비자의 손해를 배상하여야 한다.

정답 ①

정답해설 스스로의 권익을 증진하기 위하여 필요한 지식과 정보를 습득하도록 노력하여야 하는 것은 사업자의 책무사항이 아니라 소비자의 책무이다.

068 괄호 안에 들어갈 용어로 올바르게 짝지은 것은?

> 유통분야는 단위당 생산비가 크고 초기비용은 적다는 것이 (㉠) 원리이고 도매상이 재고를 대량으로 보관함으로써 소매상은 적정량만 재고를 보관하여 사회적, 전체적으로 보관되는 제품의 총량을 감소시킬 수 있다는 것이 (㉡) 원리이다.

① ㉠ 분업 ㉡ 집중준비
② ㉠ 변동비 우위 ㉡ 분업
③ ㉠ 총거래수 최대 ㉡ 분업
④ ㉠ 변동비 우위 ㉡ 집중준비
⑤ ㉠ 총거래수 최대 ㉡ 집중준비

정답 ④

정답해설 ㉠ 변동비 우위의 원리는 유통분야는 변동비의 비용이 상대적으로 커서 제조와 유통의 통합이 제조와 유통 간의 역

할분담보다 이점이 없으므로 제조업체는 유통업체와의 역할분담을 통해 변동비를 최소화시킨다는 것이고 Ⓒ 집중준비의 원칙은 도매상이 상당량의 브랜드 상품을 대량으로 보관하기 때문에 사회 전체적으로 보관할 수 있는 양을 감소시킬 수 있으며, 소매상은 소량의 적정량만을 보관함으로써 원활한 유통기능을 수행할 수 있다는 원칙이다.

069 종업원 동기부여 이론에 관한 내용으로 옳지 않은 것은?

① 욕구단계이론은 사람에게 동기를 부여하려면 단계별로 상승하는 인간의 욕구를 제대로 이해해야 한다는 주장이다.
② 욕구단계이론에서 생리적, 안전욕구는 저차원적 욕구이며 사회적, 존경, 자아실현 욕구는 고차원적 욕구에 해당한다.
③ XY이론에서는 부정적인 관점을 X, 긍정적인 관점을 Y로 구분했다.
④ 2요인이론은 동기부여-위생이론을 말하는 것이다.
⑤ 2요인이론에서는 동기부여를 하려면 위생요인 즉 승진, 개인성장의 기회, 인정, 책임, 성취감과 관련된 요인을 강화하도록 주장하였다.

 정답  ⑤
정답해설 2요인이론에서 동기부여에 사용되는 것인 위생요인이 아닌 동기요인이다.

070 기업에서 원재료의 생산 · 유통 등 모든 공급망 단계를 최적화해 수요자가 원하는 제품을 원하는 시간과 장소에 공급하는 것은?

① MIS(Management Information System)
② SCM(Supply Chain Management)
③ ERP(Enterprise Resource Planning)
④ MRP(Material Resource Planning)
⑤ BPR(Business Process Reengineering)

 정답 ②
정답해설 SCM(Supply Chain Management)은 고객 및 이해관계자들에게 부가가치를 창출할 수 있도록 최초의 공급업체로부터 최종 소비자에 이르기까지의 상품, 서비스 및 정보의 흐름이 이루어지는 비즈니스 프로세스들을 통합적으로 운영하는 전략이다.

071 **수요예측에 관한 내용으로 옳은 것은?**

① 산업 전체의 수요가 어떤 경향을 나타내고 어떤 상태인지를 현재의 자료만을 기초로 예측한다
② 예측기간에 따라 장기예측, 연차예측, 단기예측으로 나뉜다.
③ 품목집단에 대한 총괄수요예측보다 개별품목에 대한 수요예측이 더 정확하다.
④ 완벽한 수요예측이 가능하다.
⑤ 예측대상기간이 길수록 예측의 정확도도 높아진다.

정답 ②

정답해설 수요예측은 예측기간에 따라 장기예측, 연차예측, 단기예측으로 나뉘어지며 이외에도 여러 가지 예측 방법이 있다

072 **다음 중 균형성과표(Balanced Score Card : BSC)에 대한 내용으로 옳은 것은?**

① 재무성과뿐만 아니라 다양한 이해당사자들을 염두에 둔 종합지표들도 사용한다.
② 비재무적인 성과를 측정지표에 포함하지 않는다.
③ 조직성과를 5영역으로 측정한다.
④ 정성적 성과는 제외하고 정량적 성과만을 포함한다.
⑤ 미래의 기업 상황을 평가하기에는 부족하다.

정답 ①

정답해설 균형성과표(Balanced Score Card : BSC)는 재무성과만으로는 조직의 성과목표를 명확히 나타낼 수 없기 때문에 보다 균형 있는 성과시스템의 확립을 위하여 수익성, 주주가치, 이윤 등의 재무성과뿐 아니라 투자자, 고객, 구성원 등 많은 이해당사자들을 염두에 둔 종합지표들을 경영성과의 평가지표로 사용하는 것을 뜻한다.

073 **화물이 정체되지 않도록 하역작업 공정 간의 연계를 원활히 해야 한다는 하역의 기본원칙은?**

① 거리 최소화의 원칙
② 운반 활성화의 원칙
③ 화물 단위화의 원칙
④ 화물 유동화의 원칙
⑤ 시스템화의 원칙

정답 ④

정답해설 화물 유동화의 원칙은 화물이 정체되지 않도록 하역작업 공정 간의 연계를 원활히 하는 것을 의미한다.

074 보관 효율화를 위한 기본원칙으로 옳지 않은 것은?

① 유사성의 원칙 : 유사품을 인접시켜 보관하는 원칙이다.
② 중량특성의 원칙 : 물품의 중량에 따라 장소의 높고 낮음을 결정하는 원칙이다.
③ 명료성의 원칙 : 시각적으로 보관물품을 용이하게 식별할 수 있도록 보관하는 원칙이다.
④ 통로대면보관의 원칙 : 창고 내에서 제품의 입고와 출고를 용이하게 하기 위해 통로 면에 보관하여 창고 내의 흐름을 원활히 하는 원칙이다.
⑤ 위치표시의 원칙 : 보관할 물품을 입출고 빈도에 따라 장소를 달리하여 보관하는 원칙이다.

정답 ⑤

정답해설 위치표시의 원칙이란 보관물품의 장소와 랙 번호 등을 표시함으로써 보관업무 효율화를 기하는 원칙이다. ⑤는 보관의 원칙 중 회전대응보관의 원칙에 대한 설명이다.

075 각 유통 채널의 특성을 결합시킴으로써 고객이 다양한 경로를 넘나들며 상품을 검색하고 구매할 수 있도록 하는 쇼핑 환경은?

① 멀티채널(multi channel)
② 융합채널(convergence channel)
③ 옴니채널(omni channel)
④ 통합채널(integration channel)
⑤ 플랫폼채널(platform channel)

정답 ③

정답해설 옴니채널(omni channel)이란 온라인과 오프라인, 모바일 등 다양한 쇼핑채널을 유기적으로 연결해 고객이 어떠한 채널을 사용하든 동일한 매장을 이용하는 것처럼 느낄 수 있도록 한 매장 쇼핑환경을 말한다.

076 집약적 유통에 적합한 소비자 행동으로 올바르게 나열한 것은?

㉠ 소비자들은 가장 가까운 상점에서 가장 쉽게 제품을 구매하고자 한다.
㉡ 소비자들은 방문한 상점에 진열된 제품 중에서 구매를 결정하고 다른 상점으로 옮겨가서 구매하려 하지 않는다.
㉢ 소비자들은 미리 마음속에 정해둔 상점에서 필요한 제품을 주로 구입한다.
㉣ 소비자들은 특정 브랜드에 대해 강한 선호를 갖고 있으며 그 브랜드를 최상의 서비스와 가격으로 구매하기 위해 많은 상점을 탐색한다.
㉤ 소비자들은 주로 생활편의품을 이러한 상점에서 구매하는 경향을 보인다.

① ㉠, ㉡, ㉢
② ㉠, ㉢, ㉣
③ ㉠, ㉡, ㉤
④ ㉡, ㉢, ㉣
⑤ ㉡, ㉢, ㉤

정답 ③

정답해설 집약적 유통이란 소비자들이 매장에서 최대한 자사의 제품을 접촉할 수 있도록 가능한 많은 매장에 제품을 유통하는 방식이므로 소비자의 인지도를 확대하고 편의성이 증대되며 충동구매를 야기한다. 흔히 슈퍼마켓이나 편의점에서 판매되는 대부분의 소비제품이 이에 해당한다.

077 소매업태 발전에 관한 이론 중 다음 내용에 해당하는 것은?

소매시장에서 변화하는 고객들의 구매 욕구에 맞추기 위한 소매업자의 노력이 증가함에 따라 다른 소매업자에 의해 원래 형태의 소매업이 출현하는 순환 과정으로 새로운 형태의 소매상이 처음에는 낮은 수준의 서비스와 저마진으로 저가격을 실현함으로써 시장에 등장하지만, 높은 수준의 서비스를 제공하는 기존 형태의 소매상과 경쟁하고 고객에게 추가적인 만족을 제공하기 위해 어쩔 수 없이 설비를 개선하고 서비스를 확대해야 하므로 그에 따라 가격경쟁력을 잃게 된다.

① 아코디언이론
② 소매차륜이론
③ 변증법적이론
④ 진공지대이론
⑤ 소매수명주기이론

정답 ②

정답해설 소매차륜이론은 새로운 형태의 소매점은 시장 진입 초기에는 저가격, 저서비스 제한적 제품구색으로 시장에 진입하는데 점차 동일 유형의 새로운 소매점들이 진입하여 이들 사이에 경쟁이 격화되면 경쟁력 우위를 확보하기 위하여 보다 세련된 점포 시설과 차별적 서비스의 증가로 성장기에는 고비용, 고가격, 고서비스 소매점으로 위치가 확립되고 그 결과 새로운 유형의 혁신적인 소매점이 시장에 진입할 수 있는 여지를 제공하며 이 역시 위와 동일한 과정이 따른다는 이론이다.

078 다음 중 채찍효과(bullwhip effect)를 막기 위한 방안으로 올바르지 않은 것은?

① 정보를 공유한다.
② 배치식 주문을 도입한다.
③ 가격정책의 안정화와 철저한 판매예측을 거친 뒤 공급한다.

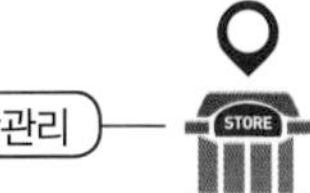

④ 시장 다변화나 사업의 다각화를 고려한다.
⑤ 거래선과 전략적 협조관계를 강화한다.

정답 ②

정답해설 채찍효과(bullwhip effect)는 하류의 고객주문 정보가 상류로 전달되면서 정보가 왜곡되고 확대되는 현상으로 정보의 왜곡으로 인해 공급 측에 재고가 쌓이며 고객에 대한 서비스 수준이 저하되고 배치식 주문으로 인해 필요 이상의 기간이 소요되는 문제가 발생하기 때문에 배치식 주문을 없앰으로써 이를 방지할 수 있다.

079 다음 글상자에서 설명하는 이것에 해당하는 것은?

> 이것은 자사의 제품을 누구나 취급할 수 있도록 개방하는 개방적 유통경로와 자사의 제품만을 취급하는 전속적 유통경로의 중간 형태로 일정 지역에서 일정 수준 이상의 자격 요건을 지닌 소매점에서만 자사제품을 취급하도록 하는 유통경로 전략을 말한다.

① 집중적 유통경로
② 배타적 유통경로
③ 선택적 유통경로
④ 세분적 유통경로
⑤ 네트워크 유통경로

정답 ③

정답해설 선택적 유통경로는 일정 시장을 몇 개의 선택된 유통업체에 제한하여 판매시키는 전략으로 특히 제품 개념에 독특함, 희소성, 선택성 같은 이미지를 부여하고자 할 때 적절하다.

080 멀티채널(multi-channel) 및 옴니채널(omni-channel)에 대한 내용으로 옳은 것은?

① 멀티채널은 소비자가 온라인, 오프라인, 모바일 등 다양한 경로를 넘나들며 상품을 검색하고 구매할 수 있는 서비스를 말한다.
② 멀티채널은 각 유통채널의 특성을 합쳐 어떤 채널이든 같은 매장을 이용하는 것처럼 느낄 수 있도록 한다.
③ 옴니채널은 각 채널을 독립적으로 운영하여 온오프라인이 경쟁관계라고 한다면, 멀티채널은 고객중심의 유기적 채널로 온오프라인이 상생관계라는 점에서 다르다.
④ 최근 유통산업은 옴니채널에서 멀티채널로 진보하고 있다.
⑤ 옴니채널은 스마트폰 근거리 통신기술을 이용하여 편의점을 지나는 고객에게 할인쿠폰을 지급하는 형태로도 활용된다.

정답 ⑤

정답해설 옴니채널(onmi-channel)은 소비자가 온라인, 오프라인, 모바일 등 다양한 경로를 넘나들며 상품을 검색하고 구매할 수 있도록 한 서비스로 각 유통 채널의 특성을 결합해 어떤 채널에서든 같은 매장을 이용하는 것처럼 느낄 수 있도록 한 쇼핑 환경을 말한다. 멀티채널이 오프라인 매장, 온라인 쇼핑몰, 모바일앱 등 여러 채널을 통해 각각의 매출 및 이익을 높이는 데 집중했다면 옴니채널은 독립적으로 운영되던 채널들을 연결해 상호보완관계를 구축한다.

081 기업에서 SCM(Supply Chain Management)의 고도화로 인해 기업애플리케이션통합(EAI) 및 기업포털(EP)작업에 연계하는 애플리케이션이 아닌 것은?

① 공급자관계관리(SRM)
② 제품주기관리(PLM)
③ 성과측정지표(BSC)
④ 자재소요량계획(MRP)
⑤ 능률원가측정(ABC)

정답 ④

정답해설 SCM(Supply Chain Management)은 기업에서 생산 · 유통 등 모든 공급망 단계를 최적화해 수요자가 원하는 제품을 원하는 시간과 장소에 제공하는 '공급망 관리'로 SCM의 고도화는 공급자관계관리(SRM), 제품주기관리(PLM), 성과측정지표(BSC), 능률원가측정(ABC) 등의 애플리케이션을 기업애플리케이션통합(EAI) 및 기업포털(EP)작업에 연계함으로써 협력사들과의 총체적인 협업체계를 구현하는 데 목적이 있다.

082 제3자 물류와 제4자 물류의 차이점을 설명한 것으로 옳은 것은?

① 제4자 물류는 제3자 물류보다 광범위하고 종합적이며 전문적인 물류서비스를 제공하여 비용절감에 주안점을 두고 있다.
② 제4자 물류는 제3자 물류와 달리 물류대행업체가 컨소시엄을 구성한다.
③ 제4자 물류는 제3자 물류보다 물류활동 업무프로세스의 혁신을 우선적으로 기한다.
④ 제4자 물류는 제3자 물류와 달리 특정 기업의 물류업무를 종합적으로 지원한다.
⑤ 제4자 물류는 전체의 지속적인 비용절감과 효율화에는 한계가 있다.

정답 ③

정답해설 제4자 물류는 제3자 물류보다 한 단계 발전하여 물류활동의 단순수행이 아닌 물류활동 업무프로세스의 혁신을 우선적으로 기하고 그 다음 단계로서 물류활동을 수행할 수 있다.

083 수요예측 방법 중에서 정량적 분석법에 해당하는 것은?

① 델파이분석
② 시장조사법
③ 전문가의견법
④ 역사적유추법
⑤ 시계열분석

정답 ⑤

정답해설 시계열분석은 과거의 수요를 분석하여 시간에 따른 수요의 패턴을 파악하고 이의 연장선상에서 미래의 수요를 예측하는 방법으로 정량적 분석법에 해당한다.

084 다음 글상자의 ㉠~㉣ 중 중앙잡권적 소매조직에 관련된 내용으로 옳지 않은 것을 모두 고르면?

㉠ 지역 시장의 취향에 맞게 상품을 조정하기에 유리하다.
㉡ 지리적으로 분산되어 있는 점포들 간의 노력을 일원화하여 공급업체로부터 물품을 저가에 공급받을 수 있다.
㉢ 기업 전체를 위해 영역별로 가장 우수한 인력이 의사결정을 할 수 있게 기회를 제공한다.
㉣ 지역 관리자들이 적합한 판매원을 고용하기 위해 결정하는 데 유리하다.

① ㉠, ㉡
② ㉠, ㉢
③ ㉠, ㉣
④ ㉡, ㉢
⑤ ㉢, ㉣

정답 ③

정답해설 중앙집권적 소매조직은 기업을 위해 가장 우수한 인력이 의사결정을 할 수 있는 기회를 제공하며 분산된 점포들 간 노력을 일원화함으로써 공급업체로부터 물품을 저가로 공급받을 수 있다.

085 종업원들에 대한 동기부여이론 중 다음의 내용과 같은 시사점을 주는 이론은?

- 개인 및 사회의 발전은 성취 욕구와 밀접한 상관관계를 갖는다.
- 높은 성취동기의 사람들로 구성된 조직이나 사회의 경제 발전이 빠르며 성취동기가 높은 사람들은 좀 더 훌륭한 경영자로서 성공한다고 주장한다.

① 욕구단계설
② 2요인이론
③ 기대이론
④ 공정성이론
⑤ 성취동기이론

정답 ⑤

정답해설 성취동기이론은 개인이나 사회가 발전하는 양상은 높은 성취동기를 지닌 사람들의 욕구와 관련이 깊다는 매크랜드(McClelland, D.)의 이론으로 한 나라의 경제 성장은 그 사회구성원의 성취 욕구의 함수라고 주장하며 개인의 욕구 중에서 습득된 욕구들을 성취 욕구(need for achievement) · 소속 욕구(need for affiliation) · 권력 욕구(need for power)로 분류하고, 성취 욕구 · 기업적 활동량 · 특정 문화에서의 경제 성장은 높은 관련성이 있다고 주장한다.

086 공급사슬관리에서 반복적으로 발생하는 문제점 중의 하나인 채찍효과(bullwhip effect)의 원인이라고 할 수 있는 것은?

① 부정확한 수요예측
② 생산업체의 정체된 제품 가격정책
③ 짧은 리드타임
④ 도 · 소매상의 단일주문
⑤ 도 · 소매상의 소량주문

정답 ①

정답해설 채찍효과(bullwhip effect)는 주문이 소비자로부터 시작되어 제조업체 쪽으로 흘러가듯이 공급사슬의 상류로 갈수록 주문량의 변동이 점차 증가하는 현상으로 그 원인으로는 수요예측의 문제, 긴 리드타임, 일괄주문, 가격변동, 과잉주문 등이 있다.

087 유통경로 시스템의 힘의 원천과 예시로 옳은 것은?

① 보상력 : 계약, 상표등록, 특허권
② 강압력 : 상품공급 지원, 끼워 팔기, 밀어내기
③ 합법력 : 판매지원, 리베이트, 지역 독점권
④ 준거력 : 경영관리에 관한 상담과 조언
⑤ 전문력 : 유명상표를 취급한다는 긍지와 보람

정답 ②

정답해설 유통경로 시스템의 힘의 원천은 다른 경로구성원들의 의존성을 높일 수 있는 가치 있는 자산의 보유나 마케팅 기능의 수행능력으로 보상력은 판매지원과 리베이트 및 지역 독점권, 강압력은 상품공급 지원과 끼워 팔기 및 밀어내기, 합법력은 계약, 상표등록, 특허권이 있으며 준거력은 유명상표를 취급한다는 긍지와 보람, 전문력은 경영관리에 관한 상담과 조언에 해당한다.

088 경영전략 수립과정에서 가치사슬(value chain)에 의해 차별화우위를 분석할 때 기업의 다양한 활동을 주활동(primary activities)과 보조활동(support activities)으로 구분한다. 아래에 제시한 항목 중에서 주활동에 해당하는 것은?

① 구매
② 기술개발
③ 인사
④ 판매
⑤ 기획

정답 ④

정답해설 가치사슬(value chain)은 기업 활동에서 부가가치가 생성되는 과정을 의미하며 그 과정은 주활동과 보조활동으로 구분된다. 주활동은 제품의 생산, 운송, 마케팅, 판매, 물류, 서비스 등과 같은 현장업무 활동으로 부가가치를 직접 창출하는 부분을 말하며 보조활동은 제품의 구매, 기술개발, 인사, 재무, 기획 등 현장 활동을 지원하는 제반업무로 부가가치가 창출되도록 간접적인 역할을 하는 부분이다.

089 다음 글상자는 올더슨(W. Alderson)의 구색창출과정(sorting process)에 관한 내용이다. (㉠), (㉡) 안에 들어갈 용어로 올바르게 짝지어진 것은?

> (㉠)은/는 동질적 상품을 소규모 로트의 상품별로 모아서 나누는 과정을 말하고 (㉡)은/는 다수의 공급업자로부터 제공받는 상품을 모아서 동질적인 대규모 상품들로 선별하는 단계를 말한다.

① ㉠ 배분(allocation), ㉡ 직접(accumulation)
② ㉠ 분류(sorting out), ㉡ 구색(assortment)
③ ㉠ 배분(allocation), ㉡ 구색(assortment)
④ ㉠ 직접(accumulation), ㉡ 배분(allocation)
⑤ ㉠ 구색(assortment), ㉡ 직접(accumulation)

정답 ①

정답해설 중간상의 분류기능은 집적, 분류, 배분, 구색 등 네 가지로 나누어진다. 배분(allocation)은 동질적 상품을 분배한 후 소규모 로트의 상품별로 모아서 분류하는 과정이며 직접(accumulation)은 다수의 공급업자로부터 제공받는 상품을 모아서 동질적인 대규모 상품들로 선별하는 단계를 말한다.

090 깊이 있는 구색을 가진 한정된 품목을 저가격, 대량으로 판매하는 업태는?

① 슈퍼센터(super center)
② 창고형 도소매업(membership warehouse club)
③ 카테고리 킬러(category killer)
④ 파워센터(power center)
⑤ 할인점(discount store)

정답 ③

정답해설 카테고리 킬러(category killer)는 기존의 종합소매점에서 취급하는 상품 가운데 한 계열의 품목군을 선택하여 그 품만큼은 타업체와 비교할 수 없을 정도로 다양하고 풍부한 상품구색을 갖추고 저가격으로 판매하는 전문업태다. 셀프서비스와 낮은 가격을 바탕으로 하여 대량판매 형식으로 운영되는 것이 특징이다.

091 "경쟁은 시장에서, 물류는 공동으로"라는 물류공동화의 내용으로 옳은 것은?

① 서로 협력하며 수송하던 기업들의 운송물량이 많아 수송 및 배송 효율성이 떨어짐에 따라 이를 개선하기 위해 대두된 개념이다.
② 현재의 교통혼잡, 주차문제, 인력난 등으로 인해 공동수송 및 공동 배송을 모색하게 되었다.
③ 성공적인 수배송 공동화를 위하여 업체마다 상품의 포장에 따른 포장 규격 다양화가 적극 도입되어야 한다.
④ 제조업자, 도매상, 소매상들이 주체가 되어 실시되는 경우와 공급업자가 주체가 되어 실시되는 유형으로 구분할 수 있다.
⑤ 물류비용을 절감하기 위해 3인 이상이 공동으로 수행한다.

정답 ②

정답해설 물류공동화는 현재의 교통혼잡, 주차문제, 인력난 등에 대비하여 인력, 물자, 경비, 시간 등을 최대 활용하기 위해 각 기업들이 공동 수송 및 공동 배송을 모색하게 되었다.

오답해설 ① 독자적으로 수송하던 기업들의 운송물량이 적어 수송 및 배송 효율성이 떨어짐에 따라 이를 개선하기 위해 대두된 개념이다.
③ 성공적인 수배송 공동화를 위하여 업체마다 상품의 포장에 따른 포장 규격 다양화가 적극 도입되어야 한다.
④ 제조업자, 도매상, 소매상들이 주체가 되어 실시되는 경우와 수송업자가 주체가 되어 실시되는 유형으로 구분할 수 있다.
⑤ 물류비용의 절감하기 위해 2인 이상이 공동으로 수행한다.

092 다음 사례의 A의류업체가 실행한 SCM기법은?

> A의류업체는 상품이 원재료에서 소비자에 이르기까지 너무 긴 시간이 소요되고 그 중 대부분 시간은 창고에서 재고형태로 있는 시간이라는 것을 알게 되었다. 이에 A의류업체는 원부자재업체, 소매업체, 물류서비스 기관과의 전략적 제휴를 바탕으로 소비자에게 적절한 상품을, 적절한 장소와 시기, 양, 가격에 제공할 목적으로 바코드, EDI, 상품정보DB 등의 정보기술을 활용하여 공급사슬 전체의 리드타임을 단축하고 소비자 수요반영, 재주문에 대한 신속한 대응 및 재고감소를 실현하였다.

① ERP(Enterprise Resourse Planning)
② QR(Quick Response)
③ Lean logistics
④ ECR(Efficient Consumer Response)
⑤ JIT(Just In Time)

정답 ②

정답해설 QR(Quick Response)은 생산 및 유통관련 주체간의 상호협력 하에 소비자의 수요에 적합하게 대응할 것을 목적으로 하는 것으로 정보처리 기술을 활용하여 생산 및 유통기간의 단축, 재고의 감소, 반품으로 인한 손실의 회피 등 생산과 유통 각 단계의 합리화를 통해 유통과정 전반의 효율성을 증진시키는 물류기법이다. 주로 패션 및 섬유관련 제조, 유통업체가 유통과정에서 상호 밀접하게 협력하는 시스템을 말한다.

오답해설 ① ERP(Enterprise Resourse Planning) : 기업 전체를 경영자원의 효과적 이용이라는 관점에서 통합적으로 관리하고 경영의 효율화를 기하기 위한 수단이다. 쉽게 말해 정보의 통합을 위해 기업의 모든 자원을 최적으로 관리하자는 개념으로 기업자원관리 혹은 업무 통합관리라고 볼 수 있다.

④ ECR(Efficient Consumer Response) : 소비자에게 보다 나은 가치를 제공하기 위해 식품산업의 공급업체와 유통업체들이 밀접하게 협력하는 전략을 말한다.

⑤ JIT(Just In Time) : 출하된 재료를 남김없이 모두 그대로 사용하는 형태의 관리 방식으로 적기공급생산이라고도 한다. 즉, 재고를 남기지 않고 재고비용을 최대로 감소시키는 것으로, 재료가 제조라인에 공급될 때에 맞춰 납품업자로부터 재료를 반입하는 상태에 접근하려 하는 것이다.

093 「소비자기본법」 제61조에서 밝히는 소비자분쟁조정위원회의 구성 시 조정위원회가 구성해야 할 위원의 정원은?

① 120명 이내
② 130명 이내
③ 140명 이내
④ 150명 이내
⑤ 160명 이내

정답 ④

정답해설 「소비자기본법」 제61조 제1항에 의하면 조정위원회는 위원장 1명을 포함한 150명 이내의 위원으로 구성하며, 위원장을 포함한 5명은 상임으로 하고, 나머지는 비상임으로 한다.

094 「유통산업발전법」 제25조 유통산업의 국제화 추진에서 산업통상자원부장관이 유통사업자 또는 유통사업자단체에게 경비를 지원하는 경우로 옳지 않은 것은?

① 유통 관련 정보 · 기술 · 인력의 국제교류
② 유통 관련 국제 표준화 · 공동조사 · 연구 · 기술 협력
③ 유통 관련 국제학술대회 · 국제박람회 등의 개최
④ 해외유통시장의 조사 · 분석 및 수집정보의 체계적인 유통
⑤ 해외유통시장에 진출하기 위한 국내 판매망 구축사업

정답 ⑤

정답해설 「유통산업발전법」 제25조(유통산업의 국제화 추진)

산업통상자원부장관은 유통사업자 또는 유통사업자단체가 다음 각 호의 사업을 추진하는 경우에는 예산의 범위에서 필요한 경비의 전부 또는 일부를 지원할 수 있다.

- 유통 관련 정보 · 기술 · 인력의 국제교류
- 유통 관련 국제 표준화 · 공동조사 · 연구 · 기술 협력
- 유통 관련 국제학술대회 · 국제박람회 등의 개최
- 해외유통시장의 조사 · 분석 및 수집정보의 체계적인 유통
- 해외유통시장에 공동으로 진출하기 위한 공동구매 · 공동판매망의 구축 등 공동협력사업
- 그 밖에 유통산업의 국제화를 위하여 필요하다고 인정되는 사업

095 「전자문서 및 전자거래 기본법」 제33조의 전자문서 · 전자거래분쟁조정위원회의 분쟁 조정과정으로 옳지 않은 것은?

① 전자문서 및 전자거래와 관련한 피해의 구제와 분쟁의 조정을 받으려는 자는 위원회에 분쟁의 조정을 신청할 수 있다.
② 조정은 3명 이내의 위원으로 구성된 조정부에서 행한다.
③ 위원회 또는 조정부는 제1항에 따른 분쟁조정 신청을 받은 날부터 30일 이내에 조정안을 작성하여 위원장에게 권고하여야 한다.
④ 제4항에 따른 조정안에는 신청취지에 반하지 아니하는 범위에서 원상회복, 손해배상 및 그 밖에 피해의 구제를 위하여 필요한 조치사항을 포함할 수 있다.
⑤ 제4항 본문에 따른 권고를 받은 당사자는 권고를 받은 날부터 15일 이내에 조정안에 대한 동의 여부를 위원회 또는 조정부에 알려야 한다.

정답 ③

정답해설 위원회 또는 조정부는 제1항에 따른 분쟁조정 신청을 받은 날부터 45일 이내에 조정안을 작성하여 분쟁당사자에게 권고하여야 한다. 다만, 부득이한 사정으로 그 기한을 연장하려는 경우에는 그 사유와 기한을 명시하여 당사자에게 통지하여야 한다.

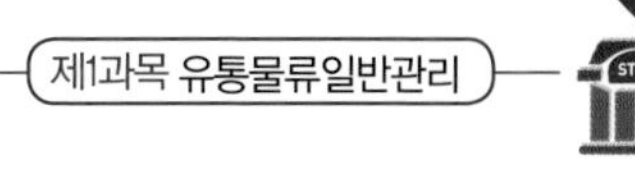

096 「전통시장 및 상점가 육성을 위한 특별법」 제32조에서 밝히는 시장정비사업 추진위원회가 수행하는 업무의 내용으로 옳지 않은 것은?

① 시장정비사업추진계획의 수립 및 제출
②「도시 및 주거환경정비법」 제102조에 따른 정비사업전문관리업의 등록
③ 시장정비사업조합의 설립을 위한 준비업무
④ 토지 등 소유자의 동의에 관한 업무
⑤ 그 밖에 추진위원회가 수행하는 것이 필요하다고 총리령으로 정한 업무

정답 ⑤

정답해설 시장정비사업 추진위원회가 수행하는 업무는 추진위원회가 수행하는 것이 필요하다고 대통령령으로 정한 업무이다.

097 「할부거래에 관한 법률」 제28조 공제조합의 설립에서 공제조합의 기본재산을 조성할 때 출자하는 출자금의 최대 규모는?

① 50억 이상
② 100억 이상
③ 150억 이상
④ 200억 이상
⑤ 250억 이상

정답 ④

정답해설 공제조합의 기본재산은 조합원의 출자금 등으로 조성하되 출자금은 200억 원 이상으로서 대통령령으로 정하는 규모 이상이어야 한다. 다만, 정부는 예산의 범위에서 출연하거나 보조할 수 있다.

098 「청소년보호법」에서 정하는 청소년 유해약물을 규정하고 있는 법률이 아닌 것은?

①「식품위생법」
②「주세법」
③「담배사업법」
④「마약류 관리에 의한 법률」
⑤「화학물질관리법」

정답 ①

정답해설 「청소년보호법」에서 규정하는 청소년 유해약물은 다음과 같다.
- 「주세법」의 규정에 의한 주류
- 「담배사업법」의 규정에 의한 담배
- 「마약류 관리에 의한 법률」의 규정에 의한 마약류
- 「화학물질관리법」의 규정에 의한 환각물질

099 「청소년보호법」에서 정하는 16세 미만 청소년을 대상으로 한 인터넷게임 금지시간은?

① 오후 8시~오전 2시
② 오후 9시~오전 3시
③ 오후 10시~오전 4시
④ 오후 11시~오전 5시
⑤ 오후 0시~오전 6시

정답 ⑤

정답해설 인터넷게임의 제공자는 16세 미만의 청소년에게 오전 0시부터 오전 6시까지 인터넷게임을 제공해서는 안 된다.

100 「식품위생법」의 식품이력추적관리 등록기준 및 기록 · 보관 시 등록사항이 변경된 경우 변경사유가 발생한 날부터 식품의약품안전처장에게 신고해야 하는 기간은?

① 2주 이내
② 3주 이내
③ 1개월 이내
④ 2개월 이내
⑤ 3개월 이내

정답 ③

정답해설 식품이력추적관리 등록기준 및 기록 · 보관은 등록사항이 변경된 경우 변경사유가 발생한 날부터 1개월 이내에 식품의약품안전처장에게 신고하여야 한다.

101 「식품위생법」의 식품이력추적관리 등록기준 및 기록 · 보관 시 등록자가 해당 제품의 유통기한 등이 경과한 날부터 식품이력추적관리정보의 기록을 보관해야 하는 기간은?

① 1년 이상
② 2년 이상
③ 3년 이상
④ 4년 이상
⑤ 5년 이상

정답 ②

정답해설 등록자는 식품이력추적관리정보의 기록을 해당 제품의 유통기한 등이 경과한 날부터 2년 이상 보관하여야 한다.

02 「식품위생법」에서 식품의약품안전처장이 식품을 제조 · 수입 · 가공 또는 판매하는 자에 대하여 식품이력추적관리기준의 준수 여부 등을 조사 · 평가해야 하는 기간은?

① 6개월
② 1년
③ 2년
④ 3년
⑤ 4년

정답 ④

정답해설 식품의약품안전처장은 등록한 식품을 제조 · 수입 · 가공 또는 판매하는 자에 대하여 식품이력추적관리기준의 준수 여부 등을 3년마다 조사 · 평가하여야 한다.

03 「식품위생법」 제47조의2 식품접객업소의 위생등급 지정 시 지정한 날부터의 유효기간은?

① 6개월
② 10개월
③ 1년
④ 2년
⑤ 3년

정답 ④

정답해설 「식품위생법」 제47조의2 제5항에 의하면 위생등급의 유효기간은 위생등급을 지정한 날부터 2년으로 하지만 총리령으로 정하는 바에 따라 그 기간을 연장할 수 있다.

04 인간의 동기에 대한 체계적 연구를 통해 높은 수준의 욕구와 낮은 수준의 욕구 모두가 어느 시점에서는 동기 부여의 역할을 한다는 ERG이론을 주장한 학자는?

① 포터(M. Porter)
② 맥클리랜드(D. McClland)
③ 앨더퍼(C. Alderfer)
④ 브룸(V. H. Vroom)
⑤ 피들러(F. E. Fiedler)

정답 ③

정답해설 앨더퍼는 인간의 핵심 욕구를 존재욕구(existence needs), 관계욕구(relatedness needs), 성장욕구(growth needs)의 세 가지로 보았다. 먼저 존재욕구는 생존을 위한 필수적인 생리 · 물리적 욕구이고, 관계욕구는 사회에서 타인과 관계를 유지하고자 하는 욕구이며, 성장욕구는 개인적 자아를 완성하고자 하는 내적 성장욕구를 말하는 것이다. 앨더퍼는 욕구의 단계가 미리 정해져 있는 것은 아니라고 보았다. 욕구는 다른 욕구가 얼마나 충족되느냐에 따라 달라질 수 있고, 높은 단계의 욕구가 채워지지 않으면 그보다 낮은 단계의 욕구가 더 커질 뿐이라고 했다. 또한 한 시점에서 두 개 이상의 욕구가 동시에 발생하는 것도 가능하다고 주장하였다.

오답해설 ① 포터(M. Porter) : 산업구조분석모형(5-force model)과 가치사슬(value chain) 이론을 주장했다.
② 맥클리랜드(D. McClland) : 성취동기이론을 주장했다.
④ 브룸(V. H. Vroom) : 기대이론(expectancy theory)을 주장했다.
⑤ 피들러(F. E. Fiedler) : 리더십 상황이론을 주장했다.

105 운송수단에 대한 설명으로 가장 옳은 것은?

① 파이프라인은 비용이 높고 보편적인 형태의 상품만을 수송하는 데 유리하다.
② 항공수송은 부피가 크고 부패성이 낮은 저가의 상품인 경우 유용하다.
③ 해상운송과 트럭을 함께 사용하는 수송방식을 피기백(piggy back) 방식이라 한다.
④ 버디백(birdy back) 방식은 트럭과 항공운송을 결합한 방식이다.
⑤ 트럭은 일반적으로 대량의 상품을 장거리 수송하는 데 효과적이다.

정답 ④

정답해설 컨테이너 화물의 운송방법 중에서 항공기에 적재하여 운송하는 것을 버디백(birdy back) 방식이라 한다.

오답해설 ① 파이프라인의 경우 비교적 비용이 저렴하고 특정 형태의 상품만을 수송하는 데 유리하다.
② 항공수송은 부피가 작고 부패성이 높은 고가의 상품인 경우 유용하다.
③ 피기백(piggy back) 방식은 철도와 트럭을 함께 사용하는 수송방식이다.
⑤ 트럭은 일반적으로 소량의 상품을 단거리 수송하는 데 효과적이다.

106 다른 할인점에 비해 회원제 창고형 할인점(membership wholesale club : MMC)이 갖는 특징으로 옳지 않은 것은?

① 소비자가 꼭 필요로 하는 핵심상품으로 구성되어있다.
② 쇼핑에 드는 시간을 절약할 수 있다.
③ 쇼핑주기를 늘려 경제적인 쇼핑을 유도한다.
④ 다양한 브랜드 제품을 저렴하게 구매할 수 있다.
⑤ 고객서비스 수준을 최대로 제공한다.

정답 ⑤

정답해설 회원제 창고형 할인점(membership wholesale club : MMC)은 일정한 회비를 정기적으로 내는 회원에게만 판매하는 것이 원칙이며 저가로 판매하기 때문에 고객서비스 수준을 최소로 제공하고 파격적인 가격으로 상품을 판매한다.

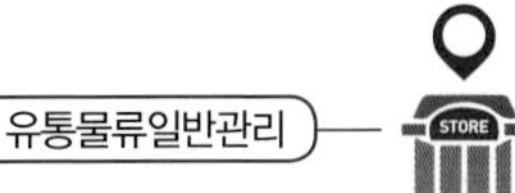

107 기업의 자금조달에 대한 설명으로 옳은 것은?

① 엔젤 : 신설 벤처기업의 기업화 초기단계에서 필요한 자금을 지원하고 경영을 지도하는 개인투자자를 말한다.
② 팩토링 : 기업과 소비자 사이에서 발생한 매출채권을 판매하는 것이다.
③ 할부금융 : 비내구재를 할부 구매한 소비자들에 대한 채권을 매입하는 것이다.
④ 신주발행 : 주식회사의 성립 후 발행할 주식의 총수 중 발행된 부분에 관하여 새로 주식을 발행하는 것이다.
⑤ 차입 : 은행에서의 단기차입은 대체로 시설투자를 목적으로 차입하며 장기차입은 운영자금용으로 차입한다.

정답 ①

정답해설 엔젤은 일정 수준의 자금력이 있거나 경험을 갖고 사업자금 조달이 곤란한 창업 초기단계의 벤처기업에게 투자자금을 공급하고 경영을 지도하는 개인투자자를 말한다.

오답해설 ② **팩토링** : 기업과 기업 사이에서 발생된 매출채권을 매입하는 것이다.
③ **할부금융** : 내구재를 할부 구매한 소비자들에 대한 채권을 매입하는 것이다.
④ **신주발행** : 주식회사의 성립 후 발행할 주식의 총수 중 미발행 부분에 관하여 새로 주식을 발행하는 것이다.
⑤ **차입** : 은행에서의 장기차입은 대체로 시설투자를 목적으로 차입하여 단기차입은 운영자금용으로 차입한다.

108 물류에 대한 내용으로 옳지 않은 것은?

① 수송비는 제품의 밀도, 가치, 부패가능성, 충격에 대한 민감도 등에 영향을 받는다.
② 선적되는 제품양이 많을수록 주어진 거리내의 단위당 운송비는 낮아진다.
③ 수송거리는 운송비에 영향을 미치는 요인으로 수송거리가 길수록 단위거리당 수송비는 낮아진다.
④ 재고의 지리적 분산정도가 낮기를 원하는 기업은 소수의 대형배송센터를 건설하고 각 배송센터에서 취급되는 품목들의 수와 양을 확대할 것이다.
⑤ 수송비와 재고비는 비례관계이기 때문에 이들 비용의 합을 고려한 비용을 최소화하며 고객서비스 향상을 충족하는 것은 중요하다.

정답 ⑤

정답해설 수송비와 재고비는 상충관계에 있으므로 기업은 고객서비스를 달성하면서 총 물류비용을 최소화하는 물류시스템을 구축해야 한다.

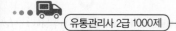

109 해당 종업원이 직속상사와 협의하여 작업목표량을 결정하고 이에 대한 성과를 부하와 상사가 같이 측정 · 고과하는 방법은?

① 중요사실기록법
② 자기신고법
③ 목표관리법
④ 평가센터법
⑤ 행동기준고과법

정답 ③

정답해설 목표관리법은 해당 종업원이 직속상사과 협의하여 작업목표량을 결정하고 이에 대한 성과를 부하와 상사가 같이 측정 및 고과하는 근대적 고과 방법이다.

오답해설 ① **중요사실기록법** : 기업목표 달성의 성패에 영향을 미치는 요소가 큰 중요사실을 중점적으로 기록 · 검토하여 피고과자의 직무태도와 업무수행능력을 개선하도록 유도하는 고과방법

② **자기신고법** : 피고과자가 자기 능력과 희망을 기술하여 정기적으로 보고하고 그것을 고과하여 그 결과를 인력자원조사의 자료로 활용하는 방법

④ **평가센터법** : 평가를 전문으로 하는 평가센터를 만들고 여기에서 다양한 자료를 활용하여 고과하는 방법

⑤ **행동기준고과법** : 경영성과가 어떻게 달성되었으며 어떤 직무수행이 더 나은 경영성과를 초래하는가를 동기유발의 행동과학적 입장에서 평가하는 방법

110 다음에서 설명하고 있는 수직적 유통시스템(VMS)은?

> 기업이 생산과 유통을 모두 소유함으로써 결합되는 형태로 제조업체가 도소매상을 소유하는 전방통합과 도소매상이 제조업체를 소유하는 후방통합 두 가지가 있다.

① 기업형 VMS
② 자유형 VMS
③ 동맹형 VMS
④ 계약형 VMS
⑤ 관리형 VMS

정답 ①

정답해설 기업형 VMS는 한 경로구성원이 다른 경로구성원들을 법적으로 소유하고 관리하는 경로유형으로 제조회사가 도소매업체를 소유하거나 도매상이 소매업체를 소유하는 전방통합과 소매상이나 도매상이 제조업자를 소유하거나 제조업체가 부품공급업자를 소유하는 후방통합으로 나뉜다.

오답해설 ③ **동맹형 VMS** : 2명 이상의 구성원들이 동등한 관계에서 제휴하는 경로조직이다.

④ **계약형 VMS** : 경로구성원들이 각자 수행해야 할 마케팅 기능들을 계약에 의해 합의함으로써 공식적 경로관계를 형성하는 경로조직으로 이는 다시 도매상후원 자발적 연쇄점, 소매상 협동조합, 프랜차이즈 시스템의 세 가지 유형으로 나뉜다.

⑤ **관리형 VMS** : 경로구성원들 중에서 가장 규모가 크거나 시장영향력이 큰 구성원이 다른 구성원들에게 비공식적으로 영향을 미쳐 생산이나 유통활동을 조정하는 형태로 비공식적으로 작용하는 것이 특징이다.

111 「유통산업발전법」 제2조 제6항에 따른 체인사업의 정의로 아래의 내용과 일치하는 체인사업은?

> 체인본부의 계속적인 경영지도 및 체인본부가 가맹점 간의 협업에 의하여 가맹점의 취급품목 · 영업방식 등의 표준화사업과 공동구매 · 공동판매 · 공동시설활용 등 공동사업을 수행하는 형태의 체인사업이다.

① 직영점형 체인사업
② 프랜차이즈형 체인사업
③ 임의가맹점형 체인사업
④ 조합형 체인사업
⑤ 카르텔형 체인사업

정답 ③

정답해설 임의가맹점형 체인사업은 체인본부의 계속적인 경영지도 및 체인본부가 가맹점 간의 협업에 의하여 가맹점의 취급품목 · 영업방식 등의 표준화사업과 공동구매 · 공동판매 · 공동시설활용 등 공동사업을 수행하는 형태의 체인사업이다.

오답해설 ① **직영점형 체인사업** : 체인본부가 주로 소매점포를 직영하되, 가맹계약을 체결한 일부 소매점포에 대하여 상품의 공급 및 경영지도를 계속하는 형태의 체인사업이다.
② **프랜차이즈형 체인사업** : 독자적인 상품 또는 판매 · 경영 기법을 개발한 체인본부가 상호 · 판매방법 · 매장운영 및 광고방법 등을 결정하고, 가맹점으로 하여금 그 결정과 지도에 따라 운영하도록 하는 형태의 체인사업이다.
④ **조합형 체인사업** : 같은 업종의 소매점들이 「중소기업협동조합법」 제3조에 따른 중소기업협동조합, 「협동조합 기본법」 제15조에 따른 협동조합, 같은 법 제71조에 따른 협동조합연합회, 같은 법 제85조에 따른 사회적협동조합 또는 같은 법 제114조에 따른 사회적협동조합연합회를 설립하여 공동구매 · 공동판매 · 공동시설활용 등 사업을 수행하는 형태의 체인사업이다.

112 수직적 통합의 장점으로 옳지 않은 것은?

① 원료의 독점으로 경쟁자를 배제한다.
② 원료부문에서 수익을 얻는다.
③ 원료부터 제품까지의 기술적 일관성이 이뤄진다.
④ 말단 제품 분야의 기업이 원료 기업에까지 참여할 수 있다.
⑤ 핵심사업을 강화하거나 보호할 수 있다.

정답 ④

정답해설 수직적 통합은 원료 기업이 말단 제품 분야까지 생산영역을 넓히는 것으로 말단 제품 분야의 기업이 원료 기업에까지 참여하는 것은 역수직적 통합이라고 한다.

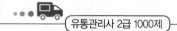

113 **전략 유형을 시장대응전략과 경쟁우위전략으로 구분할 때 경쟁우위전략만으로 옳게 묶인 것은?**

① 제품수명주기전략, 포트폴리오전략
② 원가우위전략, 포트폴리오전략
③ 차별화전략, 집중화전략
④ 제품/시장믹스전략, 차별화전략
⑤ 제품수명주기전략, 집중화전략

정답 ③

정답해설 전략의 유형 중 시장대응전략으로는 제품수명주기전략, 포트폴리오전략, 제품/시장믹스전략이 있으며 경쟁우위전략으로는 원가우위전략, 차별화전략, 집중화전략이 있다.

114 **물류아웃소싱을 실행했을 때 얻을 수 있는 효과로 옳지 않은 것은?**

① 물류공동화와 물류 표준화가 가능하다.
② 기업 경쟁우위와 물류 표준화가 가능하다.
③ 사회적 비용이 절감된다.
④ 주력 사업을 벗어나 다양한 사업에 집중할 수 있다.
⑤ 물류시설 장비를 이중으로 투자하는 데 따르는 투자 위험을 회피할 수 있다.

정답 ④

정답해설 아웃소싱은 자사의 핵심역량에 집중하면서 비핵심부문을 분산 또는 외주 등의 방법으로 기업 가치를 제고하는 전략으로 전문화의 이점을 살려 주력 사업에 집중할 수 있다는 장점이 있다.

115 **유통 개방정도에 따른 내용으로 옳지 않은 것은?**

① 정해진 지역에서 특정 경로구성원만이 활동하는 유통방식은 집중적 유통이다.
② 시장을 더 넓게 개척하기 위해서 많은 경로구성원들을 이용함으로써 시장의 노출을 극대화하는 유통방식은 집중적 유통이다.
③ 슈퍼마켓에서 팔리는 대부분의 소비재는 전속적 유통이다.
④ 유통비용을 낮춤과 동시에 경로구성원의 수가 많을 때보다 구성원들과의 관계를 더 유지할 수 있는 유통방식은 전속적 유통이다.
⑤ 제품과 연관된 배타성과 유일성의 이미지를 더욱 효과적으로 소비자들에게 전달할 수 있는 유통방식은 전속적 유통이다.

정답 ③

정답해설 슈퍼마켓에서 팔리는 대부분의 소비재는 집중적 유통이다.

116 최근이나 미래의 유통환경 변화에 대한 내용으로 가장 거리가 먼 것은?

① 인구성장 증가로 인해 상품시장의 양적 완화와 공급 부족을 초래하게 될 것이다.
② 노인인구 증가와 구매력을 동반한 노인인구 증가는 건강과 편의성을 추구하는 새로운 수요를 만들 것이다.
③ 나홀로가구 증가로 인해 소용량제품, 미니가전제품 등 1인가구를 위한 서비스가 등장하고 있다.
④ 소비자가 제품개발과 유통과정에도 참여하는 등 능동적인 소비자가 나타났다.
⑤ 온라인 마케터의 영향력이 커져 프로슈머의 필요성이 점차 확대되고 있다.

정답 ①

정답해설 현재 우리나라는 심각한 인구절벽 문제를 겪고 있으며 이러한 인구성장의 정체가 지속된다면 상품시장의 양적 포화와 공급 과잉을 초래하게 될 것이다.

117 다음 중 경영성과를 분석하는 여러 활동성 비율들을 계산할 때 매출액을 공통적으로 반영하는 활동성 비율이 아닌 것은?

① 재고자산회전률
② 고정자산회전률
③ 총자산회전률
④ 상품회전률
⑤ 매출채권회전률

정답 ④

정답해설 상품회전률 = 연간상품매상고/평균상품재고

오답해설 활동성 비율
- 재고자산회전률 = 매출액/재고자산
- 고정자산회전률 = 매출액/고정자산
- 총자산회전률 = 매출액/총자산
- 매출채권회전률 = 매출액/매출채권

118 **종업원 인센티브제도에 관한 내용으로 옳은 것은?**

① 성과배분제는 종업원에게 배분된 이익의 크기는 기업이익의 달성 정도와 사전에 정해진 배분 비율에 의해 결정된다는 가정에 근거를 둔다.
② 변동급여제도 중 수수료를 통한 급여는 연공서열위주보상을 통해 영업활동을 관리하는 유용한 수단이 된다.
③ 주식소유권(stock ownership)은 직원들로 하여금 회사주식을 소유하게 함으로써 회사 소유주의 일부가 되기를 장려하는 방법이다.
④ 기업에서 신제품이 출시되면 업적을 치하하기 위해 감사패, 상품권, 선물 등을 나눠주는 것은 물적포상의 한 형태이다.
⑤ 팀 구성원의 존재가 개인별로 업무를 할 때보다 더욱 강력하고 지속적인 행동을 유발시키는 것은 개인인센티브 제도에 속한다.

정답 ③

정답해설 주식소유권(stock ownership)은 직원들로 하여금 회사주식을 소유하게 함으로써 회사 소유주의 일부가 되기를 장려하는 방법이다.

오답해설 ① 이익배분제에 대한 설명이다.
② 변동급여제도 중 수수료를 통한 급여는 실적위주보상을 통해 영업활동을 관리하는 유용한 수단이 된다.
④ 기업에서 신제품이 출시되면 업적을 치하하기 위해 감사패, 상품권, 선물 등을 나눠주는 것은 인정포상의 한 형태이다.
⑤ 팀 구성원의 존재보다 개인별로 업무를 할 때 더욱 강력하고 지속적인 행동을 유발시키는 것이 개인인센티브 제도에 속한다.

119 **경제 상태가 과점을 이루고 있을 때 자신의 이익을 최대로 할 수 있는 경제행위가 상대방의 경제행위와 상호의존관계에 있다는 이론은?**

① 대리이론
② 정치–경제관점 이론
③ 게임이론
④ 연기–투기 이론
⑤ 거래비용이론

정답 ③

정답해설 게임이론은 수직적으로 경쟁관계에 있는 제조업체와 중간상이 각자 자신의 이익을 극대화하기 위해 자신과 상대방의 행위를 조정하는 과정에서 유통경로구조가 결정되는 것으로 본다.

오답해설 ① **대리이론** : 조직을 계약관계의 연속으로 정의하고 계약의 당사자를 주인과 조직 내 주어진 직무에서 수행하는 대리인으로 구분한다.
② **정치–경제관점 이론** : 내부구성원 간의 권한 및 의존, 갈등 및 협력 관계구조, 소유구조, 의사결정 과정, 외부 0

해관계자와의 관계, 외부 환경요소 등을 고려하여 경로구조가 결정된다고 본다.

④ **연기-투기 이론** : 경로구성원들 중 재고보유에 따른 위험을 누가 감수하는지에 따라 경로구조가 결정된다는 이론이다.

⑤ **거래비용이론** : 시장과 내부조직과의 관계를 분석하는 이론으로 거래비용이 증가하는 원인과 그 해결방안을 수직적 통합으로 나타낸 것이다.

120 공급사슬관리(SCM)의 성과측정 방법에 대한 설명으로 옳은 것은?

① SCM수행에 대한 실질적인 성과를 보여줄 수 있어야 한다.
② 성과측정은 개별 기업의 성과에 초점을 맞춰야 한다.
③ 매트릭스가 없이도 상세한 데이터를 볼 수 있다.
④ 주문주기 감소, 비용절감, 학습효과 향상은 정밀 측정에 해당한다.
⑤ 판매 및 수익 증가, 고객만족 증가는 원인 측정에 해당한다.

정답 ①

정답해설 공급사슬관리(SCM)의 성과측정은 공급사슬관리의 평가를 위해 전반적인 성과 평가를 가장하는 것으로 SCM수행에 대한 실질적인 성과를 보여줄 수 있어야 한다.

오답해설 ② 성과측정은 전체 기업의 성과에 초점을 맞춰야 한다.
③ 공급사슬관리의 성과측정은 SCM수행과 관련한 상세한 데이터를 보여줄 수 있는 매트릭스가 필요하다.
④ 주문주기 감소, 비용절감, 학습효과 향상은 프로세스 측정에 해당된다.
⑤ 판매 및 수익 증가, 고객만족 증가는 결과 측정에 해당된다.

121 기업이 선택할 수 있는 주요 수송 수단인 철도, 육로(트럭), 해상운송, 항공, 파이프라인을 상대적으로 비교했을 때 가장 옳은 것은?

① 해상수송은 광물이나 곡물을 수송하는 데 경제적이다.
② 철도수송은 전체 수송에서 차지하는 비중이 증가하는 추세이다.
③ 파이프라인수송은 단위당 비용, 속도, 이용 편리성 측면에서 상대적으로 우수하다.
④ 항공수송은 신속하고 단위 거리 당 비용도 가장 낮다.
⑤ 육상수송은 자체적인 운송으로만 활용이 가능하다.

정답 ①

정답해설 해상수송은 가까운 바다나 거리가 먼 대양에서 다양한 크기의 선박을 이용하여 화물을 싣고 옮기는 것으로 주로 광물이나 곡물을 수송하는 데 경제적이다.

오답해설 ② 철도수송은 전체 수송에서 차지하는 비중이 감소하는 추세이나 육로의 정체현상으로 재활성화 될 가능성이 있다
③ 파이프라인 수송은 석유 및 가스제품 운송에 이용되는 운송수단으로 이용제품이 한정적이고 운송경로에 대한 제약이 크기 때문에 다른 운송수단과 연계하여 활용하는 데는 한계가 있다.
④ 항공수송은 신속하지만 단위 거리 당 비용이 가장 높다는 단점이 있다.
⑤ 육상수송은 자체적인 운송뿐만 아니라 선박이나 항공과 결합해서 널리 활용된다.

122 다음 중 진열도매상에 관련된 내용으로 옳지 않은 것은?

① 소매점의 진열선반 위에 상품을 공급한다.
② 소매상들에게 매출 비용이 낮지만 회전율이 높은 상품을 판매한다.
③ 소매점포까지 직접 트럭배달을 해주며 소매상을 대신하여 진열대를 진열하고 재고를 관리해 준다,
④ 선반에 전시되는 상품에 대한 소유권은 소매상들이 가지고 있다.
⑤ 소매상이 상품을 판매한 뒤 도매상에게 대금을 지불하는 위탁방식이다.

정답 ④

정답해설 진열도매상은 소매상들의 주요 취급 제품이나 매출 비중이 높지 않은 제품을 공급하는 도매상으로 선반에 전시되는 상품에 대한 소유권은 소매상들이 아닌 도매상들에게 있으며 팔리지 않은 상품은 다시 환수한다.

123 제조업의 수직계열화와 관련된 내용으로 옳지 않은 것은?

① 생산 · 제조 · 판매 등을 모두 한 기업이 도맡아 한다.
② 제품을 생산하는 데 있어서 큰 관련성이 없는 기업을 계열사로 둔다.
③ 유통기능의 중복을 최소화하는 효과를 가져 온다.
④ 생산자가 자사제품을 소비자에게 직접 판매하고자 할 때도 활용된다.
⑤ 통신판매, 방문판매, 소매점 직영 등이 포함된다.

정답 ②

정답해설 ②는 수평계열화에 대한 설명으로 수직계열화는 제품을 생산하는 공급자로부터 제품을 판매하는 판매사까지 전체 사슬에 관련된 기업을 하나의 큰 틀의 계열사로 둔다.

124 아래의 괄호 안에 들어갈 조직의 유형을 순서대로 옳게 나타낸 것은?

(㉠)은 책임과 권한이 병행되고 모든 사람들이 한 명의 감독자에게 보고하며 조직의 상부에서 하부로 전달되는 의사소통의 흐름을 가진 조직을 말하고 (㉡)은 특정 제품이나 서비스의 창출과 관련된 업무 프로세스를 책임지고 자율적으로 움직이는 작업집단이다.

① ㉠ 라인 & 스태프 조직 ㉡ 교차기능 자율경영팀
② ㉠ 라인 조직 ㉡ 교차기능 자율경영팀
③ ㉠ 라인 조직 ㉡ 매트릭스 조직
④ ㉠ 라인 & 스태프 조직 ㉡ 매트릭스 조직
⑤ ㉠ 교차기능 자율경영팀 ㉡ 라인 & 스태프 조직

정답 ②

정답해설
- **라인 조직** : 조직의 산출에 직접적으로 공급하는 활동들의 조직구조로 각 조직 구성원은 바로 위 상급자의 지휘명령만 따르고 그 상급자에 대해서만 책임을 지며 지휘 명령과 단일관리로 인해 질서를 유지하기 쉽다.
- **교차기능 자율경영팀** : 특정 제품이나 서비스의 창출과 관련된 업무 프로세스를 책임지고 자율적으로 움직이는 작업집단으로 권한이양원리 아래 일선 실무자들의 자율성과 창의성을 중시하는 현장 중심형 조직이다.

125 다음 중 경제적 주문량(EOQ)에 대한 기본 가정으로 옳지 않은 것은?

① 해당 품목의 단위 시간당 수요율은 불균등하다.
② 단위 구입가격이 구입량에 상관없이 일정하다.
③ 연간 단위 재고유지비용이 주문량에 관계없이 일정하다.
④ 1회 주문비용이 일정하다.
⑤ 재고부족이 허용되지 않는다.

정답 ①

정답해설 경제적 주문량(EOQ)은 자재나 제품의 구입에 따르는 제비용과 재고유지비 등을 고려해 가장 경제적이라고 판단되는 자재 또는 제품의 주문량으로 계획기간 중 해당 품목의 단위 시간당 수요율이 항상 균등하며 연간 수요가 확정적으로 알려져 있는 것이 특징이다.

126 공급자주도형재고관리(VMI)에 대한 내용으로 옳지 않은 것은?

① 소매업의 재고관리를 공급자인 제조업체와 도매업체가 한다.
② 유통업체는 재고관리에 소모되는 인력과 시간 등을 비용절감할 수 있고 제조업체는 적정생산 및 납품으로 경쟁력을 유지할 수 있다.
③ 유통업체가 판매업체에 재고정보를 전자문서교환(EDI)으로 제공한다.
④ VMI를 구축하더라도 판매정보에 대한 적절한 분석이 이뤄지지 않으면 이상적인 재고량 유지가 어렵다.
⑤ 소매업체의 실시간 판매정보를 기반으로 공급자측은 정확한 판매예측과 재고조절, 상품기획이 가능하다.

정답 ③

정답해설 공급자주도형재고관리(VMI)는 유통업체가 제조업체에 판매 · 재고정보를 전자문서교환으로 제공하면 제조업체는 이를 토대로 과거 데이터를 분석하고 수요를 예측하여 상품의 적정 납품수량을 결정하는 시스템 환경으로 유통업체는 재고관리에 소모되는 인력, 시간 등의 비용절감 효과를 기대할 수 있고, 제조업체는 적정생산 및 납품을 통해 경쟁력을 유지할 수 있다.

127 기존의 소매점이 제공하는 서비스와 고객의 선호 분포 간의 관계에서 새로운 소매업의 출현을 예측할 수 있다는 이론은?

① 변증법적이론
② 소매차륜이론
③ 아코디언이론
④ 소매수명주기이론
⑤ 진공지대이론

정답 ⑤

정답해설 진공지대이론은 기존의 소매업태가 다른 유형의 모새로 변화할 때 그 빈자리인 진공지대를 새로운 형태의 소매업태가 자리를 메운다는 이론이다.

오답해설 ① **변증법적이론** : 소매점의 진화과정을 변증법적 정 · 반 · 합 과정으로 설명한 이론
② **소매차륜이론** : 사회 · 경제적 환경이 변화됨에 따른 소매상의 진화와 발전을 설명하는 대표적인 이론으로 시장 진입 초기에는 저가격 · 저서비스 · 제한적 제품 구색으로 시장에 진입하여 성장기에는 고비용 · 고가격 · 고서비스 소매점으로 위치가 확립되고 새로운 유형의 혁신적인 소매점이 저가격 · 저마진 · 저서비스로 시장에 진입할 수 있는 여지를 제공하여 역시 동일한 과정을 따른다는 것
③ **아코디언이론** : 소매점은 다양한 상품 구색을 갖춘 점포로 시작하여 시간이 경과함에 따라 점차 전문화된 한정 상품 계열을 취급하는 소매점 형태로 진화하고 이는 다시 다양하고 전문적인 상품 계열을 취급하는 소매점으로 진화해 간다는 이론
④ **소매수명주기이론** : 제품 수명주기이론과 동일하게 소매점 유형이 도입기 → 성장기 → 성숙기 → 쇠퇴기의 단계를 거치게 된다는 이론

128 유통경로상의 갈등에 대한 내용으로 옳은 것은?

① 상호의존적 관계가 높을수록 구성원들 간의 갈등이 발생할 가능성은 낮아진다.
② 유통업체의 규모에 따른 힘이 감소하면서 유통경로 내 갈등은 거의 사라진 상태이다.
③ 역할불일치로 인한 갈등은 상권범위 혹은 각 경로구성원이 수행할 역할에 대한 구성원 간의 견해 차이에 의해 발생할 수 있다.
④ 경로구성원들이 상대방의 목표를 존중하지 않고 간섭할 때는 영역불일치로 인한 갈등이 나타날 수 있다.
⑤ 프랜차이즈에서 가맹점이 본부에 상권보장을 요구할 때 나타나는 갈등은 목표불일치로 인한 경로갈등이다.

정답 ③

정답해설 역할불일치로 인한 갈등은 상권범위 혹은 각 경로구성원이 수행할 역할에 대한 구성원 간의 견해 차이에 의해 발생할 수 있다.

오답해설 ① 상호의존적 관계가 높을수록 구성원들 간의 갈등이 발생할 가능성은 높아진다.
② 유통업체의 규모에 따른 힘이 증가하면서 제조업체와 유통업체간 힘의 불균형이 발생하여 유통경로 내 갈등은 증가하고 있다.
④ 경로구성원들이 상대방의 목표를 존중하지 않고 간섭할 때는 목표불일치로 인한 갈등이 나타날 수 있다.
⑤ 프랜차이즈에서 가맹점이 본부에 상권보장을 요구할 때 나타나는 갈등은 영역불일치로 인한 경로갈등이다.

129 보관 효율화를 위한 기본원칙으로 옳지 않은 것은?

① 유사성의 원칙 : 유사품을 인접하여 보관하는 원칙이다.
② 중량특성의 원칙 : 물품의 중량에 따라 장소의 높고 낮음을 결정하는 원칙이다.
③ 명료성의 원칙 : 시각적으로 보관물품을 용이하게 식별할 수 있도록 보관하는 원칙이다.
④ 통로대면보관의 원칙 : 보관할 물품을 입출고 빈도에 따라 장소를 달리하여 보관하는 원칙이다.
⑤ 위치표시의 원칙 : 보관물품의 장소와 랙 번호 등을 표시함으로써 보관업무 효율화를 기하는 원칙이다.

정답 ④

정답해설 통로대면보관의 원칙은 물품의 효율적 보관을 위해서 통로면에 보관하는 것을 말한다.

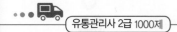

130 **제품의 단위당 가격이 8,000원이고 제품의 단위당 변동비가 3,000원일 때 이 회사의 손익분기점은 몇 개일 때인가?(단, 총 고정비는 500만 원이다.)**

① 100개　② 500개
③ 1,000개　④ 5,000개
⑤ 10,000개

정답 ④

정답해설 손익분기점 = 고정비 ÷ (1 − 변동비/매출액)

$$\text{손익분기점 판매량} = \frac{\text{고정비}}{\text{단위당판매가격} - \text{단위당변동비}} = \frac{5{,}000{,}000}{8{,}000-3{,}000} = 5{,}000\text{개}$$

131 **소매상의 구매 관리에서 적정한 공급처를 확보하기 위한 평가 기준으로 가장 옳지 않은 것은?**

① 소매상의 목표 달성에 부합되는 적정 품질　② 최적의 가격
③ 적정서비스 수준　④ 역청구 활성화 정도
⑤ 납기의 신뢰성

정답 ④

정답해설 역청구는 공급업체와 소매업체의 거래에서 발생되는 비윤리적 문제로 소매업체가 공급업체로부터 야기된 상품수량의 차이에 대해 대금을 공제하는 것이다.

132 **재무제표와 관련된 각종 회계정보에 대한 설명 중 가장 옳은 것은?**

① 재무상태표를 통해 총자산이 얼마인지 확인할 수 있다.
② 포괄손익계산서를 통해 세금을 낸 이후의 경상이익도 확인할 수 있다.
③ 총 영업실적이 얼마인지 포괄손익계산서를 통해 알 수 있다.
④ 자본변동표는 일정 시점에서 기업의 자본 크기와 일정 기간 동안 자본 변동에 관한 정보를 나타낸다.
⑤ 재무제표는 현금주의에 근거하여 작성하기 때문에 기업의 현금가용능력을 정확하게 파악할 수 있다.

정답 ④

정답해설 자본변동표는 자본에 대한 청구권을 가진 주주들에게 일정 시점에서 기업의 자본 크기와 일정 기간 동안 자본 변동에 관한 정보를 나타내는 보고서로 자본의 기초 잔액과 기말잔액을 모두 기록하기 때문에 재무상태표와 연결이 가능하고 자본의 변동에 대해서는 손익계산서와 현금흐름표상의 정보와 연계하여 볼 수 있어 각 재무제표 간의 관계를 명확하게 파악할 수 있다.

오답해설 ① 재무상태표를 통해 자산 중 자기자본이 얼마인지 확인할 수 있다.
② 포괄손익계산서를 통해 세금을 낸 이후의 순이익도 확인할 수 있다.
③ 일정 기간 영업실적이 얼마인지 포괄손익계산서를 통해 알 수 있다.
⑤ 재무제표는 발생주의에 근거하여 작성한다.

33 「전자상거래 등에서의 소비자보호에 관한 법률」에서 정의한 용어로 옳지 않은 것은?

① '전자상거래'란 전자거래의 방법으로 상행위(商行爲)를 하는 것을 말한다.
② '통신판매'란 우편 · 전기통신, 그 밖에 대통령령으로 정하는 방법으로 재화 또는 용역의 판매에 관한 정보를 제공하고 소비자의 청약을 받아 재화 또는 용역을 판매하는 것을 말한다.
③ '통신판매업자'란 통신판매를 업(業)으로 하는 자 또는 그와의 약정에 따라 통신판매업무를 수행하는 자를 말한다.
④ '통신판매중개'란 사이버몰의 이용을 허락하거나 그 밖에 총리령으로 정하는 방법으로 거래 당사자 간의 통신판매를 알선하는 행위를 말한다.
⑤ '사업자'란 물품을 제조 · 수입 · 판매하거나 용역을 제공하는 자를 말한다.

정답 ②

정답해설 「전자상거래 등에서의 소비자보호에 관한 법률」 제2조 제2항에 의하면 '통신판매'란 우편 · 전기통신, 그 밖에 총리령으로 정하는 방법으로 재화 또는 용역(일정한 시설을 이용하거나 용역을 제공받을 수 있는 권리를 포함한다. 이하 같다)의 판매에 관한 정보를 제공하고 소비자의 청약을 받아 재화 또는 용역(이하 '재화 등'이라 한다)을 판매하는 것을 말한다. 다만, 「방문판매 등에 관한 법률」 제2조 제3호에 따른 전화권유판매는 통신판매의 범위에서 제외한다.

134 재고관리에 대해서 옳지 않게 기술한 것을 모두 고르면?

㉠ 재고에 관한 비용은 재고유지비용, 주문비용, 재고부족비용 등 3가지가 있다.
㉡ 재고품절로 인하여 발생하는 손실을 비용화한 것이 재고유지비용이다.
㉢ 주문비용은 구매나 생산주문을 하는 데 직접 소요되는 비용으로 수송비, 하역비, 검사료 등을 포함한다.
㉣ 파이프라인 재고는 운반 중인 제품이나 공장에서 가공하기 위하여 이동 중에 있는 재공품 성격의 재고를 의미한다.
㉤ 이자비용, 창고사용료, 창고유지관리비는 주문비용에 속하지만 재고감손비용은 재고유지비용에 포함된다.

① ㉡, ㉤
② ㉡, ㉣
③ ㉠, ㉡, ㉤
④ ㉠, ㉢, ㉣
⑤ ㉠, ㉢, ㉤

정답 ①

정답해설 ㉡ 재고품절로 인하여 발생하는 손실을 비용화한 것은 재고부족비용이다.
㉤ 이자비용, 창고사용료, 창고유지관리비, 재고감손비용, 모두 재고유지비용에 속한다.

135 지속적 상품보충(CRP)에 대한 내용 설명으로 옳은 것은?

① 소비자수요에 기초하여 도매점에 상품을 공급하는 방식이다.
② 적기에 필요로 하는 유통도매점의 재고를 보충하기 위해 운영비용과 재고수준을 늘린다.
③ 기존에 소매점에 재고가 있음에도 불구하고 상품을 공급하는 풀(pull) 방식과는 차이가 있다.
④ 포스 데이터(POS data)를 사용하면 지속적 상품보충 프로세스를 더 개선할 수 있다.
⑤ 전자자료교환(EDI)이 불가능하다.

정답 ④

정답해설 지속적 상품보충(CRP)은 유통 공급망에 있는 업체들 간 상호협력적인 관행으로 유통업체에서 공급업체로 주문하는 방식과 달리 실제 판매된 데이터와 예측된 수요를 근거로 상품 보충하는 방법이며 포스 데이터(POS data)와 이를 근거로 한 판매예측데이터를 기초로 하여 창고의 재고보충주문을 향상시킨다.

오답해설 ① 소비자수요에 기초하여 소매점에 상품을 공급하는 방식이다.
② 적기에 필요로 하는 유통소매점의 재고를 보충하기 위해 운영비용과 재고수준을 줄인다.
③ 지속적 상품보충은 실제 판매된 판매데이터와 예측된 수요를 근거로 상품을 보충시키는 풀(pull) 방식이다.
⑤ 전자자료교환(EDI)을 통해 정보를 교환할 수 있다.

36 최고 경영자가 사원에 대해 지켜야 하는 기업윤리에 해당하지 않는 것을 모두 고르면?

㉠ 차별대우 금지	㉡ 회사기밀 유출 금지	㉢ 부당한 반품 금지
㉣ 위험한 노동 강요 금지	㉤ 허위광고 금지	㉥ 자금 횡령 금지

① ㉠, ㉡, ㉥
② ㉡, ㉥
③ ㉠, ㉣
④ ㉠, ㉡, ㉣, ㉥
⑤ ㉡, ㉢, ㉤, ㉥

정답 ⑤

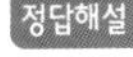
정답해설 ㉡ 사원이 기업에 대해 지켜야 하는 기업윤리
㉢ 기업이 납품업체에 대해 지켜야 하는 기업윤리
㉤ 기업이 고객에 대해 지켜야 하는 기업윤리
㉥ 최고 경영자가 투자자에 대해 지켜야 하는 기업윤리

37 전통적 경로와 계약형 경로의 특징을 비교한 것으로 옳지 않은 것은?

	구분	정통적 경로	계약형 경로
㉠	계약 성격	개별주문에 의한 교섭	개발된 장기적 계약
㉡	경로의사 결정 위치	개별구성원	경로조직 내 승인된 업체 및 본부
㉢	권한 위치	개별구성원에 주로 존재	개별구성원에 배타적으로 존재
㉣	구조화된 분업	존재하지 않음	경로기능의 분업 동의
㉤	규모의 경제 실현가능성	낮다	높다

① ㉠
② ㉡
③ ㉢
④ ㉣
⑤ ㉤

정답 ③

정답해설 권한 위치는 전통적 유통경로에서 개별구성원에 배타적으로 존재하지만 계약형 유통경로에서는 개별구성원에 주로 존재한다.

138 목표에 의한 관리(MBO)에 대한 설명으로 옳지 않은 것은?

① 구성원이 목표 설정에 참여하고 목표달성을 통한 실적평가를 바탕으로 보상이 이루어지는 리제도이다.
② 관리자의 명령에 따라 종업원이 결정하고 이에 알맞은 정보를 제공한다.
③ 조직의 거대화에 따른 종업원의 무기력화를 방지하고 근로의욕을 향상시키는 관리방법이다.
④ 목표관리는 결과에 의하여 평가되고 목표에 의하여 동기가 부여된다.
⑤ 장기계획이 만들어질 수 있는 상대적으로 안정적인 상황에서 효율적이다.

정답 ②

정답해설 목표에 의한 관리(MBO)는 관리자가 명령하지 않으며 종업원은 자율적 결정에 필요한 정보를 제공하고 종업원 상 간의 조정만을 관리한다.

139 유통의 기능 중 시간적 기능과 관련이 있는 설명은?

① 현대와 같이 기술적 분업이 발달한 사회에서 일반적으로 재화의 생산과 소비가 인격적으로 이하므로 재화를 생산자로부터 소비자에게 사회적으로 유통시켜 이전시키는 기능이다.
② 현대의 경제사회에서 매매는 상품을 인격적으로 이전시키기 위한 기본적 유통기능이고 상품 화폐의 교환에 의해 이전된다.
③ 대부분의 상품들은 대량생산되고 있지만 소비단위는 소량으로 이루어지고 있기 때문에 생산 소비의 수량이 일치하지 않는 것을 수집과 분산을 통하여 통일하는 기능이다.
④ 현대 사회의 경제가 발달하면 할수록 상품 및 재화의 생산과 소비 사이의 공간적 · 장소적 불 치는 점점 확대되는데 이것을 극복하고 사회적 유통을 조정하는 기능을 말한다.
⑤ 상품의 생산시점에서 소비시점까지 저장함으로써 상품의 효용가치를 창조하는 기능이다.

정답 ⑤

정답해설 유통의 시간적 기능은 상품의 생산시점에서 소비시점까지 저장함으로써 상품의 효용가치를 창조하는 기능이다.

오답해설 ① · ② 인격적 통일기능에 대한 설명이다.
③ 양적 통일기능에 대한 설명이다.
④ 장소적 기능에 대한 설명이다.

40 **QR(Quick Response)시스템에 대한 내용으로 옳지 않은 것은?**

① 주로 CRM과 연계되어 있다.
② EAN, POS, EDI 등의 정보기술을 활용한다.
③ 섬유 및 의류산업에 활용되고 있다.
④ 생산업체와 유통업체의 유기적인 상호협력이 필요하다.
⑤ 제품 공급사슬 상의 효율성 극대화 및 소비자 만족 극대화를 위한 것이다.

정답 ①

정답해설 QR은 고객과 생산자 사이에 걸쳐 있는 경로상의 많은 재고를 줄임으로써 제품 공급사슬의 효율성을 극대화하는 시스템으로 SCM의 응용기법이다.

41 **최근 유통업계에서는 업종의 개념보다는 '업태개념'에 입각한 유통업의 분류가 점차 중시되고 있다. 업태개념에 따라 유통업의 분류가 중요하게 인식되는 이유나 배경으로 가장 거리가 먼 것은?**

① 점포가 취급하는 상품의 물리적 특성을 강조하여 판매하는 방식에서 탈피하여 소비자의 편익이나 가치를 중시하는 경영방식이 기업의 성과에 있어 중요한 영향을 미친다는 인식이 확산되고 있기 때문이다.
② 소비자 욕구의 다양화로 이에 대응하고자 하는 유통기업이 상품의 판매방법, 가격 그리고 제공하는 서비스 등을 다른 기업과 차별화하고자 하는 경향이 증가하고 있기 때문이다.
③ 유통기업은 다양한 상품을 취급하기보다 자신의 지위나 영향력을 높이고 상품의 차별화 및 구매에서 규모의 경제를 통한 이익을 추구하기 위해 특정 상품에 집중하는 경향이 강하기 때문이다.
④ 최근 소매기업은 제조업자의 판매 대리기관으로서의 역할을 수행하기보다는 독자적이고 모험적으로 사업을 전개하고자 하는 성향이 강해지고 있기 때문이다.
⑤ 디파트먼트 스토어란 업태는 '커다란 건물에서 중간 계층이상 고객에게 패션성 있는 상품이나 그레이드가 높은 내셔널 브랜드 상품을 중심으로 다양하게 부문별로 구분한 매장에서 집중 판매하는 소매점', 컨비니언스 스토어는 '젊은 층이 주 고객이며 근린지역에서 필수품을 중심으로 한정적이긴 하나 상품구성을 폭넓게 하여 장소와 시간의 편의성이라는 고객 니즈를 충족하는 소규모 소매점'이라고 정의할 수 있다.

정답 ③

정답해설 최근 백화점, 슈퍼마켓, 할인점, 편의점 등은 특정 상품에 집중하는 것보다 대형화, 다점포전략, 다양한 상품의 취급을 통해 규모의 경제를 통한 이익을 추구하는 경향이 강하다.

142 우리 회사는 신제품을 개발하여 시장에 출시하였다. 시장 조사 결과 올해에 개당 1,000원에 55,000개가 판매될 것으로 예상되었다. 이 경우 변동비율이 60%이고 고정비가 30,000,000 이라면 손익분기점에서의 판매수량은?

① 55,000개
② 65,000개
③ 37,000개
④ 50,000개
⑤ 75,000개

정답 ⑤

정답해설 손익분기점에서의 판매수량 = 고정비용/공헌이익
공헌이익 = 판매가격 – 단위당 변동원가 = 1,000원 – 600원 = 400원
따라서 손익분기점에서의 판매수량은
30,000,000원/400원 = 75,000개

143 다음 설명에 일치하는 수직적 유통시스템(VMS)은?

> 독립적인 경로구성원들이 각자 수행해야 할 마케팅 기능을 계약에 의해 합의함으로 형성된 경로유형으로 프렌차이즈, 소매상 주도 협동조합, 도매상주도 자발적 체인 등이 여기에 속한다.

① 기업형 VMS
② 리더형 VMS
③ 자유형 VMS
④ 계약형 VMS
⑤ 관리형 VMS

정답 ④

정답해설 계약형 VMS는 경로구성원들이 각자 수행해야 할 마케팅 기능들을 계약에 의해 합의함으로써 공식적 경로관계를 형성하는 경로조직으로 이는 다시 도매상후원 자발적 연쇄점, 소매상 협동조합, 프랜차이즈 시스템의 세 가지 유형으로 나뉜다.

144 다음의 자재소요량계획(MRP)에 대한 설명으로 옳지 않은 것은?

① 일정생산계획을 근거로 필요자재의 양과 필요시점을 산정한다.
② 소요량으로 발주량이 정해진다.
③ 종속수요품목에 대한 재고관리 기법이다.

④ 재고레코드파일 및 자재명세서(BOM)가 기준정보가 된다.
⑤ 자동차와 같이 부하가 일정하며 반복적인 대량생산에 적합하다.

정답 ⑤

정답해설 자재소요량계획(MRP)은 경제적 주문량과 주문점 산정을 기초로 하는 전통적인 재고통제 기법의 여러 약점을 보완하기 위하여 미국 IBM사의 올릭키에 의해 개발된 자재관리 및 재고통제기법으로 비반복적인 생산에 적합하다.

145 제조 기업이 선택할 수 있는 유통집중도의 유형에는 집중적 유통, 선택적 유통, 전속적 유통이 있다. 다음 중 제조 기업이 자사의 제품을 유통시키기 위해 집중적 유통을 채택하는 이유와 밀접한 것은?

① 고객들이 자주 구매하여 구매 시 최소의 노력을 필요로 하는 경우
② 고객들이 제품 구매 시 고도의 관여를 필요로 하는 경우
③ 제조기업이 유통경로 구성원에 대한 고도의 통제가 필요한 경우
④ 타사 상표들과 효과적인 경쟁이 필요한 경우
⑤ 고가품과 같이 고객이 추구하는 정보가 많은 제품인 경우

정답 ①

정답해설 집중적 유통은 자사의 제품을 누구나 취급할 수 있도록 개방하는 전략으로 최대한도로 많은 유통업자를 활용하는데 이는 자사의 제품을 사람들에게 널리 알리는 데 많은 도움이 되며 소비자들의 구매를 편리하게 하는 데 의미를 두고 있다.

146 다음 중 유통기업의 본원적 경쟁전략에 대한 설명으로 옳은 것은?

① 본원적 경쟁전략은 경쟁우위와 경쟁영역이라는 두 가지 축으로서 세 가지 본원적 경쟁전략을 구분한다.
② 원가우위전략은 경쟁기업보다 차별화된 재화나 서비스를 소비자에게 제공하는 것이 중요한 목표이다.
③ 맥클리랜드(D. McClland)는 원가우위와 차별화 우위를 동시에 추구하는 전략은 '중간에 걸치는 전략(Struck in the Middle)'이므로 잘못된 전략이라고 보았다.
④ 차별화전략은 경쟁기업보다 더 낮은 원가로 재화나 서비스를 소비자에게 제공하는 것이 중요한 목표이다.
⑤ 집중화전략은 시장의 크기나 사업의 영역에 관계없이 원가우위 전략이나 차별화 전략 중에서 시장점유율을 높일 수 있는 전략을 선택하여 집중해야 한다는 것이다.

정답 ①

정답해설 본원적 경쟁전략은 마이클 포터(M. Porter)가 주장한 기업들이 경쟁우위를 점하기 위한 전략으로 경쟁우위와 경쟁영역이라는 두 가지 축으로 원가우위 전략, 차별화 전략, 집중화 전략 세 가지로 구분할 수 있다.

오답해설 ② 차별화 전략에 관한 내용이다.
③ 마이클 포터(M. Porter)가 주장하였다.
④ 원가우위의 전략에 관한 내용이다.
⑤ 집중화 전략을 택하는 기업은 규모가 작으므로 광범위한 원가우위 및 차별화 전략을 취하기 어려워 특화된 영역 안에서 원가우위 또는 차별화 중 하나를 선택해야 한다.

147 다음 중 유통점의 성과에 관한 설명으로 적합하지 않은 것은?

① 소매상의 재무적 능력은 상품의 수익률(Margin)과 상품의 회전률(Turn Over)을 기반으로 결정된다.
② 일반적으로 상품의 회전률과 상품의 수익률은 상충관계를 갖는다.
③ 상품의 저수익률 – 고회전율 전략은 비교적 분리된 상권에 위치하고 비교적 단순한 구조적 특징을 지닌다.
④ 상품의 고수익률 – 저회전율 전략은 비교적 밀집된 상권에 위치하고 비교적 복잡한 구조적 특징을 지닌다.
⑤ 상품의 수익률은 제품에 대한 판매가격과 구입원가에 의해 결정되고 회전률은 제품의 판매가능성에 의해 결정된다.

정답 ②

정답해설 상품의 회전률과 상품의 수익률이 상충관계를 갖거나 비례관계를 갖는 것은 아니다.

148 다음 중 계약에 의한 전략적 제휴 유형에 해당하지 않는 것은?

① 협력관계를 맺은 기업과의 공동연구개발
② 기술 라이센싱
③ 자회사 형태의 합작투자법인 설립
④ 장기조달계약
⑤ 산업표준의 확립

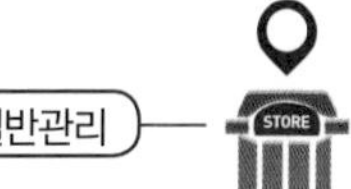

정답 ③

정답해설 ③은 지분협정에 의한 전략적 제휴 유형에 해당한다.

149 소매환경의 변화에 따라 다양한 소매업태들이 생성 · 소멸되었는데 이러한 소매업태별 변천과정을 설명하는 이론으로 옳은 것은?

① 변증법적 과정이론은 최초 저가격, 저마진 형태의 점포운영방법으로 시장에 진입한 이후 경쟁을 위해 점차 고가격, 고마진 형태의 점포운영방법으로 변화하면서 다른 업체의 저가격, 저마진 형태의 시장진출을 용이하게 하는 현상을 말한다.

② 소매수명주기 이론은 새로운 소매형태가 시장에 도입된 이후에 시간이 흘러감에 따라 제품수명주기와 같은 도입기, 성장기, 성숙기, 쇠퇴기를 거치는 현상을 말한다.

③ 적응행동이론은 소비자가 원하는 행동에 적응하는 도매상만 살아남는다는 이론이다.

④ 소매업 수레바퀴설은 두 개의 서로 다른 경쟁적인 소매업태가 하나의 새로운 소매업태로 합쳐지는 소매업태혁신의 합성이론은 의미한다.

⑤ 소매 아코디언 이론은 소매상이 시간이 흘러감에 따라 도매상과 해형물류업종 등의 형태로 변화했다가 다시 소매상의 형태로 변화하는 현상을 말한다.

정답 ②

정답해설 소매수명주기 이론은 특정 유형의 새로운 소매업태가 시장에 도입된 이후에 시간이 흘러감에 따라 제품수명주기와 같은 도입기 → 성장기 → 성숙기 → 쇠퇴기를 거친다는 이론으로 새로운 소매업태가 도입기에 높은 성장률을 보이고 성숙기에 들어 새로운 업태와 치열한 경쟁을 벌이다 시장점유율과 이익의 감소로 쇠퇴기에 접어든다고 주장한다.

오답해설 ① 소매업 수레바퀴설에 대한 설명이다.

③ 적응행동이론은 소비자가 원하는 행동에 적응하는 소매상만 살아남는다는 이론이다.

④ 변증법적 과정이론에 대한 설명이다.

⑤ 소매 아코디언 이론은 소매업체들이 다양한 제품을 취급하는 종합점포 유형에서 몇몇 종류의 전문제품에 집중하는 전문업체 유형으로 변했다가 다시 다양한 제품을 취급하는 종합점포로 전환하는 형식으로 발달하는 상품구색의 측면을 강조한 소매업 발달이론이다.

150 기업이 물류 등을 아웃소싱을 할 때 생기는 단점이 아닌 것은?

① 아웃소싱 파트너가 자사의 경쟁자가 될 가능성

② 파트너 통제의 어려움

③ 제품의 이미지 유발 효과

④ 기업 내 기밀 및 운영관련 노하우의 유출

⑤ 부서 간 업무의 이해상충 발생

정답 ③

정답해설 기업이 물류 등을 아웃소싱을 할 때 생기는 단점으로는 아웃소싱 파트너가 자사의 경쟁자가 될 가능성, 파트너 통제의 어려움, 제품의 원산지 효과, 기업 내 기밀 및 운영관련 노하우의 유출, 부서 간 업무의 이해상충 발생 등이 있다.

151 다음 중 슈퍼마켓의 경영 기술 혁신의 요인을 모두 고르면?

㉠ 고가격 정책　㉡ 셀프서비스 방식　㉢ 판매의 분산
㉣ 관리의 분산　㉤ 저마진

① ㉠, ㉢, ㉣　② ㉡, ㉢, ㉣
③ ㉠, ㉡, ㉢　④ ㉡, ㉣, ㉤
⑤ ㉡, ㉢, ㉤

정답 ⑤

정답해설 슈퍼마켓의 경영 기술 혁신의 요인
- 관리의 집중
- 판매의 분산
- 전략적 출점 정책
- 집중 대량 매입
- 셀프서비스 방식
- 저가격 정책

152 경로구조는 할당된 유통기능들을 담당하는 경로구성원들의 집합으로 정의된다. 다음 중 경로구조에 관한 설명으로 옳은 것은?

① 고객들의 유통서비스 요구가 세련되고 복잡할수록 유통경로가 길어진다.
② 전문품, 고가품일수록 집약적 유통(Intensive Distribution)을 선택하는 것이 더욱 바람직하다.
③ 시장포괄범위가 커질수록 개개중간상의 역할도 확대된다.
④ 유통단계를 축소하면 해당 경로구성원이 수행하는 경로기능은 사라진다.
⑤ 유통경로의 선택에 관계없이 중간상의 개수, 유통비용, 관리 등은 동일하다.

정답 ①

정답해설 유통경로는 고객들의 유통서비스 요구가 세련되고 복잡해질수록 길어진다.

오답해설 ② 전문품, 고가품일수록 전속적 유통(Exclusive Distribution)을 선택한다.
③ 시장포괄범위가 커질수록 개개중간상의 역할은 축소된다.
④ 유통단계를 축소하더라도 경로구성원이 수행하는 경로기능 자체가 없어지지는 않는다.
⑤ 어떠한 유통경로를 선택하느냐에 따라 중간상의 개수, 유통비용, 관리 등이 달라지므로 목표에 맞는 효율적인 유통경로 정책을 세워야 한다.

153 다음 기업 물류비에 대한 설명으로 옳은 것은?

① 물류비 산정은 모든 기업들이 동일한 방식을 사용한다.
② 판매 물류비보다 조달 물류비의 비중이 증가하는 경향이다.
③ 위탁 물류비보다 자가 물류비의 비중이 증가하는 경향이다.
④ 정보비는 다름 물류비와 일치 관계에 있다.
⑤ 조달물류비란 물자의 조달처로부터 운송되어 매입자의 보관창고에 입고, 관리되어 생산공정에 투입되기 직전까지의 물류활동에 따른 물류비를 말한다.

정답 ⑤

정답해설 조달물류비란 물자의 조달처로부터 운송되어 매입자의 보관창고에 입고, 관리되어 생산공정에 투입되기 직전까지의 물류활동에 따른 물류비로 해당 물자는 공용기와 포장재료를 포함한다.

오답해설 ① 많은 기업에 있어 물류비 산정이 대체로 각 기업의 독자적인 방식으로 이루어지고 있는 실정이다.
② 조달 물류비보다 판매 물류비의 비중이 증가하는 경향이다.
③ 자가 물류비보다 위탁 물류비의 비중이 증가하는 경향이다.
④ 정보비는 다른 물류비와 상반 관계에 있다.

154 다음 유통기구에 대한 설명으로 옳은 것은?

① 유통 단계의 구조는 유통경로의 수에 따른 차원이다.
② 유통기구의 구성요소인 개별주체가 재화의 유통을 위해 수행하는 활동이 유통기능이다.
③ 분산기구는 분산적인 소규모 · 소생산량이 이루어지는 경우에 더욱 발달하는 조직이다.
④ 수집기구는 수집기구를 통해 모아지고 중개기구를 통해 대량화된 상품들이 소비자들에게 분산되어 가는 유통기구이다.
⑤ 보관기구는 수집된 상품이 분산되기 전에 거치는 유통기구이다.

정답 ②

정답해설 ② 유통기능은 유통기구의 구성요소인 개별주체가 재화의 유통을 위해 수행하는 활동을 의미한다.

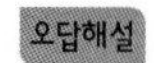
① 유통단계의 구조는 유통경로 상에 개재하고 있는 각 개별주체의 수에 따른 차원이다.
③ 수집기구에 대한 설명이다.
④ 분산기구에 대한 설명이다.
⑤ 중개기구에 대한 설명이다.

155 소매상과 비교할 때 도매상의 특징으로 가장 적합한 것은?

① 고객반응의 즉시성
② 입지의 중요성
③ 경로의 다양성
④ 충동구매성
⑤ 지리적 분산

③

정답해설 소매상은 소비자를 상대로 거래하므로 유통경로가 한 단계로 종료되지만 도매상은 한 번의 거래로 종료되지 않으므로 유통경로가 다양하다.

156 다음 중 소매상을 위한 도매상의 마케팅 기능에 대한 설명이 올바르게 짝지어지지 않은 것은?

① 제품공급기능 : 소매상의 욕구에 대한 도매상의 신속한 대응이 가능하다.
② 구색편의기능 : 제조업자로부터 다양한 상품을 구매하여 소매상에게 제공한다.
③ 소량분할기능 : 대량구매와 소량분할로 이루어진다.
④ 조언지원기능 : 소매상을 대신하여 제품교환, 반품, 수리, 품질보증 등의 서비스를 제공하여 소매상의 노력과 비용을 절감한다.
⑤ 신용재무기능 : 신용거래를 통한 제품공급, 제품비축, 보관기능으로 재고비용을 절감한다.

④

정답해설 ④는 소매지원기능에 대한 설명이다.

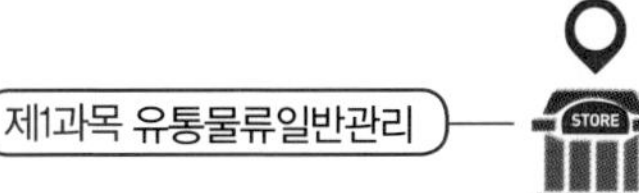

57 **다음 무점포유통업의 도입 및 성장에 중요하게 작용한 요인들에 대한 설명들 중 올바르지 않은 것은?**

① 상품구매에 있어서 소비자에게 발생하는 공간적인 제약을 무점포유통업이 더욱 잘 해결할 수 있다.

② 상품구매에 있어서 소비자에게 발생하는 시간적인 제약을 무점포유통업이 더욱 잘 해결할 수 있다.

③ 정보통신기술의 발달 및 기술의 활용이 무점포유통업의 도입 및 성장에 중요한 역할을 하고 있다.

④ 점포소매업에 비해 상품체험공간이 미비하다는 단점이 있다.

⑤ 고객의 요구 다양화 및 구매 패턴의 변화는 무점포소매업을 축소시키는 요인이다.

정답 ⑤

정답해설 고객의 요구 다양화 및 구매 패턴의 변화를 무점포소매업이 더욱 부응할 수 있다.

58 **소매기관의 발전과정을 설명하기 위한 변증법적 과정이론에 대한 내용으로 올바른 것은?**

① 백화점이 '정(正)'이라면 할인점은 '반(反)'이 되고 할인백화점은 '합(合)'이 된다.

② 할인점은 고가격, 고마진, 고서비스, 저회전율 등의 장점을 가지고 있다고 본다.

③ 백화점은 저가격, 저마진, 저서비스, 고회전율 등의 반대적 장점을 가진다고 본다.

④ 할인백화점은 전문점에 비해 고마진, 고서비스 수준을 갖고 상품의 다양성을 지닌다.

⑤ 제품구색이 넓은 소매업태에서 전문화된 좁은 제품구색의 소매업태로 변화되었다가 다시 넓은 제품구색의 소매업태로 변화되어 간다.

정답 ①

정답해설 소매점의 정 · 반 · 합 과정

- **정(正)** : 고가격 · 고서비스 · 저회전율로 도심지에 화려한 백화점이 등장한다.
- **반(反)** : 저가격 · 저마진 · 저서비스 · 고회전율로 검소한 시설을 갖추고 교외에 할인점이 등장한다.
- **합(合)** : 백화점과 할인점의 장점을 취합하여 절충한 평균마진 · 평균회전율 · 중간가격 · 제한된 서비스 · 보통시설을 갖추고 제3의 할인백화점이 교외지역에 등장한다.

오답해설 ② 백화점이 가지는 장점이다.

③ 할인점이 가지는 반대적 장점이다.

④ 할인백화점은 전문점에 비해 저마진, 저서비스 수준을 갖고 상대적으로 상품의 다양성을 지닌다고 본다.

⑤ 아코디언 이론에 관한 설명이다.

159 **기업이 다각화 전략을 추진하는 이유에 대한 설명으로 옳지 않은 것은?**

① 보유한 능력과 자원을 새로운 업태 혹은 다른 업종의 사업에 투자함으로써 기존의 자원과 능력을 확장 또는 발전시킬 수 있기 때문이다.
② 동일 기업 내의 여러 사업체가 공동으로 활용하거나 축적된 경영노하우 및 관리시스템 등의 기능을 서로 보완하여 활용하는 경우 상승효과가 발생한다.
③ 개별 사업부문의 경기순환에서 오는 위험을 분산시킬 수 있는 수단이 되며 이는 주주의 이익 극대화를 위한 위험분산 효과를 주기 때문이다.
④ 기술 또는 브랜드와 같은 많은 무형의 경영자원을 확보하고 있는 경우 이를 활요할 수 있는 관련 사업으로 다각화를 하는 것이 범위의 경제성을 활용하여 수익률을 증대시킬 수 있기 때문이다.
⑤ 복합기업화가 이루어지면 시장지배력 증가에 도움이 되며 다양한 사업 분야에 진출함으로서 기업 경영상의 유연성 제고와 사업의 포트폴리오를 추구할 수 있기 때문이다.

정답 ③

정답해설 기업이 다각화를 추구하는 이유는 개별 사업부문들의 경기순환에서 오는 위험을 줄일 수 있기 때문이지만 기업의 주식을 소유하고 있는 주주에게 아무런 위험분산의 효과를 주지 못한다. 즉, 주주의 대리인인 최고경영자는 주주의 이익에 반하여 이익의 극대화를 포기하고 대리인 자신의 성장 또는 만족을 위해 다각화를 꾀할 수 있다.

160 **다음 중 트럭도매상에 대한 설명에 해당하는 것은?**

① 도매상은 제품에 대한 소유권을 가지기는 하지만 물적 흐름에 대해서는 관여하지 않는다. 이들은 소매상과 접촉하여 계약을 체결하고 제품은 공급자 또는 생산자가 직접 소매상에 선적하게 한다.
② 도매상은 소매상에게 직접 제품을 수송하며 거래하는 도매상으로 특정지역을 순회하면서 소매상과 거래하게 되는데 대체로 과일이나 야채와 같이 부패하기 쉬운 제품 또는 일부 담배, 제과류, 잡화 등을 소규모로 공급한다.
③ 도매상은 소매상들의 주요 취급제품이나 매출비중이 높지 않은 제품을 공급하는데 이들 제품들은 상대적으로 이윤이 낮지만 회전이 빠르다는 특징을 갖는다.
④ 현금거래 및 구매자가 직접적으로 운송해 가는 것을 원칙으로 하는 도매상이다.
⑤ 원재료를 반제품 형태로 전환하여 제조업체에 공급하는 도매상을 말한다.

정답 ②

정답해설 트럭도매상은 소매상에게 직접 제품을 수송하며 거래하는 도매상으로 특정지역을 순회하면서 소매상과 거래하게

되는데 대체로 과일이나 야채와 같이 부패하기 쉬운 제품 또는 일부 담배, 제과류, 잡화 등을 소규모로 공급한다.

오답해설 ① 직송도매상에 대한 설명이다.
③ 진열도매상에 대한 설명이다.
④ 현금인도도매상에 대한 설명이다.
⑤ 전환도매상에 대한 설명이다.

161 직무분석은 특정직무의 내용과 성질을 체계적으로 조사 · 연구하여 조직에서의 인사관리에 필요한 직무정보를 제공하는 과정을 말한다. 직무분석의 방법에 관한 다음 설명 중에서 바르지 못한 것은?

① 직무분석사가 직무정보를 얻는 가장 좋은 방법은 그 자신이 직접 업무를 수행해 보는 경험법이다.
② 가장 보편적인 방법은 실제로 그 직무에 종사하는 사람의 직무수행상태 및 과정을 분석자가 관찰하여 정보를 수집 · 정리하는 관찰법이다.
③ 직무수행기간이 길어 관찰법을 사용할 수 없는 경우에는 직무담당자와의 대화를 통해 그로부터 직접 직무정보를 얻을 수 있는 면접법을 사용하면 편리하다.
④ 면접담당자가 필요 없고 시간과 노력이 많이 절약되며 해석상의 차이로 인한 오해가 발생할 우려가 가장 적은 것이 질문서 방법이다.
⑤ 직무활동을 과학적으로 파악하기 위하여 전문적 · 기술적인 방법을 사용하여 측정하는 것이 실험법이다.

정답 ④

정답해설 질문서 방법은 모든 직무에 가능하고 광범위한 자료의 수집이 가능하며 시간과 노력이 절약되는 장점이 있는 반면 질문서를 합리적으로 작성하는 것이 어렵고 불성실한 답변으로 완전한 사실을 얻을 수 없으며 해석상의 차이로 인하여 오해가 발생할 수 있다.

162 다음 자본예산에 관한 설명 중 옳지 않은 것은?

① 기업의 투자의사결정은 반복적이고 일상적인 자본적 지출과 장기적 효과를 기대한 대단위의 일회성 지출인 경상적 지출로 분류될 수 없다.
② 자본예산은 1년 이상의 장기적 효과가 지속되는 자본적 지출에 대한 계획을 수립하는 활동이다.
③ 자본예산의 흐름은 먼저 투자목적을 설정하고 투자대안들을 분석하여 독립적, 상호배타적, 보완적, 종속적 투자안으로 분류한다. 그 다음 현금흐름을 추정하고 투자안의 경제성을 평가한

후 최적 투자안을 결정하여 수행하게 된다. 투자 후에는 재평가와 통제가 이루어진다.
④ 현금흐름을 추정할 때는 기회비용과 매몰비용, 대체 및 보완관계 등을 고려하여야 한다.
⑤ 장기성 자본투자를 결정하는 방법 중 순현가(NPV : Net Present Value)법은 투자로 인하여 기대되는 미래의 현금유입을 현재가치로 환산하고 현금유출의 현재가치를 차감하여 투자결정을 하는 방법이다.

정답 ①

정답해설 기업의 투자의사결정은 반복적이고 일상적인 경상적 지출과 장기적 효과를 기대한 대단위의 일회성 지출인 자본적 지출로 분류될 수 있다.

163 경영에서 수요예측관리에 대한 설명으로 옳지 않은 것은?

① 수요관리란 기업의 제품과 서비스에 대한 수요의 발생을 파악하고 수요를 예측하며 그 기업이 그 수요를 어떻게 충족시킬 것인가를 결정하는 것이다.
② 기업의 제품과 서비스에 대한 수요의 양과 시기를 예측하고 수요예측이 이루어지면 수요를 충족시키기 위해 필요한 자원에 대한 예측을 실시한다.
③ 구매부품, 원자재, 기업의 설비, 기계, 노동력의 양과 시기를 예측한다.
④ 마케팅부서는 신제품 계획수립, 재무 · 회계부서는 예산수립과 비용통제, 생산부서에서는 공정선택, 생산능력계획, 설비배치, 생산계획, 재고관리 등의 단기적인 의사결정에 수요예측자료를 사용한다.
⑤ 정성적 수요예측기법에는 시계열 예측법, 이동평균법, 지수평활법 등이 있다.

정답 ⑤

정답해설 수요예측기법의 종류

구분	기법
정성적 수요예측기법	• 판매원 의견 통합법 • 전문가 의견 통합법 • 구매자 의도 조사법 • 시장실험법
정량적 수요예측기법	• 시계열 예측법 • 이동평균법 • 지수평활법 • 인과형 모형법

64 「전자문서 및 전자거래기본법」상 전자거래사업자가 일반적으로 준수해야 할 사항으로 옳지 않은 것은?

① 상호(법인인 경우에는 대표자의 성명을 포함한다)와 그 밖에 자신에 관한 정보와 재화, 용역, 계약 조건 등에 관한 정확한 정보의 제공
② 소비자가 쉽게 접근 · 인지할 수 있도록 약관의 제공 및 보존
③ 소비자가 자신의 주문을 취소 또는 변경할 수 있는 절차의 마련
④ 청약의 철회, 계약의 해제 또는 해지, 교환, 반품 및 대금환급 등을 쉽게 할 수 있는 절차의 마련
⑤ 거래의 증명 등에 필요한 거래기록의 즉시 폐기를 통한 개인의 사생활 보호

정답 ⑤

정답해설 「전자문서 및 전자거래기본법」 제17조에 따르면 거래의 증명 등에 필요한 거래기록은 일정기간 보존하여야 한다.

165 다음 기업의 사회적 책임에 대한 내용 중 옳지 않은 것은?

① 기업의 사회적 책임은 기업의 의사결정 및 활동이 사회 및 환경에 미치는 영향에 대해 투명하고 윤리적인 행동을 통해 기업이 지는 책임이다.
② 기업의 사회적 책임은 무엇보다 기업명성과 브랜드가치를 제고하는 데 도움이 될 수 있다.
③ 기업의 사회적 책임 중 경제적 책임은 법적으로 강제되지 않으나 이해당사자의 기대와 기준 및 가치에 부합하는 행동을 해야 하는 책임이다.
④ 기업의 사회적 책임 활동은 기업 활동의 경제적 측면뿐 아니라 사회 · 환경적 측면들을 모두 포괄한다.
⑤ 현금기부와 제품기증은 자원봉사활동이고 자선행위는 전략적 기증으로 분류된다.

정답 ③

정답해설 이해당사자의 기대와 기준 및 가치에 부합하는 행동을 해야 하는 책임은 '윤리적 책임'으로 경제적 책임이란 기업이 사회가 원하는 제품과 서비스를 생산하여 적정한 가격에 판매하고 이윤을 창출할 책임을 말한다.

166 보관의 일반적 원칙 중 시각적으로 보관품을 용이하게 식별할 수 있도록 보관하는 원칙은?

① 동일성 및 유사성의 원칙
② 회전대응 보관의 원칙
③ 형상특성의 원칙
④ 네트워크보관의 원칙
⑤ 선입선출의 원칙

정답 ④

정답해설 네트워크보관의 원칙은 출하 품목의 다양성에 따른 보관 및 출하상의 곤란을 예상하여 물품정리 및 이동거리를 최소화시키도록 지원하는 방식으로 출하 품목의 연대적 출고가 예상되는 제품들을 한데 모아 정리하고 계통적으로 보관한다는 원칙이다.

오답해설 ① **동일성 및 유사성의 원칙** : 동일품종은 동일장소에 보관하고 유사품은 근처 가까운 장소에 보관해야 한다는 원칙
② **회전대응 보관의 원칙** : 보관할 물품의 장소를 회전정도에 따라 정하는 원칙으로서 입출하 빈도의 정도에 따라 보관 장소를 결정하는 것
③ **형상특성의 원칙** : 형상에 따라 보관방법을 변경하며 형상특성에 부응하여 보관한다는 원칙
⑤ **선입선출의 원칙** : 먼저 입고된 제품을 먼저 출고한다는 원칙

167 통상적으로 기업의 미래 성장성과 수익성 및 위험 등을 정확하게 예측하기 위해서는 산업 내에서의 경쟁강도를 결정짓는 구조적 요인에 대한 분석이 필요한데 이와 관련된 마이클 포터(M. Porter)의 5가지 요소로 적절하지 않은 것은?

① 구매자의 교섭력은 기업이 생산하는 제품 및 서비스를 구입하는 고객과의 관계에 따른 기업의 경쟁력 정도를 나타내는 것으로 이에 영향을 주는 요인들은 구매비중 및 구매량, 제품의 차별화 정도, 교체비용, 구매자 수 등이 있다.
② 공급자의 교섭력에 영향을 주는 요인들은 공급자 수, 공급 규모, 대체품 여부, 제품차별성, 공급업체 교체비용 등이 있다.
③ 신규진입자의 위협은 말 그대로 산업 내에서 새롭게 진출하는 업체로 인해 발생할 수 있는 기존 기업의 경쟁력 변화를 나타내는 것이다.
④ 대체품의 위협은 반드시 같은 부류의 사업에서 비슷한 제품이나 서비스가 등장함에 따른 경쟁구도의 변화를 나타내는 것이다.
⑤ 기존 경쟁자의 경쟁강도는 동일 산업 내에서 경쟁자들이 얼마나 치열하게 경쟁하고 있는지를 나타내는 것으로 이에 영향을 주는 요소는 기업의 집중도, 전략적 이해관계, 제품차별성, 과잉생산능력 등이 있다.

정답 ④

정답해설 대체품의 위협은 반드시 같은 부류의 사업에서 발생하지는 않으며 같은 사업은 아니지만 자신의 산업에서 생산하는 것과 비슷한 제품이나 서비스가 등장함에 따른 경쟁구도의 변화를 나타내는 것을 말한다.

68 유통기업이 사업단위 전략을 수립할 때 BCG 매트릭스 기법을 활용하는 경우가 많은데 다음 중 BCG 매트릭스 기법에 관한 설명으로 적합하지 않은 것은?

① 시장점유율은 시장의 가장 큰 경쟁자에 대한 상대적 시장점유율을 의미한다.

② 시장성장률은 제품이 판매되는 시장의 연간 성장률로서 시장매력도의 척도이다.

③ 별(Star)에 해당하는 영역에서는 현금젖소(Cash Cow) 영역에서 물음표(Question Mark)로 자금을 이동시키는 것이 바람직하다.

④ BCG 매트릭스는 제품시장이 경험곡선효과를 지나치게 강조하고 있는 반면 기술혁신은 간과된다는 단점을 지니고 있다.

⑤ BCG 매트릭스 기법은 과거 시장의 크기에 대한 현 시장의 성장비율로 측정되고 30%를 기준으로 고 · 저로 분류된다.

정답 ⑤

정답해설 BCG 매트릭스에서 시장성장률은 시장의 전반적인 수익기회를 나타내며 과거 시장의 크기에 대한 현 시장의 성장비율로 측정되고 10%를 기준으로 높고 낮음이 분류된다. 성장률이 10% 이상인 시장은 성장기회가 풍부한 아주 매력적인 시장이며 성장률이 10% 미만인 시장은 일반적으로 성숙되거나 쇠퇴하는 산업으로서 성장기회가 거의 존재하지 않는 시장이다.

69 다음은 비공식적 커뮤니케이션과 관련된 어떤 용어에 대한 설명이다. 적절한 용어는?

> 인사이동이 임박해서 발생하고 여러 가지 소문, CEO의 행동에 대한 비밀스런 이야기들, 동료나 상사에 대한 입바른 평가 등이 이에 해당하는데 정확성이 떨어지기는 하지만 조직 변화의 필요성에 대하여 경고를 해주고 조직 문화 창조에 매개 역할을 하는 등 순기능도 있다.

① 그레이프바인(Grapevine)

② 요하리의 창(Johari's Window)

③ 정보의 잡음(Information noise)

④ 수레바퀴형(Wheel of Star type) 네트워크

⑤ 브레인스토밍(Brainstorming)

정답 ①

정답해설 그레이프바인(Grapevine)은 조직의 공식적 커뮤니케이션 체계 이외에 자생적으로 형성된 비공식적 커뮤니케이션의 체계 또는 경로로 조직적 측면에서 비공식적 커뮤니케이션 체계를 흐르는 정보는 소문의 형태이고 왜곡될 소지가 있으며 설사 그 소문이 사실이라 하더라도 역기능이 있을 수 있다.

170 마케팅 환경요인을 내부환경, 과업환경, 거시환경으로 분류하였을 때 과업환경에 해당하지 않은 것은?

① 고객
② 구매
③ 경쟁자
④ 유통경로구성원
⑤ 원료공급자

정답 ②

정답해설 마케팅 환경요인

- **내부환경** : 구매, 생산, 재무, R&D
- **과업환경** : 고객, 경쟁자, 유통경로구성원, 원료공급자
- **거시환경** : 인구, 경제, 기술, 생태, 사회 · 문화, 정치 · 법률

171 다음의 표를 참고로 할 때 최적의 안전재고량은?

안전재고량	안전재고총가액($)	25% 유지 연간비용($)	품절 발생횟수	품절비용($)
30단위	14,400	3,600	12	3,888.60
40단위	19,200	4,800	8	2,592.40
50단위	24,000	6,000	6	1,944.30
60단위	28,800	7,200	4	1,296.20
70단위	32,200	8,400	2	1,082.10

① 30단위
② 40단위
③ 50단위
④ 60단위
⑤ 70단위

정답 ②

정답해설 40단위로 안전재고를 보유할 때 발생하는 총비용이 가장 적다.
안전재고 관련 총비용 = 유지비용 + 품절비용
4,800 + 2,592.40 = 7392.4($)

오답해설 ① 3,600 + 3,888.60 = 7488.6($)
③ 6,000 + 1,944.30 = 7944.3($)
④ 7,200 + 1,296.20 = 8496.2($)
⑤ 8,400 + 1,082.10 = 9482.1($)

72 소매점조직 구성원에 대한 설명으로 옳은 것은?

① 구매담당자 – 과거의 재고나 수요를 토대로 구매주문을 한다.
② 기획자 – 계절성, 판촉, 가격변동 등을 고려한 현재 상황을 예측한다.
③ 카테고리 관리자 – 소비자보다는 벤더와의 유기적 관계를 토대로 상품을 관리, 판매한다.
④ 판매원 – 상품전시와 정리정돈, 상품판매, 고객서비스 등 일선에서 중요한 역할을 한다.
⑤ 점포관리자 – 점포의 법적 관리를 담당한다.

정답 ④

정답해설 판매원은 소매점조직에서 상품전시와 정리정돈, 상품판매, 고객서비스 등 일선에서 중요한 역할을 한다.

오답해설 ① 구매담당자 – 현재의 재고나 수요를 토대로 구매주문을 하고 나아가 수요량을 감안한 가격을 결정하기도 한다.
② 기획자 – 계절성, 판촉, 가격변동 등을 고려한 미래 상황을 예측한다.
③ 카테고리 관리자 – 벤더(중간 납품업자)보다는 소비자와의 유기적 관계를 토대로 상품을 관리 및 판매한다.
⑤ 점포관리자 – 점포의 시설관리 및 판매 운영관리를 담당한다.

73 제4자 물류에 대한 설명으로 올바르게 짝지어진 것은?

㉠ 물류비 절감과 서비스를 극대화하기 위해 물류회사, 컨설팅 회사 및 IT회사가 컨소시엄을 구성하여 참여하기도 한다.
㉡ 그룹사의 공동이익을 위해 화주회사는 자회사를 설립하여 물류활동을 위탁한다.
㉢ 공급사슬 전체의 운영 및 관리에 목표를 둔다.
㉣ 화주회사가 직접 물류활동을 전개한다.

① ㉠, ㉡
② ㉡, ㉢
③ ㉢, ㉣
④ ㉠, ㉢
⑤ ㉡, ㉣

정답 ④

정답해설 제4자 물류는 '전체적인 공급사슬 솔루션을 제공하는 서비스 제공자와 함께 기업의 경영자원, 능력, 기술을 관리하고 결합하는 공급 사슬통합자'로 정의되며 기존 물류전문업체(제3자 물류)의 한계를 극복하고 공급사슬에 대하여 지속적인 개선효과를 발휘하는 데 목적이 있다.

174 **재고관리의 정기주문모형(Periodic Review System, P시스템)과 고정주문량모형(Continuou Review System, Q시스템)에 관한 다음 설명 중 옳은 것은?**

① Q시스템은 P시스템에 비해 재고관리가 간편하다.
② P시스템에서는 Q시스템에 비해 재고조사 비용이 많이 소요된다.
③ 동일한 비율의 품절 수준일 경우 Q시스템이 P시스템에 비해 더 높은 안전재고 수준을 보인다
④ 다품종재고관리의 경우 P시스템은 주문비용과 수송비용을 줄일 수 있다.
⑤ 일반적으로 P시스템의 주문 간격은 Q시스템보다 길다.

정답 ④

정답해설 다품종재고관리의 경우 P시스템은 각 제품의 주문을 묶어서 일괄 요청할 수 있으므로 주문비용과 수송비용을 줄 수 있는 장점이 있다.

오답해설 ① P시스템은 정기적으로 정해진 시점에서만 재고를 조사하고 보충하기 때문에 Q시스템에 비해 재고관리가 간 하다.
② Q시스템에서는 현 재고 상태를 항시 알고 있어야 하므로 P시스템에 비해 일반적으로 재고조사 비용이 많이 요된다.
③ 동일한 비율의 품절 수준이라면 Q시스템이 P시스템에 비해 더 낮은 안전재고 수준을 유지한다.
⑤ P시스템과 Q시스템의 주문 간격은 상황에 따라 달라지기 때문에 일반화시켜서 비교할 수 없다.

175 **유통경로를 효율적으로 관리하기 위해서는 먼저 유통경로를 적절히 설계해야 한다. 다음 중 유통경로의 설계과정을 바르게 나열한 것은?**

㉠ 경로전략의 구축
㉡ 개별 경로구성원의 선택
㉢ 경로서비스에 대한 고객욕구의 분석
㉣ 유통경로 목표의 선정
㉤ 경로구조의 선택
㉥ 고객지향적 유통경로의 설계

① ㉠-㉡-㉢-㉣-㉤-㉥
② ㉢-㉣-㉠-㉤-㉡-㉥
③ ㉣-㉤-㉢-㉡-㉠-㉥
④ ㉡-㉢-㉤-㉠-㉣-㉥
⑤ ㉠-㉢-㉡-㉤-㉣-㉥

정답 ②

정답해설 유통경로의 설계과정은 경로서비스에 대한 고객욕구의 분석 – 유통경로 목표의 선정 – 경로전략의 구축 – 경로구조의 선택 – 개별 경로구성원의 선택 – 고객지향적 유통경로의 설계 순이다.

176 **유통경로의 설계 과정 중 하나인 개별 경로구성원의 선택의 3단계에 대한 설명으로 알맞은 것은?**

① 목표 시장에 필요한 기능들을 수행하는 경로구성원의 목록을 작성

② 각각의 중간상인들에게 바람직한 업무의 목록을 작성

③ 각각의 중간상인들이 필수적으로 해야 할 업무의 목록을 작성

④ 세 번째 단계에서 정리된 자료를 근거로 잠재적인 중간상들의 첫 번째 단계의 필수적인 업무를 기준으로 평가

⑤ 네 번째 단계에서 가장 매력적인 것으로 나타난 중간상을 두 번째 단계에서 나타난 바람직한 업무 기준으로 평가

정답 ①

정답해설 구성원을 선택하기 위한 여섯 단계

1단계 : 각각의 중간상인들이 필수적으로 해야 할 업무의 목록을 작성

2단계 : 각각의 중간상인들에게 바람직한 업무의 목록을 작성

3단계 : 목표 시장에 필요한 기능들을 수행하는 경로구성원들의 목록을 작성

4단계 : 3단계에서 정리된 자료를 근거로 잠재적인 중간상들의 1단계 필수적인 업무를 기준으로 평가

5단계 : 4단계에서 가장 매력적인 것으로 나타난 중간상을 2단계에서 나타난 바람직한 업무 기준으로 평가

6단계 : 5단계의 결과를 기준으로 가장 적절한 개별 중간상을 선택

177 **유통경로의 설계 과정 중 하나인 고객지향적 유통경로의 설계의 5단계에 대한 설명으로 알맞은 것은?**

① 최종소비자에 대한 세분시장 분석

② 이상적 유통 시스템의 설계

③ 기존 유통 시스템 분석

④ 대안의 검토

⑤ 최적 유통 시스템 도출과 실행 준비

정답 ③

정답해설 고객지향적 유통경로의 설계를 위한 10단계

1단계 : 현재 상황 분석

2단계 : 최종소비자에 대한 세분시장 분석

3단계 : 적절한 소매점 설계

4단계 : 이상적 유통 시스템의 설계

5단계 : 기존 유통 시스템 분석

6단계 : 외부 및 내부 기회와 제약 요인 검토

7단계 : 대안의 검토

8~9단계 : 제약요인의 타당성 평가와 대안 선정

10단계 : 최적 유통 시스템 도출과 실행 준비

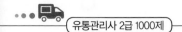

179 **조업도나 활동수준의 증감에 따라 비례하여 총원가가 증감하는 원가는?**

① 기간원가
② 실제원가
③ 직접원가
④ 간접원가
⑤ 변동원가

정답 ⑤

정답해설 변동원가는 조업도의 변동에 직접 비례하여 증가하는 원가. 일정한 생산설비로 조업도의 변동에 따라 크기가 변동하는 원가로 생산비 수준과는 무관한 고정비의 반대개념이며 원재료, 임금, 연료비, 전기료 등을 들 수 있다.

오답해설 ① **기간원가** : 특정기간의 수익에 직접 대응시키는 판매비나 일반관리비 및 할인료의 총칭
② **실제원가** : 제조 작업이 종료하고 제품이 완성된 후에 그 제품제조를 위하여 생겨난 가치의 소비액을 산출한 원가
③ **직접원가** : 특정 원가대상에 대해 직접적으로 특정제품 또는 특정부문에 직접 관련시킬 수 있는 원가
④ **간접원가** : 어떤 원가가 원가대상과 관련성은 있지만 그 원가대상에 직접적으로 추적할 수 없는 원가

180 **본원적 경쟁전략에 대한 다음 설명 중 옳지 않은 것은?**

① 비용요소를 철저히 통제하고 기업의 가치사슬을 최대한 효율화하는 전략은 원가우위전략이다.
② 차별화전략은 고객이 가치가 있다고 생각하는 요소를 제품이나 서비스에 반영하여 고객의 충성도를 확보하고 이를 통해 가격프리미엄이나 매출증대를 꾀하는 전략이다.
③ 집중화전략은 중심시장과는 다른 특성을 가지고 있는 틈새시장을 대상으로 고객의 니즈를 원가우위 혹은 차별화전략을 통해 충족시키는 전략이다.
④ 서로 상반되는 전략인 원가우위전략과 차별화전략을 동시에 추구하느라 어느 하나의 전략도 제대로 수행하지 못하는 경우를 어중간한 상태라고 하며 이 경우 수익성과 경쟁우위가 모두 사라질 수 있다.
⑤ 품질경영(TQM), 리스트럭처링(Restructuring), 리엔지니어링(BPR) 등은 차별화전략의 일환이다.

정답 ⑤

정답해설 품질경영(TQM), 리스트럭처링(Restructuring), 리엔지니어링(BPR) 등은 모두 기업의 효율성을 증대시켜 비용절감에 기여하고자 하는 기법으로 원가우위전략과 관련이 있다.

181 **인적자원관리 시스템의 구성요소로만 묶은 것은?**

① 유통관리, 기술개발, 교육훈련
② 임금, 정보관리, 인사고과
③ 복리후생, 노사관계 관리, 종업원 채용
④ 보건관리, 거래처 관리, 배치
⑤ 유통관리, 기술개발, 정보관리

정답 ③

정답해설 인적자원관리 시스템의 주된 내용으로는 종업원의 채용, 배치, 교육훈련, 인사고과, 임금, 복리후생, 인간관계 이외의 안전 및 노사관계의 관리 등이다.

182 조직의 본질을 설명하는 다음의 문장 중에서 옳은 것은?

① 조직은 하나의 사회적 실체이지만 조직을 구성하는 개인들과는 독립적인 실체라고 보기 어렵다.
② 조직은 목표를 가진 존재이며 그 목표는 구성원들의 개인적 목표와 일치한다.
③ 조직은 경계를 식별할 수 없다.
④ 조직은 의도적으로 구조화된 활동체계라고 할 수 있다.
⑤ 조직과 환경은 단절되어 있어 교환 수행이 불가능하다.

정답 ④

정답해설 조직은 인간의 집합체로 특정한 목표의 추구를 위해 의식적으로 구성된 사회적 체계이며 어느 정도 공식화된 분화와 통합의 구조 및 과정, 그리고 규범을 내포하고 있어 상당히 지속적인 성격을 지닌다.

오답해설 ① 조직은 조직구성원과 별개의 생명을 지닌 존재이다.
② 조직은 목표를 가진 존재이나 그 목표가 구성원들의 개인적인 목표와는 다를 수 있다.
③ 조직은 식별 가능한 경계를 갖고 있어 어떤 요소가 조직 안에 있고 밖에 있는지를 식별하게 해준다.
⑤ 조직은 환경과의 끊임없는 교환을 수행하는 유기체이다.

183 유통경로의 분류기능에 관한 설명 중 옳지 않은 것은?

① 분류기능을 수행함으로써 중간상은 형태, 소유 시간, 장소 등의 효용을 창출한다.
② 등급(Sorting Out)은 다양한 공급원으로부터 제공된 동질적인 제품들을 상대적으로 이질적인 집단으로 구분하는 것을 말한다.
③ 수합(Accumulation)은 다양한 공급원으로부터 소규모로 제공되는 동질적인 제품들을 한데 모아 대규모 공급이 가능하게 만드는 것이다.
④ 분배(Allocation)는 대체로 생산자에서 소비자에 이르는 유통 과정에 있어 중요한 기능이라 할 수 있다.
⑤ 구색화(Assorting)는 상호연관성이 있는 제품들로 일정한 구색을 갖추어 함께 취급하는 것을 말한다.

정답 ②

정답해설 등급(Sorting Out)은 다양한 공급원으로부터 제공된 동질적인 제품들을 상대적으로 동질적인 집단으로 구분하는 을 말한다.

184 종업원의 성과평가 시 평가자의 여러 가지 오류와 편견이 개입될 수 있다. 아래와 같은 원인으로 발생하는 평가오류는?

- 무난하고 안전하게 평가 작업을 끝내려는 경우
- 평가에 자신이 없거나 정보가 부족하다고 느끼는 경우
- 피평가자를 잘 모르거나 평가 기준에 대한 숙지가 부족할 경우

① 대비효과(Contract Effect)
② 후광효과(Halo Effect)
③ 유사성 오류(Similarity Error)
④ 중심화 오류(Central Tendency Error)
⑤ 시간적 오류(Recency Error)

정답 ④

정답해설 중심화 오류(Central Tendency Error)는 평가대상자들의 점수가 예상되는 정규분포보다 범위상의 중간 점수로 더 집중되게 평가함으로써 발생하는 오류로 정규분포 곡선이 더 뾰족하게 그려지는 경향을 보이며 발생 원인으로는 무난하고 안전하게 평가 작업을 끝내려는 경우, 평가에 자신이 없는 경우, 정보가 부족하다고 느끼는 경우, 피평가자를 잘 모르거나 평가 기준에 대한 숙지가 부족할 경우를 들 수 있다.

오답해설 ① **대비효과(Contract Effect)** : 평가자가 종업원에 대해 전반적으로 주관적인 판단을 하고 난 뒤 그러한 판단을 토대로 각 성과 기준에 대한 구체적인 성과평가를 시행하면서 생기는 오류

② **후광효과(Halo Effect)** : 한 분야에 있어서의 피평가자에 대한 호의적 또는 비호의적인 인상이 다른 분야에 있어서의 그 피평가자에 대한 평가에 영향을 미치는 것

③ **유사성 오류(Similarity Error)** : 고과자와 피고과자 간의 가치관, 행동패턴 및 태도 면에서 유사한 정도에 따라 고과결과가 영향을 받는 것

⑤ **시간적 오류(Recency Error)** : 고과자가 피고과자를 평가함에 있어서 쉽게 기억할 수 있는 최근의 실적이나 능력을 중심으로 평가하려는 데서 생기는 오류

185 재고관리에 대한 내용으로 옳지 않은 것은?

① 재고관리란 재고를 어떤 품목으로 얼마나 보유할 것인가를 결정하고 적정수준을 운영하며 구매한 자재를 적기 · 적소 · 적량으로 공급이 가능하도록 저장 · 분배하는 활동을 말한다.

② 재고관리의 범위는 자재관리(소요 · 저장 · 분배관리)와 구매관리(판매 · 외주관리)로 구분된다.

③ 기업에서 재고관리활동은 기업이 보유하고 있는 각종 제품 · 반제품 · 원재료 · 상품 · 공구 · 사무용품 등의 재화를 합리적, 경제적으로 유지하기 위한 활동이다.

④ 재고관리의 의미는 단순히 물품의 수 · 발주를 중심으로 한 재고관리와 경영적 관점에서 본 재고관리의 양면성을 갖고 있다.
⑤ 경영적 관점에서 본 재고관리는 일반적인 경영계획의 일환으로 발주량과 발주시점을 결정하며 실시간으로 발주 · 납품(입고) · 출고 · 이동 · 조정 · 기록 등의 업무를 수행하는 것이다.

정답 ②

정답해설 자재관리의 범위는 재고관리(소요 · 저장 · 분배관리)와 구매관리(판매 · 외주 · 협력회사관리)로 구분된다.

186 판매단가가 8,000원인 자동차용품을 만드는 회사가 있다. 이 회사의 감가상각비 및 임차료 등의 총고정비가 20,000,000원, 재료비, 노무비 등의 변동비가 5,000원이고 판매량은 10,000개일 때 이 자동차용품의 공헌이익률은?

① 3/8
② 5/8
③ 1/4
④ 3/4
⑤ 4/5

정답 ①

정답해설 단위당 공헌이익률 = 1 − (단위당변동비/단위당 판매가격)

$$= 1 - \frac{5,000}{8,000} = \frac{3}{8}$$

187 유통경로에 대한 설명으로 옳지 않은 것은?

① 유통경로는 고객이 제품이나 서비스를 사용 또는 소비하는 과정에서 참여하는 상호의존적인 조직들의 집합체이다.
② 유통경로 내의 중간상은 시간효용, 장소효용, 소유효용, 형태효용을 창출한다.
③ 유통경로 내의 중간상은 제조업체로부터 공급받은 제품을 그대로 소비자에게 전달하는 단순한 역할을 수행한다.
④ 유통경로 내의 중간상은 제품의 구매와 판매에 필요한 정보탐색의 노력을 감소시켜 주고 제조업자와 소비자의 기대 차이를 조정해 준다.
⑤ 유통경로 내의 중간상은 반복적인 거래를 가능하게 함으로써 구매와 판매를 보다 용이하게 해주고 교환과정에 있어 거래비용 및 거래횟수를 줄임으로써 효율성을 높여준다.

정답 ③

정답해설 유통경로 내의 중간상은 제조업체로부터 공급받은 제품을 그대로 소비자에게 전달하는 단순한 역할을 수행하는 것이 아니라 제품이 지닌 가치에 새로운 가치를 추가하는 역할을 수행한다.

188 괄호 안에 들어갈 용어를 순서대로 올바르게 나열한 것은?

- (㉠) 물류는 물류활동에 있어서 계속적으로 사용되는 컨테이너, 파레트, 빈 용기 등의 사용을 위한 (㉠) 활동과 관련된 물류활동이다.
- (㉡) 물류는 원자재와 제품의 포장재 및 수배송 용기 등을 매립 또는 소각 등과 같이 (㉡)하기 위한 물류활동이다.

① ㉠ 반품, ㉡ 조달
② ㉠ 회수, ㉡ 생산
③ ㉠ 반품, ㉡ 회수
④ ㉠ 회수, ㉡ 판매
⑤ ㉠ 회수, ㉡ 폐기

정답 ⑤

정답해설 ㉠ : 회수물류는 물류활동에 있어서 계속적으로 사용되는 컨테이너, 파레트, 빈 용기 등의 사용을 위한 회수 활동과 관련된 물류활동이다.
㉡ : 폐기물류는 원자재와 제품의 포장재 및 수배송 용기 등을 매립 또는 소각 등과 같이 폐기하기 위한 물류활동이다.

189 다음 물류관리를 위한 수요예측방법 중 정성적 예측방법에 해당하는 것은?

① 시계열예측법
② 이동평균법
③ 시장실험법
④ 지수평활법
⑤ 인과형 모형법

정답 ③

정답해설 ③을 제외한 나머지는 모두 정량적 예측방법이다.

190 유통경로에 대한 설명으로 올바른 것은?

① 유통경로 구성원들은 재화를 수송, 운반, 저장하고 일방적으로 정보를 전달받는다.
② 유통경로가 존재하는 이유는 생산자와 공급자 사이의 시간, 장소, 형태상의 불일치가 있기 때문이다.

③ 유통경로는 각 나라의 사회적 · 문화적 특성을 반영하지만 그 형태는 동일하다.
④ 유통경로의 기능은 교환촉진기능, 제품구색의 불일치 완화기능, 거래의 표준화 기능, 소비자와 메이커 간의 연결기능, 고객에 대한 서비스 기능 등이 있다.
⑤ 서비스는 유형적 상품과 동일하게 동질성을 갖는다.

정답 ④

정답해설 유통경로의 기능은 교환촉진기능, 제품구색의 불일치 완화기능, 거래의 표준화 기능, 소비자와 메이커 간의 연결기능, 고객에 대한 서비스 기능 등이 있다.

오답해설 ① 유통경로 구성원들은 재화를 수송, 운반, 저장하고 정보수집 및 쌍방향으로 정보를 교환한다.
② 유통경로가 존재하는 이유는 생산자와 소비자 사이의 시간, 장소, 형태상의 불일치가 있기 때문이다.
③ 유통경로는 다양한 유형이 존재하고 사회적 · 문화적 특성을 반영하므로 각 나라의 상황에 따라 특수한 형태들이 존재한다.
⑤ 서비스는 유형적 상품과 달리 이질성을 가지며 서비스의 핵심요소와 품질은 생산자, 소비자 등에 따라 달라지고 시간에 따라 달라진다.

191 다음 중 집약적 혹은 집중적 유통(Intensive Distribution)의 장점을 설명한 내용으로 올바른 것은?

① 소비자들의 충동구매를 증가시킬 수 있으므로 매출수량 및 매출액 상승효과가 발생할 수 있다.
② 자사의 제품을 오랫동안 알아온 고객만 이용할 수 있도록 하는 전략이므로 희소성이 크게 증가한다.
③ 소비자가 특정 점포 및 브랜드에 대한 애호도가 높은 경우 선호된다.
④ 특정한 유통점포들만 자사제품을 취급하게 하는 전략이다.
⑤ 제조업체는 다른 유통형태에 비해 유통경로구성원에 대한 통제가 용이하여 자사의 마케팅 전략 및 정책을 일관되게 실행할 수 있다.

정답 ①

정답해설 집약적 혹은 집중적 유통(Intensive Distribution)은 가능한 한 많은 점포들로 하여금 자사제품을 취급하도록 하는 유통 정책으로 소비자들의 충동구매를 증가시켜 매출수량 및 매출액 상승효과가 발생할 수 있으나 제조업자의 통제력이 낮아진다.

오답해설 ② 자사의 제품을 누구나 취급할 수 있도록 개방하는 전략이므로 판매량이 크게 증가하는 현상이 있다.
③ 소비자가 특정 점포 및 브랜드에 대한 애호도가 낮은 경우에 선호되며 제품에 대한 인지도를 신속하게 높일 수 있다는 장점이 있다.
④ 소비자의 구매 편의성을 증대시키기 위해 가능한 한 많은 유통점포들이 자사제품을 취급하도록 해야 한다.
⑤ 유통경로가 개방적이기 때문에 오히려 유통경로구성원에 대한 통제가 용이하지 않다.

192 다음 중 오프라인 유통업과 비교하여 온라인 유통업의 장점으로 보기 가장 어려운 것은?

① 고객들이 무엇을 구매했거나 어떤 상품을 둘러보았는지 손쉽게 파악할 수 있다.
② 가격비교를 통한 폭넓은 선택이 가능하다.
③ 일반적으로 상품에 대한 보다 구체적인 정보를 제공한다.
④ 구매 욕구를 즉각적으로 충족시킨다.
⑤ 오프라인 유통업에 비해 재고의 부담이 크다.

정답 ④

정답해설 소비자는 가상쇼핑몰에서만 제품을 보고 구입하기 때문에 욕구를 즉각적으로 충족할 수 없고 구매 후 불만이 발생할 수도 있다.

193 소매업태의 최근 동향에 대한 설명 중 옳은 것은?

① 백화점은 할인점과 전문점에 대항하기 위해 강력한 자체브랜드를 개발하고 판매업체와 긴밀한 관계를 통해 평균재고량을 늘이고 있다.
② 전문점은 하이패션의류에 대한 관심의 증가에 따른 대안으로 특정 고객집단의 라이프스타일에 상품을 특화시키고 있다.
③ 카테고리 전문점의 상권이 중복되면서 카테고리 전문점간의 경쟁이 치열해지고 있으며 가격경쟁보다는 주로 품질에 의한 경쟁이 이루어지고 있다.
④ 슈퍼마켓은 효과적인 공급체인관리를 통해 비용절감에 노력하는 한편 소모성 상품과 대단위 상품의 판매에 노력하고 있다.
⑤ 대형마트는 여러 다양한 제품군을 취급하지만 각 제품군 내에서는 상품회전율이 낮은 품목을 중심으로 취급하고 있다.

정답 ④

정답해설 슈퍼마켓은 식료품, 일용 잡화, 의료품 따위의 가정용품을 갖추어 놓고 대량 · 염가 · 현금 판매를 원칙으로 하며 대량으로 물건을 사들여서 싼값으로 팔기 때문에 빠른 상품회전을 위해 효과적인 공급체인관리를 통해 비용절감에 노력하는 한편 소모성 상품과 대단위 상품의 판매에 노력하고 있다.

오답해설 ① 백화점은 할인점과 전문점에 대항하기 위해 강력한 자체브랜드를 개발하고 판매업체와 긴밀한 관계를 통해 평균재고량을 줄이고 있다.
② 전문점은 하이패션의류에 대한 관심의 감소에 따른 대안으로 특정 고객집단의 라이프스타일에 상품을 특화시키고 있다.
③ 카테고리 전문점 간의 경쟁은 주로 품질보다는 가격경쟁을 통해 이루어지고 있다.
⑤ 대형마트는 여러 다양한 제품군을 취급하지만 각 제품군 내에서는 상품회전율이 높은 품목을 중심으로 취급하고 있다.

94 평가자가 평가항목에 대한 점수에 따라서 종업원을 평가하지만 그 항목은 일반적인 서술이나 특성보다는 해당 직무와 관련성이 높은 행도와 사건을 구체적이고 분명하게 기술하고 있다는 내용에 가장 적합한 업적평가방법은?

① 개별서열법 ② 집단서열법
③ 도식척도법 ④ 행동기준평정척도법
⑤ 중요사건법

 ④

정답해설 행동기준평정척도법은 표준화된 평정 기준이 부족하여 평가자의 자의적인 판단에 따라 발생하는 평정오류 문제를 해결하기 위해 개발된 평가 방법이다.

95 유통기업이 글로벌화 전략을 추구할 경우 시장 거래, 중간적 거래, 위계적 거래의 세 가지 조직적 측면에서 대안이 있다, 조직적 측면의 대안 중 성격이 다른 하나는?

① 100% 소유 자회사 ② 합작투자
③ 지분제휴 ④ 비지분제휴
⑤ 라이센싱

정답 ①

정답해설 글로벌화 전략의 종류

시장거래	중간적 거래	수직적
• 수출	• 합작투자(조인트 벤처) • 지분제휴 • 비지분제휴 • 라이센싱	• 인수 • 합병 • 100% 소유 자회사

96 다음 중 한정서비스 도매상의 종류와 설명에 해당하지 않는 것은?

① 현금거래 도매상은 회전이 빠른 계열의 제품만을 현금 지불을 조건으로 판매한다.
② 트럭도매상은 부패성이 강한 한정된 제품 계열을 취급한다.
③ 산업분배업자는 제조업자나 산업사용자에게 시설, 장비, 부품 등을 제공한다.
④ 직송도매상은 산업소비자로부터 받은 주문의 수량을 구매자에게 직접 직송하고 대금만 회수한다.
⑤ 선반진열 중개인은 판매를 소매상에게 맡겨 판매된 상품만의 지불을 받는다.

정답 ③

정답해설 산업분배업자는 완전서비스형 도매상에 해당하며 주로 제조업자나 산업사용자에게 MRO(Maintenance, Repa Operation) 품목, OEM 품목, 시설, 장비, 반제품, 부품 등을 풀 서비스로 제공하는 업자를 의미한다.

197 제품 또는 서비스 등을 거래하는 데 수반되는 거래비용에 대한 설명으로 적합한 것은?

① 코즈(Coase)의 이론에 따르면 기업이 존재하는 이유는 시장을 통한 거래비용이 기업조직을 통한 경제활동비용에 비해 낮기 때문이다.

② 거래비용은 다른 기업과 거래하기 전에 최초계약의 불완전으로 인한 비용을 포함하지 않는다.

③ 거래비용이론은 거래비용으로 인한 시장실패의 가능성을 부인한다.

④ 거래비용이론에서는 유통시장에 소수의 거래자만이 참가하거나 자산의 특수성이 존재하는 경우 경로구성원들 간에 거래비용이 작아지게 될 수 있기 때문에 수평적 계열화가 발생하게 된다

⑤ 윌리엄슨(Williamson)은 거래비용의 존재를 제한된 합리성, 기회주의, 자산의 특수성(Asse Specificity)으로부터 기인한다고 보았다.

정답 ⑤

정답해설 윌리엄슨(Williamson)에 의하면 거래비용을 좌우하는 요인은 거래에 종사하는 인간 특성의 측면에서 제한된 합리성과 기회주의, 거래의 특성을 구분하는 환경적 측면에서 자산의 특수성으로부터 기인한다고 주장했으며 제한된 합리성은 복잡한 문제를 해결하고 처리하는 인간정신의 능력은 객관적이고 합리적인 행동을 요구하는 문제의 크기에 비해 제한적으로만 합리적인 정보의 불충분성, 기회주의는 사전적, 사후적으로 자신의 정보를 의도적으로 왜곡시켜서 자기의 이익을 추구하려는 계산된 노력, 자산의 특수성은 생산성 가치의 상당한 손실이 없이는 다른 방식으로 활용되거나 다른 사용자에 의해 재활용될 수 없는 특화된 투자로써 전문성이 매우 커서 거래의 지속성을 보장할 수 있는 안전판이 필요한 특성을 의미한다.

오답해설 ① 코즈(Coase)의 이론에 따르면 기업이 존재하는 이유는 시장을 통한 거래비용이 기업조직을 통한 경제활동비용에 비해 훨씬 높기 때문이다.

② 거래비용은 다른 기업과 거래하기 전에 정보수집비용, 협상비용, 계약이행비용 등을 비롯하여 최초계약의 불완전으로 인한 비용을 모두 포함한다.

③ 거래비용이론은 유통경로시스템 구성원들 간의 기회주의적 행동경향을 기본적인 가정으로 하고 있으며, 거래비용으로 인하여 시장실패의 가능성을 초래할 수 있음을 주장하고 있다.

④ 거래비용이론에서는 유통시장에 소수의 거래자만이 참가하거나 자산의 특수성이 존재하는 경우 경로구성원들 간에 거래비용이 커지게 될 수 있기 때문에 수직적 계열화가 발생한다.

198 기업윤리에 대한 다음 설명 중 옳지 않은 것은?

① 윤리적 기업은 기업 활동에 관한 의사결정을 하거나 실천에 옮긴 때에 이해관계자의 권익과 기업의 경제적 이익의 균형을 취함으로써 종업원, 고객, 납품(공급)업자, 주주들의 존경과 신임을 얻는 회사라고 할 수 있다.

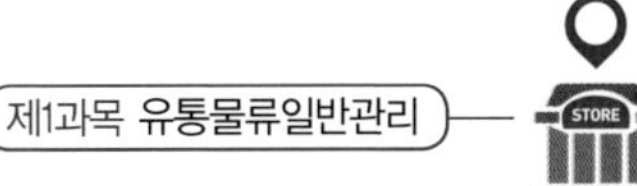

② 이익도 올리지 못하고 윤리수준도 낮은 기업은 해만 끼치므로 존재할 필요가 없다.
③ 윤리는 등한시하면서 단기적 이익만 중요시하는 기업은 바람직하지 못하다.
④ 윤리는 강조하되 이익을 등한시하는 기업은 바람직한 기업으로 국가의 지원이 필요하다.
⑤ 기업의 이익과 윤리수준을 잘 조화시킨 회사가 사회적으로 존경받고 가장 바람직하다.

정답 ④

정답해설 윤리는 강조하되 이익을 등한시하는 기업은 존속할 수 없다.

199 회사의 합병에 대한 설명으로 옳지 않은 것은?

① 회사가 합병을 하려면 총사원의 동의가 있어야 한다.
② 회사가 합병을 하려면 합병계약서를 작성하여 주주총회의 승인을 얻어야 한다.
③ 이사는 주주총회 회일의 3주 전부터 합병을 한 날 이후 8개월이 경과하는 날까지 관련 서류를 본점에 비치해야 한다.
④ 유한회사가 다른 회사와 합병을 할 경우 총사원의 반수 이상이며 초사원의 의결권의 4분의 3 이상을 가지는 자의 동의를 얻어야 한다.
⑤ 유한회사가 주식회사와 합병하는 경우 합병 후 존속하는 회사 또는 합병으로 인하여 설립되는 회사가 주식회사인 때에는 법원의 인가를 얻지 않으면 합병의 효력이 없다.

정답 ③

정답해설 「상법」 제522조의2 제1항에 의하면 이사는 주주총회 회일의 2주 전부터 합병을 한 날 이후 6개월이 경과하는 날까지 관련 서류를 본점에 비치해야 한다.

200 다음의 특성을 지닌 소매업은?

• 중앙본부가 관리 · 통제한다.
• 각 점포는 판매기능만 갖는다.
• 상품의 동질화를 전제로 한다.

① 백화점
② 쇼핑센터
③ 연쇄점
④ 슈퍼마켓
⑤ 회원제 도매클럽

정답 ③

정답해설 연쇄점은 동일한 유형의 상품을 판매하는 다수의 점포가 중앙본부의 통제 및 관리를 통해 고도의 획일화와 표준화를 달성하면서 판매력 및 시장점유율을 강화하는 소매조직이다.

201 다음 중 직무명세서에 기록되는 사항에 포함되지 않는 것은?

① 직무의 명칭
② 직무수행 방법 및 절차
③ 소속 및 직종
④ 교육수준
⑤ 정신적 특성

정답 ②

정답해설 직무명세서는 직무의 특성에 중점을 두어 간략하게 기술된 직무기술서를 기초로 하여 직무의 내용과 직무에 요구되는 자격요건 즉, 인적 특징에 중점을 두어 일정한 형식으로 정리한 문서로 주로 모집과 선발에 사용되며 여기에는 직무의 명칭, 소속 및 직종, 교육수준, 기능 · 기술 수준, 지식, 정신적 특성(창의력 · 판단력 등), 육체적 능력, 작업 경험, 책임 정도 등에 관한 사항이 포함된다. 직무수행 방법 및 절차는 직무기술서에 기록되는 사항이다.

202 「소비자기본법」 제14조에 따른 소비자 능력 향상의 조항으로 옳지 않은 것은?

① 국가 및 지방자치단체는 소비자의 올바른 권리행사를 이끌고, 물품등과 관련된 판단능력을 높이며, 소비자가 자신의 선택에 책임을 지는 소비생활을 할 수 있도록 필요한 교육을 하여야 한다.
② 국가 및 지방자치단체는 경제 및 사회의 발전에 따라 소비자의 능력 향상을 위한 프로그램을 개발하여야 한다.
③ 국가 및 지방자치단체는 소비자교육과 학교교육 · 평생교육을 연계하여 교육적 효과를 높이기 위한 시책을 수립 · 시행하여야 한다.
④ 국가 및 지방자치단체는 소비자의 능력을 효과적으로 향상시키기 위한 방법으로 「방송문화진흥회법」에 따른 방송 사업을 할 수 있다.
⑤ 제1항의 규정에 따른 소비자교육의 방법 등에 관하여 필요한 사항은 대통령령으로 정한다.

정답 ④

정답해설 「소비자기본법」 제14조 제4항에 따르면 국가 및 지방자치단체는 소비자의 능력을 효과적으로 향상시키기 위한 방법으로 「방송법」에 따른 방송 사업을 할 수 있다.

203 **급격하게 변화하는 기업외부환경, 즉 글로벌화, 정보통신기술의 급격한 발달, 시장의 분열화 등에 대해 기업들은 다양한 적응 도구들을 개발하고 있다. 다음 중 이러한 도구 혹은 개념에 대한 설명으로 가장 거리가 먼 것은?**

① 리엔지니어링 – 기업의 체질 및 구조와 경영방식에서 오래된 부분만을 재설계하여 점진적인 변화를 꾀하는 것
② 벤치마킹 – 기업의 성과를 향상하기 위해 '최상의 혹은 가장 모범적인 기업/조직'을 연구하는 것
③ 권한 위양화 – 많은 아이디어를 창출하고 또한 보다 창의력을 발휘하도록 종업원들을 고무하고 권한과 책임을 하부로 위임하는 것
④ 세계화 – 나라간 국경의 개념을 뛰어넘어 지구촌 전체를 하나의 경영 단위로 삼아 경영활동을 전개시키는 것
⑤ 국제화 – 한 국가가 정치 · 경제 · 환경 · 문화적으로 여러 국가와 교류를 맺는 것

정답 ①

정답해설 리엔지니어링은 기업의 체질 및 구조와 경영방식을 근본적으로 재설계하여 경쟁력을 확보하는 경영혁신기법으로 팀에서 고객가치를 추구하는 과정을 관리하도록 위임하여 기능부서들 간의 장벽을 무너뜨리려고 시도한다.

204 **경영에서 사용되는 대리인 문제에 대한 설명으로 옳지 않은 것은?**

① 주주들은 경영자가 자신들의 이익을 위하여 최선을 다해 줄 것으로 기대하는 반면 경영자는 자기 자신의 이익을 추구하려고 하기 때문에 경영자와 주주 사이에 이해상충문제가 발생한다.
② 대리인 관계란 위임자가 자신의 이해에 직결되는 의사결정의 권한을 대리인에게 위임하는 계약관리라 할 수 있으며 위임자와 대리인은 각각 자신의 효용을 극대화하는 경제주체이기 때문에 대리인이 위임자의 이해와 다르게 행동할 가능성이 있다.
③ 대리인 문제는 경영자의 지분이 높아질수록 심해지는데 지분이 많은 경영자는 적게 일하고 가능한 한 많은 낭비적 지출을 하려고 한다.
④ 대리인 비용은 경영자가 주주들의 이익을 대변하여 제대로 경영하고 있음을 자발적으로 입증하기 위하여 지출하는 비용이다.
⑤ 대리인문제는 기업 재의 조직구조를 변경하거나 경영자의 보수 계약을 실적에 연계시킴으로써 어느 정도 해결할 수 있는데 대표적인 제도가 주식매입선택권이다.

정답 ③

정답해설 대리인 문제는 경영자의 지분이 낮아질수록 커지는데 낮은 지분의 경영자는 적게 일하고 가능한 많은 낭비적 지출을 하려고 한다. 이러한 낭비적 지출은 경영자가 부담하는 것이 아니라 주주들의 비용으로 충당되기 때문에 주주들은 이를 감시하게 되고 경영자는 주주들의 이익을 대변하여 제대로 경영하고 있음을 자발적으로 입증하기 위한 비용을 지출하게 된다. 이러한 비용을 대리인비용이라고 하며 이는 소유와 경영의 분리로 인해 발생되는 비용이다.

205 **다음 재고조사의 목적으로 적절하지 않은 것은?**

① 상품수량 · 금액을 파악하여 장부재고조사와 비교 및 대조하고 현품의 과부족이나 상품착오를 규명함과 동시에 장부잔고를 수정한다.

② 현품잔고의 정확한 파악은 차기의 재고 · 매입 · 판매계획의 기초가 되고 경영분석이나 경영계획에 도움이 된다.

③ 기초(期初)상품의 현품수량을 명확히 파악함으로써 상품의 로스(Loss)에 대한 대책의 기초가 된다.

④ 기말상품의 금액평가를 통해서 당기의 총이익을 파악할 수 있으며 이를 통해 결산이나 세무신고를 할 수 있다.

⑤ 불량상품이 발생한 원인을 구명하여 차후에 이와 같은 잘못이 되풀이 되지 않게 하고 빠른 시일 내에 그 상품의 처분대책을 강구하여 손해를 감소시키면 이익관리에도 연결되고 경영개선 합리화에도 이익을 준다.

정답 ③

정답해설 '기초상품'이 아니라 '기말상품'의 현품수량을 명확히 함으로써 연간 또는 월간에 분실되거나 감소된 상품이 판명되어 앞으로의 대책의 기초가 된다.

206 **유통경로의 설계 및 관리에 관한 설명으로 옳은 것은?**

① 중간상이 제조 기업에 대해 일체감을 갖고 있거나 갖게 되기를 기대함으로써 발생하는 파워를 정당적 파워라 한다.

② 유통경로 갈등의 원인 중 동일한 사실을 놓고도 경로구성원들이 인식을 달리하여 발생하는 갈등의 원인을 기대 불일치라 한다.

③ 경로 커버리지 전략 중 전속적 유통은 소비자의 풀(Pull)보다는 중간상의 푸시(Push)에 의해서 팔리는 전문품, 고가품 등에 적합하다.

④ 유통은 바통 패스와 유사하기 때문에 제조기업이 유통기업에게 바통을 넘기듯이 모든 유통기능을 맡기는 것이 적절하다.

⑤ 유통경로 목표의 결정은 소비자들이 원하는 서비스수준과 아울러 기업의 장 · 단기적 목표를 고려한다.

정답 ⑤

정답해설 유통경로 목표의 결정은 소비자들이 원하는 서비스수준과 아울러 기업의 장 · 단기적 목표를 고려해야 한다.

오답해설 ① 중간상이 제조 기업에 대해 일체감을 갖고 있거나 갖게 되기를 기대함으로써 발생하는 파워를 준거적 파워라

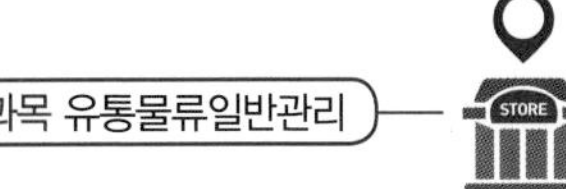

한다.

② 유통경로 갈등의 원인 중 동일한 사실을 놓고도 경로구성원들이 인식을 달리하여 발생하는 갈등의 원인을 지각 불일치라 한다.

③ 경로 커버리지 전략 중 전속적 유통은 중간상의 푸시(Push)보다는 소비자의 풀(Pull)에 의해서 팔리는 전문품, 고가품 등에 적합하다.

④ 유통경로 구성원(제조기업, 유통기업 등)들은 각자 수행하는 유통기능이 있기 때문에 제조기업이 유통기업에게 모든 유통기업을 맡기는 것은 부적절하다.

207 SCM(Supply Chain Management)은 원재료 구매에서부터 최종고객까지의 전체 물류 흐름을 계획하고 통제하는 통합적인 관리방법이다. SCM 개념과 직접 관련이 없는 것은?

① EDI에 의한 DB를 공유할 수 있어야만 전체적인 재고삭감과 물류합리화를 도모할 수 있다.

② SCM으로의 발전 과정에는 고객 주문에 대한 신속 · 효율적인 대응체계인 QR/ECR이 있다.

③ POS는 SCM상의 기초 정보의 하나라고 할 수 있다.

④ SCM은 개별 기업의 최적화를 추구한다.

⑤ 제조 · 물류 · 유통업체 등 유통 공급망에 참여하는 전 기업들이 협력을 바탕으로 양질의 상품 및 서비스를 소비자에게 전달하고 소비자는 거기에서 만족 및 효용을 얻는다.

정답 ④

정답해설 SCM은 경로 전체의 최적화를 추구하며 개별 기업의 최적화를 추구하는 것은 전통적 접근방법이다.

208 직무수행평가의 오류에 대한 설명으로 틀린 것은?

① 후광효과는 피평정자의 긍정적인 인상에 기초하여 평정할 때 어느 특정한 요소가 특출하게 우수하여 다른 평정요소도 높게 평가되는 경향을 말한다.

② 혼효과는 후광효과의 반대로 평정자가 지나치게 비평적인 경우이며 피평정자는 실제 능력보다 더 낮게 평가된다.

③ 중심화경향이란 평정자의 평점이 모두 중간치에 집중하는 심리적 경향으로 아주 높은 평정이나 아주 낮은 평정을 피하는 경향성을 말한다.

④ 규칙적 착오는 평정직전에 있었던 최근의 일들이 평정에 영향을 미치는 경우를 말한다.

⑤ 논리적 착오는 두 가지 평가요소 간에 논리적인 상관관계가 있는 경우 한 요소가 우수하면 다른 요소도 우수하다고 쉽게 판단하는 것을 말한다.

정답 ④

정답해설 ④는 근접착오에 대한 설명이다. 규칙적 착오는 규칙적인 심리적 오류로 한 고과자가 다른 고과자에 비하여 후
평정을 하거나 반대 경향을 나타내는 것을 말한다.

209 기업 구성원의 동기부여에 대한 설명으로 옳지 않은 것은?

① 프레드릭 허즈버그는 책임감, 인정과 같은 요인이 결핍되면 직무만족이 되지 않은 상태를 야
하지만 이들이 충족된다고 해서 동기가 부여되는 것은 아니라고 주장하였다.
② 빅터 브룸의 공정성 이론에 의하면 사람들은 다른 종업원과 자신의 임금을 늘 비교한다고 주
한다.
③ X 이론에 의하면 사람들은 일하기를 싫어하고 피하려고 노력한다고 가정한다.
④ 동기를 부여하는 직무확충전략에는 직무확대와 직무충실이 있다.
⑤ 기대이론에 의하면 긍정적 강화요인으로 인정, 임금인상이 있고 부정적 강화요인으로는 질ᄎ
해고 등이 있다.

정답 ②

정답해설 공정성 이론은 각 개인은 자신이 기울인 노력에 대한 보상이 적절한가를 판단할 때 절대적인 기준뿐만 아니라 다
사람과 비교한 상대적 기준도 중요하게 감안한다는 전제에서 출발한 이론이다.

210 다음 편의품, 선매품, 전문품의 특징에 대한 설명으로 옳지 않은 것은?

① 편의품은 최소한의 노력으로 적합한 제품을 구매하려는 행동의 특성을 보인다.
② 선매품은 제품을 구매하기 전 적합성을 충분히 비교하여 선별적으로 구매한다.
③ 전문품은 상표나 제품의 특징이 뚜렷하다.
④ 선매품은 제품에 대한 완벽한 지식이 없어서 구매와 실행에 많은 시간과 노력이 소비된다.
⑤ 전문품은 가격이 저렴하고 다양한 상표를 수용하려는 특성을 나타낸다.

정답 ⑤

정답해설 전문품은 구매자가 상표 또는 점포의 신용과 명성에 따라 구매하는 제품으로 비교적 가격이 비싸고 특정한 상표만
을 수용하려는 상표집착의 구매행동 특성을 나타내기 때문에 한 번에 대량으로 판매가 불가능하다.

211 **핸드폰 부품을 판매하고 있는 A는 최근 공급업체로부터 제안을 받았다. 연간 총수요량 9,000개, 단위당 주문비용 100원, 단위당 유지비용 20원에 다른 조건은 동일하다는 전제하에 경제적 주문량(EOQ)을 계산하면 얼마인가?**

① 250 ② 270
③ 300 ④ 330
⑤ 350

정답 

 경제적 주문량(EOQ)을 계산하는 공식은 다음과 같다.

$$\text{경제적 주문량(EOQ)} = \sqrt{\frac{2 \times \text{1회 주문비용} \times \text{연간총수요량}}{\text{1단위당 연간 재고유지비용}}}$$

이를 문제의 조건에 대입하면

$\sqrt{\frac{2 \times 100 \times 9{,}000}{20}} = 300$이다.

212 **경영전략에 대한 다음 설명 중 사업부 전략에 해당하는 것은?**

① “어떤 사업을 해야 할 것인가?”라는 문제와 “여러 사업 분야를 기업전체의 관점에서 어떻게 효과적으로 관리할 것인가?”라는 두 가지 문제를 다룬다.
② “특정 사업영역 내에서 경쟁우위를 획득하고 이를 지속적으로 유지하기 위해 어떻게 효과적으로 경쟁해 나갈 것인가?”라는 문제와 관련된 전략이다.
③ 생산, 마케팅, 재무, 인사 등과 같은 기업의 각 부문 내에 자원활용의 효율성을 제고하기 위한 전략이다.
④ 기업의 사업영역을 선택하고 여러 사업부를 효과적으로 관리하기 위한 전략이다.
⑤ 상위의 전략을 효과적으로 실행하기 위한 수단으로서 역할을 한다.

정답 

정답해설 분석수준에 따른 경영전략의 분류

구분	내용
전사적 전략	• “어떤 사업을 해야 할 것인가?”라는 문제와 “여러 사업 분야를 기업전체의 관점에서 어떻게 효과적으로 관리할 것인가?”라는 두 가지 문제를 다룸 • 기업의 사업영역을 선택하고 여러 사업부를 효과적으로 관리하는 전략
사업부 전략	• “특정 사업영역 내에서 경쟁우위를 획득하고 이를 지속적으로 유지하기 위해 어떻게 효과적으로 경쟁해 나갈 것인가?”라는 문제와 관련된 전략 • 특정사업 부분의 구체적인 경쟁방법을 결정함

기능 전략	• 생산, 마케팅, 재무, 인사 등과 같은 기업의 각 부문 내에 자원 활용의 효율성을 제고하기 위한 전략 • 일반적으로 사업부전략으로부터 도출되며 상위의 전략을 효과적으로 실행하기 위한 수단으로서 역할을 한다는 점에서 전략의 실행과 밀접한 관계가 있음

213 다음 중 세후영업이익(NOPAT)에 대한 설명으로 옳지 않은 것은?

① 계산 시 기업의 영업활동에 재무활동이나 투자활동을 포함시킨다.
② 법인세를 제외하고 기업에서 발행한 영업이익이다.
③ 기업의 잠재적인 현금수익을 표현한다.
④ 기업의 잉여현금흐름(FCFF)의 대용으로도 사용된다.
⑤ 세전순영업이익을 먼저 계산해야 한다.

정답 ①

정답해설 세후영업이익(NOPAT)은 기업이 재무활동이나 투자활동을 제외한 기업 본연의 영업활동으로부터 발생한 수익에서 이와 관련된 비용을 차감하여 세전순영업이익을 계산한 다음 관련 실효법인세를 차감하여 계산한다.

214 다음과 같이 유기농산물에 대한 소비자의 선호도가 상승하고 있지만 절대농지의 부족과 토양 오양으로 인해 유기농 농산농가는 줄고 있다고 본다면 유기농 유통시장의 변화가 유기농산물의 가격에 초래하는 효과는?

㉠ 가격 상승	㉡ 가격 하락	㉢ 가격변화 알 수 없음
㉣ 거래량 증가	㉤ 거래량 강보	㉥ 거래량 변화 알 수 없음

① ㉠, ㉤
② ㉢, ㉤
③ ㉢, ㉥
④ ㉠, ㉥
⑤ ㉡, ㉣

정답 ④

정답해설 유기농산물의 공급이 수요에 비해 줄어들기 때문에 가격은 상승하며 이에 따라 초기에는 물량 확보를 위해 거래량도 증가한다. 그러나 일정 공급량을 소화하게 되면 공급 요인은 더욱 악화되어 가격은 더욱 상승하고 일정 시점에 이르면 소비자의 구매량이 줄고 점차 거래량은 감소하게 된다. 즉, 거래량은 증가하기도 하고 감소하기도 하므로 '알 수 없음'이라고 해야 한다.

215 유통기능 담당자에 대한 설명으로 옳지 않은 것은?

① 제조업자 – 소비자가 원하는 제품을 생산하여 최종소비자가 사용하는 데에 있어서 시간적인 차이가 없도록 해야 한다.

② 도매업자 – 제조업자와 소매업자의 사이를 연결하는 역할을 주 업무로 한다.

③ 소매업자 – 제조업자나 도매업자로부터 구입한 재화를 최종소비자에게 판매하는 것을 주된 목적으로 한다.

④ 창고업자 – 제조업자와 도매업자 사이의 거리, 제조업자 또는 도매업자와 소매업자 사이의 공간적인 차이를 해소시키기 위해 운송로에 따라 운송을 담당하는 자를 말한다.

⑤ 금융업자와 보험업자 – 금융업자는 자금을 대여해 유통기능을 원활하게 하며, 보험업자는 재화에 대한 화재나 사고 등으로 인하여 발생할 수 있는 재산상의 손실을 보전함으로써 안전한 유통 업무를 보장한다.

정답 ④

정답해설 ④는 운송업자에 대한 설명이며 창고업자는 재화를 최종소비자가 소비하기까지 보관하는 기능을 담당한다. 이는 생산이나 소비 사이에서 발생할 수 있는 시간적인 불일치를 해소하고 제조업자와 최종소비자 사이의 시간적 불일치를 극복할 수 있게 해준다.

216 다음 중 BCG 매트릭스에 대한 설명으로 옳은 것은?

① 기업이 취급하고 있는 사업을 전략적 사업단위로 파악하여 성장 · 포기 등의 전략결정에 유용하다.

② X축을 시장성장률로 하고 Y축을 상대적 시장점유율로 한다.

③ 개(Dog)에 해당하는 제품은 지속적인 투자전략을 구사할 것을 의미한다.

④ 의문부호(Question Mark)에 해당하는 제품은 미래성장성의 불필요한 제품을 의미하며 이로 인해 우선적으로 관망 혹은 포기하는 전략을 선택하는 것이 최적이다.

⑤ 점유율과 성장률이 모두 낮은 사업을 젖소(Cash Cow)라고 부른다.

정답 ①

정답해설 BCG 매트릭스는 자금의 투입, 산출 측면에서 사업(전략사업 단위)이 현재 처해있는 상황을 파악하고, 이 상황에 적합한 처방을 내리기 위한 분석도구로 '성장–점유율 매트릭스(growth–share matrix)'라고도 불리며, 산업을 '점유율'과 '성장성'으로 구분해 4가지로 분류하고 있다.

오답해설 ② BCG 매트릭스는 X축을 '상대적 시장점유율'로 하고, Y축을 '시장성장률'로 한다.
③ 지속적인 투자전략을 구사할 것을 의미하는 제품은 별(Star)이다.
④ 의문부호(Question Mark)의 경우 성장에 대한 가능성이 낮을 경우에는 퇴출시킬 수 있지만 개발 및 마케팅 투자

등으로 인해 경쟁우위로의 전환이 가능한 경우 적극 지원하게 된다.
⑤ 점유율과 성장률이 모두 낮은 사업은 개(Dog)이다.

217 물류조직의 합리화에 대한 다음 설명으로 옳은 것은?

① 그리드형 조직은 계획의 창조, 수행, 평가를 촉진하는 구조이며 회사의 목표를 달성하기 위해 회사의 인적자원을 할당하는 공식적 혹은 비공식적인 조직이다.
② 물류비는 기업별 사업 환경 여건 및 개선노력에 따라 상당부분 감소하여 가장 낮은 비중을 차지한다.
③ 소품종 대량생산체제가 가속화되고 고객욕구의 다양화, 물류서비스의 차별화가 요구됨에 따라 물류합리화의 필요성이 강조되고 있다.
④ 직능형 조직은 전사적인 물류정책이나 전략 및 계획 등을 도모하기 쉬워 현대에 많이 이용되는 물류유형이다.
⑤ 라인 & 스텝형 조직은 라인과 스텝의 기능을 분화, 작업 부문과 지원 부문을 분리한 조직이다.

정답 ⑤

정답해설 라인 & 스텝형 조직은 직계조직과 참모조직의 장점을 살리고 단점을 보완하기 위한 경영관리조직의 형태로 라인은 직계조직 · 계선조직을 의미하는데 상급직원에서 하급직원의 순으로 연결되는 조직으로 경영에 명확한 책임과 권한을 가지며, 영업부 · 생산부 등이 여기에 속한다. 스탭은 참모조직으로서 전문적인 지식을 활용해 라인에 조언하는 것을 주요 역할로 하며, 기획실 · 총무부 · 인사부 등이 속한다.

오답해설 ① 물류관리조직에 대한 설명이다.
② 물류비는 기업별 사업 환경 여건 및 개선노력에 따라 상당부분 감소하고 있지만 여전히 높은 비중을 차지하고 있다.
③ 다품종 소량생산체제가 가속화되고 고객욕구의 다양화, 물류서비스의 차별화가 요구됨에 따라 물류합리화의 필요성이 강조되고 있다.
④ 직능형 조직은 전사적인 물류정책이나 전략 및 계획 등을 도모하기 어려워 현대에는 잘 이용하지 않는 조직이다.

218 유통업자의 일반적인 경제행위와 가장 거리가 먼 것은?

① 유통업자는 소비자와 제조업자에게 시간효용, 장소효용, 소유효용을 제공한다.
② 유통업자는 소비자가 필요로 하는 재화를 구매하여 소비자에게 여러 가지 상품과 서비스를 제공한다.
③ 유통업자의 상품구색기능은 제조업자보다는 소비자를 위한 기능으로 소비자가 원하는 상품구색을 제공하여 소비자 선택의 폭을 넓혀 준다.

④ 제조업자는 자신이 제조한 상품을 직접 판매한 경우 비용부담을 줄일 수 있기 때문에 유통업자를 통하는 것보다 제조업자 자신이 직접 판매하는 것이 유리하다.
⑤ 소비자에게 상품의 품질이나 가격 등의 정보를, 공급자에게 소비자의 구매성향 등의 정보를 제공해준다.

정답 ④

정답해설 제조업자는 자신이 제조한 상품을 직접 판매할 경우 비용부담이 많이 되기 때문에 유통업자를 이용하는 것이 더 효율적이다.

219 다음 회전율(Turnover Ratio)에 대한 설명으로 옳은 것은?

① 자산회전율은 대차대조표의 자산측면에서 전체적인 성과척도를 나타내며 순매출액을 총자산으로 나눈 값으로 표현된다.
② 상품재고회전율이란 특정기간(보통 1개월) 동안 점포 내에서 재고가 평균적으로 얼마나 여러 번 순환되는가 하는 것이며 일반적으로 재고회전율이 작을수록 좋다.
③ 고정자산은 상품처럼 신속하게 회전되지 않아 자산회전율은 경영자들이 자신들의 자산을 얼마나 효율적으로 사용하는가를 평가하고 비교하기 위해 사용될 수 있다.
④ 상품재고회전율은 평균상품재고액의 변화 없이 매출액이 향상되더라도 반드시 상품회전율이 증가하지는 않는다.
⑤ 상품회전율이 높을수록 상품의 판매 및 그 보충의 속도는 느리다.

정답 ①

정답해설 자산회전율은 투하자금의 운용형태인 자산을 이용하여 일정 기간 내에 얼마만큼의 매출로서 실현되었는가 하는 자산이용도를 나타낸 비율로 대차대조표의 자산측면에서 전체적인 성과척도를 나타내며 순매출액을 총자산으로 나눈 값으로 표현된다.

오답해설 ② 상품재고회전율이란 특정기간(보통 1년) 동안 점포 내에서 재고가 평균적으로 얼마나 여러 번 순환되는가 하는 것이며 일반적으로 재고회전율이 클수록 좋다.
③ 고정자산의 자산회전율은 높으면 높을수록 고정자산에 투하된 기업의 자본이 효율적이므로 사용되었다는 것을 의미한다.
④ 상품재고회전율은 상품구성과 관련된 정책적 의사결정에 영향을 미치는 가장 중요한 판단기준 중의 하나이며 평균상품재고액의 변화 없이 매출액이 향상되면 상품회전율이 증가하는 것은 당연하다.
⑤ 상품회전율이란 일정 기간에 상품이 몇 번 회전하였는가를 표시하는 비율로 기업의 연간 상품매출액 또는 매출원가를 상품 평균재고로 나누었으며 이 비율이 높을수록 상품의 판매 및 그 보충의 속도가 빠르다.

220 물류 아웃소싱에 대한 다음 내용 중 가장 옳지 않은 것은?

① 기업이 직접 고객 서비스 향상이나 물류비 절감 등을 추구하지 못할 경우 물류기능의 전체 혹은 일부를 위탁, 대행하는 것을 말한다.

② 조직 간소화로 조직의 유연성을 확보할 수 있고 물류비도 절감할 수 있지만 물류공동화와 물류표준화가 어려워질 수 있다는 단점이 있다.

③ 제조업체가 물류 아웃소싱을 추구할 때 그 업체는 전문화의 이점을 살려 고객욕구의 변화에 대응하여 주력사업에 집중할 수 있게 된다.

④ 초기에는 단순한 운송, 창고, 자재관리에 국한되었으나 최근에는 EDI 정보교환, 주문접수, 운송업체 선정, 포장, 상품조립 등 직접적인 고객업무로 범위가 확대되고 있다.

⑤ 최근에는 3PL(Third Party Logistics) 단계를 넘어 화주기업에게 포괄적인 공급사슬 솔루션을 제공하는 4PL(Fourth Party Logistics) 서비스를 제공하고 있다.

정답 ②

정답해설 물류 아웃소싱을 통해 물류시설 및 장비를 이중으로 투자하는 데 따르는 투자 위험도 피할 수 있으며 더 나아가 물류공동화와 물류표준화도 가능하게 된다.

221 JIT(Just In Time)에 관한 설명으로 옳은 것은?

① JIT 방식에서 납품 차질로 인한 생산지연에 대한 비용은 생산자가 부담한다.

② JIT 방식은 재고비용의 낭비 요소를 줄일 수 있다.

③ JIT 방식은 정확한 수량으로 정확한 납품이 요구되지만 시간까지 정확할 수는 없다.

④ JIT 방식에서 공급자와 발주자는 장기적인 종속 거래관계를 형성한다.

⑤ JIT 방식을 활용하는 데 있어 생산일정계획은 큰 관계가 없다.

정답 ②

정답해설 JIT(Just In Time) 방식은 재고를 쌓아 두지 않고서도 필요한 때 적기에 제품을 공급하는 생산방식으로 재고를 0으로 해 재고비용을 최대한 줄이기 위한 방식이다.

오답해설 ① JIT 방식에서 납품 차질로 인한 생산지연에 대한 비용은 공급자가 부담한다.
③ JIT 방식은 정확한 시간에 정확한 수량으로 정확한 납품이 요구된다.
④ JIT 방식에서 공급자와 발주자는 장기적인 협력 거래관계를 형성한다.
⑤ JIT 방식을 활용하기 위해서는 생산일정계획이 안정화 · 평준화되어야 한다.

222 서비스 기대수준과 유통경로의 특성에 대한 설명으로 옳지 않은 것은?

① 고객이 다양한 구색을 원할수록 유통경로의 길이는 길어진다.
② 고객이 원하는 1회 구매량이 적을수록 경로의 길이가 길어진다.
③ 고객이 부수적 서비스를 적게 원할수록 유통경로의 길이는 길어진다.
④ 고객이 주문 후 대기시간을 짧게 하기를 원할수록 개별 경로기관의 규모는 대형화된다.
⑤ 고객이 공간적 편리를 적게 추구할수록 유통기관이 대형화된다.

정답 ③

정답해설 고객이 부수적 서비스를 많이 원할수록 유통경로의 길이가 길어진다.

223 물류관리에 대한 설명으로 가장 적절하지 않은 것은?

① 물류는 원초지점부터 소비지점까지 원자재, 중간재, 완성재 및 각종 관련 정보를 소비자의 욕구를 충족시키기 위하여 이동시키는 것과 관련된 흐름을 효율적, 효과적으로 계획, 수행, 통제하는 과정이다.
② 물류는 유형, 무형의 일체 재화에 대한 폐기와 반품을 포함해서 공급과 수요를 연결하는 공간과 시간의 극복에 관한 물리적인 경제활동이다.
③ 물류는 구체적으로는 수송, 보관, 포장, 하역의 물자유통활동과 물적 유통에 관련되는 정보활동을 포함한다.
④ 물류는 생산자와 생산자, 생산자와 판매자, 판매자와 판매자, 생산자와 소비자, 그리고 판매자와 소비자 사이에 상거래 계약이 성립된 후 상품대금을 지불하고 상품의 소유권을 이전하는 단계를 말한다.
⑤ 물류관리 목표는 기본적으로 효과적인 물류관리를 통한 물류비 절감과 대고객 서비스 제고에 있다.

정답 ④

정답해설 ④는 상적 유통에 대한 설명으로 물류란 일반적으로 상거래가 성립된 후 그 물건들이 이행 기간 중에 생산자로부터 소비자에게 물품을 인도함으로써 시간적, 공간적 효용을 창출하는 경제활동을 말한다.

224 **손익분기점 분석에 대한 설명으로 가장 옳지 않은 것은?**

① 손익분기점에서의 손익은 0이다.
② 손익분기점 분석에서는 비용을 고정비와 변동비로 나누어 매출액과의 관계를 분석한다.
③ 손익분기점 분석을 통해 목표이익을 얻기 위한 매출액을 계산할 수 있다.
④ 손익분기점 판매량 = 총변동비/(단위당 판매가 – 단위당 고정비)이다.
⑤ 매출액이 손익분기점을 넘어서면 이익이 발생하고 손익분기점을 밑돌면 손실이 발생한다.

정답 ④

정답해설 손익분기점 판매량 = 고정비/(단위당 판매가 – 단위당 변동비)
= 고정비/단위당 공헌이익

225 **앞으로 매년 연말에 1억 원 씩 영구히 지급받을 수 있는 영구채(永久債)가 있다. 금년 연초에 현재의 이자율이 연 5%이다가 10%로 상승하면 이 영구채의 현재가치는 어떻게 변동하는가?**

① 10억 원 만큼 증가한다.
② 1억 원 만큼 증가한다.
③ 1억 원 만큼 감소한다.
④ 10억 원 만큼 감소한다.
⑤ 이자율 변동과 상관없이 불변한다.

정답 ④

정답해설 연 이자율이 r%일 때 1년 후 B원의 현재가치는 $\frac{B}{1+r}$이다.

1년 후 상환하기로 되어 있는 채권의 액면가가 10,000원이고 표면금리가 10%인 채권의 1년 후 가격은 11,000원이므로

이자율이 10%일 때의 현재가치(판매가) = $\frac{11,000}{1+0.1}$ = 10,000원,

이자율이 5%일 때의 현재가치(판매가) = $\frac{11,000}{1+0.05}$ = 10,476원이다.

따라서 채권가격은 이자율과 반비례한다.

226 수직적 통합과 관련된 설명 중 올바른 것은?

① 장기계약과 장기거래관계의 형성이 직접적인 소유에 비해 보다 많은 이익을 제공하는지에 대한 신중한 검토가 이루어진 후 수직적 통합에 대한 의사결정이 이루어져야 한다.
② 수직적 통합전략은 생산이나 유통단계의 범위를 확대시킨다.
③ 수직적 통합은 거래비용의 증가와 수요확보를 가져온다.
④ 활발한 정보흐름이 있는 반면 기회주의적 행동양식이 발생한다.
⑤ 수직적 통합은 원재료의 획득에서 최종제품의 생산, 판매에 이르는 전체적인 공급과정을 기업이 일괄 통제하는 전략이다.

정답 ①

정답해설 수직적 통합은 원재료의 획득부터 최종제품의 생산, 판매에 이르는 전체적인 공급과정에서 기업이 이 일정 부분을 통제하는 전략으로 장기계약과 장기거래관계의 형성이 직접적인 소유에 비해 보다 많은 이익을 제공하는지에 대한 신중한 검토가 이루어진 후 수직적 통합에 대한 의사결정이 이루어져야 한다.

오답해설 ② 많은 경우 수직적 통합전략은 생산이나 유통단계의 범위를 좁히기 때문에 독립된 공급자나 고객과 경쟁적으로 거래할 수 없다는 위험을 내포하고 있다.
③ 수직적 통합은 거래비용의 감소와 공급확보를 가져온다.
④ 기회주의적 행동양식은 시장을 비효율적으로 만드는 요인이므로 거래 비용감소를 추구하는 수직적 통합과는 거리가 멀다.
⑤ 수직적 통합은 원재료의 획득에서 최종제품의 생산, 판매에 이르는 전체적인 공급과정에서 기업이 일정 부분을 통제하는 전략이다.

227 도매점의 규모가 커감에 따라 나타나는 윤리적 문제로 옳은 것은?

① 가맹점에 공급할 상품의 선정, 공급가격의 결정 및 공급자의 결정권이 체인본부에 있음으로 해서 윤리적 문제가 발생한다.
② 상품을 선정하고 구입하기 위해 납품업자와 계약을 하는 데 비윤리적 문제가 발생한다.
③ 매장 면적의 배정에 있어서 비윤리적 행위가 있을 수 있다.
④ 소매점의 세일가격 광고는 자주 윤리적 문제를 일으킨다.
⑤ 가격파괴는 소매점들이 판매가격을 결정하고 낮은 가격을 제조업자에게 강요함으로써 상품의 가격결정권이 제조업자로부터 소매업자에게로 이동하고 있는데 이러한 상황에서 대규모 소매점에 의해 의한 비윤리적 행위가 나타나는 것이다.

정답 ①

정답해설 ①을 제외한 나머지는 모두 소매윤리에 속한다.

228 전형적인 유통경로인 '제조업체–도매상–소매상–소비자'에서 도매상의 역할로 가장 올바른 것은?

① 도매상들은 생산자와 소매상 사이에서 상품 유통을 활성화시키는 기능을 하는 유통업태이며 소매상들은 제외된다.
② 도매상들은 생산자보다 더 고객과 밀착되어 있으므로 고객의 욕구를 파악하여 전달하는 기능을 한다.
③ 도매상은 소매상 지원기능을 위해 제품구매와 관련한 서비스를 제조업체에게 제공한다.
④ 도매상은 최종소비자가 아니기 때문에 사업고객과 거래를 하지 않는다.
⑤ 도매상은 제품사용에 대한 기술적 지원과 제품판매에 대한 조언 등 다양한 서비스를 다른 도매상에게 제공한다.

정답 ②

정답해설 도매상은 상품을 재판매하거나 산업용 · 업무용으로 구입하려는 재판매업자(reseller)나 기관구매자(institutional buyer)에게 상품이나 서비스를 제공하는 상인이기 때문에 생산자보다 더 고객의 욕구를 파악하여 전달하는 기능을 한다.

오답해설 ① 도매상은 제조업체를 대신하여 광범위한 시장에 산재해있는 소매상들을 관리한다.
③ 도매상은 소매상 지원기능을 통해 제품구매와 관련한 제품교환, 반환, 설치, 보수 등의 다양한 서비스를 제조업체 대신 소매상에 제공한다.
④ 도매상은 최종소비자가 아니라 사업고객과 주로 거래를 하기 때문에 도매업자들은 입지, 촉진, 점포분위기 등에 상대적으로 주의를 덜 기울인다.
⑤ 도매상은 제품사용에 대한 기술적 자원과 제품판매에 대한 조언 등 다양한 서비스를 소매상에게 제공한다.

229 다음 중 유통업체들의 재무적 성과를 측정하기 위한 기본개념에 대한 설명으로 올바르지 않은 것은?

① 자산회전율이란 기업의 자산에 대한 투자의 생산성을 측정하기 위해 사용되며 순매출액을 총자산으로 나눈 값으로 표현된다.
② 순이익률은 기업이 획득한 세전 이익을 순매출액으로 나눈 금액을 말한다.
③ 자산수익률은 자산회전율에 순이익률을 곱한 값으로 소매업체가 자산에 대한 투자자로부터 얼마나 많은 이익이 발생할 수 있는지를 나타내주는 개념이다.
④ 자산수익률(ROA)은 기업의 세금차감 후 당기순이익을 자산총액으로 나눈 값을 의미한다.
⑤ 재고총이익률(GMROI)은 총 재고투자액에서 매출 총이익에 대한 투자 수익률의 척도이다.

정답 ②

정답해설 순이익률은 기업이 획득한 세후 이익을 순매출액으로 나눈 금액을 말한다.

230 다음 중 연봉제의 장점에 대한 설명으로 옳지 않은 것은?

① 능력과 실적이 임금과 직결되므로 종업원에게 동기를 부여해 의욕적으로 근무할 수 있게 하고 조직의 활성화와 사기앙양을 유도할 수 있다.
② 인재를 신중하게 기용할 수 있다.
③ 상급관리직에 적용할 경우 업무와 연봉과의 연결에 의하여 경영감각을 배양하여 경영의식을 제고할 수 있다.
④ 연도 초기에 연간임금이 결정되고 임금체계가 간단하여 관리가 용이해진다.
⑤ 목표수립과 업무평가 및 연봉액 결정을 위해 상사와의 면담이 이루어지므로 의사소통이 원활해진다.

정답 ②

정답해설 연봉제는 인재를 과감하게 기용할 수 있도록 해주며 국제부분 및 신규 사업부문에서도 국제부분 및 신규 사업부문에서 국제적인 감각을 지닌 관리자, 전문직 종사자, 하이테크 기술자 등의 인재를 확보할 수 있다.

231 자본자산가격결정모형(CAPM : Capital Asset Pricing Model)에 대한 다음 설명 중 옳지 않은 것은?

① 자본자산가격결정모형은 자본자산을 통한 기대수익률이 해당 자산의 위험에 따라 균형자본시장에서 어떻게 결정되는지를 설명하고자 하는 이론이다.
② 균형자본시장은 자본자산의 수요와 공급이 일치하는 시장가격이 형성된 상태를 의미한다.
③ 개별자산의 균형가격은 증권시장 선으로 설명할 수 있는데 이는 개별자산이나 포트폴리오 균형수익률을 도출하는 모형이다.
④ 증권시장 선에서의 위험은 체계적 위험과 비체계적 위험으로 구분되고 있는데 체계적 위험은 개별기업의 관점이고 비체계적 위험은 전체시장의 관점에서의 위험이다.
⑤ 자본자산가격결정모형은 모든 투자자는 위험회피형이며 기대효용이 극대화되도록 투자한다고 보았으며 자본시장은 완전시장이라고 가정하였다.

정답 ④

정답해설 증권시장 선에서의 위험은 체계적 위험과 비체계적 위험으로 구분하고 있는데 체계적 위험은 전체 시장의 관점이고 비체계적 위험은 개별기업의 관점에서의 위험이다.

232 「유통산업발전법」 제4장 유통산업의 경쟁력 강화에 대한 내용으로 틀린 것은?

① 산업통상자원부장관은 유통산업의 경쟁력을 강화하기 위하여 중소유통공동소매물류센터의 발전시책을 수립 · 시행할 수 있다.

② 산업통상자원부장관이 수립 · 시행한 시책에는 관련 정보의 원활한 유통에 관한 사항이 포함되어야 한다.

③ 정부는 재래시장의 활성화에 필요한 시책을 수립 · 시행하여야 하고, 정부 또는 지방자치단체의 장은 이에 필요한 행정적 · 재정적 지원을 할 수 있다.

④ 정부 또는 지방자치단체의 장은 중소유통기업의 창업을 지원하기 위한 사항이 포함된 중소유통기업의 구조개선 및 경쟁력 강화에 필요한 시책을 수립 · 시행할 수 있다.

⑤ 그 밖에 중소유통기업의 구조개선을 촉진하기 위하여 필요하다고 인정되는 사항은 대통령령으로 정해져야 한다.

정답 ①

정답해설 「유통산업발전법」 제4장 유통산업의 경쟁력 강화의 제15조 제1항에서 정한 산업통상자원부장관이 유통산업의 경쟁력을 강화하기 위하여 수립 · 시행할 수 있는 시책의 종류는 다음과 같다.

- 체인사업의 발전시책
- 무점포판매업의 발전시책
- 그 밖에 유통산업의 분야별 경쟁력 강화를 위하여 필요한 시책

233 유통기업의 윤리에 대한 설명 중 가장 적합하지 않은 것은?

① 유통기업은 생산자와 소비자의 중간에서 쌍방의 욕구를 조정해 주는 역할을 하고 있기 때문에 다른 어떤 경제주체보다도 윤리 경영의 영역이 넓다.

② 비교광고는 확인 가능한 개관적 자료를 근거로 해야 하고 근거가 확실한 경우에도 일부 자료로 전체를 비교하는 표현을 하거나 경쟁 상품을 비방하는 표현을 하는 것은 비윤리적인 행위이다.

③ 제품의 설치, 서비스, 배달 등의 가격을 공시하지 않고 낮은 가격으로 고객을 유인한 뒤 고가품목을 구매하게 하려는 행위는 비윤리적 행위이다.

④ 경쟁업체와의 수평적 가격담합, 제조업자와 중간상 간의 수직적 가격담합, 그리고 경쟁업체를 시장에서 몰아내기 위해 가격을 내리는 약탈적 가격전략은 비윤리적이다.

⑤ 계획적인 제품 진부화 전략은 고객의 니즈에 따라 잦은 구매를 유도하게 함으로써 기업의 매출을 증대하려는 목적이므로 비윤리적이라 할 수 없다.

정답 ⑤

정답해설 계획적인 제품 진부화 전략은 일부러 제품의 질을 좋지 않게 하여 잦은 구매를 유도하는 것으로 과소비조장과 자원의 낭비를 초래하므로 비윤리적이다.

34 고객충성도를 관리하기 위한 방법에 대한 설명으로 올바르지 않은 것은?

① 충성도가 낮은 고객을 대상으로 충성도관리프로그램을 활용하면 관계를 강화 또는 개선시킬 수 있는 기회를 얻을 수 있다.
② 고객가치중심 세분화를 이용한 맞춤형 충성도 프로그램은 적은 비용으로 충성도를 확보할 수 있다.
③ 고객욕구중심 세분화는 조사를 통해 고객의 유형, 태도, 선호도 등의 조사항목을 분석하여 세분화변수를 도출하고 고객의 구매형태 및 응답패턴을 세분화하는 방법이다,
④ 마케팅 이슈중심 세분화는 기업의 수익성 증대를 위해 교차판매, 상향판매, 재판매 등을 세분화 변수로 사용할 수 있다.
⑤ 가치중심 세분화와 욕구중심 세분화를 통해 고객을 분류하게 되면 부가가치가 높은 고객들에게 집중할 수 있다.

정답 ②

정답해설 ②는 고객욕구중심 세분화에 대한 설명으로 고객가치중심 세분화는 축적된 고객 데이터베이스를 통해 수행하며 이미 데이터 웨어하우스가 구축되어 있는 경우 데이터 마이닝 방법을 통해 세분화할 수 있다.

235 창고운영 전문업자의 자가창고를 임차하여 보관 및 하역 업무를 수행할 때의 장점으로 옳은 것은?

① 필요로 하는 스페이스를 언제 어디서든지 이용할 수 있다.
② 전문업자로서의 전문적 관리를 할 수 있다.
③ 기업의 목적에 부합될 수 있는 적지에 건립이 가능하다.
④ 상품의 피동성에 대응이 가능하다.
⑤ 고정투자의 회피가 가능하다.

정답 ③

정답해설 자가창고과 영업창고의 장단점

	자가창고	영업창고
장점	• 창고이용과 생산 판매의 시간적 결손이 적음 • 기업의 목적에 부합될 수 있는 적지에 건립 가능 • 기업에서 취급하는 상품에 알맞은 설비 보관 및 하역이 가능 • 합리화 및 생력화 가능	• 필요로 하는 스페이스를 언제 어디서든지 이용 가능 • 전문업자로서의 전문적 관리 가능 • 상품의 피동성에 대응 가능 • 고정투자의 회피 가능

단점	• 토지 구입 및 설비 투자에 비용이 듦 • 상품의 피동성에 대응하지 못하고 결손이 많음 • 종업원의 고정적 배치에 의한 인건비, 관리비의 부담	• 성수기에는 여유공간이 적음 • 화주의 상품기밀이 유지되지 않음 • 작업시간의 탄력성이 없음

236 직무분석의 내용을 설명한 것 중 옳지 않은 것은?

① 특정 직무의 내용과 성질을 체계적으로 조사 및 연구하여 조직에서의 인사관리에 필요한 직무 정보를 제공하는 과정이다.

② 조직이 요구하는 직무수행에 필요한 지식, 능력, 책임 등의 성질과 요건을 명확히 하는 일련의 과정이다.

③ 직무기술서는 직무분석을 통하여 얻어진 직무에 관한 여러 가지 자료와 정보를 직무의 특성에 중점을 두고 기록 및 정리한 문서이고 직무명세서는 직무기술서에 기초하되 직무의 인적 요건에 비중을 두고 기록한 문서이다.

④ 직무평가가 먼저 이루어진 다음에 직무분석, 인사고과의 순서로 진행된다.

⑤ 직무분석의 방법에는 면접법, 관찰법, 질문서법 등이 있다.

정답 ④

정답해설 직무분석이 먼저 이루어진 다음에 직무평가, 인사고과의 순서로 진행된다.

237 인력선발과 관련된 다음 설명 중 가장 적절하지 않은 것은?

① 인력선발의 유용성평가는 비용분석과 혜택분석을 통해 이루어진다.

② 관대화 오류는 피고과자의 능력이나 성과를 실제보다 높게 평가하는 오류를 의미한다.

③ 중심화 오류는 고과자의 평가능력이 부족하여 적당히 중간으로 평가한 경우 나타나는 오류를 의미한다.

④ 인력선발 도구의 신뢰성은 피평가자에 대한 측정결과의 정확성을 의미한다.

⑤ 인력선발에서 같은 지원자에 대해 다른 평가방법을 사용하더라도 결과가 동등할 경우 선발도구의 신뢰성이 높다고 할 수 있다.

정답 ④

정답해설 신뢰성은 시험결과의 일관성으로 어떤 시험을 동일한 환경 하에서 동일인이 몇 번 다시 보아도 그 결과가 일치하는 정도를 말하는 반면 타당성은 시험이 측정하고자 하는 내용 또는 대상을 정확히 검정하는 정도를 말한다.

38 **완전경쟁기업의 이윤극대화 행동이 아닌 것은?**

① 완전경쟁기업은 장기에 초과이윤을 얻는다.
② 단기에 손실을 보더라도 조업을 계속하는 것이 유리할 수 있다.
③ 장기에 음의 이윤을 얻는다면 생산을 중단한다.
④ 장단기에 관계없이 가격이 평균가변비용보다 낮으면 생산을 중단한다.
⑤ 한계비용이 가격과 같아지도록 산출량을 결정한다.

정답 ①

정답해설 완전경쟁기업은 장기 균형상태에서는 장기평균비용곡선(LAC)의 최소점에서 생산이 이루어지므로 최적시설규모에서 최적산출량만큼 생산이 이루어지기 때문에 정상이윤만 획득하게 된다.

39 **「방문판매 등에 관한 법률」상 방문판매자가 판매에 대한 계약을 체결하기 전 소비자에게 설명해야 할 사항이 아닌 것은?**

① 재화 등의 명칭, 종류 및 내용
② 재화 등의 가격과 그 지급의 방법 및 시기
③ 재고관리 및 수당 등 평가방법
④ 재화 등을 공급하는 방법 및 시기
⑤ 거래에 관한 약관

정답 ③

정답해설 「방문판매 등에 관한 법률」 제7조(방문판매자 등의 소비자에 대한 정보제공의무 등) 제1항에 의하면 방문판매자 등은 재화 등의 판매에 관한 계약을 체결하기 전에 소비자가 계약의 내용의 이해할 수 있도록 다음 각 호의 사항을 설명하여야 한다.

- 방문판매업자 등의 성명(법인인 경우에는 대표자의 성명을 말한다), 상호, 주소, 전화번호 및 전자우편주소
- 방문판매원 등의 성명, 주소, 전화번호 및 전자우편주소. 다만, 방문판매업자등이 소비자와 직접 계약을 체결하는 경우는 제외한다.
- 재화 등의 명칭, 종류 및 내용
- 재화 등의 가격과 그 지급의 방법 및 시기
- 재화 등을 공급하는 방법 및 시기
- 청약의 철회 및 계약의 해제의 기한 · 행사방법 · 효과에 관한 사항 및 청약철회 등의 권리 행사에 필요한 서식으로서 총리령으로 정하는 것
- 재화 등의 교환 · 반품 · 수리보증 및 그 대금 환불의 조건과 절차
- 전자매체로 공급할 수 있는 재화 등의 설치 · 전송 등과 관련하여 요구되는 기술적 사항
- 소비자피해 보상, 재화 등에 대한 불만 및 소비자와 사업자 사이의 분쟁 처리에 관한 사항
- 거래에 관한 약관
- 그 밖에 소비자의 구매 여부 판단에 영향을 주는 거래조건 또는 소비자피해 구제에 필요한 사항으로서 대통령령으로 정하는 사항

240 **다음 종업원선발과정의 하나인 면접기술에 대한 설명으로 가장 적합한 것은?**

① 면접은 지시적이지 않으면서도 비구조화된 자유로운 상황에서 하는 것이 일반적이다.
② 비지시적 면접의 특징은 한 명의 면접자가 여러 명의 지원자를 면접한다는 것이다.
③ 보다 성공적인 면접을 위해서는 집단면접을 하는 경우가 있는데 이는 구조적 면접의 한 형태이다.
④ 구조적 면접은 주어진 직무의 지원자들에게 비교적 똑같은 내용의 질문 순서에 의하여 면접을 진행하는 방식이다.
⑤ 비지시적 면접의 위험을 줄이기 위해서는 비구조적 면접으로 보완될 필요가 있다.

정답 ④

정답해설 구조적 면접은 주어진 직무의 지원자들에게 비교적 똑같은 내용의 질문 순서에 의하여 면접을 진행하는 방식으로 짧은 시간에 많은 정보를 얻을 수 있지만 심층적인 정보를 얻기 어렵다.

오답해설 ① 면접은 지시적이지 않으면서도 구조적으로 진행하는 것이 바람직하다.
② 비지시적 면접의 특징은 한 명의 면접자가 각 지원자를 일대일로 면접한다는 것이다.
③ 보다 성공적인 면접을 위한 구조적 면접의 형태로는 상황면접이 있다.
⑤ 비지시적 면접의 위험을 줄이기 위해서는 구조적 면접으로 보완될 필요가 있다.

241 **가전제품을 주로 판매하는 어느 지역의 한 유통매장은 최근 LED TV의 인기가 높아짐에 따라 다음 해에 AA모델의 TV를 3,600대 가량 판매할 것으로 기대하고 있다. 연간 재고유지비용은 TV 한 대당 16,000원이며 주문비용은 120,000원이고 유통매매장이 1년에 363일 영업한다면 다음 중 가장 올바르게 계산한 것은?**

① 경제적 주문량은 120~121대이다.
② 연간 주문 수는 30~31회이다.
③ 주문 사이클의 크기는 12~13일이다.
④ 1회주문비용은 162만 원이다.
⑤ 총비용은 371~372만 원이다.

정답 ⑤

정답해설 총비용 = 연간재고유지비용 + 연간주문비용이고
연간재고유지비용 = 평균재고 × 연간 단위당 재고유지비용이며
연간주문비용 = 연간 주문횟수 × 1회 주문비용이다.
이를 문제의 조건으로 대입하면
총비용 = {(232~233)/2 × 16,000} + {(15~16) × 120,000} ≒ 366~377만 원

242 자본예산에 관한 설명으로 가장 적절한 것은?

① 자본예산은 투자의 효과가 1년 이상 장기간에 걸쳐 나타난다.

② 상호배타적인 투자안의 경우 투자규모 또는 현금흐름의 형태가 크게 다를 때 순현재가치법과 내부수익률법이 동일한 결론을 제시할 수 있다.

③ 투자규모, 투자수명, 현금흐름 등이 서로 배타적인 투자안을 순현재가치법으로 평가하는 경우 반드시 두 투자안의 순현재가치(NPV) 곡선이 상호 교차하는지의 여부를 검토해야 한다.

④ 내부수익률이 투자비용을 조달하기 위한 자본비용보다 클 경우 투자안은 기업 가치를 감소시키며 반대로 내부수익률이 자본비용보다 작을 경우 기업 가치를 증대시킨다.

⑤ 수익성지수법은 수익성지수를 비교하여 크기가 상대적으로 작은 투자안부터 투자우선순위를 부여하는 투자안의 경제성 평가방법이다.

정답 ①

정답해설 자본예산은 투자안에 대한 타당성을 분석하고 자본의 투입 여부를 결정하는 재무의사결정의 한 분야로 투자의 효과가 1년 이상 장기간에 걸쳐 나타난다.

오답해설 ② 상호배타적인 투자안의 경우 투자규모 또는 현금흐름의 형태가 크게 다를 때 순현재가치법과 내부수익률법이 서로 다른 결론을 제시할 수 있다.

③ 투자규모, 투자수명, 현금흐름 등이 서로 배타적인 투자안을 내부수익률법으로 평가하는 경우 반드시 두 투자안의 순현재가치(NPV) 곡선이 상호 교차하는지의 여부를 검토해야 한다.

④ 내부수익률은 투자안을 채택할 경우 기업이 얻는 수익률이므로 내부수익률이 투자비용을 조달하기 위한 자본비용보다 클 경우 투자안은 기업 가치를 증가시키며 반대로 내부수익률이 자본비용보다 작을 경우 기업 가치를 감소시킨다.

⑤ 수익성지수법은 크기가 상대적으로 작은 투자안부터 투자우선순위를 부여한다.

243 다음 직장 내 성희롱 발생 시 조치에 관한 설명으로 옳지 않은 것은?

① 사업주, 상급자 또는 근로자는 직장 내 성희롱을 하여서는 아니 된다.

② 사업주는 직장 내 성희롱 발생이 확인된 경우 지체 없이 행위자에 대하여 징계 또는 그밖에 이에 준하는 조치를 취하여야 한다.

③ 사업주는 직장 내 성희롱과 관련하여 그 피해근로자에게 해고 또는 그 밖의 불이익한 조치를 취하여서는 아니 된다.

④ 사업주는 직장 내 성희롱과 관련하여 피해주장이 제기되었을 때에는 그 주장을 제기한 근로자를 해고시킬 수 있다.

⑤ 사업주는 직장 내 성희롱을 예방하고 근로자가 안전한 근로환경에서 일할 수 있는 여건조성을 위하여 직장 내 성희롱의 예방을 위한 교육을 실시하여야 한다.

정답 ④

정답해설 「남녀고용평등과 일 · 가정 양립 지원에 관한 법률」 제14조 제2항에 의하면 사업주는 직장 내 성희롱과 관련하여 피해를 입은 근로자 또는 성희롱 피해 발생을 주장하는 근로자에게 해고나 그 밖의 불리한 조치를 취하여서는 아니 된다.

244 **다음 중 유통경로의 양방흐름에 해당하는 기능은?**

① 물적 소유 이동
② 대금결제
③ 위험부담
④ 주문 및 시장정보
⑤ 판매촉진

정답 ③

정답해설 유통경로의 3대 기능
- **전방기능 흐름** : 물적 소유 이동, 소유권 이동, 판매촉진
- **후방기능 흐름** : 주문 및 시장정보, 대금결제
- **양방기능** : 협상, 금융, 위험부담

245 **유통(소매)업체의 경로지배권 강화현상에 관한 다음의 설명 중에서 옳은 것은?**

① 새롭게 등장한 대형 소매업체들은 도매상들의 존재를 대체로 인정하여 협력한다.
② 일반 소비재 시장에서 대형화된 소매업체의 경로리더십은 선매품의 경우보다 전문품의 경우에 더욱 두드러지게 나타나는 현상이다.
③ 다점포 경영이 확대될수록 소매상의 경로지배력은 약화된다.
④ 고객지향적 마케팅을 하기 위해선 고객욕구 파악이 가장 중요하다.
⑤ 유통(소매)상이 체인화 또는 조직화될수록 도매상의 경로지배력은 강화된다.

정답 ④

정답해설 고객지향적 마케팅을 실행하기 위해서는 고객욕구 파악이 가장 중요하며 이러한 관점에서 유통경로상에서 가장 우위에 서 있는 유통(소매)업체의 협상력은 더욱 강화되는 추세이다.

오답해설 ① 새롭게 등장한 소매업체들은 특히 소비재 시장에서 도매상들의 존재의의를 부정하며 직접적으로 제조업체와 협상할 뿐만 아니라 경로지배력을 강화하고 있다.
② 소매업체의 경로리더십은 전속적 유통경로를 채택하는 전문품보다 선택적 유통경로를 채택하는 선매품이 더 두드러진다.
③ 다점포 경영이 확대되면 확대될수록 소매상의 경로지배력은 강화된다.
⑤ 유통(소매)상이 체인화 또는 조직화될수록 소매상의 경로지배력이 강화된다.

246 의사결정의 위양과 관련된 내용으로 가장 옳지 않은 것은?

① 위양의 가장 중요한 목적은 보다 효과적인 노동의 분업(Division of Labor)을 이루기 위한 것이다.
② 위양은 의사결정의 질과 의사결정에 대한 수용을 증진시키는 방법이며 구성원들의 참여도를 높이기 위한 협의적 의사결정이나 공동 의사결정에서와 같은 목적으로 이루어진다.
③ 부하에 대한 신뢰감의 결여, 업무 전반에 대해 경영자가 절대적인 통제를 계속 유지하고자 하는 욕망 때문에 위양이 실패하는 경우가 많다.
④ 위양은 현장의 상황이나 특성이 의사결정에 잘 반영될 수 있게 한다.
⑤ 위양이 효과적이기 위해서는 MBO(Management by Objectives) 프로그램을 병행하면 좋다.

정답 ②

정답해설 참여 정도에 따른 의사결정의 권한
- **독재적 의사결정** : 상사가 부하의 의견이나 제안 없이 단독으로 의사결정
- **협의적 의사결정** : 상사가 부하의 의견이나 제안을 들은 후 단독으로 의사결정
- **공동 의사결정** : 상사와 부하가 집단으로 만나 토의하고 함께 의사결정
- **의사결정의 위양** : 상사가 부하 개인에게 의사결정 권한과 책임을 위양

247 다음 포장 기법 중 알루미늄 팩 따위를 사용하여 녹이나 부식을 방지하는 포장기법은?

① 방수포장 ② 방습포장
③ 방청포장 ④ 완충포장
⑤ 집합포장

정답 ③

정답해설 방청포장은 알루미늄 팩과 같은 기화성 방청제를 첨가하여 철제 제품을 포장 시 방청물질이 기화되어 녹이나 부식이 생기지 않도록 하는 포장이다.

오답해설 ① **방수포장** : 금속 제품에 녹이 스는 것을 막기 위하여 표면을 처리하는 일. 먼저 금속의 표면을 깨끗이 닦고 말린 다음 방수용 기름, 방수 그리스 따위를 칠한다.
② **방습포장** : 물건을 저장하여 두거나 운송할 때, 습기로 물건이 상하거나 녹이 슬지 않게 처리하는 포장. 포장 재료로는 수지 가공지, 알루미늄박 따위를 쓴다.
④ **완충포장** : 포장화물의 수송 · 하역 중에 받게 되는 진동이나 충격으로부터 내용물이 파손되지 않도록 보호하려는 목적으로 사용되는 포장. 특히 도자기 및 유리제품, 광학부품 및 전자제품 등 파손되기 쉬운 제품에 활용된다.
⑤ **집합포장** : 많은 포장된 화물을 팔레트(pallet), 컨테이너 또는 스키드(skid) 등의 위에 정리하고 한 개의 대형화물로 하는 것을 말한다. 이것에 의해서 화물 취급 작업이 기계화가 가능함과 동시에 수송, 저장에 의한 화물 관리가 용이하여 유통 비용이 절감된다.

248 공리주의에 대한 설명으로 옳지 않은 것은?

① 공리주의는 최대다수의 최대행복이라는 실현을 윤리적 행위에 있어서의 목적으로 본다.
② 공리주의는 기업의 능률과 생산성 제고, 이윤 극대화 등에 부합된다.
③ 자원 배분의 불균형과 소수의 권리 무시 등의 문제점을 가지고 있다.
④ 공리주의는 소수의 희생으로 다수의 효용이 증가된다면 도덕적으로 올바르다고 평가한다.
⑤ 공리주의는 보편성을 중시하여 이를 통한 정당성 확보를 위해 노력한다.

정답 ⑤

정답해설 공리주의는 보편성을 무시하고 있기 때문에 정당성을 가지고 있다고 보기 어려울 수 있으므로 도덕적 원칙에 위배되지 않은 전제 하에 사회적 효용이 가장 큰 대안을 선택하는 것이 필요하다.

249 유통을 상류와 물류로 분류하는 것에 대한 설명으로 옳은 것은?

① 물류는 매매계약 등 거래의 흐름을 의미하고 상류는 물자의 흐름을 의미한다.
② 상류는 물류의 파생기능을 수행한다.
③ 상류와 물류는 고도의 긴밀한 협력관계를 필요로 하는 상호보완적 관계이다.
④ 물류합리화의 일환으로 상류와 물류의 통합운영이 제시되고 있다.
⑤ 상물분리는 배송센터나 공장에서 하고 있던 물류 활동을 지점이나 영업소에서 집중적으로 수행하는 것을 말한다.

정답 ③

정답해설 상류(상적 물류)는 금전이나 정보의 이동과 같이 유통 중 재화의 이동을 동반하지 않는 유통활동이고 물류(물적 유통)는 운송, 보관 업무와 같이 재화가 실제로 이동하는 유통활동이며 서로가 고도의 긴밀한 협력관계를 필요로 하고 상호보완적인 관계이므로 원활한 커뮤니케이션을 요한다.

오답해설 ① 매매계약 등의 거래의 흐름을 의미하는 것은 상류이고 물자의 흐름을 의미하는 것은 물류이다.
② 물류가 상류의 파생기능을 수행한다.
④ 물류합리화의 일환으로 상류와 물류의 분리운영이 제시되고 있다.
⑤ 상물분리는 지점이나 영업소에서 하고 있던 물류 활동을 배송센터나 공장의 직배송을 통하여 수행하는 것을 말한다.

250 진로 - 목표이론의 리더십 유형에 대한 설명으로 옳지 않은 것은?

① 지시적 리더십은 부하가 소극적인 성격의 사람이거나 안전을 바라는 사람일 경우 쉽게 받아들여진다.

② 지원적 리더십은 지도자로부터 일일이 지시받는 것을 싫어하고 명예욕이 높은 사람에게 적합하다.

③ 참여적 리더십은 의사결정에 조직 구성원을 참여시키고자 한다.

④ 성취 지향적 리더십은 도전적인 작업 목표를 설정하고 그 성과를 강조한다.

⑤ 참여적 리더십은 조직 구성원이 목표를 충분히 달성할 수 있으리라 믿는다.

정답 ⑤

정답해설 ⑤는 성취지향적 리더십에 대한 설명이다.

제2과목

상권분석

제 2과목 상권분석

001 다음 중 입지구성의 요소에 해당되는 것은?

① 인접성
② 안정성
③ 상권의 질
④ 지역낙후도
⑤ 주변 상가 업종

정답 ③

정답해설 입지구성의 기본요소로는 유도시설, 인지성, 통행량 및 교통량, 상권의 질, 동선, 시계성, 건물과 토지, 영업력, 경합성(대체성)이 있다.

002 다음 소매점 입지유형에 관한 설명으로 옳지 않은 것은?

① 전통적인 상업 집적지로 고급전문점이나 백화점 등이 입지하고 있어 다양한 분야에 걸친 고객 흡인력을 지니는 곳은 도심번화가이다.
② 철도 환승지점을 중심으로 발달한 상업 집적지로 역사 백화점 또는 터미널 빌딩 등이 핵점포 역할을 담당하는 곳은 도심 터미널이다.
③ 인구밀집지역으로 원래부터 상점가가 있어 대규모 소매점의 출점이 매우 곤란한 지역은 도심 주택지이다.
④ 외곽도시의 관문으로까지 발전한 상업 집적지로 양판점들이나 지점격 백화점, 대규모 전문점 체인 등이 다수 위치한 곳은 간선 도로변이다.
⑤ 교외를 왕래하는 자동차 고객을 대상으로 하는 상업입지지역으로 주로 쇼핑센터를 중심으로 주말이나 휴일에 특히 번성하는 지역은 교외주택지이다.

정답 ④

정답해설 외곽도시의 관문으로까지 발전한 상업 집적지로 양판점들이나 지점격 백화점, 대규모 전문점 체인 등이 다수 위치한 곳은 교외 터미널이다.

003 다음 중 공간균배이론에 따른 점포의 예와 연결이 바르지 않은 것은?

① 집심성 점포 : 백화점
② 집재성 점포 : 가구점
③ 집재성 점포 : 도매점
④ 산재성 점포 : 주방용품점
⑤ 국부적 집중성 점포 : 농기구점

정답 ③

정답해설 공간균배이론에 따른 점포의 분류

점포 유형	특징	종류
집심성 점포	배후지의 중심지에 입지해야 유리한 점포로 수요가 교통비에 둔감한 상품을 취급	도매점, 백화점, 귀금속점, 미술품점, 대형 서점, 영화관
집재성 점포	동일한 업종의 점포가 같은 곳에 모여서 입지해야 유리한 점포로 점포 사이의 업무 연계성과 대체성이 큰 점포끼리 입지	금융기관, 관공서, 가구점, 전자 부품점
산재성 점포	같은 곳에 모여 있으면 불리하기 때문에 서로 분산해서 입지해야 유리한 점포로 수요가 교통비에 민감한 상품을 취급	잡화점, 주방용품점, 이발소, 목욕탕, 세탁소, 일용품점
국부적 집중성 점포	동일한 업종의 점포끼리 국부적 중심지에 입지해야 유리한 점포	농기구점, 비료상점, 농약상점, 씨앗취급점, 석재점

004 다음 설명에 알맞은 입지 특성은?

> 고객이 특정한 목적을 가지고 이용하는 입지로 특정 테마에 따라 고객이 유입되기 때문에 차량접근 및 주차장 이용이 편리해야 한다.

① 목적형 입지
② 적응형 입지
③ 생활형 입지
④ 근린형 입지
⑤ 커뮤니티 입지

정답 ①

정답해설 목적형 입지는 고객이 쇼핑, 구매 등 특정한 목적의식을 가지고 접근하는 입지로 브랜드파워에 대한 고객인지성, 입지접근성 등이 중요하며 쇼핑센터, 극장, 대형 외식업소, 놀이공원 등이 이에 해당된다.

005 다음 중 넬슨이 제시한 입지평가원칙에 포함되지 않는 것은?

① 접근 가능성
② 성장 가능성
③ 중간 저지성
④ 상권 적합성
⑤ 누적적 흡인력

정답 ④

정답해설 넬슨(R. L. Nelson)의 8가지 입지평가원칙

- 접근 가능성
- 성장 가능성
- 중간 저지성
- 상권 잠재력
- 누적적 흡입력
- 양립성
- 경쟁 회피성
- 입지의 경제성

006 다음 설명에 알맞은 입지평가원칙은?

> 창업자가 준비하는 상권에서 동종의 업종끼리 모여 있을수록 고객을 끌어들이는 흡인력이 상승하므로 창업 예정지에 분포한 동일 업종의 비중을 살펴 고객의 흡수가 유리한지를 평가한다.

① 접근 가능성
② 성장 가능성
③ 중간 저지성
④ 상권의 잠재력
⑤ 누적적 흡인력

정답 ⑤

정답해설 누적적 흡인력은 해당 상권에 업종과 업태가 비슷한 점포가 모여 있어 서로 경쟁하는 단점보다 규모와 다양성 등 장점 요소들이 호재로 작용해 고객 유입이 크게 늘어나는 경우로 일반적으로 사람이 많이 모이는 전문 상가 형태가 많다.

오답해설
① **접근 가능성** : 고객들을 자신의 점포로 유인하는 데 어떤 장애요소가 있는지 검토해야 한다.
② **성장 가능성** : 시장규모나 선택한 상권이 주변의 인구 증가와 고객들의 소득 증가로 어느 정도 성장할 수 있는지 검토가 이루어져야 한다.
③ **중간 저지성** : 상업지역으로 가는 고객을 중간에 유인하기 위해 그들의 주거지와 전에 다니던 장소의 중간에 점포를 개점하는 것이 유리하다.
④ **상권의 잠재력** : 상권에서 취급하는 상품이 수익성 확보가 가능한 것인지 검토가 이루어져야 한다.

07 다음 입지를 평가하는 데 있어 적용되는 고려 사항에 관한 설명으로 옳지 않은 것은?

① 점포개설예정자는 고객들을 자신의 점포로 유인하는 데 어떤 장애요소가 있는지 검토해야 한다.
② 점포개설예정자는 점포선택에 있어 입지의 비용을 수익성 및 생산성과 관련하여 검토해야 한다.
③ 점포개설예정자는 상권에서 취급하는 상품이 수익성 확보가 가능한 것인지 검토해야 한다.
④ 점포개설예정자는 창업 희망자가 충분한 수익을 발생시킬 수 있는 점포를 임대, 매입할 수 있어야 한다.
⑤ 점포개설예정자는 유사한 업종이 몰려있는지 살피고 그러한 점포가 있는 입지는 반드시 피해야 한다.

정답 ⑤

정답해설 누적적 흡인력 관점에서는 동종의 점포가 서로 집중된 것이 업종에 따라 유익한 경우가 많지만 공간균배이론적 관점에서는 점포가 분산적으로 입지하는 것이 유리할 경우가 많다.

08 다음과 같은 특성을 가진 상권은?

점포 매출 또는 고객 수의 23~30%를 포함하며 주요 고객은 밀집되어 있지 않고 지역적으로 넓게 분산되어 있다.

① 1차 상권
② 2차 상권
③ 3차 상권
④ 4차 상권
⑤ 외곽 상권

정답 ②

정답해설 고객 흡인율별 상권의 종류

- 1차 상권 : 점포 매출 또는 고객 수의 60% 이상을 점유하며, 점포에 지리적으로 인접한 지역에 거주하는 소비자들이 주요 고객이다.
- 2차 상권 : 점포 매출 또는 고객 수의 23~30%를 포함하며 1차 상권의 외곽에 위치해 있고 주요 고객은 지역적으로 넓게 분산되어 있다.
- 3차 상권 : 한계상권이라고도 하며 점포 이용고객은 5~10%를 차지한다. 상권지역의 외곽에 위치하며 주요 고객은 점포로부터 장거리에 위치하여 고객의 수와 이들의 구매빈도가 적어 점포 매출액에서 차지하는 비중이 낮다.

009 다음 상권에 대한 설명으로 옳지 않은 것은?

① 상권이란 상업상의 거래를 행하는 공간적 범위로 점포가 고객을 흡인하거나 흡인할 수 있는 범위 또는 다수의 상업시설이 고객을 흡인하는 공간적 범위를 말한다.
② 상권이란 특정 마케팅 단위 또는 집단이 상품과 서비스를 판매 및 인도함에 있어 비용과 취급 규모 면에서 경제적이며 그 규모가 어떤 경계에 의해 결정되는 지역범위를 의미한다.
③ 판매자 측면의 상권은 적절한 가격의 재화 및 용역을 합리적으로 발견할 수 있을 것으로 기대되는 지역범위를 의미한다.
④ 판매자 측면에서 전체 매출액의 대부분이 실현되는 지역이 1차 상권이고 추가로 15% 정도가 실현되는 지역범위가 2차 상권이다.
⑤ 상권의 크기는 주택가에 입지할수록 좁아지고 주변에 점포가 많으면 넓어지며 상권 간에도 계층성이 존재한다.

정답 ③

정답해설 적절한 가격의 재화 및 용역을 합리적으로 발견할 수 있을 것으로 기대되는 지역범위는 구매자 측면의 상권이다.

010 다음 중 점포의 접근성을 평가하기 위한 요소로 적절하지 않은 것은?

① 가시성
② 도로 구조
③ 점포의 실내장식
④ 교통량과 흐름
⑤ 도로 진입과 퇴출

정답 ③

정답해설 점포의 접근성을 평가하는 요소로는 도로 구조, 도로 상태, 주도로로의 진입과 퇴출, 교통량과 흐름, 가시성 등을 들 수 있다.

011 다음 크리스탈러의 중심지 이론에 관한 설명으로 옳지 않은 ?

① 상업중심지로부터 중심기능(또는 상업서비스 기능)을 제공받을 수 있는 가장 이상적인 배후상권의 모양은 원형이며 이러한 모양을 가진 배후상권은 중심지 기능의 최대도달거리(Range)와 최소수요충족거리(Threshold)가 일치하는 공간이다.
② 상업중심지의 이상적 입지와 이들 간의 분포관계는 중심지 기능의 최대도달거리, 최소수요충족거리, 육각형 형태의 배후지 모양, 중심지 계층 등과 관련이 있다.

③ 상업중심지의 계속적인 존립을 위해 최소한의 정상이윤이 확보되어야 하며 이를 위해 일정 지역범위 내의 소비자들로부터 최소한의 수요가 발생되어야 한다.

④ 상업중심지의 정상이윤 확보에 필요한 최소한의 수요를 발생시키는 상권범위를 최소수요충족거리(Threshold)라고 한다, 결국 최소수요충족거리는 상업중심지의 존립에 필요한 최소한의 고객이 확보된 배후지의 범위를 말한다.

⑤ 중심지의 최대도달거리(Range)가 최소수요충족거리(Threshold)보다 커야 상업시설이 입지할 수 있다.

정답 ①

정답해설 상업중심지로부터 중심기능(또는 상업서비스 기능)을 제공받을 수 있는 가장 이상적인 배후상권의 모양은 정육각형이며 정육각형의 형상을 가진 배후상권은 중심지 기능의 최대도달거리(Range)와 최소수요충족거리(Threshold)가 일치하는 공간구조이다.

12 다음 공간입지에 관한 학자들의 주장을 정리한 것 중 옳지 않은 것은?

① 동심원 이론은 미국의 사회학자 버제스(Burgess)가 1925년 시카고시에 대한 실증적 연구를 통하여 제창한 이론으로 그는 도시의 구조를 중심 비즈니스지대, 전이지대, 자립근로자 거주지대, 중산층 거주지대, 통근자 거주지대의 5종으로 분류하고 이들 지대는 동심원적 구조를 이루어 제각기 외측에 인접한 지대를 잠식하면서 팽창해가는 것이라고 주장하였다.

② 선형 이론은 호이트(H. Hoyt)가 1939년 미국의 142개 도시를 대상으로 교통로의 발달과 관련지어 도시 내부 구조를 설명한 이론으로 도심에 중심 업무지구가 있고 도심으로부터 새로운 교통로가 발달하면 교통로를 축으로 도매 · 경공업 지구가 부채꼴 모양으로 확대되며 인접한 다른 사회 계층 주민들의 주거 지역은 저급, 중급, 고급 순으로 발달한다고 주장하였다.

③ 원심력 이론은 울만(E. Ulman)과 해리스(C. Harris)가 1945년 미국의 대도시를 조사하여 도시의 발달은 하나의 핵을 중심으로 구조화되어 있지 않고 다른 기능을 수행하는 몇 개의 핵을 중심으로 전개된다는 사실을 규명한 이론으로 도시의 성장과 발달은 도심의 업무 지구 이외에도 여러 개의 교통 결절점을 중심으로 한 부심이나 신주택 단지 또는 신공업 지구 등에 의해서도 이루어진다고 보았다.

④ 다차원 이론은 시몬스(J. W. SImmons)가 주장한 이론으로 그는 도시내부의 사회적 패턴에도 다수의 독립된 차원이 존재한다고 하였다.

⑤ 중심지 이론은 주변 지역에 재화와 용역을 공급하는 중심지의 분포와 계층 구조에 관한 공간적 규칙성을 규명한 크리스탈러(W. Christaller)의 이론으로 도시 내 생활거주지의 입지 및 수적 분포 거리관계 등의 공간구조를 중심지개념에 의해 설명하는 이론이다.

정답 ③

정답해설 울만(E. Ulman)과 해리스(C. Harris)가 1945년 미국의 대도시를 조사하여 도시의 발달은 하나의 핵을 중심으로 구화되어 있지 않고 다른 기능을 수행하는 몇 개의 핵을 중심으로 전개된다는 사실을 규명한 이론은 다핵심 이론이

013 다음 중 유추법의 특징으로 옳은 것은?

① 자사의 신규점포와 특성이 비슷한 기존의 유사점포를 선정하여 그 점포를 분석, 새로운 점포 위치할 지역의 판매를 예측한다.
② 고객특성을 조사할 수 있지만, 상권 규모까지 파악할 수는 없다.
③ 질적 자료보다는 양적 자료를 사용함으로써 결과의 객관성이 커진다.
④ 벤치마킹 대상으로 선택한 유사점포의 내부 속성 영향력에 대한 고려가 반영된다.
⑤ 대상 선택에 관계없이 결과가 동일하다.

정답 ①

정답해설 유추법은 자사의 신규점포와 특성이 비슷한 기존의 유사점포를 선정하여 그 점포를 분석, 새로운 점포가 위치할 역의 판매를 예측한다.

오답해설 ② 유추법은 고객특성을 조사할 수 있고 상권 규모도 파악할 수 있다.
③ 양적 자료보다는 질적 자료를 사용함으로써 결과의 객관성이 다소 결여된다.
④ 유추법은 벤치마킹 대상으로 선택한 유사점포의 내부 속성 영향력에 대한 고려가 배제된다는 문제점이 존재한다.
⑤ 유추법은 대상 선택에 따라 결과가 달라져 활용이 제한될 수 있다.

014 다음 중 독립입지(Freestanding Site)가 선호되는 상황이 아닌 것은?

① 비교우위에 있는 확실한 기술력을 보유하고 있는 업종
② 단일의 계획된 개발에 맞추어 누적적 흡인력과 양립성 조건을 갖춘 업종
③ 뛰어난 마케팅 능력을 보유하고 충분한 능력발휘가 가능한 업종
④ 대규모 자본을 투자하여 다른 업체와 확실한 비교우위를 설정할 수 있는 기업
⑤ 고객이 적극적으로 찾아올 수 있는 서비스와 시설규모를 갖출 수 있는 기업

정답 ②

정답해설 독립입지가 선호되는 상황
- 비교우위에 있는 확실한 기술력을 보유하고 있는 업종
- 뛰어난 마케팅 능력을 보유하고 충분한 능력발휘가 가능한 업종

- 대규모 자본을 투자하여 다른 업체와 확실한 비교우위를 설정할 수 있는 기업
- 고객이 적극적으로 찾아올 수 있는 서비스와 시설규모를 갖출 수 있는 기업

015 다음 중 다점포 경영의 특징으로 보기 어려운 것은?

① 지점포를 신설할 때 자금보조를 받을 수 있다.

② 본점의 경험과 노하우를 이어받아 실패의 위험성이 적다.

③ 이미 인지도를 확보한 상품과 상호를 이용하기 때문에 광고 및 홍보 효과가 크다.

④ 개별화된 맞춤형 운영전략을 설정하여 점포를 운영한다.

⑤ 본점은 원자재 대량 매입 후 지점포에 저렴하게 공급한다.

정답 ④

정답해설 다점포 경영은 일관된 운영방식을 적용하기 때문에 지역적 특색이 고려되지 않을 수 있다.

016 다음 중 고객점묘법의 특징으로 볼 수 없는 것은?

① 1차 상권, 2차 상권 및 한계상권을 결정할 수 있다.

② 점포의 머천다이징과 가격정책의 수립에 유용한 지침으로 활용할 수 있다.

③ 상권의 규모에 대응되는 상권분기점의 추정 및 매출액 분석이 가능하다.

④ 광고 및 판촉전략 수립에 이용될 수 있다.

⑤ 가능매상고 추계에 주로 사용된다.

정답 ③

정답해설 고객점묘법의 특징

- 상권의 규모를 파악할 수 있다.
- 1차 상권, 2차 상권 및 한계상권을 결정할 수 있다.
- 규모가 다른 동심원을 그려가면 각 원이 차지하는 고객비율을 계산할 수 있다.
- 상권 내 고객들의 인구 통계적 및 사회 경제적 특성을 분석할 수 있다.
- 점포의 머천다이징과 가격정책의 수립에 유용한 지침으로 활용할 수 있다.
- 광고 및 판촉전략 수립에 이용될 수 있다.
- 매출액(상권규모)을 측정하는 데 이용하는 방법으로 가능매상고 추계에 주로 사용된다.

017 다음 중 체크리스트법에 대한 설명으로 옳지 않은 것은?

① 이해하기 쉽고 사용하기 쉽다는 장점이 있다.
② 객관적인 해석이 가능하다.
③ 부지와 주변상황에 관하여 사전에 결정된 변수 리스트에 따라 대상점포를 평가한다.
④ 특정 상권의 제반 특성을 체계화된 항목으로 조사하고 이를 바탕으로 신규점 개설 여부를 평가하는 방법으로 상권분석의 결과를 신규점의 영업과 마케팅 전략에 반영한다.
⑤ 전문가의 노하우가 잘 반영된다.

정답 ②

정답해설 체크리스트법의 단점은 주관적인 지표설정으로 인해 해석에 다의성이 있다는 것이다.

018 다음 중 허프 모형의 가정과 특징에 대한 설명으로 옳지 않은 것은?

① 허프 모형은 소비자들의 점포선택과 소매상권의 크기를 예측할 때 이용되는 확률적 점포선택 모형이다.
② 허프 모형에서는 소비자의 점포에 대한 효용은 점포의 매장면적이 클수록 증가하고 점포까지의 거리가 멀수록 감소한다.
③ 허프 모형에서는 소비자의 특정 점포에 대한 효용은 점포의 크기와 점포까지의 거리에 좌우된다고 가정한다.
④ 허프 모형의 특정 점포에 대한 선택확률은 상권 내에서 소비자가 방문을 고려하는 점포 대안들의 효용의 총합에 대한 해당 점포의 효용의 비율이다.
⑤ 허프 모형에서는 소비자의 점포이동거리가 분석에서 사용되는 실제거리와 일치하지 않을 수 있다.

정답 ⑤

정답해설 소비자가 생각하는 거리가 분석에서 사용되는 실제거리와 일치하지 않을 수 있다는 점은 레일리 모형에서 제시되는 비판이다.

019 다음 중 확률적 상권분석기법에 포함되지 않는 것은?

① 루스의 선택공리
② 허프 모형
③ MCI 모형
④ 레일리 소매중력법칙
⑤ MNL 모형

정답 ④

정답해설
- **서술형 상권분석기법** : 유추법, 전문가 판단법, 체크리스트법
- **규범적 상권분석기법** : 크리스탈러 중심지 이론, 레일리 소매중력법칙, 컨버스 수정 소매인력법칙
- **확률적 상권분석기법** : 루스의 선택공리, 허프 모형, MCI 모형, MNL 모형

020 다음 중 경쟁점 조사와 관련된 내용으로 적절하지 않은 것은?

① 먼저 경쟁에 대한 개념이 필요하다.
② 조사의 목적에 따라 시기가 달라져서는 안 된다.
③ 경쟁과 양립관계를 명확히 파악하여 경쟁자가 누구인지를 알아내야 한다.
④ 점포의 경쟁개념이 확고해진 경우 경쟁점을 정의하고 그 경쟁점보다 비교우위를 점할 수 있는 차별화 정책을 모색해야 한다.
⑤ 현재 상권 내에서 영업하고 있는 업체뿐 아니라 점포 개설을 준비하는 업체도 분석해야 한다.

정답 ②

정답해설 경쟁점 조사는 조사의 목적에 따라 시기가 달라질 수 있다.

021 다음 중 시장성장잠재력(MEP)에 대한 설명으로 옳지 않은 것은?

① 시장의 밀집도에 따른 경쟁 구도를 측정할 수 있다.
② 지역시장이 업태와 업종에 따라 미래의 사업장을 개설할 수 있는지 여부를 판단할 때 사용하는 지표이다.
③ 거주자들이 지역시장 이외의 다른 지역에서 지출하는 지출액을 추정하는 데 사용된다.
④ 점수가 높을수록 총수요의 증가 가능성이 높다고 해석된다.
⑤ 예상 수요액을 총 매장면적으로 나눈 값이다.

정답 ①

정답해설 시장성장잠재력(MEP : Market Expansion Potential)
- 지역시장이 업태와 업종에 따라 미래의 사업장을 개설할 수 있는지 여부를 판단할 때 사용하는 지표이다.
- 거주자들이 지역시장 이외의 다른 지역에서 지출하는 지출액을 추정하는 데 사용된다.
- MEP 점수가 높을수록 총수요의 증가 가능성이 높다고 해석된다.
- 잠재력을 반영하여 예상 수요액을 총 매장면적으로 나눈 값이다.

022 철수는 A시와 B시를 직선으로 연결한 구간 내에 존재하는 작은 도시 C에 살고 있다. 그가 살고 있는 도시 C를 기준으로 두 도시 간의 거리는 A시와는 10km, B시와는 8km이고 각각의 도시인구는 A시가 5만 명, B시가 3만 명이다. 소매중력법칙을 이용하여 A도시가 철수를 끌어올릴 수 있는 상권력(흡인력)을 구하면?(단, 소수점 셋째 자리에서 반올림한다.)

① 약 180%
② 약 107%
③ 약 95.2%
④ 약 87.3%
⑤ 약 52%

정답 ⑤

정답해설 상대적 흡인력 $= \frac{\text{A시의 흡인력}}{\text{A시의 흡인력} + \text{B시의 흡인력}} \times 100$ (단, B시의 흡인력 = 1)

소매중력법칙을 이용하면

A시의 흡인력 $= \left(\frac{5}{3}\right)\left(\frac{8}{10}\right)^2 \fallingdotseq 1.07$ 그리고 $\frac{1.07}{1.07+1}$에서

즉 B시의 흡인력이 1일 때 A시의 흡인력은 1.07이 된다. 이는 다시 말해 A시의 흡인력은 A시와 B시의 총 흡인력 2.07 중 1.07만큼 작용함을 알 수 있다.

$\therefore$ A시의 흡인력 $= \frac{1.07}{2.07} \times 100 = 51.69 \fallingdotseq 52\%$

023 철수가 사는 동네에는 동일한 효용을 제공하는 판매점이 3군데 존재한다. 철수의 집을 중심으로 각각의 점포까지의 거리와 매장면적이 다음과 같다고 가정할 때 철수가 C점포를 선택할 확률은?

점포	점포 도달거리	철수의 거리 반응성	점포 크기	철수의 크기 반응성
A	5km	3	400㎡	1
B	8km	3	300㎡	1
C	10km	3	800㎡	1

① 약 85%
② 약 47%
③ 약 24%
④ 약 17%
⑤ 약 5%

정답 ④

정답해설 개별 점포의 효용 $= \frac{(\text{매장면적})^{\text{크기반응성}}}{(\text{도달거리})^{\text{거리반응성}}}$

전체점포의 효용 = 개별 점포 효용성 값의 총 합

$$\text{특정점포의 효용성} = \frac{\text{특정점포의 효용}}{\text{전체점포의 효용}} \times 100$$

$$\text{A점포의 효용성} = \frac{400^1}{5^3} = \frac{400}{125} = 3.2$$

$$\text{B점포의 효용성} = \frac{300^1}{8^3} = \frac{300}{512} \fallingdotseq 0.59$$

$$\text{C점포의 효용성} = \frac{800^1}{10^3} = \frac{800}{1,000} = 0.8$$

$$\text{전체 효용} = 3.2 + 0.59 + 0.8 = 4.59$$

$$\therefore \text{C점포의 효용성} = \frac{0.8}{4.59} \times 100 = 17.429... \fallingdotseq 17\%$$

024 소매업태별 입지전략 또는 입지에 따른 여타의 소매전략에 대한 설명으로 옳은 것은?

① 기생형 점포는 목적형 점포의 입지를 고려하지 않고 독립적으로 입지하여야 한다.
② 선매품 소매점은 경합관계에 있는 점포들이 모여 있는 곳에 입지해야 한다.
③ 보완관계보다 경합관계가 더 큰 편의품 소매점들은 서로 인접하여 입지해야 한다.
④ 목적형 점포는 수요가 입지의 영향을 크게 받아서 입지선정에 제약이 많다.
⑤ 쇼핑센터에 입지한 소규모 점포들은 앵커스토어와 표적고객이 상반된다.

정답 ②

정답해설 선매품이란 고객이 상품의 가격, 스타일, 품질 등을 여러 상점과 비교하여 구매하는 것을 말하고 선매품 소매점이란 그러한 상품을 주로 판매하는 상점을 의미하므로 경합관계에 있는 점포들이 모여 있는 곳에 입지해야 한다.

오답해설 ① 기생형 점포는 목적형 점포의 영향을 많이 받기 때문에 목적형 점포의 입지를 고려하여 가까운 주변에 입지하여야 한다.
③ 보완관계보다 경합관계가 더 큰 편의품 소매점들은 서로 떨어져 입지해야 한다.
④ 목적형 점포는 수요가 입지의 영향을 크게 받지 않아 입지선정이 비교적 자유롭다.
⑤ 쇼핑센터에 입지한 소규모 점포들은 앵커스토어와 표적고객이 겹치는 경우가 많다.

025 도시는 도심상권, 부도심상권, 지구상권, 주거지 근린상권 등으로 계층화된 상권구조를 가지며 이들 상권은 서로 다른 카테고리의 상품을 주로 판매한다는 도시상권구조의 계층화를 설명하는 것과 가장 관련이 있는 이론은?

① 레일리(Reilly)의 소매인력이론
② 컨버스(Converse)의 소매인력법칙
③ 허프(Huff)의 상권분석모델
④ 허프(Huff)의 수정된 상권분석모델
⑤ 크리스탈러(CHristaller)의 중심지이론

정답 ⑤

정답해설 중심지이론은 독일의 지리학자 크리스탈러(CHristaller)가 제시한 이론으로 한 도시 및 지역의 중심지기능 수행 정도와 상권 규모는 인구 규모에 비례하여 커지고 중심 도시 및 지역의 규모에 비례하여 커진다는 것이 핵심이다. 또한 중심지 간에는 계층이 나타나는데 이는 중심지의 크기에 따라 중심지가 제공하는 재화 및 서비스의 수준과 상권이 달라지기 때문이다.

026 다음 중 중심성 지수에 대한 설명으로 옳은 것은?

① 도매업의 공간적 분포를 설명하는 데 도움을 주는 지표이다.
② 어느 지역에서 중심이 되는 공간이 어디인지를 지수로 파악할 수 있다.
③ 그 도시의 업태별 판매액을 그 도시를 제외한 광역지역의 업태별 판매액으로 나눈 값이 상업인구다.
④ 상업인구보다 거주인구가 많으면 1보다 큰 값을 갖게 된다.
⑤ 중심성 지수가 1이면 상업인구가 거주인구보다 적다는 것을 의미한다.

정답 ②

정답해설 중심성 지수는 소매업이 불균등하게 분포하는 실태를 반영하여 소매업 중심지와 그 곳을 둘러싼 외곽지역으로 구성되는 것을 지수화한 것으로 어느 지역에서 중심이 되는 공간이 어디인지를 지수로 파악할 수 있다.

오답해설 ① 중심성 지수는 소매업의 공간적 분포를 설명하는 데 도움을 주는 지표이다.
③ 중심성 지수에서 그 도시의 소매판매액을 그 도시를 포함한 광역지역의 1인당 소매판매액으로 나눈 값이 상업인구이다.
④ 중심성 지수는 상업인구를 그 지역의 거주인구로 나눈 값으로 상업인구보다 거주인구가 많으면 1보다 작은 값을 갖는다.
⑤ 중심성 지수가 1이면 상업인구와 거주인구가 동일함을 의미한다.

027 다음 중 티센 다각형(Thiessen Polygon)에 대한 설명으로 옳지 않은 것은?

① 다각형의 크기는 경쟁수준과 비례한다.
② 공간독점 접근법에 기반한 상권 구획모형의 일종이다.
③ 소비자들이 가장 가까운 소매시설을 이용한다고 가정한다.
④ 소매 점포들이 규모나 매력이 있어서 유사하다고 가정한다.
⑤ 상권범위 예측에 사용될 수 있다.

정답 ①

정답해설 티센 다각형(Thiessen Polygon)은 소비자들이 거주지로부터 가장 근접한 쇼핑센터를 이용할 것이라는 가정 하에 상권을 설정하는 방법으로 그 다각형의 크기는 경쟁 수준과 반비례 관계를 가진다.

028 다음 회귀분석 모형에 관한 설명으로 가장 옳지 않은 것은?

① 소매점포의 성과에 영향을 미치는 요소들을 파악하는 데 도움이 된다.
② 모형에 포함되는 독립변수들은 서로 관련성이 높을수록 좋다.
③ 점포성과에 영향을 미치는 영향변수에는 상권 내 경쟁수준이 포함될 수 있다.
④ 점포성과에 영향을 미치는 영향변수에는 상권 내 소비자들의 특성이 포함될 수 있다.
⑤ 회귀분석에서의 표본의 수가 충분하게 확보되어야 한다.

정답 ②

정답해설 회귀분석에서는 독립변수와 종속변수 간의 상관관계를 분석해야 하므로 독립변수 상호간에는 상관관계인 관련성이 없어야 한다.

029 입지분석의 직접적 필요성에 대한 설명으로 옳은 것은?

① 구체적인 입지계획을 수립하기 위해
② 잠재수요를 파악하기 위해
③ 보다 표적화된 구색과 판매촉진전략을 수립하기 위해
④ 기존 점포들과의 차별화 포인트를 찾아내기 위해
⑤ 점포의 접근성과 가시성을 높이기 위해

정답 ⑤

정답해설 ⑤를 제외한 나머지는 모두 상권분석의 필요성에 해당한다.

030 다음 경쟁점포에 대한 조사, 분석과 관련된 설명으로 옳은 것은?

① 경쟁점포에 대한 방문조사가 경쟁분석의 유일한 방법으로 활용된다.
② 상품구색, 가격, 품질의 차이가 클수록 경쟁강도가 높은 경쟁점포이다.
③ 경쟁점포 및 경쟁구조를 분석할 때는 상권의 계층적 구조를 고려해야 한다.
④ 직접적인 경쟁점포만을 조사 · 분석해야 한다.
⑤ 경쟁분석의 궁극적 목적은 효과적인 입지 전략의 수립이다.

정답 ③

정답해설 경쟁분석은 입지선정과정을 위한 필수적 활동이며 이 과정에서 경쟁점포 및 경쟁구조를 분석할 때는 상권의 계층적 구조를 고려하여 분석해야 한다.

오답해설 ① 경쟁점포에 대한 조사방법에는 방문조사뿐만 아니라 점두조사법에 기초한 고객면접조사, 상품정책조사, 경합점의 고객을 대상으로 하여 조사하는 좌담회 등 여러 가지 방법이 있다.
② 상품구색, 가격, 품질이 유사할수록 경쟁강도가 높은 경쟁점포이다.
④ 직접적인 경쟁점포뿐만 아니라 잠재적인 경쟁점포를 포함하여 조사 · 분석해야 한다.
⑤ 경쟁분석의 궁극적 목적은 효과적인 경쟁 전략의 수립이다.

031 매장면적비율법은 상권 내 동일업종의 총 매장면적에서 점포의 매장면적이 차지하는 비율을 이용하여 해당 점포의 매출액을 추정한다. 매장면적비율법의 내용으로 가장 옳지 않은 것은?

① 상권의 총잠재수요는 해당 업종에 대한 1인당 총지출액과 상권인수를 곱해서 구한다.
② 상권의 총예상매출액은 총잠재수요와 상권인구의 상권 밖에서의 구매비율을 곱해서 구한다.
③ 해당 점포의 매출은 상권의 총예상매출액과 매장면적비율을 곱해서 구한다.
④ 경쟁점포에 대한 경쟁력이 약하면 매장면적비율보다 더 작게 매출액비율을 추정한다.
⑤ 유동인구의 효과를 가중하여 매장면적비율에 따른 추정매출액을 조정할 수 있다.

정답 ②

정답해설 상권의 총예상매출액은 총잠재수요와 상권인구의 상권 내에서의 구매비율을 곱해서 구한다.

032 다음 권리금에 대한 설명으로 옳지 않은 것은?

① 임차인이 누리게 될 장소 또는 영업상의 이익에 대한 대가로 임차보증금에 포함되어 지급된다.
② 상가매입 및 임차 시 관행적으로 인정된다.
③ 임대차 계약이 종료되더라도 임대인은 원칙적으로 권리금 반환에 대한 의무를 지지 않는다.
④ 임대차 계약기간 동안의 사업수익으로 충분히 충당될 수 있는 범위 내에서 설정해야 한다.
⑤ 바닥권리금, 영업권리금, 시설권리금으로 구분된다.

정답 ①

정답해설 권리금은 용역권이나 임차권 등의 권리를 양도하는 대가로 주고받는 금전을 의미하며 점포임대차와 관련해 임차인이 누리게 될 장소 또는 영업상의 이익에 대한 대가로 임차보증금과는 별도로 지급된다.

033 자가용차를 소유한 소비자의 증가추세가 상권에 미치는 영향을 설명한 내용으로 옳지 않은 것은?

① 소비자의 이동성을 높여 저밀도의 넓은 영역으로 주택분산이 가능해지고 인구의 교외화가 진행된다.
② 소비수요가 중심도시로부터 교외로 이동하고 다양한 상업기회가 교외에서 생겨난다.
③ 소비자의 지리적 이동거리가 확대되고 이동속도가 빨라지는 동시에 소비자가 감당하는 물류기능은 감소한다.
④ 자가용차 이용은 유류비와 차량 유지비용 발생으로 다목적 쇼핑외출과 같은 새로운 쇼핑패턴을 생성하여 유통시스템에 영향을 미친다.
⑤ 자가용차 이용으로 소비자가 여러 도시를 자유롭게 이동할 수 있어 소매상의 시장범위가 비약적으로 확대된다.

2과목 상권분석

정답 ③

정답해설 자가용차를 소유한 소비자의 증가추세로 인해 소비자의 지리적 이동거리가 확대되고 이동속도가 빨라지기 때문에 물류기능 중 생산과 소비의 공간적 거리를 극복하는 운송기능을 소비자가 더 감당하게 되므로 소비자가 감당하는 물류기능이 증가한다.

034 점포의 입지와 관련된 주장으로 옳은 것은?

① 점포의 주된 매출원천은 점포에서 취급하는 상품의 다양성이다.
② 다른 조건이 모두 같다면 구매빈도가 높은 업종일수록 더 큰 상권이 필요하다.
③ 상권 범위는 도로 및 교통기관의 발달 상태에 따라 달라진다.
④ 업종구성이 상권 범위에 미치는 영향은 미약하다.
⑤ 인구밀도는 점포의 매출과 관계가 없다.

정답 ③

정답해설 도로 및 교통기관이 최신화되고 그 범위가 넓어질수록 상권의 범위 역시 확대되고 그 반대의 경우 상권의 범위는 유동인구의 감소로 인해 함께 축소된다.

오답해설 ① 점포의 주된 매출원천은 입지의 상권에 포함되는 고객들이다.
② 상품과 서비스의 구매빈도가 낮을수록 상권의 규모는 커지고 구매빈도가 높을수록 상권의 규모는 작아진다.
④ 업종구성이 상권 범위에 미치는 영향은 무시할 수 없다.
⑤ 상권의 크기와 함께 인구밀도도 점포의 매출에 영향을 미친다.

035 서비스업종의 매출액을 추정하기 위한 아래의 공식에서 괄호 안에 들어가기에 적합한 용어는?

매출액 = 좌석수 × 좌석점유율 × (　　　) × 객단가 × 영업일수

① 실구매율　② 내점률
③ 회전율　④ 내점객수
⑤ 매출실현율

정답 ③

정답해설 매출액을 구하는 공식
매출액 = 좌석수 × 좌석점유율 × 회전율 × 객단가 × 영업일수

036 구매력지수(BPI : Buying Power Index)를 구할 때 필요한 구성요소들 중 일반적으로 사용되는 표준공식에서 가장 낮은 가중치를 부여받는 변수는?

① 인구관련 변수　② 소득관련 변수
③ 소매매출액관련 변수　④ 소매점면적관련 변수
⑤ 경쟁자관련 변수

정답 ①

정답해설 구매력지수(BPI : Buying Power Index)는 소매점포의 입지를 분석할 때 해당지역 시장의 구매력을 측정하는 기준으로 사용되며 그 시장에서 구매할 수 있는 구매력을 나타낸다. 구매력지수를 산출하기 위해서는 인구, 소매 매출액, 유효소득 등에 가중치를 곱하여 합산하는데 그 공식은 다음과 같다.
BPI = (인구비 × 0.2) + (소매 매출액비 × 0.3) + (유효구매 소득비 × 0.5)
여기서 인구비의 가중치가 0.2이므로 인구관련 변수의 가중치가 가장 낮다.

037 도매상의 입지 전략에 대한 설명으로 옳은 것은?

① 영업성과에 대한 입지의 영향은 소매상보다 도매상의 경우가 더 크다.
② 분산도매상은 영업성과에 대한 입지의 영향은 매우 제한적이다.
③ 수집도매상은 물류의 편리성을 고려하여 입지를 결정한다.
④ 도매상은 보통 소매상보다 임대료가 저렴한 지역에 입지한다.
⑤ 도매상은 보통 최종소비자의 접근성을 고려하여 입지를 결정한다.

정답 ④

정답해설 도매상은 최종소비자를 대상으로 하는 영업이 아니기 때문에 입지가 도심이나 역 등의 중심상가지역이 아니라도 무방하므로 대체로 소매상보다 임대료가 저렴하거나 도매단지가 조성된 교외 지역에 입지를 선정하는 경우가 많다.

오답해설 ① 영업성과에 대한 입지의 영향은 소매상보다 도매상의 경우가 더 작다.
② 수집도매상에 관한 내용이다.
③ 분산도매상에 관한 내용이다.
⑤ 최종소비자의 접근성을 고려하여 입지를 결정하는 것은 소매상이다.

038 21km의 거리를 두고 떨어져 있는 두 도시 A, B에서 A시의 인구는 3만 명이고 B시의 인구는 A시의 4배라고 했을 때 도시간의 상권경계가 A시로부터 얼마나 떨어진 곳에 형성되는지 컨버스(Converse)의 상권분기점 분석법을 이용하여 계산하면?

① 5.25km
② 6km
③ 7km
④ 13km
⑤ 14km

정답 ③

정답해설 $D_b = \dfrac{D_{ab}}{1+\sqrt{\dfrac{P_a}{P_b}}} = \dfrac{21}{1+\sqrt{\dfrac{12만}{3만}}} = \dfrac{21}{1+2} = 7$

2과목 상권분석

039 상권분석에서 활용하는 조사기법 중에서 조사대상과 조사장소가 내점객조사법과 가장 유사한 것은?

① 가정방문조사법
② 지역할당조사법
③ 고객점표법
④ 편의추출조사법
⑤ 점두조사법

정답 ⑤

정답해설 점두조사법은 점포에서 조사원이 대기하다가 구매결정을 한 소비자에게 질문을 하는 방식으로 매장을 방문하는 소비자의 주소를 파악하여 자기점포의 상권을 조사하기 때문에 해당 점포를 직접 방문한 고객들을 대상으로 하는 내점객조사법과 가장 유사하다.

오답해설 ③ **고객점표법** : 소비자들로부터 획득한 정보를 이용하여 1차 상권과 2차 상권을 확정하는 기법으로 점포에 출입하는 고객들을 무작위로 인터뷰하며 인터뷰 내용으로 고객들의 거주지나 출발지를 확인하여 이를 격자도면상에 표시한 후 점묘도를 완성한다.
④ **편의추출조사법** : 연구 조사자가 편리한 시간 및 장소에 접촉하기 쉬운 대상을 표본으로 추출하는 방법이다.

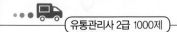

040 **건축물을 건축할 수 있는 건축선이 도로기준 폭에 미달하는 건축선 후퇴의 경우 그 후퇴한 선이 도로 중심선에서 후퇴한 길이는?**

① 1m ② 1.5m
③ 2m ④ 2.5m
⑤ 3m

정답 ③

정답해설 건축선이란 도로와 접한 부분에 건축물을 건축할 수 있는 선을 뜻하는데 일반적으로 대지와 도로의 경계선이다. 다만 도로의 폭이 4m에 이르지 못하는 경우 도로 중심선에서 2m 후퇴한 선이 건축선에 해당되는데 이를 건축선 후퇴라고 한다.

041 **점포의 입지유형을 집심성, 집재성, 산재성으로 구분했을 때 넬슨의 소매입지 선정원리 중에서 산재성 점포의 기본속성과 연관성이 가장 큰 것은?**

① 누적적 흡입력의 원리 ② 공간균배의 원리
③ 경쟁위험 최소화의 원리 ④ 양립성의 원리
⑤ 고객 중간유인의 원리

정답 ②

정답해설 산재성 점포는 소매점포가 입지하는 상권의 크기가 한정되어있기 때문에 점포가 서로 떨어져서 입지해야 유리하고 한 곳에 모여 있으면 불리한 유형의 점포를 의미하며 공간균배의 원리에 따라 분류한 점포이다. 공간균배의 원리는 유사한 상품을 취급하는 점포들 사이에 경쟁이 일어날 경우 시장의 크기와 수요의 교통비 탄력성에 따라 자신에게 유리한 형태로 점포 사이의 공간을 균등하게 나누게 된다는 이론이다.

오답해설 ① **누적적 흡입력의 원리** : 영업의 형태가 비슷하거나 동일한 점포가 집중적으로 몰려 있어 고객의 흡인력을 극대화할 수 있는 가능성에 대해 검토해야 한다는 원리
③ **경쟁위험 최소화의 원리** : 경쟁점포의 입지, 성격, 규모, 형태 등을 감안하여 출점 입지를 고려하되 현재 상황뿐만 아니라 미래상황도 신축적으로 고려하여 평가해야 한다는 원리
④ **양립성의 원리** : 상호 보완관계에 있는 재화를 판매하는 두 개의 점포가 공존하여 입지하는 경우 양 점포를 함께 이용하는 고객의 수와 매출액이 상호 증가한다는 원리
⑤ **고객 중간유인의 원리** : 경쟁점포나 상점군의 중간에 위치하여 상권에 진입하는 고객을 중간에서 분리 흡수할 수 있는 입지인지 여부를 평가하는 원리

042 점포의 매력도를 평가하는 입지조건의 특성과 그에 대한 설명이 올바르게 연결된 것은?

① 호환성 – 얼마나 그 점포를 쉽게 찾아올 수 있는지 혹은 점포 진입이 수월한지를 의미
② 인지성 – 점포를 찾아오는 고객에게 점포의 위치를 쉽게 설명할 수 있는 설명의 용이도
③ 홍보성 – 점포 전면을 오고 가는 고객들이 그 점포를 쉽게 발견할 수 있는지의 척도
④ 접근성 – 사업 시작 후 고객에게 어떻게 유효하게 점포를 알릴 수 있는지를 의미
⑤ 가시성 – 점포에 입점 가능한 업종의 다양성 정도를 의미

정답 ②

정답해설 점포의 매력도를 평가하는 입지조건에서 인지성은 점포를 찾아오는 고객에게 점포의 위치를 쉽게 설명할 수 있는 설명의 용이도를 의미한다.

오답해설 ① 접근성에 대한 설명이다.
③ 가시성에 대한 설명이다.
④ 홍보성에 대한 설명이다.
⑤ 호환성에 대한 설명이다.

043 다음 중 출점 의사결정의 과정을 올바르게 나열한 것은?

① 출점지역의 결정 → 출점방침의 결정 → 점표의 물색 → 사업계획의 수립 → 점포매입 및 건설 → 개점
② 출점지역의 결정 → 출점방침의 결정 → 사업계획의 수립 → 점포의 물색 → 점포매입 및 건설 → 개점
③ 출점방침의 결정 → 출점지역의 결정 → 사업계획의 수립 → 점포의 물색 → 점포매입 및 건설 → 개점
④ 출점방침의 결정 → 출점지역의 결정 → 점포의 물색 → 사업계획의 수립 → 점포매입 및 건설 → 개점
⑤ 사업계획의 수립 → 출점방침의 결정 → 출점지역의 결정 → 점포의 물색 → 점포매입 및 건설 → 개점

정답 ④

정답해설 출점 의사결정은 출점방침의 결정 → 출점지역의 결정 → 점포의 물색 → 사업계획의 수립 → 점포매입 및 건설 → 개점의 순으로 이루어진다.

044 소매 입지별 유형에 대한 설명으로 옳은 것은?

① 주거입지의 경우 충분한 잠재고객과 동일업종의 분포, 접근성 등을 감안하여 입지를 선정하
것이 좋다.

② 산업별 입지의 경우 상업입지, 농업입지, 공업입지 등으로 나누어 입지를 결정하게 된다.

③ 노면 독립입지의 경우 경쟁업체가 많고 가시성도 낮을 뿐만 아니라 영업시간 등의 제한이 있
고객 편의성을 높이기 어렵다.

④ 복합용도건축물은 소수의 특정 용도만을 수용할 수 있다.

⑤ 쇼핑센터는 도심 내의 커뮤니티 시설로 계획되기도 한다.

정답 ②

정답해설 산업별 입지 유형은 상업입지, 산업입지, 공장입지, 농업입지, 주택입지로 구분된다.

오답해설 ① 도심입지에 대한 설명이다.

③ 노면 독립입지의 경우 경쟁업체가 없는 곳에 입지하므로 가시성도 높을 뿐만 아니라 영업시간 등의 제한이 없
고객 편의성을 제공할 수 있다.

④ 복합용도건축물은 다수의 용도를 수용할 수 있고 물리적, 기능적 규합과 통일성 있는 개발이 필요하다.

⑤ 쇼핑센터는 도심 밖의 커뮤니티 시설로 계획되기도 하며 우리나라에서는 번화한 상점가를 의미하기도 한다.

045 다음 중 소매포화지수(IRS : Index of Retail Saturation)에 대한 설명으로 옳지 않은 것은?

① 지역시장의 수요 잠재력을 총체적으로 측정할 수 있는 지표이다.

② 소매업에 대한 해당 지역 내의 수요와 공급관계를 정의한다.

③ 값이 클수록 공급보다 수요가 상대적으로 많다.

④ 지역총가구수에 가구당 지출액을 곱하여 구한다.

⑤ 특정의 분석단위가 갖는 경제적인 소비능력을 비교할 수 있도록 계량했다.

정답 ⑤

정답해설 특정의 분석단위가 갖는 경제적인 소비능력을 비교할 수 있도록 계량한 것은 구매력 지수(BPI : Buying Powe
Index)에 대한 설명으로 동일지역의 구매력 변화추세나 지역 간의 구매력 비교 등을 가능하게 하며 일반적으로 구
매력 지수가 높으면 높을수록 더 많은 구매력을 갖는 것으로 해석된다.

046 레일리(William J. Reilly)의 소매인력법칙(Law of Retail Gravitation)을 설명한 내용으로 가장 거리가 먼 것은?(단, A와 B는 두 경쟁도시 혹은 상업시설을 나타내며 이들의 중간에 위치한 소도시 혹은 상업시설 B가 있다고 가정한다.)

① 소비자의 특정 도시(상업시설)에 대한 효용(매력도)은 도시(상업시설규모)와 점포까지의 거리에 좌우되며 특정 상업시설을 선택할 확률은 개별 상업시설들이 가지고 있는 효용(매력도)의 비교에 의해 결정된다.
② A, B도시(상업도시)가 끌어들일 수 있는 상권범위는 해당 도시(상업시설)의 인구에 비례하고 도시(상업시설) 간의 거리의 제곱에 반비례한다.
③ 소매인력법칙은 개별점포의 상권파악보다는 이웃 도시(상업시설)들 간의 경계를 결정하는 데 주로 이용되는 이론이다.
④ 이론의 핵심내용은 두 경쟁도시 혹은 상업시설(A, B) 사이에 위치한 소도시 혹은 상업시설(C)로부터 A, B 도시(상업시설)가 끌어들일 수 있는 상권범위, 즉 A와 B가 중간의 소도시(상업시설) C로부터 각각 자신에게 끌어들이는 매출액을 규정하는 것이다.
⑤ 실제거리는 소비자가 생각하는 거리와 일치하지 않을 수도 있다.

정답 ①

정답해설 ①은 허프(Huff)의 확률 모델에 대한 설명이다.

047 쇼핑센터 내에서 점포의 위치를 결정하는 경우에 대한 설명으로 옳은 것은?

① 취급 상품이 고객의 합리적인 구매 성향을 유발하는지를 감안하여 점포 위치를 정한다.
② 고객은 상품구매에 대한 목적에 상관없이 점포위치가 유리한 점포를 찾는다.
③ 의류와 같은 선매품 판매 점포는 비교점포들이 많이 몰려있는 장소가 유리하다.
④ 목적점포는 임대료가 싼 매장 내 가장 좋은 위치에 입점하여야 한다.
⑤ 비슷한 표적시장을 가지고 있는 점포들은 서로 떨어뜨려 위치시키는 것이 좋다.

정답 ③

정답해설 의류와 같은 선매품은 제품에 대한 완전한 지식이 없으므로 구매를 계획하고 실행하는 데 많은 시간과 노력을 소비하며, 여러 제품을 비교하여 최종적으로 결정하는 구매행동을 보이는 제품이기 때문에 비교점포들이 많이 몰려있는 장소가 유리하다.

오답해설 ① 쇼핑센터 내에서는 취급 상품이 고객의 충동적인 구매 성향을 유발하는지를 감안하여 점포 위치를 정한다.
② 고객은 전문품과 같이 상품구매에 대한 목적이 뚜렷하면 점포위치에 상관없이 점포를 찾기도 한다.
④ 목적점포는 그 점포가 일반적인 상업중심지 밖에 있더라도 소비자가 그 점포만을 방문하기 위해 이동할 용의가 있는 점포이므로 임대료가 비싼 매장 내 가장 좋은 위치에 입점할 필요가 있다.
⑤ 비슷한 표적시장을 가지고 있는 점포들은 서로 가까이 위치시키는 것이 좋다.

048 신규 출점 시 검토사항 중에서 그룹 인터뷰 조사와 관련된 내용으로 가장 적절한 것은?

① 자료를 분석하거나 관계 관청 등을 통해 조사한다.
② 출점지의 시장 환경, 시장 잠재력 및 경합점의 현황을 파악하여 출점 가능성을 검토한다.
③ 소비자의 구매동향 및 의식, 요구를 각각의 상품 레벨에서 상세히 파악한다.
④ 경합점의 개요 파악을 위해 각 점의 특징을 조사한다.
⑤ 방문목적 및 빈도, 이용 교통기관, 자주 방문하는 지역 및 이미지 등이 주요 조사 내용에 포함된다.

정답 ③

정답해설 그룹 인터뷰 조사는 조사 당일 진행자에 의해서 집단 면접으로 진행하는 조사 방법으로 소비자의 구매동향 및 의식, 요구를 각각의 상품 레벨에서 상세히 파악한다는 특징이 있다.

오답해설 ① 장래성 예측 조사에 대한 설명이다.
② 입지환경 조사에 대한 설명이다.
④ 경합점 기초 조사에 대한 설명이다.
⑤ 통행자 조사에 대한 설명이다.

049 다음 쇼핑센터의 유형별 핵점포와 주요 취급상품 종류를 연결했을 때 마케팅 관점에서 상호 조합이 가장 적절하지 않은 것은?

① 아웃렛 스토어 – 유통업자 상표제품 할인판매
② 지역형 쇼핑센터 – 하나 혹은 두 개의 (대형)백화점, 일부 선매품 및 일부 전문품에 중점
③ 커뮤니티 쇼핑센터 – 양판점 또는 종합할인점, 편의품 및 일부 선매품에 중점
④ 근린형 쇼핑센터 – 도보권을 중심으로 한 일용품에 중점
⑤ 초광역형 쇼핑센터 – 다수의 백화점, 선매품 및 전문품에 중점

정답 ①

정답해설 아웃렛 스토어는 제조업체가 유통과정을 거치지 않고 재고품 등을 처리할 목적으로 시중가보다 훨씬 저렴한 가격으로 판매하는 소매점이다.

050 입지의 종류 중에서 다운타운형을 설명하는 내용으로 가장 적절한 것은?

① 낮에는 비즈니스맨의 이용이 상당히 많지만 일반 주민들은 비교적 고령자가 많아 손님의 내점 빈도는 높지 않은 편이다.

② 대부분의 가정에서는 자동차를 소유하고 있으므로 자동차객이 몰리고 비교적 넓은 지역을 대상으로 사업할 수 있다.
③ 인구 20~30만 명의 지방도시에서 흔히 볼 수 있는데 교외로 나가는 간선도로를 따라 뒤편 주택 또는 아파트가 늘어서 있는 패턴이다.
④ 주변 거주 인구가 적고 지나가는 자동차 수 및 해당 지역까지 관광하러 나오는 관광객 수에 따라 좋고 나쁜 입지가 정해진다고 할 수 있는 반면 계절성이 높고 식사 시간대별로 변수가 커서 위험도 많은 지역이다.
⑤ 해당 지방의 중핵도시를 중심으로 쇼핑을 비롯해서 상권의 흐름이 이 상권을 중심으로 모여 분산되어 간다.

정답 ⑤

정답해설 다운타운형은 그 지방의 중핵 도시를 중심으로 쇼핑을 비롯하여 상권의 흐름이 이 상권을 중심으로 모여 분산되기 때문에 서비스업이 활성화되어 있으며 비즈니스형의 오피스와 병원 및 학교, 관공서 등이 많이 분포하고 낮과 밤의 인구 이동이 많은 것이 특징이다.

오답해설 ①·③ 시가지형에 해당하는 설명이다.
② 도시근교형에 해당하는 설명이다.
④ 드라이브인형에 해당하는 설명이다.

051 다음 백화점에 대한 특징으로 옳지 않은 것은?

① 다종다양한 상품과 서비스를 대량 판매하는 원스톱 쇼핑을 제공한다.
② 각 점포 앞에 차를 주차시킬 수 있으며, 단시간에 쇼핑을 끝낼 수 있다.
③ 다품종소량판매를 위한 매입방식이 다양하다.
④ 제조업자나 도매업자가 상품판매를 위탁하고 판매하지 못한 제품은 반품한다.
⑤ 개별점포의 매입방식에서 본부집중매입과 공동매입방식으로 시스템을 전환하고 있다.

정답 ②

정답해설 파워센터(Power Center)에 관한 설명이다.

052 입지유형별 접근성 분석을 세 가지로 분류하였을 때 적응형 입지에 해당하는 장소는?

① 극장
② 놀이시설
③ 근린상가
④ 역세권
⑤ 아파트 단지

정답 ④

정답해설 접근성 분석

- **적응형 입지** : 통행량이 많고 유동인구 또는 차량통행량이 많은 곳으로서 유동량에 의해 영업이 좌우되는 입지 말하며 접근성 및 시인성 확보가 중요하기 때문에 지역으로서 유동인구 밀집지역인 역세권에서 많이 나타난다
- **목적형 입지** : 고객이 쇼핑, 구매 등 특정한 목적의식을 가지고 접근하는 입지로서 쇼핑센터, 극장, 대형 외식 소, 놀이시설 등으로서 브랜드파워에 대한 고객인지성과 입지접근성 등이 중요하다.
- **생활형 입지** : 배후 주거지에서 쉽게 접근할 수 있는 지역상권으로서 근린상가, 아파트 단지 상가 등 차량보다 도보로의 접근성이 중요시되고 비교적 소형점포로 형성된다.

053 다음 상권의 개념으로 옳지 않은 것은?

① 상업상의 거래를 행하는 공간적 범위이다.

② 한 점포가 고객을 흡인하거나 흡인할 수 있는 지역적 범위와 다수의 상업시설이 고객을 흡 한다.

③ 지역상권, 지구상권, 개별점포상권 등으로 구분할 수 있다.

④ 경쟁자의 출현은 상권을 차단하는 중요한 장애물이며 고객밀도는 상권 내의 인구밀도와 밀 한 관련이 있다.

⑤ 정형화된 원형의 형태로 되어있다.

정답 ⑤

정답해설 상권은 원형의 형태가 아니라 아메바와 같이 정형화되지 않은 형태로 되는 경우가 일반적이다.

054 적정한 상권인구에 대한 설명으로 옳은 것은?

① 기존점의 상권과 유사해야 적정한 상권인구다.

② 상권인구에 따라 입지의 위치와 성격이 크게 달라진다.

③ 상대적으로 큰 상권이 작은 상권보다 유리하다.

④ 체인점 점포수는 상권인구의 영향을 받지 않는다.

⑤ 이미 영업 중인 기존점의 상권인구가 높을수록 적정하다.

정답 ②

정답해설 상권인구에 따라 입지의 위치와 성격이 크게 달라지므로 적정한 상권인구의 유지가 중요하다.

오답해설 ① 적정한 상권인구는 기존점의 상권과 유사하거나 구애받아서는 안 되며 어디까지나 이후 새롭게 전개하는 형태

에 맞는 이상적인 상권인구여야 한다.
③ 적정한 상권인구를 정할 때에는 작은 상권이 점포수를 늘리기 쉽고 경합을 회피할 수 있기 때문에 상대적으로 작은 상권이 큰 상권보다 유리하다.
④ 적정한 상권인구는 체인점 점포수도 좌우할 수 있다.
⑤ 적정한 상권인구란 이미 영업 중인 기존점의 상권인구가 아니라 미래에 전개될 최신 표준형 및 신 유형점에 필요한 상권인구이다.

055 다음 중 누적유인의 원리에 대한 설명으로 옳지 않은 것은?

① 유사하고 상호보완적인 점포들이 함께 모여 있는 것이 독립적으로 있는 것보다 더 큰 유인력을 가진다는 원리다.
② 골동품점, 자동차 대리점, 신발 및 의류점 등이 서로 인접해 있을 때 경영성과가 독립적으로 있을 때보다 좋다면 누적유인의 원리로 설명할 수 있다.
③ 상호 보완상품을 판매하는 점포들 간에는 적용할 수 없다.
④ 서로 직접 경쟁하는 점포들에게 적용될 수 있다.
⑤ 편의품보다는 선매품이나 전문품일 때 더 많은 효과를 볼 수 있는 개념이다.

정답 ④

정답해설 누적유인의 원리는 특정 입지를 매력적으로 만들 수 있으며 상호보완상품을 판매하는 점포들 간에 적용할 수 있는 원리이므로 유사하고 상호보완적인 점포들이 함께 무리지어 있는 것이 독립적으로 있는 것보다 더 큰 유인력을 갖는다는 원리이다.

056 다음 중 도심입지(CBD : Central Business District)에 대한 설명으로 옳지 않은 것은?

① 고급 백화점 및 전문점 등이 입지하고 있는 전통적인 상업 집적지로 다양한 분야에 걸쳐 고객 흡입력을 지닌다.
② 다양한 계층의 사람들이 왕래하며 오피스타운이 인근지역에 발달해 있고 지가와 임대료가 상대적으로 비싸다.
③ 유동인구는 많지만 상주인구가 적어 도심공동화 현상을 야기한다.
④ 상업 활동이 많은 사람을 유인하고 대중교통의 중심지로서 도시 어느 곳에서든지 접근성이 높은 지역이다.
⑤ 지역의 핵심적인 상업시설을 가지고 있어 계획성 있는 입지를 조성할 수 있다.

정답 ⑤

정답해설 도심입지는 지역의 핵심적인 상업시설을 가지고 있으나 전통적인 상업 지역이기 때문에 신도시처럼 계획성 있는 입지 조성이 불가능하다.

057 소매포화지수(IRS)와 시장성장잠재력지수(MEP)에 대한 설명으로 옳은 것은?

① 소매포화지수는 한 시장지역 내에서 특정 소매업태의 소비자 1인의 잠재수요 크기이다.
② 시장성장잠재력지수는 지역시장이 미래에 신규 수요를 창출할 수 있는 잠재력을 반영하는 지표이다.
③ 소매포화지수가 크면 시장의 포화정도가 낮아 아직 경쟁이 치열하지 않음을 의미한다.
④ 소매포화지수가 클수록 신규점포에 대한 시장 잠재력이 높다고 볼 수 있다.
⑤ 상권 내 거주자들의 타 지역으로의 쇼핑(Outshopping) 정도가 높을수록 시장성장잠재력지수가 커진다.

정답 ①

정답해설 소매포화지수는 한 시장지역 내에서 특정 소매업태의 단위면적당 잠재수요 지표이다.

058 다음 중 뢰쉬(Losch)의 수정중심지 이론에 대한 설명으로 옳지 않은 것은?

① 크리스탈러(Christaller)의 중심지이론에 수정을 가한 것이다.
② 중심지 내 모든 재화는 독자적인 육각형의 시장 지역을 지니고 있다.
③ 인구의 분포가 연속적이고 균등하다.
④ 기업들이 특정 지점으로 밀집하여 하나의 대도시가 형성된다.
⑤ 중심지가 보유한 중심재화의 종류와 중심지 계층이 비례하지 않는다.

정답 ③

정답해설 뢰쉬(Losch)는 인구의 분포가 연속적 균등분포가 아니라 불연속 인구분포를 이루기 때문에 각 중심지의 상권규모(육각형의 크기)가 다르다고 가정하여 비고정 K-value 모형을 제시했다.

059 내점객 조사방법 중 타임페어법에 대한 설명으로 옳은 것은?

① 점포에 출입하는 고객들을 무작위로 인터뷰하여 고객들이 거주자나 출발지를 확인하고 이를 격자도면상에 표시하여 고객점표도를 작성한다.
② 고객점표도에는 대상점포에서 쇼핑을 하는 고객들의 지리적 분포가 나타난다.
③ 소비자들로부터 획득한 직접정보를 이용하여 1차 상권과 2차 상권을 확정하는 기법이다.
④ 격자별 인구가 계산된 후 격자별 매상고를 추계하고 몇 개의 격자를 그룹화하여 상권을 확정한다.
⑤ 점포에서 역까지 전철과 버스노선별 소요시간과 요금을 조사해서 상권을 파악하기도 한다.

정답 ⑤

정답해설 타임페어법은 점포에서 역까지 전철과 버스노선별 소요시간과 요금을 조사해서 상권을 파악하는 방법으로 소비자들의 이용도가 높은 교통수단일수록 좋다.

오답해설 ⑤를 제외한 나머지는 모두 고객점표법에 대한 설명이다.

060 점포개점 계획 시 투자의 기본계획과 관련된 내용으로 옳지 않은 것은?

① 투자의 기본계획이란 신규설비 및 시설 등의 투자에 관한 점포의 예산을 의미한다.
② 어떠한 특정기일에 계획된 투자액의 경우 같은 시기에 실현된 투자액과 차이가 날 때가 많은데 이러한 차이는 새로운 추가 또는 다른 계획의 연기 및 기타 계획의 중지 등의 이유 때문에 발생한다.
③ 원가에 임대료, 인건비, 기타 지출 비용, 감가상각 등에 순이익률을 포함해서 정하는 것이 기본이 된다.
④ 기업단위 단계의 경우에는 계획된 투자 및 실현된 투자와의 차이는 상당히 그 차이가 크지만 각 데이터는 집계되어 생산 전체의 것이 된다.
⑤ 점포의 계획은 예상되는 입지에서 점포의 장소 및 관련되는 여러 시설과 인원에 대한 계획 등을 설계해서 점포 창업 시 점포에 투자되는 비용 등을 산출하는 과정이다.

정답 ③

정답해설 ③은 점포개점의 프로세스 중 4단계의 가격책정에 대한 내용이며 이 단계에서는 기본적으로 각 메뉴나 상품별 원가 또는 매입가를 기준으로 책정한다.

061 **다음 중 선매품점에 대한 설명으로 올바른 것은?**

① 고객이 제품에 대하여 완전한 지식이 있어 최소한의 노력으로 적합한 제품을 구매하려는 행
의 특성을 보인다.
② 산재성과 집중성 점포에 속하는 경우가 많고 인근에서 고객이 찾아온다.
③ 편의품에 비해 가격수준이나 이윤율이 낮고 구매횟수가 높아 표준화가 되기 쉽다.
④ 넓은 상권을 필요로 하며 유동인구가 많은 지역이 유리하고 소득수준과 소비동향에 영향을
는다.
⑤ 구매의 노력과 비용에 크게 구애받지 않고 수요자의 취미와 기호 등에 따라 구매하는 상품
취급하는 점포이다.

정답 ④

정답해설 선매품은 고객이 상품의 가격과 스타일 등을 여러 상점을 통해서 비교한 후 구매하는 것을 말하며 선매품을 취급
는 상점들이 서로 인접해 하나의 상가를 형성하기 때문에 넓은 상권을 필요로 하고 유동인구가 많은 지역이 유리
며 소득수준과 소비동향에 영향을 받는다.

오답해설 ① 편의품에 대한 설명이다.
② 선매품은 집심성과 집재성 점포에 속하는 경우가 많고 비교적 원거리에서 고객이 찾아오므로 교통수단과 접
성이 좋아야 한다.
③ 선매품은 편의품에 비해 가격수준이나 이윤율은 높고 구매횟수가 적으며 고객의 취미 등이 잘 반영되어야 하
로 표준화되기 어렵다.
⑤ 전문품에 대한 설명이다.

062 **복합용도개발(MXDs : Mixed-use Developments)의 특징을 설명한 다음 내용 중에서 가장 올
지 않은 것은?**

① 상권을 조성하기 위한 단순한 개발방법이 아닌 상권과 함께 생활에 필요한 여러 편의시설을 복
합적으로 개발하기 위한 방법이다.
② 주거, 업무, 여가 등 다수의 용도가 물리적, 기능적으로 복합된 건물을 말한다.
③ 쇼핑몰의 형태로 구성되기 때문에 쇼핑몰에 입점 가능한 다양한 업태를 모두 포함하는 점포 위
주로 건물 내부가 구성된다.
④ 도심지 내 주거생활에 필요한 근린생활시설, 각종 생활편의시설의 설치가 가능해 도심지 활성
화의 수단으로 활용되기도 한다.
⑤ 차량통행량 증가가 완화됨에 따라 대기오염요인 감소와 에너지 절감의 효과를 얻을 수 있다.

정답 ③

정답해설 복합용도개발은 혼합적 토지이용의 개념에 근거해서 주거, 업무, 상업, 문화 및 교육 등이 서로 밀접한 관계를 가지고 상호보완이 가능하도록 연계 및 개발하는 방식으로 하나의 단지에 인간의 일상생활과 관련된 여러 기능들이 압축된 것으로 쇼핑몰의 형태로 구성되지 않는다.

063 다음 중 개별점포의 상권특성이 아닌 것은?

① 지명도가 높고 개성이 강한 상품을 취급하는 점포일수록 상권이 크다.
② 점포규모가 클수록 그 상권이 크다.
③ 교통편이 좋은 곳이나 일류상가에 위치한 점포일수록 상권이 크다.
④ 선매품, 전문품 등을 취급하는 점포의 상권이 편의품을 취급하는 점포의 상권보다 크다.
⑤ 편의품을 취급하는 점포의 상권이 전문품을 취급하는 점포의 상권보다 크다.

정답 ⑤

정답해설 전문품을 취급하는 점포의 상권이 편의품을 취급하는 점포의 상권보다 크다.

064 다음 중 파워센터를 설명하는 내용으로 적절한 것은?

① 소비자들이 일상적인 욕구를 만족시키기 위한 편리한 쇼핑장소를 제공한다.
② 카테고리킬러 형태와 유사한 염가 판매 전문 점포들로 구성된 쇼핑센터이다.
③ 다양한 범위의 의류와 일반상품을 제공한다.
④ 일반 상품과 서비스를 매우 깊고 다양하게 제공한다.
⑤ 큰 규모로 더 많은 고객을 유인하고 보다 깊이 있는 제품구색을 갖추고 있다.

정답 ②

정답해설 파워센터는 카테고리킬러 형태와 유사한 염가 판매 전문 점포들로 구성된 쇼핑센터로 하나 또는 여러 개의 핵심 점포들이 전체 부지의 약 50% 이상을 차지하고 있으며 여러 종류의 전문 할인점들이 임대의 형식으로 들어오는 구조이다. 또한 일정한 구매 목적을 지닌 소비자들로 하여금 어떤 한 점포에서 짧은 시간 내에 제품을 구매할 수 있도록 배려하는 것이 특징이다.

오답해설 ① 네이버후드센터에 관한 설명이다.
③ 커뮤니티센터에 관한 설명이다.
④ 지역센터에 관한 설명이다.
⑤ 슈퍼지역센터에 관한 설명이다.

065 다음 중 점포개점의 프로세스 4단계에 해당되는 내용이 아닌 것은?

① 초도 물품 준비
② 가격 책정
③ 인력 계획
④ 서비스 전략
⑤ 홍보 계획

정답 ①

정답해설 초도 물품 준비는 점포개점의 프로세스 3단계에 해당하는 내용이다.

066 공장을 설립하는 데 적당한 일정범위의 지역인 공장입지와 관련된 내용으로 적절하지 않은 것은?

① 제조방법의 차이 및 사업주체인 기업 측의 사정으로 선정기준이 달라진다.
② 타 소매업체들과 떨어진 지역으로서 통상적으로 다른 소매업체들과 고객을 공유하지 않는다.
③ 공장 소재지와 직접 관계가 있는 용지의 면적, 가격, 지배력 및 조달의 난이성, 공장의 경우 광역적 환경으로서의 기후, 풍토, 교통기관, 소비지 등 입지조건을 구성하는 요소는 매우 많다.
④ 원재료 및 동력원의 변천, 국가의 산업정책과 지역개발 정책의 동향 등도 입지에 커다란 영향을 미친다.
⑤ 일반적으로 공장에 있어서는 상품 생산에 필요한 여러 요소의 입수가 용이하고 저렴해야 한다는 점, 소비지는 제품 출하 시 수송과 판매의 편리성이 요구된다.

정답 ②

정답해설 ②는 독립입지에 대한 내용으로 도소매업의 창업자는 적합한 업종을 선정할 때 그 업종에 맞는 상권을 설정해야 하는데 여러 업종의 점포들이 한 곳에 모인 군집입지와 다른 전혀 점포가 없는 곳에 독립적으로 입지해서 점포를 운영하는 형태이다.

067 유동인구 조사를 통해 유리한 입지조건을 찾을 때 적합하지 않은 것은?

① 교통시설로부터의 쇼핑동선이나 생활동선을 파악한다.
② 유동인구는 날씨가 좋은 평일과 주말 중 각각 하루를 선정해 조사해야 한다.
③ 조사시간은 영업시간대를 고려하여 설정한다.
④ 유동인구의 수보다 인구특성과 이동방향 및 목적 등이 더 중요할 수 있다.
⑤ 같은 수의 유동인구라면 일반적으로 퇴근동선보다 출근동선에 위치하면 유리하다.

정답 ⑤

정답해설 유동인구가 같은 수일 경우 출근동선보다 퇴근동선에 위치해야 유리하다.

068 다음 설명의 원리에 의해 입지를 올바르게 분류한 것은?

상업입지에서 경쟁관계에 있는 점포들끼리 경쟁이 일어난 후 오랜 기간이 지나면 공간을 서로 균등하게 나누어 입지하게 된다는 주장이 있다. 이 주장에 따르면 배후지 시장이 좁고 교통비에 대한 수요의 탄력성이 작은 경우 점포가 중심부에 입지하며 배후지 시장이 넓고 교통비에 대한 수요의 탄력성이 크면 점포가 분산해서 입지하는 경향이 나타난다고 본다.

① 이용목적에 따른 분류 – 적응형 입지, 목적형 입지, 생활형 입지
② 점포유형별 분류 – 고객창출형 입지, 근린고객의존형, 통행량의존형
③ 상권범위에 따른 분류 – 1급지, 2급지, 3급지
④ 공간균배에 따른 분류 – 집심성 입지, 집재성 입지, 산재성 입지
⑤ 소비자구매습관에 따른 분류 – 편의품점 입지, 선매품점 입지, 전문품점 입지

정답 ④

정답해설 공간균배의 원리는 유사한 상품을 취급하는 점포들이 서로 도심에 인접해 있어 점포 간에 경쟁이 일어날 경우, 시장의 크기와 수요의 교통비 탄력성에 따라 자신에게 유리한 형태로 점포 사이의 공간을 균등하게 나누게 된다는 이론이다. 하나의 상권에 동질적인 소비자가 균등하게 분포하고 있다고 가정할 때, 시장이 좁고 수요의 교통비 탄력성이 적으면 집심 입지 현상이 나타나고, 시장이 넓고 수요의 교통비 탄력성이 크면 분산 입지 현상이 나타난다. 이에 따른 점포 유형에는 집심성, 집재성, 산재성, 국부적 집중성 점포가 있다.

069 복합용도개발(MXDs : Mixed use Developments)의 개념에 대한 설명이 아닌 것은?

① 복합용도로 개발된 건물은 인간의 기본요소인 주거, 작업, 여가의 각 활동을 동시에 수용한다.
② 구성요소들 간에 견고한 물리적 기능의 통합에 의한 고도의 토지이용을 창출한다.
③ 단위개발 프로젝트에 비해 관련 전문분야와의 협력이 필요하며 통일성 있는 계획에 의해 이루어진다.
④ 두 가지 이상의 용도가 한 건물에 물리적 · 기능적으로 복합된 건물을 말한다.
⑤ 수직적 · 수평적 동선체계의 집중적인 연결에 의해 긴밀하게 통합되어야 한다.

정답 ④

정답해설 복합용도개발(MXDs : Mixed use Developments)은 주거, 상업, 업무 등 세 가지 이상의 기능이 합쳐진 건축물 또는 건축단지의 개발을 말한다.

070 입지의 매력도에 영향을 미치는 요소 중 접근성에 대한 설명으로 옳지 않은 것은?

① 기본 상권을 분석하는 방법으로 도로패턴, 도로상태, 장애 등의 요소를 평가해야 한다.
② 핵심 소비자층이 도보로 이용하는지 차량이나 지하철을 이용하는지 이동경로를 파악하는 것이 중요하다.
③ 주차시설의 양과 질, 교통 편의시설 등은 점포의 전체적인 접근성에 중요한 요인이 된다.
④ 도로가 넓은 곳이라도 횡단보도가 없으면 접근성이 떨어지며 상권을 분할하게 된다.
⑤ 시장이 한정되거나 고객 충성도가 높을수록 점포 외관이 접근성에 미치는 영향은 증가한다.

정답 ⑤

정답해설 시장이 한정되거나 고객 충성도가 높을수록 점포 외관이 접근성에 미치는 영향은 감소한다.

071 애플바움(W. Applebaum)의 유추법에 대한 설명으로 옳지 않은 것은?

① 신규점포의 상권분석을 위해서만 활용된다.
② 당해 예정 점포와 상권의 규모와 특성이 유사한 점포를 선정하여 그 점포의 상권범위를 추정한다.
③ 상권에 포함된 사람들의 거주지역과 숫자를 파악하는 데 사용이 가능하다.
④ 동종업종 간의 경쟁관계를 파악하여 차별화 및 우위전략을 도모한다.
⑤ 유사한 점포 선정을 할 때 조사자의 주관성이 개입할 가능성이 있다.

정답 ①

정답해설 유추법은 애플바움(W. Applebaum)이 개발한 신규점포와 특성이 비슷한 기존의 유사점포를 선정하여 분석담당자의 객관적인 판단을 토대로 그 점포의 상권범위를 추정한 결과를 자사점포의 신규 입지에서의 매출액을 측정하는 데 이용하는 방법이며 신규점포의 상권분석에 가장 많이 활용되긴 하지만 기존 점포의 상권분석에도 적용이 가능하다.

072 다음 중 회귀분석법과 관련된 설명으로 옳지 않은 것은?

① 상권특성, 위치변수, 점포특성, 경쟁도 등을 체계적으로 고려할 수 있다.
② 점포성과에 대한 변수들의 상대적 영향을 계량적으로 측정한다.
③ 특정장소에서 소매점포의 성과에 영향을 미치는 요인을 결정한다,
④ CST 기법이 활용된다.
⑤ 변수들 간의 상호관계를 파악하여 추정과 예측을 하기 위해 활용된다.

정답 ④

정답해설 CST기법은 회귀분석법이 아닌 유추법을 적용할 때 대부분 활용된다.

073 다음 중 특정 상권에서의 수요량에 영향을 미치는 요소로 거리가 먼 것은?

① 특정 상권 내의 인구통계 및 라이프스타일 특성
② 특정 상권 내의 경쟁구조 및 경쟁상황
③ 특정 상권 내에서의 사업 환경 및 개별소매업체의 경영 성향
④ 특정 공급업체의 수 · 공급업체, 경영자의 나이 및 성향, 전략적 제휴 가능성
⑤ 특정 상권 내의 제반 입지 특성

정답 ④

정답해설 상권범위 결정에 영향을 미치는 요인으로는 제반입지 특성, 상권고객특성, 상권경쟁구조로 분류할 수 있으며 공급 및 협력 업체의 수나 전략적 제휴는 상관이 없다.

074 다음 중 상권의 의미로 옳은 것은?

① 상업상 거래를 행하는 시간적 범위로 '상가권'이라고도 한다.
② 여러 개의 점포가 모여서 고객을 흡인할 수 있는 범위를 말한다.
③ 다수의 상업시설이 고객을 흡인하는 공간적 범위만을 말한다.
④ 주로 판매하는 측에서 본 개념으로 소비자의의 경우 판매권이라고 한다.
⑤ 매출액을 설정하고 판촉활동 범위를 결정하는 데 기본적이고 필수적인 데이터를 제공한다.

정답 ⑤

정답해설 상권은 시장이나 도시의 상업 활동이 미치는 배후 지역의 범위로 점포에서 취급하는 상품에 대한 상권 내 인구의 구매력을 추정하며 매출액을 설정하고 판촉활동 범위를 결정하는 데 기본적이고 필수적인 데이터를 제공한다.

오답해설 ① 상권은 상업상 거래를 행하는 공간적 범위로 '상세권'이라고도 한다.

② 한 점포가 고객을 흡인하거나 흡인할 수 있는 범위를 말한다.
③ 상권은 사업을 영위함에 있어서 대상 고객이 존재하는 공간적 · 시간적 범위 및 고객의 내점빈도를 감안한 상
에서 기재할 수 있는 매출액의 규모 등을 포함한다.
④ 상권은 주로 판매하는 측에서 본 개념으로 소비자의의 경우 생활권이라고 한다.

075 다음 중 팩토리 아웃렛에 대한 설명으로 옳지 않은 것은?

① 교외 및 수도권 외곽지역에 입지하고 있다.
② 임대비용 및 부지매입이 저렴하다.
③ 유명 브랜드 상품을 기존 가격에서 대폭 할인하여 저렴하게 판매한다.
④ 제조업체가 유통단계를 거치지 않는다.
⑤ 타사와의 과잉경쟁 없이 운영비용을 절감할 수 있다.

정답 ③
정답해설 ③은 오프 프라이스 스토어(Off Price Store)에 관한 설명이다.

076 다음 중 편의점형 식료품점의 입지 전략으로 가장 부적절한 것은?

① 주로 통행하는 길목에 상점이 위치하는 것이 좋다.
② 고객접근이 쉬운 주거지역, 유동인구가 많은 지역에 위치한다.
③ 도보로는 10~20분 이내, 거리는 1,000m 이내의 위치가 좋다.
④ 주차가 편한 교외 지역이나 재래시장 내에 위치한다.
⑤ 주로 저차원 중심지에 입지한다.

정답 ④
정답해설 주차가 편한 교외 지역은 쇼핑센터의 입지에 대한 설명이다.

077 중심업무지구(CBD)이기 때문에 발생하는 상권특성에 대한 설명으로 옳지 않은 것은?

① 상권의 범위가 넓다.
② 접근성이 좋다.
③ 대형 고층건물이 밀집된다.
④ 주야간의 인구차이가 있다.
⑤ 핵심지구(Core)와 주변지구(Frame)가 서로 일치한다.

정답 ⑤

정답해설 중심업무지구(CBD)는 도시 내부에서 가장 접근성이 높으며 땅값이 가장 비싸 대형 고층건물이 밀집되어 있고 핵심지구(Core)와 주변지구(Frame)로 구별되어있다.

078 다음 중 백화점의 입지에 대한 설명으로 적절하지 않은 것은?

① 백화점에 가장 유리한 입지로는 일반적으로 중심상업지역이나 지역쇼핑센터 또는 슈퍼지역쇼핑센터를 들 수 있다.
② 백화점은 중심상업지역과 쇼핑센터지역을 위해 그들만의 유동인구를 만들어낸다.
③ 백화점 입지의 선정은 주요산업, 유동인구, 대중교통 연계성 등 장기적인 발전을 고려하여 선정해야 한다.
④ 백화점은 전통적인 중심상업지역에서 고객흡인력을 가진 중요한 핵심선도업태로서의 역할을 수행하고 있다.
⑤ 백화점이 선호하는 입지로서 지역쇼핑센터 혹은 대형 쇼핑몰에 대한 입점은 해당 지역의 경쟁업체들에 대한 견제와 제품의 최신 경향을 파악하는 것을 편리하게 할 수 있기 때문이다.

정답 ⑤

정답해설 백화점이 선호하는 입지로서 지역쇼핑센터 혹은 대형 쇼핑몰에 대한 입점은 방문고객들에게 주로 안전성, 특히 날씨의 변화로부터 쇼핑객들을 보호할 수 있는 장점을 제공할 수 있기 때문이다.

079 다음의 내용이 설명하는 것으로 가장 적절한 것은?

> 기존의 점포나 상권 지역이 고객과의 중간에 위치함으로써 경쟁점포나 기존의 상권지역으로 접근하는 고객을 중간에서 차단할 수 있는 가능성을 검토하기 위한 것이다.

① 입지유형에 대한 설명 중 적응형 입지에 대한 내용이다.
② 좋은 입지선정을 위한 고려사항 중 안정성에 대한 내용이다.
③ 넬슨의 입지평가방법 중 중간저지성에 대한 내용이다.
④ 넬슨의 입지평가방법 중 양립성에 대한 내용이다.
⑤ 넬슨의 입지평가방법 중 경쟁회피성에 대한 내용이다.

정답 ③

정답해설 제시된 내용은 넬슨의 8가지 입지평가방법 중 중간저지성에 대한 내용으로 이에 따르면 예비창업자는 소비자가 경쟁업체로 향하는 것을 중간에서 차단하기 위해 향후 경쟁업체 입점을 고려하여 주거지와 기존 점포 사이에 위치하는 것이 좋다.

080 **다음 중 입지에 영향을 끼치는 인자에 포함되지 않는 것은?**

① 고객연령층
② 라이프스타일 특성
③ 접근성 분석
④ 경쟁상황 파악
⑤ 시너지 효과 고려

정답 ①

정답해설 입지에 영향을 끼치는 인자로는 인구통계, 라이프스타일 특성, 접근성 분석, 경쟁상황 파악, 시너지 효과 고려가 있다.

081 **다음 중 객단가(Customer Transaction)에 관한 설명들 중 옳지 않은 것은?**

① 객단가를 높이기 위해서는 방문고객수를 줄여야 한다.
② 고객 수를 총매출액으로 나누어 산출할 수 있다.
③ 방문고객 1인당 평균 구매액을 의미한다.
④ 상품평균단가에 고객 1인당 상품별 매입수량을 곱하여 산출한다.
⑤ 상품의 다양화, 매장면적의 확대, 상품진열방법의 연구 등에 따라 평균매출수량을 증가시키는 방법이 쓰이고 있다.

정답 ②

정답해설 객단가(Customer Transaction)는 상거래에서 통용되는 고객 1인당 평균매입액으로 일정기간의 총매출액을 그 기간의 고객 수로 나누어 산출하며 매출액을 분석하는 중요한 자료로 활용된다.

082 **소매집적이란 다양한 크기의 동종 또는 이종 소매업종과 소매업태가 서로 관련성을 가지고 한 장소에 모인 집단소매시스템을 의미한다. 이렇게 집중화(집단화)됨으로써 얻을 수 있는 효과를 바르게 나열한 것은?**

㉠ 매장 면적의 증대효과
㉡ 고객흡입력 증가
㉢ 공간적 인접성 확보
㉣ 구매자의 집중력 확보
㉤ 점포 내 취급상품의 다양성 증가
㉥ 선매품 취급 증가

① ㉠, ㉡, ㉢, ㉣
② ㉠, ㉡, ㉤, ㉥
③ ㉠, ㉢, ㉤, ㉥
④ ㉡, ㉢, ㉣, ㉤
⑤ ㉡, ㉢, ㉤, ㉥

정답 ①

정답해설 소매집적으로 인한 것은 소매업태가 서로 관련성을 가지고 한 장소에 모인 것을 의미하는데 이러한 집적효과는 집적입지가 단독입지에 비해 더욱 유리한 소매성과를 올릴 수 있게 해 줄 수 있다. 해당 매장 면적의 증대효과, 소비자흡입력의 증가, 공간성 인접성의 확보, 소비자의 집중력 확보 등의 효과가 있다.

083 다음 중 소매입지로서 쇼핑몰에 대한 설명으로 옳지 않은 것은?

① 쇼핑센터의 한 유형이다.
② 각 입점업체들의 구성에 있어 독자성과 자율성이 강하게 유지된다.
③ 영업시간이나 개별점포의 외양 등에서 강한 동질성을 유지할 수 있다.
④ 중심상업지역에 위치해있다.
⑤ 다양한 유형의 점포, 다양한 구색의 상품, 쇼핑과 오락의 결합 등으로 고객흡인력이 매우 높다.

정답 ②

정답해설 쇼핑몰은 각 입점업체의 구성을 전체적 관점에서 계획하고 강력하게 통제할 수 있다.

084 넬슨(Nelson)의 입지선정 평가방법에 대한 내용으로 올바르게 짝지어지지 않은 것은?

① 누적적 흡인력 – 영업의 형태가 비슷하거나 동일한 점포가 집중적으로 몰려 있어 고객의 흡인력을 극대화할 수 있는 가능성 및 사무실, 학교, 문화시설 등과 인접함으로써 고객을 흡인하기에 유리한 조건에 속해 있는가에 대한 검토
② 성장 가능성 – 주변 인구 및 일반 고객들의 소득 증가로 인하여 시장 규모, 선택 사업장, 유통상권 등이 어느 정도 성장할 수 있는지를 평가하는 방법
③ 상권의 잠재력 – 경쟁점의 입지, 규모, 형태 등을 감안하여 예비창업자의 사업장이 기존 점포와의 경쟁에서 우위를 확보할 수 있는 가능성 및 향후 신규경쟁점이 입점함으로써 창업할 사업장에 미칠 영향력의 정도를 파악하기 위한 방법
④ 양립성 – 경영자가 진입할 상권에 상호 보완관계에 있는 점포가 서로 인접해 있어서 고객의 흡인력을 얼마나 높아지게 할 수 있는지의 가능성을 검토하는 방법
⑤ 접근 가능성 – 관할 상권 내에 있는 고객을 자기 점포에 어느 정도 흡인할 수 있는가에 대한 가능성을 검토

정답 ③

정답해설 ③은 경쟁 회피성에 대한 설명으로 상권의 잠재력은 현재 관할 상권 내에서 취급하려는 상품에 대한 수익성 확보 가능성을 검토하는 것이다.

085 기존 점포 상권의 공간적 범위를 파악하기 위해 고객이나 거주자들로부터 자료를 수집하여 분석하는 조사기법으로 옳지 않은 것은?

① 점두조사
② 내점객조사
③ 지역표본추출조사
④ 체크리스트법
⑤ CST

정답 ④

정답해설 체크리스트(Chechlist)법은 상권의 규모에 영향을 미치는 요원들을 수집하여 이들에 대한 평가를 통해 시장잠재력을 측정하는 방법으로 신규점포에 대한 상권분석 방법이다.

086 상권분석을 위한 중심지 이론(Central Place Theory)의 기본가정이 아닌 것은?

① 지표공간은 균질적 표면으로 되어있다.
② 한 지역 내에는 여러 가지 교통수단이 존재한다.
③ 운송비는 거리에 반비례한다.
④ 인구는 공간상에 균일하게 분포한다.
⑤ 인간의 합리적인 사고에 따라 의사결정을 한다.

정답 ②

정답해설 중심지 이론(Central Place Theory)의 기본가정
- 지표공간은 균질적 표면으로 되어 있고 한 지역 내의 교통수단은 오직 하나이며 운송비는 거리에 비례한다.
- 인구는 공간상에 균일하게 분포되어 있고 주민의 구매력과 소비행태는 동일하다.
- 인간은 합리적인 사고에 따라 의사결정을 하며 최소의 비용과 최대의 이익을 추구하는 경제인이다.

087 **상권의 질에 크게 좌우되는 인스토어(Instore)형 상권의 유형별 고객층에 대한 설명으로 적합한 것은?**

① 백화점은 평일에는 주부층과 여성 중심, 휴일은 가족 중심이며 비교적 고소득층을 흡인할 수 있는 상권이다.

② 쇼핑센터는 평일과 휴일 모두 주부층 중심으로 고객이 정해져 있고 일반적인 소득층을 흡인할 수 있는 상권이다.

③ 양판점은 평일에는 주부층 중심, 휴일은 가족층 중심이며 일반적인 소득층을 흡인할 수 있는 상권이지만 원스톱쇼핑이 불가능하여 구매 활동 시간이 짧다.

④ 슈퍼마켓은 주말 중심의 구매 특징을 가지며 가족층 중심으로서 일반적인 소득층을 흡인할 수 있는 상권이다.

⑤ 파워센터는 생산품 중심의 목적성이 강한 동시에 주재 시간도 길다.

정답 ①

정답해설 백화점의 고객층은 평일에는 주부층과 여성 중심, 휴일은 가족 중심이며 준고가격 상품을 지향하기 때문에 비교적 고소득층을 흡인할 수 있는 상권이다.

오답해설 ② 슈퍼마켓에 대한 설명이다.
③ 양판점은 원스톱쇼핑이 가능하기 때문에 구매 활동 시간이 비교적 길다.
④ 파워센터에 대한 설명이다.
⑤ 파워센터는 전문점과 할인점 등이 밀집해 있기 때문에 주제 시간이 비교적 짧다.

088 **점포개점의 프로세스에서 실내 인테리어 점포 꾸미기 단계에 해당하는 예시로 가장 적절한 것은?**

① "3급 상권이어도 입지는 중요하니까 1급지로 찾아보자."

② "저렇게 꾸몄네? 이것도 벤치마킹 해야겠다!"

③ "냅킨과 물수건을 이 제품으로 사용하는구나."

④ "배달사업이니까 3급 상권이라도 상관없어."

⑤ "목표매출이 가능한 곳일까? 유동인구가 모두 흘러나가는 곳일지도 몰라."

정답 ②

정답해설 점포개점의 프로세스의 실내 인테리어 점포 꾸미기 단계는 점포의 아이템에 맞는 인테리어야만 시너지 효과를 얻을 수 있으며 프랜차이즈인 경우 이미 정해진 컨셉이 있기 때문에 문제가 없지만 독립창업일 경우 기존의 동일 업종으로 성업하고 있는 점포의 인테리어를 벤치마킹하는 것도 좋은 방법이다.

오답해설 ① 입지선정 단계에 해당한다.
③ 기자재 단계에 해당한다.
④ 사업타당성 분석 단계에 해당한다.
⑤ 상권분석 단계에 해당한다.

089 통행량과 유동인구 현장조사 시 유의할 사항은?

① 퇴근길보다는 출근길 방향의 동선 파악이 중요하다.
② 자신이 하고자 하는 업종의 고객층과 시간대를 조사해야 한다.
③ 유동인구 성향보다 유동인구수가 더 중요하다.
④ 오직 점포 앞 방향의 입체적 통행량을 조사해야 한다.
⑤ 4차선 이상의 도로변을 2차선 도로변보다 유리하게 평가해야 한다.

정답 ②

정답해설 통행량과 유동인구를 현장 조사할 땐 자신이 하고자 하는 업종의 고객층과 시간대를 확실히 조사해야 한다.

오답해설 ① 퇴근길 방향의 동선 파악이 출근길보다 중요하다.
③ 유동인구수보다 유동인구 성향이 더 중요하다.
④ 점포 앞뿐만 아니라 각 방향에서의 입체적 통행량을 조사해야 한다.
⑤ 일반적으로 2차선 도로변을 4차선 이상의 도로변보다 유리하게 평가해야 한다.

090 다음의 설명으로 미루어 유추할 수 있는 내용으로 가장 적절한 것은?

> 예비창업자가 선택을 고려하고 있는 사업장의 입지여건이 해당 상권 내에 위치하고 있는 유사점포와의 경쟁에서 우위를 점할 수 있는 기본적 여건을 갖추기 위한 조건이다.

① 주거지의 입지조건을 설명하고 있다.
② 좋은 입지를 선정하기 위해 고려해야 하는 사항 중 조화성에 대한 내용을 말하고 있다.
③ 좋은 입지를 선정하기 위해 고려해야 하는 사항 중 안정성에 대한 내용을 말하고 있다.
④ 상업지의 입지조건을 말하고 있다.
⑤ 좋은 입지를 선정하기 위해 고려해야 하는 사항 중 균형성에 대한 내용을 말하고 있다.

정답 ⑤

정답해설 좋은 입지선정을 위한 고려사항 중 균형성에 대한 설명으로 균형성은 주변 경쟁점과의 균형에 대한 문제를 다루는데 이러한 경쟁점포와의 균형성을 측정하기 위한 요소에는 점포의 규모 및 인테리어 상태, 매뉴의 가격, 고객의 접근성 정도 등을 기본적인 비교사항으로 꼽고 있다.

091 다음 중 상권의 범위에 대한 설명으로 가장 적절한 것은?

① 판매자 집단 또는 특정의 판매자들이 제품 및 서비스를 판매 및 인도를 함에 있어 그에 따르는 비용 및 취급의 규모면에서 경제성을 취득하는 지역범위를 의미한다.

② 오피스 상권과 함께 한정된 고정고객을 대상으로 영업하는 대표적인 입지로 한정된 고객층을 대상으로 영업하고 이들을 고정고객화해야 하는 형태를 말한다.
③ 점포 창업자가 자신의 창업 환경을 분석한 후 자신이 가장 잘 할 수 있는 혹은 가장 하고 싶은 아이템을 선정 후 아이템과 가장 적합한 입지를 골라 영업을 하기 위한 일련의 과정을 말한다.
④ 점포에서 취급하는 상품에 대한 상권 내 인구의 구매력을 추정하고 매출액을 설정하는 데 기본적인 데이터를 제공하며 판촉활동 범위를 결정하는 데 필수적인 데이터로 활용된다.
⑤ 어떤 사업을 영위함에 있어서 대상으로 하는 고객이 존재해 있는 공간적 · 시간적 범위와 고객의 내점빈도를 감안한 상태에서 기대할 수 있는 매출액의 규모 등을 포함한다.

정답 ①

정답해설 상권의 범위는 판매자 집단 또는 특정의 판매자들이 제품 및 서비스를 판매 및 인도를 함에 있어 그에 따르는 비용 및 취급의 규모면에서 경제성을 취득하는 지역범위를 의미한다.

오답해설 ② 상권의 유형 중 근린형에 해당하는 설명이다.
③ 점포개점의 개념에 해당하는 설명이다.
④ · ⑤ 상권의 개념에 해당하는 설명이다.

092 다음 내용이 설명하는 것으로 옳은 것은?

- 제조 과정에서 원료의 중량과 부피가 감소한다.
- 원료가 부패하기 쉽다는 단점이 있다.
- 편재원료를 많이 사용하는 공장에 적합하며 총비용 중 원료의 수송비 비중이 상당한 제품을 생산하는 공장에 적합하다.

① 노동지향형 입지
② 원료지향형 입지
③ 운송비지향형 입지
④ 집적지향형 입지
⑤ 시장지향형 입지

정답 ②

정답해설 원료지향형 입지는 기업의 입지 방식의 한 형태로 기업이 운송비를 절감하고자 원료의 산지에 입지하는 형태를 가리킨다.

오답해설 ① **노동지향형 입지** : 풍부하고 저렴한 노동력이 필요한 입지 조건으로 변동비보다 고정비가 차지하는 비중이 최저점인 경우에 유리하며 의류 · 신발, 인쇄 · 출판 등이 적합하다.
③ **운송비지향형 입지** : 농작물을 밭떼기하여 농공단지 내에서 가공하는 공장에 적합하며 바다에 위치한 제철공장과 제련공장의 경우에도 필요한 입지이다.
④ **집적지향형 입지** : 한 가지 원료에서 여러 제품을 생산하고 기술 연관성이 높으며 계열화된 공업에 적합한 입지 조건으로 석유 화학이나 자동차 공업 등이 적합하다.

⑤ **시장지향형 입지** : 신선도 유지가 필요한 식품이나 부패의 위험성이 높은 제품에 적합하며 교통비용을 절감해야 하는 경우에 추구되고 중량이나 부피가 늘어나는 산업에 유리하다.

093 **다음 점포별 효용과 루체(Luce)의 선택공리의 개념을 이용하여 철수가 점포를 선택한다고 할 때 가장 올바르지 않은 설명은?**

구분	점포 1	점포 2	점포 3	점포 4	점포 5	점포 6	점포 7
점포면적	100	75	65	45	20	15	5
점포까지의 거리	5	8	3	5	0	12	10
효용의 크기	30	10	20	15	25	0	0

① 점포 선택을 위해서는 면적, 거리, 효용 정보가 모두 필요하다.
② 철수의 점포 선택은 점포의 효용에 의해서 결정된다.
③ 철수가 점포 5를 선택할 가능성은 25%이다.
④ 점포 3의 선택가능성이 점포 2의 선택가능성보다 높다.
⑤ 철수는 5개의 점포만을 대상으로 판단해도 된다.

정답 ①

정답해설 확률적 효용극대화이론(Stochastic Utility Maximization)에 따르면 소비자는 고려중인 점포 대안들 중에서 가장 효용이 높은 점포를 선택하므로 면적과 거리 정보는 필요로 하지 않는다.

094 **다음의 설명과 가장 밀접한 소매점포의 전략은?**

> 유통시장 전면 개방에 대한 대응책으로 기존 백화점들은 유통망의 경쟁력 강화와 경쟁우위를 확보하기 위해 지방도시의 기존 중소업체를 인수하거나 수도권 및 신도시지역으로 신규점포를 출점하고 있다. 이로 인해 동종 업종 간의 경쟁악화가 하나의 문제점으로 부각되고 있다.

① 다각화 전략
② 광역형 입지전략
③ 다점포화 경영전략
④ 사업 확장전략
⑤ 데이터베이스 마케팅 전략

정답 ③

정답해설 제시된 설명의 경우 경쟁점포보다 다점포망을 신속히 구축하는 다점포화 전략으로 공급업체로부터 타 점포에 비해

경쟁적인 가격으로 제품을 구매하여 최저가격의 판매를 달성할 수 있으며 유통업체가 대규모화될수록 유통업체의 협상력을 이용한 원가절감은 강력한 가격경쟁력의 원천이 될 수 있다.

095 상권분석 기법에 대한 설명 중 옳지 않은 것은?

① 체크리스트(Checklist)법은 상권의 규모에 영향을 미치는 요인들을 수집하여 이들에 대한 평가를 통해 시장잠재력을 측정하는 이론이다.

② 레일리(Reilly)의 소매인력법칙은 도시들 간의 경계를 결정하기보다는 개별점포의 상권경계를 결정하는 데 이용되는 이론이다.

③ 컨버스(Converse)의 제1법칙은 경쟁도시인 A와 B에 대해 어느 도시로 소비자가 상품을 구매하러 갈 것인가에 대한 상권분기점을 구하는 이론이다.

④ 컨버스(Converse)의 제2법칙은 A 지역과 B 지역보다 작은 C 지역의 소비자가 A와 B 지역 중 어느 도시에서 구매할 것인가를 측정하는 이론이다.

⑤ 중심지 이론(Central Place Theory)은 한 지역 내의 상권 거주자의 입지 및 수적인 분포, 도시 간의 거리관계와 같은 공간구조를 중심지 개념에 의해 설명하는 이론이다.

정답 ②

정답해설 레일리(Reilly)의 소매인력법칙은 소비자들의 구매 이후 행위가 점포까지의 거리보다 점포가 보유하는 흡인력에 의하여 결정된다는 이론으로 이웃 도시들 간의 상권 경계를 결정하는 데 주로 이용한다.

096 소매포화지수(IRS)의 설명으로 옳은 것은?

① 특정 소매업에 대한 해당 지역 내의 수요만을 정의하는 지수이다.

② 미래 신규수요까지 반영함으로써 미래 시장 잠재력을 측정할 때 유용하게 사용할 수 있다.

③ 특정 상권에서 소매포화지수값이 증가할수록 점포를 출점할 때 신중한 고려가 필요하다는 의미이다.

④ 소매포화지수를 계산하는 데 중요한 자료는 특정상권의 가구 수와 특정상권의 가구당 소매지출이다.

⑤ 경쟁의 양적 · 질적인 면을 모두 강조하고 있다.

정답 ④

정답해설 소매포화지수(IRS)는 지역시장의 매력도를 측정하는 값으로 특정상권의 가구 수에서 특정상권의 가구당 소매지출을 나누어서 계산하기 때문에 해당되는 두 자료가 매우 중요하다.

2과목 상권분석

오답해설 ① 특정 소매업에 대한 해당 지역 내의 수요뿐만 아니라 공급관계도 정의한다.
② 소매포화지수는 경쟁의 양적인 부분만을 고려하고 질적인 부분에 대해서는 고려하고 있지 않기 때문에 미래 신규수요를 반영하지 못할 뿐 아니라 거주자들의 지역시장 밖에서의 쇼핑 정도 및 수요를 측정 및 파악하기 어렵다.
③ 특정 상권에서 소매포화지수값이 적어질수록 점포를 출점할 때 신중한 고려가 필요하다.
⑤ 소매포화지수는 경쟁의 양적인 면만 강조되고 경쟁의 질적인 면은 반영하지 못하는 한계가 있다.

097 개점입지에 대한 법률규제 검토에 대한 설명으로 가장 적절하지 않은 것은?

① 법규분석의 경우에는 토지의 용도 · 가치 등의 구조분석 · 토지분석 · 권리분석과 부동산 개발 사업 등과 관련한 인허가 관련 등의 법률적인 분석을 포함한다.
② 법률분석의 경우에는 권리관계를 표현하는 사법, 다시 말해 민법상 분석과 인허가 관계를 나타내는 공법상 분석 등으로 구분할 수 있다.
③ 권리관계 확인을 위해 부동산 및 관련 자료를 수집해서 법규와 더불어 부적합적인 원인을 연구하며 파악한다.
④ 권리분석의 경우 부동산 소유 및 기타 법률적 권리 관계를 이해하는 것이다.
⑤ 토지에 대한 기초자료조사는 면적, 지구, 관련법령 등에 대한 것이며 토지에 대한 권리관계 조사의 경우 가등기, 압류, 지상권, 근저당 등의 각종 조사 및 분석을 포함한다.

정답 ③

정답해설 부적합적인 원인을 연구하며 파악하는 것이 아니라 권리관계 확인을 위해 부동산 및 관련된 자료를 수집해서 법규와 더불어 적합성 여부를 파악한다.

098 다음 중 레일리(Reilly)의 소매인력법칙에 대한 설명으로 옳지 않은 것은?

① 점포들의 밀집도가 점포의 매력도를 증가시키는 경향이 있음을 나타낸다.
② 주로 개별점포의 상권을 파악하는 데 이용한다.
③ 두 경쟁도시가 그 중간에 위치한 소도시의 거주자들을 끌어들일 수 있는 상권의 규모는 인구에 비례하고 각 도시와 중간 도시 간의 거리의 제곱에 반비례한다.
④ 보다 많은 인구를 가진 도시가 더 많은 쇼핑 기회를 제공할 가능성이 많으므로 먼 거리에 있는 고객도 흡인할 수 있다.
⑤ 실제거리는 소비자가 생각하는 거리와 일치하지 않을 수도 있다는 한계가 있다.

정답 ②

정답해설 레일리(Reilly)의 소매인력법칙은 개별점포의 상권파악보다는 이웃 도시 간의 상권 경계를 결정하는 데 주로 이용된다.

099 다음 중 상권분석을 통해 얻을 수 있는 장점이라고 보기 어려운 것은?

① 소비자의 인구통계적 · 사회경제적 특성을 파악할 수 있다.
② 마케팅 및 촉진활동의 방향을 명확히 할 수 있다.
③ 시장의 구조와 각 브랜드별 점유율을 파악할 수 있다.
④ 고객 파악을 통한 목표고객을 결정할 수 있다.
⑤ 제안된 점포의 위치가 새로운 소비자나 기존 점포의 소비자를 유인할 수 있는지를 판단할 수 있다.

정답 ③

정답해설 상권분석을 통한 이점
- 소비자들에 대한 인구통계적 · 사회경제적 특성의 파악
- 마케팅 및 프로모션 활동의 방향 모색
- 점포의 위치가 새로운 소비자 또는 기존 점포의 소비자들의 유인 파악

100 각 업태나 업종의 입지에 대한 설명 중 옳지 않은 것은?

① 백화점은 규모면에서 대형화를 추구하기 때문에 상권 내 소비자의 경제력, 소비형태의 예측, 주요산업, 유동인구, 대중교통의 연계성 등을 근거로 적정한 입지를 선정해야 한다.
② 의류패션전문점의 입지는 고객에게 쇼핑의 즐거움을 제공하여 많은 사람을 유인하고 여러 점포에서 비교 · 구매할 수 있어야 하므로 노면독립지역보다 중심상업지역이나 그 인근 쇼핑센터가 더 유리하다.
③ 식료품점의 입지는 취급품의 종류와 품질에 대한 소비자의 구매만족도, 잠재 고객의 시간대별 통행량, 통행인들의 속성 및 분포 상황, 경쟁점포 등을 고려해야 하므로 아파트 또는 주거 밀집지역에 있는 상가나 쇼핑센터가 적당하다.
④ 생활용품 중 주방가구나 생활용품, 인테리어 소품 등은 대단위 아파트 및 주택가 밀집지역 등 주거지 인접지역으로 출점하여야 하며 도로변이나 재래시장 근처, 통행량이 많은 곳이나 슈퍼마켓 근처에 입지를 선택하는 것이 유리하다.
⑤ 패션잡화점의 입지는 전문점이기 때문에 굳이 임대료가 비싼 입지를 선정할 필요가 없으며 경쟁하는 점포들이 모여 있는 입지는 적합하지 않다.

정답 ⑤

정답해설 패션잡화점의 입지는 상호보완적인 상품을 제공하는 다양한 점포들이 모여 있는 곳으로 다양한 상품을 판매하고 유동인구가 많으며 주로 젊은 세대들이 자주 찾는 지역이 적합하다.

101 다음 중 상권과 관련된 설명으로 적절한 것은?

① 3차 상권이란 1, 2차 상권에 포함되는 고객까지도 포함하는 지역을 말한다.
② 1차 상권의 고객은 분산이 매우 크며 상점 고객의 5~10%를 차지한다.
③ 고객의 흡인력은 동일한 입지에 있는 경우라도 업종에 따라 다를 수 있다.
④ 일반적으로 편의점의 상권은 넓고 백화점의 상권은 비교적 좁은 편이다.
⑤ 3차 상권의 경우에는 마케팅 전략 수립 시 가장 관심을 기울여야 할 주요 고객층이다.

정답 ③

정답해설 고객의 흡인력은 상품을 구매하거나 서비스를 이용하도록 고객을 끌어당기는 힘이므로 동일한 입지에 점포가 있더라도 고객이 원하는 상품을 취급하는 업종이 무엇이냐에 따라 흡인력 역시 달라질 수밖에 없다.

오답해설 ① 3차 상권이란 1, 2차 상권에 포함되는 고객 이외의 고객을 포함하는 지역을 말한다.
② 3차 상권에 대한 설명이다.
④ 일반적으로 편의점의 상권은 비교적 좁고 백화점의 상권은 넓은 편이다.
⑤ 1차 상권에 대한 설명이다.

102 대규모 집단 판매시설을 의미하는 쇼핑센터 입지에 대하여 세부계획을 수립할 때 이와 관련된 '몰(Mall) 계획'의 내용으로 가장 적절하지 않은 것은?

① 쇼핑센터 내 고객의 주요 보행동선으로 고객을 핵상점과 각 전문점으로 유도하는 보행자 동선인 동시에 고객의 휴식처 기능을 갖고 있다.
② 자연채광을 끌어들여 외부공간과 같은 성격을 갖게 하고 시간에 따른 공간감의 변화 및 인공조명과의 대비효과 등을 얻을 수 있도록 하는 것이 바람직하다.
③ 명확한 방향성 · 식별성이 요구되며 고객에게 변화감과 다채로움, 자극과 흥미를 주어 쇼핑을 유쾌하게 할 수 있도록 계획되어야 한다.
④ 쇼핑센터의 규모, 지가, 입지조건 등에 따라 단층 또는 다층으로 계획될 수 있으나 각층 사이의 시야 개발이 적극적으로 고려되어야 한다.
⑤ 미국의 경우 경영자 측에서나 고객 측에서 모두 그 효율성을 인정하고 있으며 친근감을 주고 면적상의 크기와 형상 및 비례감이 잘 정리된 각기 연속된 크고 작은 공간들의 조합으로 계획되어야 한다.

정답 ①

정답해설 ①은 쇼핑센터 입지에 대한 세부계획 중에서 보행자 지대(Pedestrain Area)를 설명하는 내용으로 쇼핑센터 내의 주요 동선으로서 고객을 각 점포에 균등하게 유도하는 보도를 말한다.

03 다음 중 점포개점의 체크포인트에 해당하지 않는 것은?

① 간판 및 점내 시설은 완비되었는가?
② 종업원들에 대한 교육은 충분히 이루어졌는가?
③ 전단지, 현수막 등 행사는 준비되었는가?
④ 태도나 라이프스타일 경향은 사업 운영에 무슨 영향을 미치는가?
⑤ 개점 당일 상품판매를 위한 준비는 철저한가?

정답 ④

정답해설 ④는 출점전략의 수립 시 고려사항과 관련된 내용이다.

04 다음 중 노면 독립입지에 대한 설명으로 옳은 것은?

① 독립입지는 다른 소매업체와 연결되지 않은 소매입지를 말하며 보통 쇼핑센터와 떨어진 곳에 위치한다.
② 독립입지는 다른 점포와 시너지 효과를 이룬다.
③ 하이퍼마켓, 슈퍼센터형 대형 할인점이 흔히 노면 독립입지에 위치한다.
④ 독립입지에 위치한 소매점은 다른 소매업체들과 고객을 공유한다.
⑤ 주차공간이 좁아서 주차에 불편함이 있다.

정답 ③

정답해설 노면 독립입지에서 독립지역이란 다른 소매업체들과 달리 지리적으로 떨어진 지역으로 하이퍼마켓, 슈퍼센터형 대형 할인점은 특히 노면 독립입지에 위치하며 도소매업의 창업자는 자신에게 적합한 업종을 선정할 때 그 업종에 맞는 상권을 결정해야 한다.

오답해설 ① 독립입지는 다른 소매업체들과는 지리적으로 떨어진 지역을 말하는데 보통 쇼핑센터와 근접한 곳에 위치하게 된다.
② 독립입지는 다른 점포와의 시너지 효과가 없다.
④ 통상적으로 독립입지에 위치한 소매점은 다른 소매업체들과는 고객을 공유하지 않는다.
⑤ 주차공간이 넓어서 소비자들에게 편의성을 제공할 수 있다는 것은 노면 독립입지의 대표적인 장점이다.

105 일반적으로 소비자가 특정 소매점포에서 구매할 가능성은 점포의 매장면적이 커질수록 높아지고(비례) 점포까지의 거리가 멀수록 낮아진다고 한다(반비례). 정민이가 사는 지역에는 A, B, C 세 개의 쇼핑센터가 있다. 정민이네 집에서 A, B, C 쇼핑센터까지는 각각 1km, 2km, 2km 떨어져 있고 쇼핑센터의 매장면적은 각각 1,000㎡, 2,000㎡, 4,000㎡이다. 허프(Huff)의 모형을 고려한다면 정민이가 10,000원의 금액을 소비한다고 할 때 다음 설명 중 가장 올바른 것은?(면적과 거리의 모수는 절대값으로 각 1의 값을 가진다.)

① B 쇼핑센터에서의 지출금액은 10,000원의 1/5이 된다.
② A 쇼핑센터의 지출금액보다 B 쇼핑센터의 지출금액이 더 크다.
③ A 쇼핑센터에서의 지출금액과 C 쇼핑센터에서의 지출금액은 동일하다.
④ 답을 찾기 위해서는 추가적인 정도가 더 필요하다.
⑤ 각 쇼핑센터 중 C 쇼핑센터에서의 지출금액이 가장 크다.

정답 ⑤

정답해설 A 쇼핑센터의 지출금액 $= \dfrac{\frac{1}{1000}}{\frac{1}{1000} + \frac{2}{2000} + \frac{4}{2000}} = \dfrac{1}{4}$

B 쇼핑센터의 지출금액 $= \dfrac{\frac{2}{2000}}{\frac{1}{2000} + \frac{2}{2000} + \frac{4}{2000}} = \dfrac{1}{4}$

C 쇼핑센터의 지출금액 $= \dfrac{\frac{4}{2000}}{\frac{1}{1000} + \frac{2}{2000} + \frac{4}{2000}} = \dfrac{1}{2}$이므로

지출금액이 10,000원의 $\frac{1}{4}$보다 더 적게 나누어진 10,000원의 $\frac{1}{2}$인 C 쇼핑센터의 지출금액이 가장 크다.

오답해설 ① B 쇼핑센터에서의 지출금액은 10,000원의 1/4이 된다.
② A와 B 쇼핑센터의 지출금액은 모두 1/4이므로 두 쇼핑센터의 지출금액은 동일하다.
③ A와 C 쇼핑센터의 지출금액은 서로 다르다.
④ 허프 모형의 고려 시에 답을 찾기 위한 추가 정보는 더 이상 필요 없다.

106 시장의 세분화 중 하나인 인구 통계적 세분화에 포함되는 인구 통계적 변수가 아닌 것은?

① 가족 수
② 재혼 여부
③ 가족생활 주기
④ 소득
⑤ 직업

정답 ②

정답해설 시장의 세분화란 지리적 변수, 인구 통계적 변수, 심리 분석적 변수, 행동변수 등을 통한 상권분석법으로 이를 통하여 정확한 업종 분석을 할 수 있다. 여기서 인구 통계적 세분화는 연령, 성별, 가족 수, 가족생활 주기, 소득, 직업, 학력, 종교, 인종, 국적 등의 인구 통계적 변수들에 기초해서 시장을 여러 집단으로 분할하는 것으로 재혼 여부는 이 요소에 포함되지 않는다.

107 입지에 대한 설명으로 옳은 것은?

① 입지분석과 관련한 모델들은 대체로 우리의 실정과 일치한다.
② 마케팅 4P에서는 입지의 중요성이 내포되어 있지 않다.
③ 넬슨은 입지선정의 원칙에서 점포를 어디에 출점할 것인지를 집적의 원리로도 주장한다.
④ 상권과 입지는 구분되지 않아서 자주 혼용된다.
⑤ 목적점포로서 아웃렛은 전형적인 의존형 입지가 되므로 광역적인 수요 흡인이 매우 중요하다.

정답 ③

정답해설 넬슨은 입지를 선정하는 데 필요한 원리를 8가지로 나누어 정리하고 있으며 그중 집적의 원리는 점포를 어디에 출점할 것인지를 주장하는 원리이다.

오답해설 ① 입지분석과 관련한 모델들이 많지만 우리 실정에 맞지 않아 실제로 적용하기 어려운 경우가 있다.
② 마케팅 4P에도 사실상 입지의 중요성이 내포되어 있다.
④ 상권과 입지는 엄밀하게 구분되며 상권은 범위의 개념으로 입지는 지점의 개념으로 볼 수 있다.
⑤ 아웃렛은 자사의 제품 및 매입한 상품을 아주 싼 가격으로 판매하는 상설소매점포로 백화점이나 제조업체에서 판매하고 난 후 남은 비인기상품, 재고상품, 하자상품을 정상가보다 절반 이하의 저렴한 가격으로 판매한다.

108 다음 중 인지도 확대전략에 대한 설명으로 가장 알맞은 것은?

① 중심부로부터 점포를 출점해서 점차적으로 외곽지역 및 지방으로 그 영역을 확대해 나가는 것을 의미한다.
② 시장의 규모에 맞는 출점을 통해 그 시장이 갖는 잠재력을 충분히 흡수하기 위한 것이다.
③ 경쟁력 및 자본력 등이 뒷받침되는 프랜차이즈의 출점전략으로 적절하다.
④ 가장 관건이 되는 것이 자사 경합으로 타사 경합에 비해 영향도가 매우 크기 때문에 출점 시 가장 유의해야 한다.
⑤ 지방 및 외곽지역 등으로부터 점포를 출점해서 점차적으로 중심부로 진입해가는 출점전략으로 경쟁력 및 자본력 등이 부족한 프랜차이즈의 경우에 적절한 출점전략이다.

정답 ④

정답해설 인지도 확대전략은 지역에서 인지도를 확대시키고 신규 고객을 유치하기 위해서는 상품이나 체인을 인지시키는 광고뿐만 아니라 점포 그 자체를 인지시킬 수 있도록 고객과 접촉 횟수를 늘리려는 노력이 필요하며 가장 관건이 되는 것은 자사 경합으로 타사 경합에 비해 영향도가 매우 크기 때문에 출점 시 가장 유의해야 한다.

오답해설 ①·③ 원심적 출점전략에 대한 설명이다.
② 시장력 흡수전략에 대한 설명이다.
⑤ 구심적 출점전략에 대한 설명이다.

109 다음 중 소매업체가 다점포 경영을 할 때의 장점으로 보기 어려운 것은?

① 수요에 대한 자기잠식 현상을 사전에 방지함으로써 총수익을 증가시킨다.
② 촉진 및 유통활동에 있어서 규모의 경제를 실현할 수 있다.
③ 저렴한 가격과 향상된 시스템으로 소비자 입장에서 쇼핑의 편리함을 제공한다.
④ 해당 상권이 포화되어 경쟁업체에 대해 진입장벽을 형성할 수 있다.
⑤ 기업의 브랜드 가치를 높이고 사회적 이미지를 강화할 수 있다.

정답 ①

정답해설 다점포 경영전략은 수요에 대한 자기잠식 현상을 방지할 수 없다. 자기잠식 효과는 한 기업에서 새롭게 출시한 제품이나 기술이 기존에 해당 기업에서 판매하고 있던 다른 제품 및 기술의 영역까지 침범해서 매출에 대해 부정적인 영향을 미치는 것으로 총수익을 감소시킨다.

110 애플바움(Applebaum)이 개발한 유추법에 대한 설명으로 옳은 것은?

① 분석하고자 하는 점포와 특성이 상이한 점포를 선정하여 분석함으로써 분석의 다양성을 높인다.
② 어떠한 대상을 선택했는지에 관계없이 결과가 동일하게 나오므로 결과의 활용에 제한이 없다.
③ 대상 지역의 질적 자료보다는 양적 자료를 사용하도록 유도함으로써 결과의 객관성을 유지할 수 있다.
④ 다른 점포에서 얻은 정보는 이용할 수 없다.
⑤ 조사절차로서 기존 유사점포 선정, 기존 유사점포의 상권범위 결정, 구역구분 및 1인당 매출액 계산, 예측 값 계산이 해당한다.

정답 ⑤

정답해설 애플바움(Applebaum)의 유추법은 자사의 신규점포와 특성이 비슷한 유사점포를 선정하여 그 점포의 상권범위를 측정한 결과를 자사의 신규점포에 적용하여 신규입지에서의 매출액(상권규모)을 측정하는 데 이용하는 방법으로 기존 유사점포 선정, 기존 유사점포의 상권범위 결정, 구역구분 및 1인당 매출액 계산, 예측 값 계산으로 조사절차가 이루어진다.

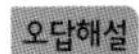
① 유추법은 분석하고자 하는 점포와 특성이 유사한 점포를 선정하여 분석함으로써 분석의 용이성을 높인다.
② 유추법은 어떠한 대상을 선택했는지에 따라 결과가 다르게 나올 수 있기 때문에 결과의 활용이 제한될 수 있다.
③ 유추법은 유사점포를 이용하는 소비자와의 면접이나 실사를 통하여 수집된 자료를 추정하는 질적 예측방법이다.
④ 유추법은 다른 점포에서 얻은 정보를 이용하여 신규점포에 대한 예측과 벤치마킹 자료로도 활용할 수 있다.

111 상권정보를 수집하는 방법 중 우편조사법에 대한 내용으로 가장 적절한 것은?

① 질문의 수를 적게 해서 상대방으로부터 시간을 빼앗지 않도록 해야 하며 회답해 줄 사람과 만나는 것이 어렵다.
② 질문의 의미를 그 자리에서 회답자에게 설명할 수 있으므로 질문의 의미를 오해하고 회답하는 오류를 막을 수 있다.
③ 조사표를 일일이 회수할 일손이 필요하지 않게 되지만 회수율이 낮은 문제점이 있다.
④ 회답하는 데 시간을 필요로 하는 조사일 때 효과적인 방법이다.
⑤ 평일에 실시할 것인지 휴일에 실시할 것인지, 오전인지 오후인지 등 요일과 시간대의 선정에 있어서 주의할 필요가 있다.

정답 ③

정답해설 우편조사법은 비용이 적게 들고 조사표를 일일이 회수할 일손이 필요하지 않다는 장점이 있지만 그만큼 회수율이 낮다는 단점이 있다.

오답해설 ① 전화조사법에 대한 설명이다.
② 방문면접법에 대한 설명이다.
④ 유치조사법에 대한 설명이다.
⑤ 가두조사법에 대한 설명이다.

112 대규모 물류단지의 입지와 관련된 내용으로 적절한 것은?

① 가장 유리한 입지조건은 소비자 요구에 부응하여 유통집적시설이 출점할 수 있는 점포의 부족 상태에 있는 입지이다.
② 상점가가 원래부터 적고 저렴한 가격과 새로운 감각이 중요시되는 지역은 교외주택이다.
③ 도심 주택지는 인구밀집 지역으로 원래부터 상점가가 있기 때문에 소매점이 출점하기에 매우 어렵다.
④ 도심 번화가는 단지 내 중심가에 위치한 사업집적지로서 독점적 상업 활동을 영위하기 위하여 저비용, 정가판매를 전개하는 지역이다.
⑤ 소매입지의 중요성에서 입지의 경우 한 번 결정되면 변경이 쉽지 않으며 막대한 투자를 장기적으로 해야 하기 때문에 입지선정은 최대한 신중하게 해야 한다.

정답 ④

정답해설 도심 번화가는 전통적인 상업 집적지로서 고급 전문점이나 백화점이 입지하고 있어 다양한 분야에 걸쳐 고객 흡력을 지닌 지역을 말한다.

오답해설 ④를 제외한 나머지는 모두 소매점에 대한 설명이다.

113 다음 중 쇼핑센터에 대한 설명으로 옳은 것은?

① 쇼핑센터는 일반적으로 스트립 쇼핑센터와 커뮤니티형 쇼핑센터로 나뉜다.
② 쇼핑몰은 보행자에 초점을 두어 고객들은 바깥 주차장에 주차를 하고 점포로 들어온다.
③ 할인 백화점, 할인점, 창고형 클럽 등을 포함하는 일부 대형점포들로 구성되어 있는 곳을 네이버 후드 센터라고 한다.
④ 커뮤니티형 쇼핑센터는 보통 점포 앞에 바로 주차장이 있다.
⑤ 스트립 쇼핑센터는 슈퍼마켓, 버라이어티 스토어, 소형 백화점 등을 중심으로 한 실용품 위주의 중규모 쇼핑센터이다.

정답 ②

정답해설 쇼핑몰은 가로수 · 가로등 · 안내판 · 벤치 등을 디자인하여 보행자의 쾌적성을 중시하고 머무는 시간을 연장시켜 상점가를 활성화하는 것이 목적이므로 보행자에 초점을 두고 있으며 고객들은 바깥 주차장에 주차를 하고 점포로 들어온다.

오답해설 ① 쇼핑센터는 일반적으로 스트립 쇼핑센터와 쇼핑몰로 크게 나뉜다.
③ 네이버 후드 센터는 소비자와 가장 가까운 지역에서 그들의 일상적 욕구를 만족시키기 위한 편리한 쇼핑장소를 제공하도록 설계된 곳이다.
④ 스트립 쇼핑센터에 대한 설명이다.
⑤ 커뮤니티형 쇼핑센터에 대한 설명이다.

114 다음 중 MNL 모형의 가정으로 옳은 것은?

① 특정 점포대안이 선택될 확률은 그 대안이 가지는 효용이 다른 점포대안들보다 작을 확률과 같다.
② 확률적 효용극대화이론에 근거하여 소비자는 고려중인 점포 대안들 중에서 가장 효용이 높은 점포를 선택한다.
③ 결정적 요소는 서로 독립적이다.
④ 무작위 요소의 분포는 확장분포를 가진다.
⑤ 무작위 요소는 관찰 가능한 점포 대안들의 점포 속성들 또는 소비자의 특성들의 영향을 반영한다.

정답 ②

정답해설 MNL 모형은 루스(Luce)의 선택공리에 이론적 근거를 두어 소비자의 점포선택 행위와 특정 점포의 시장점유율을 예측하는 데 많이 이용되는 확률적 선택모형으로 확률적 효용극대화이론에 근거하여 소비자는 고려중인 점포 대안들 중에서 가장 효용이 높은 점포를 선택한다는 가정 하에 예측이 이루어진다.

오답해설 ① 특정 점포대안이 선택될 확률은 그 대안이 가지는 효용이 다른 점포대안들보다 클 확률과 같다.
③ 무작위 요소에 대한 설명이다.
④ 무작위 요소는 이중지수분포를 가진다.
⑤ 결정적 요소에 대한 설명이다.

115 상권의 설정 및 구매력 평가에 대한 설명으로 가장 거리가 먼 것은?

① 산이나 하천 등 지형의 형태에 따라 거주 장애지역을 고려하며 고객의 거주범위를 예상하며 상권 설정에 대한 내용을 작성한다.
② 상권의 경쟁관계를 고려하는 것으로서 레일리법칙 등을 이용하여 상권의 경계가 되는 지점을 결정한다.
③ 상권 내의 사업소 자체가 일반 점포에서 구매하는 금액의 합계로 사업소의 규모와 수를 고려하여 측정한다.
④ 유입 인구를 사업소의 종업원 수와 역의 승객 수 등을 고려하고 음식비 · 교양오락비 · 피복비 · 신변품비 등을 추계하여 유입 인구의 일인당 점포에서 구매하는 금액 × 유입 인구로 계획한다.
⑤ 교통조건을 고려하는 것으로서 도보상권 · 버스상권 · 지하철상권 등을 사전에 철저하게 조사한 후 상권 결정에 대한 내용을 작성하는 것이 바람직하다.

정답 ⑤

정답해설 교통조건을 사전에 철저하게 조사하지 않아도 예상하여 상권 결정에 대한 내용을 작성할 수 있다.

116 소매포화지수와 시장성장잠재력지수(MEP : Market Expansion Potential)의 특성에 대한 설명으로 옳은 것은?

① 두 지수 중 하나라도 높은 경우에는 신규출점 후보지로 유력하다고 볼 수 있다.
② 소매포화지수는 시장잠재력을 반영하고 있다.
③ 시장성장잠재력지수는 지역시장 거주자들이 지역시장 이외의 타 지역에서 구매하는 지출액을 추정하여 계산한다.
④ 소매포화지수는 한 지역시장에서 수요 및 공급의 미래 수준을 반영한다.
⑤ 소매포화지수가 높아질수록 점포가 초과 공급되었다는 의미이므로 신규점포에 대한 시장잠재력이 상대적으로 낮아진다.

정답 ③

정답해설 시장성장잠재력지수(MEP : Market Expansion Potential)는 지역시장이 미래에 신규 수요를 창출할 수 있는 잠재력 측정하는 지표로 지역시장 거주자들이 지역시장 이외의 타 지역에서 구매하는 지출액을 추정하여 계산한다.

오답해설 ① 두 지수가 모두 높은 경우여야만 신규출점 후보지로 유력하다고 볼 수 있다.
② 소매포화지수는 지역시장의 매력도를 측정하는 것으로 시장잠재력을 반영하지 못한다.
④ 지역시장의 매력도를 측정하는 소매포화지수는 한 지역시장에서 수요 및 공급의 현 수준을 반영하는 지표이다
⑤ 소매포화지수가 높아질수록 공급보다 수요가 상대적으로 많은 것을 의미하므로 신규점포에 대한 시장잠재력 상대적으로 높아진다.

117 다음 상권 및 상권설정과 관련된 용어에 대한 설명들 중 내용적으로 수용될 수 있는 내용은?

① 특정 점포의 상권을 분석하기 위해서는 1차 및 2차 자료의 수집을 필요로 한다. 1차 자료란 다른 목적으로 수행되어 이미 존재하는 정보로서 각종 관련통계자료 및 유통연구소의 발표자료 등을 의미한다.
② 상권분석은 일반적으로 기존점포와 신규점포를 분리하여 실행한다. 이 때 신규점포의 상권분석이 기존점포에 대한 상권분석보다 상권의 크기와 특성 등에 대해 보다 상세하며 정확하게 분석될 수 있다.
③ 소매포화지수(IRS : Index of Retail Saturation)와 시장확장잠재력(MEP : Market Expansion Potential)을 활용하여 신규 점포가 입지할 지역시장의 매력도를 평가할 수 있다.
④ 상권이란 하나의 점포 또는 점포들의 집단이 고객을 유인할 수 있는 지역적 범위를 나타내며 점포의 규모에 따라 1차, 2차, 3차 상권 및 영향권으로 구분할 수 있다.
⑤ 2차 자료는 조사자가 수행목적에 맞게 직접 수집한 자료를 말한다.

정답 ③

정답해설 소매포화지수(IRS : Index of Retail Saturation)는 한 시장지역 내에서 특정 소매업태의 단위 매장면적당 잠재수요를 나타내고 시장확장잠재력(MEP : Market Expansion Potential)은 지역시장이 미래에 신규 수요를 창출할 수 있는 잠재력을 측정하는 지표이므로 이 둘을 활용해 신규 점포가 입지할 지역시장의 매력도를 평가할 수 있다.

오답해설 ① 다른 목적으로 수행되어 이미 존재하는 정보로서 각종 관련통계자료 및 유통연구소의 발표자료는 2차 자료에 해당한다.
② 상권분석은 자사점포의 수요예측과 마케팅 전략의 수립을 위한 필수단계로 상권분석을 통해 소매업은 자사점포의 예상매출액에 대한 추정은 물론 상권 내의 소비자의 인구 통계적 특성 및 사회 경제적 특성을 파악함으로써 촉진전략에 전략적 시사점을 제공한다.
④ 상권 및 영향권을 1차, 2차, 3차로 구분하는 요소는 판매수량의 크기이다.
⑤ 1차 자료에 대한 설명이다.

18 **시장의 매력도를 측정하는 데 사용되는 경제적 기반 측정요소로 옳지 않은 것은?**

① 앞으로의 경제 활성화 정도
② 근로자의 이용가능성과 비용
③ 광고매체의 이용가능성과 비용
④ 지역정부기관의 지역경제 관련 법적 규제
⑤ 지역시장에 대한 정부의 법적 규제

정답 ④

정답해설 시장의 매력도 측정

- **평가요인** : 수요요인, 공급요인, 지역의 경제적 기반
- **소매수요의 측정** : 소매포화지수(IRS)
- **공급수준의 측정** : 시장성장잠재력지수(MEP)
- **경제적 기반 측정요소** : 앞으로의 경제 활성화 정도, 근로자의 이용가능성과 비용, 광고매체의 이용가능성과 비용, 지역정부기관의 지역경제 활성화 노력, 지역시장에 대한 정부의 법적 규제

19 **다음 상권구분유형의 각 내용에 대한 설명으로 옳지 않은 것은?**

① 과소지역 상권 – 해당 지역의 욕구를 만족시키기 위한 특정 제품이나 서비스를 판매하는 점포가 매우 부족한 지역이다.
② 과다지역 상권 – 너무나 많은 점포들이 특정 상품보다 서비스를 판매하기 때문에 일부가 도산하는 상태이다.
③ 과점지역 상권 – 특정 상품이나 서비스를 몇몇 점포가 과점하여 판매하기 때문에 다른 점포들이 폐업하거나 신규출점을 할 수 없는 상태이다.
④ 포화지역 상권 – 고객에게 우수한 상품과 서비스를 제공하며 경쟁 소매업체들이 이익을 많이 남길 수 있도록 해주기 때문에 소매업체들은 이 지역이 매력적이라고 생각한다.
⑤ 지구상권 – 집적된 상업시설이 갖는 상권의 범위이다.

정답 ③

정답해설 상가는 결코 혼자 존재할 수 없으므로 독점보다는 공급이 넘치지 않는 적당한 과점 체제가 되어야만 경쟁력을 가질 수 있다. 즉 과점지역에서는 신규 점포의 출점이나 다른 점포의 폐업이 발생할 수 있다.

120 레일리(Reily)의 소매인력법칙과 관련한 설명으로 옳은 것은?

① 뉴턴(Newton)의 중력법칙을 상권분석에 활용한 것이다.
② 도시가 작을수록 주변의 소비자를 흡인하는 데 매력도가 커진다고 가정한다.
③ 쇼핑 시 주변도시의 매력도는 이동거리의 제곱에 비례한다.
④ 광역상권의 경쟁상황에서는 활용할 수 없다.
⑤ 거리, 인구뿐만 아니라 매장면적, 가격 등 최소한의 변수를 확인할 수 있다.

정답 ①

정답해설 레일리(Reily)의 소매인력법칙은 질량이 있는 모든 물체는 다른 물체를 끌어당기며, 그 힘은 물체들의 질량의 곱 비례하고 그 사이의 거리의 제곱에 반비례한다는 뉴턴(Isaac Newton)의 중력 법칙을 토대로 상거래 흡인력을 설 했다.

오답해설 ② 소매인력법칙은 도시규모가 클수록 주변의 소비자를 흡인하는 매력도가 커진다고 가정한다.
③ 소매인력법칙은 쇼핑 시 주변도시의 매력도는 이동거리의 제곱에 반비례한다고 가정한다.
④ 소매인력법칙은 광역상권의 경쟁상황에서는 쇼핑선터의 매출액 추정에도 활용할 수 있다.
⑤ 소매인력법칙은 거리와 인구의 2가지 요인만으로 모델을 구성하였다.

121 기존 점포에 대한 상권분석에서 이용할 수 있는 1차 자료에 해당하는 것은?

① 정부의 인구통계자료 및 세무자료
② 각종 유통기관의 발표자료
③ 경제관련 연구소의 발표자료
④ 각종 뉴스 및 기사자료
⑤ 점포 이용자에 대한 설문조사자료

정답 ⑤

정답해설 ⑤를 제외한 나머지는 모두 2차 자료에 해당한다.

122 모집단을 구성하는 각 요소가 표본으로 선택될 확률을 동등하게 부여하여 표본을 선정하는 방법은?

① 단순무작위 표본추출법
② 층화표본추출법
③ 군집표본추출법
④ 할당표본추출법
⑤ 편의표본추출법

정답 ①

정답해설 단순무작위 표본추출법은 모집단의 모든 개체를 대상으로 하여 무작위에 의해 표본을 추출하는 방법으로 든 표본 추출 단위의 표본으로 추출될 기회가 동일하며, 추출되는 개체들이 서로 독립적이 되도록 한다. 무작위로 추출한 표본을 확률 표본 또는 무작위 표본이라고 하는데 이 표본은 모집단을 대표할 수 있는 반면 연구자가 주관적으로 추출한 비확률 표본을 유의 표본이라 하는데 이 표본은 모집단을 대표하지 못한다.

오답해설 ② **층화표본추출법** : 모집단을 일정한 기준에 따라 두 개 이상의 동질적인 층으로 구분하고 각층별로 단순무작위추출 방법을 이용하여 표본을 추출하는 방법

③ **군집표본추출법** : 모집단을 여러 개의 이질적인 군집으로 분할하여 군집을 먼저 추출하고 이 군집에서 표본을 추출하는 방법

④ **할당표본추출법** : 미리 정해진 분류기준에 의해 전체표본을 여러 집단으로 구분하고 각 집단별로 필요한 대상을 추출하는 방법

⑤ **편의표본추출법** : 연구 조사자가 편리한 시간 및 장소에 접촉하기 쉬운 대상을 표본으로 선정하는 방법

23 입지대안의 평가원칙 중 고객의 입장에서 점포를 방문할 수 있는 심리적, 물리적 특성을 의미하는 원칙은?

① 고객차단의 원칙(Principle of Interception)
② 동반유인의 원칙(Principle of Cumulative Attraction)
③ 점포밀집의 원칙(Principle of Store Congestion)
④ 보완가능성의 원칙(Principle of Compatibility)
⑤ 접근가능성의 원칙(Principle of Accessibility)

정답 ⑤

정답해설 접근가능성의 원칙(Principle of Accessibility)은 고객의 입장에서 점포를 방문할 수 있는 심리적, 물리적 특성을 의미하는데 지리적으로 인접하고 교통이 편리하거나 시간의 소요가 적은 경우에 점포의 매출이 증대된다는 원칙이다.

오답해설 ① **고객차단의 원칙(Principle of Interception)** : 쇼핑지역이나 사무실밀집지역 등 소비자들이 특정지역에서 타 지역으로 이동할 시에 점포를 방문하게 하는 것

② **동반유인의 원칙(Principle of Cumulative Attraction)** : 유사하거나 보충적인 소매업이 흩어진 것에 비해 군집해서 더 큰 유인잠재력을 갖게 하는 것

③ **점포밀집의 원칙(Principle of Store Congestion)** : 유사한 점포나 보충할 수 있는 점포들이 밀집되어 있어서 고객의 유인효과를 감소시키는 현상

④ **보완가능성의 원칙(Principle of Compatibility)** : 두 가지의 사업이 소비자들을 서로 교환할 수 있을 정도로 인접한 지역에 위치하게 되면 매출액이 높아진다는 것

124 **입지와 규모에 따라 쇼핑센터를 구분한 내용으로 옳지 않은 것은?**

① 입지를 기준으로 쇼핑센터를 구분하면 교외형, 도심형으로 나눌 수 있다.
② 커뮤니티형 쇼핑센터는 슈퍼마켓, 약국, 스포츠용품점 등을 중심으로 한 실용품 위주의 중규모 쇼핑센터이다.
③ 지역형 쇼핑센터는 여러 가지 서비스 기능이나 레저스포츠 시설을 갖춘 경우가 많다.
④ 도심형 쇼핑센터의 경우가 신도시 근처의 교외형 쇼핑센터의 경우보다 상권에 포함되는 고객이 명확하다.
⑤ 교외형 쇼핑센터는 비교적 저층이고 대부분 주차장을 갖고 있다.

정답 ④

정답해설 교외형 쇼핑센터는 특정 상권의 사람들을 구매층으로 하고 도심형 쇼핑센터는 불특정 다수의 사람들을 구매층으로 하기 때문에 교외형 쇼핑센터의 경우가 도심형 쇼핑센터의 경우보다 상권에 포함되는 고객이 명확하다.

125 **크리스탈러(Christaller)의 중심지이론에서 그 이론을 전개하기 위해 제시한 전제조건으로 옳지 않은 것은?**

① 소비자는 자신의 수요를 충족시키기 위해 최근린의 중심지를 찾는다.
② 중심지는 그 배후에 행정, 서비스 기능을 수행하기 위해 고지대에 입지한다.
③ 모든 방향에서 교통의 편리한 정도가 동일하다.
④ 평야지대에 인구가 균등하게 분포되어 있다.
⑤ 운송비는 거리에 비례하고 운송수단은 동일하다.

정답 ②

정답해설 중심지는 그 배후지에 있는 모든 사람들에게 재화나 용역을 공급하기 위해 평야지대에 입지한다.

126 **상권분석 및 입지선정을 위해 통행량이나 유동인구를 조사할 경우에 유념해야 할 사항으로 옳지 않은 것은?**

① 요일, 기후, 절기 등 여러 상황에 따른 다양한 기준을 활용하여 통행량을 수집한다.
② 해당 업종에 가장 많이 몰리는 시간대의 통행량 조사에 신경을 써야 한다.
③ 점포 앞을 지나는 통행량에 대한 조사는 모든 방향에 대해 각 방향을 기준으로 통행량을 분리

하여 조사하여야 한다.

④ 자신의 주 고객이 몰리는 시간에만 조사하는 것이 아니라 하루의 총 유동인구를 조사해야 한다.

⑤ 점포주변의 유동인구와 주변상권의 관계를 고려한 유동인구 조사는 간접적으로 시행해야 한다.

정답 ⑤

정답해설 점포주변의 유동인구와 주변상권의 관계를 고려할 경우 이러한 유동인구의 조사는 직접적으로 아르바이트생을 동원하여 조사하는 것이 바람직하며 시간대별 상황 및 평일과 휴일의 상황이 분석가능하도록 조사하여야 한다.

127 다음 중 입지의 평가항목에 해당하지 않는 것은?

① 부지형태
② 점포형태
③ 변동성
④ 가시성
⑤ 주차시설

정답 ③

정답해설 변동성은 상권의 평가항목에 해당된다.

128 업종전환과 관련된 내용으로 적절하지 않은 것은?

① 제조업, 도소매업, 서비스업의 업태를 바꾸거나 업종을 변경하는 경우를 말한다.

② 업종전환의 유형으로는 동종업종에서 타 업종으로 바꾸는 경우만 존재하며 동종업종에서 동종업종으로 바꾸는 경우는 해당하지 않는다.

③ 전화상담 및 컨설팅을 결정하고 점포 현장을 방문해서 점주 및 직원과 인터뷰함으로써 상품경쟁력 파악 및 내 · 외부경쟁력을 분석하는 등의 절차를 거친다.

④ 일반 음식점에서 분식점, 또는 삼겹살집에서 레스토랑으로 바꾸는 경우의 예를 들 수 있다.

⑤ 업종전환의 근본적인 이유는 영업부진 점포에 대한 새로운 사업기회를 제공하고 기존 시설을 가급적 활용하여 재투자비용을 최소화함으로써 새로운 사업기회를 모색하는 데 있다.

정답 ②

정답해설 업종전환의 유형에는 동종업종에서 동종업종으로 바꾸는 경우와 동종업종에서 타 업종으로 바꾸는 경우가 해당된다.

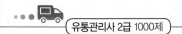

129 다음 중 편의품을 판매하는 점포에 대한 설명 중 가장 적합한 것은?

① 소비자는 진열된 상품 중에서 가장 목적에 적합한 제품을 구매하게 되므로 품질, 가격, 스타일 유행 등의 여러 요소들을 비교하게 된다. 따라서 여러 상품에 대한 구색을 맞출 수 있는 곳이 유리하다.

② 소비자는 복수의 점포를 둘러보고 여러 제품들을 비교 검토한 후 제품을 구매하게 되므로 일정 범위에 걸쳐 유사하거나 같은 업종의 점포가 조밀하게 모여 있을수록 좋은 입지이다.

③ 가까운 곳에 상주하고 있는 소비자도 있지만 원거리에 거주하는 소비자도 있고 이들이 이동하여 제품을 구매하는 경우가 많기 때문에 주차장이 있거나 다양한 대중교통수단을 활용할 수 있는 곳이어야 한다.

④ 소비자가 구매하고자 하는 제품은 상표에 대한 충성도가 거의 없는 일반적 제품이 많아 가격과 서비스품질이 상대적으로 뛰어난 점포를 찾아 이용하는 경우도 있지만 가까운 거리에 있는 점포도 많이 이용한다.

⑤ 집심성과 집재성 점포에 속하는 경우가 많고 비교적 원거리에서 고객이 찾아오므로 교통수단과 접근성이 좋아야 하기 때문에 주로 중차원 또는 고차원 중심지에 입지한다.

정답 ④

정답해설 편의품을 판매하는 점포는 일상의 생활필수품을 판매하는 상점으로 상품이 주로 가정용이므로 고객도 주부가 많으며, 늘 통행하는 길목에 상점이 위치하는 경우가 대부분이다. 또한 입지는 고객 가까이에 위치해야 하므로 상권은 도보로는 10~20분 이내, 거리로는 1,000m를 넘지 않는 범위가 적당하며 이러한 상점은 인근지역에 많고, 2차 상업지역에도 많지만, 도심상업지역에는 많지 않다.

오답해설 ① 전문품을 판매하는 점포에 대한 설명이다.
② 선매품을 판매하는 점포에 대한 설명이다.
③ 선매품 및 전문품을 판매하는 점포에 대한 설명이다.
⑤ 선매품을 판매하는 점포에 대한 설명이다.

130 다음 중 소매포화지수(Index of Retail Saturation)에 대한 설명으로 적절한 것은?

① 신규점포에 대한 시장잠재력을 측정하는 데 사용할 수 있다.
② 값이 클수록 공급보다 수요가 상대적으로 적음을 의미한다.
③ 높은 값을 가지면 과잉의 점포 상태를 나타내는 것이다.
④ 공급을 특정업태의 총 매장면적으로 나눈 값이다.
⑤ 한 지역에서 미래의 시장확장잠재력을 측정하기도 한다.

정답 ①

정답해설 소매포화지수(Index of Retail Saturation)는 신규점포에 대한 시장잠재력을 측정하는 데 사용되는 지표로 지역 시장의 수요 잠재력을 측정할 수 있다.

오답해설 ② 소매포화지수는 값이 클수록 공급보다 수요가 상대적으로 많음을 의미한다.
③ 소매포화지수는 낮은 값을 가져야 과잉의 점포 상태를 나타낸다.
④ 소매포화지수는 수요를 특정업태의 총 매장면적으로 나눈 값이다.
⑤ 소매포화지수는 특정 지역시장의 시장성잠잠재력을 반영하지 못한다는 단점이 있다.

131 점포개점과 관련한 설명으로 가장 적절하지 않은 것은?

① 위험요소를 줄이기 위해서는 개점 프로세스에 대한 이해가 필요하다.
② 완벽한 준비가 되지 않은 상황에서 개점하면 이득보다 손실을 입을 확률이 크다.
③ 점포 창업자가 자신의 창업 환경을 분석한 후 자신이 가장 잘 할 수 있는 아이템을 선정해야 한다.
④ 소점포 사업자의 홍보는 작지만 길게 그리고 꾸준히 지속되어야 한다.
⑤ 기본적으로 각 메뉴나 출고가 또는 판매가를 기준으로 가격을 책정한다.

정답 ⑤

정답해설 점포개점은 기본적으로 각 메뉴나 상품별 원가 또는 매입가를 기준으로 가격을 책정하며 원가에 임대료, 인건비, 기타 지출 비용, 감가상각 등에 순이익률을 포함해서 정한다.

132 다음 중 상권의 구조에 대한 설명으로 적절한 것은?

① 1차 상권 내에서 사업장 이용고객은 30~50% 정도의 범위로서 점포에서 비교적 떨어진 지역을 포함하여 고객 1인당 매출액이 가장 높다.
② 2차 상권은 1차 상권 외곽에 위치하며 전체 점포 이용 고객의 10% 내외를 흡인시키는 지역범위로서 1차 상권의 고객들에 비해 지역적으로 넓게 분산되어있다.
③ 한계 상권 내에 위치한 고객들은 1차 상권 및 2차 상권과 비교할 때 고객의 수와 구매빈도가 많기 때문에 점포매출액에서 차지하는 비중이 높다.
④ 편의품의 경우 1차 상권은 걸어서 100m 이내이고 2차 상권은 약간의 고객이 존재하며 한계 상권에는 거의 존재하지 않는다.
⑤ 가구 및 가전품 같은 소매품의 경우 1차 상권은 버스 또는 승용차로 30~1시간 정도 소요되는 지역이며 2차 상권은 15~30분 정도 걸리는 지역을 말한다.

정답 ②

정답해설 2차 상권은 1차 상권 외곽에 위치하며 전체 점포 이용 고객의 10% 내외를 흡인시키는 지역범위로서 1차 상권의 고객들에 비해 지역적으로 넓게 분산되어있다.

오답해설 ① 1차 상권은 해당 점포의 이용 빈도가 가장 높은 고객층이기 때문에 매출액 비중이 가장 높으며 사업장 이용고객은 60~70% 정도 범위이다.
③ 한계 상권 내에 위치한 고객들은 1차 상권 및 2차 상권과 비교할 때 고객의 수와 구매빈도가 많기 때문에 점포매출액에서 차지하는 비중이 높다.
④ 1차 상권에서의 판매품은 걸어서 500m 이내여야 한다.
⑤ 가구 및 가전품 같은 소매품의 경우 1차 상권은 버스 또는 승용차로 15~30분 정도 소요되는 지역이며 2차 상권은 30~1시간 정도 걸리는 지역이다.

133 주거, 업무, 여가생활 등의 활동을 동시에 수용하는 건물을 의미하는 복합용도개발이 필요한 이유로 보기 어려운 것은?

① 도심지의 활력을 키우고 다양한 삶의 장소로 바꾸기 위해서
② 도심지의 공동화를 막고 사설물의 효율적인 이용을 위해서
③ 교토비용과 시간을 절약하고 교통 혼잡을 막기 위해서
④ 도시 내 상업 또는 업무기능의 급격한 증가현상을 억제하고 도시의 균형적 발전을 위해서
⑤ 주변 지역에 대한 개발욕구를 방지하여 새로운 투자수요를 억제하기 위해서

정답 ⑤

정답해설 복합용도개발 대상지 뿐만 아니라 주변 지역에 대한 개발욕구를 자극하여 새로운 투자수요를 유도하고 그 지역의 경제적 발전을 목표로 주도적 역할을 수행하기 위함이다.

134 다음 중 허프(Huff)모형을 설명한 것으로 옳지 않은 것은?

① 소비자가 이용하고자 하는 점포의 선택은 점포의 크기와 거리에 의해 결정된다.
② 여러 점포를 선택할 수 있는 상황에서 특정 점포를 선택할 가능성을 제시한다.
③ 점포의 크기와 거리에 대한 고객 민감도를 반영할 수 있다.
④ 점포의 위치가 가깝거나 규모가 큰 경우 고객이 선호하게 된다.
⑤ 소비자의 점포에 대한 효용은 점포의 매장면적이 클수록 증가하고 점포까지의 거리가 멀수록 감소한다.

정답 ④

정답해설 허프(Huff)의 확률모델은 거리가 짧고 매방 면적이 큰 점포가 효용을 주지만 점포의 크기만으로 측정하는 데 한계가 있으므로 점포의 위치가 가깝고 크기가 크다고 해서 고객이 선호한다고 볼 수 없다.

135 **다음 중 일반적으로 위성도시에서도 상권이 형성될 수 있을 것으로 추측할 수 있는 품목들로 구성된 것은?**

① 신사복, 시계수리점, 안경점
② 건전지, 식료품, 의약품
③ 아동복, 전문서적, 가구류
④ 신발, 선물용 완구, 가전제품
⑤ 자동차매장, 가전제품, 패션전문점

정답 ②

정답해설 위성도시(소도시) 등의 소형 상권은 생필품을 중심으로 한 식품류, 편의품류를 중심으로 취급 및 판매하는 상가가 형성되어있다.

136 **다음 중 공급체인관리(SCM)가 효과적으로 운영되기 위한 방법이 아닌 것은?**

① 고객의 가치와 욕구를 이해하는 데서 출발한다.
② 공급체인상의 파트너들 간 정보보안이 철저하게 이루어져야 한다.
③ JIT, MRP 등 물류계획의 수단과 EDL 같은 정보수단이 활용되어야 한다.
④ 경로 전체를 통합하는 정보시스템이 개발되어야 한다.
⑤ 제품과 서비스 품질이 좋아야 한다.

정답 ②

정답해설 공급체인관리(SCM)의 운영에서 중요한 것은 공급체인상의 파트너들 간 상호협력과 원활한 커뮤니케이션이므로 물류 파트너쉽은 소유, 장기계약, 상호이해 등의 다양한 법적 · 계약적 형태를 취하게 되지만 무엇보다도 신뢰가 중요하며 소매업자가 판매정보와 재고정보를 제조업자에게 공개하지 않는다면 효과를 기대할 수 없다.

137 **점포와 제품의 유형에 따라 소비자가 서로 다른 구매행동을 하게 될 때 각 상황에 대한 소비자의 구매행동을 올바르게 설명하지 않은 것은?**

① 가장 가까운 점포로 이동하여 진열된 상품들을 비교하여 구매하는 것은 선매점에서 편의품을 구매하는 고객의 구매행동이다.
② 특정 상표의 제품에 집착하게 되어 여러 점포를 비교하여 구매하는 것은 전문점에서 선매품을 구매하는 고객의 구매행동이다.
③ 평소 애용하거나 집착하는 특정 점포로 이동하여 점포에 진열된 제품들을 비교하여 구매하는 것은 전문점에서 선매품을 구매하는 고객의 구매행동이다.
④ 평소 애용하거나 집착하는 특정 점포로 이동하여 선호하는 특정 상표의 제품을 구매하는 것은 전문점에서 전문품을 구매하는 고객의 구매행동이다.
⑤ 가장 가까운 점포로 이동하여 가장 쉽게 구매할 수 있는 상품을 구매하는 것은 편의점에서 편의품을 구매하는 고객의 구매행동이다.

정답 ①

정답해설 가장 가까운 점포로 이동하여 진열된 상품들을 비교하여 구매하는 것은 편의점에서 선매품을 구매하는 고객의 구매행동이다.

138 **소매업의 양립관계로 옳은 것은?**

① 고양립 – 상호 고객의 25~30%를 교환하는 점포끼리의 관계
② 중양립 – 상호 고객의 10~20%를 교환하는 점포끼리의 관계
③ 저양립 – 상호 고객의 1~5%를 교환하는 점포끼리의 관계
④ 부양립 – 경쟁점 관계로서 상호 이해가 상반되는 관계
⑤ 비양립 – 상호고객을 교환하지 않는 점포끼리의 관계

정답 ③

정답해설 소매업의 양립관계

- **고양립** : 상호 고객의 10~20%를 교환하는 점포끼리의 관계
- **중양립** : 상호 고객의 5~10%를 교환하는 점포끼리의 관계
- **저양립** : 상호 고객의 1~5%를 교환하는 점포끼리의 관계
- **부양립** : 상호고객을 교환하지 않는 점포끼리의 관계
- **비양립** : 경쟁점 관계로서 상호 이해가 상반되는 관계

139 시장확장잠재력을 평가하는 모형에 대한 설명으로 가장 옳지 않은 것은?

① 시장이 미래에 신규수요를 창출할 수 있는 잠재력을 반영하는 지표이다.
② 소매포화지수의 부족함을 보완하여 시장의 상태를 보다 명확하게 판단할 수 있다.
③ 소매포화지수가 높고 시장확장잠재력이 높으면 매우 매력적인 시장이라 할 수 있다.
④ 지역 내 고객의 다른 시장 지출액을 활용하면 우리시장의 잠재력을 확인할 수 있다.
⑤ 소매포화지수가 높고 시장확장잠재력이 낮으면 신규점포의 진출을 고려하지 않는다.

정답 ⑤

정답해설 소매포화지수와 시장확장잠재력이 모두 낮아야 신규점포의 진출을 고려하지 않는다.

140 상권을 조사하는 방법으로 옳은 것은?

① 타인의 인터넷 블로그에 올려진 자료는 1차 자료에 속한다.
② 2차 자료의 유용성 기준은 데이터의 신속성이다.
③ 경험적 상권 설정방법에서는 1차 상권, 2차 상권, 3차 상권 등 고객 흡인력을 기준으로 상권범위를 제시하기도 한다.
④ 고객의 상권범위를 파악하는 데 가장 적합한 기법은 소비자동향지수(CSI)이다.
⑤ 상권자료조사는 1차 자료를 먼저 조사한 후 2차 자료에 대해 조사하는 것이 좋다.

정답 ③

정답해설 경험적 상권 설정방법은 기본 통계를 분석하여 시장의 지역성을 포착하고 그 지역성을 기초로 상권의 특성을 추계하는 방법으로 설정방법에서는 1차 상권, 2차 상권, 3차 상권 등 고객 흡인력을 기준으로 상권범위를 제시하기도 한다.

오답해설 ① 타인의 인터넷 블로그에 올려진 자료는 2차 자료이다.
② 2차 자료의 유용성 기준은 데이터의 최신성과 분석목적에 부합되는지의 여부이다.
④ 고객의 상권범위를 파악하는 데 가장 적합한 기법은 소비자 스포팅(CST)이다.
⑤ 상권자료조사는 2차 자료를 먼저 조사한 후 1차 자료에 대해 조사하는 것이 좋다.

141 좋은 입지선정을 위한 고려사항으로 옳지 않은 것은?

① 안정성은 사업장의 투자규모와 수익성과의 관계로서 사업장의 입지적인 여건이 아무리 좋아 보여도 개점에 필요한 투자비용이 수익성을 능가하면 창업은 아무런 의미가 없어진다.
② 중심상권의 비싼 임대 매장에서 단가가 낮거나 영업이익이 적은 아이템을 적용하면 고객의 유입은 많을지 모르나 한정된 점포의 좌석으로 인한 회전이 원활히 이루어지지 않으므로 수익성이 투자비에 비해 현저히 낮은 결과를 낳는다.

③ 균형성은 주변 경쟁점과의 균형에 관한 문제로서 예비창업자가 선택을 고려하고 있는 사업지의 입지여건이 그 상권 내에 위치하고 있는 유사점포와의 경쟁에서 우위를 차지할 수 있는 기본적인 여건을 갖추기 위한 조건을 말한다.
④ 동일상권 내에서 유사한 업종의 아이템으로 창업을 고려할 때 경쟁점과의 점포 규모는 고객의 흡인 요인에 간접적인 영향요소로 작용한다.
⑤ 조화성은 예비창업자가 선택한 아이템과 주변 상권과의 조화를 말하며 대체로 상권형성 형태를 살펴보면 유사한 업종이 집중적으로 형성되어 상권을 이루고 있는 것을 볼 수 있다.

정답 ④

정답해설 간접적인 영향이 아닌 직접적인 영향요소로 작용한다. 즉 비슷한 규모와 조건에서 경쟁력을 갖기 위해서는 보다 쾌적하고 편리하며 업종에 따라서는 개인의 프라이버시를 지켜줄 수 있는 구조 등을 갖춘 점포가 고객에게 인기 있을 수밖에 없다.

142 점포의 선택을 위해 고려할 입지조건과 점포구조에 대한 설명으로 옳지 않은 것은?

① 입지조건 평가를 위해 점포의 가시성, 접근성 등을 검토해야 한다.
② 점포규모와 관련하여 임차면적과 전용면적을 확인해야 한다.
③ 고객시선을 고려한 간판을 설치할 수 있는 위치와 길이, 높이를 확인해야 한다.
④ 건물의 층과 위치, 계단, 엘리베이터의 유무와 위치도 접근성에 해당된다.
⑤ 점포의 형태는 도로에서 볼 때 전면과 측면 비율이 2 : 3이 될 때 접근성 확보에 좋다.

정답 ⑤

정답해설 점포의 형태는 전면과 측면 비율이 황금비율인 3 : 2가 될 때 가장 이상적이다.

143 점포의 유형과 주요 특성으로 옳은 것은?

① 한국의 백화점은 도심지역에 위치한 형태가 많으며 취급상품과 서비스가 다른 업태와 유사하다.
② 아웃렛 스토어는 1960년대 유럽에서 개발된 식품과 비식품을 종합화한 대형 슈퍼마켓의 형태로 넓은 입지가 필요하다.
③ 하이퍼마켓은 제조업자가 재고를 처분하기 위해 일류 브랜드 상품을 특별할인가로 판매하는 것으로 주로 도시 외곽지역에 출점한다.
④ 회원제 할인점은 회원들에게 회비를 받고 낮은 가격으로 제품을 공급하는 점포로 넓은 매장을

필요로 한다.
⑤ 쇼핑센터는 일반적으로 임대가 많으며 상품개발능력을 강조한다.

정답 ④

정답해설 회원제 할인점은 창고형 매장에 상품을 진열해 판매 활동으로 소비되는 관리비를 최소화하여 회원에게 파격적인 할인가격으로 상품을 판매하는 새로운 형태의 할인점으로 회원들에게 회비를 받고 낮은 가격으로 제품을 공급하는 점포로 넓은 매장을 필요로 한다.

오답해설 ① 한국의 백화점은 취급상품과 서비스를 고급화하여 다른 업태와 차별화한다.
② 하이퍼마켓에 관한 설명이다.
③ 아웃렛 스토어에 관한 설명이다.
⑤ 일반적으로 상품개발능력을 강조하는 것은 백화점이고 쇼핑센터는 통일정 운영관리와 업종의 혼합을 중요시 한다.

44 다음 백화점의 입지선정 및 백화점경영에 관한 설명으로 옳지 않은 것은?

① 국내 백화점의 입지유형은 도심(입지)형 백화점(중심상업지역)이나 부심권 입지형(지역쇼핑센터) 또는 신도시 입지형과 버스터미널 및 기차역과 연계된 역사 입지형 등으로 나누어 볼 수 있다.
② 중심상업지역에 위치한 도심(입지)형 백화점의 경우 신업태의 출현과 교통체증, 주차공간의 부족 등에 의해 고객들이 구매를 기피하는 경향이 높아지고 있으며 이러한 문제를 해결하기 위해 많은 백화점들이 도시외곽으로 입지를 옮기거나 지방에 지점을 개설하는 다점포경영(Multi Store Operation) 전략을 시도하고 있다.
③ 최근의 백화점은 상품의 다양성과 원스톱 쇼핑의 편리성을 뛰어넘어 소비자에게 차별화되고 고급화된 매장분위기를 통한 상품 체험쇼핑을 제공함으로써 대형할인점 및 신업태와 경쟁에서 우위를 확보하고자 노력하고 있다.
④ 도시 외곽에 위치하게 되는 대형쇼핑센터입지에는 일반적으로 백화점의 경쟁업태인 대형마트(대형할인점) 및 다양한 전문점들이 입점하게 되므로 백화점의 입지로서는 타당하지 않다.
⑤ 백화점은 서비스의 다양화, 부문별 조직화를 활성화시킴으로써 소비자로 하여금 필요로 하는 정보를 얻고 여가시간을 활용할 수 있도록 하는 문화생활의 장소로서 그 기능이 다양화되어야 한다.

정답 ④

정답해설 백화점의 입지를 선정할 때에는 대상지역의 주요 산업, 유동인구, 인근지역 소비자의 소비형태, 대중교통의 연계망 등 다양한 요소를 고려해야 하는데 최근에는 교통체증과 주차공간의 부족 등으로 대형쇼핑센터 입지인 도시외곽지역도 고려되고 있다.

145 점포개점의 프로세스 중에서 '서비스 전략'에 해당하는 설명으로 가장 적절한 것은?

① 오픈은 완벽한 준비가 되지 않으면 오픈을 하지 않는다는 마음으로 사전 준비를 철저히 해야 하며 가오픈을 통해 충분한 현장 실습을 한 후 본오픈을 하는 방법이 효과적이다.
② 입지는 상권에서 가장 좋은 곳이어야 하므로 1급 상권의 3급지보다 차라리 3급 상권의 1급지가 더 유리하다고 할 수 있다.
③ 기본에 충실한 것이 가장 훌륭한 서비스이며 기본이 흔들리면 아무리 요란한 서비스라 해도 제 빛을 발휘하지 못한다는 사실을 반드시 기억해야 한다.
④ 업종에 따라 적합 상권과 입지는 다르며 자신의 능력에 맞는 상권과 입지, 점포 크기를 정하는 절제가 필요하다.
⑤ 간혹 보기에는 화려하나 실속이 없는 상권이 있기 때문에 목표 매출이 가능한지를 따져보고 점포개점을 결정해야 한다.

정답 ③

정답해설 점포개점의 프로세스에서 서비스 전략은 기본에 충실한 것이 가장 훌륭한 서비스이며 기본이 흔들리면 아무리 요란한 서비스라 해도 제 빛을 발휘하지 못한다는 사실을 반드시 기억해야 한다.

오답해설 ① 오픈 준비에 해당하는 설명이다.
② 입지 선정에 해당하는 설명이다.
④ 상권 분석에 해당하는 설명이다.
⑤ 사업타상성 분석에 해당하는 설명이다.

146 다음 중 배후지에 대한 조건으로 옳지 않은 것은?

① 고객이 존재하는 지역으로 상업지의 입지조건에서 주요한 위치를 점한다.
② 중심지에 재화와 서비스를 공급해주는 지역이다.
③ 인구밀도가 높고 지역면적이 크며 고객의 소득수준이 높으면 가장 좋은 배후지이다.
④ 상업지역에서 배후지의 조건은 바로 매출고와 직결되므로 배후지에 관한 정보나 지식의 확보는 중요하다.
⑤ 고차중심지의 배후지는 넓은 데 비해 중소도시의 저차중심지일수록 배후지의 면적은 줄어든다.

정답 ②

정답해설 주변 지역에 재화와 서비스를 공급하는 장소를 중심지라고 할 때, 중심지로부터 재화와 서비스를 공급받는 지역을 배후지라고 한다.

47 다음 중 오피스빌딩이 밀집되어 있는 상권에 대한 설명으로 옳은 것은?

① 구매 패턴이 일정하지 않아서 매출액에 대한 예측이 어렵다.
② 직장인을 대상으로 영업하므로 거래행위가 비교적 양호하다.
③ 영업일수가 주거지의 상권에 비해 많으므로 지속적이고 안정적인 매출이 발생한다.
④ 매출이 모든 시간대에서 골고루 발생하므로 상품 및 자금회전이 안정적이다.
⑤ 역세권이라서 상권이 활발하게 형성되는 상권이다.

정답 ②

정답해설 오피스빌딩이 밀집되어 있는 상권은 직장인을 대상으로 영업하므로 거래행위가 비교적 양호하다는 장점이 있다.

오답해설 ① 오피스빌딩 밀집 상권은 구매 패턴이 일정하기 때문에 매출액에 대한 예측이 용이하다.
③ 주거지형 상권에 대한 설명이다.
④ 오피스빌딩 밀집 상권은 점심시간 등 하루 중에서 특정시간대에 매출이 집중되므로 상품 및 자금회전이 빠르다.
⑤ 오피스빌딩 밀집 상권은 도심지형 상권으로 유동인구를 중심으로 고객을 흡수하는 상권이다.

48 점포개점의 사전준비사항으로 자금계획과 인력계획 및 가격전략에 있어서 가장 적절하지 않은 것은?

① 남의 돈으로 창업을 할 수도 있지만 이런 경우는 장사가 잘 되더라도 신이 나지 않으므로 가급적 자기자본으로 하는 것이 좋다.
② 오픈 후에 필수적으로 발생되는 비용은 벌어서 하면 된다고 생각하는 경우가 많지만 최소한 6개월 정도의 운영자금은 필히 확보해 두어야 안정적인 점포 운영이 가능하다.
③ 점포 운영에서 필요한 노동력을 공급받을 수 있기 때문에 창업 시 가족의 동의는 매우 중요하며 이 부분이 곤란할 경우 이에 대한 대비책을 포함한 인력 계획을 수립해야 한다.
④ 자본 범위 내의 업종, 입지, 점포 크기, 방법 등을 결정해야 하는데 이때 창업비용의 70% 이상은 자기 자본이어야 하는 것이 원칙이다.
⑤ 상권 내의 경쟁 점포의 가격과 인기상품 및 고객들의 성향 등을 파악한 후 전략적인 정책이 필요하다.

정답 ②

정답해설 점포를 개점하기 전 자금을 계획할 시 최소한 3개월 정도의 운영자금을 확보해 두어야 안정적인 점포 운영이 가능하다.

149 다음 중 입지의 유형과 설명이 올바르게 짝지어진 것은?

① 적응형 입지 – 거리를 통행하는 유동인구에 의해 영업이 좌우되는 입지
② 집심성 입지 – 동일한 업종의 점포가 한 곳에 모여 입지하는 것이 유리한 입지
③ 산재성 입지 – 아파트, 주택가의 주민들이 이용하는 입지
④ 집재성 입지 – 배후지의 중심지에 위치하는 것이 유리한 입지
⑤ 생활형 입지 – 동일 업종이 모여 있으면 불리한 입지

정답 ①

정답해설 적응형 입지는 통행량이 많은 곳, 즉 유동인구 또는 차량통행량이 많은 곳으로서 유동인구에 의해 영업이 좌우되는 입지를 말하며 접근성 및 시인성 확보가 매우 중요하다.

오답해설 ② 집재성 입지에 대한 설명이다.
③ 생활형 입지에 대한 설명이다.
④ 집심성 입지에 대한 설명이다.
⑤ 산재성 입지에 대한 설명이다.

150 CST(Customer Spotting Technique) Map 기법을 통해 가능한 일이 아닌 것은?

① 상권의 규모파악
② 고객의 특성조사
③ 유사 기존점포 비교
④ 광고 및 판촉전략 수립
⑤ 점포의 확장계획

정답 ③

정답해설 CST(Customer Spotting Technique) Map 기법의 유용성
- 상권의 규모파악 가능
- 고객의 특성조사 가능
- 광고 및 판촉전략 수립에 이용 가능
- 경쟁의 정도 측정 가능
- 점포의 확장계획 가능

51 다음 상권의 종류에 관한 설명에서 괄호 안에 들어갈 용어를 순서대로 올바르게 나열한 것은?

> ㉠ (   )은 점포상권이라고도 하며 1차 상권, 2차 상권, 3차 상권으로 구분된다.
> ㉡ 점포와의 거리가 가장 가까운 곳에 (   )이 형성된다.
> ㉢ 3차 상권은 (   )이라고도 한다.
> ㉣ (   )은 가장 많은 고객을 포괄한다.

① ㉠ 지구상권 ㉡ 지역상권 ㉢ 역세권 ㉣ 중심지상권
② ㉠ 지구상권 ㉡ 1차 상권 ㉢ 주변상권 ㉣ 중심지상권
③ ㉠ 지역상권 ㉡ 1차 상권 ㉢ 한계상권 ㉣ 1차 상권
④ ㉠ 지역상권 ㉡ 1차 상권 ㉢ 한계상권 ㉣ 중심지상권
⑤ ㉠ 지구상권 ㉡ 1차 상권 ㉢ 한계상권 ㉣ 3차 상권

정답 ③

정답해설 지역상권의 계층구조
- **1차 상권** : 대부분 그 점포에 지리적으로 인접한 지역에 거주하는 소비자들로 구성
- **2차 상권** : 1차 상권 외곽에 위치하며 전체 점포 이용고객의 10% 내외를 흡인하는 지역범위
- **3차 상권** : 상권 외곽을 둘러싼 지역범위

52 입지대안을 평가하기 위한 원칙 중 동반유인원칙(Principle of Cumulative Attraction)에 대한 적절한 설명은?

① 쇼핑지역이나 사무실밀집지역 등은 소비자들이 특정지역에서 타 지역으로 이동할 시 점포를 방문하게 하는 것을 말한다.
② 고객의 입장에서 점포를 방문할 수 있는 심리적 · 물리적 특성으로서 교통이 편리하거나 지리적으로 인접해 있거나 교통이 불편하더라도 접근 소요시간이 적을 경우 점포의 매출을 증대시키는 요인이 된다.
③ 두 가지의 사업이 소비자들을 서로 교환할 수 있을 정도로 인접한 지역에 위치하게 되면 매출액이 높아진다는 것을 말한다.
④ 유사하거나 보충적인 소매업이 흩어진 것에 비해 군집해서 더 큰 유인잠재력을 갖게 하는 것을 말한다.
⑤ 지나치게 유사한 점포가 많거나 보충할 수 있는 점포들의 밀집으로 고객유인 효과나 매출액을 감소시키는 현상을 말한다.

정답 ④

정답해설 동반유인원칙(Principle of Cumulative Attraction)은 유사하거나 보충적인 소매업이 흩어진 것보다 군집해서 더 큰 인잠재력을 갖게 한다는 원칙으로 귀금속상점이나 분식집 등이 이에 속한다.

오답해설 ① 고객차단원칙(Principle of Interception)에 대한 설명이다.
② 접근가능성의 원칙(Principle of Accessibility)에 대한 설명이다.
③ 보완가능성의 원칙(Principle of Compatibility)에 대한 설명이다.
⑤ 점포밀집의 원칙(Principle of Store Congestion)에 대한 설명이다.

153 상권분석을 위한 설문조사에서 설문의 배열 방법이 적절하지 못한 것은?

① 조사표 전체가 대화가 잘 진행될 수 있도록 배열한다.
② 일반적인 질문은 전반부에, 특수한 질문은 후반부에 배열한다.
③ 쉬운 질문은 전반부에, 어려운 질문은 후반부에 배열한다.
④ 조사목적의 주체가 되는 설문은 앞부분에 배열한다.
⑤ 의견을 요구하는 질문은 앞부분에, 사실을 확인하는 질문은 뒷부분에 배치한다.

정답 ⑤

정답해설 사실을 확인하는 질문은 앞부분에, 의견을 요구하는 질문은 뒷부분에 배치한다.

154 다음 중 허프(Huff) 모델로 파악할 수 있는 내용으로 옳지 않은 것은?

① 상업시설 간 경쟁구조 파악
② 최적매장면적 유추기능
③ 과거매출기록
④ 고객 수 산정기능
⑤ 상권지도 작성기능

정답 ③

정답해설 허프(Huff) 모델은 소비자의 점포에 해당하는 효용은 점포의 매장면적이 클수록 증가하고 점포까지의 거리가 멀수록 감소한다는 확률적 점포선택 모형으로 상업시설 간 경쟁구조 파악, 최적매장면적 유추기능, 예상매출추정, 고객 수 산정기능, 상권지도 작성기능이 가능하다.

55 생활용품 전문점의 입지조건에 대한 설명으로 옳지 않은 것은?

① 대형마트 등과 취급품목이 겹치지 않는 틈새상품이라면 대형마트 인근에 출점하는 것이 유리하다.
② 서민층 밀집주거지역 부근이 좋은 입지이다.
③ 대단위 아파트 밀집지역, 주택가 밀집지역 등 주거지 인근이 유리하다.
④ 생활용품을 할인하여 판매하는 업소의 경우 대형할인점 인근이 좋은 입지이다.
⑤ 생활용품 전문점의 입지는 상품의 성격에 따라 달라진다.

정답 ④

정답해설 대형할인점 등과 취급 품목이 겹치는 업태라면 인근에 대형 유통센터가 없는 것이 유리하다.

56 어느 유통기업에서 특정 상권 내에서 다점포전략을 추구하는 경우 가장 거리가 먼 것은?

① 유통기업이 특정 상권에 다점포전략을 사용하는 것은 자사 점포들 사이에 경쟁을 유발하여 전체적 성과를 높임과 동시에 경쟁점포의 출점에 대한 장벽을 구축하기 위한 목적이다.
② 유통기업과 특정 상권에 다점포전략을 사용할 경우 경쟁점포가 출점할 수 있는 입지를 미리 선점할 수 있고 고객충성도 향상과 불량고객의 퇴출에 기여한다.
③ 다점포경영의 발생요인은 유통업계의 대형화와 집중화 현상, 소비자행동의 변화 및 정보기술 발달 등의 환경적 변화에서 비롯된다.
④ 특정 상권 내에서 다점포경영은 점포들 간의 경쟁을 촉진하고 자사 점포들의 개별 이익을 보장하지 못하는 단점을 지닌다.
⑤ 다점포경영은 본사 및 다른 지점에서 수행하거나 시행함으로써 금융권에 안정적이라는 인식을 주어 개설비용의 융자, 상품의 외상구매 등의 효과를 얻을 수 있으며 이미 알려진 상품과 상호의 사용으로 광고 홍보 효과를 얻을 수 있다는 장점을 지닌다.

정답 ②

정답해설 다점포경영은 각 지역의 발전성이나 상권 자체가 갖고 있는 이점 등을 자사의 이익과 연계시키기 위한 수단으로 각 해당지역에 자사의 지점포를 출점하게 하는 다점포화 정책에 따라 만든 각 체인점의 영업활동에 대한 경영관리를 의미하는 것으로 불량고객의 퇴출에 기여하는 것은 아니다.

157 허프(Huff) 모델을 이용할 경우 다음 지역의 점포 중에서 C 쇼핑센터를 찾을 확률은?(이때 각 점포에서 동일한 제품을 판매하는 매장을 기준으로 하고 거리에 대한 모수와 매장면적에 대한 모수는 각각 2와 1이라 가정한다. 또한 거리와 매장면적은 서로 반비례하는 특성을 가지고 있다.)

점포	거리	매장 크기
A 할인점	3km	900㎡
B 백화점	4km	1,600㎡
C 쇼핑센터	5km	2,500㎡

① 25%
② 30%
③ 33.3%
④ 42%
⑤ 66.6%

정답 ③

정답해설 $P_c = \dfrac{\frac{2{,}500}{5^2}}{\frac{900}{3^2} + \frac{1{,}600}{4^2} + \frac{2{,}500}{5^2}} = \dfrac{100}{300} = 0.333\ (= 33.3\%)$

158 다음 상권분석 방법에 관한 설명 중 타임페어법에 관한 설명으로 옳은 것은?

① 점포에서 역까지 전철과 버스노선별 소요시간과 요금을 조사해서 상권을 조사한다.
② 상권의 규모에 영향을 미치는 요인들을 수집한 후 이를 평가하여 시장잠재력을 측정한다.
③ 신규점포와 특성이 비슷한 기존의 유사점포를 선정하여 그 점포의 상권범위를 추정한 결과를 자사점포의 신규입지에서의 매출액을 측정하는 데 이용한다.
④ 일정 기간 동안 판매활동을 통한 판매기록과 고객명부 등을 이용한 기록을 중심으로 상권을 추정한다.
⑤ 대상 부지의 정확한 평가를 위해 실시되며 대상점포나 판매제품, 조사성격 및 연구자의 주관에 따라 내용은 달라진다.

정답 ①

정답해설 타임페어법은 소비자가 주로 이용하는 교통수단의 편리성을 중심으로 점포에서 역까지 전철과 버스노선별 소요시간 및 요금을 조사하는 방법으로 점포에서 역까지 전철과 버스노선별 소요시간과 요금을 조사해서 상권을 조사한다.

오답해설 ② 체크리스트법에 대한 설명이다.
③ 유추법에 대한 설명이다.
④ 판매기록이용법에 대한 설명이다.
⑤ 현지조사법에 대한 설명이다.

159 상권조사의 방법과 관련된 설명으로 적절하지 않은 것은?

① 소자본 창업에 있어서 비용을 많이 들일 수는 없지만 최소한의 유동인구를 조사하려면 날씨가 좋은 평일과 주말 중 각각 하루를 선정해야 비교적 정확한 조사가 될 수 있다.

② 주부들을 대상으로 하는 업종은 오전 11시부터 오후 5시까지이며 학생들을 대상으로 한다면 하교시간대, 직장인이라면 퇴근시간에 정밀하게 조사한다.

③ 점포 후보지의 유동인구와 잠재력을 조사한 후에는 점포후보지의 내점률을 확인하여야 하는데 이는 추정매출을 조사하기 위한 것으로서 경쟁점포나 유사업종의 매출액을 추정할 수 있다.

④ 유동 인구를 조사하되 성별, 연령별, 주요 구매품목과 구매가격대까지 조사하게 되면 복잡해지게 되므로 이러한 항목은 제외시키는 것이 좋으며 점포 앞은 물론 각 방향에서의 입체적 통행량을 조사해야 한다.

⑤ 자신의 주 고객이 몰리는 시간에만 조사하는 것이 아니라 하루의 총 유동인구를 조사해야 한다.

정답 ④

정답해설 유통 인구를 조사하되 반드시 성별, 연령별, 주요 구매품목과 구매가격대도 조사해야 하며 점포 앞은 물론 각 방향에서의 입체적 통행량을 조사해야 한다. 만일 대로변이라면 길 건너까지의 유동인구조사와 차량 통행량까지 조사하는 것은 기본이다.

160 신규 출점 시 기본적인 조사체계에 대한 내용으로 가장 적절한 것은?

① 경합점 기초조사 – 출점지의 시장환경, 시장 잠재력 및 경합점의 현황을 파악하여 출점 가능성을 검토한다.

② 상권 내 거주지조사 – 통행자의 특성 및 쇼핑실태를 파악하고 상권 내에 있어서의 출점 점포의 방향을 명확히 한다.

③ 장래성 예측조사 – 계획지 주변의 개발상황, 대형점 출점동향, 인구동태 등의 장래를 예측한다.

④ 입지환경조사 – 부문별 매장면적과 가격 및 브랜드 층별 조사를 하는 단계이다.

⑤ 그룹 인터뷰조사 – 상품별 구매 시 잘 이용하는 지역 및 점포, 지역별 방문빈도 이용 이유, 지역별 이미지 평가, 점포 이용 시 중요사항 등에 관한 내용을 조사한다.

정답 ③

정답해설 장래성 예측조사는 계획지 주변의 개발상황, 대형점 출점동향, 인구동태 등의 장래를 예측한다.

오답해설 ① 입지환경조사에 대한 설명이다.
② 통행자조사에 대한 설명이다.
④ 경합점 기초조사에 대한 설명이다.
⑤ 상권 내 거주지조사에 대한 설명이다.

161 **상권분석에 이용할 수 있는 회귀분석 모형에 관한 설명으로 옳지 않은 것은?**

① 소매점포의 성과에 영향을 미치는 요소들을 파악하는 데 도움이 된다.
② 모형에 포함되는 독립변수들은 서로 상관성이 높아야 한다.
③ 성과에 영향을 미치는 영향변수에는 점포특성과 상권 내 경쟁수준 등이 포함될 수 있다.
④ 성과에 영향을 미치는 영향변수에는 상권 내 소비자들의 특성이 포함될 수 있다.
⑤ 회귀분석에서는 표본의 수가 충분하게 확보되어야 한다.

정답 ②

정답해설 회귀분석 모형은 독립변수 상호 간에는 상관관계가 없어야 한다는 가정을 바탕으로 하는데 독립변수들 간의 상관관계가 높으면 개별 독립변수와 종속변수 간의 진정한 관계를 밝히기 어렵다.

162 **상권의 조건 중에서 통행량에 대한 설명으로 적절하지 않은 것은?**

① 통행량은 점포 앞의 잠재적 구매력을 나타내는 지표이다.
② 통행량에 대한 데이터로 알 수 있는 매출 요소는 점포 주변의 모든 시장규모이다.
③ 동선평가도 통행량의 내용을 나타내는 하나의 데이터라고 할 수 있다.
④ 통행량은 상권의 질을 도출할 수 있는 기초적인 데이터를 제공한다.
⑤ 통행량 분석의 근본적인 목적은 잠재적 고객을 구성하고 계획한 유형은 점포에 이끌리게 될 보행자들의 비율을 추정하는 것이다.

정답 ②

정답해설 통행량에 대한 데이터로 알 수 있는 매출 요소는 점포 바로 앞의 시장규모이다.

163 **출점전략의 핵심요소는 기업의 생명이 되는 사람 · 물질 · 돈 · 정보를 집중적으로 활용이 가능한 상태를 만드는 것이다. 이와 관련하여 시장력 우선전략 · 시장력 흡수전략 · 인지도 확대전략에 대한 내용으로 가장 적절하지 않은 것은?**

① 시장력이 크면 경합의 영향도는 작고 시장력이 작으면 경합의 영향도는 크다.
② 인지도 확대전략은 가장 관건이 되는 것이 타사 경합으로 자사 경합에 비해 영향도가 배우 크기 때문에 출점 시 가장 유의해야 한다.
③ 시장력 우선전략은 출점전략의 기본으로 시장력이 높은 지역부터 출점해야 한다.
④ 지역에서 인지도를 확대시키거나 신규 고객을 유치하기 위해서는 점포 그 자체를 인지시킬 수

있도록 고객과 접촉 횟수를 늘려야 한다.

⑤ 시장력 흡수전략은 시장의 규모에 맞는 출점을 통해 그 시장이 잠재력을 충분히 흡수하기 위한 것이다.

정답 ②

정답해설 인지도 확대전략에서 가장 관건이 되는 것은 자사 경합이고 타사 경합은 이에 비해 영향도가 작다.

164 쇼핑센터에 대한 설명으로 적절한 것은?

① 인구가 시내로 들어오면서 시내에 쇼핑센터가 성장하였다.

② 쇼핑센터의 한 종류 중 쇼핑몰은 보행자에 초점을 둔 것이다.

③ 쇼핑센터의 한 종류 중 스트립 쇼핑센터는 주차장이 점포와 멀리 떨어져있다.

④ 일반적으로 쇼핑센터는 도시 상업지역에 비하여 상품구색이 열악하다는 단점이 있다.

⑤ 쇼핑센터는 전관의 임대가 불가능하다.

정답 ②

정답해설 쇼핑몰은 쇼핑하기 편리하도록 많은 소매 상점들이 들어차 있는 대형 건물이나 공간으로 보행자에 초점을 두고 있다.

오답해설 ① 쇼핑센터는 인구가 교외로 이동해 가면서 교외에서 성장하였다.
③ 스트립 쇼핑센터는 점포 바로 옆에 주차장이 있다.
④ 쇼핑센터는 도시 상업지역을 능가하는 상품구색을 제공한다.
⑤ 쇼핑센터는 전관의 임대가 가능하고 다수업체의 집합이며 통일정 운영관리와 업종의 혼합을 중요시한다.

165 다음 중 복합용도개발의 장점으로 보기 어려운 것은?

① 공간을 생산적으로 사용할 수 있어 개발업체들이 선호한다.

② 소매업체에게 인기가 있는 개발형태이다.

③ 저밀도로 이용되고 있는 도심지역의 부분을 재개발함으로써 토지이용의 효율성을 제고할 수 있다.

④ 도심지에 주거기능을 도입함으로써 도심공동화를 방지하고 직주 접근을 실현할 수 있다.

⑤ 보행자 동선과 차도를 하나로 통합시킴으로써 수송을 신속하게 진행시킬 수 있다.

정답 ⑤

정답해설 복합용도개발은 보행자 동선과 차도를 분리시켜 수송문제를 입체적으로 해결한다.

167 **크리스탈러(Christaller)의 중심지이론에서 말하는 중심지기능의 최대도달거리(The Range of Goods and Services)를 설명하는 말은?**

① 중심지가 수행하는 상업적 기능이 배후지에 제공될 수 있는 한계거리
② 소비심리를 자극할 수 있는 마케팅활동이 영향을 미칠 수 있는 최대거리
③ 정육각형으로 구성된 상위 중심지와 하위 중심지 사이의 거리
④ 상업중심지의 정상이윤 확보에 필요한 최소한의 고객이 확보된 배후지까지의 거리
⑤ 하나의 점포 또는 점포들의 집단이 고객을 유인할 수 있는 지역적 거리

정답 ①

정답해설 최대도달거리(The Range of Goods and Services)란 중심지가 수행하는 상업적 기능이 배후지에 제공될 수 있는 한계거리를 뜻한다.

168 **입지를 선정하기 위한 기준을 설명하고 있는 내용으로 옳지 않은 것은?**

① 입지는 장기적으로 재원을 투자해야 하므로 인구의 증가, 고용률 등을 분석하게 된다.
② 소매입지분석은 실질성장률이 향후 수요와 점포판매에 미치는 영향을 분석한다.
③ 다른 기업과의 경쟁정도는 입지선정에 있어 중요한 요소이다.
④ 입지선정에 영향을 미치는 여러 요인의 상관관계를 분석해야 합리적이다.
⑤ 점포의 운영비용은 지역의 특성, 경쟁점포의 존재, 규제 등에 의해 영향을 받는다.

정답 ②

정답해설 소매입지분석에서 향후 수요와 점포판매에 미치는 영향을 분석하는 것은 실질성장률이 아닌 잠재적 성장률이다.

169 **점포입지를 위해 장소를 선택한 이후 소매업체들은 그 장소에 몇 개의 점포를 운영할 것인지 결정해야 하는데 이에 대한 설명으로 옳은 것은?**

① 여러 장소에 다수의 점포를 입지시키면 촉진과 유통에 있어 규모의 경제 효과를 얻을 수 있다.
② 다수의 점포가 입점하면 개별 점포의 매출은 낮아지고 전체 점포의 매출은 감소한다.
③ 기존점포로 인한 한계이익이 한계비용보다 낮아지는 순간이 새로운 점포 입점 시점이다.
④ 프랜차이즈로 점포를 신설하면 다점포 운영의 점포당 매출은 상승한다.
⑤ 새로운 점포 입점으로 인해 경쟁자의 수가 늘어나면 결과적으로 입점 점포의 잠재성장력에 부정적인 영향을 준다.

정답 ⑤

정답해설 소매업체들이 이미 입점한 점포입지에 새로운 점포가 입점할 경우 경쟁자의 수가 늘어나기 때문에 결과적으로 입점 점포의 잠재성장력에 부정적인 영향을 줄 수밖에 없다.

오답해설 ① 한 장소에 다수의 점포를 입지시켜야 촉진과 유통에 있어 규모의 경제 효과를 얻는다.
② 다수의 점포가 입점하면 개별 점포의 매출은 낮아질 수 있지만 전체 점포의 매출은 증가할 수 있다.
③ 기존 점포로 인한 한계이익이 한계비용보다 높아지는 순간이 새로운 점포 입점 시점이다.
④ 프랜차이즈로 점포를 신설하는 경우 더욱 치열한 경쟁으로 인해 다점포 운영의 점포당 매출이 악화될 수 있다.

170 우리 점포에서 제공되는 상품 외에도 다른 점포에서 판매되는 상품의 종류에 의해서도 고객의 크기가 결정될 수 있다고 볼 수 있는 원칙이 아닌 것은?

① 중간저지성의 원칙
② 보충가능성의 원칙
③ 접근용이성의 원칙
④ 동반유인의 원칙
⑤ 점포밀집의 원칙

정답 ③

정답해설 접근용이성의 원칙은 상품의 종류에 의해 고객의 크기가 결정되는 것이 아니라 지리적 인접성이나 교통의 편리성에 의해 매출에 영향을 주는 원칙이다.

오답해설 ① **중간저지성의 원칙** : 기존 점포나 상권지역이 고객과의 중간에 위치함으로써 경쟁점포나 기존의 상권지역으로 접근하는 고객을 중간에서 차단할 수 있는 가능성을 검토하는 원칙이다.
② **보충가능성의 원칙** : 두 개의 사업이 고객을 서로 교환할 수 있을 정도로 인접한 지역에 위치하면 매출액이 높아진다.
④ **동반유인의 원칙** : 유사하거나 보충적인 소매업이 흩어진 것보다 군집해서 더 큰 유인잠재력을 갖게 한다.
⑤ **점포밀집의 원칙** : 지나치게 유사한 점포나 보충 가능한 점포는 밀집하면 매출액이 감소한다.

171 소매점이 집적하게 되면 경쟁과 양립의 이중성을 가지게 되므로 가능하면 양립을 통해 상호이익을 추구하는 것이 좋다. 양립성을 증대시키기 위한 접근순서가 가장 올바르게 나열된 것은?

① 취급품목 - 적정가격 - 적정가격 대비 품질 - 가격범위
② 가격범위 - 적정가격 - 적정가격 대비 품질 - 취급품목
③ 적정가격 - 취급품목 - 가격범위 - 적정가격 대비 품질
④ 취급품목 - 가격범위 - 적정가격 - 적정가격 대비 품질
⑤ 가격범위 - 취급품목 - 적정가격 - 적정가격 대비 품질

정답 ④

정답해설 양립성을 증대시키기 위한 접근순서로는 취급품목 - 가격범위 - 적정가격 - 적정가격 대비 품질의 순서가 적합하다.

172 신규 점포에 대한 상권분석의 서술적 방법 중 비율법에 대한 내용으로 가장 적절한 것은?

① 상권의 규모에 영향을 미치는 요인들을 수집하여 이들에 대한 평가를 통하여 시장잠재력을 측정하는 것이다.

② 상권 확정에 분석자의 주관성이 많이 개입되며 가능 매상고에 대한 예측력이 떨어진다는 단점을 가진다.

③ 특정 상권의 제반특성을 체계화된 항목으로 조사하고 이를 바탕으로 신규점 개설 여부를 평가하는 방법으로 상권분석의 결과를 신규점의 영업과 마케팅 전략에 반영한다.

④ 부지와 주변상황에 관하여 사전에 결정된 변수 리스트에 따라 대상점포를 평가한다.

⑤ 이해하기 쉽고 사용하기 쉬우며 비용이 상대적으로 적게 들 뿐만 아니라 체크리스트를 달리할 수 있는 유연성이 있다는 장점을 가진다.

정답 ②

정답해설 비율법은 몇 가지 비율을 사용하여 적정 부지를 선정하거나 주어진 부지를 평가하는 방법으로 상권 확정에 분석자의 주관성이 많이 개입되며 가능 매상고에 대한 예측력이 떨어진다는 단점을 가진다.

오답해설 ②를 제외한 나머지는 모두 체크리스트법에 대한 설명이다.

173 컨버스(Converse)의 수정소매인력이론에 대한 설명 중 가장 올바른 것은?

① 소비자가 이동할 수 있는 거리는 상권을 형성하는 주된 개념이 된다.

② 소비자가 고려하는 점포로 유추할 수 있는 상권의 주된 요소를 거리의 차이와 상점의 규모, 소비자의 효용, 점포의 시장점유율 등으로 보고 이를 모형에 적용하였다.

③ 이동하고자 하는 점포까지의 거리를 최소수용 충족거리와 최대도달거리로 구분하여 소비자가 이동하고자 하는 거리의 개념을 보다 구체화시켜 사용하였다.

④ 편의품, 선매품, 전문품 등의 상품유형별 차이를 고려하지 않아 실제 상황에 적용할 때에는 이에 대한 고려가 필요하다.

⑤ 거리가 멀어짐에 따라 구매이동이 줄어드는 현상을 거리-감소함수로 파악하여 거리와 구매빈도 사이의 관계를 역의 지수함수의 관계로 보았다.

정답 ⑤

정답해설 컨버스(Converse)의 수정소매인력이론은 거리가 멀어짐에 따라 구매이동이 줄어드는 현상을 거리–감소함수로 파악한 것으로 거리와 구매빈도 사이의 관계를 역의 지수함수의 관계로 보았다.

오답해설 ① · ③ 크리스탈러의 중심지이론에 대한 설명이다.
② 허프의 확률모형에 대한 설명이다.
④ 레일리의 소매인력법칙에 대한 설명이다.

174 백화점 입지선정과 관련된 다음 설명 중에서 거리가 먼 것은?

① 규모 면에서 대형화를 추구하므로 사람들의 접근성을 최대한 높여야 한다.
② 입지조건은 시간의 흐름과 더불어 변화하므로 장래성을 예측하면서 이루어져야 한다.
③ 지하철, 철도역, 터미널 등 대중교통이 집결하는 곳이 좋은 입지이다.
④ 승용차의 접근성이나 주차의 편의성 또한 매우 중요한 입지조건이다.
⑤ 동종업종이 이미 많이 들어서 있으므로 대형쇼핑센터의 입지인 도시외곽지역으로의 입지선정은 가급적 피하는 게 좋다.

정답 ⑤

정답해설 백화점의 입지를 선정할 때는 대상의 주요 산업, 유동인구, 인근지역 소비자의 소비형태, 대중교통의 연계망 등 다양한 요소를 고려해야 하는데 최근에는 교통체증과 주차 공간 부족 등으로 대형쇼핑센터 입지인 도시외곽지역도 고려되고 있다.

175 다음 중 편의점이 제공하는 편의성을 잘못 연결한 것은?

① 입지의 편의성 – 밤늦은 시간에도 점포의 문을 열어놓아 소비자가 필요로 하는 상품을 살 수 있도록 한다.
② 장소적 편의성 – 다른 소매상과 달리 주택 인근에 위치해 있는 경우가 많아 이용하기에 편리하다.
③ 시간의 편의성 – 영업시간이 제한적으로 정해져있는 경우보다 24시간동안 영업하는 경우가 많아 이용하기에 편리하다.
④ 수량조절의 편의성 – 생산 또는 배송수량과는 다르게 형성되는 구매수량을 조절하여 소비자가 필요한 만큼만 구매할 수 있도록 한다.
⑤ 구색의 편의성 – 필요로 하는 상품을 필요로 하는 양만큼을 구입하여 즉시 소비할 수 있도록 한다.

정답 ①

정답해설 밤늦은 시간에도 점포의 문을 열어놓아 소비자가 필요로 하는 상품을 살 수 있도록 해주는 편리함은 시간의 편의성에 대한 내용이다.

176 한 동네에 A, B, C 상점이 있다. A 상점은 규모가 6,400㎡이고 거리는 나의 집에서 4km 떨어져 있다. B 상점은 규모가 12,500㎡이고 거리는 나의 집에서 5km 떨어져 있다. C 상점은 규모가 100,000㎡이고 거리는 나의 집에서 10km 떨어져 있다고 할 때 허프(Huff) 모형을 이용하여 나의 집에서 A 상점과 B 상점을 이용할 가능성은?(단 소비자가 고려하는 규모모수는 1, 거리모수는 −3으로 이용하시오.)

① $\frac{4}{19}$
② $\frac{5}{19}$
③ $\frac{6}{19}$
④ $\frac{1}{3}$
⑤ $\frac{2}{3}$

정답 ⑤

정답해설 허프(Huff)의 확률 모델 공식은 다음과 같다.

$$P_{ij} = \frac{S_j^a \div D_{ij}^b}{\sum_{k=1}^{J} S_k^a \div D_{ijk}^b}$$

P_{ij} : 소비자 I가 점포 j를 선택할 확률

S_j : 점포 j의 매장크기

D_{ij} : 소비자 I가 점포 j까지 가는 데 걸리는 시간 또는 거리

a : 소비자의 점포크기에 대한 민감도(중요도)를 반영하는 모수

b : 소비자의 점포까지의 거리에 대한 민감도(중요도)를 반영하는 모수

J : 소비자가 고려하는 총 점포의 수

A 상점을 이용할 가능성을 공식으로 나타내면

$$P_{가} = \frac{(6.4 \times 4^{-3})}{(6.4 \times 4^{-3}) + (12.5 \times 5^{-3}) + (100 \times 10^{-3})} = \frac{0.1}{0.1 + 0.1 + 0.1} = \frac{1}{3}$$

B 상점을 이용할 가능성을 공식으로 나타내면

$$P_{나} = \frac{(12.5 \times 5^{-3})}{(6.4 \times 4^{-3}) + (12.5 \times 5^{-3}) + (100 \times 10^{-3})} = \frac{0.1}{0.1 + 0.1 + 0.1} = \frac{1}{3}$$

따라서 A 상점과 B 상점을 이용할 가능성은 $\frac{1}{3} + \frac{1}{3} = \frac{2}{3}$

77 상권분석에서 쓰이는 중심지 이론에 대한 설명 중 올바른 것은?

① 유통서비스 기능의 최대도달거리와 수익을 실현하는 데 필요한 최소수요 충족거리가 일치하는 상권구조를 예측한다.
② 중심지를 기준으로 할 때 비용과 수요 모두 거리에 비례하여 증가하는 구조를 가지게 된다.
③ 중심지는 배후 거주 지역으로부터 다양한 상품과 서비스를 제공받는다.
④ 한 지역 내에 인구분포와 자연조건이 일정한 여러 상업중심지가 존재할 때 각 상업중심지에서 상업서비스 기능을 제공받을 수 있는 가장 이상적인 배후상권의 모양은 정사각형이다.
⑤ 매우 현실적인 가정을 포함하고 있다.

정답 ①

정답해설 중심지이론은 주변 지역에 재화나 서비스를 제공하는 중심지의 계층 구조 · 분포에 관한 일반 법칙을 나타낸 이론으로 유통서비스 기능의 최대도달거리와 수익을 실현하는 데 필요한 최소수요 충족거리가 일치하는 상권구조를 예측한다.

오답해설 ② 한 도시 내의 상업중심지가 포괄하는 상권의 규모는 도시의 인구 규모에 비례하여 커진다.
③ 중심지는 배후 거주 지역에 대해 다양한 상품과 서비스를 제공하며 교환의 편의를 제공하는 장소를 의미한다.
④ 가장 이상적인 배후상권의 모양은 정육각형이다.
⑤ 중심지 이론은 비현실적인 가정을 포함하고 있으며 도시기능에 대한 부분적 이론이라는 문제점이 지적되기도 한다.

78 점포선정 시 체크포인트 중에서 '채산성 체크'와 관련된 내용으로 가장 적절하지 않은 것은?

① 경쟁점포와 경쟁해서 이길 수 있거나 공존할 수 있는가?
② 예상 매출은 어느 정도인가?
③ 인근의 상점가나 동종업종, 대형점포 등의 영업 상태는 어떤가?
④ 이익을 낼 수 있는가?
⑤ 앞으로 고객 수가 증가되리라고 기대할 수 있는가?

정답 ③

정답해설 ③은 '지역 체크'와 관련된 내용으로 그 외에도 '하고자 하는 업종의 일반적 조건이 맞는가?, 사람들이 얼마나 모이며 유동인구는 얼마나 되는가?, 상권 내의 주거상황과 소득수준 및 세대주와 인구수는 어떤가?'에 대한 질문을 할 수 있다.

179 다음 중 중심상업지역(Central Business District)의 설명으로 옳은 것은?

① 중심상업지역은 대도시를 제외한 중소도시의 도심상업지역을 말한다.
② 복잡한 상업 활동으로 인해 도심입지지역은 많은 사람을 유인하기 곤란하다.
③ 중심상업지역은 도보 통행량이 많고 대중교통의 중심지역이며 사람들은 직장에 가기 위해서도 중심상업지역에 가야 한다.
④ 소매업체에게 가장 성공적인 중심상업지역은 그 지역에 많은 주민이 거주하기보다는 주민이 적게 거주하더라도 안락한 지역이 유리하다.
⑤ 중심상업지역은 접근성이 낮고 지가도 저렴해서 저층화가 이루어지는 곳이다.

정답 ③

정답해설 중심상업지역(Central Business District)은 상업 활동이 집중된 도시의 핵심지역으로 많은 사람이 모여서 재화와 용역의 교환이 일어나고 정보가 교류되는 곳이며 접근성이 높고 지가도 비싸 고층화가 이루어지고 있는 지역으로 고급 전문 상점, 백화점, 금융, 무역 및 행정 등의 중추기능을 담당하지만 상주인구의 공동화가 나타나는 지역이기도 하다.

180 다음 중 점포상권의 범위를 결정하는 요소가 아닌 것은?

① 점포의 크기
② 상업 집적도
③ 상품의 종류
④ 소비자의 이동거리
⑤ 교통편

정답 ④

정답해설 소비자의 이동거리는 상품구색의 다양한 정도에 따라 일정부분 비례하여 증가하지만 거리가 멀어질수록 점포의 매력도가 떨어지기 때문에 지리적 제약을 받게 된다.

181 다음 중 어느 한 상권에 대한 고객의 특성을 찾기 위해 분석해야 하는 고객이 아닌 것은?

① 배후상권고객
② 잠재고객
③ 직장고객
④ 학생고객
⑤ 유동고객

정답 ②

정답해설 어느 한 상권에 대한 고객의 특성은 점포를 둘러싸고 있는 배후상권고객, 직장고객, 학생고객, 유동고객을 분석해야 명확하게 찾을 수 있다.

82 다음 중 상권의 특징에 대한 내용으로 옳지 않은 것은?

① 동일한 직업의 사람들이 모이는 지역
② 동일한 목적을 가지고 있는 사람들이 모이는 지역
③ 동일한 수준의 사람들이 모이는 지역
④ 동일한 연령이나 취미를 가지고 있는 사람들이 모이는 지역
⑤ 동일한 직업군을 가진 사람들이 모이는 지역

정답  ⑤

정답해설 상권의 특징

- 동일한 직업의 사람들이 모이는 지역
- 동일한 목적을 가지고 있는 사람들이 모이는 지역
- 동일한 수준의 사람들이 모이는 지역
- 동일한 연령이나 취미를 가지고 있는 사람들이 모이는 지역
- 동일한 소비 형태를 나타내는 사람들이 모이는 지역

83 아파트 단지 내 상가의 특성을 설명한 것으로 옳지 않은 것은?

① 일정한 고정고객을 확보하여 꾸준한 매출이 가능하다.
② 단지의 세대수가 수요의 크기에 영향을 미친다.
③ 주부의 가사부담을 덜어줄 수 있는 아이템이 유리하다.
④ 외부고객이 유입되기 쉽다.
⑤ 평형이 작을수록 상가 활성화에 유리하다.

정답 ④

정답해설 아파트 단지 내 상가는 일반적으로 외부고객이 유입하기 어려워 상권의 한정성을 갖는다.

184 **신규점포의 매출액 및 상권범위를 예측하고 점포성과의 소매환경변수 간의 관계를 평가하는 있어 루스(Luce) 모형에 대한 설명으로 옳지 않은 것은?**

① 점포성과(매출액)와 소매환경변수 간의 관계를 기술적인 관계로 가정하여 분석하는 기술적 형에 속한다.
② 확률적 점포선택 모델은 수리심리학에서 널리 알려진 루스의 선택공리에 이론적으로 근거 두고 개발된 것이다.
③ 어떤 소비자가 점포를 선택할 확률은 그가 고려하는 점포대안들의 개별효용의 총합에 대한 포의 효용의 비율에 의하여 결정된다.
④ 특정점포에 대해 지각된 효용이 클수록 소비자가 그 점포의 단골이 될 가능성이 커진다.
⑤ 점포를 선택할 확률은 거리에 의해 영향을 받기 때문에 거리에 대한 모수는 (−)값을 가진다.

정답 ①

정답해설 루스(Luce) 모형은 점포성과(매출액)와 소매환경변수 간의 관계를 확률적인 관계로 가정하여 분석하는 확률적 모 이다.

185 **소매포화지수(IRS : Index of Retail Saturation)에 대한 설명으로 옳지 않은 것은?**

① 한 시장 내의 특정 소매업태의 단위 매장면적당 잠재수요를 나타내며 소매포화지수의 값이 아질수록 점포가 초과 공급되었다는 것을 의미한다.
② 미래의 신규수요뿐만 아니라 특정 지역시장의 시장성장잠재력(MEP)까지도 반영한다.
③ 거주자들의 지역 시장 밖에서의 쇼핑 정도 및 수요를 측정 · 파악하지 못한다.
④ 전문화된 점포에 적용하는 것이 일반적인 전통 슈퍼마켓을 적용하는 것보다 어렵다.
⑤ 시장 내부의 양적인 형태의 경쟁을 주로 측정하고 있어 질적인 측면을 보완해야 한다.

정답 ②

정답해설 소매포화지수(IRS : Index of Retail Saturation)는 미래의 신규수요를 반영하지 못할 뿐만 아니라 특정 지역시장의 장성장잠재력(MEP)을 반영하지 못한다는 단점이 있다.

186 **다음 중 생활용품 전문점의 입지와 상권에 대한 설명으로 적절한 것은?**

① 대형마트 등과 취급품목이 겹칠수록 경쟁분석 측면에서 유리하다.
② 구매력관점에서 판단해 본다면 생활용품 할인점의 경우 서민층 주거지보다 상류층 주거지역

부근이 더욱 유리하다.

③ 생활용품 전문점 중 주방가구나 인테리어소품 및 수입용품을 전문으로 판매할 경우 주거지 인근에 출점하는 것이 바람직하다.

④ 아이디어나 기능성 상품판매점, 수입용품 판매점은 중산층 주거지보다 서민층 주거지가 적합하다.

⑤ 생활용품 전문점의 입지는 상품의 성격과 관련이 없다.

정답 ③

정답해설 생활용품 전문점 중 주방가구나 인테리어소품 및 수입용품을 전문으로 판매할 경우 대단위 아파트 밀집지역이나 주택가 밀집지역 등 주거지 인근에 출점하는 것이 바람직하다.

오답해설 ① 대형마트 등과 취급품목이 겹치는 업태라면 인근에 대형유통마트가 없는 지역이 경쟁분석 측면에서 유리하다.
② 구매력 면에서 본다면 생활용품 할인점의 경우 서민층 밀집주거지역 부근이 유리하다.
④ 아이디어나 기능성 상품판매점, 수입용품 판매점은 서민층 주거지보다 중산층 주거지가 적합하다.
⑤ 생활용품 전문점의 입지는 상품의 성격에 따라 달라진다.

87 점포입지에 영향을 주는 유통활동 중 상류와 물류에 대한 설명으로 올바른 것은?

① 상류는 생산지로부터 소비지까지의 제품의 실질적 이동 및 보관에 관련된 사항을 설명하는 표현이다.

② 물류는 유통활동의 중심을 이루는 것으로 유통의 거래에 관한 제도적 측면의 기능을 설명하는 표현이다.

③ 기업이익창출 관점에서 볼 때 상류는 비용을 극소화하고 물류는 이익을 극대화하는 목적이 있다.

④ 상적 유통활동은 상업 활동을 통해 재화나 서비스 등 가치물의 소유권에 판매자로부터 구매자로 이동하게 된다.

⑤ 물적 유통활동은 물적 교류권의 확대와 수송거리의 단축화를 지향한다.

정답 ④

정답해설 상적 유통활동은 상품의 매매에 대한 거래이므로 상업 활동을 통해 재화나 서비스 등 가치물의 소유권에 판매자로부터 구매자로 이동하게 된다.

오답해설 ① 물류에 대한 설명이다.
② 상류에 대한 설명이다.
③ 기업이익창출 관점에서 볼 때 상류는 이익을 극대화하고 물류는 비용을 극소화하는 목적이 있다.
⑤ 물적 유통활동은 물적 교류권의 축소와 수송거리의 단축화를 지향한다.

188 점포관리 시 매장배치를 할 때 일반적으로 고려하는 사항으로 옳은 것은?

① 점포 내에서 위치의 좋고 나쁨은 동종업종의 근접도, 고객의 유동성 등에 따라 달라진다.
② 고가의 전문용품은 사람들의 눈에 많이 띌 수 있도록 통행량이 많은 구역에 위치한다.
③ 일부 점포들은 여러 상품들을 동시에 판매하기 위해 장바구니 분석법을 사용하여 전통적으 구분되어 있던 매장들이나 카테고리를 함께 묶어 매장에 배치한다.
④ 백화점의 향수와 같은 충동구매를 일으킬 가능성이 높은 제품은 대부분 점포 후면에 배치하 것이 유리하다.
⑤ 가구와 같이 넓은 바닥 면적을 필요로 하는 매장들은 인적이 많은 곳에 위치한다.

정답 ③

정답해설 장바구니 분석법은 여러 상품들을 동시에 판매하기 위해 전통적으로 구분되어 있던 매장들이나 카테고리를 함 묶어 매장에 배치하는 방법을 일컫는 말이다.

오답해설 ① 점포 내에서 위치의 좋고 나쁨은 층수, 매장 입구 및 에스컬레이터 위치에 따라 달라진다.
② 고가의 전문용품은 층의 모서리나 높은 층과 같이 통행량이 많지 않은 구역에 위치한다.
④ 충동구매를 일으킬 가능성이 높은 제품은 고객 통행량이 많은 점포 전면에 배치하는 것이 유리하다.
⑤ 가구와 같이 넓은 바닥 면적을 필요로 하는 매장들은 일반적으로 인적이 뜸한 곳에 위치한다.

189 다음 중 의류패션 전문점에 대한 설명으로 옳지 않은 것은?

① 의류패션 전문점은 경영성과, 즉 매출액 및 수익측면에서 우위에 있는 독립입지를 선호하는 향이 강하다.
② 의류패션 전문점의 강력한 경쟁업태의 하나로 백화점이 있으며 백화점의 인근지역 혹은 백화 점 내부에 입점하여 상호 시너지효과를 획득하고자 하는 경향이 있다.
③ 의류패션 전문점은 중심상업지역, 중심상업지역 인근, (슈퍼)지역 쇼핑센터 등 대부분의 쇼핑 센터, 의류 · 전문센터, 테마 · 페스티벌 센터에서 영업성과가 좋다.
④ 지속적인 경쟁력 우위의 확보를 위한 전략적인 방안의 하나로 의류 패션 전문점 또는 체인화 사업과 자사상표 패션상품의 개발을 강화할 수 있다.
⑤ 사회 전반의 인프라의 성장과 국내외 패션업계의 빠른 유행주도는 소비자들의 소비 충동을 더 욱 부채질하고 있다.

정답 ①

정답해설 의류패션 전문점은 노면 독립입지보다 비교구매가 가능하도록 경쟁점포들이 많이 모여 있는 군집입지지역이 최적 이다.

90 다음 중 소매업의 상권규정요소 및 상권범위와 관련된 설명으로 옳은 것은?

① 한 지역에서의 경쟁정도가 소매업체의 수요와 판매에 중요한 영향을 미침에 따라 한 지역의 상권을 포화, 과소 및 과다상권으로 구분한다.

② 과소상권지역에서는 포화상권지역에 비해 경쟁이 지나치게 높지 않으며 고객에게도 더욱 우수한 상품과 서비스를 제공하게 될 뿐만 아니라 또한 낮은 경쟁으로 인해 포화상권지역의 소매업체들보다 더욱 많은 수익을 창출할 수 있으므로 강력한 경쟁력을 갖춘 기업들이 가장 선호하는 유형이다.

③ 포화상권에서는 너무나 많은 점포들이 특정상품이나 서비스를 판매하기 때문에 일부가 도산하거나 시장에서 퇴출되는 상황이 발생한다.

④ 유통기업은 상권의 유형이 자신들과 일치할 경우 한계이익과 한계비용의 크기에 관계없이 점포를 오픈한다.

⑤ 유사점포의 상권규모는 유사점포에서 취급하는 주요 상품의 판매 자료를 토대로 추정한다.

정답 ①

정답해설 한 지역의 상권은 해당 지역에서의 경쟁정도가 소매업체의 수요와 판매에 중요한 영향을 미침에 따라 포화, 과소 및 과다상권으로 구분한다.

오답해설 ② 고객에게도 더욱 우수한 상품과 서비스를 제공하는 상권은 포화상권지역이다.
③ 과다상권에 대한 설명이다.
④ 유통기업은 자사소유의 추가점포를 확장하려고 할 때 체인 전체의 이익극대화가 목표이기 때문에 일반적으로 상권의 유형에 상관없이 해당기업이 점포신설로 얻을 수 있는 한계이익이 한계비용보다 많을 경우 계속해서 점포를 오픈하기 위해 노력한다.
⑤ 유사점포의 상권규모는 유사점포를 이용하는 소비자와의 면접이나 실사를 통하여 수집된 자료를 토대로 추정한다.

91 다음 중 상권 내 거주지 조사를 실시할 때 조사해야 하는 내용이 아닌 것은?

① 상품별 구매 시 잘 이용하는 지역 및 점포
② 지역 내 점포 이용 주요 고객층
③ 지역별 방문빈도 이용 이유
④ 지역별 이미지 평가
⑤ 점포 이용 시 중요사항

정답 ②

정답해설 상권 내 거주지 조사는 상권 내 거주자의 특성과 쇼핑실태 및 상권 내 구매자의 욕구와 경향 등을 파악하는 데 쓰이는 조사로 상권 내 거주자에 대한 방문조사를 실시하며 상품별 구매 시 잘 이용하는 지역 및 점포, 지역별 방문빈도, 이용 이유, 지역별 이미지 평가, 점포 이용 시 중요사항, 상품별 가격 및 이미지, 좋아하는 패션 브랜드 등에 대한 내용을 조사한다.

192 **경쟁 상대에 대한 조사는 입지 선정 과정에서 빼놓을 수 없는 항목이다. 경쟁점 대책을 위한 주요사항으로 옳지 않은 것은?**

① 상권은 소매사업을 할 때 가장 중요하게 점검해야 하는 외부 환경 요인이므로 상권의 변화에 민감해야 한다.

② 신규 경쟁점포가 출현한다는 정보는 신속히 파악해서 이에 대비해야 하므로 경쟁점의 출현에 민감해야 한다.

③ 하루아침에 점포가 개점을 하고 폐점을 하기도 하므로 주변의 업종 변화를 파악해야 한다.

④ 상품이나 체인을 인지시키는 광고뿐만 아니라 점포 그 자체를 인지시킬 수 있도록 고객과 접촉 횟수를 늘리려는 노력이 필요하다.

⑤ 점포 매출은 주변의 경기가 불경기인지 호황인지에 따라 많은 영향을 받으므로 주변 경기의 흐름을 파악해야 한다.

정답 ④

정답해설 ④는 출점전략의 기본 방향 중 인지도 확대전략에 대한 설명이다. 인지도 확대전략을 지역에서 인지도를 확대시키고 신규 고객을 유치하기 위해서 광고뿐 아니라 고객과 접촉 횟수를 늘리려는 노력이 필요하며 가장 관건이 되는 것이 자사 경합으로 타사 경합에 비해 영향도가 매우 크기 때문에 출점 시 가장 유의해야 한다.

193 **소매업의 입지유형 중 독립입지(Freestanding Sites)에 관한 설명으로 옳은 것은?**

① 도심지에 주로 위치하며 방문하는 고객들은 특정 점포에서의 쇼핑을 목적으로 방문하는 경우가 일반적이다.

② 중소형소매업체에게 알맞은 입지유형이다.

③ 높은 가시성으로 인해 고객 유인효과가 뛰어나다.

④ 타 점포와의 시너지효과를 창출할 수 있다.

⑤ 낮은 임대료, 넓은 주차 공간, 고객을 위한 보다 높은 편의성, 확장의 용이성과 같은 장점이 있다.

정답 ⑤

정답해설 독립입지(Freestanding Sites)의 장점

- 멀리서도 눈에 띄는 큰 가시성
- 낮은 임대료 및 넓은 주차장
- 직접적인 경쟁업체의 부재
- 고객을 위한 편의성
- 제품에 대한 규제완화
- 확장의 용이성

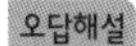

① 독립입지의 경우 도심지보다는 도심 인근 지역에 독립적으로 위치하므로 다른 소매업체와 떨어져있다.
② 중소형소매업체보다 오히려 창고형 대규모소매점이나 하이퍼마켓, 카테고리전문점 등 주로 대형소매업체들에 더욱 알맞은 입지유형의 하나이다.
③ 시너지효과를 창출할 수 있는 다른 점포들의 부재 등으로 쇼핑몰이나 쇼핑센터에 입점해 있는 점포들에 비해 고객 유인효과가 상대적으로 저조한 편이다.
④ 타 점포와의 시너지효과가 결여되어있다.

194 철수는 상권을 분석하기 위해 고민하고 있다. 현재 주어진 정보는 철수가 살고 있는 도시 A의 인구, 인근에 있는 두 도시 B와 C의 인구, A에서 B, C까지 이동하는 각각의 거리이다. 철수가 현재의 상권에서 분석할 수 있는 내용으로 가장 옳은 것은?(단 도시 A는 도시 B와 C 사이다.)

① 도시 A의 인근 두 도시 B, C가 서로에게 흡수되는 구입액의 크기
② 도시 A에서 인근 두 도시 B, C 중 하나를 선택하는 상권의 경계점
③ 각 도시에서 동일한 품목을 판매하는 상점 중 철수가 선택하고 싶은 상점
④ 철수가 물품구매를 위해 B, C 도시 중 하나로 이동하게 되는 통행 횟수
⑤ 철수가 인근 도시 B, C 중 특정 도시에서 필요한 물품을 구매하는 횟수

정답 ②

정답해설 두 경쟁도시 B, C가 그 중간에 위치한 도시 A의 거주자들을 끌어들일 수 있는 상권의 규모는 인구에 비례하고 각 도시와 중간 도시 간의 거리의 제곱에 반비례한다는 레일리의 소매인력법칙으로 분석할 수 있으며 소매인력법칙은 개별점포의 상권파악보다는 이웃 도시 간의 상권 경계를 결정하는 데 주로 이용한다.

195 상권분석과 관련된 주요이론들에 대한 다음의 설명 중 옳지 않은 것은?

① 크리스탈러의 중심지이론은 소비자들이 가장 가까운 중심지에서만 중심지 상품을 구매한다고 가정하고 있으며 지역 간 인구와 구매력이 균등하다고 보고 이론을 설명하고 있다.
② 레일리의 소매인력이론에서는 다양한 점포 간의 점포밀집 정도가 점포의 매력도를 증가시킬 수 있어 점포가 밀집될 수 있는 유인요소인 인구는 소비자에게 중요한 기준이 되고 있다.
③ 로쉬의 수정중심지이론은 가장 이상적인 중심지 배후모형이 육각형이라고 가정한 점에서 크리스탈러의 모형과 유사하나 중심지계층의 공간구조를 'K=3, K=4, K=7' 3개의 경우에 대한 중심지 간의 포함원리에 국한하지 않고 K 값을 확대함으로써 보다 융통성 있는 상권구조이론을 전개하였다.
④ 루스의 선택공리에 따르면 소비자가 특정 점포를 선택할 가능성은 소비자가 해당점포에 대해

인지하는 접근가능성, 매력 등 소비자 행동적 요소로 형성된 상대적 효용에 따라 결정된다고 보았다.

⑤ 허프의 확률모형은 점포규모와 점포까지의 거리와 같은 양적요소와 교통 활용, 편의성과 같은 질적인 부분에 의해 소비자의 효용이 변화한다는 사실을 모형에 포함시켜 특정점포에 따른 선택확률을 계산한다.

정답 ⑤

정답해설 허프는 도시 내 소비자의 공간적 수요이동과 각 상업 중심지가 포괄하는 상권의 크기를 측정하기 위해 거리 변수 대신 거주지에서 점포까지의 교통시간을 이용하여 모델을 전개하였다. 소비자는 구매 장소를 지역 내의 후보인 여러 상업 집적이 자신에게 제공하는 효용이 상대적으로 큰 것을 비교하는 것에 대한 확률적 선별에 대해 '효용의 상대적 크기를 상업 집적의 면적 규모와 소비자의 거주지로부터의 거리에 따라 결정되는 것'으로 전제한다.

196 상권의 유형 중에서 근린형과 관련된 내용으로 가장 적절하지 않은 것은?

① 부도심은 지하철과 철도 등을 축으로 도시의 일부 지역을 상권대상으로 하며 도심형은 해당 도시 전체에 세력을 미치는 상권이다.

② 유동인구나 흡수 가능한 세대수는 적지만 상대적으로 권리금이나 보증금 및 월세가 저렴하기 때문에 사업자의 경영능력에 따라서는 의외로 높은 투자수익을 기대할 수 있다.

③ 권리금이나 점포세가 비쌀뿐더러 판매 업종의 경우 주로 젊은 층 위주로 업종이 구성되어 있고 그밖에 외식과 유흥업이 발달했기 때문에 생활용품전문점과는 맞지 않는 상권이라 할 수 있다.

④ 주거지에서 멀리 떨어져 있으며 쇼핑은 일 년 전에 몇 회 간격으로 이루어진다.

⑤ 일반상품 업종은 물론이고 외식업이나 오락, 유흥 등 여러 업종이 복합적으로 구성되어 변화가형이라 하기도 한다.

정답 ②

정답해설 근린형은 주거지 근처에 있고 사람들이 일상적으로 자주 쇼핑하거나 외식을 즐기는 상업지를 말하며 동네상권이라고도 할 수 있다. 동네상권은 오피스상권과 함께 한정된 고정고객을 대상으로 영업하는 대표적인 입지로 한정된 고객층을 대상으로 영업하고 이들을 고정고객화해야 하는 입지형태이다.

오답해설 ②를 제외한 나머지는 모두 중심형에 대한 설명이다.

197 매장의 매출을 추정하는 방법의 하나로 다음과 같은 조건에서 '매장면적비율법'에 의해 추정된 매출액은?

- 상권 내 잠재수요 : 10억 원
- 상권 내 상주인구 : 1,000세대
- 자사 점포면적 : 50평
- 상권 내 경쟁업소 전체면적 : 300평

① 약 1억 2,300만 원
② 약 1억 4,200만 원
③ 약 1억 5,300만 원
④ 약 1억 6,700만 원
⑤ 약 1억 8,100만 원

정답 ②

정답해설 매장면접비율법은 해당 소매점의 면적을 상권 내의 경합점포(자기 점포 포함) 전체 매장면적의 점유율로 산출하는 방법이다.

$\frac{50}{50+300}$ × 10억 ≒ 1억 4,258만 원

198 시장의 매력도와 관련된 다음 설명 중 옳은 것은?

① 소매포화지수(IRS)값이 작을수록 시장기회가 커진다.
② 타 지역 쇼핑의 정도가 낮을수록 시장확장잠재력(MEP)값은 낮다.
③ IRS와 MEP값이 모두 낮은 지역은 시장후보지로 적절하지 않다.
④ IRS값은 다른 지역의 쇼핑 상황까지도 반영한다.
⑤ IRS값은 경쟁의 양적, 질적인 부분을 모두 반영한다.

정답 ③

정답해설 소매포화지수(IRS)는 지역시장의 매력도를 측정하는 데 사용되고 시장확장잠재력(MEP)은 지역시장이 업태와 업종에 따라 미래의 사업장을 개설할 수 있는지 여부를 판단할 때 사용되는 것이므로 이 둘이 모두 낮은 지역은 시장후보지로 적절하지 않다고 할 수 있다.

오답해설 ① 소매포화지수(IRS)값이 클수록 시장기회가 커진다.
② 타 지역 쇼핑의 정도가 높을수록 MEP값은 높다.
④ IRS값은 마케팅 능력의 부족 때문에 다른 지역에서 쇼핑하는 상황은 반영하지 못한다.
⑤ 소매포화지수는 경쟁의 양적인 부분만을 고려하고 질적인 부분에 대해서는 고려하지 않고 있다.

199 다음 중 쇼핑센터가 소매입지로서 가지는 상대적 장점에 해당하지 않는 것은?

① 점포 유형과 상품구색의 다양성, 쇼핑과 오락의 결합으로 고객흡인력이 높다.
② 영업시간, 입주점포들의 외관 등에서 동질성을 유지할 수 있다.
③ 입점업체의 구성을 전체적 관점에서 계획하고 통제할 수 있다.
④ 대규모 주거단지 인근에 위치하여 안정적인 고객확보가 가능하다.
⑤ 한곳에 점포를 집합시킴으로써 더 많은 고객을 유인할 수 있다.

정답 ④

정답해설 쇼핑센터는 인구의 도시집중화, 자동차의 보급, 공업발전의 고도화 등으로 인해 대도시의 외곽지대를 중심으로 형성되었다.

200 다음 중 출점전략을 수립할 시 고려해야 할 사항으로 옳지 않은 것은?

① 경제적 요인
② 인구통계학적 요인
③ 사회적 요인
④ 기술적 요인
⑤ 윤리적 요인

정답 ⑤

정답해설 출점전략 수립 시 고려사항
- 경제적 요인
- 인구통계학적 요인
- 사회적 요인
- 기술적 요인
- 규제 요인

201 고객이 흡입되는 지리적 범위인 상권에 대한 전략 유형으로 가장 적합하지 않은 것은?

① 초광역권 내의 계간성 및 연간성 수요를 대상으로 하는 초점유 전략을 '초대상권 전략'이라고 하며 고급 수입품, 모드상품, 특수 디자인 상품이 포함된다.
② 10~20km권내의 월간성 수요를 대상으로 하는 저점유 전략을 '대상권 전략'이라고 하며 고급 유행품 · 중음식이 포함된다.
③ '준대상권 전략'은 준도심형 백화점 · GMS가 해당하며 '중상권 전략'은 양판점 · 대형 전문점 · 주니어 백화점 · 일반 전문점이 해당한다.

④ 2~4km권내의 일상성 및 주간성 수요를 대상으로 하는 중점유 전략을 '준중상권 전략'이라고 하며 문화잡화 · 가정잡화 · 대중 유행품이 포함된다.

⑤ 500m~1km권내의 일상성 수요를 대상으로 하는 고점유 전략을 '소상권 전략'이라고 하며 슈퍼마켓과 시장이 해당한다.

정답 ⑤

정답해설 '소상권 전략'은 1~2km(편의권) 내의 일상성 수요를 대상으로 하는 고점유 전략으로 슈퍼마켓과 시장이 포함되며 500m~1km권내의 일상성 수요를 대상으로 하는 고점유 전략은 '초소상권 전략'으로 편의점과 일반점이 포함된다.

02 인구 50만 명인 A 도시와 30만 명인 B 도시 사이에 1만 명인 C 도시가 있다. C와 A의 거리는 7km이고 C와 B의 거리는 4km일 경우 C의 거주자 중 A에서 쇼핑할 구매자의 수는?(레일리의 소매인력법칙을 이용하여 계산)

① 약 3,500명
② 약 4,500명
③ 약 5,500명
④ 약 6,500명
⑤ 약 8,300명

정답 ①

정답해설 $\frac{B_a}{B_b} = (P_a / P_b) \times (D_b / D_a)^2$

B_a = A, B 두 도시 사이의 중간도시로부터 A 도시에 흡입되는 판매량
B_b = A, B 두 도시 사이의 중간도시로부터 B 도시에 흡입되는 판매량
P_a = A 도시의 인구
P_b = B 도시의 인구
D_a = 중간도시로부터 A 도시까지의 거리
D_b = 중간도시로부터 B 도시까지의 거리

$$\left(\frac{50만\ 명}{30만\ 명} \times \frac{4}{7}\right)^2 = \left(\frac{5}{3}\right) \times \left(\frac{16}{49}\right) = \frac{80}{147}$$

따라서 C의 거주자 중 A에서 쇼핑할 확률은

$$\frac{80}{(80+147)} \fallingdotseq 0.3524$$

C의 거주자 중 A에서 쇼핑할 구매자 수 = 0.3524 × 10,000 = 3,524명

203 **점포개점을 위한 준비사항 중에서 점포규모 산정 시 '획득 가능 매출의 추정'과 관련된 내용으로 적절하지 않은 것은?**

① 모델점의 매장 효율(평당 매출)을 적용한 매출 추정법은 인근 경쟁점 또는 유사지역 점포의 평당 매출을 적용하여 추정하되 기존점 대비 신규점의 효율 및 업체 간 경영능력 등을 감안한다.
② 신규출점 업무 중 가장 중요하고 어려운 작업으로 매출의 추정은 정확한 상권 설정 및 규모 추정, 입지 및 고객 분석, 경쟁여건 분석 등을 통해 이루어진다.
③ 획득 가능한 매출의 추정은 출점 후보지와 동 규모 지역의 점포 매장 점유율을 비교하여 추정한다.
④ 예상 고객 수 및 객단가를 적용한 매출 추정법은 계획지의 객단가와 자사 점포 및 경쟁점의 객단가를 비교하여 추정한 뒤 상권 분석을 통해 설정된 예상고객 수를 감안하여 매출을 추정한다.

정답 ③

정답해설 ③은 점포의 적정 매장면적을 산출할 때 사용되는 '유사지역과의 비교에 의한 산출방법'을 설정하는 내용이다.

204 **부지의 매력도를 평가하는 일반적 기준으로 옳지 않은 것은?**

① 일반적으로 경사지보다는 평지가 고객 접근성에 유리하다.
② 접근성을 평가하기 위해서 주변의 버스노선 수, 지하철역과의 거리를 고려한다.
③ 접면에서 후면까지의 길이보다 접면길이가 긴 형태가 좋다.
④ 곡선형 자동차 도로에서는 커브의 바깥쪽보다는 안쪽 점포가 유리하다.
⑤ 인스토어형 점포는 에스컬레이터, 주차장 출입구 등 고객유도시설에 인접하면 좋다.

정답 ④

정답해설 곡선형 자동차 도로에서는 커브의 안쪽보다는 바깥쪽 점포가 유리하다.

205 **선매품을 대상으로 컨버스(Converse)의 수정소매인력법칙을 적용한 설명으로 옳은 것은?**

① 소비자에게서 두 도시까지의 거리가 같을 경우 두 도시별 구매 금액의 비율은 매장면적비율과 유사하다.
② 상품을 구매할 때 원래 거주하던 대도시의 소비자가 인근의 중소도시로 얼마나 분산되었는지 보여준다.

③ 대도시 A와 B 사이에는 소비자가 어느 도시로 상품을 구매하러 이동할지에 대한 상권분기점이 존재한다.

④ 대도시와 위성도시에서 위성도시의 소비지출은 인구에 반비례하고 이동거리 제곱에 비례한다.

⑤ 컨버스는 두 도시 간의 거리를 연결하는 도로상의 자동차 주행시간(시간단위)이라는 시간거리로 표시했다.

정답 ③

정답해설 컨버스의 분기점모형은 경쟁하는 두 도시에 각각 입지해있는 소매시설 간 상권의 경계지점을 확인할 수 있도록 레일리의 소매인력법칙을 수정하였으며 두 도시 간의 구매 영향력이 같은 분기점의 위치를 설명하는 모형이다. 따라서 대도시 A와 B 사이에는 소비자가 어느 도시로 상품을 구매하러 이동할지에 대한 상권분기점이 존재한다.

오답해설 ① 컨버스는 소비자에게서 두 도시까지의 거리가 같을 경우 두 도시별 구매 금액의 비율은 매장면적 비율이 아니라 인구비율과 유사하다고 하였다.

② 상품을 구매할 때 현재 거주하는 중소도시의 소비자가 인근에 위치한 대도시로 얼마나 유출되는지 보여준다.

④ 대도시와 위성도시에서 위성도시의 소비지출은 인구에 비례하고 이동거리 제곱에 반비례한다.

⑤ 두 도시 간의 거리를 연결하는 도로상의 자동차 주행시간은 시간단위가 아닌 분단위이다.

206 점포입지에 관한 다음 기준 중 옳은 것은?

① 낮은 곳보다는 상대적으로 가시성이 좋은 높은 곳이 유리하다.

② 권리금이 있는 점포보다 없는 점포가 유리하다.

③ 하행선, 퇴근길 방향보다는 상행선 출근길 방향의 점포가 유리하다.

④ 저층의 소형 사무실보다 대형 사무실이 많은 곳이 유리하다.

⑤ 대형 유통시설이 들어서거나 새로운 역세권이 형성되는 지역은 주의해야 한다.

정답 ⑤

정답해설 대형 유통시설이 들어서거나 새로운 역세권이 형성되는 지역은 경쟁력이 치열해지므로 입점 시 주의해야 한다.

오답해설 ① 가시성이 좋은 높은 곳보다는 낮은 곳이 더 좋다.

② 권리금이 없는 점포보다 있는 점포가 유리하다.

③ 상행선, 출근길 방향보다는 하행선, 퇴근길 방향의 점포가 유리하다.

④ 대형 사무실보다 저층의 소형 사무실이 많은 곳이 유리하다.

207 **쇼핑센터 내에서 특정 점포의 위치를 평가할 때 고려해야 하는 요소에 대한 설명으로 옳지 않은 것은?**

① 주차 공간의 크기와 같은 양적 요인도 중요하지만 교통의 상대적인 혼잡도와 같은 질적 거리도 고려해야 한다.
② 쇼핑센터의 위치결정은 이용객의 주거지로부터 쇼핑센터에 이르기까지 소요거리가 중요한 요인이 된다.
③ 인접 소매업체가 동일한 표적고객을 대상으로 상호보완적인 구색을 제공하고 있다면 매우 좋은 점포위치라고 할 수 있다.
④ 쇼핑센터 내에서의 점포위치는 표적시장이 유사한 점포들이 주위에 없는지를 살펴보고 평가하는 것이 좋다.
⑤ 상표 충성도가 높은 고객은 이미 제품과 브랜드에 대한 확신이 있으므로 쇼핑센터의 외관에 대해서 크게 민감한 영향을 받지 않는다.

정답 ④

정답해설 쇼핑센터 내에서의 점포위치는 표적시장이 유사한 점포들이 가까이 위치되어 있는가를 살펴보고 평가하는 것이 좋다.

208 **상권의 질에 대한 내용 중에서 옳은 것은?**

① 예상 점포를 중심으로 반경 500m 정도를 통행하고 있는 사람들의 특성과 특징을 가리키는 말이다.
② 상권의 질을 평가하는 정성적 요소로는 통행량, 야간 인구, 연령별 인구, 남녀비율 등이 있다.
③ 상권의 질을 평가하는 정량적 요소로는 통행객의 복장, 소지 물건, 보행 속도, 거리 분위기 등이 있다.
④ 오피스형 상권은 목적성이 강하지만 통행량이 많아서 상권의 질은 높다.
⑤ 일반적으로 특정지역에 유사한 단일 목적으로 방문하는 통행객보다는 서로 다른 목적으로 방문하는 통행객이 많을수록 상권의 질은 낮아진다.

정답 ①

정답해설 예상 점포를 중심으로 반경 500m 정도를 통행하고 있는 사람들의 특성과 특징을 가리켜 상권의 질이라 한다.

오답해설 ② 통행량, 야간 인구, 연령별 인구, 남녀비율 등은 정량적 요소에 해당한다.
③ 통행객의 복장, 소지 물건, 보행 속도, 거리 분위기 등은 정성적 요소에 해당한다.
④ 오피스형 상권은 목적성이 너무 강하므로 오히려 통행량이 많더라도 상권의 질은 높지 않다.
⑤ 일반적으로 특정지역에 유사한 단일 목적으로 방문하는 통행객보다는 서로 다른 목적으로 방문하는 통행객이 많을수록 상권의 질이 높아진다.

09 상권분석의 접근방법에 대한 설명으로 옳은 것은?

① 소매상권 분석 시 주로 공간독점접근법, 시장침투접근법, 분산시장접근법의 3가지 방법이 활용된다.

② 시장침투형 접근법은 주택지역이나 특정 지역 전체를 상대로 하는 편의점, 체인점 등이 주요 적용대상이 된다.

③ 공간적 독점형 접근법은 주택지역이나 특정 지역 전체를 대상으로 하는 편의점, 체인점 등이 주요 적용대상이 된다.

④ 분산시장형 접근법에서는 선매품과 같은 상품을 취급하며 특정 소득계층을 대상으로 판매가 이루어지는 백화점 등이 주요 적용대상이다.

⑤ 시장침투형 분석은 지역단위 표적시장의 고객특성을, 분산시장형 방법은 고객분포를 중심으로 분석한다.

정답 ①

정답해설 상권분석은 소매상권을 분석할 시 주로 공간독점접근법, 시장침투접근법, 분산시장접근법의 3가지 방법이 활용된다.

오답해설 ② 공간적 독점형 접근법에 대한 설명이다.
③ 시장침투형 접근법에 대한 설명이다.
④ 분산시장형 분석에서는 고급가구나 고가의 카메라와 같은 고도로 전문화된 상품을 취급하며 특정 소득계층을 대상으로 판매가 이루어지는 점포를 주로 적용대상으로 한다.
⑤ 시장침투형 분석은 고객점포와 시장침투율을 중심으로, 분산시장형 방법은 지역단위 표적시장의 고객특성을 중심으로 한다.

10 점포수요를 측정하기 위한 다중회귀방식 단계를 순서대로 옳게 나열한 것은?

㉠ 회귀방정식을 결정한다.
㉡ 성과 설명변수를 결정한다.
㉢ 성과 변수를 선택한다.

① ㉠ – ㉡ – ㉢
② ㉠ – ㉢ – ㉡
③ ㉡ – ㉠ – ㉢
④ ㉢ – ㉡ – ㉠
⑤ ㉡ – ㉢ – ㉠

정답 ④

정답해설 다중회귀분석은 20개 이상의 점포 체인을 가진 소매업체를 위해 잠재적인 소매상권을 정의하는 데 일반적으로 이용하는 방식으로 성과 변수 선택, 성과 설명변수 결정, 회귀방정식 결정의 순서를 따라 진행된다.

211 **소매업의 입지 선정 시 고려해야 할 요소에 대한 설명으로 옳지 않은 것은?**

① 교통수단의 다양성, 편의성, 보행자 수 등을 조사하고 주차규모를 결정하기 위해 점포규모, 상고객수 및 방문빈도 등을 파악해야 한다.

② 주변 점포와 관련하여 좋은 여건이란 주변 점포와의 경쟁에서 우위를 다지고 고객을 독점하 총매출액을 증가시킬 수 있는 곳을 말한다.

③ 비어있는 점포에 출점을 할 경우 그 이전 점포와 출점할 점포가 아무 관련이 없더라도 왜 실 했는지 그 원인에 대해 상세하게 조사할 필요가 있다.

④ 총자산에 대한 투자액에는 입지, 제품의 입고, 고정물, 조명, 주차시설 등에 대한 비용과 초 자금 등이 포함된다.

⑤ 출점할 점포의 예상매출액을 계산하기 위해 상권 내 총판매면적 중 예정된 입지의 판매 공 비율을 고려한다.

정답 ②

정답해설 주변 점포와 관련하여 좋은 여건이란 주변 점포와 경쟁하지 않고 고객을 서로 공유하여 총매출액을 증가시킬 수 는 곳을 말한다.

212 **'특정입지 수준'에서 분석해야 하는 영향요인인 접근성은 보통 시간 및 교통비용 등에 의해 측 된다. 자세한 조사가 필요한 접근성에 연관되는 요인으로 가장 적절하지 않은 것은?**

① 계획된 점포에 이르게 하는 전차, 버스, 지하철 같은 대중교통시설

② 실제 이용 가능한 고객들과 종업원들의 주거지로부터 계획된 점포와의 거리

③ 점포가 위치한 지역만의 교통 혼잡과 하루 중 혼잡시간과 주중 혼잡일에 대한 변화

④ 계획된 점포의 편리한 도보거리 내에서 유용하게 사용할 수 있는 주차시설과 요금

⑤ 점포가 도로변에 위치해 있는지의 여부

정답 ②

정답해설 잠재적 고객들과 종업원들의 주거지로부터 계획된 점포와의 거리이다.

213 상권의 범위를 추정하는 고객포스팅(Customer Spotting) 기법과 관련된 다음 설명 중 가장 옳지 않은 것은?

① 고객스포팅은 고객의 거주 지역 분포를 파악하는 방법이다.
② 1차 자료가 2차 자료보다 정확도가 더 높다.
③ 내점객을 상대로 설문조사를 하거나 고객충성도 프로그램을 이용하여 수집한 자료를 사용할 수 있다.
④ 자료수집의 표본 규모가 작을수록 상권 윤곽을 파악하는 데 더 적은 주관성이 개입된다.
⑤ 설문을 통해 실제 점포이용고객의 주소를 파악한 후 직접 도면에 표시하여 Quadrat - Analysis를 실시한 후 대상지 인근의 토지 이용현황, 지형, 지세 등을 고려하여 상권을 파악하는 방법이다.

정답 ④

정답해설 자료수집의 표본 규모가 작을수록 상권 윤곽을 파악하는 데 더 많은 주관성이 개입된다.

214 A 도시의 인구는 20만 명, B 도시의 인구는 40만 명, 중간에 위치한 C 도시의 인구는 6만 명이다. A 도시와 C 도시의 거리는 5km, C 도시와 B 도시의 거리는 10km인 경우 레일리(Reilly)의 소매인력이론에 의하면 C 도시의 인구 중에서 몇 명이 A 도시로 흡수되는가?

① 1만 명
② 2만 명
③ 3만 명
④ 4만 명
⑤ 5만 명

정답 ④

정답해설 레일리(Reilly)의 소매인력 공식에 따라 문제를 계산하면 다음과 같다.

$$\frac{B_a}{B_b} = \frac{P_a / D_a^2}{P_b / D_b^2} = \frac{20 / 5^2}{40 / 10^2} = 2$$

즉 C 도시의 인구는 A 도시 : B 도시 = 2 : 1 비율로 흡수되며 C 도시의 인구가 6만 명이므로 A 도시로는 6만 명 × 2/3 = 4만 명이 흡수된다.

215 앙케트를 이용한 상권설정법에 대한 설명으로 적절하지 않은 것은?

① 과정을 크게 나누면 1단계(회답표 작성) – 2단계(조사 준비) – 3단계(조사 실시) – 4단계(실 고객지수의 산출) – 5단계(상권의 확정)로 구분되며 이 일련의 조사를 판매 지역 조사법(SA 이라고 부른다.
② 앙케트에 의한 상권설정법은 상권 설정을 위한 샘플 수집에 특정점포의 고객점포를 확인하 방법이다.
③ AS는 점포마다 점장이 중심이 되어 매년 정기적으로 시행하는 것이 바람직하다.
④ 본점에서는 그 정보를 수집해 점포의 입지와 상권, 경합 상황, 판촉 활동 등의 종합적인 전 정보로 가공한 뒤 이용하기도 한다.
⑤ 점포의 영업 성과와 판촉 결과는 계획 입안 자료로 활용된다.

정답 ②

정답해설 앙케트를 이용한 상권설정법은 점포에 찾아온 고객에 대해 직접 물어보고 조사한 뒤 그 결과를 집계 분석하여 상 설정에 활용하는 방법이다.

216 같은 업종의 식당이 지나치게 한 곳에 몰려있어 가격경쟁이 심하고 다양성이 떨어져 오히려 매출이 감소하는 것은 다음 중 어느 입지원칙이 적용된 것이라 할 수 있는가?

① 접근가능성 원칙
② 점포밀집 원칙
③ 보충가능성 원칙
④ 동반유인 원칙
⑤ 고객차단 원칙

정답 ②

정답해설 점포밀집 원칙은 지나치게 유사한 점포나 보충 가능한 점포는 밀집하면 매출액이 감소한다는 원칙이다.

오답해설 ① **접근가능성 원칙** : 지리적으로 인접하거나 교통이 편리하면 매출을 증대시킨다는 원칙
③ **보충가능성 원칙** : 상호 양립하면서 직접 물어보고 조사한 뒤 그 결과를 집계 분석하여 상권설정에 활용한다는 원칙
④ **동반유인 원칙** : 유사하거나 보충적인 소매업이 흩어진 것보다 군집해서 더 큰 유인잠재력을 갖게 한다는 원칙
⑤ **고객차단 원칙** : 사무실 밀집지역, 쇼핑지역 등은 고객이 특정지역에서 타 지역으로 이동 시 점포를 방문하게 한다는 원칙

17 상권에 대한 설명으로 적절한 것은?

① 상권은 판매방법, 품종, 업종, 업태에 따라서도 다르다.
② 상권의 고객 흡인력은 상세권의 고객 흡인력보다 작다.
③ 소매상권은 특정소매상에서 구매할 확률보다 경쟁소매상에서 구매할 확률이 더 높다.
④ 동일한 업종으로 형성된 상권의 규모가 다양한 업종으로 형성된 상권에 비해 작다.
⑤ 고객의 방문주기가 짧거나 고객구매빈도가 높은 업종일수록 보다 넓은 상권을 가져야 한다.

정답 ①

정답해설 상권은 판매방법, 품종, 업종, 업태에 따라서도 다르기 때문에 해당 요소들을 면밀히 살펴보며 결정해야 한다.

오답해설 ② 일반적으로 상권의 고객 흡인력보다 상세권의 고객 흡인력이 크다.
③ 소매상권은 동일 업태인 경쟁소매상에서 구매할 확률보다 특정 소매상에서 구매할 확률이 더욱 높은 잠재고객을 포함하고 있는 지리적으로 경계된 지역범위이다.
④ 동일한 업종으로 형성된 상권의 규모가 다양한 업종으로 형성된 상권에 비해 크다.
⑤ 고객의 방문주기가 길거나 고객구매빈도가 낮은 업종일수록 보다 넓은 상권을 가져야 한다.

218 도시나 상업지역이 선택되면 부지를 선택해야 되는데 이러한 경우 고려해야 하는 사항으로 적절하지 않은 것은?

① 고객의 구매 관습과 취급상품의 종류는 부지의 선택에 매우 중요한 요소이다.
② 교통계수, 시간당 · 주당 고객의 통행량 및 통행의 유형은 점포의 위치에 중요한 역할을 한다.
③ 전망 있는 부지를 선택하는 데 있어서 잠재적 6개월 매출을 추정해야 한다.
④ 소매업자는 인근에 있는 경쟁점에 대해서 면밀히 연구해야 한다.
⑤ 잠재적 고객들은 혼잡 혹은 도로 교통의 완만한 흐름과 도로폭 등에 의해 점포 방문이 방해받지 않아야 하며 경사나 막다른 골목에 위치해 있는 것도 바람직하지 못하다.

정답 ③

정답해설 그 장소에서 점포가 이익을 낼 수 있는지의 여부를 결정하는 데 매출액이 가장 중요하므로 잠재적 1년 매출을 추정해야 한다.

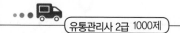

219 **상품 구매를 위해 점포를 방문한 소비자를 대상으로 상권분석에 필요한 자료를 수집하는 방법으로 알맞게 짝지어진 것은?**

① 점두조사법, 고객점표법
② 방문조사법, 고객점표법
③ 방문조사법, 내점객조사법
④ 내점객조사법, 점두조사법
⑤ 고객점표법, 내점객조사법

정답 ④

정답해설 내점객조사법은 방문자에 대하여 조사원이 질문지를 기초로 조사하는 방법이고 점두조사법은 쇼핑을 마친 고객을 면접해서 주소를 직접 물어 상권범위를 알아내는 방법이다.

220 **크리스탈러(W. Christaller)에 의해 제안되고 로쉬(A. Losch)에 의해 발전된 중심지이론에 대한 설명으로 옳은 것은?**

① 도시 중심 기능의 수행정도는 그 도시의 인구 규모에 반비례한다.
② 중심도시를 둘러싼 배후상권의 규모는 도시규모에 비례한다.
③ 상업중심지가 하나일 때 중심기능을 제공받는 이상적 배후 모양은 정오각형이다.
④ 중심지 기능의 도달거리는 최소수요 중심거리와 불일치한다.
⑤ 최대도달거리가 최소수요 충족거리보다 작아야 상업시설이 입지할 수 있다.

정답 ②

정답해설 중심도시를 둘러싼 배후상권의 규모는 도시규모에 비례한다.

오답해설 ① 도시 중심 기능의 수행정도는 그 도시의 인구 규모에 비례한다.
③ 상업중심지가 하나일 때 중심기능을 제공받는 이상적 배후 모양은 정육각형이다.
④ 중심지 기능의 도달거리는 최소수요 중심거리가 일치하는 공간구조이다.
⑤ 최대도달거리가 최소수요 충족거리보다 커야 상업시설이 입지할 수 있다.

221 **다음 중 편의점에 대한 설명으로 옳지 않은 것은?**

① 최초의 편의점은 미국의 세븐일레븐이다.
② 우리나라 편의점의 시간대별 매출은 상품별로 필요 시점과 구매 시점이 거의 일치한다.
③ 편의점의 체인화전략은 고객에게 장소적 편의 제공보다 매출 신장을 위한 전략이다.
④ 상품구색은 편의점 본부에서 권장하는 품목보다 산업 환경 및 소비자의 구매성향에 맞게 진화한 것이다.
⑤ 최근 편의점 시장은 성숙기에 접어들면서 시장 규모와 함께 매출액도 증가하고 있다.

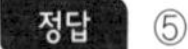
정답 ⑤

정답해설 우리나라의 최근 편의점 시장은 성숙기에 접어들면서 전체 편의점 시장 규모는 증가하고 있으나 편의점당 수익성은 하락하고 있다.

222 다음과 같은 상권분석은 누구의 이론에 기초한 방법을 설명하는 것인가?

- 자기가 개점하려는 점포와 유사한 기존 점포를 선정한다.
- 기존의 유사점포의 상권범위를 결정한다.
- 전체 상권을 몇 개의 단위지역으로 나누고 각 지역에서 유사점포의 매출액을 인구수로 나누어 각 지역 내의 1인당 매출을 구한다.
- 자기가 입지하려는 지역의 인구수에 앞에서 구한 1인당 매출을 곱하여 각 지역에서의 예상매출을 구한다.

① 레일리(W. Reily)
② 애플바움(W. Applepaum)
③ 컨버스(P. Converse)
④ 허프(D. Huff)
⑤ 크리스탈러(W. Christaller)

정답 ②

정답해설 제시된 방법은 애플바움(W. Applepaum)의 유추법을 기초로 한 상권분석으로 신규점포에 대한 상권분석뿐만 아니라 기존점포의 상권분석에도 적용될 수 있다는 점에서 상권분석에 자주 활용된다.

223 허프모형 공식에 점포크기에 대한 민감도 계수를 포함하고 한 점포의 효용 크기에 점포크기와 거리뿐만 아니라 여러 특성을 포함하여 측정하는 분석방법은?

① 입지배정모형
② 회귀분석모형
③ 레일리모형
④ MCI모형
⑤ 시장점유율모형

정답 ④

정답해설 MCI모형은 신규점포의 상권분석방법 중 허프 모형을 발전시킨 확률적 모형으로 허프모형이 거리와 매장면적만을 고려했다면 MCI모형은 소비자의 구매시설에 대한 선택행동에 대해 거리와 매장뿐만 아니라 정략적 및 정석적인 다요인을 고려했다는 점에서 의의가 있다.

오답해설 ① **입지배정모형** : 두 개 이상의 점포를 운영하는 경우 소매점포 네트워크의 설계, 신규점포 개설 시 기존 네트워크에 대한 영향 분석, 기존점포의 재입시 또는 폐점 의사결정 등의 상황에서 유용하게 활용될 수 있는 분석방법

224 신규점포의 개설과정에서 소매점포의 일반적인 전략수립 과정을 가장 올바르게 나열한 것은?

① 점포계획 → 입지선정 → 상권분석 → 소매믹스설계
② 점포계획 → 상권분석 → 입지선정 → 소매믹스설계
③ 상권분석 → 입지선정 → 점포계획 → 소매믹스설계
④ 상권분석 → 점포계획 → 입지선정 → 소매믹스설계
⑤ 입지선정 → 상권분석 → 점포계획 → 소매믹스설계

정답 ③

정답해설 상권이란 한 점포가 고객을 유인할 수 있는 지역 범위로 이를 분석하는 것은 경쟁사의 활동과 지역 내 소비자의 나 질, 그리고 고객의 구매형태 및 소비자의 태도와 견해 등을 이해하기 위한 목적으로 실행한다. 따라서 신규점의 개설과정에서 소매점포의 전략 수립 과정은 상권분석 → 입지선정 → 점포계획 → 소매믹스설계의 순서에 따 진행된다.

225 A, B, C 세 점포의 크기와 소비자의 집으로부터 각 점포까지의 거리는 아래와 같다. 이 경우 허프모델을 적용하였을 때 이 소비자가 구매확률이 가장 높은 점포 및 그 점포를 선택할 확률은?(이 소비자는 A, B, C 세 점포들에서만 상품을 구매할 수 있고 소비자가 부여하는 점포 크기에 대한 효용은 1, 거리에 대한 효용은 −2라고 가정한다.)

점포	거리(km)	크기(m²)
A	4	50,000
B	5	70,000
C	3	40,000

① A, 약 12.3%
② B, 약 35.5%
③ B, 약 57.3%
④ C, 약 35.5%
⑤ C, 약 46.7%

정답 ⑤

정답해설 허프모델은 소비자가 특정 점포를 선택할 확률은 점포 크기에 비례하고 점포까지의 거리에 반비례한다는 것으로 이 공식을 문제에 적용하면 다음과 같다.

	A점포	B점포	C점포
점포 효용	$50{,}000/4^2 = 3{,}125$	$70{,}000/6^2 = 1{,}944$	$40{,}000/3^2 = 4{,}444$
이용 확률	3125/9513 = 32.8%	1944/9513 = 20.4%	4444/9513 = 46.7%

26 **소매점에 관한 상권분석과 입지분석을 구분할 때 상권분석의 목적으로 옳지 않은 것은?**

① 예상 내점고객의 파악 및 특성 분석
② 특정 점포의 가시성과 접근성 평가
③ 차별적 마케팅 전략의 수립
④ 시장점유율의 예측 및 평가
⑤ 복수의 점포 대안 중 최적 점포 선택

정답 ②

정답해설 입지선정은 상권을 분석 및 평가한 후 구체적인 사업장의 장소를 정하는 것이며 한번 결정된 입지는 변경하기 어려우므로 특정점포의 가시성과 접근성을 고려하여 선정하여야 한다.

27 **슈퍼마켓과 일용품 등의 소매점으로서 동일한 용도에 쓰이는 바닥면적의 합이 1,000㎡ 미만인 시설은?**

① 제1종 근린생활시설
② 제2종 근린생활시설
③ 근린공공시설
④ 일반판매시설
⑤ 특수판매시설

정답 ①

정답해설 제1종 근린생활시설은 슈퍼마켓, 이용원, 의원, 탁구장, 마을회관 등 주택가와 인접해 주민들의 생활 편의를 도울 수 있는 시설로 「건축법」에 의한 용도별 건축물의 종류 상 슈퍼마켓, 일용품 등의 소매점은 바닥면적의 합계가 1,000㎡ 미만이어야 한다.

28 **다음 중 입지를 대상고객의 유형에 따라 분류할 때 소매점 유형과 적합한 입지 유형을 연결한 것으로 옳은 것은?**

① 도심의 편의점 – 생활형
② 도시 외곽의 오디오전문점 – 생활형
③ 도심의 고급귀금속점 – 적응형
④ 근린형 쇼핑센터의 슈퍼마켓 – 목적형
⑤ 도심의 페스트푸드점 – 적응형

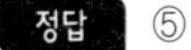
정답 ⑤

정답해설 적응형 입지는 거리에서 통행하는 유동인구에 의해 영업이 결정되는 입지이므로 도심의 패스트푸드점이나 편의점 등이 이에 해당한다.

오답해설 ① 적응형에 해당한다.
② 목적형에 해당한다.
③ 목적형에 해당한다.
④ 생활형에 해당한다.

229 월매출액을 추정하는 아래의 공식에서 괄호에 들어갈 용어로 옳은 것은?

1일 평균 내점객수 × (   ) × 월간 영업일수

① 내점율
② 객단가
③ 상권내 점포점유율
④ 실구매율
⑤ 회전율

정답 ②

정답해설 월매출액을 추정하는 공식은 1일 평균 내점객수 × 객단가 × 월간 영업일수이다.

230 점포 입지를 선정할 때 상품물류비용을 고려할 필요성이 가장 낮은 도 · 소매상은?

① 완전기능도매상
② 중개인
③ 대형마트
④ 판매 대리인
⑤ 백화점

정답 ②

정답해설 상품물류비용은 상품을 물리적으로 이동시키거나 보관할 때 발생하는 비용으로 운송비, 보관비, 포장비, 하역비 등이 있으며 제품이 기획되어 연구, 개발, 생산, 판매 단계를 거쳐 판매 후 고객 만족의 단계에 이르기까지 모든 과정에서 발생한다. 그 과정에서 중개인은 재고를 보유하지 않으며 위험 부담 기능도 수행하지 않기 때문에 상품물류비용을 고려할 필요성이 가장 낮다.

오답해설 ① **완전기능도매상** : 모든 도매상의 기능을 서비스로 제공하는 전형적인 도매상으로 마케팅의 주요 기능인 거래, 물적 유통, 촉진 기능 등 거의 모든 활동을 수행하며 소매상에게 재고유지, 판매원의 이용, 신용제공, 배달, 경영지도와 같은 전형적인 서비스를 제공한다.
④ **판매 대리인** : 상거래에서 제조업자의 물건 판매에 대한 권한을 계약에 의하여 부여받은 자로 제조업자가 판매의 능력을 갖추지 못하였을 경우 실질적 판매기능을 수행하며 가격이나 품목 및 판매 조건에 상당한 영향을 지닌다.

231 **입지분석 시 입지주변의 업종을 조사하여 상호보완업종 또는 상호경합업종이 배치되어 있는지 파악하는 과정에서 상호경합업종에 해당하는 것은?**

① 의류점과 액세서리점
② 야채가게와 정육점
③ 음식점과 카페
④ 제과점과 화원
⑤ 슈퍼마켓과 잡화점

정답 ⑤

정답해설 업종에는 업종 간의 관계가 실과 바늘 같은 관계인 상보보완업종과 서로 떨어져 있어야 장사가 잘 되는 상호경합업종이 있다. 슈퍼마켓과 잡화점은 비슷한 항목을 취급하는 점포이므로 상호경합업종에 해당한다.

232 **특정 상권을 대표하거나 대형 상가의 핵심이 되는 유명 점포를 뜻하는 말은?**

① 임차점포
② 키 테넌트
③ 앵커 스토어
④ 플래그십 스토어
⑤ 팝업 스토어

정답 ③

정답해설 앵커 스토어(Anchor Store)는 특정 상권을 대표하거나 대형 상가의 핵심이 되는 유명 점포를 뜻하는 말로 앵커(anchor)는 선박을 정박할 때 움직이지 않도록 잡아주는 닻이며 신축 건물에는 건물 활성화를 위해 영화관이나 대형 마트, 대형 서점 커피숍 등을 유치하는데, 이때 이 점포들이 앵커 스토어에 해당한다.

오답해설 ② **키 테넌트(Key tanant)** : 상가나 쇼핑몰에 고객을 끌어 모으는 핵심 점포를 뜻하는 말로 그 존재 여부는 상권의 유동인구를 좌우할 정도로 그 중요성이 커 키 테넌트 상점을 쇼핑몰로 입점 시키기 위한 경쟁도 치열하다.
④ **플래그십 스토어(Flagship Store)** : 성공한 특정 상품 브랜드를 앞세워 전체 브랜드의 성격과 이미지를 극대화하는 매장을 일컫는다.
⑤ **팝업 스토어(Pop-up Store)** : 하루에서 길게는 한두 달 정도의 짧은 기간만 운영하는 상점을 지칭하는 말로 입소문 마케팅에 유리하고, 브랜드의 특징을 자세히 알릴 수 있다는 장점 때문에 전 세계적으로 많이 활용되고 있다.

233 **상가권에 대한 설명으로 옳지 않은 것은?**

① 여러 점포가 모여 형성되는 상업지역이다.
② 점포를 이용하는 소비자의 거주 또는 근무 범위이다.
③ 상가건물의 집합 범위를 어디까지로 설정할 것인지가 중요하다.
④ 상가권 내에서 1급지는 소요비용이 가장 클 것으로 예상되는 지역이다.
⑤ 일반적으로 고정된 범위로 정해지는 경우가 많다.

정답 ②

정답해설 ②는 상세권에 대한 설명이다.

234 점포의 인테리어 비용은 매몰비용(Sunk Cost)의 성격이 강한 고정비에 해당되는데 다른 모든 조건이 같다고 할 때 다음 중 점포를 개설하면 인테리어비용의 심각성이 가장 낮은 경우는?

① 업종 전환이 잦은 입지에 위치한 점포에 출점할 때
② 직접 소유한 점포에 출점할 때
③ 계약기간을 정해서 임차한 점포에 출점할 때
④ 합작하여 출점할 때
⑤ 매각 후 매입자가 임대한 점포에 출점할 때

정답 ②

정답해설 매몰비용은 이미 지불되어 회수할 수 없는 비용을 말한다. 업종 전환이 잦은 입지나 계약기간을 정해 임차한 점포에 출점할 경우 인테리어비용의 심각성이 높고 직접 소유한 점포에 출점하는 경우 인테리어 비용의 심각성이 낮다.

235 건물을 매입하여 출점하는 경우에 대한 설명으로 옳은 것은?

① 초기 투자금액이 많이 절약된다.
② 자산가치 증식을 할 수 있다.
③ 상권환경 변화에 대한 대응이 쉽다.
④ 안정적 영업이 어렵다.
⑤ 영업이 부진할 경우 임대 등 다른 방법을 모색하기 쉽다.

정답 ②

정답해설 건물을 매입하여 출점하는 경우 영업활성화를 통해 자산가치의 증식을 기대할 수 있다.

오답해설 ① 오히려 초기 투자금액이 많이 소요될 수 있다.
③ 상권환경이 변화하더라도 건물임대 및 업종변환에 상당한 시간이 걸리므로 상권환경 변화에 대응하기 어렵다.
④ 자신의 명의로 된 건물에서 출점하는 것이므로 안정적 영업을 지속할 수 있다.
⑤ 영업이 부진할 경우 다른 방법을 모색하기 어렵다.

236 **A 도시의 인구는 12만 명이고 B 도시의 인구가 3만 명이고 두 도시가 서로 30km의 거리에 떨어져 있는 경우 도 도시간의 상권경계는 A 도시로부터 얼마나 떨어진 곳에 형성되는지 컨버스(Converse)의 상권분기점 분석법을 통해 계산하면?**

① 6km
② 7.5km
③ 10km
④ 20km
⑤ 22.5km

 ④

 $\dfrac{30km}{1+\sqrt{\dfrac{120,000}{30,000}}} = 10km$

따라서 A 도시로부터 분기점까지의 거리는 30km － 10km = 20km

237 **입지선정과정 중 점포의 부지평가과정에서 관련법규를 검토할 때 알아야 할 기본적 개념으로 그 내용이 옳지 않은 것은?**

① 용적률은 대지 내 건축물의 건축 바닥면적을 모두 합친 면적(연면적)의 대지면적에 대한 백분율이다.
② 건폐율은 대지면적에 대한 건축면적의 비율로 건축물의 과밀을 방지하고자 설정된다.
③ 도시지역은 토지이용의 목적에 따라 주거지역, 상업지역, 공업지역, 녹지지역으로 구분된다.
④ 상업지역은 중심상업지역, 일반상업지역, 근린상업지역, 유통상업지역으로 세분할 수 있다.
⑤ 관련 법률에서 허용하는 용적률의 기준은 상업지역의 유형에 따라 다르지만, 건폐율은 다르다.

 정답 ⑤

정답해설 건폐율이란 대지 면적에 대한 건축면적의 비율을 말하며 용도 지역에 따라서 크기가 달라진다.

238 **대규모점포와 중소유통업의 상생발전을 목적으로 대형 마트 등에 대한 영업시간 제한과 의무휴업일 지정에 관한 내용을 규정하고 있는 법률은?**

① 전통시장 및 상점가 육성을 위한 특별법
② 유통산업발전법
③ 도소매업진흥법

④ 도시재정비 촉진을 위한 특별법
⑤ 독점규제 및 공정거래에 관한 법률

정답 ②

정답해설 대형 마트 등에 대한 영업시간 제한과 의무휴업일 지정에 관한 내용을 규정하고 있는 법률은 「유통산업발전법」으 시장, 군수, 구청장 등이 오전 0시부터 오전 10시까지의 범위에서 영업시간을 제한할 수 있다.

239 점포의 입지의사결정이나 상권분석과 관련해서도 활용도가 높아지고 있는 지리정보시스템(GIS 과 관련된 내용으로 옳지 않은 것은?

① 주제도작성, 공간조회, 버퍼링을 통해 효과적인 상권분석이 가능하다.
② 여러 겹의 지도 레이어를 활용하여 상권의 중첩을 표현할 수 있다.
③ 점포의 고객을 대상으로 gCRM을 실현하기 위한 기본적 틀을 제공할 수 있다.
④ 지도레이어는 점, 선, 면을 포함하는 개별 지도형상으로 구성된다.
⑤ 컴퓨터를 이용한 지도작성체계로 데이터베이스관리 체계와는 관련성이 없다.

정답 ⑤

정답해설 지리정보시스템(GIS)은 컴퓨터를 이용한 지도작성체계와 데이터베이스관리체계(DBMS)의 결합으로 방대한 지형 공간 정보를 시스템에 데이터베이스화하여 다양한 목적에 따라 결과물을 생산, 활용할 수 있는 시스템이다.

240 점포의 입지결정을 내리기 위한 상권분석 기법 중 ㉠과 ㉡에 들어갈 말로 옳은 것은?

(㉠)은 점포업자들의 특성이 비슷한 아날로그 스토어의 지료를 구할 수 있어야 하며 (㉡)도 유사한 상권을 가진 점포들의 표본을 충분히 구할 수 있어야 분석이 가능하다. 즉 (㉠)과 (㉡)은 점포수가 많지 않아 필요한 만큼의 점포관련 자료를 수집하기 어려운 개인점포에서는 현실적으로 적용가능성이 매우 낮다.

① ㉠ 허프모델, ㉡ MNL모델
② ㉠ 체크리스트법, ㉡ 소매중력모형
③ ㉠ 유사점포법, ㉡ 허프모델
④ ㉠ 유사점포법, ㉡ 회귀분석법
⑤ ㉠ MNL모델, ㉡ 소매중력모형

정답 ④

정답해설 ㉠ **유사점포법** : 애플바움(Applebaum)이 제안한 것으로 자사의 신규점포와 특성이 비슷한 기존의 유사점포를 선정하여 그 점포의 상하범위를 추정한 결과 자사점포의 신규입지에서의 매출액을 측정하는 데 이용하는 방법이다.
㉡ **회귀분석법** : 변수들 간의 상호관계를 분석하고 특정변수의 변화로부터 다른 변수의 변화를 예측하기 때문에 표본을 충분히 구할 수 있어야 한다.

241 예술, 패션, 음악, 디자인, 카페 등을 함께 판매하는 문화 공간형 복합매장의 입지를 물색하고 있는 소매점에게 가장 가치 있는 상권 정보는?

① 상권 내 소비자들의 가구 구성
② 상권 내 소비자들의 라이프스타일
③ 상권 내 소비자들의 연령 분포
④ 상권 내 소비자들의 소득 분포
⑤ 상권의 고용상황

정답 ②

정답해설 상권 내 소비자들의 라이프스타일은 예술, 패션, 음악, 디자인, 카페 등을 함께 판매하는 문화 공간형 복합매장의 입지를 물색하고 있는 소매점에게 가장 가치 있는 상권정보이다.

242 다음 중 지역상권의 형태를 결정할 수 있는 요인으로 옳지 않은 것은?

① 산, 강과 같은 지역상권의 지리적 요소
② 군사지역, 공장지대와 같은 지역상권의 인공적 장애요소
③ 특산물, 주요 자원과 같은 지역상권의 생산요소
④ 도로망과 같은 지역상권의 교통인프라
⑤ 지역상권의 인구분포

정답 ③

정답해설 지역상권의 형태를 결정할 때에는 지리적 요소, 대형 시설물, 교통인프라, 인구분포 등을 고려하여 결정한다.

243 군중 사이에서는 전체의 분위기에 이끌려 소비행동이 쉽게 유발된다는 뜻을 가진 동선의 심리 법칙은?

① 최단거리실현의 법칙
② 보증실현의 법칙
③ 안전중시의 법칙
④ 집합의 법칙
⑤ 객체지향의 법칙

정답 ④

정답해설 집합의 법칙은 대부분의 사람들이 군중 심리에 의해 사람이 모여 있는 것을 이용하여 군중 사이에는 자신의 독립적인 이성보다는 전체의 분위기에 이끌리는 경우가 많기 때문에 소비행동도 쉽게 유발된다는 법칙이다.

오답해설 ① **최단거리실현의 법칙** : 인간은 최단거리로 목적지에 가려는 심리가 있다는 원칙
② **보증실현의 법칙** : 인간은 먼저 이득을 얻는 쪽을 택한다는 원칙
③ **안전중시의 법칙** : 인간은 본능적으로 신체의 안전을 지키기 위해 위험하거나 모르는 길을 가려고 하지 않는다는 원칙

244 어떤 소비자가 A, B, C 세 개의 점포를 고려하고 있고 그 소비자가 가지는 점포 A, B, C의 효용이 각각 8, 6, 5라고 가정하여 루스(Luce)의 선택공리를 적용할 때 해당 소비자가 점포 A를 선택할 확률은?

① 0.3
② 0.8
③ 0.19
④ 0.03
⑤ 0.42

정답 ⑤

정답해설 루스(Luce)의 선택공리란 어떤 소비자가 어느 점포를 선택할 확률은 고려하는 점포대안들의 개별 효용 총합에 대한 점포 효용의 비율에 의해 결정된다는 것이므로
$8/(8+6+5) = 0.42\cdots \fallingdotseq 0.42$

245 상권의 구조적 특성에 의해 상권을 분류할 때 다음 중 포켓상권에 해당하는 것은?

① 도로, 산, 강에 둘러싸인 상권
② 고속도로나 간선도로에 인접한 상권

③ 대형소매점에 인접한 상권
④ 소형소매점들이 다수 모인 상권
⑤ 상가의 입구를 중심으로 형성된 상권

정답 ①

정답해설 포켓상권은 항아리형 상권으로 지역 내 소비자들이 좀처럼 쇼핑을 위해 다른 지역으로 빠져나가지 않는 상권을 말한다. 도로, 산, 강에 둘러싸인 포켓형 구조일 때 광역화는 힘들지만 지역 내 상권을 집중화시킬 수 있다.

246 일반적으로 피해야 할 점포의 입지조건이 아닌 것은?

① 곡선형 도로의 바깥쪽보다 안쪽 입지
② 중앙분리대가 있어 교통안전성이 있는 입지
③ 방사형 도로의 교차점에 가까운 입지
④ T형 교차로의 막다른 길에 있는 입지
⑤ 주도로에서 안쪽으로 떨어져 있는 내부획지

정답 ③

정답해설 방사형 도로의 교차점에 가까운 입지는 보기의 항목 중 점포가 입지하기에 가장 좋은 조건이다.

247 소비자의 위치정보를 공간적으로 분석하는 CST map의 활용에 대한 설명으로 옳지 않은 것은?

① 상권의 규모를 파악하여 1차 상권, 2차 상권 및 한계상권을 결정할 수 있다.
② 상권규모를 파악하여 광고 및 판촉 전략을 수립할 수 있다.
③ 상권 간의 중복상태를 파악하여 점포들 간의 경쟁 정도를 측정할 수 있다.
④ 2차 자료인 공공데이터를 활용하여 경쟁점포들의 마케팅전략을 이해할 수 있다.
⑤ 신규점포의 기존점포 고객에 대한 잠식정도를 파악하여 점포 확장계획을 수립할 수 있다.

정답 ④

정답해설 CST map의 활용에는 상권의 규모 파악, 고객특성조자, 광고 및 판촉 전략에 이용하거나 경쟁 정도 측정, 점포의 확장계획에 활용하는 방법 등이 있다.

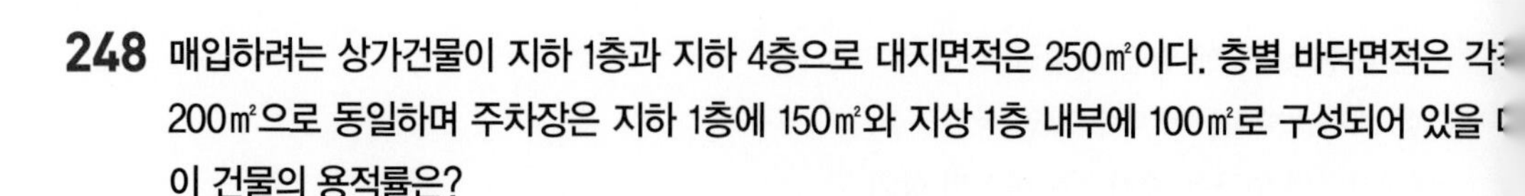

248 매입하려는 상가건물이 지하 1층과 지하 4층으로 대지면적은 250㎡이다. 층별 바닥면적은 각각 200㎡으로 동일하며 주차장은 지하 1층에 150㎡와 지상 1층 내부에 100㎡로 구성되어 있을 때 이 건물의 용적률은?

① 260%
② 280%
③ 300%
④ 320%
⑤ 340%

정답 ②

정답해설 용적률을 계산할 때 쓰는 연면적에는 지하층의 바닥면적은 포함하지 않고 각 층의 바닥면적의 합계에서 지상층의 주차용으로 쓰이는 면적은 제외된다. 제곱미터를 평으로 환산하여(제곱미터*0.3025) 계산하면 다음과 같다. 용적률 = 건축물의 연면적/대지면적*100이므로

용적률 = [(200㎡ × 4 －100㎡)/250㎡] × 100 = 280%

249 기존 점포에 대한 상권분석에서 이용할 수 있는 2차 자료에 해당하지 않는 것은?

① 정부의 인구통계자료 및 세무자료
② 각종 유통기관의 발표자료
③ 경제 관련 연구소의 발표자료
④ 각종 뉴스 및 기사자료
⑤ 점포 이용자에 대한 설문조사자료

정답 ⑤

정답해설 기존점포에 대한 상권분석은 신규점포에 대한 상권분석보다 상권의 크기와 특성 등이 비교적 정확히 분석될 수 있다. 2차 자료에는 인구통계자료, 세무자료, 유통기관 및 연구소 발표자료, 뉴스 및 기사자료 등이 있다.

50 **도미넌트 출점의 장점과 가장 거리가 먼 것은?**

① 관리가 용이하다.
② 물류와 배송이 편리하다.
③ 경쟁점의 출점을 방어하는 데 유리하다.
④ 특정 상권에서 시장점유율을 확대하는 데 유리하다.
⑤ 단위점포의 매장면적을 키우는 데 유리하다.

정답 ⑤

정답해설 도미넌트전략은 일정지역에 다수의 점포를 출점시켜서 경쟁자의 진입을 억제하는 다점포 전략으로 물류비절감과 매장구성 표준화를 통해 경쟁력을 유지하는 전략에 해당한다. 다만 특정 지역에 다수의 점포가 동시다발적으로 개점하게 되므로 단위점포(개별점포)의 매장면적으로 확장시키는 데 한계가 있다.

제3과목

유통마케팅

제 3과목 유통마케팅

001 다음 마케팅에 관한 설명으로 옳은 것은?

① 현대적 마케팅은 생산과 소비의 분리를 조정하기 위한 유통경제적 마케팅 활동이다.
② 거시적 마케팅은 소비자의 장기적 복지증진과 증대를 추구하며 전사적, 통합적, 선행적 마케
을 추구하기 위해 기업의 모든 활동을 마케팅 중심으로 운영한다.
③ 계몽적 마케팅은 이상적인 자본주의 사회를 이루기 위해서는 기업이 사회적 책임을 완수해
하고 이를 위해서는 소비자 지향적, 사명감을 바탕으로 마케팅을 수행해야 한다는 마케팅 개
이다.
④ 타깃 마케팅은 특정 기업이 모든 구매자를 대상으로 하나의 제품을 대량생산, 유통하기 위
수행하는 마케팅으로 최소의 원가(가격)로 최대의 잠재시장을 창출해 낼 수 있다고 판단될
우 취한다.
⑤ 매스 마케팅은 특정 연령이나 계층 또는 특수한 요구를 가진 사람들의 소비 욕구를 자극하
판매를 촉진하는 전략이다.

정답 ③

정답해설 계몽적 마케팅은 코틀러(P. Kotler)에 의해 제창된 개념으로 이상적인 자본주의 사회를 이루기 위해서는 기업이
회적 책임을 완수해야 한다는 것으로 기업의 마케팅 시스템이 최선의 장기적 성과를 지원할 수 있어야 한다는 개
이다.

오답해설 ① 거시적 마케팅에 대한 설명이다.
② 현대적 마케팅에 대한 설명이다.
④ 매스 마케팅에 대한 설명이다.
⑤ 타깃 마케팅에 대한 설명이다.

002 다음 중 합리적인 소비자의 점포선택 과정의 순서로 옳은 것은?

① 욕구인식 → 점포관련 정보탐색 → 점포평가 → 점포선택 → 점포방문
② 점포관련 정보탐색 → 욕구인식 → 점포평가 → 점포선택 → 점포방문
③ 욕구인식 → 점포관련 정보탐색 → 점포선택 → 점포평가 → 점포방문
④ 욕구인식 → 점포관련 정보탐색 → 점포방문 → 점포평가 → 점포선택
⑤ 욕구인식 → 점포선택 → 점포관련 정보탐색 → 점포평가 → 점포방문

 ①

정답해설 합리적 점포선택은 욕구인식 → 점포관련 정보탐색 → 점포평가 → 점포선택 → 점포방문의 순으로 이루어진다.

003 다음 중 마케팅 활동의 연차계획 통제 활동에 속하지 않는 것은?

① 매출차이 통제
② 시장점유율 통제
③ 판매부서 통제
④ 마케팅비용 통제
⑤ 투자수익성 통제

정답 ③

정답해설 연차계획 통제의 종류
- 매출차이 통제
- 시장점유율 통제
- 마케팅비용 통제
- 투자수익성 통제

004 다음 중 마케팅 정보시스템의 구성요소에 포함되지 않는 것은?

① 마케팅 정찰시스템
② 마케팅 리서치시스템
③ 마케팅 분석시스템
④ 마케팅 고객정보시스템
⑤ 마케팅 통제시스템

 ⑤

 마케팅 정보시스템의 구성
- 마케팅 정찰시스템
- 마케팅 리서치시스템
- 마케팅 분석시스템
- 마케팅 고객정보시스템

005 다음 중 마이클 포터(M. E. Porter)가 제시한 경쟁세력 5요인에 포함되지 않는 것은?

① 공급자의 위협
② 구매자의 위협
③ 기술진부화의 위협
④ 대체재의 위협
⑤ 신규진입자의 위협

정답 ③

정답해설 마이클 포터의 경쟁세력 5요인
- 공급자의 교섭능력
- 구매자의 교섭능력
- 기술진부화의 위협
- 대체재의 위협
- 신규진입자의 위협

006 다음 제품수명주기에 관한 설명으로 옳지 않은 것은?

① 도입기는 상품을 개발하고 판매를 시작하는 단계로 수요량과 가격탄력성이 적어 기업은 시
침투가격전략을 통해 이익률을 극대화하는 의사결정을 수행한다.

② 성장기에서 기업의 상품매출은 급격하게 증가한다. 기업은 이에 대응하기 위해 집약적 유통
로를 활용해 자사의 판매 접촉점을 극대화하는 의사결정을 수행한다.

③ 성숙기에서는 대량생산이 본궤도에 오르고 원가가 크게 내림에 따라 상품 단위별 이익은 정
에 달하지만 경쟁자나 모방상품이 출현하기 시작한다.

④ 쇠퇴기에서는 수요가 경기변동에 관계없이 감퇴하며 광고 및 판매촉진도 거의 효과가 없다.

⑤ 수명주기 이론은 상품이 개발, 판매되어 최종적으로 시장에서 철수되기까지의 과정을 설명
는 이론으로 시장의 특성과 고객의 반응을 종합적으로 판단, 상품의 전략적 의사결정을 수립
는 데 도움을 준다.

정답 ①

정답해설 도입기의 마케팅 목적은 제품인지력 향상과 수요를 창조하는 것으로 기본적 수준의 제품이 제공되며 원가기반
격정책이나 상층흡수가격정책을 활용한다.

007 다음 BCG 매트릭스에 관한 설명으로 옳은 것은?

① BCG 매트릭스는 절대적 시장점유율과 산업성장률을 바탕으로 사업단위(SBU)의 경쟁력을
가하는 분석모델이다.

② 개(Dog) 단계의 사업은 성장률은 높으나 시장점유율은 낮은 상황이다.

③ 물음표(Question Mark) 단계의 사업은 성장률은 낮으나 시장점유율은 높은 상황이다.

④ 별(Star) 단계의 사업은 성장률과 시장점유율이 모두 높은 상황이다.

⑤ 현금 젖소(Cash Cow) 단계의 사업에서 창출한 현금 흐름은 개에 재투자된다.

정답 ④

정답해설 BCG 매트릭스에서 별(Star) 단계의 사업은 성장률과 시장점유율이 모두 높아 성공사업으로 분류되므로 지속적인 투자가 필요하다.

오답해설 ① BCG 매트릭스는 상대적 시장점유율과 산업성장률을 바탕으로 한다.
② 개(Dog) 단계의 사업은 성장률과 시장점유율이 모두 낮은 상황이다.
③ 물음표(Question Mark) 단계의 사업은 성장률은 높으나 시장점유율은 낮은 상황이다.
⑤ 현금 젖소(Cash Cow) 단계의 사업에서 창출한 현금 흐름은 별이나 물음표에 재투자된다.

008 다음 중 마이클 포터(M. E. Porter)의 경쟁세력 5요인 관점에 의거하여 시장의 매력도가 낮은 상황이 아닌 것은?

① 신규기업의 진입이 용이하다.
② 경쟁기업 간 시장 내 경쟁이 치열하다.
③ 구매자와 공급자의 교섭력이 뛰어나다.
④ 고정비와 퇴출장벽이 낮다.
⑤ 시장이 안정적이고 경쟁자의 능력이 뛰어나다.

정답 ④

정답해설 시장의 매력도가 낮은 상황
- 신규기업의 진입이 용이하다.
- 경쟁기업 간 시장 내 경쟁이 치열하다.
- 구매자와 공급자의 교섭력이 뛰어나다.
- 고정비와 퇴출장벽이 높다.
- 시장이 안정적이고 경쟁자의 능력이 뛰어나다.

009 다음의 사업단위(SBU)에 대한 전략적 대안에 관한 설명으로 옳은 것은?

① 유지전략 : 사업단위 투자를 최소화하여 점진적으로 시장에서 퇴거
② 유지전략 : 기존에 영위하던 사업단위 및 투자수준을 유지
③ 회수전략 : 즉각적으로 사업단위를 폐지, 사업단위는 매각되거나 해체
④ 회수전략 : 기존에 영위하던 사업단위 및 투자수준을 유지
⑤ 철수전략 : 사업단위 투자를 최소화하여 점진적으로 시장에서 퇴거

정답 ②

정답해설 사업단위(SBU) 전략의 방향
- **유지전략** : 기존에 영위하던 사업단위를 현재수준으로 유지, 투자수준도 유지
- **육성전략** : 적극적으로 사업단위를 성장, 대규모 투자
- **회수전략** : 사업단위 투자 최소화, 점진적으로 시장에서 퇴거
- **철수전략** : 즉각적으로 사업단위를 폐지, 사업단위는 매각되거나 해체

010 다음의 상황에서 적합한 전략적 의사결정으로 올바르지 않은 것은?

구분	생산원가 경쟁력 보유	생산권가 경쟁력 없음
넓은 시장	A	B
한정적 시장	C	D

① A : 원가경쟁력을 바탕으로 원가우위전략을 펼친다.
② A : 기업은 시너지효과와 학습곡선효과의 혜택을 누릴 수 있다.
③ B : 경쟁기업보다 차별화된 재화나 서비스를 제공해야만 한다.
④ B : 제품의 연구개발능력을 강화하여 차별화 전략을 수행한다.
⑤ C : 시장점유율과 수익성을 향상시키기 위해 매스마케팅을 실시한다.

정답 ⑤

정답해설 경쟁시장의 범위가 한정적일 때 자사의 경쟁 능력을 극대화시키기 위해 집중화 전략을 펼친다. 또한 세분시장을 대상으로 기업의 역량을 극대화하기 위해 타깃마케팅을 수행한다.

011 시장세분화에 관한 다음의 설명 중 가장 옳지 않은 것은?

① 서로 다른 제품 또는 마케팅 믹스를 요구하는 독특한 구매자 집단으로 분할하는 활동이다.
② 가장 좋은 세분 시장을 표적으로 삼기 위해서는 각 세분시장의 크기와 성장률, 구조적 매력도, 회사 목표 및 자원과의 적합성을 평가해야 한다.
③ 효과적인 세분화를 위해 측정 가능성, 접근 가능성, 시장의 규모, 실행 가능성을 고려해야 한다.
④ 세분화를 수행 시 세분시장 상호 간에는 동질성이, 세분시장 내에는 이질성이 극대화되어야 한다.
⑤ 구매자의 라이프스타일 · 개성 · 특성 등의 요소에 기초해서 다른 집단으로 세분화할 수 있다.

정답 ④

정답해설 세분화를 수행할 때 세분시장 상호 간에는 이질성이 극대화되어야 하고 세분시장 내에서는 동질성이 극대화되어야 한다.

012 다음 중 제품믹스 의사결정의 전략적 대안에 관한 설명으로 옳은 것은?

① 초기에는 고품질, 고가의 제품을 출시했다가 제품계열의 길이를 확장하면서 저가의 신제품을 추가시키는 전략은 상황확장전략(Upward Stretch)이다.
② 초기에는 저품질 저가 제품을 출시했다가 제품계열의 길이를 확장하면서 고가의 신제품을 추가시키는 전략은 하향확장전략(Dawnward Stretch)이다.
③ 기존 제품계열 내의 품목 추가를 통해 제품 확장을 도모하는 것은 철수전략(Total Line Divestment)이다.
④ 제품계열이 마이너스 성장을 하거나 제품이 전략적으로 부적절할 경우 사용하는 제품계열 제거전략은 제품확충전략(Product Filing)이다.
⑤ 기업에 제공하는 제품이나 서비스의 수를 관리하기 용이한 수준으로 감소시키는 전략은 제품계열 단순화전략(Line Simplification)이다.

정답 ⑤

정답해설 제품계열 단순화전략(Line Simplification)은 기업이 판매하는 다양한 제품이나 제품계열의 수를 줄이는 전략으로 원가상승이나 가용자원의 부족현상이 발생할 때 적절하다.

오답해설 ① 하향확장전략(Dawnward Stretch)에 대한 설명이다.
② 상황확장전략(Upward Stretch)에 대한 설명이다.
③ 제품확충전략(Product Filing)에 대한 설명이다.
④ 철수전략(Total Line Divestment)에 대한 설명이다.

013 다음 브랜드 마케팅에 관한 설명으로 옳은 것은?

① 혼합상표명전략은 동일 제품군 내에서 두 개 이상의 개별상표명을 사용하는 전략이다.
② 복수상표전략은 복수의 제품계열에서 여러 제품을 생산하는 경우 개별상표명과 공동상표명을 조합하여 사용하는 전략이다.
③ 자기상표브랜드는 특정 제품 범주 내에서 맛, 성분, 사이즈가 다른 추가 품목을 도입할 때 기존의 동일한 브랜드를 부착하는 전략이다.
④ 상표확장전략은 유통업체가 직접 제조하거나 제조업체에 직접 생산을 요구해 자사의 브랜드를 부착, 판매하는 전략으로 기능적인 품질대비 가격을 중시하는 소비자를 목표로 한다.
⑤ 유사브랜드전략은 상호나 상품특성을 매우 흡사하게 모방하고 제조업체 브랜드가 아니라는 것을 명확히 하는 브랜드 전략이다.

정답 ⑤

정답해설 유사브랜드전략은 선도 제조업체 브랜드의 상호 자체에 대한 모방이 아니라 상호나 상품특성을 매우 흡사하게 방하고 제조업체 브랜드가 아니라는 것을 명확히 하는 유통업체의 전략을 의미한다.

오답해설 ① 복수상표전략에 대한 설명이다.
② 혼합상표전략에 대한 설명이다.
③ 상표확장전략에 대한 설명이다.
④ 자기상표브랜드에 대한 설명이다.

014 다음 중 마케팅 커뮤니케이션에 관한 설명으로 옳지 않은 것은?

① 타깃광고는 상대적으로 정보량이 많은 상업광고를 의미하며 구체적으로는 뉴미디어를 통해 상표나 상품 관련정보를 제공하여 소비자의 구매 욕구를 유발하는 광고 형태로서 소비자의 이성적 반응에 초점을 맞춘 광고 수단이다.
② 판매촉진은 비반복적인 여러 가지 판매 노력과 같이 소비자 구매를 자극하고 거래점의 유효도를 자극하는 마케팅 활동 중 광고, 인적판매, 홍보를 제외한 모든 마케팅 활동을 말한다.
③ 광고는 대가를 지불하는 의사소통방법으로 표적 집단을 대상으로 하는 비인적 의사소통방법이다.
④ 배너광고는 인터넷에 접속된 최조의 화면이나 정보검색 소프트의 화면 한구석에 나와 있는 띠 모양의 광고로 불특정 사용자의 눈길이 머무는 곳에 정보를 뿌리는 매스 광고의 특성을 띤다.
⑤ 인적판매는 산업재의 유통에 있어서 매우 중요하며 교육훈련 프로그램과 보조판매 등이 요구된다.

정답 ①

정답해설 상대적으로 정보량이 많은 상업광고를 의미하며 구체적으로는 뉴미디어를 통해 상표나 상품 관련정보를 제공하여 소비자의 구매 욕구를 유발하는 광고 형태로서 소비자의 이성적 반응에 초점을 맞춘 광고 수단은 인포메이션(Information)과 커머셜(Commercial)의 합성어인 인포머셜(Informercial)이다.

015 다음 설명에 해당하는 환불 행위는?

상품을 구입하거나 서비스를 이용한 소비자가 표시가격을 완전히 지불한 후, 그 지불액의 일부를 돌려주는 소급 상환 제도로 판매 촉진이나 거래 장려 등의 목적을 갖고 있으며 상거래의 관습에서 적절하다고 인정되는 한도를 벗어나면 안 된다.

① 프리미엄　② 쿠폰
③ 샘플링　④ 리베이트
⑤ 프라이스팩

정답 ④

정답해설 리베이트는 지불대금이나 이자의 일부 상당액을 지불인에게 되돌려주는 일 또는 그 돈으로 대금의 지급 수령 후 별도로 이루어지며 단골거래처와의 거래가 일정금액을 넘었을 경우 또는 특별한 판매활동을 하였거나, 판매 서비스를 하였을 경우 등에 지급이 적용된다.

오답해설 ① **프리미엄** : 기본 서비스는 무료로 이용할 수 있도록 하고, 부가 서비스나 고급 서비스는 유료화하는 가격 전략을 말한다.
② **쿠폰** : 소매상이 백화점 등의 대규모 판매점에 대항하기 위하여 협동자위수단으로 발전시킨 신용판매방법 또는 여기에 사용되는 표를 의미한다.
③ **샘플링** : 상품을 실제로 사용하게 함으로써 상품에 대한 이해를 도울 수 있으며 상품차별화가 곤란한 시장에서는 사용을 습관화시키거나 브랜드 스위치를 일으켜 상품 이미지의 전환을 꾀하는 데 유효한 수단으로 1회 정도의 사용이 가능한 상품을 따로 포장해서 고객에게 무료로 제공한다.

16 푸시전략의 특성에 관한 설명으로 옳지 않은 것은?

① 일회적인 특성이 있으며 변동비적인 특성을 지닌다.
② 특화된 경영방식을 가진 소매업체에 효용이 높다.
③ 촉진단계에서 푸시는 유통업자가 소비자에게 적극적으로 제품을 판매하도록 유도한다.
④ 푸시전략에서는 인적판매와 중간상 판촉이 중요하다.
⑤ 관여도가 높은 상품에 수행하는 것이 적절하다.

정답 ⑤

정답해설 푸시전략의 특성
- 제조업자가 중개상에게 판매동기가 일어나도록 적정한 보상정책을 통해 대량의 상품을 제공한다.
- 일회적인 특성이 있으며 변동비적인 특성을 지닌다.
- 특화된 경영방식을 가진 소매업체에 효용이 높다.
- 촉진단계에서 푸시는 유통업자가 소비자에게 적극적으로 제품을 판매하도록 유도한다.
- 푸시전략에서는 인적판매와 중간상 판촉이 중요하다.
- 관여도가 높은 상품에 수행하는 것은 좋지 않다.

017 다음의 설명에 부합되는 가격전략은?

고객이 특정 제품에 느끼는 제품의 지각가격보다 낮은 수준으로 매장 내 제품의 가격을 유지한다는 이미지를 제공하기 위해 할인점과 같이 저가격을 내세우는 기업에서 수행하는 가격정책으로 저마진, 고회전을 통해 수익성을 유지하는 특성을 지닌 가치기반 가격결정 전략이다.

① Skimming Pricing
② High/Low Pricing
③ Penetration Pricing
④ EDLP(Every Day Low Price)
⑤ Optional Feature Pricing

정답 ④

정답해설 문제에서 설명하는 가격전략은 상시적으로 싼 가격에 판매한다는 전략인 EDLP(Every Day Low Price)이다.

018 다음 유통업체에서 활용되는 가격설정기법에 관한 설명으로 옳은 것은?

① 단일가격전략 : 연구 · 개발비용을 조기에 회수하고자 하는 고가격전략으로 단기간 내의 수익 극대화를 목표로 하는 선고가–후저가 가격전략이다.
② 침투가격전략 : 낮은 가격으로 제품을 시장에 진출시켜 짧은 시간 내에 시장점유율을 확보하는 전략으로 경험곡선을 이용해 시장에 침투하여 장기적인 이익을 올리는 것을 목적으로 하는 성숙기 가격전략이다.
③ 가치기반가격 : 일부 제조업자들이 중간상의 제품판매가격을 통제하기 위한 전략으로 자사제품의 이미지 제고 및 수요와 원가를 모두 고려한 고이익 창출전략이다.
④ 재판매가격유지전략 : 판매자가 동일한 수량을 구매하는 소비자에 대해서 같은 가격을 매기는 전략으로 판매자에 대한 신뢰를 구축할 목적으로 수행되는 전략이다.
⑤ 스키밍가격전략 : 비용이나 시세를 기준으로 가격을 결정하던 전통적인 방식이 아니라 고객에 대한 가치를 기준으로 가격을 결정하는 전략이다.

정답 ②

정답해설 침투가격전략은 신제품을 시장에 선보일 때 초기에는 낮은 가격으로 제시한 후 시장점유율을 일정 수준 이상 확보하면 가격을 점차적으로 인상하는 정책으로 빠른 시간 안에 시장에 침투하여 목표한 시장점유율을 달성하고자 할 때 활용하며 시장침투가격전략, 혹은 도입기 저가전략이라고도 한다.

오답해설 ① 스키밍가격전량에 대한 설명이다.
③ 재판매가격유지전략에 대한 설명이다.
④ 단일가격전략에 대한 설명이다.
⑤ 가치기반가격에 대한 설명이다.

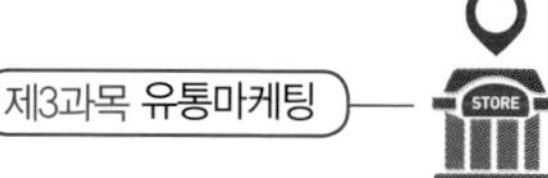

019 다음 중 점포 레이아웃 형태에 관한 설명으로 옳지 않은 것은?

① 점포 레이아웃 설정은 고객밀집을 막고 부문 간 이동을 쉽게 하며 매장으로 이동되는 상품 운반이 용이하면서 고객들이 매장을 아무런 방해 없이 바라볼 수 있게 하는 목적을 갖는다.
② 격자형 레이아웃은 점포의 공간 효율성을 높이려는 레이아웃으로 상품들을 직선형으로 배치하여 상품 배열과 배열 사이에 고객들이 움직일 수 있는 복도를 만드는 것이다.
③ 격자형 레이아웃은 대체로 식료품점에서 구현하는 방식이며 집기의 반복배치로 인한 비용과다의 문제점이 발생한다.
④ 경주로형 레이아웃은 전체 점포에 걸쳐 고객이동이 용이하기 때문에 쇼핑을 증대시킨다.
⑤ 부티크형 레이아웃은 특정 쇼핑 테마별로 하나의 독립적인 공간처럼 배치하는 형식으로 고객의 구매를 촉진시키고 좋은 점포분위기를 형성시킨다.

정답 ③

정답해설 격자형 레이아웃은 진열기구가 반복 배치된 형태로 동일제품에 대한 반복구매빈도가 높은 슈퍼마켓 등의 점포에서 주로 사용하며 규격화된 비품을 사용하여 설비비가 절감되고 판매 공간 구성이 효율적이다.

020 다음 설명에 일치하는 재고관리기법은?

> 경제적 주문비용과 재고유지비용을 합한 총비용이 최소가 되도록 주문량을 산정하는 기법으로 재고품의 단위원가가 최소가 되는 1회의 주문량을 구해 재고관리에 활용된다.

① EOQ ② ROP
③ ABC ④ JIT
⑤ MRP

정답 ①

정답해설 주문비용과 재고유지비용의 합으로 표현되는 총비용을 최소화하도록 하는 1회의 주문(발주)량은 EOQ이다.

$$EOQ = \sqrt{\frac{2 \times \text{주문비용} \times \text{연간총수요량}}{\text{단위당재고유지비용}}}$$

021 다음 중 고객의 심리를 자극하는 AIDCA 원칙의 구성요소로 옳지 않은 것은?

① 주의(Attention) ② 관심(Interest)
③ 욕망(Desire) ④ 방문(Come)
⑤ 행동(Action)

정답 ④

정답해설 AIDCA 원칙

- 주의(Attention)
- 관심(Interest)
- 욕망(Desire)
- 확신(Conviction)
- 행동(Action)

022 다음 중 상품을 대량 매입하여 얻을 수 있는 이점으로 볼 수 없는 것은?

① 거래조건 조정이 용이하다.
② 구매업무가 단순화, 표준화, 전문화된다.
③ 연간 매입횟수가 줄어든다.
④ 독촉, 검수, 수령 등의 발주비가 절감된다.
⑤ 불용재고문제가 최소화된다.

정답 ⑤

정답해설 불용재고문제를 최소화하는 것은 소량매입(수시매입)이며 불용재고의 발생은 대량매입의 문제점이다.

023 다음 중 고객관계관리(CRM)에 관한 설명으로 옳지 않은 것은?

① 고객관계관리는 고객의 획득, 유지, 수익성 향상을 위해 기업내부에 축적된 고객정보를 효과적으로 활용하여 고객과의 관계를 유지 · 확대 · 개선함으로써 고객의 만족과 충성도를 제고하고 기업 및 조직의 지속적인 운영 · 확장 · 발전을 추구하는 고객관련 제반 프로세스 및 활동이다.
② 고객관계관리의 목표는 한 번의 고객을 기업의 평생고객으로 전환시켜 궁극적으로 기업의 장기적인 수익을 극대화하는 것이다.
③ 고객관계관리는 기본적으로 관계획득, 관계유지, 관계강화로 구성되며 신규고객획득 및 목표고객선정, 고객생애가치의 극대화, 고객이탈방지 및 유지, 유치된 고객의 지속적인 관리 등을 수행하여 기업 경쟁자보다 탁월한 고객가치와 고객만족을 제공할 것이 요구된다.
④ 과거에는 모든 고객을 대상으로 관계를 형성하기 위한 대량 마케팅을 실시했으나 최근에는 수익성이 높은 소수의 고객들을 대상으로 관계를 구축하는 고객관리가 중요해지고 있다.
⑤ 고객자본은 고객들로부터 미래의 일정 기간 동안 얻게 될 이익을 할인율에 의거해 현재가치로 환산한 재무적 가치로 한 고객이 평균적으로 기업에게 기여하는 미래 수익이 현재가치로 환산되는 가치이며 고객과 기업 간에 존재하는 관계의 전체가 가지는 가치이다.

정답 ⑤

정답해설 고객생애가치(CLV : Customer Lifetime Value)는 고객들로부터 미래의 일정 기간 동안 얻게 될 이익(수입 · 비용)을 할인율에 의거해 현재가치로 환산한 재무적 가치로 한 고객이 평균적으로 기업에게 기여하는 미래 수익이 현재가치로 환산되는 가치이며 고객과 기업 간에 존재하는 관계의 전체가 가지는 가치이다.

024 다음에서 설명하는 서비스의 특성으로 옳지 않은 것은?

① 무형성 : 서비스는 눈에 보이지 않고 만질 수 없는 등 물리적인 실체를 가지고 있지 않다.
② 반복성 : 서비스는 동일한 품질 가이드라인에서 고객에게 반복적으로 제공된다.
③ 소멸성 : 서비스는 전달되는 즉시 사라지는 특성을 가지고 있다.
④ 비분리성 : 서비스가 제공되는 동시에 해당 서비스를 전달받는다.
⑤ 변동성 : 동일한 서비스라도 상황에 따라 많은 요소들이 다르게 전달될 수 있다.

정답 ②

정답해설 서비스의 특성

- **무형성** : 서비스는 눈에 보이지 않고 만질 수 없는 등 물리적인 실체를 가지고 있지 않다.
- **소멸성** : 서비스는 전달되는 즉시 사라지는 특성을 가지고 있다.
- **비분리성** : 서비스가 제공되는 동시에 해당 서비스를 전달받는다.
- **변동성** : 동일한 서비스라도 상황에 따라 많은 요소들이 다르게 전달될 수 있다.

025 다음 내용에서 설명하는 서비스에 대한 고객의 지각 차이는?

고객의 기대가 형성되는 과정에 대한 경영자의 이해 부족으로 발생, 기업에 대한 과거 경험, 개인적 욕구, 친구와의 커뮤니케이션 등에 의해 형성된다.

① 서비스에 대한 고객 기대와 경영자 인식의 차이
② 경영자 인식과 서비스 품질표준의 차이
③ 서비스 품질표준과 서비스 전달수준의 차이
④ 서비스전달과 외부 의사소통의 차이
⑤ 서비스에 대한 고객 기대와 서비스 인식의 차이

정답 ①

정답해설 해당 설명은 서비스 품질 격차 모형에서 서비스에 대한 고객 기대와 경영자 인식의 차이에서 발생하는 지각 차이에 대한 내용이다.

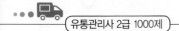

026 **다음 중 서비스 품질 모형(5요인)의 측정 요소에 포함되지 않는 것은?**

① 신뢰성 : 약속된 서비스를 정확하게 수행하는 능력
② 대응성 : 고객의 요구에 신속하게 대응하는 능력
③ 가용성 : 접촉 가능성과 접촉 용이성
④ 확신성 : 직원들의 서비스 지식과 예절 등이 고객에게 믿음과 확신을 주는 정도
⑤ 유형성 : 물리적 시설, 장비, 직원들의 외모 등 물적 요소

정답 ③

정답해설 SERVQUAL의 5개 차원
- **신뢰성** : 약속된 서비스를 정확하게 수행하는 능력
- **대응성** : 고객의 요구에 신속하게 대응하는 능력
- **확신성** : 직원들의 서비스 지식과 예절 등이 고객에게 믿음과 확신을 주는 정도
- **공감성** : 고객을 이해하는 자세와 고객과의 의사소통 정도
- **유형성** : 물리적 시설, 장비, 직원들의 외모 등 물적 요소

027 **다음 가정 하에서 나타나는 손익분기점의 수량은?**

- 제품의 매출액 : 2,500만 원
- 제품의 단위당 변동비 : 37,000원
- 제품생산에 소요되는 시설의 고정비 : 9,250만 원
- 제품의 가격설정방식 : 원가가산법(변동비의 150%)

① 1,000개
② 3,000개
③ 5,000개
④ 7,000개
⑤ 10,000개

정답 ③

정답해설 제품의 단위당 판매가격 = 37,000 × 1.5 = 55,500원
제품의 단위당 판매 공헌이익 = 55,500 − 37,000 = 18,500원

$\therefore$ 손익분기점수량 $= \frac{92,500,000}{18,500} = 5,000$

28 다음 고객 컴플레인 관리에 관한 설명으로 옳지 않은 것은?

① 컴플레인은 고객이 상품을 구매하는 과정 및 구매한 상품에 관해 품질 · 서비스 불량 등을 이유로 불만을 제기하는 것으로 매장 내에서 발생하는 상황이다.
② 컴플레인 처리전략으로 시스템(System), 시간(Time), 장소(Place)를 바꾸는 방법을 활용한다,
③ 상품이나 서비스에 대한 고객의 컴플레인 표시는 매장관리에 있어서 귀중한 정보이다.
④ 기업은 컴플레인에 대응하기 위한 서비스 회복 가이드라인을 정립하여 공정성과 고객만족의 목표를 동시에 달성할 수 있도록 지속적으로 노력해야 한다.
⑤ 판매원에게는 기본적으로 고객응대를 위해 경청하는 능력, 자신의 생각과 감정을 체계적으로 잘 전달하는 능력, 적절한 화제 선택 능력, 효과적인 대화 전개 방법 개발 등이 필요하다.

정답 ②

정답해설 일반적인 컴플레인 응대전략
- 사람(Man)을 바꾼다.
- 시간(Time)을 바꾼다.
- 장소(Place)를 바꾼다.

29 다음 중 재고유지비용에 포함되지 않는 것은?

① 재고에 묶인 자본의 기회비용
② 품절 비용
③ 저장시설 비용
④ 취급 비용
⑤ 보험료

정답 ②

정답해설 재고유지비용에 속하는 비용
- 재고에 묶인 자본의 기회비용
- 저장시설 비용
- 취급 비용
- 보험료
- 진부화
- 세금

030 중간상의 협조를 얻기 위한 제조업자의 촉진수단에 해당하지 않는 것은?

① 거래할인
② 판촉지원금
③ 쿠폰
④ 기본계약할인
⑤ 상품지원금

정답 ③

정답해설 쿠폰은 소비자 대상 판매촉진 수단에 해당한다.

031 다음 중 푸시전략에 대한 설명으로 옳지 않은 것은?

① 고압적인 마케팅으로 소비자의 욕구는 무시된다.
② 대량생산된 제품을 대상으로 한다.
③ 제조업자는 도매상에게, 도매상은 소매상에게, 소매상은 최종소비자에게 적극적으로 물건을 판매한다.
④ 제조업자가 이를 실행하면 대중광고와 최종소비자 대상의 판매촉진 비중이 커진다.
⑤ 제조업자가 이를 실행하면 인적판매와 중간상 대상의 판매촉진 비중이 커진다.

정답 ④

정답해설 ④는 풀전략에 대한 설명으로 푸시전략와 상반된 개념이며 제조업체가 최종소비자를 상대로 적극적인 판촉활동을 함으로써 결국 소비자가 자사 제품을 찾게 하여 중간상들이 자발적으로 자사 제품을 취급하는 방식이다.

032 소매상의 강점과 약점을 파악하기 위한 분석 요인 중 소매상 외적 요인에 해당하는 것은?

① 취급하는 상품의 구색
② 제공하는 대고객 서비스
③ 경영기법과 판매원 능력
④ 소비자의 기대와 욕구
⑤ 조직에 대한 종업원의 태도

정답 ④

정답해설 ④를 제외한 나머지는 모두 소매상 내적 요인에 해당한다.

33 주어진 내용에서 공통으로 설명하는 용어는?

- 매장의 개별 상품 및 상품구성을 가장 효과적이고 효율적인 방법으로 소비자에게 제시함으로써 자본과 노동의 생산성을 최대화하려는 활동
- 적절한 상품준비와 연출을 통해 소비자의 상기구매, 연관구매, 충동구매를 유도하기 위한 활동
- 소비자의 구매의욕을 불러일으키기 위한 활동

① 윈도우 디스플레이
② 인스토어 머천다이징
③ 상품화 활동
④ 상품 구성 전략
⑤ 판매촉진 진열

정답 ②

정답해설 인스토어 머천다이징은 한정된 매장 안에서 가장 생산성이 높은 매장을 꾸미고자 하는 것을 의미하는 것으로 상품, 진열, 판촉 측면에서 가장 좋은 성과를 올리고자 하는 고안이다.

34 유통마케팅 조사에서 2차 자료를 사용하려면 먼저 품질을 평가해야 하는데 그 품질평가 기준으로서 가장 옳지 않은 것은?

① 회사 정보시스템에 포함된 내부성
② 조사문제 해결 시점 기준의 최신성
③ 수집 및 보고 과정의 정확성
④ 수집 및 보고 과정의 객관성
⑤ 조사 프로젝트의 적합성

정답 ①

정답해설 2차 자료는 당면 목적을 위해 수집된 자료가 아니기 때문에 최신성, 정확성, 객관성, 적합성 등과 같은 속성을 갖추었을 때 사용해야 한다.

35 한 기업이 생산 및 공급하는 모든 제품의 배합을 일컫는 말은?

① 상품 구색(Product Assortment)
② 상품 품목(Product Item)
③ 상품 계열(Product Line)
④ 상품 믹스(Product Mix)
⑤ 상품 카테고리(Product Category)

정답 ④

정답해설 상품 믹스(Product Mix)는 소비자의 욕구 또는 경쟁자의 활동 등 마케팅 환경요인의 변화에 대응하여 한 기업이 장에 제공하는 모든 제품의 배합으로 제품계열(Product line)과 제품품목(Product item)의 집합을 말한다.

오답해설 ① **상품 구색(Product Assortment)** : 고객들이 한 곳에서 구매하고자 하는 상품들의 조합내용
② **상품 품목(Product Item)** : 규격 · 가격 · 외양 및 기타 속성이 다른 별개의 제품단위로 제품계열 내의 단위
③ **상품 계열(Product Line)** : 동일한 성능 · 용도를 가지거나 동일한 고객층이나 가격대를 가진 상품군
⑤ **상품 카테고리(Product Category)** : 상품 유형에 따라 상품을 조직화하는 방법

036 판매촉진(또는 판촉)에 관한 설명으로 옳은 것은?

① 판촉은 시용(trial)이나 구매와 같은 즉각적인 행동을 유발하는 것이 목적이다.
② 판촉과 광고는 상호 대체적이어서 함께 사용하지 않는 것이 원칙이다.
③ 경쟁점포와 차별화하기 쉬울수록 판촉의 활용빈도가 높아진다.
④ 푸시(Push)전략에는 영업판촉보다 소비자판촉이 적합하다.
⑤ 판촉실시 이후 판매량은 높아진다.

정답 ①

정답해설 판매촉진은 정보의 제공을 통하여 소비자와 판매업자를 동시에 자극, 설득함으로써 판매고와 이윤을 증대하려 모든 기업 활동을 의미하며 시용(trial)이나 구매와 같은 즉각적인 행동을 유발하는 것이 목적이다.

오답해설 ② 판촉과 광고는 상호보완적이어서 함께 사용하는 것이 좋다.
③ 경쟁점포와 차별화하기 어려울수록 판촉의 활용 빈도가 높아진다.
④ 푸시(Push)전략에는 소비자판촉보다 영업판촉이 적합하다.
⑤ 새로운 고객을 유치하지 못한 판촉으로 인해 판촉실시 이후에 오히려 판매량이 낮아질 수 있다.

037 소매점포의 구성과 배치에 관한 원칙으로 가장 옳지 않은 것은?

① 점포분위기는 표적고객층과 걸맞아야 하고 그들의 욕구와 조화를 이룰 수 있도록 설계해야 한다
② 점포의 구성과 배치는 고객의 충동구매를 자극하지 않도록 설계해야 한다.
③ 점포의 내부 디자인은 고객의 구매결정에 도움을 줄 수 있어야 한다.
④ 점포의 물리적 환경은 고급스러움보다 상품과 가격대와의 일관성이 더 중요하다.
⑤ 판매수익이 높고 점포의 분위기를 개선할 수 있는 품목을 점포의 좋은 위치에 배치한다.

정답 ②

정답해설 점포의 구성과 배치는 고객의 충동구매를 자극하도록 설계해야 한다.

038 POS의 도입효과에 대한 설명으로 옳지 않은 것은?

① 고객 데이터를 통해서 계산원의 부정을 방지하기 위한 것이다.
② 고객과의 지속적 관계를 발전시켜 고객생애가치를 극대화하려는 것이다.
③ 상품계획 시 철수상품과 신규취급 상품을 결정하는 데 도움을 주려는 것이다.
④ 매장의 판촉활동을 평가하는 정보를 제공하여 효율적인 판매촉진을 하려는 것이다.
⑤ 각종 판매정보를 체계적으로 관리하여 상품 회전율을 높이고자 하는 것이다.

정답 ②

정답해설 ②는 CRM의 도입 배경에 대한 설명이다.

039 오프프라이스(off price) 의류점에서 격자형(grid) 레이아웃이 활용되었을 때의 장점으로 옳지 않은 것은?

① 비용 효율성이 좋다.
② 공간이용의 효율성이 높다.
③ 고객들을 자연스럽게 매장으로 유인한다.
④ 일상적이면서 계획된 구매행동을 촉진한다.
⑤ 상품진열에 필요한 걸이의 소요량을 감소시킨다.

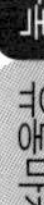

정답 ③

정답해설 격자형 레이아웃은 고객들을 자연스럽게 매장 안으로 유인하지 못한다.

040 다음 중 교차판매(Cross-Selling)에 대한 설명으로 옳지 않은 것은?

① 동일한 분야로 분류될 수 있는 제품 중 소비자가 희망하는 제품보다 단가가 높은 제품의 구입을 유도한다.
② 자체 개발한 상품에만 의존하지 않고 관련된 제품까지 판매하는 적극적인 판매방식이다.
③ 고객이 선호할 수 있는 추가제안을 통해 다른 제품을 추가 구입하도록 유도할 수 있다.
④ 대체재나 보완재가 있는 상품과 서비스에 효과적이다.
⑤ 시너지 효과뿐 아니라 자회사간의 수익구조 불균형을 해소할 수 있다.

정답 ①

정답해설 ①은 업셀링(Upselling)에 관한 설명이다.

041 인적판매에 대한 설명으로 옳지 않은 것은?

① 소비자와 대화를 나누며 상품 관련 정보를 제공하고 설득하여 판매활동을 종결한다.
② 소비자의 질문이나 요구에 대하여 즉각적인 피드백이 가능하다.
③ 소비자마다 다르게 요구하는 사항들을 충족시키기 위해 필요한 방법을 신속하게 제시할 수 있다
④ 다른 촉진활동에 비해 더 효과적으로 소비자반응을 유도해 낼 수 있다.
⑤ 백화점의 판매원과 같은 주문창출자와 보험판매원과 같은 주문수주자의 두 가지 유형으로 구분된다.

정답 ⑤

정답해설 인적판매는 구입을 유도하기 위해 고객 및 예상고객과 직접 접촉하는 것으로 백화점의 판매원과 보험판매원은 두 주문수주자에 해당한다.

042 고가격 전략을 수립할 수 있는 경우로서 옳지 않은 것은?

① 최신의 특정상품을 세심한 고객응대를 통해 판매하는 전문점
② 고객의 요구에 맞춘 1 : 1 고객서비스에 중점을 두는 소매점
③ 품위 있는 점포분위기와 명성을 중요시하는 고객을 타깃으로 하는 소매점
④ 고객 맞춤형 점포입지를 확보하고 맞춤형 영업시간을 운영하는 소매점
⑤ 물적 유통비용의 절감을 통해 규모의 경제를 실현하고자 하는 소매점

정답 ⑤

정답해설 규모의 경제는 대량생산을 통해 비용을 절감하여 저가격전략을 수립하기 위한 전략이다.

043 소매수명주기 중 판매증가율과 이익수준이 모두 낮은 단계에 수행해야 하는 소매업자의 전략은?

① 성장유지를 위한 높은 투자
② 특정 세분시장에 대한 선별적 투자
③ 소매개념을 정립 및 정착시키는 전략
④ 소매개념을 수정하여 새로운 시장에 진출하는 전략
⑤ 자본지출을 최소화하는 탈출전략

정답 ③

정답해설 소매수명주기 중 판매증가율과 이익수준이 모두 낮은 단계는 도입기로 이 시기에는 제품에 대한 위험부담이 크므로 투자를 최소화하는 전략을 사용한다.

오답해설 ① 성장기에 수행하는 전략이다.
② · ④ 성숙기에 수행하는 전략이다.
⑤ 쇠퇴기에 수행하는 전략이다.

044 소셜미디어 마케팅의 장점으로 옳은 것은?

① 표적화 되어있고 인적인 속성이 강하다.
② 소셜미디어 캠페인의 성과는 측정이 용이하다.
③ 마케터의 메시지 통제 정도가 강하다.
④ 기업과 제품에 대한 정보를 푸시를 통해 적극적으로 제공한다.
⑤ 소셜미디어 캠페인은 실행이 단순하고 역효과가 없다.

정답 ①

정답해설 소셜미디어 마케팅은 다양한 소셜미디어의 고객 접점을 기반으로 하므로 표적화 되어있고 인적인 속성이 강하다. 즉 기존의 일반적인 마케팅과 달리 고객이 주체가 되어 자발적으로 블로그나 트위터 등을 활용해 기업의 제품이나 서비스에 관한 아이디어로 상품 개선에 적극적으로 개입한다.

오답해설 ② 소셜미디어는 수많은 소비자들이 참여하므로 소셜미디어 캠페인의 성과를 측정하기 어렵다.
③ 마케터의 메시지가 실시간으로 전달되지만 소비자의 반응은 통제할 수 없다.
④ 기업과 제품에 대한 정보를 쌍방향 소통인 풀 전략을 통해 적극적으로 제공한다.
⑤ 소셜미디어 캠페인은 소비자의 반응이 부정적일 경우 반대로 역효과가 발생한다.

045 상품의 판매동향을 탐지하거나 상품개발, 수요예측 등을 위하여 실험적으로 운영되는 점포들로 짝지어진 것은?

① 플래그숍, 안테나숍
② 테넌트숍, 파일럿숍
③ 마크넷숍, 플래그숍
④ 파일럿숍, 안테나숍
⑤ 센싱숍, 마그넷숍

정답 ④

정답해설 파일럿숍은 상품의 판매동향을 탐지하기 위해 메이커나 도매상이 직영하는 소매점포로 의류 등 유행에 따라 매출액이 좌우되기 쉬운 상품에 관해 재빨리 소비자의 반응을 파악하여 상품개발이나 판매촉진책의 연구를 돕는 전략점포로 안테나숍이라 부르기도 한다.

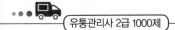

046 데이터 간의 유사성을 정의하고 그 유사성에 가까운 것부터 순서대로 합쳐 가는 분석기법을 뜻하는 말은?

① 컨조인트분석　　② 다차원적 척도법
③ 군집분석　　④ 비율분석
⑤ 회귀분석

정답 ③

정답해설 군집분석은 모집단 또는 범주에 대한 사전 정보가 없을 경우 주어진 관측 값들 사이의 유사성과 거리를 활용해서 전체를 몇몇의 집단으로 구분하고 각 집단의 성격을 파악함으로써 데이터 전체 구조에 대한 이해를 돕는 분석방법으로 서로 유사한 특성을 지닌 대상을 하나의 집단으로 분류한다.

오답해설 ① **컨조인트분석** : 각 제품대안들에 대한 선호순위의 분석을 통해 선호도예측, 시장점유율예측이 가능한 분석기법이다.

② **다차원적 척도법** : 각 대상 간의 객관적 또는 주관적인 관계에 대한 수치적인 자료를 처리해서 다차원의 공간상에 해당 대상들을 위치적으로 표시해 주는 일련의 통계기법이다.

④ **비율분석** : 재무제표 등과 같은 수치화된 자료를 이용하여 항목 사이의 비율을 산출하고 기준이 되는 비율이나 과거의 실적 및 다른 기업과의 비교 등을 통하여 그 의미나 특징, 추세 등을 분석 및 평가하는 방법이다.

⑤ **회귀분석** : 한 변수 혹은 여러 변수가 다른 변수에 미치는 영향력의 크기를 회귀방정식이라고 불리는 수학적 관계식으로 추정하고 분석하는 통계적 분석방법이다.

047 마케팅 믹스전략에 대한 설명으로 옳지 않은 것은?

① 소매상의 상품 전략은 표적시장의 욕구를 충족시키기 위해 상품믹스를 개발하고 관리하는 것이다.
② 대형 유통업체의 PB(Private Brand) 출시는 상품전략 중에서 상표전략에 속한다.
③ 가격전략에서 특정 소매상이 시장점유율을 증대시키고자 한다면 고가격전략을, 이익 증대가 목표라면 저가격 전략을 수립한다.
④ 촉진이란 소비자가 특정 소매상이나 상품을 인지하고 구매하도록 유도하는 활동을 말한다.
⑤ 광고와 인적판매, 판촉, 홍보는 대표적인 촉진 방법이다.

정답 ③

정답해설 가격전략에서 특정 소매상이 시장점유율을 증대시키고자 한다면 저가격전략을, 이익 증대가 목표라면 고가격전략을 수립한다.

048 셀프서비스 매장의 구성 및 설계에 대한 설명으로 옳지 않은 것은?

① 상품은 수직적 진열을 하는 것이 좋다.
② 상품은 앞면을 고객들이 볼 수 있도록 배열한다.
③ 브랜드, 제조자, 가격 등의 정조가 상품 포장에 표시되어야 한다.
④ 고객이 점포의 기능을 직접 수행할 수 있도록 구성해야 한다.
⑤ 고객이 편리하게 상품을 이동할 수 있는 쇼핑카트나 바구니가 비치되어야 한다.

정답 ①

정답해설 셀프서비스 매장에 어울리는 상품진열방식은 개방진열이다.

049 표본추출 유형에 대한 설명으로 옳은 것은?

① 단순무작위표본추출법에서는 모집단의 원소가 모두 알려지지 않고 선택될 확률이 모두 다르다.
② 층화표본추출방법은 모집단이 상호 배타적인 집단으로 나누어진다.
③ 편의표본추출방식은 조사자가 가장 얻기 어려운 모집단 원소를 선정한다.
④ 판단표본추출방식은 조사자가 모집단을 상호 배타적인 몇 개의 집단으로 나누고 그 중에서 무작위로 추출하는 방식이다.
⑤ 할당표본추출방식은 모든 범주에서 무작위의 표본을 추출하는 방식이다.

정답 ②

정답해설 층화표본추출방법은 조사대상을 몇 개의 그룹으로 구분하여 각 그룹에서 무작위로 표본을 추출하는 방법으로 모집단이 상호 배타적인 집단으로 나누어진다.

오답해설 ① 단순무작위표본추출법에서는 모집단의 모든 원소가 알려져 있고 선택될 확률이 높다.
③ 편의표본추출방식은 조사자가 가장 얻기 쉬운 모집단 원소를 선정하는 방식이다.
④ 판단표본추출방식은 조사하고자 하는 모집단을 전형적으로 대표하는 것으로 판단되는 사례를 표본으로 선정하는 방법이다.
⑤ 할당표본추출방식은 몇 개의 범주 각각에서 사전에 결정된 수만큼의 표본을 추출하는 방식이다.

050 다음 설명에 해당하는 것을 뜻하는 단어는?

대규모 공조 설비 시 건물 내를 몇 개로 구분하여 각각 다른 별계통의 공조기 및 덕트류를 설치하여 부하, 사용시간, 사용조건에 맞추어 구분하는 것을 뜻한다.

① 조닝(zoning) ② 페이싱(facing)
③ 브레이크업(break up) ④ 블랙룸(black room)
⑤ 랙(rack)

정답 ①

정답해설 조닝(zoning)은 도시 계획이나 건축 설계에서 공간을 사용 용도와 법적 규제와 기능에 따라 구역별로 구분하는 것으로 각 구역을 존이라고 하며 존은 법령에 의한 방화 구획, 피난 구획 등과 공조나 급수 시설 등의 계통 나누기 등이 있다.

051 아래의 (가)와 (나)에 들어갈 용어가 순서대로 바르게 나열된 것은?

상품수명주기이론의 (가) 단계에서는 시장수요가 증가함에 따라 시장 커버리지를 확대하고 이용가능성을 높이기 위해 개방 경로 정책을 수립해야 하며 (나) 단계에서는 판매가 안정되고 경쟁이 심화되기 때문에 새로운 시장을 찾거나 그 상품에 대한 새로운 용도를 개발하거나 사용빈도를 제고하기 위한 다양한 노력을 기울여야 한다.

① (가) 도입기, (나) 쇠퇴기 ② (가) 도입기, (나) 성숙기
③ (가) 성장기, (나) 성숙기 ④ (가) 성장기, (나) 쇠퇴기
⑤ (가) 성숙기, (나) 쇠퇴기

정답 ③

정답해설 성장기는 수요가 급격히 증가하여 기업의 매출액이 증가하는 단계로 다양한 소비자 욕구를 충족시키기 위한 제품 공급과 개방 경로 정책 수립이 필요하며 성숙기는 상품 단위별 이익은 최고조에 달하지만 수익이나 판매성장이 둔화되고 수요의 변화와 경쟁의 심화 등으로 인해 새로운 상품용도 개발과 마케팅 조정이 요구된다.

52 상품기획 또는 상품화계획 등으로 불리는 머천다이징(merchandising)과 관련된 설명으로 옳지 않은 것은?

① 머천다이징의 성과를 평가하는 대표적 지표인 재고총이익률(GMROI)는 평균재고자산 대비 총마진을 의미한다.

② Merchandiser(MD)는 해당 카테고리에 소속되어 있는 소분류, 세분류, SKU(Stock Keep Unit) 등을 관장한다.

③ SKU는 가장 말단의 상품분류단위로 상품에 대한 추적과 관리가 용이하도록 사용하는 식별관리 코드를 의미한다.

④ SKU는 문자와 숫자 등의 기호로 표시되며 구매자나 판매자는 이 코드를 이용하여 특정한 상품을 지정할 수 있다.

⑤ 일반적으로 SKU는 상품의 바코드에 표기되는 상품단위와 동일한 개념으로 사용되며 보통 유통업체에 의해 정해진다.

정답 ⑤

정답해설 SKU는 개별적인 상품에 대해 재고관리 목적으로 추적이 용이하도록 하기 위해 사용되는 식별관리 코드로 문자와 숫자 등 기호로 표시되며 점포 또는 카탈로그에서 구매 또는 판매할 수 있는 상품에 사용한다.

53 다음 중 상품 계열에 속한 상품들을 분류하여 진열하는 방식은?

① 조정형 진열
② 라이프 스타일형 진열
③ 개방형 진열
④ 주제별형 진열
⑤ 임의적 분류 진열

정답 ⑤

정답해설 임의적 분류 진열은 상품 계열에 속한 상품들을 분류하여 진열하는 방식으로 슈퍼마켓이나 대형마트에서 주로 사용된다.

오답해설 ① **조정형 진열** : 연관되는 상품을 하나의 세트로 진열하는 방식
② **라이프 스타일형 진열** : 고객층의 상품에 대한 관심과 태도 등을 반영하여 진열하는 방식
③ **개방형 진열** : 고객이 상품을 자유롭게 선택할 수 있도록 진열하는 방식
④ **주제별형 진열** : 계절별, 행사별, 상품별로 적합한 콘셉트를 만들어 부문별로 진열하는 방식

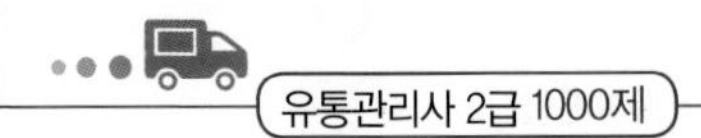

054 유통경로에 참여하는 구성원 간의 관계에서 작용하는 경로파워의 원천을 구분할 때 보상적 파워에 포함되는 것이 아닌 것은?

① 판매지원
② 시장정보
③ 특별할인
④ 마진폭의 인하
⑤ 리베이트

정답 ④

정답해설 마진폭의 인하는 강압적 파워에 해당된다.

055 판매에 있어서 '접근(Approach)'이란 판매를 위한 본론에 진입하는 단계를 말한다. 다음 중 접근에 대한 설명으로 올바르지 않은 것은?

① 고객과의 첫 접촉에서 우호적인 첫인상을 심어주는 것이 판매성공에 매우 중요하다.
② 그저 단순히 고객에게 다가가는 것이 아닌 심리적 거리를 단축해 가는 것을 의미한다.
③ 가장 바람직한 접근은 고객이 판매담당자에게 다가가고 싶은 마음이 생길 수 있도록 하는 것이다.
④ 넓은 의미에서 볼 때 판매는 마무리(Closing)에 이르기까지 어프로치의 연속이라고 할 수 있다.
⑤ 필요한 사전공작이란 고객이 최초의 반응을 보일 때까지의 과정을 쉽게 하는 것이다.

정답 ③

정답해설 접근은 판매를 시도하기 위해 고객에게 다가가는 것으로 고객들이 편안함을 느낄 수 있도록 해야 하고 그들로부터 호감과 신뢰감을 획득하는 것이다.

056 경제학에서는 '소비에 있어서의 경합성(Rivalry in Consumption)'과 '배제성(Excludability)'의 유무에 따라 상품을 분류한다. 다음 중 하나의 예로서 특정 유통매장에서 판매를 위해 진열한 '특정 회사의 MP3 플레이어'는 어느 상품분류에 속하는가?

① 소비에 있어서 경합성은 없지만 배제성이 있는 상품이다.
② 소비에 있어서 경합성과 배제성이 모두 없는 상품이다.
③ 소비에 있어서 경합성과 배제성이 모두 있는 상품이다.
④ 소비에 있어서 경합성은 있지만 배제성이 없는 상품이다.
⑤ 소비에 있어서 경합성과 배제성은 상품과는 아무런 상관관계가 없다.

정답 ③

정답해설 경합성이란 어떤 소비주체가 하나의 재화(혹은 서비스)를 소비할 때 동시에 다른 소비주체가 소비할 수 없는 성질이고 배제성이란 어떤 재화의 공급주체가 임의로 소비주체를 재화의 소비로부터 배제할 수 있는 능력을 말한다. 문제의 MP3처럼 소비의 경합성도 있고 배제성도 있는 재화를 '사적 재화(Private Goods)'라 하고 공기와 같이 소비의 경합성도 없고 배제성도 없는 재화를 '공공재(Public Goods)'라고 한다.

057 소매기업이 소비자들에게 흔히 사용하는 커뮤니케이션 수단 중 다음의 수단들이 해당되는 커뮤니케이션 수단은?

> 신문게재용 자료, 연설, 세미나, 로비, 자선적 기부

① 광고
② 판매촉진
③ 공중관계
④ 인적판매
⑤ 직접 마케팅

정답 ③

정답해설 공중관계는 기업, 단체 또는 관공서 등의 조직체가 커뮤니케이션 활동을 통하여 스스로의 생각이나 계획 · 활동 · 업적 등을 널리 알리는 활동으로 기자회견, 제품 및 기업 홍보, 로비활동 등이 이에 속한다.

058 다음 중 통합적 마케팅에 대하여 가장 올바르게 설명하고 있는 것은?

① 마케팅을 기획하고 통제하는 조직과 마케팅 기능을 실행하는 조직을 통합함으로써 마케팅의 효과성을 높이는 것을 말한다.
② 다양한 산업분야별로 고유한 특성에 따라 차별적으로 실행되는 개별마케팅을 통합하는 것을 말한다.
③ 점차 다양하고 복잡해지는 마케팅의 다양한 도구와 기능들을 일관성 있게 통합하여 실행해 나가는 것을 말한다.
④ 생산, 인사, 재무, 회계, 연구개발 등 기업활동의 다양한 영역들을 마케팅 기능을 중심으로 통합하는 것을 말한다.
⑤ 제품의 수직적 유통단계를 전문적으로 관리하고 집중적으로 계획한 유통망을 말한다.

정답 ④

정답해설 통합적 마케팅은 전사적 마케팅이라고도 하며 이는 마케팅적 사고가 기업 전반에 확산될 때 실현될 수 있다.

059 광고 용어 중 CPM에 대한 설명에 해당하는 것은?

① 특정 기간에 적어도 한 번 이상 광고매체에 의해 노출된 사람의 숫자
② 이용자 한 사람이 동일한 광고에 노출되는 평균횟수(빈도)
③ 매체도달 범위, 어떤 광고매체가 도달될 수 있는 수용자의 수 또는 광고매체가 도달되는 지리적 범위
④ 누적 수용자, 여러 미디어를 통해 최소한 한 번 이상 광고에 접촉된 사람들의 총 숫자
⑤ 청중 1,000명에게 광고를 도달시키는 데 드는 비용을 말한다.

정답 ⑤

정답해설 CPM(Cost Per Millenium)은 광고주가 사용한 광고비의 효율성을 나타내는 지표로, 1,000회 노출이라는 점에서 Millennium 대신 Thousand를 사용해 CPT(Cost Per Thousand)라고도 한다. 광고비가 고정되어 있기 때문에 추가 비용이 들어가지 않아 비교적 저렴하게 광고를 할 수 있으며, 이용이 편하고, 과열경쟁을 피할 수 있다는 장점이 있는 반면 광고효과와 관계없이 광고비가 들어가고 기존 업체가 계속적으로 광고를 할 경우 키워드광고 리스트에 들어갈 수 없는 등 유동성을 발휘할 수 없다는 단점이 있다.

오답해설 ① 도달(Reach)에 대한 설명이다.
② 빈도(Frequency)에 대한 설명이다.
③ 커버리지(Coverage)에 대한 설명이다.
④ 누적 청중(Audience Accumulation)에 대한 설명이다.

060 다음 중 격자형(Grid) 레이아웃의 특징으로 옳은 것은?

① 곤돌라와 고객이 지나는 통로를 한 개만 배치하는 방법이다.
② 진열되는 상품이 그날마다 새롭게 바뀐다.
③ 진열기구 등의 직각의 형태를 취하고 있다.
④ 제품의 위치를 모르고 있는 소비자에게 적합한 배치방법이다.
⑤ 규모가 작은 전문매장이나 여러 개의 작은 전문매장들이 모여서 구성되는 대형쇼핑몰에서 주로 사용한다.

정답 ③

정답해설 격자형 레이아웃은 점포의 공간 효율성을 높이려는 레이아웃으로 상품들은 직선형으로 병렬 배치되며 계산대, 진열대 쇼케이스 등의 진열기구가 직각으로 연결된다.

오답해설 ① 격자형 레이아웃은 상품이 진열되어 있는 곤돌라와 고객이 지나는 통로를 반복해서 배치한다.
② 격자형 레이아웃은 많은 상품을 한꺼번에 진열할 수 있어 공간생산성을 높일 수 있다.
④ 격자형 레이아웃은 구매하고자 하는 제품의 위치를 미리 알고 있는 소비자에게 적합한 배치방법이다.
⑤ 격자형 레이아웃은 고객의 동일 제품에 대한 반복구매 빈도가 높은 소매점인 슈퍼마켓이나 할인매장에 주로 쓰인다.

61 일반적으로 소매기관이 사용할 수 있는 가격관리전략에 대한 설명으로 옳은 것은?

① 이익극대화 가격결정은 유통전략과 상품개발전략을 활용하여 투자이익률을 극대화시킨다.
② 경쟁적 가격결정은 경쟁업체들의 가격결정 전략에 대응하고 그들과의 가격적인 차별화를 목적으로 한다.
③ 시장점유율극대화 가격결정은 표적시장에서 다루는 모든 제품의 가격을 정책적으로 인하하여 소비자의 구매를 유도한다.
④ 촉진적 가격결정은 제품에 대한 구매보다는 이익을 조장하여 모든 가격정책의 목적을 판매수익의 극대화에 둔다.
⑤ 차별적 가격결정은 원가에서의 차이에 비례한다.

정답 ②

정답해설 경쟁적 가격결정은 경쟁업체들의 가격결정 전략에 대응하고 그들과의 가격적인 차별화를 목적으로 한다.

오답해설 ① 이익극대화 가격결정은 유통구조의 합리적 개선으로 인한 비용절감과 경쟁우위 확보 측면에서 마케팅전략 등을 활용하여 투자이익률을 극대화시킬 수 있다.
③ 시장점유율극대화 가격결정은 표적시장에서 시장점유율 향상을 목적으로 특정제품에 대한 가격을 정책적으로 인하하여 소비자의 구매를 유도한다.
④ 촉진적 가격결정은 이익보다는 제품에 대한 구매를 조장하여 시장점유율을 증대시키기 위한 목적으로 추진한다.
⑤ 차별적 가격결정은 원가에서의 차이에 비례하지 않고 2가지 이상의 가격으로 판매하는 것으로 고객세분화 가격, 상품형태별 가격 등을 포함한다.

62 소비자의 정보탐색과 관련된 다음의 내용으로 잘못된 것은?

① 현재 가지고 있는 정보나 신념, 태도가 부적절하다고 생각할 때 시작한다.
② 소비자의 정보탐색의 양은 탐색으로부터 얻는 이득과 탐색에 소요되는 비용을 동시에 고려하여 결정한다.
③ 일반적으로 소비자는 구매정보탐색에 있어 외부탐색보다 내부탐색을 먼저 시도한다.
④ 소매업체는 자신의 소매믹스전략을 통해 소비자에게 정보탐색의 기회를 늘려줄 수 있다.
⑤ 최고급자동차를 소유하고 있으면서 동시에 이에 상응하지 않는 할인서비스 주유소에서 주유하거나 쇼핑을 일관되지 않게 고급백화점에서의 쇼핑과 할인점에서의 쇼핑을 동시에 하는 행위를 교차쇼핑이라고 한다.

정답 ④

정답해설 소매업체는 자신의 소매믹스전략을 통해 소비자에게 정보탐색의 양을 격감시켜 줄 수 있다.

063 직접반응광고의 목적 및 관련 내용으로 옳지 않은 것은?

① 고객들의 인지도나 기업이미지 제고가 주목적이다.
② 광고주와 접촉할 수 있는 방법을 제공함으로써 잠재고객의 직접반응을 촉구하기 위한 의도 만들어진 유료광고이다.
③ 고객의 반응을 유도하는 요소가 포함된 광고의 형태를 말한다.
④ 케이블TV의 상업광고나 홈쇼핑 사업의 번창과 관련이 있다.
⑤ TV광고를 통해 간략한 상품소개와 주문전화번호가 제공되면 이를 시청한 소비자가 무료전 를 이용하여 상품을 주문하는 방식이다.

정답 ①

정답해설 일반광고에서는 제품이 기업이미지의 제고가 주된 목표이지만 직접반응광고에서는 추상적인 이미지보다는 판매 증진 혹은 관심 있는 잠재적 발전이라는 역할이 강조된다.

064 다음과 같은 설명에 해당하는 판매예측방법은?

특정 기술이나 제품에 대한 전문가들의 의견을 종합하고 조정하여 하나의 예측치로 도달해가는 집단적 합의의 방법

① 영업사원 예측법
② 경영자 판단법
③ 시계열 분석
④ 단순 예측법
⑤ 델파이 기법

정답 ⑤

정답해설 델파이 기법은 특정 기술이나 제품에 대한 전문가들의 의견을 종합하고 조정하여 하나의 예측치로 도달해가는 집단적 합의의 방법으로 이 전문가들은 패널로 참석하고 진행자는 예측치를 수집하여 평균과 예측치의 분포를 계 하여 전문가들에게 제공하고 이를 고려하여 다시 예측을 하는 방법이다.

065 서비스 갭(Gap)이란 기대가치와 실제경험가치의 차이를 의미하는데 다음 중 갭(Gap)의 발생 원인에 대해서 바르게 설명한 것은?

① 이해차이 – 과도한 기대수준 형성
② 촉진차이 – 고객 욕구에 대한 오해

③ 과정차이 – 종업원의 훈련부족
④ 행동차이 – 부적절한 업무과정
⑤ 인식차이 – 고객과 기업의 인식차이

정답 ⑤

정답해설 인식차이가 일어나는 원인은 고객과 기업 간의 인식차이에서 발생하는 것으로 고객이 한 번 경험했던 안 좋은 기억을 그 기업의 서비스 수준이 올라가도 여전히 서비스가 낮다고 생각하는 경향을 보인다.

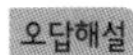
① 이해차이 – 고객 욕구에 대한 오해
② 촉진차이 – 과도한 기대수준 형성
③ 과정차이 – 부적절한 업무과정
④ 행동차이 – 종업원의 훈련부족

66 다음 중 저마진 – 고회전율 중심의 소매 업태에 대한 설명으로 옳지 않은 것은?

① 높은 유통서비스 수준을 유지한다.
② 비교적 분리된 상권에 위치해있다.
③ 시중보다 낮은 가격을 지향한다.
④ 조직구성이 비교적 단순하다.
⑤ 제품이 특별한 노력이 없어도 팔린다.

정답 ①

정답해설 높은 유통서비스 수준은 고마진 – 저회전율 중심의 소매 업태에서 나타나는 특성으로 저마진 – 고회전율 중심의 소매 업태는 최소한 또는 선택적 유통의 서비스 수준을 유지한다.

67 할인점의 CRM에 대한 설명으로 옳지 않은 것은?

① 긴 방문주기로 고객관계 형성의 기회가 적다.
② 비용집행의 효율성과 효과성이 중요하다.
③ 실질적인 맞춤 고객 서비스, 반품 및 환불은 할인점에서 실행한다.
④ 장바구니 분석을 통한 캠페인에 집중할 수 있다.
⑤ 단품수준의 상세분석으로 고객 라이프스타일까지 분석이 가능하다.

정답 ①

정답해설 할인점의 CRM은 짧은 방문주기로 인해 고객관계 형성의 기회가 많다.

068 마케팅 시장조사에서 1차 자료를 수집하기 위한 방법 중 적절하지 않은 것은?

① 현재의 여러 현상을 관찰함으로써 정보를 수집한다.
② 여러 가지 변수의 조건화(통제)를 통한 결과의 차이를 분석한다.
③ 신속하고 경제적으로 정보를 이용하기 위해 정부의 통계나 언론매체 등의 자료를 수집한다.
④ 조사목적에 맞는 여러 가지 유형의 질문이 포함되도록 질문서를 만들어 조사한다.
⑤ 마케팅조사의 목적에 관련된 자료를 기계장치에 의해 수집한다.

정답 ③

정답해설 정부의 통계나 언론매체 등의 자료는 다른 조사를 위하여 타인이 수집한 기존의 자료이므로 2차 자료에 해당한다

069 시장세분화의 한 형태인 밀집화전략에 대한 설명으로 옳지 않은 것은?

① 미니마케팅 전략이라고도 볼 수 있다.
② 자사의 시장점유율 확대를 위하여 타사제품과의 비차별화를 꾀하려는 전략이다.
③ 밀집화된 각 시장부문에 알맞은 제품을 고안하거나 마케팅계획을 수리하는 전략이다.
④ 밀집화의 결과 비용이 상승되고 따라서 이윤이 감소될 경우에는 이 전략의 포기가 오히려 바
직하다.
⑤ 밀집화된 시장부문에 속한 소비자들에게 해당제품과 회사의 이미지를 강화하는 데 유리한
략이다.

정답 ②

정답해설 자사의 시장점유율 확대를 위하여 타사제품과의 차별화를 꾀하려는 전략이다.

070 진열의 유형에 대한 설명으로 올바른 것은?

① 점블 진열(Jumble Display) : 상품을 가지런히 정돈해서 진열하는 방식이다.
② 라이트업 진열(Right Up Display) : 우측보다 좌측에 진열되어 있는 상품에 시선이 머물기
우므로 좌측에 고가격, 고이익, 대용량의 상품을 진열한다.
③ 더미 진열(Dummy Display) : 진열라인에 변화를 주어 고객시선을 유도함으로써 상품과 매
에 주목률을 높이고자 하는 진열이다.
④ 브레이크업 진열(Break up Display) : 진열할 때 상품을 대량으로 보이기 위해 상품 밑에 진
보조기구를 이용하는 것을 말한다.
⑤ 트레이팩 진열(Tray Pack Display) : 상품이 든 박스 아래 부분을 트레이 형태로 잘라내 그
로 진열하는 방식을 말한다.

정답 ⑤

정답해설 트레이팩 진열(Tray Pack Display)은 상품이 든 박스 아래 부분을 트레이 형태로 잘라내 그대로 진열하는 방식으로 대량진열에 적합하다.

오답해설 ① 점블 진열(Jumble Display)은 상품을 아무렇게나 뒤죽박죽 진열하는 방식이다.
② 라이트업 진열(Right Up Display)은 좌측보다 우측에 진열되어있는 상품에 시선이 머물기 쉬우므로 우측에 고가격, 고이익, 대용량의 상품을 진열하는 방식이다.
③ 브레이크업 진열(Break up Display)에 대한 설명이다.
④ 더미 진열(Dummy Display)에 대한 설명이다.

71 다음 중 상표전략에 대한 설명으로 옳지 않은 것은?

① 일반적으로 유상표전략보다 무상표전략을 사용하는 경우에 원가부담이 더 낮다.
② 소형유통기관일수록 유통업자상표보다 제조업자상표를 사용하는 것이 더 유리하다.
③ 개별상품전략은 각 제품에 대한 시장의 규모가 작을수록 더 적합하다.
④ 복수상표전략은 경쟁사의 시장진입을 방해하는 한 방법이다.
⑤ 상표확장전략은 소비자가 인지하는 상품 간에 관련성이 높을 때 쓰는 전략이다.

정답 ③

정답해설 개별상표란 제품품목에 각각 다른 상표를 붙이는 것으로 각 제품에 대한 시장의 규모가 클수록 적합하다.

72 다음 판매가격 결정의 방식 중 가격침투정책을 시행하는 것이 적합한 제품으로 알맞은 것은?

① 경쟁이 심한 제품
② 지역에 따라 수요탄력성이 다른 제품
③ 가구, 의류 등의 선매품
④ 수요의 탄력성이 높은 제품
⑤ 단위당 생산비가 저렴한 제품

정답 ④

정답해설 수요의 탄력성이 높다는 것은 가격에 민감한 제품이라는 의미이므로 가격침투정책을 써서 가격을 낮게 설정하여야 하는데 이는 재빨리 시장에 깊숙이 침투하기 위해 최초의 가격을 고가로 정하기보다는 낮게 설정하여 많은 수의 고객을 빨리 확보하고 시장 점유율을 확대하려는 가격정책이다.

오답해설 ① 현행가격 채택정책에 적합하다.
② 차별가격정책에 적합하다.
③ 가격층화정책에 적합하다.
⑤ 침투가격정책에 적합하다.

073 촉진전략에 관한 설명으로 옳은 것은?

① 광고란 광고제작사에 의한 아이디어, 상품 및 서비스를 비인적방식에 의해 제시하는 것이다.
② 상품에 관계없이 촉진믹스의 성격은 동일하다.
③ 불황기에는 촉진활동보다 경로 및 가격설정전략이 유효하다.
④ 마케팅 커뮤니케이션은 텔레커뮤니케이션과 연계되어 있다.
⑤ 촉진의 본질은 소비자에 대한 정보의 전달이다.

정답 ⑤

정답해설 촉진전략에서 촉진믹스란 마케팅 목표 달성을 위해 사용하는 광고, 인적판매, 판매촉진, PR 등과 같은 마케팅 커뮤니케이션 도구의 조합으로 여기서 중심이 되는 촉진의 본질은 소비자에 대한 정보의 전달이라 할 수 있다.

오답해설 ① 광고란 광고주에 의한 아이디어, 상품 및 서비스를 비인적방식에 의해 제시하는 것이다.
② 촉진전략은 상품에 따라 촉진믹스의 성격에 달라진다.
③ 불황기에는 무엇보다도 촉진활동이 우선되어야 한다.
④ 마케팅 커뮤니케이션과 연계된 것은 기업커뮤니케이션이다.

074 마케팅 커뮤니케이션에 관한 다음의 설명으로 옳은 것은?

① 판매를 목적으로 휴대폰이나 인터넷을 통하여 커뮤니케이션하는 것은 간접 마케팅의 한 형태이다.
② 인적판매는 판매 프레젠테이션, 카탈로그판매, 인터넷 판매, 팩스를 통한 판매 메시지의 발송 등을 포함한다.
③ 커뮤니케이션 모델에서 잡음(Noise)이란 커뮤니케이션을 하는 쌍방 간의 의견 불일치를 의미한다.
④ 마케팅커뮤니케이션 과정은 표적고객들과 자사 및 자사 제품 간의 모든 잠재력 상호작용을 검토하는 것에서 출발해야 한다.
⑤ 촉진예산 결정기준의 하나인 지불능력기준법은 과거의 매출이나 미래의 매출 예측치를 근거로 예산을 결정하는 방법이다.

정답 ④

정답해설 마케팅커뮤니케이션은 기업이 제품이나 정보를 계획적, 의도적으로 소비자에게 전달하는 행동으로 마케팅 활동을 촉진시키는 것에 목적을 두고 있으며 그 과정은 표적고객들과 자사 및 자사 제품 간의 모든 잠재력 상호작용을 검토하는 것에서 출발해야 한다.

오답해설 ① 판매를 목적으로 휴대폰이나 인터넷을 통하여 커뮤니케이션하는 것은 직접 마케팅의 한 형태이다.
② 판매 프레젠테이션, 카탈로그판매, 인터넷 판매, 팩스를 통한 판매 메시지의 발송 등은 비인적판매의 방법에 해당한다.

③ 커뮤니케이션 모델에서 잡음(Noise)이란 계획하지 않았던 커뮤니케이션 과정상의 왜곡을 의미한다.
⑤ 지불능력기준법은 촉진이 매출에 미치는 영향을 완전히 무시하는 방법이다.

75 마케팅조사에 대한 설명으로 옳지 않은 것은?

① 할당표본이란 모집단에 포함된 조사 대상들의 명단이 기재된 리스트를 할당하는 것이다.
② 소매점들은 매출액에 따라 대형, 중형, 소형으로 나눈 다음 각 소집단으로부터 표본을 무작위로 추출하는 경우 층화표본추출에 해당한다.
③ 표본의 크기가 표본의 대표성을 보장해 주는 것은 아니다.
④ 현재 일어나고 있는 유통현상을 보다 정확하게 이해하려는 목적의 조사는 기술적 조사에 해당한다.
⑤ 인과적 조사를 위해서는 엄격한 실험설계를 하는 것이 바람직하다.

정답 ①

정답해설 ①은 표본프레임에 대한 설명으로 할당표본추출법은 미리 정해진 분류기준에 의해 전체표본을 여러 집단으로 구분하고 각 집단별로 필요한 대상을 추출하는 방법이다.

76 다음 중 최근 카테고리 매니지먼트(CM : Category Management)의 필요성이 점차 커지게 된 배경으로 가장 거리가 먼 것은?

① 매장차별화를 통한 고객유치의 필요성이 높아졌기 때문에
② 늘어나는 신제품의 출현으로 과학적 방법에 의한 공간 할당 및 제품믹스의 필요성이 높아졌기 때문에
③ 유통경로 상에서 경로구성원 사이의 카테고리 경쟁과 갈등이 심화되었기 때문에
④ 효율적인 머천다이징을 도모하면서 불필요한 과정을 제거할 필요성이 높아졌기 때문에
⑤ 시장에서의 경쟁이 심해졌기 때문에

정답 ②

정답해설 카테고리 매니지먼트의 등장배경
- 소비자 구매형태의 복잡화와 다양화
- 시장에서의 경쟁 심화
- 머천다이징 및 판촉 개선을 통한 이익 증대 방법 모색
- 급격한 신제품의 출현
- 유통업체와 제조업체 간의 관계 변화
- 정보기술의 실용화

077 **점포의 레이아웃 설계의 기본원칙에 관한 설명으로 옳지 않은 것은?**

① 제품을 진열하는 매장 공간, 고객서비스 공간, 창고 등과 같은 점포의 중요기능공간의 규모 위치를 간략하게 보여주는 것을 거품계획이라고 한다.
② 페이싱이란 페이스의 수량을 뜻하는 것으로 앞으로 볼 때 하나의 단품을 옆으로 늘어놓은 개 를 말한다.
③ 매장은 진열된 상품들을 종류별로 쉽게 찾을 수 있도록 따로따로 구분해야 한다.
④ 고객의 호기심을 충분히 자극할 수 있도록 높이나 조명 및 음악 등에도 세심하게 신경 써야 한다
⑤ 상품 이동 동선은 고객동선과 교차하지 않도록 해야 한다.

정답 ③

정답해설 매장은 고객이 매장을 구석구석 살펴볼 수 있도록 모두 연결해야 한다.

078 **디스플레이의 5원칙(AIDCA)에 대한 설명 중 I와 관련이 있는 것은?**

① 상점의 중점상품을 효과적으로 디스플레이해서 사람의 눈을 끌고 가격은 고객이 잘 알아볼 수 있도록 명기하여 잘 보이도록 전시한다.
② 눈에 띄기 쉬운 장소를 골라 그 상품의 세일즈 포인트를 강조해서 관심을 갖게 하고 디스플 이 상품을 설명한 표찰을 붙인다.
③ '어떻게 해서든지 사고 싶다'는 욕망을 일으키게 해서 구매의사를 일으키도록 한다.
④ 사는 것이 유익하다는 확신을 갖게 하고 고객에게 그 상품구입에 대한 안심과 만족감을 주 동시에 우월감을 줄 수 있는 디스플레이가 되도록 연구한다.
⑤ 충동적인 구매행동을 일으키게 한다.

정답 ②

정답해설 디스플레이의 원칙(AIDCA)

- A(Attention) : 상점의 중점상품을 효과적으로 디스플레이해서 사람의 눈을 끌고 가격은 고객이 잘 알아볼 수 있도록 명기하여 잘 보이도록 전시하여야 한다.
- I(Interest) : 눈에 띄기 쉬운 장소를 골라 그 상품의 세일즈 포인트를 강조해서 관심을 갖게 하고 디스플레이 상품을 설명한 표찰을 붙인다.
- D(Desire) : '어떻게 해서든지 사고 싶다'는 욕망을 일으키게 해서 구매의사를 일으키도록 한다.
- C(Confidence) : 사는 것이 유익하다는 확신을 갖게 하고 고객에게 그 상품구입에 대한 안심과 만족감을 주는 동시에 우월감을 줄 수 있는 디스플레이가 되도록 연구한다.
- A(Action) : 충동적인 구매행동을 일으키게 한다.

79 다음 중 가격민감도에 영향을 미치는 효과에 해당하지 않는 것은?

① 독특한 가치 효과(Unique Value Effect)
② 가격–품질 효과(Price–Quality Effect)
③ 지불자 효과(Shared Cost Effect)
④ 주문방식 효과(Order–Based Effect)
⑤ 전환비용 효과(Switching Cost Effect)

정답 ④

정답해설 가격민감도에 영향을 미치는 효과

- **독특한 가치 효과** : 가격으로 산정할 수 없는 독특한 가치효과를 가지고 있다면 가격민감도는 상대적으로 낮아진다.
- **대체재 인지 효과** : 대체재가 있는 경우 가격민감도는 높아진다.
- **가격–품질 효과** : 품질이 높으면 가격에 큰 영향을 안 받고 낮은 품질의 제품은 가격에 민감하게 반응한다.
- **지불자 효과** : 지불자가 누구냐에 따라 가격민감도가 달라진다.
- **전환비용 효과** : 기존 제품에서 타 제품으로 전환하는 데 드는 비용이 높으면 가격민감도가 낮아진다.

080 고관여 소비자 제품에 대한 광고 전략과 비교하여 저관여 소비자제품에 대한 광고 전략의 내용으로 가장 거리가 먼 것은?

① 반복되는 단문메시지를 사용하여 수동적인 학습효과를 향상시키고 브랜드 친화력을 높여야 한다.
② 폭넓은 정보 제공에 집중함으로써 소비자의 관심이나 주의를 높여야 한다.
③ 점포 내 진열이나 포장과 같은 시각적 및 비시각적 구성요소를 강조해야 한다.
④ 인쇄매체보다 TV를 주요 수단으로 활용해야 한다.
⑤ 커뮤니케이션의 차별화를 해야 한다.

정답 ②

정답해설 고관여 소비자들은 제품에 대해 구체적으로 알고자 하는 의지나 노력이 강하므로 제품에 대한 자세한 설명이나 주변인의 소개나 추천을 선호하는 반면 저관여 소비자들은 제품 자체보다 광고에서의 인물, 배경, 음악 등에 더 의존하는 경향이 강하므로 고관여 소비자들에게는 제품의 차별화, 제품이 주는 가치를 강조하는 광고나 구전효과 등을 강조하는 것이 좋고 저관여 소비자들에게는 상표 이름을 반복하는 광고나 커뮤니케이션 기법을 차별화하여 호기심을 유발하는 마케팅 전략이 더 효과적이다.

081 제품수명주기의 각 단계에 대한 설명으로 옳은 것은?

① 도입기에는 제품에 대한 매출액이 일찍 상승한다.
② 성장기에는 경쟁자가 늘어나므로 가격이 낮아진다.
③ 성숙기에는 판매량의 절대적 크기가 감소하며 성장기보다 매출도 낮아진다.
④ 쇠퇴기에는 수요자의 유무에 관계없이 철수해야 피해를 최소화할 수 있다.
⑤ 도입기에는 경쟁자가 없거나 소수에 불과하다.

정답 ⑤

정답해설 제품수명주기에서 도입기는 제품이 시장에 처음 도입되면서 판매가 완만하게 증가하는 단계이므로 경쟁자가 없거나 소수에 불과한 경우가 많다.

오답해설 ① 도입기에는 제품에 대한 매출액의 상승이 늦고 구매자의 대부분이 혁신자이다.
② 성장기에는 경쟁자가 늘어나지만 가격은 일반적으로 높아진다.
③ 성숙기에는 판매량의 절대적 크기는 증가하지만 증가율은 감소하며 가장 높은 매출을 실현하는 단계이다.
④ 쇠퇴기에는 일반적으로 철수하는 것이 맞으나 수요자가 어느 정도 남아 있는 때는 그러한 보수적 소비자를 목표 시장으로 하는 전략을 수립하는 방법도 이익을 남길 수 있다.

082 다음 중 시장세분화의 목적과 가장 거리가 먼 것은?

① 마케팅노력을 사용자가 필요로 하는 것에 초점을 맞추기 위해
② 자사 제품들을 표준화하여 대량 마케팅 기회를 찾고자 할 때
③ 고객의 동질성에 따라 시장을 확인하고자 할 때
④ 선정된 세분시장(표적시장) 속에서 시장점유율을 높이기 위해
⑤ 변화하는 시장수요에 능동적으로 대처하기 위해

정답 ②

정답해설 시장세분화 전략이란 가치관의 다양화, 소비의 다양화라는 현대의 마케팅 환경에 적응하기 위하여 수요의 이질성을 존중하고 소비자 · 수요자의 필요와 욕구를 정확하게 충족시킴으로써 경쟁상의 우위를 획득 · 유지하려는 경쟁 전략으로 자사제품의 표준화가 이질감을 통하여 대량 마케팅 기회를 찾고자 할 때 필요하다.

083 판매 시 상품의 사용방법이나 조리방법을 실제로 보여주며 판매하는 실연판매에 관한 설명으로 가장 적절하지 않은 것은?

① 상품의 사용 상태를 실감나게 실연하면서 고객을 주목시켜 판매하는 것이다.
② 신제품 도입 시 판촉이나 새로운 제안으로 관련구매를 증가시키는 데 효과적이다.
③ 비실연판매보다 판매수량의 증가를 기대할 수 있다.

④ 재구매를 촉진시킬 수 있다.

⑤ 실연을 할 때 보기가 쉽고 너무 복잡하지 않아야 고객의 주의를 끌 수 있다.

정답 ④

정답해설 실연판매의 경우 재구매를 촉진시키는 효과를 그다지 기대하기는 어렵다.

084 다음 중 CRM에 대한 설명으로 적절하지 않은 것은?

① 고객과 관련된 기업의 내 · 외부자료를 분석 및 통합하여 고객특성에 기초한 마케팅 활동을 계획하고 지원하며 평가하는 과정이다.

② CRM을 구현하기 위해서는 고객 통합 데이터베이스가 구축되어야 하며 고객 특성을 분석하기 위한 데이터마이닝 도구가 준비되어야 한다.

③ 기업들이 CRM을 도입할 때 초기에 많은 비용이 소요되는 것은 피할 수 없으므로 감수해야 한다.

④ 한 사람의 우수한 고객을 통해 기업의 수익성을 높이며 이러한 우수고객을 유지하는 것에 중점을 두고 있다.

⑤ 데이터베이스 마케팅의 일대일 마케팅, 관계 마케팅에서 진화한 요소들을 기반으로 등장하였다.

정답 ③

정답해설 기업들이 CRM을 도입할 때 초기에 많은 비용이 들지 않도록 자신의 기업에 적절한 조직, 프로세스, 시스템의 범위를 확정해야 한다.

085 다음 설명에 해당하는 고객관계 관리를 위한 마케팅은?

> 경쟁사 고객확보를 위한 전략, 즉 경쟁사의 고객을 빼내오는 행위로서 대상 고객에게 상당한 재화 및 서비스의 제시가 있다.

① LTV(Life Time Value)

② Cross-selling

③ Up-selling

④ Win-back

⑤ Mass Marketing

정답 ④

정답해설 윈백(Win-back)은 경쟁사의 시스템을 들어내고 자사의 시스템으로 교체하는 비즈니스로 이를 하는 업체 입장에서는 경쟁사와 비교해 자사가 우위에 있다는 점을 입증하는 사례로 마케팅 자료의 단골 메뉴다.

086 고객지향관점에서 본 소매업의 서비스 활동을 가장 잘 설명하고 있는 것은?

① 기업의 이익을 우선시하여 판매촉진을 강화한다.
② 단골고객에 대하여 특별히 10% 할인율을 적용해준다.
③ 고객이 구매한 상품을 물류비용에 대한 부담 없이 고객이 원하는 장소로 운송해준다.
④ 신규매장오픈 시 고객에게 비디오필름과 함께 초대장을 보낸다.
⑤ 고객의 요구와 관계없이 규칙적으로 운송비를 받지 않고 상품을 고객에 보낸다.

정답 ③

정답해설 고객지향 마케팅은 고객지향 사고가 시장조사에서 제품개발, 광고, 판촉, 영업에 이르기까지 모든 마케팅 활동에 반영되어 전체적으로 고객의 관점에서 통합되고 조정된 마케팅활동을 수행하는 것을 의미하며 고객이 원하는 것을 고객에게 제공하여 경쟁업체보다 높은 만족감을 안겨준다.

오답해설 ③을 제외한 나머지는 모두 판매지향적 관점이다.

087 메시지가 동일할지라도 발신자의 특성에 따라 커뮤니케이션의 효과가 다르게 나타나는 현상을 이르는 말은?

① 원천효과(Source Effect)
② 장애물(Noise)
③ 피드백(Feedback)
④ 부호화(Encoding)
⑤ 해독(Decoding)

정답 ①

정답해설 원천효과(Source Effect)는 동일한 제품정보라도 누가 전달했는가에 따라 소비자들의 메시지에 대한 반응은 다를 수 있고 같은 내용의 광고라고 하더라도 광고메시지를 전달하는 사람이 누구인가에 따라 소비자에게 미치는 영향력이 달라지는 효과로 이로 인해 기업은 광고메시지를 전달하는 사람을 선택할 때 신중해야 한다.

오답해설 ② **장애물(Noise)** : 커뮤니케이션 과정에서 발생하는 예기치 못한 정보왜곡현상이나 정체현상
③ **피드백(Feedback)** : 수신자의 일부 반응이 다시 발신자에게 전달되는 과정
④ **부호화(Encoding)** : 메시지 제작과정
⑤ **해독(Decoding)** : 메시지 해독과정

088 고객에 대한 커뮤니케이션을 효과적으로 수행하기 위해서는 커뮤니케이션 구성요소들에 대한 이해가 필요하다. 다음 중 갈등에 해당하는 설명은?

① 발신자가 부호화한 내용을 수신자가 자신의 의미로 해석하는 과정이다.
② 수신인의 발신인에 대한 반응이다.

③ 발신자가 수신자에게 전달하려고 하는 언어적 또는 비언어적 주장이나 관념이다.
④ 수신자가 받은 반응을 발신자가 다시 전달받아 순환하여 차기 커뮤니케이션의 보다 효율적인 메시지 전달에 도움이 된다.
⑤ 커뮤니케이션 과정에서 발생하는 예기치 못했던 정보왜곡현상이나 정체현상을 말한다.

정답 ④

정답해설 갈등(Conflict)은 수신자가 받은 반응을 발신자가 다시 전달받아 순환하여 차기 커뮤니케이션의 보다 효율적인 메시지 전달에 도움이 된다.

오답해설 ① 해독(Decoding)에 대한 설명이다.
② 피드백(Feedback)에 대한 설명이다.
③ 부호화(Encoding)에 대한 설명이다.
⑤ 장애물(Noise)에 대한 설명이다.

89 수요에 기초한 심리적 가격결정 기법과 그에 대한 설명으로 옳은 것은?

① 단수가격 책정은 소비자들에게 심리적으로 비싸다는 느낌을 주어 판매량을 늘리려는 심리적 가격 결정의 한 방법이다.
② 명성가격 책정은 소비자들이 가격을 품질이나 지위의 상징으로 여긴다.
③ 관습가격 책정은 소비자들이 평균보다 저렴하다고 느끼는 가격대에 가격을 설정한다.
④ 비선형 가격설정은 일반적으로 소량구매자가 대량구매자에 비해 가격 탄력적이라는 사실에 기반한다.
⑤ 상층흡수 가격정책은 신제품을 시장에 도입한 후기에 실시한다.

정답 ②

정답해설 명성가격 책정은 소비자들이 가격을 품질이나 지위의 상징으로 여기므로 명품 같은 경우 가격이 예상되는 범위 아래로 낮추어지면 오히려 수요가 감소할 수 있다는 사실에 기반을 둔 것이다.

오답해설 ① 단수가격 책정은 소비자들에게 심리적으로 값이 싸다는 느낌을 주어 판매량을 늘리려는 심리적 가격 결정의 한 방법이다.
③ 관습가격 책정은 소비자들이 관습적으로 당연하게 느끼는 가격대에 가격을 설정하는 것으로 라면, 껌 등과 같이 대량으로 소비되는 생필품의 경우 많이 적용된다.
④ 비선형 가격설정은 일반적으로 대량구매자가 소량구매자에 비해 가격 탄력적이라는 사실에 기반하여 소비자에게 대량구매에 따른 할인을 기대하도록 하여 구매량을 증가시키고자 한다.
⑤ 상층흡수 가격정책은 신제품을 시장에 도입하는 초기에 고가격을 설정함으로써 가격에 대하여 민감한 반응을 보이지 않는 고소득층을 흡수한 후 연속적으로 인하시킴으로써 저소득계층에게도 침투하고자 하는 가격정책이다.

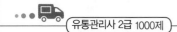

090 **서비스품질에 대한 고객평가는 다양한 기준에 의해 이루어지는데 서비스품질에 대한 다차원적인 평가에 있어 가장 보편적으로 활용되고 있는 SERVQUAL의 5가지 구성요소에 해당하지 않는 것은?**

① 유형성
② 신뢰성
③ 수익성
④ 확신성
⑤ 공감성

정답 ③

정답해설 SERVQUAL의 5가지 구성요소는 유형성, 신뢰성, 확신성, 공감성, 대응성이다.

091 **고객생애가치(Customer Lifetime Value)와 관련된 다음의 내용으로 옳은 것은?**

① 한 고객이 일정 기간 동안 기업에게 제공하는 이익의 합계이다.
② 한 시점에서의 고객이 제공하는 단기적인 가치라고 할 수 있다.
③ 고객은 어떤 기업이 고객에게 이로운 기업인가를 판단할 수 있다.
④ 고객의 입장에서 보면 고객 자신이 느끼는 가치에서 고객이 지불하는 비용을 뺀 차이가 얼마인가가 선택의 척도가 된다.
⑤ 고객생애가치는 매출액이다.

정답 ④

정답해설 고객생애가치(Customer Lifetime Value)는 소비자 한 명이 하나의 상품 혹은 기업의 고객으로 남아있는 기간 동안 발생하는 수익의 총합계를 말하는 것으로 한 명의 고객이 일회적인 소비로 그치는 것이 아니라, 평생에 걸쳐 자사의 제품이나 서비스를 주기적으로 소비한다는 가정 하에 측정하며 고객의 입장에서 보면 고객 자신이 느끼는 가치에서 고객이 지불하는 비용을 뺀 차이가 얼마인가가 선택의 척도가 된다.

오답해설 ① 고객생애가치는 한 고객이 고객으로 존재하는 전체 기간 동안 기업에게 제공하는 이익의 합계이다.
② 고객생애가치는 한 시점에서의 단기적인 가치가 아니라 고객과 기업 사이에 존재하는 관계의 전체가 가지는 가치이다.
③ 고객생애가치로 기업은 어떤 고객이 기업에게 이로운 고객인가를 판단할 수 있다.
⑤ 고객생애가치는 매출액이 아닌 이익이다.

092 **다음 카테고리 매니지먼트(Category Management)에 관한 설명들 중 올바르지 않은 것은?**

① 매장의 상품관리대상이 물적인 특성에 기초한 단품에서 소비자의 요구에 기초한 상품카테고리로 확대되고 있다.
② 상품카테고리를 전략적 사업단위로 삼아 매장의 생산성을 체크하고 효율적으로 매출이나 수익

성 향상을 추구하는 관리기법이다.

③ 소매업체와 제조업체가 데이터를 공유하고 서로 협조하여 소비자 관점에서 성과를 높일 수 있는 매장을 구성하는 과정이다.

④ CRM의 심장이라고 할 수 있는 중심기능으로 수급의 매칭을 꾀하는 중요한 역할을 담당하고 있다.

⑤ 거래파트너 쌍방의 고유한 자원에 레버리지 효과를 제공하는 구조화되고 원칙에 따르는 비즈니스 프로세스이다.

정답 ③

정답해설 카테고리관리는 거래파트너 쌍방의 고유한 자원에 레버리지 효과를 제공하는 구조화되고 원칙에 따르는 비즈니스 프로세스이며 카테고리관리란 소비자의 가치를 창출하기 위해 유통업체와 공급업체가 비즈니스 결과를 향상시킬 수 있도록 카테고리를 전략적 비즈니스 단위로 관리하는 프로세스이다.

093 다음 중 고객별 수익기여도 분석에 관한 설명으로 옳은 것은?

① RFM(Recency Frequence Monetary) 분석은 최근성, 구매빈도 및 구매량을 이용하여 고객의 로열티를 측정하는 방법이다.

② HPM(고객실적 평가법)은 고객이 향후 기업의 수익성에 어느 정도 기여할지를 측정하는 방법이다.

③ LTV(고객생애가치)는 고객의 지금까지 수익이 어떻게 변화해왔는지를 측정하는 방법이다.

④ HPM(고객실적 평가법)방법은 우량고객이 될 가능성이 있는 고객이 누구인지를 명확하게 측정할 수 없는 반면 RFM분석기법은 이익기여도에 대한 산정기준이 불분명한 단점이 있다.

⑤ 전통적인 RFM 분석은 기업에서 고객수익성을 측정하는 데 사용할 수 없으므로 고객수익성 분석법으로 측정해야 한다.

정답 ①

정답해설 RFM(Recency Frequence Monetary) 분석은 고객의 미래 구매 행위를 예측하는데 있어 가장 중요한 것이 과거 구매내용이라고 가정하는 시장분석기법으로 RFM은 최근의(Recency) 주문 혹은 구매 시점, 특정 기간 동안 얼마나 자주(Frequency) 구매하였는가, 구매의 규모는 얼마인가(Monetary Value)를 의미하며, 각 고객에 대한 R · F · M을 계산한 후 이를 바탕으로 고객군을 정의한 뒤 각 고객군의 응답 확률과 메일 발송 비용을 고려해 이익을 주는 고객군에게만 메일을 발송하는 것이다.

오답해설 ② HPM(고객실적 평가법)은 고객이 지금까지 기업의 수익성에 어느 정도 기여해 왔는지를 측정하는 방법이다.

③ LTV(고객생애가치)는 고객이 향후 예측되는 수익이 어느 정도인지 측정하는 방법이다.

④ 이익기여도에 대한 산정기준이 불분명한 것은 LTV이다.

⑤ 기업에서 고객수익성을 측정하는 데 사용할 수 있는 측정방법은 전통기법인 RFM 분석과 새로운 측정도구인 고객수익성 분석법으로 이루어진다.

094 **유통부문에서 최근 가격파괴현상이 일어나고 있을 때 가격경쟁형 마케팅 전략의 전제조건이 될 수 있는 것은?**

① 제품의 수명주기 상 성숙기에 있는 경우
② 제품차별화가 이루어지고 있는 경우
③ 수요의 가격탄력성이 낮은 경우
④ 소비자의 구매행동 면에서 선택적 평가기준에 따른 구매가 이루어지고 있는 경우
⑤ 소비자의 구매행동 면에서 부가적 평가기준에 따른 구매가 이루어지고 있는 경우

 ①

정답해설 제품차별화가 이루어지고 있거나 수요의 가격탄력성이 낮은 경우 또는 소비자의 구매패턴이 선택적 · 부가적 평가기준에 의할 경우 가격정책은 실효를 거두기 힘들다.

095 **제품전략과 유통관리와의 관계에 대한 다음 설명 중 옳지 않은 것은?**

① 마케팅믹스전략 중 제품전략은 상품, 서비스, 포장, 디자인, 품질 등의 요소를 포함한다.
② 일반적으로 품질 및 가격과 같은 제품의 특성은 경로길이와 밀접한 관련이 있다.
③ 강력한 브랜드파워를 가진 제품의 경우 소비자의 브랜드 애호도에 의한 가격민감도가 낮다.
④ 제품의 수명주기 중 성장기에는 제품을 널리 보급하기 위해 개방적 유통전략을 활용한다.
⑤ 경쟁이 심화된 성숙기에는 차별화된 기능과 서비스를 제공하거나 시장을 세분화하여 특정 고객층을 공략하는 등 경쟁업체에 대응하는 마케팅 전략이 필요하다.

정답 ④

정답해설 제품의 수명주기 중 성장기에 제품을 널리 보급하기 위해 활용하는 유통전략은 집중적 유통전략이다.

096 **서비스에 대한 다음 설명 중 옳지 않은 것은?**

① 영어의 'Service'란 단어는 '노예'라는 뜻의 라틴어 '세르부스(Servus)'에서 유래하였다.
② 중세에는 서비스를 단순히 생산적인 활동의 개념으로 파악하였다.
③ 산업사회에서는 제품을 팔기 위한 부수적인 역할로 간주하였지만 경제적 가치를 인정했다.
④ 현대사회에서는 서비스산업이 제조 산업을 추월하여 서비스 없이는 하루도 생활할 수 없는 '서비스사회'에 진입하였다.
⑤ 오늘날 비즈니스를 하는 사람들은 모두가 항상 겸손하고 신중하며 고객의 니즈를 예측할 수 있어야 한다.

정답 ②

정답해설 중세에는 노동생산성을 중요시하였는데 서비스를 단순히 비생산적인 활동의 개념으로 보았으며 비물질적인 재화로 간주하여 경시하였다.

97 다음 중 다양성과 복잡성이 모두 높은 기업에서 채택하여야 할 전략은?

① 원가우위 전략
② 기술적 서비스 품질전략
③ 기능적 서비스 품질전략
④ 개별화 전략
⑤ 시장방어전략

정답 ④

정답해설 Shostack이 제안한 구조변화의 전략

다양성 높음	복잡성 높음	개별화 전략
	복잡성 낮음	기능적 서비스 품질 전략
다양성 낮음	복잡성 높음	기술적 서비스 품질 전략
	복잡성 낮음	원가우위 전략

98 다음 중 고객을 설득하기 위한 화법에 대한 설명으로 거리가 먼 것은?

① 정치적인 사상이나 종교는 신념이 기본이 되어 있어 충돌이나 논란의 근거가 되므로 이야기하지 않는 것이 좋다.
② 고객의 수준에 적합한 고객이 이해하기 쉬운 말을 사용한다.
③ 큰 소리보다는 낮은 목소리로 말하는 것이 설득효과가 있다.
④ 고객의 눈동자에 시선을 맞추되 가끔 입언저리를 바라보는 시선처리가 필요하다.
⑤ 대화의 기본은 5 : 5 원리와 4 : 5 : 6 화법에 입각한다.

정답 ⑤

정답해설 고객을 설득하는 데 사용되는 대화의 기본은 7 : 3 원리와 1 : 2 : 3 화법으로 7 : 3 원리는 고객으로 하여금 일곱 마디 말하게 하고 담당자는 세 마디 이야기한다는 것이며 1 : 2 : 3 화법은 1분 동안 말하고 2분 동안 말하게 한 다음 3분 동안 긍정하는 것이다.

099 마케팅 전략 수립에 필요한 내용에 관한 다음 설명 중 옳지 않은 것은?

① 생활용품 회사가 자사제품 기존 소비자의 사용빈도와 1회 소비량을 증가시키기 위한 마케팅 전략 아이디어를 찾고 있다면 이는 Ansoff 매트릭스 중 시장침투 전략에 해당한다.
② 지각과정에서 최초의 자극이 강할수록 자극 간 차이를 인식시키기 위해서는 차별화와 변화의 폭이 충분히 커야 한다는 법칙을 베버의 법칙이라 한다.
③ 판매사원이나 유통업자에게 교육훈련을 시켜 현장에서 일상적으로 접할 수 있는 정보를 수집하려는 목적을 가진 마케팅정보시스템을 마케팅 의사결정지원시스템이라고 한다.
④ 모집단을 서로 상이한 소집단으로 분류한 후에 각 소집단으로부터 단순 무작위표본추출을 하는 방법을 층화표본추출이라 한다.
⑤ 차별화 전략에 수반되는 위험에는 차별화요소에 대한 고객인지도 하락과 차별화의 지나친 강조로 시장을 상실한 가능성 등이 있다.

정답 ③

정답해설 마케팅 의사결정지원시스템은 마케팅관련 의사결정권자를 위한 정보시스템이다.

100 제조업체가 자사 제품을 공급하는 유통업체(소매점)에 다량의 판촉물, 특히 포스터, 현수막, 간판, POP, 배너 등을 제공하는 경우가 점차 늘어나고 있음을 볼 수 있는데 이들 중 배너와 관련된 설명으로 옳지 않은 것은?

① 여러 종류보다 한 종류로 통일한 배너를 활용하는 것이 더욱 효과적이며 효율적이다.
② 종류, 높이, 간격을 각기 다르게 함으로써 다른 종류로 통일해 높이와 간격을 맞추어 간결하게 설치한 경우보다 고객의 시선을 더욱 끈다.
③ 여러 곳에 분산하여 게시하는 것보다 한 곳에 집중하여 게시하는 것이 더욱 효과적이다.
④ 도로 경계선에 게시하여 매장 앞 도로의 운전자에게 주로 보이는 판촉물로 한눈에 들어오도록 해야 주목을 끌 수 있다.
⑤ 폭이 좁은 천에 장대를 끼워 설치하는 홍보물이다.

정답 ②

정답해설 고객들의 홍보물에 대한 시선을 끌기 위해서는 높이 및 종류의 간격을 통일시키면 보는 이들로 하여금 시선을 끄는데 있어 더욱 효과적이다.

01 다음의 특징을 포함하는 상품진열 유형은?

- 다양한 고품질 서비스
- 최신유행의 고급품
- 만족스러운 가격
- 공익적 서비스

① 윈도우 진열
② 점포 내 진열
③ 구매시점 진열
④ 판매촉진 진열
⑤ 기업 이미지향상 진열

정답 ⑤

정답해설 기업 이미지향상 진열은 다양한 고품질 서비스, 최신유행의 고급품, 만족스러운 가격, 공익적 서비스 등을 고객에게 어필하기 위하여 다수 · 다량의 상품을 진열하는 유형이다.

오답해설 ① **윈도우 진열** : 점포 앞을 지나고 있는 소비자나 점포의 방문고객으로 하여금 주의를 끌게 하여 구매목적을 가지도록 하는 진열
② **점포 내 진열** : 고객으로 하여금 쉽게 보고 자유롭게 만져보고 비교할 수 있게 하며 연관 상품을 쉽게 찾을 수 있도록 하는 진열
③ **구매시점 진열** : 고객으로 하여금 주의를 끌게 하고 유인하여 구매의욕을 촉진하는 데 목적을 두는 진열
④ **판매촉진 진열** : 매출증대를 위하여 잘 팔리는 상품을 가격할인과 각종 할인광고와 함께 진열

02 상품 포장의 기능은 크게 상품기능, 의사전달기능, 가격기능 등으로 분류된다. 다음 중 포장의 의사전달기능에 해당하는 것은?

① 특정 상품을 다른 상품과 식별할 수 있게 하는 기능
② 상품의 내용물, 즉 일정한 수량을 정해진 단위에 알맞도록 적재하는 기능
③ 상품의 내용물을 다양한 위험으로부터 보호하는 기능
④ 소비자가 상품을 편리하게 운반하고 사용하게 하는 기능
⑤ 상품의 보호기능이란 상품이 훼손되는 것을 방지하는 것

정답 ①

정답해설 ①을 제외한 나머지는 포장의 상품기능에 해당한다.

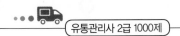

103 소매상이 직접 소유하고 관리하는 상표전략을 이르는 말은?

① 공동상표전략
② 개별상표전략
③ 복수상표전략
④ 중간상상표전략
⑤ 기업상표전략

정답 ④

정답해설 중간상상표전략은 하청생산업체에 의해 제조된 패션제품에 유통업체가 개발한 상표명을 부착하여 유통업체가 매에 대하여 모든 책임을 지는 상표전략을 말한다.

오답해설 ① **공동상표전략** : 하나의 상표명을 회사 내의 전 취급제품들에 적용하는 전략을 말한다.
② **개별상표전략** : 제조업체 및 유통업체 등이 생산되어진 제품에 대해 각각 개별의 상표명을 부착시키는 전략 말한다.
③ **복수상표전략** : 동일 제품군 안에서 두 개 이상의 개별상표를 활용하는 전략을 말한다.
⑤ **기업상표전략** : 기업명을 공동상표로 활용하는 것을 말한다.

104 유통마케팅 전략 수립을 위한 기본 개념과 용어에 대한 설명으로 옳지 않은 것은?

① 유통이란 상품의 생산과 소비 사이의 거리를 제거함으로써 효용을 보다 효율적으로 발휘시 소비욕구를 충족시키고 가치를 높이는 경제활동을 말한다.
② 마케팅의 기능은 제품관계, 시장거래관계, 판매관계, 판매촉진관계, 종합조정관계로 대별된
③ STP는 Segmentation, Targeting, Positioning의 약어로 시장세분화, 목표시장의 설정, 포 셔닝의 순서를 따라 마케팅전략이 수립된다는 것을 나타낸다.
④ 판매촉진이란 소비자의 구매를 유도하고 판매원의 효율성을 높이기 위한 마케팅 활동이다.
⑤ 총마진수익률(GMROI)은 매출총이익률을 재고대비 매출비율로 나눈 것으로 나타내며 매출 이익과 평균재고를 곱한 것과 같다.

정답 ⑤

정답해설 총마진수익률(GMROI)은 매출총이익률과 재고대비 매출비율의 곱으로 나타내며 매출총이익을 평균재고로 나눈 과 같다.

105 서비스마케팅에 관한 설명으로 적절하지 않은 것은?

① 서비스는 제품과 구별되는 여러 가지 고유의 특징을 지니고 있는데 일반적으로 무형성, 생산 소비의 비분리성, 소멸성 및 이질성을 특성으로 한다.
② 소비자 욕구의 다양화, 급속한 기술의 발전, 평균수명의 증가, 삶의 복잡화는 서비스경제 성 에 공헌하고 있다.

③ 고객의 기대에 대한 경영자의 인식과 서비스 설계(명세) 간의 차이가 있을 때 이러한 불일치는 고객의 서비스기대와 성과 사이의 차이를 유발하는 요인이 된다.
④ 내부마케팅은 서비스 기업이 고객과의 약속을 지킬 수 있도록 종업원을 교육하고 동기부여하며 보상하는 일련의 활동을 한다.
⑤ 파라슈라만은 2차원 서비스 품질모형을 제안하였으며 두 개의 차원은 결과품질과 과정품질이다.

정답 ⑤

정답해설 2차원 서비스 품질모형을 제안한 사람은 그뢴루스로 파라슈라만은 다항목 접근법을 제안하였다.

106 다음의 상품연출 구성방법에 대한 설명으로 옳은 것은?

① 삼각구성은 상품을 짝수로 하는 것이 요령이다.
② 진선구성은 상품 하나하나의 특성을 살리면서 리드미컬하게 표현할 수 있는 방법으로 아동복의 연출에 효과적이다.
③ 부채꼴구성은 고가상품의 진열로서 쇼케이스 내부에 이용하면 좋고 벽면연출에 많이 사용한다.
④ 곡선구성은 상하가 대칭이 되어 종합감을 연출하는 것으로 반복 배열함으로써 중앙에 시각적인 초점을 강조한다.
⑤ 원형구성의 디스플레이는 흐르는 듯한 유연함이나 실루엣을 표현할 수 있다.

정답 ③

정답해설 부채꼴구성은 고가상품의 진열로서 쇼케이스 내부에 이용하면 좋고 벽면 연출에 많이 사용된다.

오답해설 ① 삼각구성은 상품이 통합되어 보이기 쉬운 형태로 조화와 안정감을 주며 상품은 홀수로 하는 것이 요령이다.
② 직선구성은 평면으로 상품을 붙여 진열하거나 공간에 배치하여 표현할 때 이용하며 진열할 때 상품 개개의 특성을 살리면서 직선적인 아름다운 모양이 되도록 해 패턴이 단조롭다.
④ 원형구성에 대한 설명이다.
⑤ 곡선구성에 대한 설명이다.

107 POP 광고와 관련된 설명으로 옳지 않은 것은?

① 매장 내에서 고객의 관심을 끌 수 있는 상품명, 가격, 소재, 특징 등을 알려준다.
② 매스컴 광고를 그대로 POP 디스플레이에 이용하기도 한다.
③ 이성적 설득방법보다 충동구매촉진을 사용하는 것이 효과적이다.
④ 문장을 세로로 쓰고 여백이 없이 두는 것이 유리하다.
⑤ 기업을 PR하는 역할을 한다.

정답 ④

정답해설 POP 광고는 문장을 가로로 쓰고 적당한 여백을 두는 것이 유리하다.

108 특정 제품과 반드시 함께 사용되는 제품에 대해 부과되는 가격결정은?

① 사양제품 가격결정(Optional-Product Pricing)
② 제품라인 가격결정(Product Line Pricing)
③ 종속제품 가격결정(Captive-Product Pricing)
④ 부산물 가격결정(By-Product Pricing)
⑤ 묶음제품 가격결정(Product Bundle Pricing)

정답 ③

정답해설 종속제품 가격결정(Captive-Product Pricing)은 본체와 부속품 모두가 갖추어져야 제품의 기능을 사용할 수 있을 때 본체의 가격은 낮게 책정하여 소비자의 구매를 유도한 후, 부속품의 가격은 높게 책정하는 가격정책이다.

오답해설 ① **사양제품 가격결정(Optional-Product Pricing)** : 주력제품과 함께 판매되는 각종 사양제품 혹은 액세서리에 부과되는 가격결정
② **제품라인 가격결정(Product Line Pricing)** : 한 제품계열을 구성하는 여러 제품들 간에 어느 정도의 가격 차이를 둘 것인가를 결정
④ **부산물 가격결정(By-Product Pricing)** : 제품에서 발생하는 부산물의 가격결정
⑤ **묶음제품 가격결정(Product Bundle Pricing)** : 몇 개의 제품을 결합하여 할인된 가격으로 판매하는 가격결정

109 MOT의 중요성을 말할 때 어느 한 순간만 나빠도 고객을 잃는다는 뜻을 가진 법칙은?

① 덧셈의 법칙
② 뺄셈의 법칙
③ 곱셈의 법칙
④ 나눗셈의 법칙
⑤ 제로섬의 법칙

정답 ③

정답해설 곱셈의 법칙은 각 서비스항목에 있어서 처음부터 점수를 우수하게 받았어도 마지막 단계의 마무리에서 0점을 받으면 결국 형편없는 서비스가 된다는 법칙으로 처음부터 끝까지 서비스 제공에 주의를 기울여야 함을 뜻한다.

10 효과적인 디스플레이(Display)에 대한 다음 내용 중에서 옳은 것은?

① 앞에는 높게, 뒤에는 낮게 진열하여 안정감을 준다.
② 내부 디스플레이는 상품의 시각성에 영향을 주며 일반적으로 바닥 가까이에 있는 상품이 잘 팔린다.
③ 윈도우 디스플레이는 보행자에게는 보이지만 자동차 운전자에게는 보이게 하지 않는다.
④ 유효진열범위란 상품을 효과적으로 팔 수 있는 진열의 높이를 말하며 일반적으로 바닥으로부터 50cm에서 100cm까지를 말한다.
⑤ 보기 쉽고 사기 쉬운 진열을 하려면 생활습관과 고객의 신체조건을 고려해서 각각의 상품진열범위를 결정하는 것이 중요하다.

정답 ⑤

정답해설 디스플레이(Display)는 판매대의 설비 및 배치, 조명의 배려에 따라 상품을 배열하고 고객의 구매의욕을 자극하기 위한 판매술로 보기 쉽고 사기 쉬운 진열을 하려면 생활습관과 고객의 신체조건을 고려해서 각각의 상품진열 범위를 결정하는 것이 중요하다.

오답해설 ① 디스플레이에 안정감이 있으려면 앞에는 낮게, 뒤에는 높게 진열해야 한다.
② 바닥 가까이에 있는 상품은 유효진열범위에서 벗어난 곳으로 잘 팔리는 곳이 아니다.
③ 윈도우 디스플레이는 보행자뿐만 아니라 자동차 운전자에게도 보이게 한다.
④ 유효진열범위는 바닥으로부터 60cm에서 150cm까지이다.

11 다음 기업이 신제품을 개발할 때 고려할 수 있는 브랜드 전략에 관하여 기술한 것 중 적절하지 않은 것은?

① 기존의 브랜드자산이 크다고 판단되는 경우 기존의 제품범주에 속하는 신제품에 그 브랜드명을 그대로 사용하는 것을 계열확장이라 한다.
② 기존의 제품범주에 속하는 신제품에 완전히 새로운 브랜드를 사용하는 것을 신규브랜드전략이라 한다.
③ 하향 확장의 경우 기존 브랜드의 고급 이미지를 희석시켜 브랜드자산을 약화시키는 희석효과를 초래할 수 있다.
④ 기존 브랜드와 다른 제품범주에 속하는 신제품에 기존 브랜드를 사용하는 것을 라인확장이라 하며 우리가 '신상품'이라고 부르는 것의 대부분이 이 전략이 적용된 것이다.
⑤ 같은 브랜드의 상품이 서로 다른 유통경로로 판매될 경우 경로간의 갈등을 일으킬 위험이 있다.

정답 ②

정답해설 기존의 제품범주에 속하는 신제품에 완전히 새로운 브랜드를 사용하는 것은 다상표전략에 해당한다.

112 EDLP(Every Day Low Price) 가격정책의 장점으로 옳지 않은 것은?

① 고소득층 소비자를 주요 고객층으로 끌어올 수 있다.
② 안정적인 수요 예측이 가능하다.
③ 재고관리가 개선되고 품절이 감소한다.
④ 가격경쟁에서 압박이 감소한다.
⑤ 광고비를 절감할 수 있다.

정답 ①

정답해설 EDLP(Every Day Low Price) 가격정책은 소비자들에게 항상 최저가로 판매하는 전략이므로 고소득층이 아닌 저소득층 소비자를 주 타깃으로 설정한다.

113 소매촉진예산의 수립과 관련된 다음의 내용 중 옳은 것은?

① 소매촉진예산을 수립하면 곧바로 목표설정이 이루어져야 한다.
② 경쟁동가방법은 경쟁소매업체와 촉진비용 비율이나 시장점유율이 같도록 예산을 설정하는 방법이다.
③ 판매비율방법은 매출 안에 포함되어있는 과도한 촉진비용의 지출을 막아준다.
④ 한계분석방법은 촉진비용과 매출사이의 관계가 모호할 때 활용하는 것이 바람직하다.
⑤ 가능예산방법은 객관적인 자료와 조사내용을 바탕으로 결정된다.

정답 ②

정답해설 경쟁동가방법은 경쟁소매업체와 촉진비용 비율이나 시장점유율이 같도록 예산을 설정하는 방법으로 이 과정에서 경쟁사의 지출수준을 고려하여 결정한다.

오답해설 ① 소매촉진예산은 수립하기에 앞서 사전에 목표설정이 이루어져야 한다.
③ 판매비율방법은 매출과 관련이 없는 과도한 촉진비용의 지출을 막아주는 장점이 있다.
④ 한계분석방법은 촉진비용과 매출사이의 관계가 분명할 때 활용하는 것이 바람직하다.
⑤ 가능예산방법은 기업의 여유 자금에 따라 예산을 결정하는 방법으로 경영자의 주관적 판단과 경험을 근거로 하기 때문에 단순하고 용이하다.

114 CRM의 등장배경으로 적합하지 않은 것은?

① 기업 경쟁이 가속화됨에 따라 한 기업에 대한 로열티가 약화되었다.
② 다양한 인구통계적 속성에 따라 고객의 니즈가 다양해지면서 기업들은 점점 고객의 니즈에 대응하기가 어려워지고 있다.

③ 마케팅 패러다임도 불특정 다수의 고객이 아니라 기존의 수익성 있는 거래 고객들에게 마케팅을 전개하기 시작하였다.
④ 기업경영의 패러다임이 수익중심에서 매출중심으로 전환되었다.
⑤ 컴퓨터와 정보기술의 발전으로 고객정보를 과학적인 분석 기법을 활용하여 영업활동에 이용할 수 있게 되었다.

정답 ④

정답해설 CRM이 등장하게 된 배경에는 기업경영의 패러다임이 매출중심에서 수익중심으로 전환되면서 평생고객확보를 위한 고객관계 경영방식으로의 전환이 있다.

15 제품가격 의사결정에 필요한 내용에 관한 다음 설명으로 옳지 않은 것은?

① 신형모델의 제품을 구입하려는 소비자가 사용하던 구형모델을 반환할 경우 일정금액을 보상해주고 신형모델을 판매하는 할인 가격전략을 고래공제(Trade-in Allowance)라 한다.
② 어느 전자회사가 신형컴퓨터의 가격을 업계 최고 가격으로 결정했다면 일반적으로 이 기업의 가격목표는 품질선도자 위치 확보에 있다고 볼 수 있다.
③ 가격에 대해 비탄력적인 수요함수 하에서는 초기고가전략을 사용하고 탄력적인 수요함수 하에서는 침투가격전략을 사용하는 것이 이론적으로 바람직하다.
④ 학습곡선(경험곡선)의 효과로 장기적인 생산비의 하락을 가져올 수 있는 경우에는 스키밍 가격전략을 사용하는 것이 경쟁을 배제하는 데 이론적으로 바람직하다.
⑤ 원가기준 가격결정 시에 기업에서 극단적으로 최저가격을 허용할 경우 일시적으로 제조원가 이하에서 가격이 책정되기도 한다.

정답 ④

정답해설 학습곡선(경험곡선)의 효과로 장기적인 생산비의 하락을 가져올 수 있는 경우는 제품의 생산량이 올라감과 동시에 판매량도 같이 늘려야 하므로 상대적으로 제품의 가격을 낮게 설정하는 시장침투가격을 사용하는 것이 타사를 경쟁에서 배제하는 데 이론적으로 바람직하다.

16 다음 중 고객만족의 3대 핵심요소가 바르게 나열된 것은?

① 제품요소, 서비스요소, 경쟁요소
② 제품요소, 서비스요소, 기업이미지요소
③ 제품요소, 경쟁요소, 기업이미지요소
④ 서비스요소, 경쟁요소, 인간관계요소
⑤ 서비스요소, 경쟁요소, 기업이미지요소

정답 ②

정답해설 고객만족의 3대 핵심요소는 제품, 서비스, 기업이미지다.

117 다음 중 '롱테일 법칙' 또는 '역 파레토 법칙'에 대한 설명으로 적절하지 않은 것은?

① 조직의 20%가 80%의 결과물을 만들어내는 현상이다.
② 비주류 틈새시장의 규모가 기존 주류시장의 규모만큼 커지는 것이다.
③ 미국의 IT 전문지 편집장 크리스 앤더슨이 처음 정의했다.
④ 80%의 '사소한 다수'가 20%의 '핵심 소수'보다 뛰어난 가치를 창출한다는 이론이다.
⑤ 인터넷의 활성화로 상대적으로 판매량이 적은 상품의 총합이 전체의 매출에서 더 큰 비중을 차지한다.

정답 ①

정답해설 기존의 파레토 법칙이 조직의 20%가 80%의 결과물을 만들어낸다고 주장했다면 롱테일 법칙은 이와 반대로 80%의 '사소한 다수'가 20%의 '핵심 소수'보다 뛰어난 가치를 창출한다고 주장함으로써 '역 파레토 법칙'이라는 이름으로도 불린다.

118 서비스의 특성에 대한 내용으로 옳은 것은?

① 인간의 감각만으로 서비스 구매의사결정을 하기 쉽다.
② 소멸 가능성이 낮다.
③ 비분리성은 생산과 소비가 동시에 이루어지므로 서비스를 판매하거나 서비스를 수행하는 이들로부터 분리하기 어렵다는 것을 의미한다.
④ 생산 및 전달되는 과정상 계속해서 완벽한 서비스품질을 달성하는 것이 가능하다.
⑤ 서비스 공정에서 실수를 찾아내거나 시정할 수 있다.

정답 ③

정답해설 서비스의 비분리성은 생산과 소비가 동시에 이루어지므로 서비스를 판매하거나 서비스를 수행하는 이들로부터 분리하기 어렵다는 것을 의미하며 이 때문에 서비스는 공급에 직접 참여해야 한다.

오답해설 ① 서비스는 무형성 때문에 인간의 감각만으로는 서비스 구매의사결정을 하기 쉽지 않다.
② 서비스는 서비스의 생산이 시간소요에 기초하고 저장이 어렵기 때문에 소멸 가능성이 매우 높다.
④ 서비스는 이질성 때문에 생산 및 전달되는 과정상 계속해서 완벽한 서비스품질을 달성하는 것이 불가능하다.
⑤ 서비스 공정에서는 실수가 언제 어디서 어떻게 발생될지를 예측할 수 없기 때문에 이를 찾아내거나 시정하는 것이 거의 불가능하다.

19 **다음 중 한꺼번에 대량으로 구매하는 고객이나 일정 기간 거래량이 많았던 고객에게 제공하는 할인을 일컫는 말은?**

① 계절할인(Seasonal Discount)
② 현금할인(Cash Discount)
③ 판촉할인(Promotional Discount)
④ 수량할인(Quantity Discount)
⑤ 기능할인(Functional Discount)

정답 ④

정답해설 수량할인(Quantity Discount)은 소비업자 등이 대량 매입할 때 생산자 등이 그 수량에 따라 할인을 하는 것으로 슈퍼마켓 등 대형소매점이 값싸게 팔 수 있는 이유가 여기에 있다.

오답해설 ① **계절할인(Seasonal Discount)** : 비수기에 제품을 구매하는 사람에게 가격을 할인해 주는 것
② **현금할인(Cash Discount)** : 일정 기간 내에 구입대금을 지불할 경우 정해진 비율만큼 지불대금에서 차감을 해주는 방식으로 지불조건에 따라 할인액이 달라지는 방식
③ **판촉할인(Promotional Discount)** : 제조업자가 광고의 판매지원 프로그램에 참여하는 대리점에 대한 보상으로 가격의 할인이나 일정액을 지급하는 경우
⑤ **기능할인(Functional Discount)** : 생산자가 수행해야 하는 기능 중 일부를 중간기관이 대신 수행하는 것에 대해 제공하는 할인

20 **포지셔닝(Positioning)에 대한 다음 내용 중 옳지 않은 것은?**

① 세분화 마케팅전략은 소비자들을 일정 기준에 따라 크게 몇 개의 세분 시장으로 나누어 각각의 시장에 차별화된 마케팅 전략을 구사하는 방법이다.
② 기업이 선택한 포지셔닝 전략을 시장에 적용하기 위해서는 경쟁사 대비 경쟁적 강점 파악, 적절한 경쟁우위의 선택, 선택한 포지션의 전달 과정을 거쳐야 한다.
③ 경쟁에 의한 포지셔닝은 소비자의 지각 속에 자리 잡고 있는 경쟁제품과 명시적 혹은 묵시적으로 비교함으로써 자사제품의 상대적 혜택을 강조하는 방법이다.
④ 제품군에 의한 포지셔닝은 특정 제품군의 매출량을 이용하여 자사의 제품을 그 제품군과 동일한 것으로 포지셔닝하는 전략이다.
⑤ 리포지셔닝 전략은 기존제품이 판매침체나 감소로 인하여 매출액이 감소되었을 때 이를 분석하여 소비자들의 마음 속으로 다시 포지셔닝시키는 전략이다.

정답 ④

정답해설 제품군에 의한 포지셔닝에서 자사의 제품을 그 제품군과 동일한 것으로 포지셔닝할 때 이용하는 것은 특정 제품군에 대한 소비자의 우호적 태도이다.

121 **다음 중 가격차별화(Price Differenation)에 대한 설명으로 옳지 않은 것은?**

① 기업은 가격차별정책을 통해 가격차별정책을 사용하지 않는 경우보다 수익이 증대될 수 있는 장점이 있다.
② 동일한 상품에 대해 시간적 · 지리적으로 서로 다른 시장에서 다른 가격을 매기는 것을 말한다.
③ 가격차별화를 적용하기 위해서는 시장세분화 작업이 가능해야 할 뿐만 아니라 선행되어야 한다.
④ 시장구조에 관계없이 효과가 동일하고 완전경쟁시장에서 특히 효과적이다.
⑤ 같은 제품에 대해 서로 다른 별개의 가격이 설정되는 이유는 명확한 구별이 가능한 몇 개의 시장에 수요의 가격탄력의 크기가 서로 다르기 때문이다.

정답 ④

정답해설 가격차별화는 시장구조에 따라 효과가 다르게 나타나지만 일반적으로 불완전경쟁시장에서 효과적이다.

122 **다음 중 ABC 분석에 대한 설명으로 옳은 것은?**

① 출고계획의 성과를 평가하기 위그룹으로 분류된 상품이 안전재고 수준을 가장 높게 유지한다.
② 재고자산의 품목을 일원화시키기 위해 활용된다.
③ C그룹에서 안전재고 수준이 높게 나타난다.
④ A, B그룹의 상품들이 매출에서 차지하는 비중이 C그룹의 상품들보다 낮다.
⑤ ABC 분석은 재고관리 · 품질관리나 매장의 상품관리 등 많은 분야에 활용된다.

정답 ⑤

정답해설 ABC 분석은 통계적 방법에 의해 관리대상을 A, B, C 그룹으로 나누고, 먼저 A그룹을 최중점 관리대상으로 선정하여 관리노력을 집중함으로써 관리효과를 높이려는 분석방법으로 재고관리 · 품질관리나 매장의 상품관리 등의 분야에 활용된다.

오답해설 ① ABC 분석은 상품구성계획의 성과를 평가하기 위해 활용할 수 있다.
② 재고자산의 품목이 다양할 경우 이를 효율적으로 관리하기 위하여 활용된다.
③ 안전재고 수준을 가장 높게 유지하는 그룹은 A그룹이다.
④ C그룹의 상품들이 매출에서 차지하는 비중은 A, B그룹의 상품들보다 낮다.

123 **마케팅전략 수립을 위해 분석해야 하는 마케팅 환경 분석의 구성요소 중 미시적 환경 분석에 해당하지 않는 것은?**

① 기업　　② 금융기관

③ 원료공급자 ④ 마케팅중간상
⑤ 소비자

정답 ②

정답해설 마케팅 환경 분석의 미시적 환경 분석에는 기업, 원료공급자, 마케팅중간상, 소비자, 대중 등이 포함되며 금융기관은 이에 포함되지 않는다.

24 다음 중 시각적 머천다이징(VMD)을 사용하는 목적이 아닌 것은?

① 상품의 가치표현을 제한하여 호기심을 유발한다.
② 현재 인기상품과 신상품을 고객에게 전달한다.
③ 매출을 촉진시킨다.
④ 상품이 잘 팔릴 수 있는 기회를 제공한다.
⑤ 매장의 특성을 구축한다.

정답 ①

정답해설 시각적 머천다이징(VMD)의 목적
- 상품의 가치를 최대한으로 표현한다.
- 현재 인기상품과 신상품을 고객에게 전달한다.
- 매출을 촉진시킨다.
- 상품이 잘 팔릴 수 있는 기회를 제공한다.
- 매장의 특성을 구축한다.

25 불만족 고객의 응대 방법으로 가장 바람직하지 않은 것은?

① 고객이 원하는 바가 무엇인지를 정확히 파악하고 그들의 불만을 잘 경청하는 태도를 유지한다.
② 고객은 나에게 개인적인 감정이 있어 화를 내는 것이 아니라 일처리에 대한 불만으로 복잡한 규정과 제도에 대해 항의하는 것이라 생각한다.
③ 회사의 규정을 지키는 것도 중요하나 감정적이거나 논리적 대응보다는 융통성을 발휘하여야 한다.
④ 고객의 불만사항을 최대한 보완할 수 있을 정도로 이에 상응하는 물질적인 혜택을 최대한 제공한다.
⑤ 신속한 문제해결을 위해 불만고객에 응대하는 종업원은 자주 교체하지 않는 것이 좋다.

정답 ④

정답해설 고객들은 물질적인 혜택과 같은 유형의 해결책보다는 기본적으로 고객에 대한 진심 또는 고객을 어떻게 생각하
지에 대한 무형의 해결책을 선호한다.

126 다음 중 점포 레이아웃(Store Layout)에 대한 설명으로 옳지 않은 것은?

① 고객이 여러 매장들을 손쉽게 둘러볼 수 있도록 통로를 중심으로 여러 매장 입구를 연결하여 배치한 것은 부티크형 배치이다.
② 주로 규모가 작은 전문점 매장이나 여러 개의 작은 전문점 매장이 모여 있는 다형점포에 채택하는 레이아웃 방식은 자유형 배치이다.
③ 전반적으로 제품을 진열하는 매장 공간, 고객서비스 공간, 창고 등과 같은 점포의 주요 기능공간의 규모와 위치를 간략하게 보여주는 것을 버블 계획이라 한다.
④ 구성부문의 실제 규모와 형태까지 세부적으로 결정하며 고객서비스, 상품보관 등의 기능적 필요나 크기에 따라 배치하는 것을 블록 계획이라 한다.
⑤ 기둥이 많고 기둥 간격이 좁은 상황에서도 설비비용을 절감할 수 있으며 통로 폭이 동일하기 때문에 필요 면적이 최소화되는 것은 격자형 배치이다.

정답 ①

정답해설 ①은 경주로형 배치에 대한 설명으로 전체 점포에 걸쳐 고객이동이 용이하기 때문에 쇼핑을 증대시킨다는 장점이 있다.

127 다음 중 인터넷을 이용한 시장조사과정에 대한 설명으로 옳지 않은 것은?

① 조사계획, 목표 시장 설정 등의 단계를 생략할 수 없다.
② 소비자 집단에 대한 대표성 있는 표본의 확보가 용이하며 자료의 품질도 우수하다.
③ 응답 자료의 전송 상 보안문제로 인하여 온라인 응답률이 낮아지는 경향이 있다.
④ 오프라인 조사보다 신속하고 비용이 적게 소요된다.
⑤ 시장조사의 시 · 공간 제약이 적다.

정답 ②

정답해설 인터넷을 이용한 시장조사는 확률통계학적으로 적당한 표본추출이 어렵다.

28 상품구성 계획 시 고려요소에 대한 설명으로 옳은 것은?

① 대체재관계에 있는 한 상품의 가격이 오르면 다른 제품의 수요는 정상재인 한 감소한다.
② 두 상품이 완전한 대체관계에 있는 경우라도 소비자들은 두 상품의 사용에 있어서 효용 간의 차이를 느낄 수 있다.
③ 상품구성에 있어서 완벽한 대체관계에 있는 상품으로 취급하는 것이 좋다.
④ 한 제품의 수요가 증대될 때 다른 제품의 수요가 수반되어 증가하면 두 제품 간의 사이는 보완관계에 있다고 한다.
⑤ 보완재의 대표적인 상품은 충동상품이다.

정답 ④

정답해설 보완관계에 있는 두 제품 중 한 제품의 수요가 증가하면 다른 제품의 수요도 증가하고, 한 제품의 가격이 상승하면 두 제품의 수요 모두 감소한다. 예컨대 커피-설탕, 펜-잉크, 바늘-실, 버터-빵을 들 수 있다.

오답해설 ① 대체재관계에 있는 한 상품의 가격이 오르면 다른 제품의 수요는 정상재인 한 증가한다.
② 만약 수 상품이 완전한 대체관계에 있는 경우라면 소비자들은 두 상품의 사용에 있어서 효용 간의 차이를 전혀 느끼지 못할 수 있다.
③ 상품구성에 있어서 완벽한 대체관계에 있는 상품은 가급적 취급을 하지 않는 것이 좋다.
⑤ 중립재라 하더라도 추가적인 매출량의 증가를 가져올 수 있기 때문에 상품구성의 경우 고려대상이 되며 대표적인 상품이 충동상품이다.

29 다음 중 참여관점에 따른 고객 분류가 바르게 연결된 것은?

① 법률규제자 - 소비자보호나 관련 조직의 운영에 적용되는 법률을 만드는 의회나 정부
② 간접고객 - 제공자로부터 제품 또는 서비스를 구입하는 사람
③ 의견선도고객 - 직접적으로 제품이나 서비스를 구입하거나 돈을 지불하지는 않지만 1차 고객의 선택에 커다란 영향을 미치는 개인 또는 집단
④ 직접고객 - 전략이나 고객관리 등에 중요한 인식을 심어주는 고객
⑤ 한계고객 - 최종 소비자 또는 2차 소비자

정답 ①

정답해설 법률규제자는 소비자보호나 관련 조직의 운영에 적용되는 법률을 만드는 의회나 정부를 뜻하는 말이다.

오답해설 ② 직접고객에 대한 설명이다.
③ 의사결정고객에 대한 설명이다.
④ 경쟁자에 대한 설명이다.
⑤ 간접고객에 대한 설명이다.

130 CRM 구축 및 실행에 관한 설명으로 옳은 것은?

① CRM 환경 분석은 기업중심의 환경 분석이 되어야 한다.
② 고객 분석 단계에서는 고객행동과 고객성향이 핵심이 된다.
③ 고객 분석은 자사의 현재와 과거의 고객을 모두 대상에 포함한다.
④ 활동의 주체를 결정하는 것은 CRM전략방향설정에 포함되지 않는다.
⑤ 커뮤니케이션 설계에서는 표현과 포장의 측면을 고려하여야 한다.

정답 ⑤

정답해설 CRM은 기업이 고객과 관련된 내외부 자료를 분석 · 통합해 고객 중심 자원을 극대화하고 이를 토대로 고객특성 맞게 마케팅 활동을 계획 · 지원 · 평가하는 과정으로 고객데이터의 세분화를 실시하여 신규고객획득, 우수고객 지, 고객가치증진, 잠재고객 활성화, 평생 고객화와 같은 사이클을 통하여 고객을 적극적으로 관리하고 유도하며 뮤니케이션 설계에서는 표현과 포장의 측면을 고려하여야 한다.

오답해설 ① CRM 환경 분석은 그 궁극적인 목적이 고객과의 장기적인 관계를 통한 충성고객확보와 수익성전환이기 때문 고객중심으로 분석해야 한다.
② 고객 분석 단계에서 핵심이 되는 것은 고객평가와 고객세분화다.
③ 고객 분석은 자사의 현재 고객만 대상으로 한다.
④ 활동의 주체를 결정하는 것도 CRM전략방향설정에 포함된다.

131 브랜드 자산에 대한 내용으로 옳지 않은 것은?

① 브랜드 인지도와 브랜드 이미지로 구성되어 있다.
② 브랜드 이미지는 호의적이고 독특하며 강력해야 한다.
③ 인지도가 높다는 것은 강력한 브랜드가 되기 위한 충분조건이다.
④ 브랜드 자산이 강력하면 더 높은 가격 프리미엄을 획득할 수 있다.
⑤ 기업이 신상품을 런칭할 경우 새로운 브랜드로 하는 것보다 이미 구축된 강력한 브랜드를 활용하는 편이 마케팅 비용을 줄이고 성공가능성을 높이는 데 도움이 된다.

정답 ③

정답해설 브랜드 자산의 인지도가 높다는 것은 강력한 브랜드가 되기 위한 필요조건이지만 충분조건은 아니다.

32 가격전략에 관한 다음 설명 중 옳지 않은 것은?

① 프린터를 싸게 판 다음 잉크를 비싸게 판매하는 것은 종속제품 혹은 포획제품 가격전략이라고 한다.

② 가격차별(Price Discrimination)이란 유보가격이 높은 세분시장에서는 낮은 가격을 받고 가격민감도가 높은 세분시장에서는 높은 가격을 받는 것을 말한다.

③ 손익분기점(Break-even Point)은 고정비용을 공헌마진(Contribution Margin)으로 나누어 계산한다.

④ 프로스펙스 이론(Prospect Theory)에 따르면 소비자들은 손실회피 경향이 강해서 가격인하(이득)보다는 가격인상(손실)에 더 민감하다.

⑤ 준거가격(Reference Price)은 구매자가 가격이 비싼지 싼지를 판단하는 기준으로 삼는 가격으로 구매자에 따라 달라질 수 있다.

정답 ②

정답해설 가격차별(Price Discrimination)이란 유보가격이 높은 세분시장에서는 높은 가격을 받고 가격민감도가 높은 세분시장에서는 낮은 가격을 받는 것을 말한다.

33 다음 마케팅 조사에서 활용되는 통계분석 기법을 설명한 내용으로 알맞은 것은?

> 두 개 혹은 그 이상의 모집단 사이에 한 개의 검증변수(종속변수 또는 결과변수)에 대한 통계적 유의성을 검증하는 분석기법

① 일원분산분석 ② 판별분석
③ 회귀분석 ④ 요인분석
⑤ 컨조인트분석

정답 ①

정답해설 일원분산분석은 명목척도로 구성된 독립변수와 등간척도 이상으로 구성된 종속변수의 수가 각각 하나씩 있는 경우에 사용할 수 있는 분석으로 세 개 이상의 집단평균을 비교하기 위해 비교과정에 분산을 사용하는 통계적 기법이다.

오답해설
② **판별분석** : 집단들 간의 의미 있는 차이를 판별해주는 독립변수를 파악하기 위하여 사용되는 분석기법
③ **회귀분석** : 독립변수와 종속변수 사이의 관계를 파악하고자 하는 통계분석기법
④ **요인분석** : 다수의 변수들이 있을 때 변수 간 상관관계를 이용하여 변수의 숫자를 처리하기 쉬운 수준으로 줄이기 위하여 사용하는 분석기법
⑤ **컨조인트분석** : 독립변수(대상을 설명하는 속성)가 종속변수(대상 자체)에 어떤 영향을 주는가를 분석하는 기법

134 다음 중 POP 광고물의 작성 시 체크해야 할 사항으로 옳지 않은 것은?

① 시각적인 효과에 대한 충족 여부
② 지역의 특성 반영 여부 및 계절적인 감각
③ 소비자들에게 구매의욕(충동구매)에 대한 발생 여부
④ 정보 전달에 대한 신속성
⑤ 디자인 등에 대한 참신성

정답 ④

정답해설 POP 광고물 작성 시의 체크포인트
- 시각적인 효과에 대한 충족 여부
- 지역의 특성 반영 여부 및 계절적인 감각
- 소비자들에게 구매의욕(충동구매)에 대한 발생 여부
- 디자인 등에 대한 참신성

135 다음 제품믹스 가격결정법에 대한 설명 중 옳지 않은 것은?

① 제품계열법 가격결정법 – 특정 제품계열 내 제품 간의 원가차이, 상이한 특성에 대한 소비자들의 평가 정도 및 경쟁사 제품의 가격을 기초로 하여 여러 제품 간의 가격단계를 설정하는 것이다.
② 선택제품 가격결정법 – 주력제품에서 분리되어 판매되는 선택제품이나 액세서리에 대한 가격결정방법이다.
③ 종속제품 가격결정법 – 주요한 제품과 함께 사용하여야 하는 종속제품에 대한 가격을 결정하는 방법이다.
④ 부산물 가격결정법 – 주요 제품의 가격보다 경쟁적 우위를 차지할 수 있도록 부산물의 가격을 결정하는 방법이다.
⑤ 이분 가격결정법 – 서비스 가격을 기본 서비스에 대해 고정된 요금과 여러 가지 다양한 서비스의 사용정도에 따라 추가적으로 서비스에 대해 가격을 결정하는 방법이다.

정답 ②

정답해설 선택제품 가격결정법은 주력제품과 함께 판매되는 선택제품이나 액세서리에 대한 가격결정방법이다.

36 **제품수명주기이론은 소매업체의 성장전략에도 적용될 수 있는데 다음 중 소매상의 수명주기이론에 있어서 단계별 특징과 전략에 대한 설명으로 올바르지 않은 것은?**

① 도입기에는 자사의 인지도 증가와 판매량을 확대하기 위한 저가격정책이 유일한 수단이다.
② 성장기에는 충성고객의 확보와 취급 상품계열의 확대를 통해 시장점유율을 높이는 것이 강조된다.
③ 성장기에는 경쟁자가 나타나기 전까지 스키밍 가격을 유지하는 것이 좋다.
④ 성숙기에는 판매성장률의 둔화 및 경쟁이 포화상태이므로 많은 경쟁자를 누르기 위해 제품에 대한 마진을 줄이고 가격을 평균생산비 수준까지 낮추게 된다.
⑤ 쇠퇴기에는 개량품에 의해 대체되거나 제품라인으로부터 삭제된다.

정답 ①

정답해설 신제품에 대한 가격결정은 크게 두 가지로 나누어지는데 첫 번째 '초기 고가격 전략'은 진입 초기에는 경쟁제품에 비해 상대적으로 가격을 높게 책정하는 것을 말하며 두 번째 '침투가격 전략'은 진입 초기에 경쟁 제품보다 가격을 낮추어 진입하는 것을 말하므로 도입기에서의 저가격 전략만이 유일한 수단이라고 할 수는 없다.

37 **소매업 가격에 영향을 미치는 제품에 대한 설명으로 적절한 것은?**

① 편의품은 가격이 비싼 가게를 찾아다니는 경향이 크다.
② 편의품은 경쟁업체보다 낮은 가격을 책정하는 것이 바람직하다.
③ 선매품은 편의품보다 가격을 책정하는 범위가 좁다.
④ 선매품의 구매 시 소비자는 품질과 가격을 비교한다.
⑤ 전문품은 가격을 책정해야 하는 범위가 가장 좁다.

정답 ④

정답해설 선매품의 구매 시 소비자는 제품의 품질과 가격을 비교하기 때문에 소매업 경영자는 경쟁자의 가격을 면밀히 분석하여 전략적으로 가격을 책정할 필요가 있다.

오답해설 ① 편의품은 비교 구매하는 경향이 적고 브랜드 충성도도 약하기 때문에 가격이 비싼 가게를 찾아다니는 경향이 상대적으로 적다.
② 편의품은 경쟁업체보다 비슷한 가격을 책정하는 것이 바람직하다.
③ 선매품은 편의품보다 가격을 책정하는 범위가 넓다.
⑤ 전문품은 가격을 책정해야 하는 범위가 가장 넓다.

138 다음 중 가격판매촉진에 해당하는 것이 아닌 것은?

① 가격할인
② 쿠폰
③ 콘테스트
④ 리펀드
⑤ 리베이트

정답 ③

정답해설 가격판매촉진과 비가격판매촉진

가격판매촉진	• 가격할인	• 쿠폰	• 리펀드	• 리베이트
비가격판매촉진	• 프리미엄	• 견본품	• 콘테스트	• 시연회

139 재고관리에 대한 설명으로 옳지 않은 것은?

① EOQ모형에서의 경제적 주문량은 주문비용과 재고유지비용을 합한 연간 총비용이 최소가 도록 하는 주문량을 말한다.
② EOQ모형에서의 경제적 주문량은 단위당 재고유지비용과 1회 주문비용은 재고수준과 주문에 관계없이 일정하다는 전제하에서 구한다.
③ ROP모형에서는 수요가 불확실한 경우 주문기간동안의 평균수요량에 안전재고를 더하여 재문점을 결정한다.
④ ROP모형에서는 수요가 확실한 경우 조달기간이 1일 수요량을 곱하여 재주문점을 결정한다.
⑤ 투빈(Two Bin)방식은 지속적인 재고조사를 필요로 하고 대량 품목에 적합하다.

정답 ⑤

정답해설 투빈(Two Bin)방식은 두 개의 상자 중 한 개가 바닥이 나면 발주하는 재고관리기법으로 지속적인 재고조사가 불요하며 소량 또는 저가 품목에 적합하다.

140 패션수명주기 중 클래식에 대한 설명에 해당하는 것은?

① 짧은 기간 지속되지만 상당한 수준의 수용정도를 나타내는 패션 형태이다.
② 단시간에 광범위하게 수용되었다가 단시간에 거부되는 초단기 유행상품의 경우 주로 해당된다
③ 대개의 소비들이 가격에 둔감하므로 이익을 많이 남길 수 있다.
④ 안정적이며 수익성도 높으므로 소매점 머천다이즈 구성상의 기본상품이라고 할 수 있다.
⑤ 상당 수준의 강렬한 느낌을 받는 패션형태이다.

정답 ④

정답해설 ④를 제외한 나머지는 모두 패즈에 대한 설명이다.

41 다음 중 제품믹스에 대한 설명으로 옳지 않은 것은?

① 제품믹스에서 폭(Width)는 서로 동일한 제품계열의 수를 의미한다.

② 제품믹스의 일관성(Consistency)이란 다양한 제품계열들이 최종용도 · 생산시설 · 유통경로 · 기타 측면에서 얼마나 민첩하게 관련되어 있는가 하는 정도를 말한다.

③ 제품믹스를 확대하는 것은 제품믹스의 폭이나 깊이 또는 이들을 함께 늘리는 것으로 제품의 다양화라고 하는데 기업의 성장과 수익을 지속적으로 유지하는 데 필요한 정책이다.

④ 제품믹스를 축소하는 것은 제품믹스의 폭과 깊이를 축소시키는 것으로 제품계열수와 각 제품계열 내의 제품항목수를 동시에 감소시키는 정책이다.

⑤ 최적의 제품믹스(Optimal Product Mix)란 제품의 추가 · 폐기 · 수정 등을 통해 마케팅 목표를 가장 효율적으로 달성하는 상태로 정적인 최적화(Product-mix Optimization)와 동적인 최적화(Dynamic Produc-mix Optimization)로 구분할 수 있다.

정답 ①

정답해설 제품믹스는 보통 폭(Width) · 깊이(Depth) · 길이(Length) · 일관성(Consistency)의 4차원에서 평가되는데 여기서 제품믹스의 폭은 서로 다른 제품계열의 수를 의미한다.

42 다음 중 NB(National Brand), PB(Private Brand)상품에 대한 설명으로 옳은 것은?

① 전체 판매상품 혹은 매장 진열상품 중에서 PB상품의 구성비가 많을수록 점포이미지에 긍정적인 영향을 미칠 수 있다.

② PB상품이란 브랜드로 정착하지 못하거나 브랜드화가 될 가능성이 거의 없는 모방 및 표절제품 등을 의미한다.

③ 유통업자들은 일반적으로 NB를 더욱 선호하는 반면, 소비자들은 PB를 더욱 선호하는 경향이 있다.

④ NB상품은 PB상품에 비해 상품 및 품질인지도 등이 떨어진다.

⑤ PB상품은 상대적으로 소비자들이 지불하는 가격 면에서 저렴하다.

정답 ⑤

정답해설 PB(Private Brand)상품은 대형 소매업자들이 독자적으로 제작한 자체브랜드로, 백화점이나 대형 슈퍼마켓 등의 형 소매업체 측에서 각 매장의 특성과 고객의 성향을 고려하여 독자적으로 만든 자체브랜드 제품이며 전국 어디서나 제품을 구매할 수 있는 NB(National Brand)상품과 달리 마케팅이나 유통비용이 절약되어 상대적으로 소비자이 지불하는 가격 면에서 저렴하다.

오답해설 ① 전체 판매상품 혹은 매장 진열상품 중에서 PB상품의 구성비가 많을수록 점포이미지에 부정적인 영향을 미칠 있다.

② PB상품이란 자체상표 상품으로 상품 유통업체가 제조업체와의 제휴를 기반을 특정 상품의 기획, 설계, 개발 계에 참여해서 해당 상품이 생산, 유통되는 개념이다.

③ 소비자들은 일반적으로 NB를 더욱 선호하는 반면 유통업자들은 PB를 더욱 선호하는 경향이 있다.

④ PB상품이 NB상품에 비해 상품 및 품질인지도 등이 떨어진다.

143 점포의 혼잡성이 미치는 영향으로 적절하지 않은 것은?

① 소비자가 충동적인 구매를 하지 않아 구매가능성이 감소한다.

② 점포의 혼잡성을 겪은 소비자들은 해당 점포에 대해 좋지 않은 이미지를 가질 가능성이 크다

③ 인식되고 처리되는 정보량이 무절제하게 늘어난다.

④ 소비자들의 만족감은 줄어들며 제품에 대한 만족도도 떨어진다.

⑤ 소비자는 내적인 정보에 주력하게 되며 외적인 정보에 대한 탐색은 회피하게 된다.

정답 ③

정답해설 혼잡한 상태의 점포 내에서는 각종 서비스 제공과 이에 관련된 각종 자료 등에 대하여 소비자가 몰입을 덜 하게 므로 인식되고 처리되는 정보량에 제한이 있다.

144 백화점들의 일반적인 경영방식과 달리 우리나라의 대형마트들은 직매입을 주로 하고 있는데 직매입과 관련된 다음의 내용으로 옳은 것은?

① 다점포경영에 의한 구매력이 뒷받침되고 있다.

② 거래당사자 간의 긴밀한 협력수준이 요구된다.

③ 판매는 직접 하고 재고관리는 간접적으로 한다.

④ 가격인하를 위한 원동력이 될 수 있다.

⑤ 직접적으로 유통 및 판매는 관리하지만 수익률은 높아지지 않는다.

정답 ①

정답해설 대형마트들이 직매입할 수 있는 이유는 다점포경영에 의한 구매력이 뒷받침되기 때문이다.

오답해설 ② 직매입의 경우에는 거래당사자 간의 긴밀한 협력수준이 많이 요구되지 않는 장점을 제공한다.
③ 직매입에서는 판매와 재고관리를 모두 직접 한다.
④ 직매입을 통해 다른 브랜드나 유통단계를 거치지 않고 직접 유통과 판매를 관리함으로써 수익률을 높일 수 있으나 물건을 못 팔 경우 재고를 떠안아야 하는 부담도 있다.
⑤ 직매입은 직접적으로 유통 및 판매를 관리함으로써 수익률을 높일 수 있다.

145 아래의 내용에서 설명하는 경로성과 평가기준은?

- 경로구성원이 경로산출물을 얻기 위해 자원을 얼마나 효율적으로 사용하였는지 측정하는 것이다.
- 소비자수요, 경쟁상황, 정부규제라는 3가지가 이를 결정하는 환경요인이다.

① 시스템의 효과성(System Effectiveness)
② 시스템의 공평성(System Equity)
③ 시스템의 생산성(System Productivity)
④ 시스템의 수익성(System Profitability)
⑤ 시스템의 안정성(System Security)

정답 ③

정답해설 시스템의 생산성(System Productivity)은 경로구성원이 경로산출물을 얻기 위해 자원을 얼마나 효율적으로 사용하였는지 측정하는 것으로 이를 결정하는 환경요인으로 소비자수요, 경쟁상황, 정부규제가 있다.

오답해설 ① **시스템의 효과성(System Effectiveness)** : 특정 유통경로시스템이 유통서비스에 대한 표적고객의 욕구를 충족시키는 정도
② **시스템의 공평성(System Equity)** : 사회적으로 공평한 경로정책을 수행하고 있는지 평가하는 것
④ **시스템의 수익성(System Profitability)** : 자기자본이익률, 총자본순이익률, 매출액영업이익률 등으로 평가하는 것
⑤ **시스템의 안정성(System Security)** : 유동비율과 부채비율을 이용하여 평가하는 것

146 소매업의 세분시장 전략의 유형 중 무차별 마케팅에 대한 설명으로 옳은 것은?

① 소매점이 자원의 제약을 받을 때 특히 유용하다.
② 소매점이 제품과 마케팅을 다양화하여 매출액을 늘리려는 것이다.
③ 소매점이 세분시장 간의 차이를 무시하고 단일 제품이나 서비스로 전체 시장에 진출하려는 것이다.
④ 소매점은 여러 목표 시장을 표적으로 하고 각각에 대한 서로 다른 제품과 서비스를 설계한다.
⑤ 한 기간의 매출액이 당해 기간의 총비용과 일치한다.

정답 ③

정답해설 무차별 마케팅은 소비자들 간의 공통점에 중점을 두고서 하나의 제품으로 전체시장을 공략하는 마케팅으로 소매이 세분시장 간의 차이를 무시하고 단일 제품이나 서비스로 시장에 진출한다.

오답해설 ① 집중적 마케팅에 대한 설명이다.
② · ④ 차별적 마케팅에 대한 설명이다.
⑤ 손익분기점에 대한 설명이다.

147 다음 중 로스리더 가격에 대한 설명으로 옳지 않은 것은?

① 일반적으로 미끼상품, 특매품, 유인상품, 특매상품 등으로 불린다.
② 대상상품에 복수의 가격을 표시한다.
③ 소매 기업에서 기회비용을 고려하여 가격을 낮추고 일반 물건을 판매한다.
④ 재고를 낮추고 상점에 고객을 불러들여 호객행위를 도모한다.
⑤ 주력상품을 팔기 위한 일종의 우회 전략이다.

정답 ②

정답해설 ②는 일물다가격에 대한 설명이다.

148 다음 중 소매업광고에 대한 설명으로 옳은 것은?

① 생산자광고보다 더 확장된 범위를 갖고 있다.
② 새로운 상품입하, 유통서비스의 개선, 세일기간의 가격할인 등으로 신규고객을 유치할 수 있다.
③ 소매광고의 또 다른 장기적인 목표로 신규고객에 대한 유치가 있다.
④ 장기적인 광고는 기존고객의 방문횟수를 증가시키는 데 기여한다.
⑤ 단기적인 소매광고의 목표로서 공공서비스를 들 수 있다.

정답 ②

정답해설 소매업광고는 소비자에게 직접 제품을 판매하는 소매상에 의하여 이루어지는 광고로 새로운 상품입하, 유통서비스의 개선, 세일기간의 가격할인 등으로 신규고객을 유치할 수 있다.

오답해설 ① 소매업광고는 생산자광고에 비해 제한된 범위를 갖고 있다.
③ 신규고객에 대한 유치는 소매광고의 단기적인 목표에 해당한다.
④ 장기적인 광고는 일반적인 이미지 구축과 점포의 상표위상을 알리는 데 기여한다.
⑤ 공공서비스는 소매광고의 장기적인 목표에 해당한다.

49 일용품에 대한 설명으로 옳지 않은 것은?

① 연령별 · 성별에 따라 구입대상 품목이 다르며 상품의 사용효과와 부가가치에 의해 선별된다.
② 메이커 브랜드가 많으나 같은 종류의 상품일 경우 사용상의 특징이 뚜렷하게 구분되는 경우가 많다.
③ 주로 슈퍼마켓, 백화점 등에서 취급한다.
④ 판매효율은 비교적 좋은 편으로 상품회전율이 연 12회 이상이다.
⑤ 선매품 및 전문품에서 취급하는 제품은 일용품과 모두 같은 제품이다.

정답 ⑤

정답해설 선매품은 고객이 상품의 가격 · 스타일 등을 여러 상점을 통해 비교한 후 구매하는 제품이며, 전문품은 고객이 특수한 매력을 찾으려는 상품으로 구매를 위한 노력을 아끼지 않는 제품으로 일용품과 차이가 있다.

50 가격조정 전략의 유형과 특징이 올바르게 연결되지 않은 것은?

① 세분시장별 가격결정 – 고객, 제품, 구매자에 따라 서로 다른 가격을 책정함
② 심리적 가격결정 – 심리적 효과를 얻기 위해 가격을 조정함
③ 촉진 가격결정 – 장기적인 매출 증대를 목적으로 항구적으로 가격을 할인함
④ 동태적 가격결정 – 개별고객과 상황의 특징에 맞추어 지속적으로 가격을 조정함
⑤ 지리적 가격결정 – 고객의 지리적 입지를 고려하여 가격을 조정함

정답 ③

정답해설 촉진 가격결정은 단기적인 매출 증대를 목적으로 일시적으로 자격을 할인한다.

51 다음의 조사내용과 가장 밀접한 관련이 있는 것은?

> 소비자가 경쟁 브랜드 중에서 특정 브랜드를 알아보거나 그 브랜드를 쉽게 떠올릴 수 있는 능력으로 브랜드 인지도가 높을수록 브랜드에 대한 친밀도와 선호도가 상대적으로 좋게 나오기 때문에 브랜드 자산 관리의 기본 요소라 할 수 있다.

① 브랜드 인지도(Brand Awareness)
② 브랜드 수용성(Brand Acceptability)
③ 브랜드 충성도(Brand Loyalty)
④ 브랜드 가치(Brand Valuation)
⑤ 브랜드 파워(Brand Power)

정답 ①

정답해설 브랜드 인지도(Brand Awareness)는 소비자들이 특정 제품과 브랜드를 연결시켜 기억할 수 있는 능력을 말하며 양한 구매 상황에서 브랜드의 정체성(브랜드 네임, 로고, 심벌, 캐릭터 등)을 구별해 내고 기억하는 능력 등을 의 한다. 소비자들은 제품이나 서비스를 구입할 때 자신이 알고 있는 브랜드를 떠올리고 브랜드를 선택해야 할지 확 이 서지 않는 경우에도 모르는 브랜드보다는 알고 있던 브랜드를 선택할 가능성이 크기 때문에 소비자의 구매의 결정에 있어서 결정적 역할을 하는 브랜드 인지도가 중요하다.

152 **다음 중 매장 내부 인테리어(Interior) 요소가 아닌 것은?**

① 급배수설비
② 냉난방설비
③ 안전설비
④ 출입구 크기
⑤ 환기설비

정답 ④

정답해설 ④는 매장 외부 인테리어 요소에 해당한다.

153 **시장세분화의 기준변수 중 사용기회, 사용경험, 사용량, 상표애호도 등이 포함되는 것은?**

① 인구통계적 변수
② 심리분석적 변수
③ 구매행동적 변수
④ 사용상황 변수
⑤ 추구효익 변수

정답 ③

정답해설 시장세분화의 기준변수에 따른 분류

- **인구통계적 변수** : 연령, 성별, 지역, 소득, 종교 등
- **심리분석적 변수** : 사회계층, 라이프스타일, 개성 등
- **구매행동적 변수** : 사용기회, 사용경험, 사용량, 상표애호도 등

154 **성장기에 속한 소매업체가 취할 수 있는 마케팅 전략 중 유통경로전략에 해당하는 설명으로 은 것은?**

① 제품차별화를 시도한다.
② 고객층의 범위를 확대한다.
③ 저가격정책을 도입한다.
④ 높은 시장점유율을 추구한다.
⑤ 광고와 프로모션을 전개한다.

정답 ④

정답해설 성장기의 마케팅 전략

- **제품전략** : 제품의 질 향상, 고객층의 범위 확대, 제품차별화 시도
- **가격전략** : 시장점유율을 높이기 위해 저가격정책 도입
- **유통경로전략** : 높은 시장점유율 추구, 높은 단기적 이익 실현
- **촉진전략** : 더 많은 소비자와 대중에게 인지도와 관심을 구축할 수 있도록 광고와 프로모션 전개

55 다음 중 포장의 방법에 관한 설명으로 옳지 않은 것은?

① 방습포장기법은 습기가 물류과정의 제품을 손상시키지 않게 습기를 방지하는 포장이다.

② 물류과정의 제품파손을 방지하기 위하여 외부로부터의 힘을 완화시키는 포장을 완충포장이라고 한다.

③ 기계류 등 금속제품은 방습포장기법을 사용한다.

④ 집합포장기법은 복수의 물품 또는 수송포장을 한 곳에 모아 적재함으로써 하나의 단위화물을 형성하는 것을 말한다.

⑤ 방수포장에 방습포장을 병용할 경우 방습포장을 내면에, 방수포장을 외면에 하는 것이 원칙이다.

정답 ③

정답해설 기계류 등 금속제품은 녹이 슬고 부식이 되기 쉬우므로 알루미늄 팩 따위를 사용하여 녹이나 부식을 방지하는 포장방법인 방청포장기법을 사용하는 것이 알맞다.

56 다음 지리적 가격결정에 대한 설명으로 적절하지 않은 것은?

① 공장인도가격은 원산지 규정에서 역내 부가가치기준 유형의 하나로 제품이 생산된 현지공장에서 지불되는 가격이다.

② 균일운송가격은 지역에 상관없이 모든 고객에게 운임을 포함한 동일 가격을 부과하는 가격정책이다.

③ 구역가격은 하나의 전체시장을 몇 개의 지대로 구분하고 각각의 지대마다 소비자들에게 차등을 두어 수송비를 부과하는 방법이다.

④ 기점가격은 공급자가 특정한 도시나 지역을 하나의 기준점으로 하여 제품이 운송되는 지역과 상관없이 모든 고객에게 동일한 운송비를 부과하는 방법이다.

⑤ 운송비 흡수가격은 특정한 지역이나 고객을 대상으로 공급업자가 운송비를 흡수하는 방법이다.

정답 ③

정답해설 구역가격은 하나의 전체시장을 몇 개의 지대로 구분하고 각각의 지대에서는 소비자들에게 동일한 수송비를 부과하는 방법이다.

157 다음 중 서비스 보증의 원칙에 대한 내용으로 옳지 않은 것은?

① 보증을 필요로 하는 합당한 근거가 있어야 한다.
② 고객의 이해와 의사소통이 용이해야 한다.
③ 정보의 취득이 용이해야 한다.
④ 구체적이고 의미의 가치가 있어야 한다.
⑤ 호소방법의 절차가 간단해야 한다.

정답 ①

정답해설 서비스 보증의 원칙
- 무조건적이어야 한다.
- 고객의 이해와 의사소통이 용이해야 한다.
- 정보의 취득이 용이해야 한다.
- 구체적이고 의미의 가치가 있어야 한다.
- 호소방법의 절차가 간단해야 한다.
- 신속하게 보상해 주어야 한다.

158 마케팅조사에 대한 다음 설명 중 적절하지 않은 것은?

① 마케팅 의사결정을 지원하기 위하여 자료를 수집하고 분석하는 활동이다.
② 마케팅조사에서 얻은 정보의 유용성은 그 정보를 수집한 조사자의 역량에 의해서 좌우된다.
③ 마케팅조사가 빈번하지 않은 기업에서 사내에 조사 부서를 두는 것은 비효율적이다.
④ 외부조사를 수행하는 경우는 전문조사회사에서 자체적으로 개발한 조사기법을 활용, 신속한 조사프로세스, 전문화된 조사인력으로부터 양질의 조사결과를 얻을 수 있는 장점이 있다.
⑤ 내부조사자가 마케팅 조사를 수행하는 경우 상대적으로 의사결정 흐름의 이해와 내부의 사내 자료에 대한 접근성에서 유리하다.

정답 ②

정답해설 마케팅조사에서 얻은 정보의 유용성은 마케팅자료와 그 자료를 활용하는 의사결정자에 의해서 좌우된다.

59 데이터베이스 마케팅(Database Marketing)에 대한 다음 설명 중 가장 적절한 것은?

① 고객을 만족시키기 위한 경영의 한 형태로서 각종 2차 자료와 정보를 수집 및 분석하고 개인에 대한 차별적 정보를 제공하여 고객의 만족을 극대화하는 마케팅수단을 말한다.
② 기존고객의 충성도 향상을 위해서만 활용되며 잠재고객을 개발하는 용도에는 활용되지 못한다.
③ 컴퓨터의 활용가치가 높으며 고객과의 관리를 기초로 하고 있다.
④ 정보통신서비스 제공자들은 정보주체의 동의 없이 개인정보를 수집 및 이용할 수 있다.
⑤ 정보통신서비스 제공자는 개인으로부터 최소한의 필요한 정보 외의 개인정보를 제공받지 못하더라도 서비스 제공을 거부할 수 없다.

정답 ③

정답해설 데이터베이스 마케팅(Database Marketing)은 고객 개인의 특성에 맞는 서비스를 제공하는 마케팅 기법으로 고객에 대한 여러 가지 정보를 컴퓨터에 의해 데이터베이스화하고, 구축된 고객 데이터베이스를 전략적으로 활용하므로 컴퓨터의 활용가치가 높으며 고객과의 관리를 기초로 하고 있다.

오답해설 ① 데이터베이스 마케팅에 활용되는 자료는 1차 자료이다.
② 기존고객에 대한 정보자료를 활용하지만 기존고객의 충성도 향상뿐만 아니라 잠재고객을 개발하는 용도에도 활용된다.
④ 정보통신서비스 제공자들은 개인정보를 수집 및 이용하는 경우 원칙적으로 정보주체의 동의를 받아야 한다.
⑤ 정보통신서비스 제공자는 개인으로부터 최소한의 필요한 정보 외의 개인정보를 제공받지 못하면 그 서비스 제공을 거부할 수 있다.

60 아래에서 설명하는 장점을 가진 시장전략은?

- 신규 사업 분야에의 진출에 있어서 리드타임(Lead Time)을 단축할 수 있다.
- 투자비용과 이에 대한 위험을 줄일 수 있다.
- 기성 제품 분야와 시너지효과(Synergy Effect)를 갖지 않는 비관련 성장분야에 진출할 수 있다.

① 시장침투전략
② 시장개척전략
③ 제품개선전략
④ 다각화전략
⑤ 외부성장전략

정답 ⑤

정답해설 외부성장전략은 기업의 내부자원에 의존하지 않고 외부자원을 이용한 성장전략으로서 타 회사와의 기술제휴, 개발이 끝난 신제품의 취득, 타 회사의 흡수 및 합병 등의 방법이 있다.

오답해설 ① **시장침투전략** : 어떤 형태로 제품을 변경시키지 않고 기존 고객들에게 보다 많이 판매하도록 하는 전략
② **시장개척전략** : 신시장 + 신제품의 경우로 시장개척의 가능성을 고려하는 전략

③ **제품개선전략** : 기존시장 + 신제품의 경우로 기존시장에 신제품 또는 수정된 제품을 공급하는 전략
④ **다각화전략** : 신시장 + 신제품의 경우로 기존의 제품이나 시장과는 완전히 다른 새로운 사업을 시작하거나 인수하는 전략

161 상품속성에 따른 유통경로와 관련된 설명으로 옳지 않은 것은?

① 슈퍼마켓에서 주로 판매되는 단가가 낮은 제품들은 상대적으로 긴 유통경로를 통해 판매되고 있다.
② 신선상품의 경우 이동과 취급을 지연할수록 부패의 위험이 증가하므로 직접적 유통경로가 필요하다.
③ 중량이 많이 나가거나 취급에 어려움이 있는 경우 간접적 유통경로를 이용하는 것이 좋다.
④ 기술적으로 복잡한 상품의 경우 고객에 대한 설명을 위해 직접적 유통경로가 필요하다.
⑤ 표준화의 정도가 낮을수록 유통경로에서 보다 많은 기술적인 지식과 서비스가 제공되어야 한다.

정답 ③

정답해설 중량이 많이 나가거나 취급에 어려움이 있는 경우 직접적 유통경로를 이용하는 것이 좋다.

162 소비족(그룹)의 명칭과 내용이 서로 올바르게 짝지어지지 않은 것은?

① 다운시프트(Downshift) – 치열한 경쟁에서 벗어나 느긋하고 여유 있는 삶을 추구하는 무리
② 여피(Yuppie) – 의도적으로 자녀를 두지 않는 맞벌이 부부
③ 슬로비(Slobbie) – 빠르게 돌아가는 세상 속에서 건강과 여유를 추구하는 사람들
④ 로하스(Lohas) – 건강과 환경이 결합된 소비자들의 생활패턴
⑤ 예티족(Yettie) – 젊고 기업가적이며 기술에 바탕을 둔 인터넷 전문가

정답 ②

정답해설 여피(Yuppie)는 젊은(Young), 도시화(Urban), 전문직(Professional)의 세 머리글자를 딴 'YUP'에서 나온 말로 고등교육을 받고 돈 많은 젊은 엘리트들을 지칭한다.

63 다음 중 매입의 형태에 대한 설명으로 옳지 않은 것은?

① 대체로 수요가 일정하고 예측이 가능한 상품과 패션상품의 경우 정기적 매입방식을 사용한다.
② 패션상품의 경우 구매주문과 재주문을 QR(Quick Response)과 같은 공급업자와의 컴퓨터시스템 등 체계적인 시스템을 구축하여 활용하고 있다.
③ 위탁매입에서 소매점에서 팔리는 제품의 소유권은 소매업자에게 있지만 판매 후 모든 커미션은 공급자에게 반품된다.
④ 규약에 의한 매입(Menorandum)에서 소유권은 소매업자에게로 넘어가지만 판매되지 못한 제품은 공급자에게 반품되고 대금은 판매된 부분에 대해서만 지급된다.
⑤ 명세매입(Specification)이란 매수인이 제시한 명세에 따라 이루어지는 매입으로 견본제시가 불가능할 경우 사용된다.

정답 ③

정답해설 위탁매입에서 소매점에서 팔리는 제품의 소유권은 공급자에게 있으며 판매 후 일정 비율의 커미션을 소매업자가 받고 나머지는 공급자에게 반품된다.

64 다음 설명에 해당하는 알맞은 것은?

특정 캠페인을 위해 촉진 수단을 어떻게 조합할지 정하는 것으로 제품 종류, 고객 특성, 제품 수명주기, 고객의 구매의사결정 과정의 단계에 따라 달라지며 구성하는 요소로는 광고, 홍보, 판매원, 판매 촉진 등이 있다.

① 가격경쟁　② 디스플레이
③ 유통다각화　④ 프로모션믹스
⑤ 머천다이징

정답 ④

정답해설 프로모션믹스는 다양한 커뮤니케이션 수단들의 역할을 비교 검토하고 각각의 명료성과 정확성을 고려하여 최대의 커뮤니케이션 효과를 거둘 수 있도록 이들을 통합적으로 관리하는 체계적 과정을 의미하며 대표적으로 광고, PR(홍보), 판매촉진, 인적 판매, 다이렉트 마케팅, PPL 등이 있다.

165 다음 중 점포의 레이아웃을 진행할 때 배열하는 구성요소가 아닌 것은?

① 간판
② 매장과 통로
③ 진열대
④ 판매상품
⑤ 점포의 디자인

정답 ①

정답해설 점포의 레이아웃이란 주어진 공간 안에 매장과 통로, 진열대, 판매장비, 판매상품, 점포의 디자인 등 점포를 형성하는 각각의 구성요소를 효과적으로 배열하는 일 또는 그 기술을 말하며 간판은 이에 포함되지 않는다.

166 상품의 판매촉진을 위한 광고(Advertising)에 대한 설명으로 옳은 것은?

① 노출빈도(Frequency)란 광고가 얼마나 많은 사람들에게 도달했는지에 대한 횟수이다.
② 메시지가 복잡한 경우 빈도(Frequency)보다는 도달범위(Reach)를 높이는 것이 바람직하다.
③ 광고의 노출빈도가 어느 수준을 넘어서면 광고효과가 떨어지는 현상을 광고의 소멸효과(Decay Effect)라고 한다.
④ 유머도구(Humor Appeal) 광고는 소비자의 주의를 끄는 데 효과적이며 제품 특성을 이해시키는 메시지를 전달하기에 적합하다.
⑤ 총접촉률(Gross Rating Points : GPR)은 도달범위(Reach)에 도달횟수(Frequency)를 나눈 것이다.

정답 ③

정답해설 광고의 소멸효과(Decay Effect)는 광고의 노출빈도가 어느 수준을 넘어서면 광고효과가 떨어지는 현상이다.

오답해설 ① 노출빈도란 광고가 한 사람에게 도달하는 횟수를 말하며 한 사람에게 얼마나 자주 광고가 반복해서 보여졌는지를 나타낸다.
② 메시지가 복잡한 경우 도달범위보다는 빈도를 높이는 것이 바람직하다.
④ 유머도구 광고는 소비자의 주의를 끄는 데 효과적이지만 제품 특성을 이해시키는 메시지를 전달하기에 부적합하다.
⑤ 총접촉률은 도달범위에 도달횟수를 곱한 것이다.

167 미래학자 마이클 해머가 21세기를 3C의 시대로 표현했을 때 3C에 해당하는 것만 바르게 나열한 것은?

① 도전(Challenge), 고객(Customer), 변화(Change)
② 도전(Challenge), 고객(Customer), 기회(Chance)
③ 도전(Challenge), 변화(Change), 기회(Chance)

④ 고객(Customer), 변화(Change), 경쟁(Competition)
⑤ 고객(Customer), 변화(Change), 기회(Chance)

정답 ④

정답해설 미래학자 마이클 해머는 21세기를 3C의 시대로 표현했는데 여기서 3C란 고객(Customer), 변화(Change), 경쟁(Competition)을 말한다. 변화를 읽고 대처하는 능력에 따라, 선점과 핵심역량을 길러 경쟁력을 어떻게 강화하느냐에 따라, 고객을 얼마나 존중하는가에 따라 조직이나 기업의 성공여부가 결정된다는 말이다.

68 기업이 개인의 불만을 직접 추적하는 도구로 개발되었지만 서비스 프로세스의 문제점을 찾고 개선하는데도 활용할 수 있는 잘못된 결과에 대한 원인을 찾아서 연결하는 도표는?

① 서비스 흐름도(Flow Chart)
② 서비스 청사진(Service Blueprinting)
③ 피쉬본 다이어그램(Fishborn Diagram)
④ 인간 기계 도표(Man-Machine Chart)
⑤ 프로세스 도표(Process Chart)

정답 ③

정답해설 피쉬본 다이어그램(Fishborn Diagram)은 자료분석 도구로서, 생긴 모양이 생선뼈처럼 생겼다하여 붙여진 이름으로 일본의 품질 관리 통계학박사 카오루 이시카와가 발명했다. 문제가 커다란 가시를 이루고, 해결 또는 원인, 영향 등이 가시에 살처럼 붙어있는 형상이다. 원인과 결과를 확인하기 위한 용도, 프로세스 초기 단계에 있는 문제점들을 파악하기 위해서 사용하기도 하며, 예상과 결과치를 분석하기 위해서도 사용한다. 대부분 자료 분석툴로 사용하지만 최근 스타트업에서도 시장성 및 수익성 파악을 위한 도구로서 사용하기도 한다.

69 제품에 관한 전략적 의사결정 사항을 설명하는 내용으로 옳지 않은 것은?

① 마케팅 담당자들이 제품을 여러 가지 기준에 의하여 분류(편의품, 선매품, 전문품 등)하는 가장 큰 이유는 소비자의 쇼핑습관에 따른 것이다.
② 공동상표전략은 성공한 제품의 상표명이나 그 일부를 다른 제품군이나 추가되는 제품에 확장하여 사용하는 전략이다.
③ 유통경로 상의 구성원들에 대하여 상당한 영향력을 가지고 있을 때에는 신제품개발전략 중 선제전략을 사용하는 것이 유리하다.
④ 제품이란 고객의 욕구인 상징적, 물리적, 심리적 효용을 모두 충족시킬 수 있는 물체를 의미한다.
⑤ 낮은 유통원가와 대량노출, 대량광고 등이 가장 중요한 마케팅 전략 수단이 되는 제품은 선매품이다.

정답 ⑤

정답해설 낮은 유통원가와 대량노출, 대량광고 등이 가장 중요한 마케팅 전략 수단이 되는 제품은 편의품이다.

170 다음 중 편의품에 대한 설명으로 옳지 않은 것은?

① 일상생활에서 소비빈도가 가장 높다.
② 구매자는 대체로 습관적인 행동 양식을 나타낸다.
③ 구매할 필요가 있을 때 빠르고 쉽게 구매를 결정한다.
④ 상표명에 대한 선호도가 뚜렷하지 않다.
⑤ 유행의 영향을 별로 받지 않는다.

정답 ④

정답해설 편의품은 상표명에 대한 선호도가 뚜렷하기 때문에 편의품을 판매하는 소매점의 특성이 별로 중요하지 않으며, 경로의 수가 많을수록 좋다.

171 서비스마케팅 전략 수립에 필요한 내용에 관한 설명 중 가장 적절하지 않은 것은?

① 시장점유율보다는 고객점유율을 높이기 위하여 고객데이터베이스를 이용하여 기존고객과의 상호작용을 강화하려는 마케팅활동은 DB마케팅에 해당한다.
② 서비스를 제품개념으로 볼 때 서비스는 탐색적 속성, 경험적 속성, 신뢰적 속성 중에서 경험적 속성이 강한 제품에 속한다.
③ 서비스 기업이 고객에게 서비스를 판매하기 위하여 종업원을 훈련시키고 동기 부여하는 종업원관리활동은 서비스마케팅 활동 중 내부마케팅(Internal Marketing) 활동에 속한다.
④ 서비스품질을 측정하기 위해 개발된 SERVQUAL 모형은 서비스 기대치와 성과치의 차이를 측정하는 방법이다.
⑤ 서비스는 유형 제품에 비하여 가격차별화가 용이하기 때문에 가격차별화(Price Discrimination)를 통하여 이익을 올릴 수 있는 가능성이 상대적으로 높다.

정답 ①

정답해설 시장점유율보다는 고객점유율을 높이기 위하여 고객데이터베이스를 이용하여 기존고객과의 상호작용을 강화하려는 마케팅활동은 관계마케팅에 해당한다.

72 촉진믹스(광고, PR, 판매촉진, 인적판매)의 인적판매(Personal Selling)에 관한 설명으로 옳은 것은?

① 인적판매는 효과층계모형의 여섯 단계(인지-지식-호감-선호-확신-구매) 중 인지와 지식 단계에 가장 큰 영향을 미친다.
② 촉진믹스 중에서 인적판매는 산업재 시장에서 촉진예산의 가장 낮은 비중을 차지한다.
③ 인적판매는 전형적인 풀(Pull) 촉진정책이다.
④ 인적판매는 혁신적인 신제품 도입에 효과적인 촉진수단이다.
⑤ 인적판매는 고객 1인당 비용이 매우 높고 목표시장에 효율적으로 자원을 집중할 수 있다.

정답 ④

정답해설 인적판매(Personal Selling)는 구입을 유도하기 위해 고객 및 예상고객(prospective client)과 직접 접촉할 때 판매원이 기울이는 여러 가지 노력으로, 개인적이고 고도의 유연성이 요구되기 때문에 혁신적인 신제품 도입에 효과적인 촉진수단이다.

오답해설 ① 인지와 지식 단계에 가장 큰 영향을 미치는 것은 광고이며 인적판매는 구매단계에서 큰 영향을 미친다.
② 촉진믹스 중에서 인적판매는 산업재 시장에서 촉진예산의 가장 높은 비중을 차지한다.
③ 인적판매는 전형적인 푸시(Push) 촉진정책이다.
⑤ 인적판매는 고객 1인당 비용은 매우 많이 드나, 목표시장에 효율적으로 자원을 집중할 수 없다.

73 동기부여 이론에 관한 설명으로 가장 적절한 것은?

① 앨더퍼(Alderfer)의 ERG 이론에서는 인간의 욕구를 존재욕구, 관계욕구, 성장욕구로 구분하고 있으며 충족-진행의 원리와 좌절-퇴행의 원리를 제시하고 있다.
② 핵크만(Hackman)과 올드햄(Oldham)의 직무특성이론에 의하면 종업원 개인의 성장욕구수준은 심리상태와 직무 수행결과에 아무런 영향을 미치지 않는다.
③ 맥그리거(Mcgregors)는 인간의 본성에 대한 두 가지 서로 다른 견해를 제기하였는데 긍정적인 관점을 X 이론, 부정적인 관점을 Y이론이라 한다.
④ 허즈버그(Herzberg)의 2요인 이론(Two Factor Theory)에 의하면 동기요인이 충족되는 것은 단지 직무불만족 요인을 제거하는 것일 뿐이며 직무만족에 영향을 주려면 동기요인을 강화해야 한다고 하였다.
⑤ 공정성이론(Equity Theory)에 의하면 허즈버그가 제시한 위생요인과 동기요인 중 위생요인만이 개인이 받는 보상에 포함된다.

정답 ①

정답해설 앨더퍼(Alderfer)의 ERG 이론은 인간의 동인(motive)에 관한 체계적인 연구를 통하여 높은 수준의 욕구나 낮은 수준의 욕구 모두가 어느 시점에서는 동기부여(motivator)의 역할을 한다는 이론으로 인간의 욕구를 존재욕구, 관계욕 성장욕구로 구분하고 있으며 충족–진행의 원리와 좌절–퇴행의 원리를 제시하고 있다.

오답해설 ② 직무특성이론에 의하면 성장욕구수준이 높은 사람은 직무정체성이 높은 직무를 수행할 때 동기부여수준이 높 진다고 한다.
③ 맥그리거가 제기한 인간의 본성에 대한 두 가지 서로 다른 견해에서 부정적인 관점은 X이고 긍정적인 관점은 이론이다.
④ 2요인 이론에 의하면 위생요인이 충족되는 것은 단지 직무불만족 요인을 제거하는 것일 뿐이며 직무만족에 향을 주려면 동기요인을 강화해야 한다고 하였다.
⑤ 공정성이론에서 개인이 받는 보상은 위생요인과 동기요인이 모두 포함된다.

174 소매점 판매촉진(SP : Sales Promotion)에 대한 다음 설명 중 옳지 않은 것은?

① 소매광고, 인적판매 등 다른 촉진수단과 같이 사용할수록 그 효과가 상승한다.
② 점포이미지에 손상을 가할 일이 없다.
③ 판매증대 효과가 단기적이다.
④ 소비자의 점포 방문율을 높일 수 있다.
⑤ 판매촉진이란 촉진대상자에게 실질적인 혜택을 줌으로써 조기의 시장반응 또는 보다 강한 시장반응을 고양시키기 위한 촉진활동이다.

정답 ②

정답해설 소매점 판매촉진(SP : Sales Promotion)은 그 자체로는 구매를 자극하기 위한 단기적인 유인 내지 자극책이지만 과다하게 사용할 경우 점포이미지를 손상시킬 수도 있다.

175 바이럴 마케팅(Viral Marketing)에 대한 설명으로 적절하지 않은 것은?

① 고객으로 하여금 업체를 대신해 주변의 다른 사람에게 재화나 서비스를 광고하게 만드는 마케팅 방법이다.
② 인간관계상에서 자연스럽게 소문이 나고 바이러스처럼 전파되어 홍보가 되며 구매동기를 불러일으킨다.
③ 매스컴을 통하여 자연스럽게 소문이 나고 바이러스처럼 전파가 되어서 홍보가 되고 구매동기를 불러일으키게 하는 것이다.
④ 미국이나 유럽에서는 국내보다 훨씬 빠르게 활성화되어 있다.
⑤ 브랜드 인지도의 측정지표달성에 그친다는 한계를 지니고 있다.

정답 ⑤

정답해설 바이럴 마케팅의 특이한 점은 일반적인 브랜드 인지도의 측정지표달성에 그치는 것이 아니라 구체적인 구매행위까지 연결하도록 프로그램한다는 것이다.

76 고객에게 제품구매를 유도하기 위해 직접 상품을 사용하면서 설명하는 방식은?

① 암송형 방식(Canned Approach)
② 자극-반응 방식(Stimulus-response Approach)
③ 합성형 방식(Formula Apporach)
④ 욕구충족형 방식(Need-satisfaction Approach)
⑤ 판매실현(Demonstration)

정답 ⑤

정답해설 판매실현(Demonstration)은 기타 세일즈 툴(Sales Tools)을 이용하여 데모(Demo)를 실연함으로써 고객의 이해를 증가시키는 방식이다.

오답해설 ① **암송형 방식(Canned Approach)** : 간추린 핵심적 판매문안을 암기하듯 제시하는 방식
③ **합성형 방식(Formula Apporach)** : 구매자와의 대화를 통해 고객욕구를 파악하는 방식
④ **욕구충족형 방식(Need-satisfaction Approach)** : 고객으로 하여금 얘기를 많이 하도록 유도하는 방식

77 다음 중 포지셔닝의 유형에 대한 설명으로 옳은 것은?

① 이미지 포지셔닝이란 자사제품이 경쟁기업의 제품과 다른 기능적, 감각적 편익이나 속성 같은 차별점을 소비자에게 인식시키는 것을 말한다.
② 제품 편익에 의한 포지셔닝이란 고급성이나 독특성처럼 제품이나 점포가 지니고 있는 추상적인 편익으로 소구하는 방법을 말한다.
③ 가치 포지셔닝이란 제품의 가격이나 품질을 일정한 수준으로 포지셔닝하여 자사 제품이나 점포의 가치를 부각시키는 방식이다.
④ 경쟁제품 포지셔닝이란 소비자의 지각 속에 위치하고 있는 경쟁사와 명시적 혹은 묵시적으로 비교하게 하여 자사 제품이나 점포를 부각시키는 방식이다.
⑤ 사용자에 의한 포지셔닝이란 자사제품이 모든 사용자 계층에 적합하다고 소비자에게 인식시키는 방식이다.

정답 ④

정답해설 경쟁제품 포지셔닝은 기존의 경쟁제품으로 욕구 충족이 되지 않는 시장기회를 이용하는 것으로 소비자고 인식 있는 기존 경쟁제품과 비교함으로써 자사제품의 편익을 강조하는 방법이며 비교광고에 의한 포지셔닝 전략이자 로 중소기업에서 사용되는 전략이다.

오답해설 ① 제품 편익의 포지셔닝에 대한 설명이다.
② 이미지 포지셔닝에 대한 설명이다.
③ 가치 포지셔닝이란 제품의 가격이나 품질만이 아니라 소비자가 제품을 구입했을 때 느끼는 만족도, 우월감 감성적 가치를 포함한다.
⑤ 사용자에 의한 포지셔닝이란 자사제품이 특정 사용자 계층에 적합하다고 소비자에게 인식시키는 방식이다.

178 풀 마케팅 전략(Pull Marketing Strategy)에 관한 다음 설명 중 옳지 않은 것은?

① 풀 마케팅 전략을 사용하는 제조업체는 제품에 대한 광고나 그 밖의 프로모션 지출을 통해 종소비자가 그 브랜드를 알고 찾아와 구매할 수 있도록 하는 것이다.
② 풀 마케팅의 대표적인 성공사례 중 하나로 인텔은 고객들이 인텔브랜드의 칩 '인텔 인사이드 들어간 컴퓨터를 선호하도록 만든 예를 들 수 있다.
③ 홍보 및 광고활동에 소비자들을 직접 주인공으로 참여시켜서 벌이는 판매기법이다.
④ 가격협상의 주도권은 소매업체에게 있다.
⑤ 소비자를 대상으로 제품 · 브랜드 · 기업명 등을 광고함으로써 소비자가 지명 구매하도록 하는 메이커의 판매 전략을 말한다.

정답 ④

정답해설 풀 마케팅 전략의 경우 가격협상의 주도권은 제조업체에게 있다.

179 포장에 관한 다음 설명 중 적절하지 않은 것은?

① 종이는 디자인하기 용이하고 운반하기 유리한 장점이 있다.
② 목재는 내용품의 중량 및 용적에 비해 용기의 중량과 용적에 큰 단점이 있다.
③ 공업포장의 경우 판촉을 고려하지만 절대적인 것은 아니고 상업포장의 경우 판촉이 중요하다
④ 공업포장은 매출신장을 위해 비용 상승도 감수하지만 상업포장은 항상 최저비용을 추구한다.
⑤ 개장은 사용자에게 건네지는 최소 단위의 포장이다.

정답 ④

정답해설 상업포장은 매출신장을 위해 비용 상승도 감수하지만 공업포장은 항상 최저비용을 추구한다.

80 진열방법에 대한 내용으로 옳은 것은?

① 일부 의류업체는 매장의 전체적 이미지를 표현하기 위해 윈도 진열방식을 사용하기도 한다.
② 할인점, 식품점 등은 거의 모든 상품을 스타일이나 품목별로 진열하고 있다.
③ 곤돌라 진열이란 벽과 높은 곤돌라를 사용하여 상품을 수평적으로 진열하는데 이는 좌에서 우로 이동하는 고객 시선의 자연스러운 흐름을 따르는 효과적인 진열이다.
④ 많은 양의 상품을 한꺼번에 쌓아 두는 방식을 점두 진열이라고 한다.
⑤ 소매업체가 고객의 눈길을 끌기 위해 상품을 노출시키고자 할 때 수직적 진열을 한다.

정답 ②

정답해설 할인점, 식품점 등은 거의 모든 상품을 고객들이 원하는 걸 쉽게 찾을 수 있도록 스타일이나 품목별로 진열하고 있다.

오답해설 ① 아이디어 지향적 진열방식에 대한 설명이다.
③ 곤돌라 진열은 많은 양의 상품들이 소비자들에게 잘 보여짐과 더불어서 소비자들로 하여금 풍요함을 직접적으로 느끼게 하면서 상품을 가장 편하게 집을 수 있도록 한 진열이다.
④ 적재 진열에 대한 설명이다.
⑤ 전면 진열에 대한 설명이다.

81 디스플레이에 대한 설명 중 적절하지 않은 것은?

① 구색 진열은 고객이 제품을 보고 느낄 수 있도록 진열하는 방식이다.
② 테마별 진열은 제품을 테마별로 분위기에 맞추어 진열하는 방식이다.
③ 패키지 진열은 하나의 전체적인 효과를 노리고 세팅되어 번들로 진열하는 방식이다.
④ 옷걸이 진열은 걸어서 보여주게 되는 제품을 위한 기능적인 효용을 가지고 있다.
⑤ 케이스 진열은 가벼운 제품들을 진열하기 위해 이용되는 방식이다.

정답 ⑤

정답해설 케이스 진열은 무겁거나 쌓일 수많은 제품들을 진열하기 위해 이용되는 방식이다.

182 **상품관리 및 구성에 대한 설명으로 옳지 않은 것은?**

① 구색계획(Assortment Planning)은 특정 상품 카테고리에 대한 재무 및 상품기획 상의 목표를 계획하는 것이다.
② 소매점이 판매하는 특정 상품의 종류와 조합을 상품구색 또는 상품구성이라 한다.
③ 상품계열은 유사한 성능, 동일한 고객층, 동일한 가격대 등과 같이 서로 관련성이 없는 상품을 말한다.
④ 전문점의 상품계열 깊이(Depth)는 깊지만 백화점과 할인점의 경우 상품계열의 폭(Width)이 깊다.
⑤ 상품 믹스(Product Mix)란 취급받고 있는 제품계열, 제품품목, 상표의 구성 패턴 등의 집합을 말한다.

정답 ②

정답해설 상품구성은 소매점이 판매하는 모든 상품의 종류와 조합을 뜻하는 말이다.

183 **다음 중 수직적 진열(Vertical Display)에 대한 설명으로 옳지 않은 것은?**

① 소매점 상표 부착상품을 황금지역(Golden Zone)에 진열한다.
② 가능한 많은 양의 상품이 시야에 들어오도록 진열한다.
③ 벽이나 곤돌라를 이용하여 상품을 진열한다.
④ 시선의 흐름을 왼쪽에서 오른쪽으로 유도한다.
⑤ 고객의 시선과 관계없이 남는 공간에 진열한다.

정답 ④

정답해설 수직적 진열(Vertical Display)은 가능한 많은 양의 상품이 시야에 들어오도록 벽이나 곤돌라를 이용하여 상품을 진열한 방법으로 그 시선의 흐름은 오른쪽에서 왼쪽, 위에서 아래쪽으로 유도한다.

184 **다음 중 그린 마케팅(Green Marketing)에 대한 설명과 관련이 있는 것은?**

① 마케팅 활동은 소비자의 입장에서 수행되어야 한다.
② 끊임없이 소비자의 욕구 확인 및 제품의 탐색활동 등을 통한 혁신적인 마케팅 활동을 수행해야 한다.
③ 사용된 자원은 진정한 의미에서 가치를 지니도록 마케팅 활동에 투입되어야 한다.
④ 생산제품이 사회적 관점에서의 기능발휘가 되도록 마케팅 활동을 수행하여야 한다.

⑤ 제품의 개발 · 생산 · 판매 등을 높아져 가는 지구의 환경문제에 대응하도록 하는 환경대응전략, 즉 환경보호를 중심으로 한 마케팅 활동이 수행되어야 한다.

정답 ⑤

정답해설 ⑤를 제외한 나머지는 계몽적 마케팅(Enlightened Marketing)에 해당하며 이상적인 자본주의 사회를 이루기 위해 기업이 사회적 책임을 완수해야 한다는 것이다.

85 다음 유통 업태별 상품구성정책에 관한 의사결정요소로서 상품의 깊이와 넓이에 관한 의사결정요소를 설명한 내용으로 옳은 것은?

① 백화점과 대형마트를 상품의 넓이측면에서 비교할 경우 음식료품에 있어서는 대형마트가, 섬유 및 의류에 있어서는 백화점이 더욱 넓은 상품정책을 추구하고 있다.
② 상품의 깊이보다 넓이에 있어서 전문화한 업태를 전문점이라고 한다.
③ 백화점과 대형마트를 상품의 깊이측면에서 비교할 경우 대형마트가 백화점에 비해 상품의 깊이가 더욱 깊다.
④ 유점포와 무점포의 비교에서는 상품의 깊이나 넓이측면의 확장가능성으로 보면 유점포업태가 비용 측면에서 더욱 유리하다.
⑤ 상품의 넓이와 깊이에 대한 의사결정은 표적구매자들의 기대를 일치시키면서 동시에 다른 소매상과 유사해야 한다.

정답 ①

정답해설 대형마트는 식료품, 의류, 생활용품, 가전제품 따위의 일상생활에 필요한 거의 모든 제품을 갖추어 놓고 저렴하게 판매하는 매우 큰 규모의 소매점이기 때문에 음식료품에 대한 넓은 상품정책을 추구해야 하고 백화점은 의류, 문구, 화장품과 같은 다양한 상품 종류를 여러 구역(매장)으로 나누어 판매하는 대형 상점이므로 의류에 대한 넓은 상품정책을 추구해야 한다.

오답해설 ② 상품의 넓이보다 기피에 있어서 전문화한 업태를 전문점이라 한다.
③ 백화점이 대형마트에 비해 상품의 깊이가 더 깊다.
④ 유점포와 무점포의 비교에서는 상품의 깊이나 넓이측면의 확장가능성으로 보면 무점포업태가 비용 측면에서 더욱 유리하다.
⑤ 상품의 넓이와 깊이에 대한 의사결정은 표적구매자들의 기대를 일치시키면서 동시에 다른 소매상과 차별할 수 있어야 한다.

186 유통매장에서 특정제품이 주목을 받고 판촉효과를 극대화하기 위해서는 황금구역(Golden Zone)에 디스플레이하는 것이 중요한데 이와 관련된 설명으로 가장 거리가 먼 것은?

① 영업 전략적으로 황금구역에 디스플레이를 해야 하는 상품으로는 중점판매상품, 계절상품, 폐인상품, 광고상품을 들 수 있다.

② 이익이 높으면서 가격이 저렴한 제품 또한 대량진열이 가능하며 소비자들에게 인기몰이를 하고 있는 제품 등이 적합하다.

③ 판매수량 측면이나 매출액 그리고 수익성측면에서 기여도가 높은 상품의 경우 영업 전략적으로 황금구역에 디스플레이해야 한다.

④ 황금구역의 진열을 확보하기 위해서는 상품공급기업의 영업사원들에게 황금구역 진열을 통한 판촉활동을 하도록 설득해야 하며 일반적으로 70~140cm의 진열공간의 높이 영역을 의미한다.

⑤ 메인 진열대의 하단부에 위치한 존을 보통 스톡 존(Stock Zone)이라 하는데 보통 저인기 상품, 저가 상품들이 많이 진열되며 제품 판매 회전율이 낮다.

정답 ④

정답해설 황금구역의 진열을 확보하기 위해서는 상품공급기업의 영업사원들 스스로 황금구역 진열을 통한 판촉효과를 스스로 인식하는 것이 중요하며 일반적으로 75~435cm의 진열공간의 높이 영역을 의미한다.

187 지속성 상품의 매입시스템에 대한 설명으로 옳은 것은?

① 단품차원에서 이전 시즌의 자료를 확보하기가 어렵다.

② 실제월말재고와 조정월말재고를 동일하게 만들 필요가 있다.

③ 예측이 불가능한 주기를 따르는 상품에 적용한다.

④ 유행성 상품과 개인적 취향이 확실한 패션성 상품에 적용한다.

⑤ 식료품점이나 할인점에서 취급하는 대부분의 품목에 적용하기 적합하다.

정답 ⑤

정답해설 지속성 상품의 매입시스템은 식료품점이나 할인점에서 취급하는 대부분의 품목에 적용하기 적합한 시스템이다.

오답해설 ① 단품차원에서 이전 시즌의 자료를 확보하기가 어렵지 않다.
② 유행성 상품에 대한 설명이다.
③ 예측 가능한 '주문–접수–주문'의 주기를 따르는 상품에 적용한다.
④ 유행성 상품과 개인적 취향이 확실한 패션성 상품에 적용하기 어렵다.

88 No Name 제품, NB(National Brand) 및 PB(Private Brand) 제품에 대한 설명으로 옳지 않은 것은?

① No Name 제품이란 브랜드로서의 가치를 거의 가지지 못하거나 사업자가 브랜드의 가치를 전혀 인식하지 못한 제품을 말한다.
② NB 제품은 제품생산자/제조업자 브랜드로 제조업자가 자신의 제품임을 확인할 수 있는 상품명이나 기호 혹은 기업명이나 기호 등으로 표시된다.
③ PB 제품은 유통업자 브랜드로 유통업자가 자신의 제품임을 확인할 수 있는 상품명이나 기호 혹은 기업명 등으로 표시된다.
④ NB 제품, PB 제품, No Name 제품은 상호경쟁관계이면서 또한 보완하는 관계이기도 하다.
⑤ NB 제품은 유통업체 스스로 상품을 기획하고 제조, 가공하기 때문에 상당한 이윤을 남기는 반면 소비자에 대한 상품의 지명도나 신뢰도에서는 일반적으로 PB보다 크게 떨어진다.

정답 ⑤

정답해설 유통업체 스스로 상품을 기획하고 제조, 가공하기 때문에 상당한 이윤을 남기는 것은 PB 제품으로 소비자에 대한 상품의 지명도나 신뢰도에서 NB 제품보다 크게 떨어진다.

89 다음 중 곤돌라(Gondola) 진열에 대한 설명으로 옳은 것은?

① 움직이는 선반장치를 이용한 진열방식이다.
② 상품을 작은 상자에 담아 진열한다.
③ 대량 진열이 가능하지만 점포배치전환이 어렵다.
④ 고객이 자유로이 상품을 선택할 수 있도록 한다.
⑤ 소수의 귀중품을 고객들에게 보여주는 방식이다.

정답 ④

정답해설 곤돌라(Gondola) 진열은 대량의 상품을 고객들에게 충분히 잘 보이게 하면서, 고객들이 더욱 직접적으로 풍요로움을 느끼고 상품을 가장 편안하게 집을 수 있도록 고안된 일종의 입체식 진열이다.

오답해설 ① 곤돌라 진열은 대량의 상품을 고객들이 충분히 잘 볼 수 있도록 함과 동시에 고객들로 하여금 보다 풍요함을 직접 느끼게 하면서 상품을 가장 편안하게 집어들 수 있도록 고안되었다.
② 곤돌라 진열은 상품을 큰 상자에 담아 진열하며 작은 상자에 담아 진열하는 것은 덤프 진열이다.
③ 곤돌라 진열은 대량 진열도 가능하고 점포배치전환도 쉽게 적용할 수 있다.
⑤ 곤돌라 진열은 많은 양의 상품을 고객들이 잘 볼 수 있도록 하는 방식이다.

190 **다음 중 제품 성장기의 전략으로 옳지 않은 것은?**

① 제품품질의 향상과 새로운 제품특성을 추가한다.
② 침투할 새로운 세분시장을 모색한다.
③ 물적 유통을 합리화한다.
④ 새로운 마케팅경로로 진출한다.
⑤ 가격을 인하한다.

정답 ③

정답해설 ③은 제품 성숙기에 대한 전략이다.

191 **최근 A 점포가 배즙을 판매하기 시작했을 때 목표로 하는 이익을 얻기 위해 달성해야 하는 매출 판매량과 판매액은?**

- 점포 월 임대료(고정비 성격) : 3,000,000원
- 배즙 1박스 90,000원에 구입
- 배즙 1박스 130,000원에 판매
- A 점포가 원하는 목표이익 : 5,000,000원
- 다른 비용은 없는 것으로 가정함

① 300박스 – 27,000,000원
② 400박스 – 36,000,000원
③ 400박스 – 52,000,000원
④ 500박스 – 45,000,000원
⑤ 600박스 – 78,000,000원

정답 ③

정답해설 목표이익을 고려한 손익분기점 판매량

$$= \frac{\text{고정비} + \text{목표이익}}{\text{단위당공헌이익}}$$

단위당공헌이익 = 130,000원 – 90,000원 = 40,000원

$$\text{판매량} = \frac{3{,}000{,}000 + 5{,}000{,}000}{40{,}000} = 400\text{박스}$$

판매액 = 400박스 × 130,000원/박수 = 52,000,000원

92 고관여 제품과 저관여 제품에 대한 광고 전략의 특성으로 올바른 것은?

① 고관여 제품의 광고는 폭넓은 정보 캠페인에 집중하는 것이 중요한 데 반해 저관여 제품의 경우는 몇 가지 중요한 요점에 집중하는 것이 중요하다.

② 고관여 소비자는 우선적으로 구매하는 반면 저관여 소비자는 구매 전에 상품 및 브랜드에 대한 평가를 받는다.

③ 고관여 제품들은 저관여 제품들에 비해 거의 실질적인 브랜드 차이가 없으므로 광고는 차별화의 중요 수단으로서 경쟁사의 제품과 차별성을 갖게 하는 기본적인 수단이 되어야 한다.

④ 동기가 전혀 부여되지 않은 소비자의 경우 메시지를 전달하는 데 인쇄광고가 효과적이며 동기가 부여된 소비자의 경우 TV가 효과적이다.

⑤ 고관여 소비자들에게는 상표이름을 반복하는 광고가 좋고 저관여 소비자들에게는 제품의 차별화를 강조하는 광고가 좋다.

정답 ①

정답해설 고관여 제품은 소비자가 제품을 구입하는 과정에서 시간과 노력을 많이 들이는 제품으로 가격이 비싸거나, 본인에게 중요한 의미가 있는 제품 등이 해당되기 때문에 폭넓은 정보 캠페인에 집중한 광고가 중요한 데 반해 저관여 제품은 제품에 대한 중요도가 낮고, 값이 싸며, 상표간의 차이가 별로 없고, 잘못 구매해도 위험이 별로 없는 제품을 구매할 때 소비자의 의사결정 과정이나 정보처리 과정이 간단하고 신속하게 이루어지는 제품이므로 광고할 시 몇 가지 중요한 요점에 집중하는 것이 중요하다.

오답해설 ② 고관여 소비자는 구매 전에 상품 및 브랜드에 대한 평가를 하는 반면 저관여 소비자의 경우 우선적으로 구매하며 브랜드에 대한 평가를 한다면 구매 후에 평가한다.

③ 고관여 제품들은 소비자가 구매 과정에 많은 시간과 노력을 투입하여 깊게 관여하는 것이 보통이며 강한 브랜드 충성도와 선호도를 형성하게 되는 경우가 많다.

④ 동기가 전혀 부여되지 않은 소비자의 경우 메시지를 전달하는 데 TV가 보다 효과적이며 동기가 부여된 소비자의 경우 인쇄광고가 더욱 효과적이다.

⑤ 고관여 소비자들에게는 제품의 차별화를 강조하는 광고가 좋고 저관여 소비자들에게는 상표 이름을 반복하는 광고나 호기심을 유발하는 마케팅 전략이 더 효과적이다.

93 상품구색에 대한 다음 설명 중 적절하지 않은 것은?

① 상품구색은 상품의 폭(넓이)과 상품 깊이로 구분할 수 있다.

② 소매상이 고객에게 제공하는 상품구성의 넓이와 깊이는 개별 유통업태 및 유통상의 마케팅전략에 따라 상이하다.

③ 상품의 넓이와 깊이에 대한 의사결정은 상품구성정책의 핵심적 의사결정요소로 표적구매자들의 기대와 일치시키면서 동시에 다른 소매상과 차별화할 수 있어야 한다.

④ 상품의 깊이는 브랜드나 스타일 및 품목의 수의 다양성을 의미하며 상품구성의 넓이는 한 기
이 현재 취급하고 있는 상품계열수의 종류가 많고 적은 정도를 나타내주는 상대적인 개념이다
⑤ 상품구성에 있어서 전문점은 상품의 넓이보다 깊이에 더욱 강점을 두고 있는 반면 일반잡화
은 상품의 길이보다 넓이에 더욱 중점을 두고 상품구성정책을 실행한다.

정답 ④

정답해설 브랜드나 스타일 및 품목의 수의 다양성을 의미하는 것은 상품구성의 넓이이고 한 기업이 현재 취급하고 있는 상
계열수의 종류가 많고 적은 정도를 나타내주는 상대적인 개념은 상품의 깊이이다.

194 **다음 제조업체와 소매유통업체 사이에서 발생하는 두 가지 대조적인 전략관계인 풀 전략(Pu Marketing Strategy)과 푸시 전략(Push Marketing Strategy)에 관한 설명으로 올바른 것은?**

① 푸시 채널 전략에서는 제조업체의 현장 마케팅지원에 대한 요구수준이 낮다.
② 잘 알려지지 않은 브랜드의 제품을 손님이 많이 드나드는 매장에 전시함으로써 고객들을 끌어
당기는 것을 풀 마케팅 전략이라고 한다.
③ 푸시 전략은 제조업체가 자사신규제품에 대한 시장창출을 독자적으로 수행한다.
④ 마진율은 풀 채널 전략의 경우가 푸시 채널 전략의 경우보다 상대적으로 높다.
⑤ 풀 전략은 홍보 및 광고를 주로 사용하며 소비자들의 브랜드 애호도가 높다.

정답 ⑤

정답해설 풀 전략은 고객을 집중적으로 설득하여 고객이 소매상 따위에 가서 자발적으로 제품을 찾게 하는 구매 촉진 전략
로 홍보 및 광고를 주로 사용하고 소비자들의 브랜드 애호도가 높다.

오답해설 ① 푸시 채널 전략에서는 제조업체의 현장 마케팅지원에 대한 요구수준이 상대적으로 높다.
② 풀 전략은 최종구매자에게 잘 알려진 자사브랜드를 찾게 만들어서 유통업자가 자사의 제품을 취급하게 하는
략이다.
③ 푸시 전략은 제조업체가 자사신규제품에 대한 시장창출을 소매유통업체에게 의존하는 경향이 강한 전략이다.
④ 마진율은 푸시 채널 전략의 경우가 풀 채널 전략의 경우보다 상대적으로 높다.

195 **거래쌍방이 지속적으로 거래할 것임을 명시적 혹은 묵시적으로 약속하는 것을 몰입이라고 하는데 이러한 몰입의 형성에 영향을 미치는 요인이 아닌 것은?**

① 당사자의 몰입수준은 거래상대방의 몰입수준이 높다고 인식할수록 높아진다.
② 당사자의 서약 혹은 자기족쇄적 행위는 몰입수준을 증가시킨다.

③ 과거의 다른 상대방과의 거래회수가 적을수록 몰입수준은 증가한다.
④ 거래당사자가 거래상대방과 전속적으로 거래하고 의사소통이 원활할수록 몰입수준은 증가한다.
⑤ 거래기간이 길고 거래상대방과의 계약이 관대한 것으로 인식할수록 거래당사자의 몰입수준은 증가한다.

정답 ③

정답해설 몰입형성에 영향을 미치는 요인

- 당사자의 몰입수준은 거래상대방의 몰입수준이 높다고 인식할수록 높아진다.
- 당사자의 서약 혹은 자기족쇄적 행위는 몰입수준을 증가시킨다.
- 거래당사자가 거래상대방과 전속적으로 거래하고 의사소통이 원활하고 상대방이 공정하다는 평판이 높을수록 몰입수준은 증가한다.
- 거래기간이 길고 거래상대방과의 계약이 관대한 것으로 인식할수록 거래당사자의 몰입수준은 증가한다.

96 다음 점포의 이미지를 측정하기 위한 설문에 사용된 척도의 유형은?

설문척도

Q : ○○ 백화점에 대한 느낌을 아래에서 고르시오.

3　　2　　1　　현대적이다　　−1　　−2　　−3

① 리커트 척도　　② 어의차이 척도
③ 총합고정 척도　　④ 등급 척도
⑤ 스타펠 척도

정답 ⑤

정답해설 스타펠 척도는 독립적으로 제시된 형용사에 대한 사람들의 느낌을 정수로 표현하는 척도로 양극단의 상반된 수식어 대신 한쪽 수식어만 제시한다.

오답해설 ① **리커트 척도** : 응답지에서 서술형으로 작성된 질문항목에 대한 동의, 반대의 정도를 표시한다.
② **어의차이 척도** : 척도 양 끝에 상반된 수식어를 제시하고 이에 대한 응답자의 평가를 측정하는 것으로 상표나 점포에 대한 이미지, 상품 개념 분석 시 사용한다.
③ **총합고정 척도** : 응답자에게 일정한 합계점수를 주고 이 점수를 평가대상에 할당하여 각 대상을 평가하는 방법이다.
④ **등급 척도** : 리커트 척도의 문제점을 보완하기 위해 사용하는 방법으로 한 가지 방향만을 물어볼 수 있다.

197 다음 중 판매촉진에 대한 설명으로 옳은 것은?

① 판매촉진은 오로지 인적판매와 함께 사용한다.
② 소매상 판매촉진의 목표는 소매상들이 제조사의 신규 품목 취급, 적정 재고의 유지, 소매환경에서의 제품 광고 또는 더 넓은 공간을 할당하도록 유도하는 데 있다.
③ 영업사원 판매촉진의 목표는 기존 제품 및 신제품에 대한 영업사원의 노력 및 지원을 더 많이 확보하거나 영업사원으로 하여금 신규 거래처를 개발하도록 유도하는 데 있다.
④ 구매시점 판촉 또는 프리미엄과 같은 소매상 판매촉진은 장기적인 고객관계 향상을 위한 판매촉진이다.
⑤ 소매상 판매촉진에는 샘플링, 쿠폰, 환금환불, 가격할인, 프리미엄, 단골고객 보상, 구매시점 진열과 시연, 콘테스트, 추첨 등이 있다.

정답 ③

정답해설 영업사원 판매촉진은 소매상들이 제조사의 신규 품목 취급, 적정 재고의 유지, 소매환경에서의 제품 광고 또는 더 넓은 공간을 할당하도록 유도하는 데 그 목표를 두고 있다.

오답해설 ① 판매촉진은 인적판매 외에도 광고 또는 다른 촉진믹스 도구들과 함께 사용하는 것이 일반적인데 중간상 판매촉진과 영업사원 판매촉진은 주로 인적판매과정을 지원한다.
② 중간상 판매촉진에 대한 설명이다.
④ 구매시점 판촉 또는 프리미엄과 같은 소매상 판매촉진은 장기적인 고객관계 향상을 위한 판매촉진이 아니라 단기적인 소비자의 구매유도가 목적이다.
⑤ 소매상 판매촉진에는 가격할인, 소매점 쿠폰, 특수진열, 소매점 광고 등이 있다.

198 상품을 디스플레이할 때 고려해야 할 원칙으로 옳지 않은 것은?

① 상품에 주목시켜서 흥미와 관심을 유발하고 욕망을 자극해서 확신을 갖도록 한다.
② 색다름을 강조하려면 형태, 크기, 색체 등에 있어 대비를 시키는 것이 좋다.
③ 선, 형태, 무게, 색체 등의 디스플레이 요인을 결합함으로써 품종별, 소재별, 용도별, 가격별 조화를 이룰 수 있다.
④ 각 시점에서 강조해야 할 테마를 가지고 가장 대표적인 주력상품을 선정하여 집중적으로 디스플레이를 전개하여 구매와 직결시키는 것이 중요하다.
⑤ 디스플레이의 강조점은 고객의 눈을 끄는 포인트로 많을수록 주의가 집중된다.

정답 ⑤

정답해설 디스플레이의 강조점은 고객의 눈을 끄는 포인트지만 이를 너무 많이 준비하면 오히려 주의가 분산될 우려가 있다.

99 마케팅 조사에서 표본선정에 관한 설명으로 가장 적절하지 않은 것은?

① 표본추출과정은 모집단의 설정 – 표본프레임의 결정 – 표본추출방법의 결정 – 표본크기의 결정 – 표본추출의 순으로 이루어진다.

② 표본의 크기가 커질수록 조사비용과 조사기간 뿐만 아니라 표본오류도 커진다.

③ 비표본오류에는 조사현장의 오류, 자료기록 및 처리의 오류, 불포함 오류, 무응답 오류가 있다.

④ 층화표본추출은 확률포본추출로 모집단을 서로 상이한 소집단들로 나누고 이들 각 소집단들로부터 표본을 무작위로 추출하는 방법이다.

⑤ 확률표본추출에서는 모집단을 구성하는 모든 측정치들에 동일한 측정기회를 부여한다.

정답 ②

정답해설 표본의 크기가 커질수록 조사비용과 조사기간이 길어지는 건 사실이지만 표본오류는 감소한다.

200 가격 및 가격결정에 관한 설명으로 적절하지 않은 것은?

① 혼합 묶음가격(Mixed Price Bundling)은 상품을 개별적 뿐만 아니라 묶음으로도 구매할 수 있도록 가격을 책정하는 방법이다.

② 공헌마진(Contribution Margin)은 판매가격에서 변동비를 차감한 것이다.

③ 스키밍 가격결정(Market–skimming Pricing)은 잠재 구매자들이 가격과 품질 간의 연상을 강하게 갖고 있는 경우나 대량생산으로 인한 원가절감 효과가 크지 않은 조건에서 유리하다.

④ 단수가격결정(Odd Pricing)은 한 상품계열에 몇 가지의 가격대를 설정하는 것으로 소비자에게 상품의 가격이 최대한 낮은 수준에서 결정되었다는 인상을 주어 판매량을 증가시키기 위한 것이다.

⑤ JND(Just Noticeable Difference)는 소비자들이 가격차이를 느낄 수 있는 가장 최소한의 가격변화를 말한다.

정답 ④

정답해설 단수가격결정(Odd Pricing)은 1,000원 또는 10,000원 등과 같은 가격보다 약간 모자라게 990원 또는 9,990원 등과 같이 가격을 결정하는 것으로 소비자에게 상품의 가격이 최대한 낮은 수준에서 결정되었다는 인상을 주어 판매량을 증가시키기 위한 것이다.

201 다음 중 광고의 특징에 대한 설명으로 옳지 않은 것은?

① 비인적 촉진활동 – 판매원이나 그 밖의 제품과 관련된 사람이 제품을 제시한다.
② 전달대상의 다양성 – 어떤 집단의 이념이나 정책, 기업제도 등의 아이디어도 제공할 수 있다
③ 소구 대상 파악 – 광고에서 그 대상이 되는 수용자. 나이, 성별의 인구 통계학적 속성이나 리적 특성 따위로 세분화된 집단을 파악한다.
④ 유료성 – 광고주가 사용하는 매체에 광고료를 지불한다는 의미이다.
⑤ 광고주의 명시 – 광고는 광고매체에 광고료를 지불하기 때문에 광고에 광고주를 기록한다.

정답 ①

정답해설 비인적 촉진활동은 판매원이나 그 밖의 제품과 관련된 사람이 제품을 제시하는 것이 아닌 대중매체를 통해 정보 제시한다는 특징을 가지고 있다.

202 다음 중 제품수명주기 단계상 도입기의 내용으로 옳은 것은?

① 판매량은 낮아도 광고비와 유통비가 적게 든다.
② 경쟁사가 상당히 많이 존재한다.
③ 시장 확보를 위한 출혈로 인해 제품 가격이 낮다.
④ 상표구축 전략을 기본으로 한다.
⑤ 제품수정이 이루어진 기본형 제품이 생산된다.

정답 ④

정답해설 상표 구축은 신중한 계획 수립, 장기적인 몰입, 창의적인 마케팅이 요구되는 작업이므로 제품수명주기 단계상 도 기의 기본전략이 되어 제품의 기반을 다져야 한다.

오답해설 ① 낮은 판매량에 비하여 소비자에게 제품을 알리기 위해 드는 광고비, 유통비 등이 많이 들어 기업의 이익구조 적자를 기록하는 경우가 많다.
② 경쟁사는 거의 없거나 있어도 소수만이 존재한다.
③ 보통 도입기의 제품에 대한 가격은 매우 높은데 그 이유는 적은 생산량으로 인한 높은 제품 개발비용, 초기 시 투자비용, 광고비 등을 충당하기 위해서이다.
⑤ 도입기에는 제품수정이 이루어지지 않은 기본형 제품이 생산된다.

203 시장세분화의 요건 중 고객에 대한 DB 구축이 필요한 요건은?

① 측정 가능성
② 접근 가능성
③ 규모의 적정성
④ 차별화 가능성
⑤ 활동 가능성

정답 ①

정답해설 측정 가능성은 세분시장의 특성들이 측정 가능해야 하며 측정 가능성을 높이기 위해서는 고객에 대한 DB 구축이 필요하다.

오답해설 ② **접근 가능성** : 세분시장 내에 소비자가 적은 비용과 노력으로 유통경로나 매체를 통해 접근이 가능해야 한다.
③ **규모의 적정성** : 세분시장이 커서 충분한 이익을 얻을 수 있어야 한다.
④ **차별화 가능성** : 세분시장은 개념적으로 구별될 수 있고 다른 마케팅 믹스요소와 마케팅 프로그램에 다르게 반응해야 한다.
⑤ **활동 가능성** : 각 세분시장을 공략하기 위한 효과적인 마케팅 프로그램을 개발할 수 있어야 한다.

204 다음 중 유통기업이 집중구매와 분산구매 중에서 분산구매를 선택하는 요인으로 옳은 것은?

① 부가가치가 높은 제품의 비중이 큰 경우
② 다양한 수요를 충족시켜야 할 경우
③ 주문비용을 낮추어야 할 경우
④ 생산 공정이 연속적인 경우
⑤ 시장조사, 거래처의 조사, 구매효과의 측정 등을 효과적으로 할 경우

정답 ②

정답해설 분산구매는 기업에서 필요한 상품을 현장에 따라 개별 구매하는 자재 구매 방식으로 현장에 적합한 자재를 구입할 수 있고 수속을 신속하게 할 수 있어 자재를 긴급하게 조달하기에 유리하기 때문에 유통기업이 다양한 수요를 충족시켜야 할 경우 선택한다.

오답해설 ②를 제외한 나머지는 모두 집중구매를 선택하는 요인이다.

205 다음 시장 커버리지 정책(Market Coverage skils)과 관련된 내용이 아닌 것은?

① 영역제한은 유통경로 상 상이한 수준에서 이루어지는 수직적 제한과 동일수준에서 이루어지는 수평적 제한으로 구분된다.
② 제조업체의 입장에서는 브랜드 내 경쟁성을 제한하여 브랜드 간 경쟁력을 높이는 것이 더 바람직할 수도 있다.
③ 영역제한은 미국에서 불공정행위로 간주하고 있는데, 미국 사법부는 특히 수평적 제한에 당연위법을 적용하고 수직 제한에 합리성의 원칙을 적용하여 위법여부를 판단한다.
④ 브랜드 내 경쟁은 동일한 브랜드를 취급하는 도매상 혹은 소매상과 간의 경쟁을 의미한다.
⑤ 유통경로가 집약적 유통경로에서 선택적 유통경로로, 나아가 전속적 유통경로로 옮겨갈수록 시장 커버리지는 넓어진다.

정답 ⑤

정답해설 유통경로가 집약적 유통경로에서 선택적 유통경로로, 나아가 전속적 유통경로로 옮겨갈수록 시장 커버리지는 좁
진다.

**206 소매점포 경쟁전략의 하나로 복합소매전략 혹은 포트폴리오 리테일링(Portfolio Retailing) 전
에 관한 설명으로 가장 거리가 먼 것은?**

① 소수의 업체가 여러 개의 다양한 소매 업태를 동시에 운영하는 것이다.
② 하나의 업체가 다양한 소매 업태를 동시에 운영함으로써 각 전문가 간의 커뮤니케이션과 조
을 쉽게 하고 밀접한 협동관계를 형성한다.
③ 세분화된 목표고객그룹의 소비자들에 적합하도록 특화된 여러 개의 독립적 소매사업을 운영
는 것이다.
④ 재고자산 유동성 측면에서 경쟁적 우위를 얻을 수 있다.
⑤ 한 업태에만 집중함으로써 발생할 수 있는 위험을 해소하고 수익을 극대화하려는 소매전략이다

정답 ①

정답해설 포트폴리오 리테일링(Portfolio Retailing) 전략은 오직 한 개의 업체가 여러 개의 다양한 소매 업태를 동시에 운영
는 것이다.

207 다음 중 저수익률–고회전율 전략의 특징으로 적절하지 않은 것은?

① 일상적으로 판매되는 상품에 대하여 EDLP 정책을 적극적으로 실행한다.
② 상품구성정책에 있어 상품의 넓이보다 상품의 깊이에 더욱 많은 비중(매력)을 둔다.
③ 셀프서비스를 지향한다.
④ 집약적 유통정책을 최대한 활용하여야 한다.
⑤ 할인점이 대표적인 업태이다.

정답 ②

정답해설 저수익률–고회전율 전략은 상품구성정책에 있어 상품의 깊이보다 상품의 넓이에 더욱 많은 비중(매력)을 둔다.

08 유통마케팅 조사방법에 대한 다음 내용 중 옳은 것은?

① 질문법은 가장 많이 사용되는 정보수집 방법으로 응답자에게 질문표를 이용해서 직접 질문하여 필요한 정보를 수집하는 것으로 우송법, 전화법, 면접법 등이 있다.
② 소비자 패널 조사는 조사대상에게 어떠한 반응을 하도록 시도해보고 그 결과로부터 필요한 정보를 입수하는 방법이다.
③ 실험법은 조사대상을 변경하지 않고 일정 수의 고정된 표본 가구 또는 개인을 선정하여 반복적으로 조사에 활용하는 방법이다.
④ 관찰법은 조사자가 조사 대상자와 현장에서 의사소통을 통해 일정한 기간 동안 관찰하면서 있는 그대로의 사실을 수집하는 방법이다.
⑤ 초점집단 면접조사는 보통 5~8명의 면접 대상자들을 각자 만나서 면접진행자가 정형화된 설문에 따라 자연스러운 분위기에서 조사목적과 관련된 토론을 1시간 30분에서 2시간 정도 진행하여 자료를 수집하는 방법이다.

정답 ①

정답해설 질문법은 가장 많이 사용되는 정보수집 방법으로 응답자에게 질문표를 이용해서 직접 질문하여 필요한 정보를 수집하는 것이며 우송법, 전화법, 면접법 등이 있다.

오답해설 ② 실험법에 대한 설명이다.
③ 소비자 패널 조사에 대한 설명이다.
④ 관찰법은 조사대상과 조사자 간에 의사소통이 전혀 이루어지지 않은 상태에서 조사자의 일방적인 관찰에 의해서 자료를 수집하는 방법이다.
⑤ 초점집단 면접조사는 면접 대상자들을 한 장소에 모이게 한 후 면접진행자가 정형화된 설문 없이 진행한다.

09 POP 광고에 대한 설명으로 옳지 않은 것은?

① 구매시점에 광고를 하는 것으로 고객이 상품을 선택하는 데 도움을 주어야 한다.
② 매장의 이미지를 향상시키는 역할을 할 수 있도록 매장의 특성을 고려해야 한다.
③ POP 광고의 내용은 고객의 시선을 순간적으로 멈출 수 있게 해야 한다.
④ 충동구매 욕구를 자극해서는 안 된다.
⑤ POP 진열방식은 고객에게 정보를 제공해주고 매장의 분위기를 반영하며 홍보 역할을 수행한다.

정답 ④

정답해설 POP 광고는 충동구매 욕구를 자극하고 구매가 실행될 수 있도록 유도해야 한다.

210 **다음 중 품목별 진열방식에 대한 설명으로 가장 적절한 것은?**

① 가구진열의 경우 실제 사용가정에서 배치했을 때 어떻게 보일지를 조합(상호보완)되는 품목과 함께 진열하여 미리 고객들에게 보여주는 매장 진열방식이다.
② 특정 소비자층이 원하는 일종의 활동, 관심 및 태도 등을 반영해서 좋은 스타일의 잘 팔리는 품에 보다 더 많은 공간을 할당함으로써 잘 팔리지 않는 상품이 더 많은 공간을 차지하지 않록 하는 방식이다.
③ 어느 특정 상품계열 구색이 특별한 넓이 또는 깊이를 가지고 있다는 느낌을 주는 진열방식이다
④ 벽 또는 곤돌라 등을 활용해서 제품을 진열하는 방식이다.
⑤ 소비자가 진열대에 섰을 때 제품이 시야의 가로선을 꽉 채우는 방식의 진열이다.

정답 ③

정답해설 품목별 진열방식은 어느 특정 상품계열 구색이 특별한 넓이 또는 깊이를 가지고 있다는 느낌을 주는 진열방식이다

오답해설 ① 아이디어 지향적 진열방식에 관한 설명이다.
② 스타일 진열방식에 관한 설명이다.
④ 수직적 진열방식에 관한 설명이다.
⑤ 수평적 진열방식에 관한 설명이다.

211 **브랜드 충성도 및 제품관여도에 관한 설명으로 올바르지 않은 것은?**

① 브랜드에 대한 충성도는 소비자들이 개인적으로 브랜드에 관여되어 있으면 있을수록 브랜드 충성도가 높다.
② 습관적 구매는 고관여 수준 하에서 몰입 없이 한 브랜드를 반복적으로 구매하는 것을 의미한다
③ 브랜드 충성도에 대한 인지적 정의는 충성도가 몰입과 구매에 대한 관여도를 나타내는 것을 의미한다.
④ 소비자들이 개인적으로 브랜드에 관여되어 있고 그 구매를 위험한 것으로 인지했을 때 브랜드의 충성도가 가장 높다.
⑤ 브랜드 간에 차이가 클 때 고관여 수준 하에서 복잡한 의사결정이 이루어진다.

정답 ②

정답해설 습관적 구매는 저관여 수준 하에서 몰입 없이 한 브랜드를 반복적으로 구매하는 걸 의미한다.

12 어느 제약회사에서 치약시장을 충치예방, 미백효과, 청결유지, 향기를 추구하는 시장으로 세분화했을 때 이와 같은 시장세분화에 적용한 세분화 기준은?

① 행동적 변수 – 효용
② 심리분석적 변수 – 효용
③ 행동적 변수 – 사용상황
④ 심리분석적 변수– 사용상황
⑤ 인구통계적 변수 – 사용상황

정답 ①

정답해설 치약시장을 충치예방, 미백효과, 청결유지 등으로 구분한 것은 소비자가 치약사용으로부터 추구하는 효용을 따른 것이다.

13 고객 가치를 창출하고 고객관계를 구축하기 위한 마케팅 경로 구성에 대한 설명으로 옳지 않은 것은?

① 가치전달 네트워크(Value Delivery Network)는 전체 거래시스템의 성과를 향상시키기 위해 '파트너 관계'를 형성한 제조업체, 공급업자, 유통업자, 최종고객 등으로 구성된다.
② 유통경로에 참여하는 도매상, 소매상과 같은 기업체나 개인들을 중간상이나 경로구성원이라고 한다,
③ 유통경로 구성원은 제품 및 서비스의 공급을 구매자의 수요와 분리시키는 시간, 공간, 소유의 차이를 극복하게 함으로써 가치를 부가한다.
④ 유통경로가 길어지면 제품이 소비자에게 이르기까지 여러 단계를 거치게 되므로 서비스 수준이 낮아지는 단점이 있다.
⑤ 경로 구성원 간에 목표, 역할, 보상에 대한 의견불일치는 경로갈등을 초래하는데 특히 경로상 같은 수준에 있는 기업 사이에서 발생하는 갈등을 수평적 갈등이라 한다.

정답 ④

정답해설 유통경로가 길어지면 유통업체들이 전문적 서비스를 활용하게 되어 서비스 수준을 높일 수 있는 장점이 있지만 제품이 소비자에게 이르기까지 여러 단계를 거치게 되므로 생산자의 통제력이 약해지는 단점이 있다.

214 **다음 중 상품기획 성과분석에서 판매과정분석(Sell-through Analysis)에 대한 설명으로 가장 적절한 것은?**

① 공급업체를 평가하기 위해 기준속성별 가중평균방식을 적용하는 것이다.
② 수요에 맞추어 상품이 더 필요한지 등을 결정하기 위해 실제 매출과 계획된 매출을 비교하는 것이다.
③ 종업원의 인당 매출액이나 판매량 등을 평가하여 보상액을 결정하기 위한 것이다.
④ 고객정보의 획득에서부터 추가 판매 제안에 이르기까지의 판매전 과정에 대한 절차를 분석하는 것이다.
⑤ 제품의 제조과정에서부터 출시까지의 과정을 분석하는 것이다.

정답 ②

정답해설 판매과정분석(Sell-through Analysis)은 수요를 충족시키기 위하여 상품이 더 필요한지 아니면 가격 인하가 필요한지를 결정하기 위해 실제 매출과 계획된 매출을 비교하는 것이다.

215 **서비스 품질에 대한 고객의 평가에 관한 다음 설명 중 지금까지의 연구 결과와 가장 일치하지 않는 것은?**

① 서비스 품질 투자는 재무적으로 측정될 수 없다.
② 고객은 특별한 사건이나 순간을 중심으로 서비스 품질을 평가한다.
③ 고객의 서비스 품질 평가는 유형성, 신뢰성, 응답성, 확신성, 공감성 등 다섯 가지 차원을 중심으로 측정할 수 있다.
④ 고객은 기대한 품질과 인지된 품질을 비교하여 서비스 품질을 평가한다.
⑤ SERVQUAL은 동일한 서비스를 제공받는다 하더라도 고객들의 주관에 따라 달라질 수 있다.

정답 ①

정답해설 서비스 품질의 개념 차원을 밝히기 위해 특정산업에 국한되지 않은 공통적인 서비스 품질 속성을 실증 연구한 결과 서비스 품질의 10가지 구성차원을 파악하였다. 이후 실증적인 타당성의 척도 개발을 통하여 유형성, 신뢰성, 응답성, 확신성, 공감성의 5가지 차원으로 정리하였다.(SERVQUAL 모형)

216 **다음 중 머천다이징의 개념을 설명한 것으로 적절하지 않은 것은?**

① 소비자 욕구충족을 위한 상품관련 중간상의 활동
② 중간상들이 소비자를 위한 제품 구색화 계획

③ 제조업자들의 상품제조를 위한 설계 및 계획
④ 적절한 장소, 시기, 수량, 가격으로 적절한 상품이나 서비스를 제공하기 위한 계획
⑤ 시장조사와 같은 과학적 방법에 의거한 방식

정답 ④

정답해설 머천다이징이란 시장조사와 같은 과학적 방법에 의거하여 수요 내용에 적합한 상품 또는 서비스를 알맞은 시기와 장소에서 적정가격으로 유통시키기 위한 일련의 시책이다. 상품화계획이라고도 하며 마케팅 활동의 하나로 이 활동에는 생산 또는 판매할 상품에 관한 결정, 즉 상품의 기능 · 크기 · 디자인 · 포장 등의 제품계획, 그 상품의 생산량 또는 판매량, 생산시기 또는 판매시기, 가격에 관한 결정을 포함한다.

17 다음 중 유통기업에 대한 규모의 경제에 관한 설명으로 올바른 것은?

① 규모의 경제는 총비용이 하락할수록 판매량이 증가하는 현상을 말한다.
② 규모의 경제는 평균비용이 하락할수록 판매량이 증가하는 현상을 말한다.
③ 규모의 경제는 판매량이 증가할수록 총비용이 하락하는 현상을 말한다.
④ 규모의 경제는 판매량이 증가할수록 평균비용이 하락하는 현상을 말한다.
⑤ 규모의 경제는 평균비용이 증가할수록 판매량이 증가하는 현상을 말한다.

정답 ④

정답해설 규모의 경제는 투입규모가 커질수록 장기평균비용이 줄어드는 현상을 말하며 판매량이 증가하여 생산량을 증가시킴에 따라 생산비의 평균비용이 감소하는 현상을 의미한다.

18 마케팅의 주요 개념에 대한 설명으로 가장 적절하지 않은 것은?

① 마케팅에 내재된 가장 기본적인 개념은 인간의 욕망으로 무엇인가 결핍함을 느끼는 상태를 말한다.
② 욕망이 구매력을 수반할 때 수요가 된다.
③ 인간의 욕구나 욕망을 충족시켜 줄 수 있는 것을 제품이라 한다.
④ 어떤 사람에게 필요한 것을 주고 그 대가로 자신이 원하는 것을 얻는 행위를 교환이라 한다.
⑤ 어떤 제품에 대한 실제적 또는 잠재적 구매자의 집합을 시장이라 한다.

정답 ①

정답해설 무엇인가 결핍함을 느끼는 상태를 욕구라 하고 욕구를 충족시키기 위한 형태를 욕망이라 한다.

3과목 유통마케팅

219 **다음 중 마케팅 믹스(Marketing Mix)를 가장 잘 설명한 것은?**

① 마케팅 의사결정과정에서 전략적 요소를 정착적 요소와 분리하지 않고 두 가지 요소들을 동하게 조합하는 것을 의미한다.
② 소비자 욕구 충족을 통한 이익 달성이 우선이 아니라 사회 전체의 장기적인 이익도 고려하 것을 말한다.
③ 기업의 다양한 활동영역 중 마케팅 기능과 타 부서의 기능을 통합하는 것을 의미한다.
④ 마케팅 목표 달성을 위하여 마케터가 통제 가능한 다양한 정책적 의사결정 수단들을 조합하 것을 의미한다.
⑤ 마케팅믹스 4P's로는 Product, Price, Player가 있다.

정답 ④

정답해설 한 기업이 시장표적(Marketing Target)에 가장 효과적으로 도달하기 위한 마케팅의 제 구성요소 중 통제 가능한 소는 4P, 즉 상품이나 서비스(Product), 판매장소(Place), 가격(Price), 판매촉진의 형태(Promotion) 등이고 통제 불 능한 요소는 문화적 · 사회적 환경, 정치적 · 법률적 환경, 경제 환경, 기업이 놓여 있는 상황, 자본 및 기업의 제 적 등 5가지를 들고 있다.

220 **묶음가격(Price Bundling)에 관한 다음 설명 중 옳지 않은 것은?**

① 다른 종류의 상품을 몇 개씩 묶어 하나로 상품화하고 여기에 부여한 가격을 말한다.
② 묶음가격은 개별상품에 대해 소비자가 평가하는 가치가 동질적일 때 효과적이다.
③ 묶음가격에는 순수묶음과 혼합묶음 가격이 있다.
④ 기업은 묶음가격을 통하여 매출과 이익을 증대시킬 수 있다.
⑤ 묶음가격은 제품 뿐 아니라 서비스에도 적용된다.

정답 ②

정답해설 묶음가격 전략은 각각의 제품을 개별적으로 구입할 때보다 묶음으로 구입할 때 훨씬 저렴해야 효과가 있다.

221 **현대 사회는 과거에 비해 풍요롭고 경제적인 호황을 누리고 더 많은 자유 시간을 가지며 과거 비해서 서비스가 다양해지고 좋아졌는데도 오히려 소비자의 불만이 높아지는 현상을 뜻하는 말 은?**

① Service Paradox
② Service Industrialization
③ Service Valuable
④ Service Marketing
⑤ Service Terror

정답 ①

정답해설 과거에 비해 경제적으로 윤택해지고 다양한 서비스들을 누릴 수 있게 되었지만 서비스에 대한 만족도는 오히려 낮아지는 현상을 서비스 패러독스(Service Paradox)라고 하며 소비자들은 서비스와 관련된 불평과 불만을 매스컴이나 현장에서 이를 대변하게 된다.

22 e-CRM과 기존 CRM의 차이점으로 옳지 않은 것은?

① CRM은 데이터웨어하우스 구축, 매체광고, 우편발송, 텔레마케팅 등으로 초기 비용이 높지만 e-CRM은 시스템 구축, 이메일 마케팅 등으로 유지비용이 높다.
② 자료수집 측면에서 CRM은 자료수집 채널이 다양하고 분산된 반면 e-CRM은 인터넷의 웹을 기반으로 하는 통합 채널을 지향한다.
③ e-CRM은 CRM에 비하여 시간적 · 지역적 제약에서 비교적 자유롭다.
④ e-CRM은 CRM과는 달리 인터넷 상에서 간단한 절차에 의해 고객요청을 신속하게 실시간으로 처리할 수 있다.
⑤ 자료분석 측면에서 e-CRM은 웹로그 분석이 가능하기 때문에 실시간으로 고객성향 및 행동을 분석할 수 있다.

정답 ①

정답해설 CRM은 지속적인 유지비용이 많이 소요되지만 e-CRM은 초기 구축비용은 높아도 유지비용은 상대적으로 낮다.

23 상품관리에 대한 내용으로 가장 옳지 않은 것은?

① 상품관리 기능 중 하나는 적정한 상품구성을 실현하는 일이다.
② 상품관리는 적정한 재고량을 유지하는 데 있어 중요한 기능을 발휘한다.
③ 적정한 1회 발주량을 결정하는 것은 상품관리의 중요한 활동이다.
④ 보관 중 상품이 손상되지 않도록 관리하는 것도 상품관리에 해당된다.
⑤ 상품의 판매를 위해 마케팅 믹스를 결정하는 것을 포함한다.

정답 ⑤

정답해설 상품관리란 상품재고에 관한 계획과 통제라고 할 수 있으며 미국마케팅협회는 상품의 구매 및 판매를 유리하게 이끌기 위한 판매, 재고, 가격 상의 통계자료의 수집과 분석을 의미하는 것으로 정의하였다. 이는 고객 및 예상고객의 수요에 적합한 재고액 혹은 품목을 유지하는 것이며 적정한 이익을 얻을 수 있는 가능한 매출액과 재고액 혹은 품목의 조정이라고 할 수 있는데 마케팅 믹스를 결정하는 것은 보다 넓은 개념인 마케팅관리의 핵심이다.

224 점포 구성과 설계에 대한 내용으로 옳지 않은 것은?

① 점포는 고객에게 상품을 판매하는 곳으로 교환가치를 창출해야 한다.
② 점포는 고객들에게 구매 행동에 대한 올바른 정보를 전달해야 한다.
③ 점포는 특수상품이나 전문품을 전방시설에 위치시켜 상품을 효과적으로 전시해야 한다.
④ 점포는 상품을 잘 보이게 하면서 잠재고객이 편하게 쇼핑할 수 있도록 조정해야 한다.
⑤ 점포는 무엇을 판매하고 누구를 위한 점포인지에 대한 명확한 특징이 있어야 한다.

정답 ③

정답해설 전방시설(건물의 출입구)은 고객의 유도기능과 목표고객에 대한 선전도구 기능이 있으므로 특수상품이나 전문품
다 잘 팔리는 상품을 전시해야 한다.

225 디스플레이의 기본원칙에 대한 설명으로 가장 적절하지 않은 것은?

① 고객의 입장에서 서있는 위치에 상관없이 보기가 편하고 쉬워야 한다.
② 고객이 구매하는 데 어떠한 장애도 없어야 한다.
③ 점내 진열에서는 고가의 판매가 빨리 되는 상품부터 배열을 해야만 효율적이다.
④ 동일 종류의 상품은 그룹별로 디스플레이하고 그 상품과 관계있는 것을 공간에 집중시킨다.
⑤ 마네킹의 포즈는 고객의 주목을 집중시켜 다양한 방향으로 향하게 한다.

정답 ⑤

정답해설 마네킹의 포즈는 고객의 주목을 분리시켜 일정한 방향으로 향하게 한다.

226 다음 중 소매점의 경쟁점에 대한 대책으로 가장 적합한 것은?

① 상대적인 경쟁적 지위를 불문하고 자기 점포의 주력상품은 경쟁점의 주력상품과 동일해야 한다
② 상품을 세분화하여 경쟁점과 상생할 수 있도록 차별성과 양립성을 동시에 추구해야 한다.
③ 가격은 상품품질은 반영하는 척도이므로 저가정책을 기본으로 삼지 않는 한 경쟁점보다 높
가격대를 설정한다.
④ 경쟁이 격화되는 것을 피하기 위해 경쟁점의 전략변화에 대해서 즉각 대응하지 않는다.
⑤ 차후 점포개설을 준비하는 업체는 당장 개설하는 것이 아니므로 경쟁업체를 분석할 필요가 없다

정답 ②

정답해설 경쟁점에 대한 차별화 전략을 세워 해당 상권을 찾아온 고객을 경쟁점이 아닌 자신의 점포로 끌어들이는 것이 우선인 동시에 경쟁 상대와의 양립성을 강화해서 경합하면서도 양립하여 공존하는 전략을 구사해야 한다.

227 다음 데이터베이스 마케팅에 관한 설명 중 가장 올바르지 않은 내용은?

① 기존고객에 대한 정보자료를 활용하지만 기존고객의 충성도 향상뿐만 아니라 잠재고객을 개발하는 용도에도 활용된다.

② 기존고객의 평생 혹은 생애가치에 대한 평가가 데이터베이스 마케팅의 중요한 부분을 차지하고 있다.

③ 데이터베이스 마케팅을 실행하기 위해서는 시장세분화, 목표시장선정 및 포지셔닝(STP) 작업이 선행되어야 한다.

④ 정보통신기술을 활용하여 고객에 관한 과학적인 정보를 수집 · 정리 · 평가에 활용하고자 하는 마케팅으로서 특히 개별고객의 구매형태를 파악하는 것이 중요하다.

⑤ 고객들에 대한 데이터베이스를 구축 및 활용해서 필요한 고객들에게 필요한 제품을 판매하는 전략으로 원-투-원(One-to-One)마케팅이라고도 한다.

정답 ③

정답해설 데이터베이스 마케팅은 고객별 분석을 통해 고객의 현재가치와 미래가치를 측정하여 분류하고 지속적으로 유지하는 것을 목적으로 하며 특히 고객의 욕구를 세분화하여 이에 적절히 대응하면 업체에 대한 로열티를 높일 수 있을 뿐만 아니라 관련 제품도 연계하여 판매할 수 있다.

228 상품의 포장에 대한 다음 설명 중 적절하지 않은 것은?

① 상품은 사람이 옷을 입듯이 그 내용물을 어느 정도 감싸고 있어야 하며 포장이란 물품의 수송 · 보관 등에 있어 가치 및 상태를 보호하기 위한 것이다.

② 포장은 물품을 보호하고 저장하며 이동에 불편이 없게 하기 위하며 그 내용물의 물품을 가치 있게 보존하기 위해서 하는 것이다.

③ 비스듬히 싸기는 시간상 속도가 가장 느리지만 싸는 방법이 간편하다.

④ 개장은 흔히 낱포장이라고도 하며 물품 자체를 하나씩 하는 형태를 말한다.

⑤ 내장은 속포장이라고도 하며 물품에 대한 수분, 습기, 광열, 충격 등을 방지하기 위하여 적합한 재료와 용기 등으로 물품을 포장하는 형태를 말한다.

정답 ③

정답해설 포장 기법에 따른 분류

비스듬히 싸기	마주 싸기
• 시간상 싸는 데 빠르다. • 싸는 방법이 어렵다. • 소량의 상품을 싸는 데 유리하다.	• 시간상 싸는 속도가 느리다. • 싸는 방법이 간편하다. • 주로 대량의 상품을 싸는 데 유리하다.

229 마케팅 촉진수단의 하나로서 인적판매(Personal Selling)의 특징으로 적절하지 않은 것은?

① 광고나 판매촉진 기타 다른 촉진수단에 비해 개인적이며 직접적인 접촉을 통해서 많은 양의 정보를 전달할 수 있다.

② 판매원들은 개별고객의 필요와 구매시점에서의 반응 및 판매상황에 따라 상이하고도 적절한 제안을 할 수 있다.

③ 판매를 촉진하기 위한 커뮤니케이션활동 이외에도 대고객서비스제공과 더불어 시장 · 고객에 대한 정보수집기능도 한다.

④ 아직 발굴되지 않은 많은 잠재적 소비자가 있거나, 여성의 노동참여로 쇼핑할 시간이 부족한 경우, 높은 인적 판매의 품질을 제공하여 경쟁력을 강화할 수 있는 경우에 적합한 방법이다.

⑤ 메시지 노출 횟수 당 커뮤니케이션비용이 TV광고보다 더욱 저렴하다.

정답 ⑤

정답해설 인적판매의 단점은 매우 높은 비용을 발생시킨다는 점으로 인적판매에서 발생하는 낭비적 요소를 최소화할 수 있겠지만 판매원의 개발과 활동비용은 매우 높다.

230 소매기업들은 마케팅 전략을 수립할 때 PLC(제품수명주기, Product Life Cycle)를 활용하여 마케팅 전략을 수립하는 경우가 많지만 해당 이론은 많은 한계를 가지고 있다. 다음 중 한계점의 지적으로서 틀린 것은?

① 마케팅 계획의 수립과 통제에는 이용될 수 있지만 그 활용은 쉽지 않다.

② 수명주기의 유형이 형태(모양)와 기간 면에서 다양함에도 불구하고 획일적으로 묘사되어 있다.

③ 마케팅 관리자들은 그 제품이 PLC 상에서 어느 단계에 있는지 정확하게 알고 있지만 각 단계별 마케팅 목적을 명확히 정의할 수 없다.

④ PLC의 형태는 판매가 어떤 필수적인 과정으로 나타나기보다는 마케팅 전략의 성과물에 불과하다.

⑤ PLC는 수요를 예측하는 데는 유용하지 못하다.

정답 ③

정답해설 제품수명주기(PLC)는 제품의 이익과 판매량의 변화에 따라 도입기, 성장기, 성숙기, 쇠퇴기의 4단계로 구분하고 각 단계에서 실시할 수 있는 마케팅 계획이나 전략을 수립하는 데 그 의의가 있다.

31 소매업체의 가격전략 중 고저(High–Low) 가격결정 전략에 대한 설명으로 옳지 않은 것은?

① 광고와 운영비를 절감할 수 있다.
② 가격차별화를 통해 수익이 증가할 수 있다.
③ 가격에 민감한 고객을 유인할 수 있다.
④ 낮은 가격 제공과 함께 시연, 경품 제공 등을 실시하기도 한다.
⑤ 지불능력이 많은 고객에게는 상대적으로 높은 가격에 판매할 수 있다.

정답 ①

정답해설 고저(High–Low) 가격결정 전략은 EDLP(Everyday Low Price) 가격결정 전략보다 광고와 운영비가 더 드는 경향이 있다.

32 점포의 레이아웃(Layout)에 대한 다음 설명 중 적절하지 않은 것은?

① 점포 레이아웃이란 매장과 비매장, 통로 집기, 디스플레이도구와 진열장, 상품 등과 건물의 고정 시선들이 서로 적절한 관련성을 갖도록 정리 정돈하는 것을 말한다.
② 점포 레이아웃의 전제조건은 부문별로 상품을 적정하게 할당 및 배치하고 전체적인 레이아웃을 결정하며 각 매장에 할당된 공간의 규모를 결정해야 한다.
③ 근접성계획은 상품라인의 근접배치여부를 매출과 상관없이 계획을 수립하는 것을 말한다.
④ 거품계획이란 상품의 근접지배효과가 거품형태와 같이 매장과 후방시설들의 위치 및 크기에서 나타난다.
⑤ 블록계획은 거품계획이 완성된 후 실제 매장의 전체 영업면적을 그린 배치도와 작성계획을 말한다.

정답 ③

정답해설 근접성계획은 상품라인의 근접배치여부를 매출과 직접 연결하여 계획을 수립하는 것을 말한다.

233 광고의 유형에 관한 설명으로 가장 적절하지 않은 것은?

① 리치미디어 광고(Rich Media Advertisement)는 동적인 화면으로 사용자의 흥미유발효과 메시지 전달효과가 상대적으로 크지만 다른 정보를 얻기 위해 반드시 다른 사이트로 이동해 한다.

② 네거티브 광고(Negative Advertisement)는 부정적이거나 금기시되는 소재를 이용하여 시각 충격을 주는 광고를 말한다.

③ 서브리미널 광고(Subliminal Advertisement)는 잠재의식에 호소하는 광고로서 TV, 라디 영화 등에 인지 불가능한 속도 또는 음량으로 메시지를 보내 구매활동에 자극을 주려는 광 이다.

④ 인포머셜(Informercial)이란 정보(Information)와 상업(Commercial)의 합성어로 제품이나 포에 대한 상세한 정보를 제공하여 소비자의 이해를 돕는 광고기법으로 광고라는 느낌을 최 화하는 방법이다.

⑤ 티저 광고(Teaser Advertising)는 초기에 일부만 드러내고 호기심을 자극한 후 점차 전체 모 을 구체화시키는 광고로 처음에는 상품명이나 광고주를 알아볼 수 있는 메시지를 피하게 된다

정답 ①

정답해설 리치미디어(Rich Media Advertisement) 광고는 동적인 화면으로 사용자의 흥미유발효과와 메시지 전달효과가 상 적으로 크지만 다른 정보를 얻기 위해 반드시 다른 사이트로 이동할 필요는 없다.

234 판매촉진에 관한 다음의 설명 중 가장 적절하지 않은 것은?

① 소비자에 대한 판매촉진 중 사은품(Premium)이란 일정한 기간 동안 어떤 상품을 구입한 사 들에게 사은 상품을 무료 또는 낮은 가격으로 제공하는 것을 말한다.

② 소비자에 대한 판매촉진 중 콘테스트(Contests)란 소비자들에게 상당한 지식이나 기술을 요 는 문제를 낸 다음 이를 맞춘 사람들에게 상을 주는 것을 말한다.

③ 중간상에 대한 판매촉진 중 광고공제(Advertising Allowances)란 소매기업이 자신의 고물 어떤 상품을 중점 광고해주는 대가로 제조기업이 상품 구매가격의 일정 비율을 공제해주는 을 말한다.

④ 중간상에 대한 판매촉진 중 진열공제(Display Allowances)란 소매기업이 점포 내에 어떤 상 을 일정 기간 동안 눈에 잘 띄게 진열해 주는 대가로 제조 기업이 상품 구매가격의 일정 비율 공제해주는 것을 말한다.

⑤ 중간상에 대한 판매촉진 중 고정고객우대(Patronage Awards) 프로그램이란 소매기업이 신상 을 취급해주는 대가로 제조 기업이 소매기업에게 일정 액수의 현금을 지불해주는 것을 말한다.

정답 ⑤

정답해설 고정고객우대(Patronage Awards) 프로그램이란 소비자에 대한 판매수단으로 회사의 제품이나 서비스의 정기적인 사용자에게 제공되는 현금이나 다른 형태의 보상이다.

235 시장세분화의 장점이라고 보기 어려운 것은?

① 시장의 세분화를 통하여 마케팅기회를 탐지할 수 있다.
② 제품 및 마케팅활동이 목표시장의 요구에 적합하도록 조정할 수 있다.
③ 규모의 경제가 발생한다.
④ 시장세분화의 반응도에 근거하여 마케팅자원을 보다 효율적으로 배분할 수 있다.
⑤ 소비자의 다양한 욕구를 충족시켜 매출액의 증대를 꾀할 수 있다.

정답 ③

정답해설 규모의 경제란 투입규모가 커질수록 장기평균비용이 줄어드는 현상을 말하는 것으로 시장세분화와는 관련이 없다.

236 행거진열에 대한 다음 설명 중 적절하지 않은 것은?

① 고객을 향해 위쪽 방향이 정면으로 되도록 걸어둔다.
② 동일 디자인의 상품은 무늬가 없는 것을 뒤에 배치한다.
③ 의류상품의 진열 시에는 페이스 아웃(Face Out) 시킨다.
④ 상품의 소매를 보이게 하여 색의 종류와 볼륨감을 나타나게 한다.
⑤ 주방용품이나 잡화용품 진열에 많이 사용되는 진열방법이며 반드시 걸고리가 있는 걸이대에 진열해야 한다.

정답 ②

정답해설 무늬가 있는 제품과 무늬가 없는 무지의 제품인 경우 무늬와 무지의 어느 제품을 앞에 진열하여도 무방하다.

237 점포의 물리적 환경이 미치는 영향으로 가장 옳지 않은 것은?

① 기업에 대한 이미지를 형성하는 데 중요하다.
② 점포 내에서 제공되는 서비스의 유형성 극복에 도움을 준다.

③ 고객의 구매결정과 서비스경험에 영향을 준다.
④ 적절한 사무 공간, 온도, 공기 등은 직원의 행동에 긍정적 영향을 미친다.
⑤ 고객의 상품탐색의 용이성과 흥미로운 구매경험에 영향을 미친다.

정답 ②

정답해설 점포의 물리적 환경(서비스의 유형성)은 점포 내에서 제공되는 서비스의 무형성 극복에 도움을 준다.

238 관여도에 대한 다음 설명 중 적절하지 않은 것은?

① 소비자의 의사결정과정과 정보처리과정은 소비자의 제품관여도에 따라 달라진다.
② 소비자의 제품에 대한 관여도의 크기는 절대적인 것이다.
③ 관여도의 크기에 따라서 고관여도와 저관여도로 나눌 수 있다.
④ 관여도는 특정 제품군에 대하여 오랜 기간 지속적으로 관심을 갖는 지속적 관여도와 선물구매와 같은 어떤 대상에 대해 일시적으로 관심을 갖는 상황적 관여도로 나눌 수 있다.
⑤ 광고메시지에 대한 관심 동기에 따라 인지적 관여와 감정적 관여로 나눌 수 있다.

정답 ②

정답해설 소비자의 제품에 대한 관여도의 크기는 절대적인 것이 아니라 상대적인 개념으로서 개인마다 다르고 제품마다 다르며 상황에 따라서 달라진다.

239 매장 공간평가에 대한 설명으로 적절하지 않은 것은?

① 매장의 공간평가에는 단층 점포의 경우 개방된 전면이 가장 가치가 크다.
② 다층점포의 경우 고객들이 판매영역 내에 접근하게 하기 위해서는 수직이동시설이 인접해야 유리하다.
③ 다층의 경우 각 층이 구역으로 구분되어 있다면 수직 이동시설, 출입구, 주요 통로에 가장 가까이 있는 구역이 평균 가치를 지닌 구역보다 2~3배의 가치를 지닌다.
④ 수직이동시설과 멀리 떨어져 있거나 통로로부터 쉽게 접근할 수 있는 구역에는 편의품 · 선호품위주로 진열하는 경우가 많다.
⑤ 충동구매상품은 주로 엔드 매대에 많이 배치하며 소매점에서는 특별 판촉제품들을 엔드 매대에 배치하는 경우가 많다.

정답 ④

정답해설 수직이동시설과 멀리 떨어져 있거나 통로로부터 쉽게 접근할 수 없는 구역에는 편의품 · 선호품이 아닌 전문품을 위주로 진열하는 경우가 많다.

40 e-retailing 촉진에 대한 다음 설명 중 가장 적절하지 않은 것은?

① 전자카탈로그는 전자상거래에 적용되는 기법으로 종이카탈로그를 대체하는 것이다.
② 전자카탈로그는 제작기간과 비용이 많이 드는 단점이 있다.
③ 전자카탈로그는 신제품 출시나 제품사양이 변경되었을 경우 전체를 재제작하던 번거로움을 피하여 간단한 상품추가 및 수정으로 항상 최신의 상품정보를 제공할 수 있다.
④ e-마켓플레이스는 인터넷 등 네트워크상에서 다수의 공급자와 다수의 구매자간에 거래를 할 수 있도록 구축된 온라인 시장으로 기존의 1 : 1 또는 1 : N의 거래관계를 N : N의 복잡한 관계로 바꿔놓았다.
⑤ e-마켓플레이스는 판매자와 구매자가 같은 시간대에 동일한 장소에 모여 거래하는 개념에서 시간과 공간의 제약을 넘어선 새로운 형태의 시장으로 그 범위를 확대하고 있다.

정답 ②

정답해설 전자카탈로그는 제작기간과 비용을 대폭 절감할 수 있는 장점이 있다.

41 레이아웃(Layout)의 유형은 크게 격자형, 개방형, 폐쇄형, 부문형으로 나누어지는데 다음 중 격자형에 대한 설명으로 옳지 않은 것은?

① 어떤 형태의 배치보다도 판매 공간을 효율적으로 사용할 수 있다.
② 셀프서비스 점포에 필요한 일상적이고 계획된 구매행동을 촉진한다.
③ 저비용으로 고객들에게 친숙하게 다가갈 수 있다.
④ 재고 및 안전관리를 쉽게 할 수 있다.
⑤ 흥미로운 쇼핑분위기를 연출하고 고객의 동선을 확장할 수 있다.

정답 ⑤

정답해설 격자형은 저비용으로 고객에게 친숙하다는 장점을 가지고 있으나 고객이 이동하는 동선을 제한하는 단점이 있다.

242 마케팅 통제의 종류에 대한 다음 설명 중 옳지 않은 것은?

① 연간계획통제는 당해 연도 중 계획대비 성과를 비교 검토하고 필요하면 시정조치를 취하는 을 말한다.

② 연간계획통제는 당해 연도 중 월 별 혹은 분기별 달성 목표를 결정 → 실제 성과와 진행상황 계속해 점검 → 실제 성과와 목표 차이가 발생하였을 때 그 원인을 분석 → 차이를 시정할 있는 조치의 네 단계로 이루어진다.

③ 수익성통제는 특정한 제품이나 시장에 대하여 어떠한 마케팅활동이 확대 · 축소 조정되어야 는지를 결정하기 위하여 제품, 지역고객, 세분시장, 유통경로, 주문규모에 따른 수익성을 평 하는 것을 말한다.

④ 수익성분석을 하려면 먼저 판매를 행하는 데 투입된 모든 비용을 집계하여 활동한 노력의 비 에 따라 배분하는 일이 필요하다.

⑤ 효율성 통제는 판매원, 판매촉진, 광고 및 유통경로에 대한 효율성이 고객에 의해 수행되는 제이다.

정답 ⑤

정답해설 효율성 통제는 판매원, 판매촉진, 광고 및 유통경로에 대한 효율성이 최고경영자 또는 마케팅 감사인에 의해 수 되는 통제이다.

243 유통마케팅 조사에 대한 내용 중 가장 옳지 않은 것은?

① 마케팅 조사의 목적은 소비자와 시장에 관련된 현상을 기술, 분석, 예측하고 마케팅 의사결 을 위한 정보를 제공하기 위함이다.

② 조사의 범위는 수요자에 관한 시장조사와 생산물, 가격, 경로, 프로모션에 의한 마케팅믹스 소 그리고 환경요소로서의 경제상황, 경쟁, 기술, 정치, 유행 등 유통활동에 대한 조사를 포 한다.

③ 주요대상은 매출액 예측, 시장점유율의 측정, 시장동향의 명확화, 조직 이미지의 측정, 브랜 이미지의 측정, 표적고객 특징의 명확화, 제품과 패키지의 설계, 창고와 점포의 입지, 주문 리, 재고관리 등이다.

④ 조사절차는 문제를 보다 구체화하고 조사목적 설정, 대상의 선정, 자료수집방법의 결정, 조 의 시행과 자료 분석, 보고서의 작성 및 평가라는 과정으로 이루어진다.

⑤ 마케팅조사 기법 중 서베이법은 다수의 응답자로부터 질문을 통하여 자료를 수집하는 방법 로 대규모 표본으로 조사 결과의 일반화가 가능하지만 직접 관찰할 수 없는 동기, 개념의 측 이 불가능하다.

정답 ⑤

정답해설 서베이법은 다수의 응답자로부터 질문을 통하여 자료를 수집하는 방법으로 대규모 표본으로 조사 결과의 일반화가 가능하며 직접 관찰할 수 없는 동기, 개념의 측정도 가능하다. 또한 자료의 코딩, 분석이 용이하고 계량적 방법으로 분석하여 객관적 해석이 가능하다.

44 다른 촉진믹스의 요소와는 달리 인적판매의 차별적 특성이 아닌 것은?

① 인적판매는 잠재고객과 판매원 간의 쌍방적 대인 의사소통의 성격을 가진다.
② 판매원은 회사, 소매상, 고객과 중요한 접촉경계 역할을 수행한다.
③ 판매원들은 시장상황과 긴밀한 관계를 맺고 있다.
④ 전통적인 촉진믹스 요소들 중에서 가장 비용이 적은 촉진수단으로 인식되어 왔다.
⑤ 판매원들은 고객 및 제품정보를 회사에 제공한다.

정답 ④

정답해설 인적판매의 주요 단점은 높은 비용인데, 전통적인 촉진믹스 요소들 중에서 가장 비용이 큰 촉진수단으로 인식되어 왔다.

45 다음 중 디스플레이의 효과를 설명하는 내용과 가장 거리가 먼 것은?

① 다른 점포와의 차별화 효과를 얻는다.
② 점포와 상품의 이미지를 높이는 효과를 얻는다.
③ 디스플레이는 소비자들에게 내점동기를 촉진시키는 역할을 한다.
④ 고객으로 하여금 상품을 선택하기 쉬운 매장으로 만드는 효과가 있다.
⑤ 진열상품에 대한 구매욕구를 향상시킴으로써 보다 합리적이며 이성적인 소비를 촉진시킨다.

정답 ⑤

정답해설 디스플레이는 고객의 내점 동기를 촉진하고 충동구매, 계속구매, 회상구매의 기회를 높여준다.

46 마케팅 환경감사를 거시환경과 업무환경으로 분류할 경우 업무환경에 해당하는 것은?

① 주요 인구 통계적 변화와 추세 중 어떤 것이 이 기업에 기회와 위협을 야기하는가?
② 수입, 가격, 저축 및 신용의 어떤 주요 변화들이 기업에 영향을 미치는가?

③ 기업에 필요한 자연자원과 에너지 비용 및 수급가능성의 전망은 어떠한가?
④ 법과 규제의 어떤 변화가 마케팅 전략과 전술에 영향을 미치는가?
⑤ 시장의 규모, 성장률, 지리적 분포 및 수익에 무슨 일이 일어나고 있는가?

정답 ⑤

정답해설 시장의 규모, 성장률, 지리적 분포 및 수익에 무슨 일이 일어나고 있는지에 대한 감사는 시장에 관한 문제로 업무환경에 해당한다.

오답해설 ① 인구 통계적 문제로 거시환경에 해당한다.
② 경제적 문제로 거시환경에 해당한다.
③ 환경적 문제로 거시환경에 해당한다.
④ 정치적 문제로 거시환경에 해당한다.

247 서비스 품질의 인식 차이(Gap)는 서비스 기대와 서비스 인식 간의 차이에 의해서 발생하는데, 서비스 품질의 인식 차이가 발생하지 않는 경우는?

① 기업에서 고객이 기대하는 바를 알지 못할 때
② 마케팅 커뮤니케이션에서 홍보한 수준과 소비자가 실제적으로 느끼는 서비스의 성과가 같을 때
③ 서비스의 실제성과가 서비스 명세서와 일치하지 않을 때
④ 고객의 기대를 반영하지 못하는 서비스 품질 기준을 명기할 때
⑤ 광고에 대한 내용과 소비자들이 실제로 느끼는 것과의 차이가 크게 날 때

정답 ②

정답해설 고객이 지각하는 서비스 품질이란 고객의 기대나 욕구 수준과 그들이 지각한 것 사이의 차이 정도로 정의된다. 따라서 마케팅 커뮤니케이션에서 홍보한 수준과 소비자가 실제적으로 느끼는 서비스의 성과가 같을 때에는 서비스 품질의 인식 차이가 발생하지 않는다.

248 다음의 소매업 전략 집행 중 생산성 향상 전략은?

① 고객의 구매빈도를 증가시키는 전략
② 고객 수를 증가시키기 위해 점포수를 높이는 전략
③ 상품구색과 진열의 변화로 1회 구매량을 증가시키는 전략
④ 비용 절감을 통해 수익성을 높이고 상품 회전율과 마진율 증가를 꾀하는 전략
⑤ 과다한 투자를 통해 큰 이익을 얻는 전략

정답 ④

정답해설 생산성 향상 전략은 제품 수명주기 상 성숙기나 쇠퇴기 국면에 접어든 소매업기업이 적당하다. 이 국면에서는 과다한 투자를 하기보다는 소매점 운영의 여러 방면에서 이익을 찾아보는 것이 더 바람직하다.

49 다음 중 성공적인 CRM(Customer Relationship Management)을 위한 전략적 행동과 거리가 먼 것은?

① 고객 서비스에 충실한 CRM을 시행한다.
② 철저하게 고객의 입장에서 고객의 경험을 관리한다.
③ 고객이 CRM 활동으로 직접적으로 느끼지 못하게 시도한다.
④ CRM을 중심으로 고객과 적극적으로 커뮤니케이션한다.
⑤ 고객과의 지속적인 관계를 유지한다.

정답 ③

정답해설 고객관계관리(CRM)는 다양한 채널을 통한 고객과의 커뮤니케이션으로부터 수집된 정보를 기반으로 고객과의 관계를 유지 · 발전하는 과정이다. 즉, 신규고객 획득, 우수 고객 유지, 고객 가치 증진, 잠재 고객 활성화 및 평생고객확보를 목표로 고객 분석을 통해 고객을 이해하고 이를 통해 고객과 지속적인 관계를 유지함으로써 고객 가치를 극대화하기 위한 일련의 과정이라고 할 수 있다.

50 소비자의 구매행동에 영향을 미치는 변수에 대한 설명으로 가장 올바르지 않은 것은?

① 소비자행동의 외적 변수는 상품속성, 상품가격, 홍보 및 광고내용, 점포이미지, 마케팅 촉진전략 등이다.
② 소비자의 의사결정 및 정보처리과정에 영향을 미치는 심리적 변수들은 소비자의 구매행동에 대한 태도, 구매 의도, 제품이나 대체안의 평가기준이다.
③ 소비자 구매행동에 영향을 미치는 주요인은 상황변수와 제품특성이며 소비자의 지속적 관여도가 높을수록 상황변수가 구매행동에 미치는 상대적 영향력이 높다.
④ 소비자의 행동영향변수 중에서 구매의사결정에 가장 결정적인 역할을 하는 변수는 소비자의 심리변수 중 태도이다.
⑤ 문화 같은 사회적 영향변수는 소비자행동의 근간이라고 말할 수 있는 행동규범을 제시해 준다.

정답 ③

정답해설 소비자의 지속적 관여도가 높을수록 상황변수가 구매행동에 미치는 상대적 영향력이 낮다.

제4과목

유통정보

제 4과목 유통정보

001 다음 중 정보의 속성에 관한 설명으로 옳지 않은 것은?

① 정보정확성(Accuracy) : 정보에 실수나 오류가 없어야 한다.
② 정보완전성(Completion) : 중요성이 높은 자료가 충분히 내포되어 있어야 한다.
③ 정보경제성(Economical) : 필요한 정보를 산출하기 위한 비용이 경제적이어야 한다.
④ 정보신뢰성(Reliability) : 의사결정자가 양질의 정보를 취사선택할 수 있도록 하는 최적의 기
이다.
⑤ 정보통합성(Combination) : 개별적인 정보는 관련 정보들의 통합으로 더 가치 있는 정보로
생산된다.

정답 ④

정답해설 정보신뢰성(Reliability)은 원천자료와 수집방법에 따라 정보의 신뢰성 정도가 결정된다.

002 다음 의사결정모형에 관한 설명 중 옳지 않은 것은?

① 합리모형은 인간과 조직의 합리성, 완전한 지식과 정보의 가용성을 전제로 하는 고전적 의사
정모형이다.
② 만족모형은 현실세계를 단순화한 모형으로 가치관 같은 주관적 합리성을 중시한다.
③ 합리모형은 인간의 제한된 합리성에 주의를 환기시키면서 합리적 모형을 수정한 의사결정모
이다.
④ 최적화 모형은 계량적인 측면과 질적인 측면을 구분하고 검토하고 이를 결합하는 질적인 모
이다.
⑤ 최적화 모형은 합리적인 요인과 초합리적인 요인을 함께 고려하는 모형이다.

정답 ③

정답해설 인간의 제한된 합리성에 주의를 환기시키면서 합리적 모형을 수정한 의사결정모형은 만족모형이다.

03 **다음 중 다른 시스템과 연계되어 상호작용을 수행하는 형태의 시스템을 일컫는 용어는?**

① 가치형 시스템
② 폐쇄형 시스템
③ 추상적 시스템
④ 개방형 시스템
⑤ 연계형 시스템

정답 ④

정답해설 개방형 시스템은 다른 시스템과 연계되어 상호작용을 수행하는 형태의 시스템이다.

04 **다음 정보시스템에 관한 설명으로 옳지 않은 것은?**

① 정보시스템은 특정 응용분야의 활동과 관련된 자료를 수집 · 분석 · 처리하여 의사결정자가 의사결정을 하는 데 필요로 하는 정보를 제공해 줄 수 있는 인간과 컴퓨터시스템의 구성요소들로 이루어진 시스템이다.
② 정보시스템은 인적 요소, 절차 및 여러 가지 유 · 무형 자원을 결합하여 조직에서 필요로 하는 정보를 수집하고 활용목적에 맞게 변환하여 정보를 원하는 부서나 적합한 사용자에게 적시에 분배하는 역할을 수행하는 인간과 기계의 통합적 시스템이다.
③ 정보시스템은 다양한 하위시스템으로 구성된 통합시스템으로 조직 전체의 목표에 부합해야 한다.
④ 하위경영층이 수행하는 세부적인 조직의 기본업무 또는 활동들이 효율적으로 수행되도록 도와주는 시스템을 정보시스템이라고 한다.
⑤ 대화시스템이라고도 하며 데이터의 입력과 출력, 다양한 분석과정에서 일어나는 사용자와 시스템 간의 인터페이스 환경을 제공하는 정보시스템 모듈을 모델베이스 시스템이라고 한다.

정답 ⑤

정답해설 ⑤는 의사결정지원시스템 가운데 사용자 인터페이스 기관에 관한 내용이다.

05 **다음 중 관리 및 조직 운영계층에 따른 정보시스템으로 볼 수 없는 것은?**

① 전략계획시스템
② 판매정보시스템
③ 관리통제시스템
④ 운영통제시스템
⑤ 거래처리시스템

정답 ②

정답해설 판매정보시스템은 조직 과업수준에 따른 정보시스템이다.

006 다음은 유통정보시스템의 설계과정에 대한 내용으로 옳지 않은 것은?

① 경로시스템에서의 주요 의사결정 영역을 확인하는 단계에서는 전체 유통경로시스템상에서 경로구성원들이 수행해야 할 주요 기능들을 재정립한다.

② 의사결정 영역을 수행해야 할 경로구성원(제조업자, 도매상, 소매상)을 규명하는 단계에서 유통기능의 각 기능을 경로구성원들 중 누가 수행할 것인가에 대해 결정한다.

③ 각 유통경로 의사결정에 필요한 구체적인 마케팅정보를 결정하는 단계에서는 유통기능을 수행하기 위해 필요한 마케팅정보의 유형을 확정한다.

④ 정보활동의 효율성을 저해하는 잡음이 있으므로 정보기술을 이용한 정보의 입력 및 전달 자동화로 잡음 개입의 가능성을 낮출 것이 요구된다.

⑤ 유통정보시스템에서 시장정보(판매, 소비자 정보) 수집하는 단계에서는 정보의 과부하 현상을 방지해야 한다.

정답 ⑤

정답해설 정부의 과부하 현상을 방지해야 하는 단계는 유통경로 의사결정에 필요한 구체적인 마케팅 정보를 결정하는 단계이다.

007 다음 물류정보의 특성으로 볼 수 없는 것은?

① 정보의 절대량이 많고 다양하다.

② 피크와 평상시의 정보량이 유사하다.

③ 정보소스가 광범위하게 분산되어 있다.

④ 물류의 흐름과 정보의 흐름에 동시성이 있다.

⑤ 타 부문과의 연관성이 높다.

정답 ②

정답해설 물류정보의 특성

- 정보의 절대량이 많고 다양하다.
- 피크와 평상시의 정보량 편차가 크다.
- 정보소스가 광범위하게 분산되어 있다.

- 물류의 흐름과 정보의 흐름에 동시성이 있다.
- 타 부문과의 연관성이 높다.

08 다음 설명에 해당하는 물류정보시스템의 연계요소는?

> 주파수 공용통신이라고 하며 중계국에 할당된 여러 채널을 공동으로 하는 것으로 이동 차량이나 선박 등 운송수단에 탑재하여 정보를 리얼 타임으로 송수신할 수 있는 통신 서비스를 말한다.

① LBS(Location Based Service)
② TRS(Trunked Radio System)
③ EOS(Electronic Ordering System)
④ EAN(European Article Number)
⑤ ERP(Enterprise Resource Planning)

정답 ②

정답해설 TRS(Trunked Radio System)는 주파수 공용 무선통신으로 하나의 주파수를 여러 명의 이용자가 공동으로 사용하는 시스템이다. 저렴한 비용으로 가입자간의 그룹통화, 개별통화와 같은 다양한 통신방법이 가능하나, 통화시간의 제한이 있고 같은 망의 가입자 이외의 불특정 다수와는 통신할 수 없는 단점이 있다.

09 다음 중 바코드의 특징으로 볼 수 없는 것은?

① 오독률이 낮아 높은 신뢰성을 확보할 수 있다.
② 바코드에 수록된 데이터는 한 번의 주사로 판독이 가능하지만 접촉해야 판독이 가능하다.
③ 컨베이어 상에서 직접 판독이 가능하여 신속한 데이터 수집이 가능하다.
④ 도입비용이 저렴하고 응용범위가 다양하다.
⑤ 데이터 입력 시 에러율이 감소한다.

정답 ②

정답해설 바코드에 수록된 데이터는 비접촉 판독이 가능할 뿐만 아니라 한 번의 주사로 판독이 가능하다.

010 ISBN에 관한 설명으로 옳지 않은 것은?

① 연속적으로 출간되는 간행물에 국제적으로 조정된 유일의 개별번호를 표시하여 국제 · 국내 유통이나 문헌의 정리, 검색 등에 이용하도록 한 국제표준도서번호이다.
② 우리나라는 국립중앙도서관이 한국문헌번호센터로 지정되어 1991년 납본과 내에 한국문헌 호센터를 설치 · 운영하고 있으며 우리나라의 ISBN과 ISSN을 관리한다.
③ 바코드는 서점의 POS 시스템에서 필요로 하는 것이기 때문에 비매품이거나 유통 시 꼭 필요 지 않은 경우에는 바코드 없이 ISBN만 책에 표시할 수 없다.
④ 전 세계에서 간행되는 각종 도서에 고유번호를 주어 개별화함으로써 문헌정보와 서지유통 효율화를 기하는 제도이다.
⑤ 개정판인 경우 표지와 판권지에 그것이 개정판임을 표시해야 하며 이것은 새로운 책이 되므 ISBN을 새로 부여받아야 한다.

정답 ①

정답해설 ISBN은 개개의 출판물마다 국제적으로 조정된 유일의 개별번호를 표시하여 국제 · 국내적인 유통이나 문헌의 정 검색 등에 이용하도록 한 국제표준도서번호이다.

011 다음 EAN(European Article Number)에 관한 설명으로 옳지 않은 것은?

① 미국의 UPC에 자극을 받아 유럽의 12개국이 모여 제정한 유럽형 공통상품코드이다.
② 코드의 각 캐릭터는 2개의 바와 2개의 여백으로 형성된 7개의 모듈로 이루어져 있다.
③ 표준형(EAN-13)은 13개의 문자를 포함한다.
④ 각 문자는 9개의 요소로 이루어지고 그 중 세 개는 논리값 1을 의미한다.
⑤ 단축형(EAN-8)은 8개의 문자를 포함한다.

정답 ④

정답해설 ④는 Code 39(3 of 9)에 대한 설명으로 가변 길이의 개별 바코드를 뜻하는 말이다.

012 다음 중 연속간행물에 대해 국제적으로 표준화된 방법에 따라 부여하는 고유번호는?

① ISBN　　② ISSN
③ CODE 128　　④ ITF
⑤ SSCC

정답 ②

정답해설 ISSN(International Standard Serial Number)은 신문, 잡지, 연감 등 연속간행물에 대해 부여되는 국제표준연속간행물 번호이다.

13 다음 중 SCM의 효과로 볼 수 없는 것은?

① 고객 만족도 증가
② 업무 절차의 간소화
③ 생산 계획의 합리화 증가
④ 재고와 생산성 향상
⑤ 조달의 불확실성 감소

정답 ④

정답해설 SCM 도입의 효과
- 고객 만족도 증가
- 업모 절차의 간소화
- 생산 계획의 합리화 증가
- 재고의 감소와 생산성 향상
- 조달의 불확실성 감소

14 전자적 자료효과(EDI)을 도입하는 효과로 볼 수 없는 것은?

① 거래시간이 단축된다.
② 채찍 효과를 일으킨다.
③ 업무처리의 오류가 감소한다.
④ 자료의 재입력, 복사, 수작업 등 관련비용이 감소한다.
⑤ 관리의 효율성이 증대된다.

정답 ②

정답해설 채찍 효과(Bullwhip Effect)는 상품 공급망의 과다한 수요예측으로 인한 공급망의 비효율적 운영현상을 일컫는다.

015 **다음 중 채찍 효과의 원인으로 볼 수 없는 것은?**

① 공급망 정보의 공유로 인한 투기적 행위
② 각각의 단계에서 별도의 주문 처리
③ 개별 주체의 독립적 수요예측 수행
④ 프로모션 등의 가격정책
⑤ 재고 확보를 위해 실제 양보다 많은 수량 주문

정답 ①

정답해설 정보의 공유가 이루어지면 채찍효과가 감소한다.

016 **판매시점정관리(POS) 시스템의 특징으로 옳지 않은 것은?**

① 단품관리가 가능하다.
② 자동판독이 수행된다.
③ 거래시간이 단축된다.
④ 자료의 재입력, 복사, 수작업 등 관련비용이 감소된다.
⑤ 개별적인 처리방식으로 상품이 판독된다.

정답 ⑤

정답해설 POS 정보는 일괄 처리방식으로 상품이 판독되어 금전등록기를 통과함과 동시에 판매시점에서 입력된다.

017 **데이터 웨어하우스의 특징으로 볼 수 없는 것은?**

① 주제지향성(Subject Oriented)
② 통합성(Integrated)
③ 비휘발성(Non-volatile)
④ 시계열성(Time Variant)
⑤ 자료 무결성(Data Integrity)

정답 ⑤

정답해설 데이터 웨어하우스의 특징

- 주제지향성(Subject Oriented)

- 통합성(Integrated)
- 비휘발성(Non-volatile)
- 시계열성(Time Variant)

018 다음의 설명에 부합되는 SCM을 위한 정보시스템은?

> 물류관련 정보를 컴퓨터를 이용해 통합 · 분석하여 발주하는 시스템으로 상품흐름 정보, 실제상품 수령, 재고, 안전재고에 대한 정보, 고객에게 영향을 주는 외부정보 등을 컴퓨터로 분석하여 주문서를 작성한다.

① CRP(Continuous Replenishment Planning)
② CAO(Computer Assisted Ordering)
③ VMI(공급자재고관리)
④ CMI(공동재고관리)
⑤ EDI(전자적 자료교환)

정답 ②

정답해설 CAO(Computer Assisted Ordering)에서 이용하는 물류관련 정보는 POS를 통한 상품흐름 정보, 실제상품 수령, 재고, 안전재고에 대한 정보, 고객에게 영향을 주는 외부정보 등이 있다.

019 기업 활동에 필요한 모든 인 · 물적 자원을 효율적으로 관리하여 기업의 경쟁력을 강화하는 통합정보시스템은?

① ERP(Enterprise Resource Planning)
② CAO(Computer Assisted Ordering)
③ CRP(Continuous Replenishment Planning)
④ 크로스도킹(Cross Docking)
⑤ 가치사슬분석(Value Chain Analysis)

정답 ①

정답해설 ERP(Enterprise Resource Planning)는 전사적 자원관리로 기업 활동에 필요한 모든 인 · 물적 자원을 효율적으로 관리하여 기업의 경쟁력을 강화하는 통합정보시스템으로 이를 실현하기 위한 소프트웨어로 ERP 패키지가 있다.

020 다음 중 ECR을 실현하기 위한 도구에 포함되지 않는 것은?

① CAO(컴퓨터기반 주문)
② EDI(전자적 자료교환)
③ 데이터 웨어하우스(Data Warehouse)
④ VCA(가치사슬분석)
⑤ 연속적 보충계획(Continuous Replenishment Planning)

정답 ③

정답해설 ECR의 실현도구
- CAO(컴퓨터기반 주문)
- EDI(전자적 자료교환)
- 크로스도킹(Cross Docking)
- VCA(가치사슬분석)
- ABC(활동기준원가)
- 카테고리관리
- CRP(연속적 보충계획)

021 다음 중 데이터 웨어하우스의 구축효과로 볼 수 없는 것은?

① 사용자에게 직접 데이터를 제공한다.
② 전산부서의 역할이 강조된다.
③ 생산성의 증대 및 기업의 경쟁력을 강화한다.
④ 하나의 일관된 데이터 및 양질의 정보를 제공한다.
⑤ 사용하기 편리하고 다양한 분석을 수행한다.

정답 ②

정답해설 데이터 웨어하우스의 구축효과
- 사용자에게 직접 데이터를 제공한다.
- 생산성의 증대 및 기업의 경쟁력을 강화한다.
- 하나의 일관된 데이터 및 양질의 정보를 제공한다.
- 새로운 시장을 발견하고 고객기반을 이해한다.
- 전산부서에 대한 의존도를 감소시킨다.
- 사용하기 편리하고 다양한 분석을 수행한다.
- 원하는 정보에 신속하게 접근한다.

022 다음 중 전자카탈로그에 대한 설명으로 옳지 않은 것은?

① 구매자와 판매자 상호 간에 상품 및 서비스에 대한 정보를 교환한다.
② 구매자 입장에서 구매의사결정을 위한 상품과 서비스에 대한 정보를 검색한다.
③ 구매자가 직접 수정 및 편집이 가능하다.
④ 상품정보변경의 신속처리가 가능하다.
⑤ 시공간적 제약을 받지 않는다.

정답 ③

정답해설 전자카탈로그의 특징
- 종이 등 인쇄물 형태의 카탈로그보다 제작비용이 저렴하다.
- 판매자가 직접 수정 및 편집이 가능하다.
- 시공간적 제약을 받지 않는다.
- 상품정보변경의 신속처리가 가능하다.
- 구매자 입장에서 구매의사결정을 위한 상품과 서비스에 대한 정보를 검색한다.
- 구매자와 판매자 상호 간에 상품 및 서비스에 대한 정보를 교환한다.

023 다음 중 가상 상점에서의 소규모 거래(전자소매)를 추구하기 위한 전자상거래 유형은?

① C2C
② B2B
③ G2C
④ B2C
⑤ G2C

정답 ④

정답해설 B2C(B to C : Business to Consumer)는 기업 대 소비자 거래라는 뜻으로 웹의 출현에 따른 인터넷 사용의 급격한 증가로 점차 확산되고 있는 가상 상점에서의 소규모 거래, 즉 전자소매를 의미한다.

024 e–마켓플레이스의 필요성에 대한 설명 중 옳지 않은 것은?

① 원가의 절감과 내부처리의 능률화를 기할 수 있어 판매수입 및 수익성을 증대시킬 수 있다.
② 더 나은 자재계획과 구매로 재고를 줄임으로써 공급체인에서 비롯되는 원가를 절감할 수 있다.
③ 실시간 공동 엔지니어링 설계 및 동시 엔지니어링을 통해 신제품 출하주기를 단축하고 제조 및 서비스 개선을 수행할 수 있다.
④ 별도의 창업비용 없이 새로운 시장에 접근할 수 있다.
⑤ 다양해지는 고객의 욕구에 대응하고 신규고객을 유치할 수 있다.

정답 ⑤

정답해설 다양해지는 고객의 욕구에 대응하고 신규고객을 유치하는 것은 오직 CRM을 통해서만 실현할 수 있다.

025 **다음 중 디지털 경제의 특징으로 옳지 않은 것은?**

① 구매자 우위 시장
② 수확체감의 법칙
③ 정보 민주화 실현
④ 협력적 경쟁
⑤ 산업영역 통합

정답 ②

정답해설 수확체증의 법칙(Increasing Returns of Scale)이란 투입된 생산요소가 늘어나면 늘어날수록 산출량이 기하급수으로 증가한다는 디지털 경제의 특징적인 현상으로 자본과 노동 등 생산요소가 한 단위 추가될 때 이로 인해 늘나는 한계생산량은 점차 줄어든다는 지금까지의 전통산업경제에 적용되던 수확체감의 법칙(Diminishing returns scale)과 상반된 현상이다.

026 **지식변환이 일어나는 과정의 사례 중 지식변환 형태가 다른 것은?**

① 공급자와 고객이 함께 직접 체험함으로써 나름의 정보를 모으는 프로세스
② 판매 현장이나 제조현장에서 대화나 관찰을 통해 정보를 모으는 프로세스
③ 스스로 쌓은 경험을 자기 머릿속에 체계적으로 저장하는 프로세스
④ 자기 생각이나 신념 지식을 말이나 글로 표현하지 않고 행동하는 것으로 보여줌으로써 동료나 부하가 나름 체득하여 공유하는 프로세스
⑤ 아직 말이나 글로 표현되지 않은 자기의 생각, 사고, 이미지, 노하우 등을 글이나 그림과 같은 형태로 변환하여 보여주는 프로세스

정답 ⑤

정답해설 암묵지에서 형식지로 변화하는 과정으로 외부화에 해당되며 생각이나 기술을 언어나 글로 표현하는 것을 의미한다

27 **전자상거래 보안과 관련한 주요 관점 중 아래의 괄호 안에 들어갈 내용을 순서대로 올바르게 나열한 것은?**

- (가)은/는 정보를 보내오는 사람의 신원을 확인하는 것이다.
- (나)은/는 정보교환 및 거래사실의 부인을 방지하는 것이다.

① 가 : 인증, 나 : 프라이버시
② 가 : 가용성, 나 : 기밀성
③ 가 : 인증, 나 : 부인방지
④ 가 : 무결성, 나 : 기밀성
⑤ 가 : 가용성, 나 : 프라이버시

정답 ③

정답해설
- **인증** : 전자상거래와 관련하여 시스템의 부당한 사용이나 정보의 부당한 전송 등을 방어하는 것을 목적으로 메시지, 혹은 발신자를 증명하려는 보안대책 또는 특정 범주를 가진 정보를 수신할 자격이 있는지를 검증하는 수단이다.
- **부인방지** : 메시지의 송수신이나 교환 후, 또는 통신이나 처리가 실행된 후에 그 사실을 증명함으로써 사실 부인을 방지하는 보안 기술이다.

28 **데이터웨어하우스의 특징으로 가장 옳지 않은 것은?**

① 주제별로 정리된 데이터베이스
② 다양한 데이터 원천으로부터의 데이터 통합
③ 과거부터 현재에 이르기까지 시계열 데이터
④ 필요에 따라 특정 시점을 기준으로 처리해 놓은 데이터
⑤ 실시간 거래처리가 반영된 최신 데이터

정답 ⑤

정답해설 데이터웨어하우스의 데이터는 일정한 시간 동안의 데이터를 대변하는 것으로 데이터 구조상에 시간이 아주 중요한 요소로서 작용하기 때문에 데이터웨어하우스의 데이터에는 수시적인 갱신이나 변경이 발생할 수 없다.

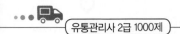

029 다음 내용의 괄호 안에 들어갈 용어로 옳은 것은?

(   )은/는 모든 품질수준을 정량적으로 평가하고, 문제해결 과정과 전문가 양성 등의 효율적인 품질 문화를 조성하며, 품질혁신과 고객만족을 달성하기 위해 전사적으로 실행하는 21세기형 기업경영 전략이다.

① DBR
② JIT
③ QR
④ 6sigma
⑤ ECR

정답 ④

정답해설 6sigma는 백만분의 3.4를 의미하는 통계척도인 6시그마를 사용하여 품질혁신과 고객만족을 달성하고자 하는 양 프로세스 혁신 전략으로 결함 발생률을 6시그마 수준으로 줄이는 것을 궁극적인 목표로 한다.

오답해설 ① DBR : 전체 공정의 종속성과 변동성을 관리하는 기법으로 전체 공정 중 가장 약한 것을 찾아 능력제약자원으 두고 이 부분이 최대한 100% 가동할 수 있도록 공정 속도를 조절하여 흐름을 관리하는 기법이다.
② JIT : 필요한 부품을 필요한 때, 필요한 곳에, 필요한 양만큼 생산 또는 구매하여 공급함으로써 생산 활동에서 을 수 있는 제공품의 재고를 아주 낮게 유지하여 재고유지비용을 최소화시키는 것이다.
③ QR : 생산, 유통관계의 거래 당사자가 협력하여 소비자에게 적절한 시기에 적절한 양을, 적절한 가격으로 제공 는 것을 목표로 하며 바코드, EDI, 상품정보 DB 등의 정보기술을 이용하여 생산 및 유통기간의 단축, 재고의 소, 반품으로 인한 손실의 감소 등 생산, 유통의 각 단계에서 합리화를 실현하려는 전략이다.
⑤ ECR : 공급체인의 네트워크 전체를 포괄하는 관리기법으로 최종 소비자에게 유통되는 상품을 그 원천에서부 관리함으로써 공급체인의 구성원 모두가 협력하여 소비자의 욕구를 더 만족스럽게, 더 빠르게, 더 저렴하게 워주고자 하는 전략의 일종이다.

030 다음 중 전략정보시스템이 기업의 전략실현에 활용되는 방안이 아닌 것은?

① 기업이 네트워크 연결을 통해 공급자와의 협력을 강화시켜 준다.
② 정보시스템을 이용해 제품이나 서비스의 내용을 바꿀 수 있다.
③ 기업은 정보기술을 이용해서 고객과의 관계를 더욱 강화할 수 있다.
④ 정보기술은 공급업자와의 관계에서 전략적 우위를 확보하는 도구로 사용되기도 한다.
⑤ 효율적인 내부관리 및 통제를 가능하게 하여 전략적 목적달성을 가능하게 한다.

정답 ①

정답해설 전략정보시스템은 공급업자와의 관계에서 전략적 우위를 확보하는 도구로 사용된다.

31 유통 분야의 RFID 도입효과로 옳지 않은 것은?

① 검수 정확도가 향상된다.
② 효과적인 재고관리가 가능하다.
③ 입출고 리드타임이 늘어난다.
④ 도난 등 상품 손실비용이 절감된다.
⑤ 반품 및 불량품을 추적하고 조회할 수 있다.

정답 ③

정답해설 바코드처럼 각 제품의 개수와 검수를 위해 일일이 바코드 리더기를 가져다 댈 필요 없이 자동으로 대량 판독이 가능하기 때문에 불필요한 리드타임을 줄일 수 있다.

32 CAO(Computer Assistant Ordering)를 성공적으로 운영하기 위해서 필요한 조건으로 옳지 않은 것은?

① 유통업체와 제조업체가 규격화된 표준문서를 사용하여야 한다.
② 유통업체와 제조업체 간 데이터베이스가 다를 경우 EDI와 같은 통합 소프트웨어를 통한 데이터베이스의 변환이 요구된다.
③ 유통업체와 제조업체 간 컴퓨터 소프트웨어나 하드웨어 간 호환성이 결여될 때는 EDI 문서를 각자 따로 준비해야 한다.
④ 유통업체는 제품의 생산과 관련된 정보, 물류관리, 판매 및 재고관리 수준을 파악하고 있어야 한다.
⑤ 제조업체는 유통업체의 구매 관리, 상품 정보를 참조하여 상품 보충계획 수립을 파악하고 있어야 한다.

정답 ③

정답해설 CAO(Computer Assistant Ordering)를 운영하는 과정에서 유통업체와 제조업체 간 컴퓨터 소프트웨어나 하드웨어 간 호환성이 결여될 때는 EDI 문서를 표준화해야 한다.

033 **바코드와 관련된 설명으로 옳은 것은?**

① 국내에서 사용되는 표준형 KAN코드는 15자리이다.
② 국가식별, 상품품목, 제조업체, 체크디지트 순서로 구성되어 있다.
③ 효과적인 사용을 위해서는 코드번호에 따라 상품정보 등을 미리 등록해 둔다.
④ 주로 소매상에 의해 부착된다.
⑤ 생산시점에서 바코드를 인쇄하는 것을 인스토어마킹이라고 한다.

정답 ③

정답해설 바코드의 효과적인 사용을 위해서는 코드번호에 따라 상품정보 등을 미리 등록해 두는 것이 좋다.

오답해설 ① 국내에서 사용되는 표준형 KAN코드는 13자리로 바와 스페이스로 구성되어 있다.
② 국가식별, 제조업체, 상품품목, 체크디지트 순서로 구성되어 있다.
④ 주로 제조업자나 중간상에 의해 부착된다.
⑤ 생산시점에서 바코드를 인쇄하는 것은 소스마킹으로 인스토어마킹은 소매업체에서 상품 하나하나에 자체적으로 설정한 바코드라벨을 부착하는 것이다.

034 **커뮤니케이션 측면에서 볼 때 데이터 시각화의 특성에 대한 설명으로 옳지 않은 것은?**

① 정보 전달에 있어서 문자보다 이해도가 높다.
② 데이터 이면에 감춰진 의미는 찾아내지 못한다.
③ 많은 데이터를 동시에 차별적으로 보여줄 수 있다.
④ 눈에 보이지 않는 구조나 원리를 시각화함으로써 이해하기 쉽다.
⑤ 인간의 정보 처리 능력을 확장시켜 정보를 직관적으로 이해할 수 있게 한다.

정답 ②

정답해설 데이터 시각화는 데이터 분석 결과를 쉽게 이해할 수 있도록 시각적으로 표현하고 전달하는 과정으로 도표라는 수단을 통해 정보를 명확하고 효과적으로 전달하는 것뿐만 아니라 데이터 이면에 감춰진 의미까지 찾아낼 수 있도록 사람을 집중하고 참여하게 만들어야 한다.

035 **SCOR모델의 성과측정요소에 대한 설명으로 가장 옳지 않은 것은?**

① 성과측정 항목 중 대표적인 비용은 공급사슬관리비용, 상품판매비용 등이다.
② 내부적 관점은 고객의 측면, 외부적 관점은 기업측면에서의 성과측정 항목을 지칭한다.
③ 외부적 관점의 성과측정 항목으로는 유연성, 반응성, 신뢰성 등이 있다.

④ 공급사슬의 반응시간, 생산 유연성 등은 외부적 관점 중 유연성 측정항목의 요소이다.
⑤ 공급재고 일수, 현금순환 사이클 타임, 자산 회전 등은 자산에 대한 성과측정 항목의 요소이다.

정답 ②

정답해설 SCOR(Supply Chain Operation Reference)은 SCC(Supply Chain Council)에 의해 정립된 공급사슬 프로세스의 모든 범위와 단계를 포괄하는 참조 모델로 공급사슬의 회사 내부의 기능과 회사 간 공급사슬 파트너 사이의 의사소통을 위한 언어로서 공통의 공급사슬 파트너 사이의 의사소통을 위한 언어로서 공통의 공급사슬 경영 프로세스를 정의하고 "최상의 실행(Best Practice)", 수행 데이터 비교, 최적의 지원 IT를 적용하기 위한 표준이다. 이는 부문과 부문, 기업과 기업을 연결하는 공급사슬에 계획, 관리, 실행의 전체효과를 높이려는 사고로 실제로는 각각의 기업들이 제각기 다른 업무 프로세스나 업적 · 측정 지표를 갖고 있더라도 전체의 효율을 위해 SCM 공용 프로세스를 구현하는 것을 목적으로 한다.

36 기업에서 지식경영을 활성화하기 위해 학습조직을 구축할 때의 구비조건으로 가장 옳지 않은 것은?

① 학습 결과에 대한 측정이 가능해야 한다.
② 자신의 업무와 지식관리는 별도로 수행되어야 한다.
③ 아이디어 교환을 자극할 수 있도록 조직 내의 장벽을 없애야 한다.
④ 학습 목표를 명확히 하고 학습포럼 등의 프로그램이 활성화되도록 지원해야 한다.
⑤ 자율적인 환경을 만들어 창의력을 개발하고 학습에 도움이 되는 환경을 조성해야 한다.

정답 ②

정답해설 학습조직은 조직구성원들이 목표를 공유하고 역량을 강화하며 성과개선을 위한 지식과 경험을 축적하는 조직으로 자신의 업무와 지식관리가 함께 수행되어야 한다.

37 e-CRM을 기업에서 성공적으로 도입하기 위해 필요한 발전 전략으로 적합하지 않은 것은?

① 일원화된 커뮤니케이션 수단을 이용하여 고객 접촉경로의 통일화가 필요하다.
② 소비자의 유행을 따라가기보다는 온라인상에서 소비자의 행동과 성향 등 트렌드를 분석하여 고객만족을 극대화해야 한다.
③ 고객의 입장에서 꼭 필요한 콘텐츠 구성이 필요하다.
④ 개인의 특성에 맞게 맞춤 서비스로 타사와의 차별화전략이 필요하다.
⑤ 커뮤니티, 오락 등 콘텐츠의 다양화를 통한 활성화전략이 필요하다.

정답 ①

정답해설 e-CRM은 인터넷 상에서 발생하는 모든 데이터와 오프라인 데이터를 이용하여 고객정보를 구축하고, 이를 바탕
로 재구축한 고객관계관리 시스템이기 때문에 다양한 커뮤니케이션 수단을 활용하여 고객 접촉경로의 다양화가
요하다.

038 괄호 안에 들어갈 알맞은 단어를 가장 적절하게 나열한 것은?

- 사용자가 특정한 목적을 달성하기 위해 수집하여 분석한 사실은 (가)이다.
- 사용자에게 특정한 목적이 부여되지 않는 사실이거나 가공되지 않은 사실은 (나)이다.
- (다)은/는 정확적이고 어떤 행위를 가능하게 하는 실천적인 (가)이다.

① 가 : 자료, 나 : 지식, 다 : 정보
② 가 : 자료, 나 : 정보, 다 : 지식
③ 가 : 정보, 나 : 자료, 다 : 지식
④ 가 : 정보, 나 : 지식, 다 : 자료
⑤ 가 : 지식, 나 : 자료, 다 : 정보

정답 ③

정답해설 정보, 자료, 지식 간의 관계
- **정보** : 어떤 행동을 취하기 위한 의사결정을 목적으로 수집된 각종 자료를 처리하여 획득한 지식이다.
- **자료** : 어떤 특정한 목적에 대하여 평가되지 않은 상태의 단순한 여러 사실로, 유용한 형태로 처리되기 전 있
그대로의 사실이거나 기록이다.
- **지식** : 다양한 종류의 정보가 축적되어 특정 목적에 부합하도록 일반화된 정보로서 자료가 정보로 전달되는 과
에서 활용된다.

039 사물인터넷(IoT) 시대의 특징을 인터넷 시대 및 모바일시대와 비교하여 설명한 것으로 가장 거리가 먼 것은?

① 사람과 사람, 사람과 사물, 사물과 사물 간으로 연결범위가 확대되었다.
② 정보가 제공되는 서비스방식이 정보를 밀어내는 푸시(push)방식에서 풀(pull)방식으로 전환되었다.
③ 정보 제공 방식이 온디맨드(On-demand) 방식에서 24시간 서비스(Always-on) 시대로 전환되었다.
④ 단순히 원하는 정보를 얻는 데 그치는 것이 아니라 정보를 조합해 필요한 지혜를 제공해 준다.
⑤ 내가 원하는 무언가를 주변에 있는 것들이 알아서 찾아주는 것이다.

정답 ②

정답해설 정보가 제공되는 서비스방식이 정보를 끌어당기는 풀(pull)방식에서 푸시(push)방식으로 전환되었다.

40 다음 중 메트칼프의 법칙(Metcalfe's law)에 대한 설명으로 옳지 않은 것은?

① 네트워크의 가치는 사용자 수의 제곱에 비례하지만 비용의 증가율은 일정하다는 법칙이다.
② 멀티미디어 융복합 제품, 서비스의 필요성 증가에 따른 AV와 IT 결합제품 시장의 확대가 예상된다.
③ 기반기술로서 블루투스, IEEE1394 등이 있다.
④ 인터넷 가입자 및 회원 수가 많을수록 수익도 증가한다.
⑤ 무어의 법칙과 함께 인터넷 비즈니스의 특징을 설명하는 중요한 키워드이다.

정답 ④

정답해설 메트칼프의 법칙(Metcalfe's law)은 네트워크의 규모가 커짐에 따라 그 가치는 사용자 수의 제곱에 비례하지만 비용의 증가율은 일정하다는 법칙으로 네트워크가 확장되어 갈수록 비용절감 효과는 등비급수적으로 늘어나지만 인터넷 가입자 및 회원 수가 많다고 하여 수익으로 이어지는 것은 아니며, 그보다 비즈니스모델이 더 중요한 요소로 작용한다.

41 빅데이터 분석 특성에 대한 설명으로 가장 적합하지 않은 것은?

① 정보기술의 발전으로 실시간으로 다량의 데이터를 수집할 수 있다.
② 정형 데이터 분석과 비정형 데이터 분석 모두 가능하다.
③ 거대한 규모의 디지털 정보량을 확보하고 있다.
④ 새로운 가치를 창출하기 위한 정보를 제공해준다.
⑤ 시계열적 특성을 갖고 있는 빅데이터는 경향 분석이 가능하다.

정답 ⑤

정답해설 시계열적 특성을 갖고 있는 빅데이터로 가능한 분석은 추세분석이다.

042 쿠키(Cookie)로부터 파악할 수 있는 정보가 아닌 것은?

① 회원정보
② 사용한 컴퓨터 서버
③ 사용한 컴퓨터 기종
④ 서치(search) 정보
⑤ 상품 구매정보

정답 ③

정답해설 쿠키(Cookie)는 웹브라우저에서 현재 상태를 보관하기 위해 임시로 사용하는 데이터 파일로 개인 식별 정보를 포한 다양한 정보를 저장할 수 있다.

043 지식사회의 경쟁 및 시장변화에 대한 설명으로 가장 적절하지 않은 것은?

① 지식사회는 고객중심의 경영이 기업의 수익성과 직결된다.
② 인터넷의 발달로 인해 소비자는 신속한 구매의사결정을 많이 내리게 되었지만 이전의 신중한 구매의사결정은 줄어들었다.
③ 지식사회는 생산과 소비의 관계변화로 라이프사이클과 시간에 대한 가치의 관계가 변화하며 고객과의 지식 공유로 인해 기업과 고객의 새로운 관계가 형성된다.
④ 고객중심과 함께 고객 가치창출이 중요해지고 있는데 동일한 제품과 서비스라도 고객이 느끼는 가치가 다르기 때문에 기업의 경영목표는 고객과 가치창출에 맞추어져야 한다.
⑤ 지식 생산이 경제 체계 안에서 유형 상품의 생산보다 상대적으로 중요해진다.

정답 ②

정답해설 인터넷의 발달로 인해 소비자는 오히려 더욱 신중한 구매의사결정을 내리는 스마트소비가 보편화되고 있다.

044 국제표준 연속간행물 번호를 표기할 때에는 OCR 문자로 된 ISSN과 EAN의 바코드를 함께 쓴다. 이 때 10자리인 ISSN과 13자리인 EAN의 자릿수를 맞추기 위해 다음 중 ISSN의 앞에 들어갈 식별번호(Prefix)로 올바른 것은?

① 979
② 978
③ 977
④ 976
⑤ 975

정답 ③

정답해설 ISSN은 8자리로 구성되어 있으나 맨 앞에 연속간행물을 표시하는 숫자 977을 넣고 예비기호 2자리를 포함함으로써 EAN과 호환된다.

45 M-Commerce(Mobile Commerce)는 기존의 전자상거래에 비해 다음과 같은 차별화된 특성을 갖는다. 가장 옳지 않은 것은?

① 이동통신이 갖는 이동성(Mobility)과 휴대성(Portability)이라는 특성을 지니고 있다.
② 인터페이스의 속성상 공중사용 단말기라는 성격을 갖는다.
③ 이용자의 의치를 상거래에 활용하는 위치기반 서비스가 가능하다.
④ 기존의 유선 전자상거래보다 이용 속도가 느리고 응용프로그램이 빈약하다.
⑤ 언제 어디서나 무선 단말기를 이용하여 인터넷에 접속하고 전자적 상거래를 수행할 수 있다.

정답 ②

정답해설 M-Commerce(Mobile Commerce)는 이동통신 단말기와 통신 네트워크를 이용해 무선 인터넷으로 각종 정보와 서비스를 이용하고, 상품을 구입할 수도 있는 전자상거래 방식으로 개인휴대전화 단말기를 이용한 인터페이스의 속성상 개인전용 단말기라는 성격을 갖는다.

46 전자상거래와 물류와의 관계에 대한 설명으로 가장 적절하지 않은 것은?

① 전자상거래가 확산됨으로써 기업과 소비자 간의 거래가 네트워크상에서 활발하게 이루어지게 됨에 따라 지역적인 한계를 벗어나 전 세계로 확대되고 있다.
② 모든 구매활동이 인터넷상에서 이루어지더라도 상품배송은 여전히 유통업체의 몫이다.
③ 소비자에게 상품을 판매하기 위해서 중간 유통업체와 긴밀하게 협력한다.
④ 전자상거래가 성공적으로 정착하기 위해서는 생산자로부터 고객에게 물품이 바로 수송되고 대금을 회수하는 일련의 과정이 하나로 연결되어 물류의 효율성과 비용 절감을 추구해야 하기 때문에 경제시스템 뿐만 아니라 물류관리시스템도 정비되어야 한다.
⑤ 전자상거래에서는 물류, 특히 택배시스템의 선택이나 구축이 마케팅의 핵심이며 전자상거래 기업의 성패를 좌우하는 요소이다.

정답 ③

정답해설 기업들은 전자상거래 체계를 활용함으로써 중간 유통업체를 거치지 않고 소비자에게 직접 상품을 판매할 수 있다.

047 QR의 개념을 요소별로 나누어 정리한 것 중 잘못된 것은?

① 고객만족도 향상 – 소비자에 대하여 상품을 적절한 장소에, 적시에, 적량을 적정한 가격으로 제공하는 것을 목표로 한다.
② 신기술 이용 – 공동상품코드에 의한 소스 마킹(Source Marking), 전자문서교환(EDI), 이것을 지원하는 바코드, 정보DB 등의 정보처리기술을 활용한다.
③ 낭비의 제거 – 생산 · 유통기간의 단축, 재고의 삭감, 투매, 반품 손실의 감소 등 생산유통의 각 단계에서 합리화를 실현한다.
④ 공동이익 – 성과를 생산자와 유통관계자가 나누어 가질 수 있으나 소비자에게는 별다른 이익이 없다.
⑤ 파트너십의 형성 – 생산 · 유통관계의 거래당사자들이 협력한다.

정답 ④

정답해설 QR은 생산 · 유통관계의 거래 당사자가 협력하여 소비자에게 적절한 시기에 적절한 양을 적정한 가격으로 제공하는 것이 목표이며 소비자의 개성화나 가격지향 시대에 적응하기 위해 기업의 거래선과 공동으로 실시하는 리엔지니어링의 개념이다.

048 기업의 고객충성도(Customer Loyalty) 프로그램에 대한 설명으로 옳지 않은 것은?

① 고객만족도와 고객충성도는 명확히 분리되는 개념이므로 고객만족도의 축적이 반드시 고객충성도의 상승을 불러오지는 않는다.
② 충성도의 지표는 기업이 지속적으로 고객에게 타사보다 우월한 가치를 제공함으로써 그 고객이 해당 기업의 브랜드에 호감이나 충성심을 갖게 되어 지속적인 구매 활동이 유지되는 것으로 고객의 구매 성향과 추천 의도 및 재구매 의사로 표현된다.
③ 우량 고객들을 효과적으로 관리하기 위해선 고객을 세분화하고 그룹별로 차별화된 고객충성도 전략을 실시하는 것이 바람직하다.
④ 긍정적 커뮤니케이션뿐만 아니라 문제 · 부정적 상황에 대한 적극적 대처와 진솔한 커뮤니케이션을 통해 '신뢰 관계'를 구축하는 것이 무엇보다 중요하다.
⑤ 고객 기여에 따라 보상을 차등화하는 로열티 프로그램에만 의존할 것이 아니라 고객이 추구하는 핵심가치의 발견과 해결에 지속적인 관심과 투자가 있어야 한다.

정답 ①

정답해설 고객만족도와 고객충성도는 명확히 분리되는 개념은 아니나 고객만족이 지속적으로 축적됨에 따라 고객충성도의 상승으로 이어진다고 보는 것이 일반적이다.

49 데이터 웨어하우스(DW)의 특징으로 옳은 것은?

① 고객, 벤더, 제품, 가격, 지역 등 기업에서 다양하게 활용할 수 있도록 주제 중심적으로 또는 비즈니스 차원으로 정렬한다.
② 데이터가 적재되었을 경우 일괄 처리(Batch) 작업에 의한 갱신 이후에도 삽입이나 삭제 등의 변경을 수행할 수 있다.
③ 데이터는 추세, 예측, 연도별 비교분석 등을 위해 다년간 회귀적으로 축적 · 보관된다.
④ 다른 데이터베이스로부터 추출된 데이터는 고유의 특성을 살리기 위해 표준화 등의 과정을 통한 변환이 일어나지 않도록 각각 다른 코드화 구조를 가진다.
⑤ 데이터베이스는 통상 거래를 다루므로 거래 발생 즉시 축적된 데이터를 분석하는 OLAP가 사용되고 의사결정을 지원하는 DW는 거래 발생 즉시 온라인으로 처리되는 OLTP를 사용한다.

정답 ①

정답해설 데이터 웨어하우스(DW)는 사용자의 의사 결정에 도움을 주기 위하여, 다양한 운영 시스템에서 추출, 변환, 통합되고 요약된 데이터베이스로 원시 데이터 계층, 데이터 웨어하우스 계층, 클라이언트 계층으로 구성되며 고객, 벤더, 제품, 가격, 지역 등 기업에서 다양하게 활용할 수 있도록 주제 중심적으로 또는 비즈니스 차원으로 정렬한다.

오답해설 ② 데이터 웨어하우스에 일단 데이터가 적재되면 일괄 처리(Batch) 작업에 의한 갱신 이외에는 삽입이나 삭제 등의 변경이 수행되지 않는 특징을 가진다.
③ 데이터는 추세, 예측, 연도별 비교분석 등을 위해 다년간 시계열적으로 축적 · 보관된다.
④ 다른 데이터베이스로부터 추출된 데이터는 데이터 웨어하우스에 들어갈 때는 일관된 코드화 구조로 변환되어야 한다.
⑤ 데이터베이스는 통상 거래를 다루므로 거래 발생 즉시 온라인으로 처리되는 OLTP가 사용되고 의사 결정을 지원하는 DW는 축적된 데이터를 분석하는 OLAP를 사용한다.

50 상황이론에 대한 설명으로 적절한 것은?

① 조직모형에 대한 보편성이 인정되고 있다.
② 과거 조직이 지향하던 단일최고방법에 대응하여 환경이라는 상황변수를 고려한다.
③ 조직에서 비즈니스 모델을 매우 훌륭하게 구축했을 경우 환경이 달라지더라도 결과는 동일하게 나올 수 있다.
④ 조직은 환경이 변화하더라도 최상의 성과를 목표로 할 경우 부득이하게 현재의 모습을 유지해야 할 필요가 있다.
⑤ 조직과 조직을 구성하고 있는 다양한 상위시스템 간의 관계를 파악하여 조직의 본질을 이해하고 특정 환경과 다양한 조건에서 조직이 어떻게 운영되는가를 설명한다.

정답 ②

정답해설 상황이론은 모든 상황에 적합한 유일 · 최적의 조직은 없다는 전제 하에 구체적 상황에 따른 효과적인 조직구조 관리방법을 찾아내고자 하는 연구방법으로 경험적인 조직이론으로서 관료제 이론과 행정 원리론에서 추구한 느 상황에서나 보편적인 조직원리가 있다는 가정을 비판하고 효과적인 조직구조나 관리방법은 환경 등의 상황요 에 따라 달라진다고 주장하기 때문에 과거 조직이 지향하던 단일최고방법에 대응하여 환경이라는 상황변수를 고 한다.

오답해설 ① 어떤 하나의 조직모형에 대한 보편성을 인정하지 않기 때문에 조직과 환경과의 동태적인 성격을 고려한 조직 계를 지향한다.

③ 조직이 아무리 훌륭한 비즈니스 모델을 구축하더라도 환경에 따라 결과가 달라질 수 밖에 없기 때문에 조직전 과 구조는 조직마다 다양하고 독특하다.

④ 조직 환경이 빠르게 변화하는 상황에서 전략은 생존을 위한 필수적인 요건이며 조직은 환경이 변화함에 따라 상의 성과를 얻기 위해 스스로 변화해야 한다.

⑤ 상위시스템이 아니라 조직과 조직을 구성하고 있는 다양한 하위시스템 간의 관계를 파악하여 조직의 본질을 해한다.

051 EPC(Electronic Product Code)와 관련된 내용으로 가장 적절한 것은?

① 헤더는 EPC코드의 전체 길이, 식별코드 형식 및 필터 값을 정의하며 가변 길이 값을 가지는 현재 4비트와 16비트 값의 헤더가 정의되어 있다.

② EAN · UCC 코드와 마찬가지로 상품을 식별하는 코드지만 동일 품목의 개별상품을 식별할 는 없다.

③ 업체코드는 24비트의 용량으로 6개의 숫자와 문자를 조합하여 약 1천 6백만 개 상품에 코드 부여할 수 있다,

④ 위조품 방지, 유효기간 관리, 재고관리 및 상품추적 등 공급체인에서 다양한 효과를 기대할 있다는 특징을 가진다.

⑤ GS1 표준바코드와 달리 상품을 식별하는 코드를 말한다.

정답 ④

정답해설 EPC(Electronic Product Code)는 RFID태그에 제품정보를 나타내는 국제 표준 코드로서 기존의 바코드 대신 사용 경우 위조품 방지, 유효기간 관리, 재고관리 및 상품추적 등 공급체인에서 다양한 효과를 기대할 수 있다는 특징 가진다.

오답해설 ① 현재 정의되어있는 헤더의 값은 2비트와 8비트이다.

② 바코드가 품목단위의 식별에 한정된 반면 EPC 코드는 동일 품목의 개별상품까지 원거리에서 식별할 수 있다.

③ 상품코드(Object Class)에 대한 설명이다.

⑤ GS1 표준바코드 역시 상품을 식별할 수 있는 코드이다.

52 **ECR 구현전략과 목표가 가장 부적절하게 연결되어 있는 것은?**

① 효율적 상품보충 – 조달시스템 운영으로 원자재 및 부품 공급의 원활화
② 효율적 상품진열 – 재고 및 소비자 접점에서의 점포 공간 최적화
③ 효율적 판매촉진 – 판매촉진시스템의 효율적 운영
④ 효율적 상품개발 – 신상품의 개발 효율성 극대화
⑤ 효율적 상품보충 – 시간 및 비용을 최소화하며 상품을 효율적으로 보충

정답 ①

정답해설 ECR 전략 도입효과 중 효율적 상품보충은 상품조달시스템 활용으로 시간과 비용을 최소화하면서 상품을 효율적으로 보충하는 것이다.

53 **다음 중 RSA(Rivest Shamir Adleman)의 작동 원리로 옳지 않은 것은?**

① 각 사용자는 메시지의 암호화와 복호화에 사용하기 위한 키 쌍을 생성한다.
② A가 B에게 비밀 메시지를 원한다면 A의 개인키로 암호화하고 B의 공개키로 암호화한 메시지를 전달한다.
③ B가 메시지를 받았을 때 B는 A의 개인키로 복호화한다.
④ B만 개인키를 알기 때문에 다른 수신자는 메시지를 복호화할 수 없다.
⑤ 공개키만 보고서는 개인키를 쉽게 제작할 수 없게 되어있다.

정답 ③

정답해설 RSA(Rivest Shamir Adleman)는 1977년 로널드 라이베스트(Ronerd Rivest), 아디 샤미르(Adi Shamir), 레너드 애들먼(Leonard Adleman)에 의해 체계화된 공개키 방식의 암호 알고리즘으로 소인수 분해의 난해함에 기반하여 공개키만을 가지고는 개인키를 쉽게 집작할 수 없도록 디자인되어 있으며 예를 들어 A가 B에게 비밀 메시지를 원한다면 A의 개인키로 암호화하고 B의 공개키로 암호화한 메시지를 전달하는데 B가 메시지를 받았을 때 B는 자신의 개인키로 복호화한다.

054 다음 유통정보가 갖추어야 할 조건(특성)으로 옳지 않은 것은?

① 정보의 적시성 – 양질의 정보라도 필요한 시간대에 사용자에게 전달되지 않으면 가치를 상
한다.

② 정보의 관련성 – 실수나 오류가 개입되지 않은 정보로서 데이터의 의미를 명확히 하고 정확
게 편견이나 왜곡 없이 전달해야 한다.

③ 정보의 단순성–정보는 단순해야 하고 지나치게 복잡해서는 안 되며 너무 정교하거나 상세
정보는 경우에 따라 의사결정자에게 불필요할 수도 있다.

④ 정보의 통합성–개별적인 정보는 많은 관련 정보들과 통합됨으로써 재생산되는 등의 상승효
를 가져온다.

⑤ 정보의 정확성–기업이 필요에 의해 습득한 정보가 정확한 정보여야 기업경영 및 점포운영
성공적으로 할 수 있다.

정답 ②

정답해설 ②는 정보의 정확성에 대한 설명이다.

055 다음 중 지적자본을 정의한 학자와 그 내용을 연결한 것으로 옳지 않은 것은?

① 에드빈슨과 설리반(Edvinsson & Sullivan)은 지적자본을 가치로 전환될 수 있는 지식이라
정의한다.

② 울리히(Ulrich)는 지적자본을 역량 × 몰입으로 표현하였고 여기서 역량은 조직구성원의
식 · 스킬 · 속성을 의미하며 몰입은 열심히 하고자 하는 개인의 의지력을 말한다.

③ 클라인과 프루삭(Klein & Prusak)은 보다 높은 가치의 자산을 생산하기 위해 정형화되고 확
되어 활용할 수 있는 지적물질이 지적자본이라고 정의한다.

④ 루스(Roose)는 지적자본을 전략관점과 측정관점으로 구분하였는데 전략관점은 지식개발 및
식활용을 의미하며 측정관점은 인적자원회계 및 성과표를 의미한다.

⑤ 스튜어트(Stewart)는 시장에서 경쟁우위를 제공하는 지식, 응용경험, 조직기술, 고객관계 그
고 전문적 스킬이 곧 지적자본이라고 설명한다.

정답 ⑤

정답해설 ⑤는 에드빈슨과 멀론(Edvinsson & Malone)이 정의한 지적자본의 내용으로 스튜어트는 지적자본을 설명할 때 포
적이고 유용한 지식이라고 정의한다.

56 **다음 중 CR(Continuous Replenishment)에서 공급업자와 유통업자가 주도적으로 하는 방식을 일컫는 말은?**

① EOS(Electronic Ordering System)
② CAO(Computer Assisted Ordering)
③ VMI(Vendor Managed Inventory)
④ CMI(Co-Managed Inventory)
⑤ CRP(Continuous Replenishment Planning)

정답 ④

정답해설 CR(Continuous Replenishment)은 유통과정에서 획득한 재고정보와 판매정보를 기초로 상품 보충량과 재고량을 상품 공급업체가 결정하는 방식으로 이 안에서 공급업자가 주도적으로 하는 방식을 VMI(Vendor Managed Inventory)라 하고 공급업자와 유통업자가 주도적으로 하는 방식을 CMI(Co-Managed Inventory)라고 한다.

오답해설 ① EOS(Electronic Ordering System) : 발주자의 컴퓨터에 입력된 주문 자료가 수신자의 컴퓨터로 직접 전송되도록 구축된 전자주문시스템 또는 자동발주시스템이다.
② CAO(Computer Assisted Ordering) : POS를 통해 얻어지는 상품흐름에 대한 정보와 계절적인 요인에 의해 소비자 수요에 영향을 미치는 외부요인에 대한 정보를 컴퓨터로 통합 및 분석하여 주문서를 작성하는 시스템이다.
⑤ CRP(Continuous Replenishment Planning) : 소비자의 수요에 근거해서 제조업체 또는 공급업체가 유통업체의 재고를 자동보충해주는 시스템이다.

57 **다음 중 B2B와 B2C를 비교했을 때 B2C에 해당하는 것이 아닌 것은?**

① 고객(개인)과 소매업체가 주체이다.
② 제품, 서비스 및 정보의 광고, 배달 등 제반 상거래의 업무에 적용된다.
③ 불특정 다수의 수요자 및 공급자가 이룬 시장에 형성된다.
④ 인터넷 기반의 응용기술을 사용한다.
⑤ SCM, e-Marketplace, 전자입찰 등에서 구현된다.

정답 ⑤

정답해설 B2B와 B2C의 비교

구분	B2B	B2C
주체	원자재 생산업체, 제조업체, 물류센터, 소매업체, 고객(조직)	고객(개인)과 소매업체
적용업무	원자재 생산, 제품의 기획, 설계, 생산 및 물류	제품, 서비스 및 정보의 광고, 중개, 판매, 배달 등 제반 상거래
적용범위	기업, 업종 및 사업군	시장(불특정 다수의 수요자 및 공급자)
핵심기술	정보의 공유, 시스템 간 연계 및 통합기술	인터넷 기반의 응용기술
구현형태	SCM, e-Marketplace, 전자입찰 등	전자상점, 일대일 마케팅 등

058 **판매자가 전자상거래를 통해 얻을 수 있는 효과로 가장 적절하지 않은 것은?**

① 물리적인 판매 공간이 필요하지 않아 저렴한 비용으로 재화 또는 서비스의 전시가 가능하다.
② 고객의 구매형태를 직접적이고도 자동적으로 분석할 수 있어 시의 적절한 마케팅전략의 수이 가능하다.
③ 구매자가 제품의 사양이나 품질을 판단하기 용이하므로 구매자의 신뢰성이나 충성도를 증대킬 수 있다.
④ 한정된 국내 시장에 머무르지 않고 전 세계를 대상으로 판매 전략을 수립할 수 있다.
⑤ 고정운영비 및 간접비용이 줄어들고 효율적인 마케팅 서비스가 가능하다.

정답 ③

정답해설 구매자는 인터넷의 웹상에서 상품과 A/S 등 서비스 내용을 보고 구매하지만 구매 후 불만사항이 발생할 수 있다

059 **다음 중 유통산업에서 RFID를 활용했을 때의 기대효과를 설명한 것으로 옳지 않은 것은?**

① 상품 재고수준의 실시간 파악으로 판매량에 따른 최소 재고 수준 유지
② 입출고 상품 대량 판독과 무검수, 무검품의 실현에 따른 리드타임 획기적 절감
③ 상품 수량 및 위치를 실시간 파악함으로써 도난 등 상품 손실 예방
④ 고객점유율 또는 고객의 지출점유율(Wallet Share) 제고
⑤ 반품 및 불량품 추적 및 조회

정답 ④

정답해설 유통시스템의 RFID 도입효과
- 효과적인 재고관리
- 입출고 리드타임 및 검수 정확도 향상
- 도난 등 상품 손실 절감
- 반품 및 불량품 추적 및 조회

060 **다음 중 국제적으로 사용되고 있는 EAN/UCC 시스템에 대한 설명으로 옳지 않은 것은?**

① EAN/UCC시스템의 기본원리와 설계는 사용자가 EAN/UCC 식별데이터를 자동적으로 처리수 있도록 체계화되어 있다.
② 북미지역에서 UCC 시스템이 성공적으로 이용되자 유럽에서도 이에 자극받아 1976년 13자의 EAN 바코드 심벌을 채택하게 되었다.

③ EAN/UCC시스템은 상품 등의 고유식별코드 기능뿐만 아니라 바코드 내에 날짜, 일련번호, 배치번호와 같은 부가적인 정보들을 표현할 수 있다.
④ EAN/UCC시스템은 유일한 코드를 사용하여 전 세계적으로 제품, 서비스, 자산 그리고 위치를 식별할 수 있는 방안을 제공한다.
⑤ EAN시스템은 UCC시스템을 보완 및 개선하여 15자리 숫자를 상품 식별 코드로 채택하였으며 하나의 코드가 하나의 상품에 대응하여 상품을 식별하기 위한 코드로 DB를 이용할 수 있으므로 상품과 정확하게 일치하는 코드를 입력해야 한다.

정답 ⑤

정답해설 EAN시스템은 UCC시스템을 보완 및 개선하여 15자리 숫자를 상품 식별 코드로 채택하였으며 하나의 코드가 하나의 상품에 대응하여 상품을 식별하기 위한 코드로 DB를 이용할 수는 있어도 코드 자체는 아무런 의미가 없다.

61 물류정보시스템에 관한 다음 설명 중 적절한 것은?

① GIS(Geographic Information System)는 무선통신을 이용하여 이동체의 위치 및 상태를 실시간으로 파악 또는 관리하는 시스템이다.
② TRS(Trunked Based System)는 중계국에 할당된 다수의 주파수채널을 사용자들이 공유하며 사용하는 무선통신 서비스이다.
③ ITS(Intelligent Transport System)는 GPS칩을 내장한 휴대폰이나 PDA 단말기 이동체의 위치를 무선통신으로 위치확인서버에 제공하면 모든 이동체의 현황을 실시간으로 검색하는 데 사용될 수 있다.
④ LBS(Location Based Service)는 도로와 차량 등 기존 교통의 구성요소에 첨단의 전자, 정보, 통신기술을 적용시켜 교통시설을 효율적으로 운영하고 통행자에 유용한 정보를 제공한다.
⑤ SCM(Supply Chain Management)은 판매시점정보관리시스템을 말하는 것으로 판매장의 판매시점에서 발생하는 판매정보를 컴퓨터로 자동 처리하는 시스템이다.

정답 ②

정답해설 TRS(Trunked Based System)는 기존의 자가용 무전기를 발전시킨 시스템으로, 각 사용자가 하나의 주파수만 사용하던 기존 이동통신과는 달리 무선중계국의 많은 주파수를 다수의 가입자가 공동으로 사용하는 무선이동통신이다. 기존 무전기와는 달리 여러 개의 채널 중 사용하지 않는 빈 채널을 탐색해 다수의 사용자가 공용하기 때문에 매우 효율적이다.

오답해설 ① GPS에 대한 내용이다.
③ LBS에 대한 내용이다.
④ ITS에 대한 내용이다.
⑤ POS에 대한 내용이다.

062 다음 중 GLN(Global Location Number)에 대한 설명으로 옳은 것은?

① 조직의 성격이나 물리적 위치가 번호에 저장된 개별 조직을 찾을 수 있도록 도와준다.
② GS1 Korea에 가입된 회원의 경우 국가식별코드, 업체코드, 로케이션식별코드, 체크디지트으로 구성된 20자리 코드체계를 이용한다.
③ 개별 조직에 대한 검색트리 형성을 위한 분류코드체계로 볼 수 있다.
④ 관련 데이터베이스에서 조직의 자료를 변경하기 위한 키로 활용될 수 있다.
⑤ 거래업체간 거래 시 거래업체 및 기업 내 부서 등을 식별하는 번호로 사용된다.

정답 ⑤

정답해설 GLN(Global Location Number)은 거래업체간 거래 시 거래업체 및 기업 내 부서 등을 식별하는 번호로 사용된다.

오답해설 ① 조직의 성격이나 물리적 위치에 관계없이 개별 조직을 찾을 수 있도록 도와준다.
② GS1 Korea에 가입된 회원의 경우 구성된 코드체계는 13자리이다.
③ GLN은 국제적으로 업체를 식별하기 위한 글로버로케이션코드로 물리적 · 기능적 · 법적 실체를 식별하는 데 용된다.
④ 관련 데이터베이스에서 조직의 자료를 변경하기 위한 키로 활용될 수 있다.

063 공급체인이벤트관리(SCEM : Supply Chain Event Management)는 물류정보를 실시간으로 득하여 고객과 공유하고 이 정보를 바탕으로 발생할 수 있는 문제를 미리 예상하여 협력함으로써 공급체인 계획과 공급체인실행의 효과성 및 효율성을 제고하는 시스템이다. 다음 중 SCEM의 도입배경으로 보기 어려운 것은?

① 온라인 및 오프라인의 연계성 증대
② 고객의 다양한 요구사항에 대한 대응력 부족
③ 주문 이후의 고객서비스 및 사후관리 서비스의 문제점 대두
④ 관련기업 간 수작업 업무의 증가로 인한 유연성 부족
⑤ 기업과 기업 간 업무의 증가로 인한 고정비 증대

정답 ①

정답해설 공급체인이벤트관리(SCEM : Supply Chain Event Management)의 도입배경
- 고객들로부터 예상치 못한 여러 가지의 요구에 대한 대응 부족
- 제품판매 후의 사후관리 및 제품 주문 이후의 대고객 서비스에 대한 문제점 대두
- 기업과 기업 간의 업무 증가로 인해 나타나는 고정비 증대 및 유연성 부족

64 바코드에 대한 설명으로 옳지 않은 것은?

① 상품식별코드(바코드번호)는 국가식별코드, 제조업체코드, 상품품목코드, 체크 디지트로 구성된다.

② GS1 DataMatrix는 다양한 추가정보를 입력하면서도 작은 크기로 인쇄가 가능하며 전 세계 의료분야에서 널리 활용되고 있다.

③ GTIN-14는 유통업체에 납품되는 박스상품 단위에 부여되는 14자리 번호로서 ITF-14에 입력되어 사용할 수 있다.

④ 표준바코드를 부착할 권리와 의무는 상품을 생산한 업체가 가지고 있다.

⑤ 수입제품에 13자리 GSI 표준바코드가 사용되었다면 해당 상품의 바코드를 그대로 국내에서 사용이 가능하다.

정답 ④

정답해설 표준바코드를 부착할 권리와 의무는 상품의 브랜드를 보유한 업체가 가지고 있다.

65 최근 다양한 소매유통업체에서 POS데이터의 이용이 날로 증가하고 있다. POS를 활용한 정보는 크게 점포데이터와 패널데이터로 분류되는데 이 중 점포데이터에서 월 1회~2회에 걸쳐 수집하는 항목이 아닌 것은?

① 특정한 점포에서 팔린 수량, 품목, 가격

② 특정한 점포의 판매시점의 판촉여부에 대한 자료

③ 각 가정 단위로 구매한 품목의 가격 및 수량

④ 전국에서 표본이 되는 점포에서 판매된 수량, 품목, 가격

⑤ 전국에서 표본이 되는 점포의 판매시점의 판촉여부에 대한 자료

정답 ③

정답해설 ③은 패널데이터에서 수집하는 항목이다.

066 물류정보시스템에 대한 설명으로 적절하지 않은 것은?

① 생산에서 소비에 이르는 각 단계에 필요 불가결한 물류 활동을 구성하고 있는 운송, 보관, 역, 포장 등의 전체 물류 기능을 유기적으로 결합하여 전체적인 물류 관리를 효율적으로 수 할 수 있도록 해주는 정보시스템을 의미한다.

② 컴퓨터와 정보 기술을 활용한 종합적인 물류활동을 원활하게 결합하여 기업의 물류관리 효 성을 증대하기 위한 정보제공, 효과적 주문처리, 재고관리, 성과측정, 회계관리 등의 시스템 유기적으로 연동되는 시스템을 말한다.

③ 각 하위시스템이 각종 지원, 즉 컴퓨터설비 · 데이터베이스 · 정보네트워크 · 분석도구 등을 용할 수 있도록 설계되어야 한다.

④ 물류정보시스템화의 목적은 물류의 제반활동에 수반하는 비능률적인 요인들을 배제하고 개 함으로써 효율적인 물류시스템의 운용을 통하여 전체적인 물류비를 절감하도록 한다.

⑤ 공급사슬 관점에서 수요와 공급의 균형을 맞추기 위한 계획을 수립하는 역할을 하며 수요 획 · 공급계획 · 주생산계획 · 공장계획 등으로 구분할 수 있다.

정답 ⑤

정답해설 ⑤는 공급사슬계획(SCP) 시스템에 대한 내용으로서 SCP 시스템은 ERP로부터 계획을 위한 기준 정보를 제공받 통합 계획을 수립하고 이를 ERP 시스템으로 전달하는 것을 말한다.

067 유통정보시스템에 대한 다음 설명 중 옳지 않은 것은?

① 운송수단, 물류시설 등의 활용도를 높여 기업의 수익성을 향상시키기 위해 필요하다.

② 기업의 유통활동 수행에 필요한 정보의 흐름을 통합하는 기능을 통해 전사적 유통 또는 통합 통을 가능하게 한다.

③ 유통정보시스템은 경로갈등을 해결하는 데 미흡한 점이 있다.

④ 유통계획, 관리, 거래처리 등에 필요한 데이터를 처리해 유통관련 의사결정에 필요한 정보 적시에 제공하는 시스템이다.

⑤ 유통정보시스템의 구성요소는 DB, 휴먼웨어, 기업환경, H/W, S/W 등이 있다.

정답 ③

정답해설 유통정보시스템(MKIS)은 기업의 유통활동 수행에 필요한 정보의 흐름을 통합하는 기능을 통해 전사적 유통(To Marketing) 또는 통합유통(Integrated Marketing)을 가능하게 하는 동시에 유통계획, 관리, 거래처리 등에 필요한 이터를 처리하여 유통관련 의사결정에 필요한 정보를 적시에 제공하는 정보시스템이다.

68 사이버스쿼팅에 대한 설명으로 알맞은 것은?

① 기업이 보유하고 있는 각종 마케팅 자료를 기반으로 기대하지 못한 패턴, 새로운 법칙과 관계 등을 발견해 실제 경영 의사결정에 활용하고자 하는 것을 말한다.
② 유명한 회사 이름과 같은 인터넷 주소를 정당한 소유자(이런 행동만 아니었다면 순리에 의해 그 주소를 당연히 소유할 수 있을 사람이나 단체)에게 판매할 의도로 선점하는 행동을 말한다.
③ 기업이 고객의 수요를 의도적으로 줄이는 마케팅기법을 말한다.
④ 두 상품이 결합되어 하나의 상품으로서 새로운 가치를 창출하는 것을 말한다.
⑤ 사용자의 의사 결정에 도움을 주기 위하여 기간시스템의 데이터베이스에 축적된 데이터를 공통의 형식으로 변환해서 관리하는 데이터베이스를 말한다.

정답 ②

정답해설 사이버스쿼팅이란 주로 유명 기업이나 단체 등의 이름과 동일한 인터넷 도메인네임을 영리 목적으로 선점하는 행위를 일컫는 말로 도메인네임은 인터넷 사용자가 특정 웹사이트에 접속하기 위한 고유 명칭으로, 도메인네임은 전 세계적으로 유일해야 하며, 먼저 등록한 자만이 사용할 수 있으므로, 사용하고자 하는 도메인네임이 사용되고 있을 경우 최초 등록자가 취소 또는 사용을 허락하여야만 하는데 이러한 점을 노리고 투기나 비싼 가격에 되팔 목적으로 관련 업체보다 먼저 도메인네임을 선점하는 것이다.

오답해설 ① 데이터 마이닝에 대한 설명이다.
③ 디마케팅에 대한 설명이다.
④ 컨버전스에 대한 설명이다.
⑤ 데이터 웨어하우스에 대한 설명이다.

69 데이터 웨어하우스 기술을 이용해서 판매관리용 정보시스템이 구축된다면 이 시스템이 가질 수 있는 특성으로 거리가 먼 것은?

① 과거 매출액에 대한 자료가 풍부하게 있어서 다중 회귀 분석이 가능하다.
② 지역, 고객 등 각 주제별로 관련 자료의 분석이 가능하다.
③ 과거의 데이터도 체계적으로 유지한다.
④ 데이터마이닝 기법들의 지원이 가능해서 다양한 분석 자료를 얻을 수 있다.
⑤ 의사결정을 위한 통합적, 주제지향적, 비휘발적, 시계열적인 데이터의 모음이 데이터 웨어하우스로 적재된다.

정답 ①

정답해설 데이터 웨어하우스 기술은 과거 매출액에 대한 자료가 풍부하게 있어서 시계열 분석이 가능하다.

070 **다음 중 ECR(Efficient Consumer Response)에 대한 설명으로 옳은 것은?**

① JIT의 영향을 받아서 개발된 이후 QR시스템에 영향을 주었다.

② 1990년대 영국과 일본의 슈퍼마켓에서 공급사슬상의 전방구매와 전매 등의 문제를 해결하기 위한 노력의 결과로서 처음 등장하게 되었다.

③ 소비자의 만족에 초점을 두고 공급사슬의 효율을 극대화하기 위한 모델이다.

④ 영국과 일본에서 시작된 ECR 활동이 미국 및 우리나라에도 보급되어 고객가치창조를 위해서 유통업체를 중심으로 도입이 활성화되고 있다.

⑤ 식품산업의 공급사슬관리를 위한 모형으로 성과향상을 위해서는 카테고리관리, 활동기반원가 처리 등이 필요하다.

정답 ⑤

정답해설 ECR은 효율적인 소비자 대응(Efficient Consumer Response)의 약자이며 소비자에게 보다 나은 가치를 제공하기 위해 유통업체와 공급업체들이 밀접하게 협력하는 식료품 산업계의 전략으로 비식료품 업계의 QR을 응용하였으며 전체 공급사슬상의 이윤을 극대화하기 위하여 데이터, 기술, 비용, 표준화 등을 공유화함으로써 제조업자가 함께 상호 이익을 낼 수 있게 한다. EDI와 바코드를 기본으로 컴퓨터를 이용한 자동발주(CAO), 크로스도킹 통과형 물류센터, 가치사슬분석(VCA), 활동원가회계(ABC), 카테고리관리, 연속적인 제품보충(CRP), 배송상품의 순서선정(Sequencing of Parcels)의 상호 연관적인 8가지 도구가 사용된다.

071 **다음 중 택배정보시스템의 설명으로 옳지 않은 것은?**

① Door-to-door 서비스의 지원

② 수하물 운송을 지원

③ 예약관리, 집화, 분류, 배송 등의 서브시스템으로 구성

④ VAN을 통한 물류위치추적 서비스가 도입되는 추세

⑤ 택배정보시스템은 실시간으로 화물의 상태를 파악하여 거래처에 빠르고 정확한 배송정보를 제공하며 계획적이고 효율적인 수송 및 배송 업무를 지원할 수 있도록 설계 및 운영됨

정답 ②

정답해설 택배정보시스템은 수하물이 아닌 소화물의 운송을 지원한다.

72 **노나카 이쿠지로(Nonaka Ikujiro)의 지식전환 프로세스 중 각기 다른 형식적 지식단위들을 분류, 가공, 조합, 편집해서 새로운 시스템적 지식으로 체계화하는 프로세스는?**

① 내재화(Internalization)
② 결합화(Combination)
③ 외재화(Externalization)
④ 정당화(Justification)
⑤ 사회화(Socialization)

정답 ②

정답해설 노나카 이쿠지로(Nonaka Ikujiro)에 따르면 지식은 조직 내의 암묵적 지식과 명시적 지식으로 구분되며 이들은 상호 전환과정을 거치면서 개인지식에서부터 조직지식으로 발전해 나가는데 이 중 결합화(Combination)는 각기 다른 형식적 지식단위들을 분류, 가공, 조합, 편집해서 새로운 시스템적 지식으로 체계화하는 과정이다.

오답해설 ① **내재화(Internalization)** : 글이나 문서 형태로 표현된 형식적 지식을 암묵적 지식으로 개인의 머리와 몸 속에 체화시키는 과정

③ **외재화(Externalization)** : 개인이나 집단의 암묵적 지식이 공유되고 통합되어 새로운 형식적 지식이 만들어지는 과정

⑤ **사회화(Socialization)** : 한 사람의 암묵적 지식이 다른 사람의 암묵적 지식으로 변환되는 과정

73 **국내 MRO(Maintenance, Repair & Operating supplies) 사업에서 성공하기 위한 요건으로 옳지 않은 것은?**

① 사무용품에서부터 공장용품에 이르기까지 다양한 MRO 자재가 거래되므로 전자카탈로그와 상품 DB 역시 다양화를 시도하여 토탈 서비스를 제공할 수 있어야 한다.
② MRO 사업자들은 공급업체들이 구매자에게 신뢰성 있는 제품정보를 제공하고 양질의 제품을 납기 내에 납품할 수 있도록 철저한 공급업체의 관리가 필요하다.
③ MRO Marketplace에서 비계획적인 구매형태를 보이는 기업들에 대해 신속하게 대응할 수 있는 관리체계가 구축되어 있어야 한다.
④ 시스템의 확장성과 통합성을 가지고 있어야 하는데 급변하는 경영 환경에 적절히 대처할 수 있도록 MRO 구매 시스템은 유연하게 설계되어야 하며 기업의 ERP 등의 정보 시스템과의 통합이 용이해야 한다.
⑤ 참여기업들의 시스템을 다양화하여 MRO 구매의 효율성을 증대시킨다.

정답 ①

정답해설 MRO 자재가 다양하게 거래될 경우 전자카탈로그와 상품 DB는 표준적으로 구축하여 토탈 서비스를 제공해야 한다.

074 지식경영 정보기술에서 패턴매칭에 대한 설명으로 가장 적절한 것은?

① 인공지능분야에서 사용되는 응용프로그램으로서 경험이 풍부한 지식근로자의 업무를 도와준다

② 전문가 시스템은 일반인도 전문지식을 이용할 수 있도록 하는 시스템으로 의료진단 프로세스 및 설계 시스템 등에 유용하다.

③ 네트워크상에 구성원 간의 협업을 증진시키고 지식근로자가 이동하는 데 드는 시간과 여행비용을 감소시킨다.

④ 기계학습시스템은 환경에 반응하고 적응하면서 주어진 작업을 자율적으로 수행하는 소프트웨어 프로그램으로 상업용 데이터베이스 및 인트라넷을 통해 정보를 수집한다.

⑤ 지능에이전트는 환경과의 상호작용에 기반한 경험적인 데이터로부터 스스로 성능을 향상시키는 시스템을 연구하는 것으로 신경망, 데이터 마이닝, 강화 학습 등을 포함한다.

정답 ②

정답해설 전문가 시스템이란 전문가가 지닌 전문 지식과 경험, 노하우 등을 컴퓨터에 축적하여 전문가와 동일한 또는 그 이상의 문제 해결 능력을 가질 수 있도록 만들어진 시스템이라고 정의할 수 있기 때문에 일반인도 전문지식을 이용할 수 있으며 의료진단 프로세스 및 설계 시스템 등에 유용하다.

오답해설 ① 인공지능분야에서 사용되는 응용프로그램으로서 경험이 적은 지식근로자의 의사결정을 도와준다.
③ 그룹웨어에 대한 설명이다.
④ 지능에이전트에 대한 설명이다.
⑤ 기계학습시스템에 대한 설명이다.

075 데이터 웨어하우스의 등장 배경으로 옳지 않은 것은?

① 의사결정을 위한 정보 수요의 폭증과 미래의 예측데이터의 중요성이 부각되었다.

② 의사결정을 할 때는 기업 내의 다른 부서, 다른 시스템, 다양한 방식으로 보관된 데이터에 접근하여 다양한 종류의 질적 수행이 가능한 환경의 필요성이 높아졌다.

③ 조직의 데이터베이스로부터 의사결정에 필요한 자료를 통합하여 구축하고 사용자가 요구하는 정보를 필요시점에 제공하기 위한 장기적인 데이터 관리가 필요하다.

④ 각기 구축된 데이터베이스가 운용되고 시간이 지날수록 그 크기가 커짐에 따라 이를 효과적으로 운용할 수 있는 새로운 형태의 통합된 데이터 저장소가 필요해졌다.

⑤ 고객의 다양한 요구와 환경변화에 신속하게 대응하기 위해 일상 업무뿐만 아니라 데이터 분석이나 의사결정을 지원하는 기업의 전략적 정보 기반 구축이 필요해졌다.

정답 ①

정답해설 데이터 웨어하우스는 의사결정을 위한 정보 수요의 폭증과 과거의 이력데이터의 중요성이 부각되면서 등장하였다.

76 인터넷 보안사고의 유형에 대한 설명으로 옳지 않은 것은?

① Virus : 컴퓨터 내부 프로그램에 자신을 복사했다가 그 프로그램이 수행될 때 행동을 취하며 최악의 경우 프로그램 및 PC의 작동을 방해한다.
② Back Door : 어떤 프로그램이나 시스템을 통과하기 위해 미리 여러 가지 방법과 수단 또는 조치를 취해두는 방식이다.
③ Worm : 정상 프로그램으로 가장하고 악의적인 행위를 실행하는 프로그램으로 PC 사용자의 정보를 유출한다.
④ Sniffing : 주로 침입 후 툴을 설치하거나 단일 네트워크상에서 떠돌아다니는 패킷을 분석하여 사용자의 계정과 암호를 알아내는 방식이다.
⑤ Spoofing : 어떤 프로그램이 정상적인 상태로 유지되는 것처럼 믿도록 속임수를 쓰는 방식이다.

정답 ③

정답해설 ③은 Trojan Horse에 대한 설명이다.

77 전문가 시스템(ES : Expert System)의 범주에 대한 설명으로 적절하지 않은 것은?

① 진단 시스템은 환자를 진단하거나 기계의 고장을 진단하는 것처럼 대상의 상태를 보고 원인을 찾아내는 시스템을 말한다.
② 계획 시스템은 주어진 조건하에 목적을 달성하는 데 필요한 행동의 순서를 찾아주는 시스템을 말한다.
③ 배치 시스템은 주어진 부분들을 조건에 맞게 조합하여 문제를 해결하는 시스템으로 맞춤형 개인 컴퓨터 조립이나 여러 생산 공장에서 많이 사용한다.
④ 감시 시스템은 공장이나 기계의 작동을 실시간으로 감시하여 고장이나 이상 현상을 발견해 주는 시스템으로 제철소나 정유공장 등에서 사용한다.
⑤ 충고 시스템은 건축이나 공장, 물리적 장치 등의 설계 시 각 요소들을 조건에 맞게 구성할 수 있게 하여 설계자를 도와주는 시스템이다.

정답 ⑤

정답해설 ⑤는 설계 시스템에 대한 설명으로 충고 시스템은 특정영역의 문제에 대해 전문가 수준의 상담을 해주는 시스템이다.

078 **CMI(Co-Managed Inventory)에 대한 내용 중에서 옳지 않은 것은?**

① 제조업체와 유통업체 상호간 제품정보를 공유하고 공동으로 재고관리를 한다.
② 제조업체가 발주 확정을 한 후 발주권고를 유통업체에게 보내어 이루어진다.
③ CR(연속재고보충)시스템이 제조업체와 유통업체에서 공동으로 운영될 경우 판매 및 재고 정는 CR시스템이 실행될 때마다 유통업체에서 제조업체로 전송된다.
④ 제조업체는 판매 및 재고정보를 공유함으로써 수요예측을 수행하여 지나친 과잉생산을 사전 예방할 수 있다.
⑤ 고객이 필요로 하는 정보가 POS를 통해 파악되고 공유되기 때문에 제조업체와 유통업체간 부가가치 창출형 정보가 교환된다.

정답 ②

정답해설 CMI(Co-Managed Inventory)는 제조업체가 발주 확정을 하기 전에 발주권고를 유통업체에게 보내어 상호 합의 발주확정이 이루어진다.

079 **다음 중 전자화폐의 요건과 가장 거리가 먼 것은?**

① 사용자가 다른 사람에게 자신의 현금을 양도할 수 있어야 한다.
② 위조가 불가능한 안정성을 지녀야 한다.
③ 개인의 사생활이 지켜져야 한다.
④ 전자화폐를 복사해 사용하는 이중사용이 방지되어야 한다.
⑤ 전자화폐의 코드 소스를 오픈해야 한다.

정답 ⑤

정답해설 코드 소스의 오픈은 전자화폐의 불법복제 위험을 가중시킨다.

080 **시스템이론의 모형과 관련된 설명으로 적절하지 않은 것은?**

① 환경(Environment) : 시스템의 운용에 영향을 미치고 경계 내부에 존재하여 통제할 수 있는 변수이다.
② 투입(Input) : 시스템을 가종시키기 위해 시스템 내부로 들어오는 모든 에너지를 의미한다.
③ 출력(Output) : 시스템 내부에서 처리되어 외부로 보내지는 모든 결과물을 의미한다.
④ 처리(Processing) : 주어진 조건하에서 입력 자료를 정해진 절차대로 가공하는 것을 말한다.

⑤ 피드백(Feedback) : 처리된 결과가 정확하지 않으면 결과의 일부나 오차를 다음 단계에 다시 입력하여 한 번 더 처리하는 것을 말한다.

정답 ①

정답해설 일반적인 시스템의 모형에서 환경(Environment)은 시스템의 운용에 영향을 미치지만 경계 외부에 존재하기 때문에 통제할 수 없는 변수들을 의미한다.

81 지식공유와 분배를 위한 중요한 자원은 학습이라는 사회적인 프로세스이다. 이에 대한 지식의 사회적 본질과 관련된 설명으로 적절하지 않은 것은?

① 지식경영은 사회적 환경에서 지식을 능동적으로 형성한다.
② 조직구성원은 상호작용을 통해 지식을 생산한다.
③ 생산된 지식은 그룹 메모리를 창출한다.
④ 사회네트워크는 역동적이기 때문에 지속적으로 구축한다.
⑤ 지식을 주관적이고 사회적인 것으로 여긴다.

정답 ④

정답해설 ④는 지식공유의 분배와 관련된 사회네트워크 분석을 설명하는 내용이다.

82 정보사회의 등장배경에 대한 설명으로 거리가 먼 것은?

① 서비스 자원의 효율적인 활용 필요성이 경제적 배경이 되었다.
② 과학기술의 발달로 정보와 지식의 중요성이 부각되었다.
③ 물질적 풍요로 인해 정신적, 심리적 욕구의 충족을 갈망한다.
④ 산업혁명으로 복잡해진 사회 및 경제 시스템들의 통제 필요성이 부각되었다.
⑤ 소비형 산업구조에서 에너지 절약형 산업구조로 전환되었다.

정답 ①

정답해설 정보사회가 등장한 경제적 배경으로는 1970년대의 1, 2차 석유위기 이후 석유, 석탄, 목재 등 부존자원의 고갈에 대비하여 새로운 대체 에너지의 개발을 서두르게 되었고 에너지 위기를 해결하기 위해 에너지 소비형 산업구조에서 에너지 절약형 산업구조로의 전환이 모색되었던 점을 들 수 있다. 또한 제한된 자원을 가장 효율적으로 이용하려는 생산성 향상에 대한 압력이 가중되었다.

083 정보가 일정기간 이후 소멸되는 상태나 현상을 뜻하는 말은?

① 정보의 과부하성
② 정보의 비적시성
③ 정보의 불확실성
④ 정보의 단순성
⑤ 정보의 휘발성

정답 ⑤

정답해설 휘발성이란 컴퓨터 메모리에서 전원이 꺼지면 저장되어 있던 정보가 없어지는 성질을 말한다.

084 다음 물류정보시스템과 관련된 용어 중 설명이 틀린 것은?

① DPS는 점포로부터 발주 자료를 센터의 상품 랙에 부착한 표시기에 부킹 수량을 디지털로 표시하게 하는 시스템으로 작업 생산성 향상을 도모한다.
② EOS는 단품 관리를 위한 자동 발주 시스템이다.
③ POS란 상품을 판매하는 시점에서 상품에 관련된 모든 정보를 신속 · 정확하게 수집하여 발주, 매입, 발송, 재고 관리 등의 필요한 시점에 정보를 제공하는 시스템이다.
④ DPC는 점포로부터의 발주 데이터를 센터의 상품 랙에 부착된 표시기에 피킹수량을 디지털로 표시해서, 별도의 리스트 없이 어느 누구라도 신속하고 정확하게 피킹할 수 있는 시스템이다.
⑤ ECR은 제품의 생산 단계에서부터 도소매에 이르기까지 전 과정을 하나의 프로세스로 보고 관련기업들의 긴밀한 협력을 통해 전체로서의 효율 극대화를 추구하는 고객 대응 기법이다.

정답 ④

정답해설 ④는 DPS에 대한 설명이다.

085 다음 바코드에 관한 설명 중 사실과 다른 것은?

① 바코드는 두께가 서로 다른 검은 바(Bar)와 흰 바(Space)의 조합에 의해 사람이 사용하는 숫자 또는 문자로 기계가 판독할 수 있도록 고안된 것이다.
② 바코드는 정보의 표현과 수집 · 해독이 가능하다.
③ 바이너리코드는 10진법을 표현하는 바코드 체계로 판독이 쉽고 라벨의 발행이 용이하며 ITF, Code 39 등에 쓰인다.
④ 멀티레벨코드는 고밀도의 정보 표현이 가능하여 Code 128 등에 쓰인다.
⑤ 데이터의 배열방법에 따라 바이너리코드와 멀티레벨코드로 구분한다.

정답 ③

정답해설 바이너리코드는 2진법을 표현하는 바코드 체계이다.

86 (가), (나), (다) 안에 들어갈 단어들이 순서대로 올바르게 짝지어진 것은?

- (가) : 소비자로부터 얻은 판매정보를 기초로 하여 상품 보충량을 공급업체가 결정하는 방법
- (나) : 제조업체가 상품보충시스템을 관리하는 경우
- (다) : 상품보충에 대해 유통업체와 공급업체가 공동으로 재고관리하는 경우

① (가) – QR (나) – VMI (다) – CMI
② (가) – QR (나) – CMI (다) – VMI
③ (가) – CR (나) – VMI (다) – CMI
④ (가) – CR (나) – CMI (다) – VMI
⑤ (가) – VMI (나) – CAO (다) – ECR

정답 ③

정답해설
- CR(Continuous Replenishment) : 소비자로부터 얻은 재고 및 판매정보를 기초로 하여 상품 보충량을 공급업체가 결정하는 방법으로 전통적인 상품보충프로세스를 근본적으로 변화시키는 새로운 시스템으로 제조업체와 유통업체 중 누구에게 주문 책임이 있느냐에 따라서 VMI와 CMI로 나뉜다.
- VMI(Vendor Managed Inventory) : 제조업체(또는 공급업체)가 상품보충시스템을 관리하는 경우
- CMI(Co Managed Inventory) : 제조업체와 유통업체에서 공동으로 운영될 경우

87 기업의 의사결정은 전략적 의사결정, 관리적 의사결정, 일상적 의사결정 등으로 구분하기도 하는데 다음 중 전략적 의사결정과 가장 근접하게 표현한 것은?

① A할인점이 여름철에 한시적으로 영업시간을 1시간 연장하도록 하였다.
② B할인점이 청과부문에서 오늘 하루만 오후 7시부터 수박을 투매하도록 하였다.
③ C할인점의 식품부문은 1년간 가락동 농수산물 시장에서 상품을 구입하기로 하였다.
④ D할인점은 2021년에는 시장점유율을 전년 대비 20% 증가 달성하는 목표를 설정하였다.
⑤ E할인점은 설 연휴를 맞이하여 선물코너에 판매원의 인원을 재배치하였다.

정답 ④

정답해설 전략적 의사결정은 주로 기업의 외부문제인 외부환경과의 관계에 관한 비정형적 문제를 다루는 의사결정이다. 그 기업이 생산하려는 제품믹스와 판매하려는 시장의 선택 등 기업의 구조에 관련된 의사결정으로서 이는 기업 성격을 기본적으로 좌우하는 중요한 의사결정이다.

오답해설 ①·③ **관리적 의사결정** : 전략적 의사결정을 구체화하기 위하여 기업의 제 자원을 활용함에 있어서 그 성과가 대화될 수 있는 방향으로 조직화하는 전술적 의사결정이다. 경영활동이 조직의 전략적 의사결정에 따라 정해 정책과 목적에 부합되는가를 판단하는 중간관리자에 의한 의사결정이 이에 해당된다.

②·⑤ **일상적 의사결정** : 전략적·관리적 의사결정을 구체화하고 동시에 일상적으로 수행되는 정형적 업무에 한 의사결정 형태로서 주로 일선 감독층이나 실무자에 의해 이루어진다. 생산, 판매, 인사, 재무 등과 관련된 위부문에서 이루어지는 각종 의사결정이 이에 해당된다.

088 유통정보의 필요성에 관한 설명으로 옳은 것은?

① 대량 생산으로 인한 판매가격의 인상을 위해 필요하다.
② 유통활동의 효율화와 합리화를 도모하기 위해 필요하다.
③ 유통의 모든 활동을 부분적이며 한시적으로 관리하기 위해 필요하다.
④ 장소적 · 시간적 간격을 비경제적이며 비효율적으로 사용하기 위해 필요하다.
⑤ 소비자들이 제한된 유통서비스를 제공해서 시세차익을 얻기 위해 필요하다.

정답 ②

정답해설 유통정보는 상품을 신속하고 정확하게 유통해 비용의 낭비를 막고 유통활동을 촉진시키는 중요한 역할을 하며 통정보시스템을 유지하는 데 필수적인 역할을 한다.

089 지식경영에 대한 설명으로 가장 적절하지 않은 것은?

① 보유된 지식의 활용이나 새로운 지식의 창출을 통해 수익을 올리거나 미래에 수익을 올릴 있는 역량을 구축하는 모든 활동을 말한다.
② 조직의 개별구성이 가지고 있는 형식지를 발견하고 이를 조직의 지식으로 공유 · 활용할 수 는 암묵지로 바꾸어 조직이 제공하고 있는 제품과 서비스 등의 부가가치를 창출한다.
③ 창조적 지식은 기업이 지속적으로 성장 · 발전하고 차별적인 경쟁우위를 확보하는 원천이 되 있다.
④ 지식이 조직의 경쟁력 확보의 중요한 원동력으로 부각되면서 조직의 보유지식을 '자산'으로 관리 · 평가해야 할 필요성을 인식하게 되었다.
⑤ 노나카의 SECI 모델은 암묵지와 형식지라는 두 종류의 지식이 사회화, 표출화, 연결화, 내면 라는 4가지 변환 과정을 거쳐 지식이 창출된다는 이론이다.

정답 ②

정답해설 조직의 개별구성이 가지고 있는 암묵지(지식 · 경험)를 발견하고, 이를 조직의 지식으로 공유 · 활용할 수 있는 형식지로 바꾸어 조직이 제공하고 있는 제품과 서비스 등의 부가가치를 창출한다.

90 POS 데이터를 활용한 분석수법에 대한 설명으로 적절하지 않은 것은?

① 최근 구매일, 구매빈도, 구매금액을 가지고 고객가치를 판단하는 수법을 RFM분석이라고 한다.
② 상품 아이템마다 판매동향을 파악함으로써 판매를 예측할 수 있다.
③ 판촉효과를 분석하기 위해 POS 계산기에서 쿠폰을 발생할 수 있다.
④ 매장의 그룹을 매출액 기준으로 구분하여 A그룹을 최중점고객으로 계속 육성해나가고 B그룹을 유망한 고객을 제외하고는 어프로치를 유보하거나 거래중지를 고려하는 기법을 ABC분석이라 한다.
⑤ 영수증 데이터를 이용하여 도시구매확률이 높은 상품군을 조사하는 방법을 바스켓분석이라 한다.

정답 ④

정답해설 ABC분석은 통계적 방법에 의해 관리대상을 A, B, C 그룹으로 나누고, 먼저 A그룹을 최중점 관리대상으로 선정하여 관리노력을 집중함으로써 관리효과를 높이려는 분석방법으로 B그룹은 고객별로 장차 A그룹으로의 승급가능성을 분석하여 어프로치의 집중화를 추진하고 C그룹은 유망한 고객을 제외하고는 어프로치를 유보하거나 거래중지를 고려한다.

91 POS시스템에 대한 내용으로 옳지 않은 것은?

① 판매시점정보관리시스템을 말하는 것으로 판매장의 판매시점에서 발생하는 판매정보를 컴퓨터로 자동 처리하는 시스템이다.
② 고객이 원하는 상품을 원하는 시기에 원하는 양만큼 구매할 수 있도록 하여 고객의 상품 구매 만족도를 높이는 것이다.
③ 상품별 판매정보가 컴퓨터에 보관되고 그 정보는 발주 · 매입 · 재고 등의 정보와 결합하여 필요한 부문에 활용된다.
④ 상품에 인쇄되어 있는 바코드를 금전 등록기에 일일이 입력해야 해서 시간이 걸린다는 단점이 있다.
⑤ 상품을 제조회사별, 상표별, 규격별로 구분하여 상품마다의 정보를 수집 · 가공 · 처리하는 과정에서 단품관리가 가능하다.

정답 ④

정답해설 POS시스템은 상품에 인쇄되어 있는 바코드를 신속하고 정확하게 자동 판독함으로써 판매시점에서 정보를 곧바로 입력할 수 있기 때문에 금전 등록기에 일일이 자료를 입력하는 것에 비하면 시간과 노력을 절약할 수 있다.

092 분산구매방법의 장점에 해당되는 것은?

① 단위당 자재가격을 저렴하게 할 수 있다.
② 구매자재를 표준화하여 보다 유리한 구매를 할 수 있다.
③ 대량구매로 가격 및 거래조건이 유리하다.
④ 시장조사나 거래처의 조사, 구매효과 측정에 유리하다.
⑤ 신속한 구매를 할 수 있어 긴급수요에 대응할 수 있다.

정답 ⑤

정답해설 ⑤를 제외한 나머지는 모두 집중구매방법에 대한 설명이다.

093 전자상거래 고객의 특성으로 가장 옳지 않은 것은?

① 호기심이 다양한 구매집단이다.
② 인터넷 구매를 통해 불안감을 해소하였다.
③ 인터넷을 통해 자유롭게 자신의 의견을 개진한다.
④ 일반적인 오프라인 구매집단에 비해 상대적으로 구매력이 높은 집단이다.
⑤ 새로운 경향을 추구하는 편이다.

정답 ②

정답해설 전자상거래 고객은 인터넷 구매를 하면서도 구매 중 차질이나 불량물품을 배송받을 수도 있다는 등의 상당한 불안감을 갖고 있다.

094 전자상거래 비즈니스 모델에서 광고형(Advertising Model)에 대한 설명으로 가장 적절한 것은

① 개인 고객의 정보는 다양한 방법을 통해 수집 · 가공되어 데이터베이스화되며 고객정보제공자를 확보하기 위해 무료인터넷접속이나 무료 하드웨어를 유인책으로 제공하기도 한다.
② 기업 간 거래는 물론 B2C, C2C에 모두 적용할 수 있으며 구매인과 판매인을 한 곳에 모아 거래를 촉진하는 역할을 하는 모델이다.
③ 웹사이트를 보는 트래픽이 크거나 매우 특화된 고객들로 이용자가 구성되어 있을 경우에 한하

여 유효하다.

④ 인터넷을 이용한 전통적인 도소매상으로서 매출은 카탈로그에 리스트 된 가격이나 경매를 통해 결정된 가격에 이루어지며 때로는 전통적인 상점에서는 불가능한 상품이나 서비스를 취급한다.

⑤ 지속적으로 사이트를 방문하는 이용자들에게 광고, 정보중개 또는 전문적인 특화된 포탈 서비스 기회를 제공하는 모델이며 때로는 이용료를 받는 경우도 있다.

정답 ③

정답해설 전자상거래에서 웹사이트를 보는 트래픽이 크거나 매우 특화된 고객들로 이용자가 구성되어 있을 경우에는 광고형(Advertising Model)이 유리하다.

오답해설 ① 정보중개형(Infomediary Model)에 대한 설명이다.
② 중개형(Brokerage Model)에 대한 설명이다.
④ 상인형(Merchant Model)에 대한 설명이다.
⑤ 커뮤니티형(Community Model)에 대한 설명이다.

95 RFID 태그 선택 시 고려사항으로 가장 옳지 않은 것은?

① 판독의 정확도를 최대한 높이려면 부착면의 소재가 판독이 가능한 것인지를 확인해야 한다.
② 업무 처리 속도와 관련하여 태그를 읽는 데 필요한 속도를 파악하여야 한다.
③ 태그를 사용할 환경 조건을 파악하여야 한다.
④ 여러 판독 지점에서 태그를 읽는 데 필요한 거리를 파악하여야 한다.
⑤ 선택한 태그로 원하는 기간 동안 데이터를 저장할 수 있는지를 확인하여야 한다.

정답 ①

정답해설 판독의 정확도를 최대한 높이려면 부착면 소재와 관계없이 이용할 수 있는 태그 제품을 선택해야 한다.

96 GS1 Data Matrix에 대한 설명으로 가장 적절한 것은?

① 6각형의 검은색 바와 흰 바의 조합을 통해 문자와 숫자를 표시하는 매트릭스형 3차원 바코드이다.
② ASCⅡ 250개 문자를 모두 표시할 수 있으며 약 3,000개의 문자 및 저장용량을 가진다.
③ 이미지 스캐너를 통해서만 판독되며 오류정정능력이 PDF417에 비해 다소 떨어지는 단점이 있다.
④ 주로 대형 전자부품의 식별과 부가 정보의 입력을 위해 사용된다.
⑤ GS1-14 코드의 입력을 기본으로 하며 종류에 따라 부가 정보의 추가 입력이 가능하다.

정답 ③

정답해설 GS1 Data Matrix는 주로 제약, 의료, 화장품 등 헬스 케어 시장 전반과 전자 제품에서 사용되는 바코드로 제품 수출할 때 적용이 필요하고 다양한 정보를 크기에 압축해서 담을 수 있으며 최대 30%가 손상되어도 코드를 을 수 있고 모든 방향에서 판독이 가능하다는 장점이 있지만 이미지 스캐너를 통해서만 판독되며 오류정정능력 PDF417에 비해 다소 떨어지는 단점이 있다.

오답해설 ① 4각형의 검은색 바와 흰 바의 조합을 통해 문자와 숫자를 표시하는 매트릭스형 2차원 바코드이다.
② ASC II 128개 문자를 표시할 수 있으며 약 2,300개의 문자 및 저장용량을 가진다.
④ 주로 대형 전자부품의 식별과 부가 정보의 입력을 위해 사용된다.
⑤ GS1 DataBar에 대한 설명이다.

097 정보 기술이 마케팅에 미치는 영향력을 저해하는 요인이 아닌 것은?

① 마케팅 관리자가 사용하는 소프트웨어들이 원래는 다른 전문분야를 위해 개발되었다는 점이다
② 경쟁자의 가격 정보를 더 정확히 추적할 수 있고 동시에 제품의 가격 책정에 도움을 줄 수 있다
③ 기업이 마케팅의 기본적인 철학을 정보 기술 도입 전에 이해하지 못하면 정보 기술의 도입으 얻는 효과가 감소한다.
④ 마케팅의 성격이 질적 · 창의적인 면을 강조하게 되어 전산화 및 양적인 면이 덜 강조되는 경 이 있다.
⑤ 정보기술의 중요성이 많이 진행되지 않은 것은 어느 한 분야에만 국한된 것이 아닌 상호연관 되어 있으므로 한 부분의 미시적인 분석으로는 전체를 이해하기 힘들기 때문이다.

정답 ②

정답해설 ②는 정보 기술이 마케팅 환경의 긍정적인 변화를 야기하는 경우이다.

098 데이터마이닝 기법 중의 하나인 의사결정나무 모형에 대한 내용으로 알맞은 것은?

① 인간이 경험으로부터 학습하는 두뇌의 신경망 활동을 모방한 것이다.
② 분류 작업에 주로 사용되는 기법으로 과거에 수집된 데이터의 레코드들을 분석하여 이들 사 에 존재하는 패턴, 즉 부류별 특성을 속성의 조합으로 나타내는 분류모형을 만드는 것이다.
③ 자신이 소유한 데이터로부터의 반복적인 학습과정을 거쳐 패턴을 찾아내고 일반화한다.
④ 입력과 출력 마디에 이산형, 연속형 변수를 모두 사용할 수 있다.
⑤ 고객의 신용평가, 불량거래의 색출, 우량고객의 선정 등 다양한 분야에 적용된다.

정답 ②

정답해설 의사결정나무 모형은 어느 대안이 선택될 것인가라는 것과 일어날 수 있는 불확실한 상황 중에서 어떤 것이 실현되는가라는 것에 의해 여러 결과가 생긴다는 상황을 나뭇가지와 같은 모양으로 도식화한 것으로 이를 구성하는 요소에는 결정나무의 골격이 되는 대안과 불확실한 상황, 결과로서의 이익 또는 손실, 불확실한 상황과 결과가 생기는 확률이 있으며 이들의 요소가 결정점과 불확실점으로 결합되어 의사결정나무를 만들게 된다.

오답해설 ②를 제외한 나머지는 모두 신경망 모형에 대한 설명이다.

99 다음 중 전자화폐와 전자지불시스템의 보안요건으로 적합하지 않은 것은?

① 상호인증 : 거래상대방의 신분을 확인할 수 있도록 하는 기능
② 기밀성 : 거래내용이 제3자에게 노출되지 않도록 하는 기능
③ 무결성 : 송신자와 수신자가 합법적인 사용자임을 증명하는 기능
④ 부인방지 : 이미 성립된 거래에 대한 부당한 번복을 방지하는 기능
⑤ 인증 : 정보를 주고받는 상대방의 신원이나 정보의 출처를 확인하는 기능

정답 ③

정답해설 무결성은 전달과정에서 정보가 변조되지 않았는지 확인하는 것이다.

00 전자상거래의 지불수단 중 전자수표에 대한 설명으로 옳지 않은 것은?

① 재래식 수표와 달리 은행에서 수표계좌 없이도 이용 가능하다.
② 전자수표 결제시스템은 거액의 상거래 또는 기업 간 거래 시 지불수단으로 적합하다.
③ 전자수표에는 카네기 멜론 대학의 Net Bill, FSTC의 E-Check 등이 대표적이다.
④ 소액 상거래보다는 규모가 큰 거래, 기업 간의 상거래 지불수단으로 효과적이다.
⑤ 기업 간(B2B) 전자상거래에 유용한 지불방식이다.

정답 ①

정답해설 전자수표도 종이수표와 마찬가지로 은행에 수표계좌를 가지고 있는 사용자들에 한해 사용이 가능하다.

101 디지털 경제 시대의 새로운 법칙들에 관한 설명으로 옳은 것은?

① 무어의 법칙 : 마이크로프로세서의 트랜지스터 수는 12개월마다 3배 증가하고 비용은 이에 례한다.

② 길더의 법칙 : 광섬유의 대역폭은 18개월마다 2배 증가한다.

③ 메카프의 법칙 : 네트워크 가치는 사용자 수의 제곱에 비례한다.

④ 코스의 법칙 : 네트워크를 통한 거래비용의 감소로 기업 내 조직의 복잡성과 기업규모는 증 한다.

⑤ 황의 법칙 : 플래시 메모리의 용량이 1년에 3배씩 증가한다.

정답 ③

정답해설 메카프의 법칙은 미국의 네트워크 장비 업체 3COM의 설립자인 밥 메카프가 주창한 네트워크의 가치는 사용자의 제곱에 비례한다는 이론으로 네트워크에 일정 수 이상의 사용자가 모이면 그 가치가 폭발적으로 늘어난다는 이다.

오답해설 ① **무어의 법칙** : 마이크로프로세서의 트랜지스터 수는 18개월마다 2배 증가하는 반면 비용은 증가하지 않는다.
② **길더의 법칙** : 광섬유의 대역폭은 12개월마다 3배 증가한다.
④ **코스의 법칙** : 네트워크를 통한 거래비용의 감소로 기업 내 조직의 복잡성과 기업규모는 감소한다.
⑤ **황의 법칙** : 반도체 메모리의 용량이 1년마다 2배씩 증가한다.

102 다음 중 ISBN(International Standard Book Number)을 부여하는 대상과 가장 거리가 먼 것은

① 광고용 팸플릿
② 정부기관 간행물
③ 교과서
④ 학습참고서
⑤ 만화책

정답 ①

정답해설 ISBN은 ISSN(국제표준연속간행물)이 부여되는 출판물을 제외한 정부기관 간행물, 교과서, 학습참고서, 만화책, 팜 릿 등 모든 도서에 적용되지만 팸플릿의 경우 광고 및 선전용으로 제작된 것은 제외된다.

103 QR 시스템의 기대효과를 재조업자의 측면에서 설명한 것은?

① 매출과 수익 증대 및 가격인하의 최소화
② 비용의 절감과 고객 서비스의 개선
③ 높은 상품의 회전율
④ 주문량에 따른 생산 및 수요예측 용이
⑤ 낭비를 제거하고 신속하게 처리

정답 ④

정답해설 QR 시스템의 기대효과를 재조업자의 측면에서 바라본다면 주문량에 따른 생산 및 수요예측 용이, 높은 자산 회전율, 품질의 개선, 낮은 가격, 상품의 다양화, 상품단절의 방지 등을 들 수 있다.

오답해설 ①·②·③ 소매업자의 측면에서 보았을 때의 기대효과에 해당된다.
⑤ 전산화 측면에서 보았을 때의 기대효과에 해당된다.

04 수요 빈도가 높지 않아 대량 거래가 이루어지는 시장 형성이 어려운 경우 가장 효과적인 e-Marketplace 모델은?

① 커뮤니티형
② 직접거래형
③ 중개거래형
④ 연합거래형
⑤ 공동구매형

정답 ②

정답해설 e-Marketplace 모델 중 직접거래형은 수요 빈도가 높지 않아 대량 거래가 이루어지는 시장 형성이 어려운 데다가 요구하는 업체간 협력 수준도 높지 않은 경우 해당하는 비즈니스 모델이다.

오답해설 ① **커뮤니티형** : 제품 표준화 정도가 낮은 업종의 제조업체가 사업 수행을 위해 여러 협력 업체들과 밀접한 관계를 유지해야 하는 경우 필요한 모델
③ **중개거래형** : 제품 표준화 정도가 높지만 기업 간 협력 수준을 요구하는 정도가 낮은 제품은 대량 생산 및 판매가 가능
④ **연합거래형** : 기업 간 높은 협력 수준을 요구하는 가운데 제품 표준화 정도도 높아 업종 내 주도 기업들이 규모의 경제성을 더욱 제고하기 위해 연합하여 설립한 모델

05 다음 중 공급체인관리(SCM)에 관한 설명으로 옳지 않은 것은?

① 초기 물류관리의 확장 개념으로 출발하였다.
② 1980년대 후반 미국 의류업계의 ECR(Efficient Consumer Response)에 의해 개념이 정립되었다.
③ 원자재를 조달해서 생산하여 고객에게 제품과 서비스를 제공하기 위한 프로세스 지향적이고 통합된 접근 방법이다.
④ 속도와 확실성을 보장하고 관련되는 모든 프로세스에 의해 추가되는 가치를 최대화함으로써 조직의 이익과 효율을 증가시키는 방법이다.
⑤ SCM의 목적으로는 고객만족의 제고, 이윤창출의 추구, 공급체인을 구성하는 경제주체 전체의 이익제고 등이 있다.

정답 ②

정답해설 SCM의 개념은 1980년대 후반 미국 의류업계의 QR(Quick Response) 시스템으로부터 태동하였지만 이후 식품가
업의 고질적 과다재고, 반품, 고객불만족을 해결하기 위한 시스템인 ECR로 정착되었다.

106 e-비즈니스의 특징으로 옳지 않은 것은?

① 지식, 아이디어가 중요하고 1인 기업이 가능하다.
② 기업과 소비자간 직접 판매 방식으로 유통채널을 단축시켜 비용을 절감할 수 있다.
③ 매체의 특성상 한정적인 재화만을 취급한다.
④ 가상공간에서 정보기술을 활용하여 고객과의 양방향 커뮤니케이션이 가능하다.
⑤ 전 세계를 대상으로 24시간 국제적인 영업이 가능하다.

정답 ③

정답해설 전통적인 비즈니스의 형태는 대부분 상품 혹은 제품이라는 한정된 재화만을 취급하였으나 e-비즈니스는 인터넷
통해 모든 재화 취급이 가능해졌다.

107 출하정보에 대한 설명으로 옳은 것은?

① 거래활동의 출발점이며 유통활동의 기초가 된다.
② 적정 재고수준을 유지하고 판매기회의 손실을 최소화하며 운동비를 절감한다.
③ 고객의 주문 상황에 대해 적기 배송 체제의 확립과 최적 운송계획을 수립함으로써 운송비를 절
감한다.
④ 최소비용으로 목적을 달성할 수 있도록 시스템의 설계도를 개량하며 유통시스템의 모니터링과
실적을 평가한다.
⑤ 상품별 보관위치, 상품의 입고 및 출고내용 등을 정보화하여 최적의 창고 상태를 유지한다.

정답 ③

정답해설 출하정보는 고객의 주문 상황에 대해 적기 배송 체제의 확립과 최적 운송계획을 수립함으로써 운송비를 절감할 수
있다.

오답해설 ① 수주정보에 대한 설명이다.
② 재고정보에 대한 설명이다.
④ 유통관리정보에 대한 설명이다.
⑤ 창고정보에 대한 설명이다.

08 POS시스템을 활용한 유통업체의 효과로 옳지 않은 것은?

① 계산원의 관리 및 생산성 향상
② 점포 사무작업의 정교화
③ 가격표 부착작업의 절감
④ 고객의 부정방지
⑤ 품절방지 및 상품의 신속한 회전

정답 ②

정답해설 POS시스템의 효과
- 계산원의 관리 및 생산성 향상
- 점포 사무작업의 단순화
- 가격표 부착작업의 절감
- 고객의 부정방지
- 품절방지 및 상품의 신속한 회전

09 CALS와 관련된 설명으로 적절하지 않은 것은?

① 기술적인 측면에서 기업의 설계, 생산과정, 보급 조달 등을 운영하는 운용지원과정을 연결시키고 이들 과정에서 사용되는 문자와 그래픽정보를 표준을 통해 디지털화하여 종이 없이 컴퓨터에 의한 교류환경에서 설계 · 제조 및 운용지원 자료와 정보를 통합하여 자동화시키는 개념이다.
② EC와 CALS의 핵심은 제품의 설계, 조달, 생산, 판매, 결제, 사후관리 등 비즈니스와 관련한 각종 정보를 표준화 · 디지털화 · 통합화하여 컴퓨터로 업무를 처리한다는 데에 있다.
③ 기대효과로서 비용절감효과, 조직 간의 정보공유 및 신속한 정보전달, 산업정보화에 의한 국제경쟁력 강화 등을 들 수 있다.
④ 최근에는 기업 간의 상거래까지를 포괄하는 개념, 즉 광속상거래 또는 초고속경영통합정보시스템 개념으로 확대되고 있다.
⑤ 단순한 전송기능 이상의 정보축적 · 가공 · 변환처리 · 교환 등의 부가가치를 부여한 음성 또는 데이터를 제공해 주는 광범위하고 복합적인 서비스의 집합을 말한다.

정답 ⑤

정답해설 ⑤는 VAN(Value Added Network)의 정의를 설명한 내용이다.

110 e-SCM 추구전략 중 소매점의 재고관리를 제품 공급자인 제조업체에서 하는 것은?

① CRP(Continuous Replenishment Program)
② CPFR(Collaborative Planning, Forecasting and Replenishment)
③ ERP(Enterprise Resource Planning)
④ VMI(Vendor Managed Inventory)
⑤ MRP(Material Requirement Program)

정답 ④

정답해설 VMI(Vendor Managed Inventory)는 공급자주도형재고관리로 유통업체가 제조업체에 판매 · 재고정보를 전자문서 환으로 제공하면 제조업체는 이를 토대로 과거 데이터를 분석하고 수요를 예측하여, 상품의 적정 납품량을 결정 는 시스템 환경이다. 유통업체는 재고관리에 소모되는 인력, 시간 등의 비용절감 효과를 기대할 수 있고, 제조업 는 적정생산 및 납품을 통해 경쟁력을 유지할 수 있다.

오답해설 ① CRP(Continuous Replenishment Program) : 자동재고보충프로그램으로 제품을 유통하는 업체와 제조하는 업 가 전자상거래를 통하여, 상품의 재고가 부족할 때 자동으로 보충하고 재고 관리를 하는 전자상거래 프로그램 다.

② CPFR(Collaborative Planning, Forecasting and Replenishment) : 상호공급기획예측프로그램으로 제조업체와 통업체가 제품의 신속하고 효율적인 공급을 위해 공동운영하는 업무프로세스이며 판매모델의 선정 및 판촉 동, 실제 판매 데이터 교환을 통한 주간 판매물량 예측, 소비자 주문에 대한 배송 등에서 공동대응 체계를 구 한다.

③ ERP(Enterprise Resource Planning) : 전사적자원관리로 기업 전체를 경영자원의 효과적 이용이라는 관점에서 합적으로 관리하고 경영의 효율화를 기하기 위한 수단이며 정보의 통합을 위해 기업의 모든 자원을 최적으로 리하자는 개념이다.

⑤ MRP(Material Requirement Program) : 자재소요량계획으로 제품(특히 조립제품)을 생산함에 있어서 부품(자재) 투입될 시점과 투입되는 양을 관리하기 위한 시스템을 말한다.

111 GS1(Global Standard No.1)에 대한 설명으로 옳지 않은 것은?

① 상품의 식별과 상품정보의 교류를 위한 국제표준바코드 시스템의 개발 및 보급을 전담하는 계 100여개 국가가 가입한 민간기구이다.
② GS1-13 코드는 13자리의 숫자로 구성된 코드로 현재 전 세계에서 사용되고 있는 국제표준 며 대한민국은 항상 880으로 시작된다.
③ 백화점, 슈퍼마켓, 편의점 등 유통업체에서 최종 소비자에게 판매되는 상품에 사용되는 코드 서 상품의 제조단계에서 제조업체가 상품포장에 직접 인쇄한다.
④ 제조업체코드는 대한상공회의소의 유통물류진흥원에서 제품을 제조하거나 판매하는 업체 부여하며 업체가 동일한 경우 코드가 중복될 수 있다.
⑤ GS1-8 단축형의 경우 인쇄하기에 충분하지 않은 소포장의 작은 상품인 경우에 적용되며 국가

식별코드 3자리, 제조업체코드 3자리, 상품품목코드 1자리, 체크디지트 1자리 등 전체 8자리로 구성된다.

정답 ④

정답해설 제조업체코드는 업체별로 고유코드가 부여되기 때문에 같은 코드가 중복되어 부여될 수 없다.

12 다음 중 EDI와 관련된 내용으로 적절하지 않은 것은?

① 전자문서교환이라고 하며 기업 사이에 컴퓨터를 통해서 표준화된 양식의 문서를 전자적으로 교환하는 정보전달방식이다.

② 자료가 처리 단계마다 수작업으로 재입력되지 않으므로 인건비가 크게 감소하며 정보전달의 시간지체가 줄어들어 정보흐름의 확실성이 높아진다는 이점을 가진다.

③ EDI 방식은 무역거래 당사자 간에 수많은 전달 관계가 존재하므로 전달매개체는 없다고 할 수 있다.

④ 주문주기 단축으로 JIT 구매에 따른 재고 관리 효율성 증대와 사무처리 인원감축에 따른 인력 활용을 극대화하는 목적을 가진다.

⑤ 구조화된 형태의 데이터, 즉 표준전자문서를 컴퓨터 사이에 교환하여 재입력 과정 없이 즉시 업무에 활용할 수 있도록 하는 새로운 정보전달방식이다.

정답 ③

정답해설 기존 업무처리방식은 무역거래 당사자 간에 수많은 전달관계가 존재하므로 전달매개체는 없다고 할 수 있으며 EDI 방식은 무역거래 당사자와 무역자동화 사업자 간 전달관계만 존재하므로 전달매개체는 무역자동화 사업자라고 할 수 있다.

13 ECR(Efficient Consumer Response)에 대한 설명으로 옳지 않은 것은?

① 1980년대 미국의 의류업계와 유통업계가 협력해서 소비자에게 대응하던 QR에서 유래하였다.

② 제품의 제조 단계부터 도매와 소매에 이르는 전과정에 관련 기업들이 참여하여 경영효율을 제고하는 기법이다.

③ 유통업체의 문제점 중의 하나인 전방구매(Forward Buying)로 인한 공급사슬의 비효율성 문제를 해결하기 위해 도입되었다.

④ 미국의 식품산업계에서 식품유통의 거래관행을 재검토하기 위해 시작한 것이 최초이다.

⑤ 공급자와 소매업자가 서로 협력하여 공급체인의 효율적인 요소들을 남김으로써 생산성을 높임과 동시에 공급자에게 양질의 제품과 서비스를 제공하는 것을 목적으로 한다.

정답 ⑤

정답해설 ECR은 공급자와 소매업자가 서로 협력하여 공급체인에 남아 있는 비효율적인 요소들을 제거함으로써 생산성을 임과 동시에 소비자에게 양질의 제품과 서비스를 제공하는 것을 목적으로 한다.

114 다음 중 효율적 공급사슬에 대한 설명으로 옳지 않은 것은?

① 빠른 대응을 주요 목적으로 한다.
② 최소생산비용으로 제품을 설계한다.
③ 높은 가동률로 제품을 생산한다.
④ 재고를 최소화한다.
⑤ 리드타임을 비용의 증가가 없이 감소시킨다.

정답 ①

정답해설 효율적 공급사슬과 대응적 공급사슬의 비교

구분	효율적 공급사슬	대응적 공급사슬
주요 목적	최저 비용	빠른 대응
제품설계 전략	최소생산비용	지연을 허용하는 모듈방식
가격전략	낮은 이윤	높은 이윤
생산전략	높은 가동률	유연한 생산능력
재고전략	재고 최소화	완충재고
리드타임 전략	비용의 증가 없는 감소	비용이 들더라도 공격적으로 감소
공급자 전략	비용과 품질	속도, 유연성, 신뢰성, 품질

115 기업과 소비자 간 전자상거래(B2C)에 관한 설명 중 틀린 것은?

① 소비자 상품은 쇼핑센터를 중심으로 공급이 이루어진다.
② 전자상거래의 거래 형태는 B2C에서 B2B로 환산되고 있다.
③ 가상의 인터넷 상점에서도 소비자가 편리하게 쇼핑하도록 하기 위해 지원도구를 개발한다든 데이터베이스를 잘 갖추는 등의 노력이 필요하다.
④ 현재 가장 활발하게 거래되는 상품으로 서적, 음반, 소프트웨어 등이 있다.
⑤ 핵심기술로는 인터넷 기반의 응용기술이다.

정답 ①

정답해설 기업과 소비자 간 전자상거래(B2C)에서 소비자 상품의 공급이 이루어지는 중심지는 쇼핑몰이다.

16 전통적 상거래와 전자상거래를 비교할 때 전자상거래의 특성에 대한 설명으로 적절하지 않은 것은?

① 제한된 영업시간 내에서만 거래를 하는 기존의 상거래와는 달리 전자상거래는 24시간 내내 지역적인 제한 없이 전 세계를 대상으로 거래할 수 있다.
② 기존의 상거래방식은 소비자의 의사에 상관없이 기업의 일방적인 마케팅활동이라 할 수 있지만 인터넷 전자상거래는 인터넷을 통해 소비자와 1대 1 의사소통이 가능하기 때문에 소비자와의 실시간 쌍방향 마케팅활동을 할 수 있게 해준다.
③ 판매방법에 있어서 기존의 상거래는 시장이나 상점 등 물리적인 공간 내에서 전시하여 판매를 하는 것에 비해 전자상거래는 네트워크를 통해 무한한 정보를 제공하는 등 정보에 의한 판매를 한다.
④ 인터넷 전자상거래는 인터넷 서버 구입 및 홈페이지 구축 등의 비용만 소요되기 때문에 토지나 건물 등 임대나 구입에 작금을 필요로 하는 상거래방식에 비해 상대적으로 경제적이다.
⑤ 고객의 정보획득을 온라인으로 할 수 있지만 철저한 시장조사가 사전에 필요하다.

정답 ⑤

정답해설 전자상거래는 고객의 정보획득에 있어서도 시장조사나 영업사원이 없이 온라인으로 수시로 획득할 수 있다.

17 기업 간 정보시스템을 통합 및 연동시키는 개념으로 기업 간 전자상거래에서 발생하는 비즈니스 프로세스를 효과적으로 지원하기 위해 전산시스템과 문서 포맷, 애플리케이션을 서로 통합 및 연계하는 용어는?

① e-Logistics
② BI(Business Intelligence)
③ B2B(Business to Business)
④ B2C(Business to Consumer)
⑤ B2Bi(Business to Business Integration)

정답 ⑤

정답해설 B2Bi(Business to Business Integration)는 서로 다른 어플리케이션을 사용하고 있는 기업 간의 업무를 프로세스 차원에서 통합시켜 B2B 거래가 이음새 없이 매끄럽게 구현되도록 지원하는 솔루션으로 단일 기업 내의 서로 다른 응용 어플리케이션을 통합하는 EAI(Enterprise Application Integration)를 웹 환경의 기업 간 프로세스 통합으로 확장한 개념이다.

오답해설
① e-Logistics : 사이버 물류 인터넷을 기반으로 운송, 보관, 포장, 하역, 재고관리 등 다양한 부가 가치 물류 서비스를 구현하여 오프라인의 시간적 차이를 줄이고 업무 프로세스를 효율적으로 지원하는 활동이다.
② BI(Business Intelligence) : 기업의 의사결정을 위해 데이터를 분석하여, 의미있고 효율적인 정보를 도출하는 기술 및 분야를 말한다.

③ B2B(Business to Business) : 인터넷을 기반으로 하는 전자상거래의 유형 가운데 하나로 기업(business)과 기업(business)이 거래 주체가 되어 상호간에 전자상거래를 하는 것을 말하며, B2B의 2는 영어에서 to와 발음이 같은 숫자를 차용한 것이다.

④ B2C(Business to Consumer) : 기업이 제공하는 물품 및 서비스가 소비자에게 직접적으로 제공되는 거래 형태를 설명하는 용어이다.

118 **공개키와 대칭키(또는 비밀키) 암호화(Symmetric or Key Cryptography) 방식의 내용으로 옳지 않은 것은?**

① 대칭키 암호방식인 DES(Data Encryption Standard)는 블록 암호의 일종으로 미국 NBS(National Bureau of Standards, 현재 NIST)에서 국가 표준으로 정한 암호이다,

② RSA(Rivest Shamir Adleman)는 공개키 암호화 방식으로 서로 연관성 있는 상이한 두 개의 키를 각각 암호화와 복호화에 이용한다.

③ 대칭키 암호방식은 암호화하는 키로부터 복호화하는 키 값을 계산해 낼 수 있고 반대로 복호화하는 키로부터 암호화하는 키 값도 계산해 낼 수 있다.

④ 비밀키 암호화 기법은 상이한 키로 암호화와 복호화를 수행하는 방법으로 보안 유지와 키 관리에 어려움이 있으며 알고리즘도 복잡하다.

⑤ 공개키 알고리즘은 누구나 어떤 메시지를 암호화할 수 있지만 그것을 해독하여 열람할 수 있는 사람은 개인키를 지닌 단 한 사람만이 존재한다.

정답 ④

정답해설 비밀키 암호화 기법은 동일한 키로 암호화와 복호화를 수행하는 방법으로 보안 유지와 키 관리에 어려움이 있으나 알고리즘이 간단해 암호화 속도가 빠르고 용량이 작아 경제적이다.

119 **인터넷을 통해 거래되는 상품은 크게 물리적 상품과 디지털 상품으로 나누어지는데 다음 중 디지털 상품에 대한 설명으로 옳지 않은 것은?**

① 배달 지연 같은 배송 문제가 발생할 수도 있다.

② 소비자의 신뢰 측면에서 물리적 상품보다 수월하다.

③ 네트워크를 통해 전송되므로 불법복제의 가능성이 매우 높다.

④ 동일한 상품도 다양하게 변형시켜 판매하는 것이 가능하다.

⑤ 비소멸성, 수정용이성, 재생산성 등의 특징이 있다.

정답 ①

정답해설 디지털 상품의 배송은 물리적 상품의 경우에 일어나는 배달 지연이나 파손과 같은 배송 문제가 발생할 확률이 희박하다.

20 지식관리시스템 개발의 단계 중 지식경영(KM)의 청사진설계에 해당하는 내용이 아닌 것은?

① 시스템 상호운영과 확장을 목표로 한다.
② 새로운 시스템을 위한 조직구성원을 훈련시킨다.
③ 지식관리시스템의 범위를 결정한다.
④ 필요한 시스템구성요소를 결정한다.
⑤ 지식경영 아키텍처의 주요 계층을 개발한다.

정답 ②

정답해설 ②는 지식관리시스템(KMS) 구현에 해당한다.

21 e-커머스 환경에서 보안과 관련된 주요 위협에 대한 정의 중 가장 옳지 않은 것은?

① 에드웨어(Adware) – 특정 소프트웨어를 실행할 때 또는 설치 후 자동적으로 광고가 표시되는 프로그램을 뜻한다.
② 해킹과 사이버반달리즘(Hacking & Cybervandalism) – 고의적인 방해, 손상 심지어 사이트 파괴행위를 뜻한다.
③ 스푸핑(Spoofing) – 금전적 갈취를 목적으로 모든 종류의 온라인 정보 탈취 시도를 뜻한다.
④ 스나이핑(Sniffing) – 네트워크상에 흘러가는 정보를 엿들어 해커들로 하여금 네트워크상의 이메일 메시지, 회사파일, 기밀 보고서 등을 훔칠 수 있게 해준다.
⑤ 악성코드(Malicious Code) – 바이러스, 웜, 트로이 목마 등은 시스템 무결성과 연동에 있어 위협이 되며 종종 시스템 작동과 시스템상의 문제를 변경하곤 한다.

정답 ③

정답해설 스푸핑(Spoofing)은 해커가 자기 자신의 신분을 숨기거나 자신들을 다른 사람처럼 보이게 하기 위하여 가짜 이메일 주소를 사용하거나 다른 사람의 것을 도용하는 행위이다.

122 **다음 중 EPC(Electronic Product Code) 코드에 대한 설명으로 옳지 않은 것은?**

① GS1 표준바코드와 마찬가지로 상품을 식별하는 코드이다.
② 동일 품목의 개별상품까지 원거리에서 식별할 수 있다.
③ 기존 바코드를 사용할 수 있도록 고안되어 있으며 국가코드, 업체코드, 상품코드, 체크디지
로 구성되어 있다.
④ 위조품 방지, 유효기간 관리, 재고 관리 및 상품 추적 등 공급체인에서 다양한 효과를 누릴
있다.
⑤ 상품 추적과 상품 이동상태를 매우 정확히 포착할 수 있고 동시에 데이터 취합과 처리 효율
높일 수 있다.

정답 ③

정답해설 EPC코드는 헤더(Header) + 업체코드(EPC Manager) + 상품코드(Object Class) + 일련번호(Serial Number)로 구성
어 있다.

123 **QR의 도입 효과를 소비자 측면에서 바라본 것이 아닌 것은?**

① 품질 개선
② 낮은 가격
③ 상품의 다양화
④ 고객서비스 개선
⑤ 소비패턴 변화

정답 ④

정답해설 QR의 도입 효과

- **소매업자 측면** : 매출과 수익증대, 낮은 유지비용, 고객서비스 개선, 상품회전율 증가
- **제조업자 측면** : 주문량에 따라 유연생산, 공급자 수 감소, 높은 자산회전율
- **소비자 측면** : 품질 개선, 낮은 가격, 상품의 다양화, 소비패턴 변화
- **시스템 측면** : 낭비 제거, 효율성, 신속성

124 **고객정보 통합 시스템 중 성과 분석 시스템과 관련된 설명으로 가장 적절한 것은?**

① 고객의 주문, 제안, 불만, 불평 등 고객의 생생한 소리를 직접 처리하고 데이터로 관리하며
레마케팅과 애프터 마케팅 기능까지 하는 것을 말한다.
② 고객정보의 파일, 고객생애 가치, MCIF 등 축적된 고객 정보와 고객 행태를 관리하고 분석
는 시스템으로서 통합 DBMS의 핵심 시스템이다.

③ 마케팅 활동의 결과를 수치화 및 계량화하고 단위 업무별로 투입 대비 수익 규모와 비중을 분석하여 향후 마케팅 활동에 대한 전략을 개선 및 보완한다.
④ 마케팅의 4P 요소를 기초로 하여 TPS 등에서 만들어지는 수많은 고객들의 구매 패턴 자료를 정보 기술로 포착하고 그것을 가공화하여 각각의 의사결정을 지원하는 시스템이다.
⑤ 빠른 유통, 거래 실적 관리, 거래 · 배송 처리의 신속, 거래 시간과 지리적 장벽 제거, 고객 욕구의 신속한 감지 등에 유용하며 주문 처리의 연계, 새로운 시장 접근, 고객의 욕구 포착, 고객 A/S 만족, 경쟁 기업에게 상품을 판매하는 등 신규 수입을 창출할 수 있다.

정답 ③

정답해설 고객정보 통합 시스템 중 성과 분석 시스템은 마케팅 활동의 결과를 수치화 및 계량화하고 단위 업무별로 투입 대비 수익 규모와 비중을 분석하여 향후 마케팅 활동에 대한 전략을 개선 및 보완한다.

오답해설 ① 고객 콜센터 시스템에 대한 설명이다.
② 고객정보 관리시스템에 대한 설명이다.
④ 마케팅 의사결정지원시스템에 대한 설명이다.
⑤ 판매주문 처리시스템에 대한 설명이다.

25 다음 중 정보기술이 유통경로기능에 미친 영향이 아닌 것은?

① 재고관리
② 수출관리
③ 수송관리
④ 머천다이징 관리
⑤ 촉진관리

정답 ②

정답해설 다음 중 정보기술이 유통경로기능에 미친 영향으로는 재고관리, 수송관리, 머천다이징 관리, 촉진관리가 있으며 수출관리는 이에 포함되지 않는다.

26 데이터베이스 정규화(Normalization)에 대한 내용으로 적합하지 않은 것은?

① 정규화의 목적은 자료 저장 공간을 최대화하고 데이터베이스 내 데이터의 불일치 위험을 최소화하는 데 있다.
② 테이블 내에 데이터의 중복저장으로 인해 발생할 수 있는 문제를 해결하기 위한 방법이다.
③ 새로운 속성을 추가할 때 관계성이 명확한 테이블로 배치시키도록 한다.
④ 데이터 무결성을 유지할 수 있도록 하여 정보품질을 높이는 효과가 있다.
⑤ 데이터베이스 디자인 표준 가이드는 데이터베이스가 완전히 정규화 되도록 디자인되어야 한다.

정답 ①

정답해설 정규화(Normalization)란 관계형 데이터베이스(테이블 간에 관계를 맺을 수 있는 상황)에서 중복을 최소화하기 위 데이터를 구조화하는 작업으로 정규화의 목적은 자료 저장 공간을 최소화하고 데이터베이스 내 데이터의 불일 위험을 최소화하는 데 있다.

127 기업과 기업 간 전자상거래(B2B : Business to Business)에 대한 내용으로 적절한 것은?

① EDI를 활용하기 이전부터 소규모로 도입되고 있었다.
② 기업 간 전자상거래도 인터넷을 수용하기 시작함에 따라 새로운 전자상거래 유형이 대두되 있는데 이런 비즈니스 유형은 기존의 폐쇄적인 네트워크에 의하지 않고 불특정 다수기업이 여 가능한 개방적인 전자시장의 형태로 발전하고 있다.
③ 거래주체에 의한 비즈니스 모델 중 거래 규모가 가장 작다.
④ 기업은 소비자가 상품에 대한 정보를 검색할 수 있는 전자상품 카탈로그를 인터넷상의 쇼핑 이트에 구축하고 소비자는 쇼핑사이트에 접속하여 상품에 대한 정보를 보고 구매를 결정하 판매자에게 자신의 선택품목 · 수량 · 배달장소 · 대금지불방법 등에 관한 정보를 제공한다.
⑤ EDI는 일정한 거래관계에 있는 조직 간에 자료를 교환하는 상거래 행위이다.

정답 ②

정답해설 기업 간 전자상거래(B2B : Business to Business)는 인터넷을 기반으로 하는 전자상거래의 유형으로 기업(busine 과 기업(business)이 거래 주체가 되어 기업들이 온라인상에서 상품을 직거래하여 비용을 절감하고, 시간도 절으 수 있다는 장점이 있는데 최근에는 인터넷을 수용하기 시작함에 따라 기존의 폐쇄적인 네트워크에 의하지 않고 특정 다수기업이 참여 가능한 개방적인 전자시장의 형태로 발전하고 있다.

오답해설 ① EDI를 활용하면서부터 도입되기 시작하여 최근에는 인터넷과 웹의 보급이 확산됨에 따라 급속도로 발전하였 향후 더욱 활성화될 전망이다.
③ 거래주체에 의한 비즈니스 모델 중 거래 규모가 가장 크다.
④ 기업과 개인 간 전자상거래(B2C : Business to Consumer)에 대한 내용이다.
⑤ EDI는 일정한 거래관계에 있는 조직 간에 정형화된 자료를 제반 상거래 단계에 교환하는 형태, 즉 거래관계에 는 기업 간 전자자료의 교환수단으로 활용되므로 상거래 자체로서의 의미보다는 전자상거래의 기반으로서 기 를 평가할 수 있다.

128 다음 중 전략적 정보시스템(SIS)에 대한 설명으로 옳지 않은 것은?

① 판매, 물류, 생산관리 등의 개별시스템과 전사적인 토탈 시스템 모두 기업에 따라 규모가 르다.

② 대폭적인 비용절감 및 서비스와 제품의 차별화, 상권의 확대, 신규산업으로서의 진출, 사내혁신 등과 같은 전략적 접근을 통한 의사결정을 통해 이루어진다.
③ 안일한 SIS는 상대적으로 고객서비스를 저하시키고 이익률을 저하시키는 결과를 발생시킬 수 있다.
④ 기업의 전략적인 결정에 영향을 미칠 수 있는 정보를 제공한다.
⑤ SIS는 수주촉진, 고객지원, 정보결합을 기축으로 하여 판매 전략을 강화하는 개념이다.

정답 ①

정답해설 전략적 정보시스템(SIS)은 판매, 물류, 생산관리 등의 개별시스템에서 전사적인 토탈 시스템까지 기업에 상관없이 규모가 같다.

29 다음 중 마케팅 인텔리전스(Intelligence) 시스템에 대한 설명으로 부적합한 것은?

① 신문이나 판매원들로부터 경쟁사에 대한 정보를 수집하는 정보시스템이다.
② 맥레오드의 마케팅정보시스템 모형에서 입력하위시스템 중 하나이다.
③ 공식적 방법으로 정보를 수집한다.
④ 경쟁사 활동을 추적하고 기회와 위협에 조기경보를 제공한다.
⑤ 전략적 의사결정을 개선하는 데 목적이 있다.

정답 ③

정답해설 마케팅 인텔리전스(Intelligence) 시스템은 비공식적 방법으로 정보를 수집하며 외부자료를 많이 활용한다.

30 물류 시스템의 RFID의 도입효과에 대한 내용으로 적절하지 않은 것은?

① 생산에서 보관, 유통에 이르기까지 모든 상품의 유통과정이 인터넷을 통해 실시간으로 관리되기 때문에 판매량에 따른 최소 수준의 재고를 유지하면서 효율적인 관리를 할 수 있다.
② 포장을 일일이 해체하여 안에 있는 물건을 확인할 필요가 없고 박스와 파렛트 등에 부착된 RFID 태크를 통해 입출고 파악이 자동으로 처리되어 선적 시간이 단축된다.
③ 바코드처럼 각 제품의 개수와 검수를 위해 일일이 바코드 리더기를 가져다 댈 필요 없이 자동으로 대량 판독이 가능하기 때문에 불필요한 리드 타임을 줄일 수 있다.
④ 상품의 수량과 위치를 실시간으로 파악할 수 있기 때문에 도난으로 인한 상품의 손실을 막을 수 있다.
⑤ 반품이나 불량품으로 처리된 제품의 수량과 처리 현황 등의 실시간 조회 서비스를 고객에게 제공할 수 있어 고객 만족도를 높일 수 있다.

정답 ②

정답해설 ②는 물류 시스템의 RFID 도입효과로서 화물 입출고 및 환적 시간 단축에 대한 설명이며 이외에도 운영 효율성 고, 보안성 강화, 대 고객 서비스 향상의 도입효과를 들 수 있다.

오답해설 ②를 제외한 나머지는 모두 유통 시스템의 RFID 도입효과이다.

131 전자상거래의 활성화에 따른 변화로서 가장 적절한 것은?

① 유통과 판매과정에서 정보와 물류가 분리된다.
② 유통과정에서 중간상(Intermediary)의 역할이 약화된다.
③ 가치사슬의 전반적인 영역을 모두 담당한다.
④ 팀별 또는 기업 간 개별적 평가가 가능해진다.
⑤ 종업원과 성과급제가 적극적으로 시행된다.

정답 ②

정답해설 전자상거래가 활성화되면 기존의 생산자와 소비자가 중간상을 거쳐 상행위를 하던 과정이 인터넷을 통해 생산자 소비자를 직접적으로 연결하므로 중간상의 역할이 약화된다.

오답해설 ① 생산과 유통과정에서 정보와 물류가 분리된다.
③ 가치사슬에서 특정 부문만을 담당하는 새로운 형태의 비즈니스가 출현한다.
④ 팀별 또는 기업 전체에 대한 종합적 평가가 가능해진다.
⑤ 종업원 성과급제의 시행이 더 어려워진다.

132 구매 마케팅은 전통적인 구매자와 공급자 관계의 반대 개념으로 전통적 구매와 구매 마케팅의 비교 기준에 따른 다음 설명 중 옳은 것은?

① 행동기준 – 전통적 구매는 능동적이고 구매 마케팅은 수동적이다.
② 조직 내 구매입장 – 전통적 구매는 조직전체를 통합하고 구매 마케팅은 단순한 직능이다.
③ 공급자에 대한 태도 – 전통적 구매는 공동협력체이고 구매 마케팅은 적재적 관계이다.
④ 시각 – 전통적 구매는 장기적인 시각이고 구매마케팅은 단기적인 시각이다.
⑤ 협상방법 – 전통적 구매는 수동적이고 구매 마케팅은 설득적이다.

정답 ⑤

정답해설 전통적 구매와 구매 마케팅의 비교

구분	전통적 구매	구매 마케팅
행동기준	수동적	능동적
기본적인 사고	일차원적 사고	다차원적 사고

구매의 형태	일상적인 반복 구매	창의적인 접근
조직 내 구매입장	단순한 직능	조직전체를 통합하는 기능
공급자에 대한 태도	적재적 관계	공동협력체
시각	단기적인 시각	장기적인 시각
구매목표	단기적인 만족	장기적인 최적화
협상방법	수동적	설득적
동기부여	현상유지	극도의 동기부여

33 가빈(Garvin)이 주장한 실행 가능성과 적용 가능성을 고려한 학습조직의 특성과 거리가 먼 것은?

① 조직 구성원들의 능력을 향상시키고 그들에게 권한을 부여하는 조직이다.
② 창의적 사고양식을 새롭게 전향시켜주고 확장시켜주는 조직이다.
③ 격변하는 외부환경에 대처하고 조직의 내적 성장능력도 극대화하기 위해 학습활동을 전개하는 조직이다.
④ 조직구성원들의 학습활동을 촉진시킴으로써 조직전체에 대한 근본적인 변화를 지속적으로 촉진시키는 조직이다.
⑤ 경험을 통하여 창출된 지식과 통찰력을 반영할 수 있도록 행동을 변화시키는 데 능숙한 조직이다.

정답 ⑤

정답해설 가빈(Garvin)의 실행 가능성과 적용 가능성을 고려한 학습조직은 학습을 통하여 창출된 지식과 통찰력을 반영할 수 있도록 행동을 변화시키는 데 능숙한 조직이다.

34 온라인 전자상거래에서의 소비자 가격민감도에 대한 설명으로 옳은 것은?

① 상품이 독특한 가치를 가질수록 가격민감도가 강화된다.
② 대체상품이 존재할 경우 가격민감도는 감소한다.
③ 상품이나 서비스의 가격이 소비자의 총 예산에서 적은 부분을 차지할수록 가격민감도가 증가한다.
④ 구매의사결정자와 지불하는 자가 다른 경우 가격민감도가 증가한다.
⑤ 전환비용이 크면 가격민감도는 약화된다.

정답 ⑤

정답해설 전환비용이란 한 제품에서 경쟁사의 다른 제품으로 전환하는 데 드는 비용으로 온라인 전자상거래에서 전환비용 클수록 원래 제품에 대한 선호도가 떨어졌다는 의미이기 때문에 가격을 책정하는 데 사용되는 가격민감도 역시 화된다.

오답해설 ① 상품이 독특한 가치를 가질수록 가격민감도가 약화된다.
② 대체상품이 존재할 경우 가격민감도는 증가한다.
③ 상품이나 서비스의 가격이 소비자의 총 예산에서 많은 부분을 차지할수록 가격민감도가 증가한다.
④ 구매의사결정자와 지불하는 자가 다르다고 해서 가격민감도가 증가하는 것은 아니다.

135 자동발주시스템(CAO : Computer Assisted Ordering)이 효율적으로 운영되기 위한 조건으로 가장 적합하지 않은 것은?

① 수요관리의 통합화
② 정확한 스캐닝
③ 수작업의 제한
④ 물류활동의 차별화
⑤ 일별 및 주별 변화에 대한 계획

정답 ④

정답해설 물류활동의 차별화가 아닌 물류활동의 일체화이다.

136 SCM(공급사슬관리) 시스템의 성과측정에 대한 설명으로 옳지 않은 것은?

① 균형성과표를 이용하면 고객, 내부 비즈니스, 학습, 재무 등의 측면에서 성과를 측정할 수 있다
② 균형성과표가 개발된 후 경제적 부가가치 기법이 개발되어 재무 부분의 성과 측정은 객관성이 보다 증가되었다.
③ 성과 측정을 하는 이유는 보다 나은 공급 사슬을 설계하고 잘못된 부분의 성과를 개선하기 위해서이다.
④ SCOR 모형이 도입되어 보다 체계적 성과측정이 가능해지고 있다.
⑤ 균형성과표는 재무측정지표 및 운영측정지표 모두를 균형 있게 고려한 새로운 성과측정시스템으로 과거 성과에 대한 재무적인 측정지표를 통해서 미래성과를 창출하는 측정지표이다.

정답 ②

정답해설 균형성과표는 비재무적 성과까지 고려하고 성과를 만들어낸 동인을 찾아내어 관리하는 것이 특징이며 이런 점에서 볼 때 재무적인 성과에 치우친 EVA(경제적 부가가치), ROI(투자수익률) 등의 한계를 극복할 수 있다.

37 **SCM 기법의 성공적인 도입을 위한 고려사항으로 가장 옳지 않은 것은?**

① 최고 경영자의 확실한 이해와 의지가 필요하다.
② 기업 내부의 정보화가 확고히 구축되어 있어야 한다.
③ 공급사슬에 연계되는 기업 간에 신뢰를 바탕으로 둔 업무 협조 체제가 구축되어야 한다.
④ 데이터의 올바른 수집과 교환을 위해 기업 간 데이터 포맷을 표준화해야 한다.
⑤ 기업 내부와 다른 기업 간의 연계를 고려해 현행 프로세스를 중시해야 한다.

정답 ⑤

정답해설 현행 프로세스에 대한 과감한 프로세스 혁신을 단행해야 한다. SCM의 대상 범위가 기업 내부뿐만 아니라 기업 외부를 포함하기 때문에 기업 내부와 다른 기업 간의 연계를 고려하여 현행 프로세스를 새롭게 혁신하는 것이 SCM 도입을 통해 바람직하다.

38 **유비쿼터스 컴퓨팅(Ubiquitous Computing)에 대한 설명으로 가장 거리가 먼 것은?**

① 모든 사물에 칩을 넣어 어느 곳에서든 사용할 수 있도록 구현한 컴퓨터 환경을 지칭한다.
② 유비쿼터스의 센싱 기술은 주변의 기계가 커뮤니케이션을 할 수 있도록 자율적으로 정보의 수집 및 관리가 가능하게 지원하는 기술이다.
③ 항상 네트워크에 접근 가능해야 하는 컴퓨팅 환경이다.
④ 가상공간이 아닌 현실 세계의 어디서나 컴퓨터의 사용이 가능하도록 구현된 컴퓨터 환경이다.
⑤ 사용자가 네트워크나 컴퓨터를 의식한 상태에서 의도적인 조작을 통해 네트워크에 접속할 수 있는 정보통신 환경을 말한다.

정답 ⑤

정답해설 유비쿼터스 컴퓨팅(Ubiquitous Computing)은 1988년 마크 와이저(Mark Weiser)가 세계 최초로 사용하였으며 다종다양한 컴퓨터가 현실세계의 사물과 환경 속으로 스며들어 상호 연결되어 언제 어디서나 이용 가능한 인간, 사물, 정보 간의 최적 컴퓨팅 환경을 말한다. 따라서 유비쿼터스 컴퓨팅은 인간 중심의 컴퓨팅 기술로서 컴퓨터와 센서가 현실 세계의 곳곳에 존재하나 사용자는 그 존재를 인식하지 못하고 시간적 및 공간적 구애를 받지 않으며 자연스럽게 서비스 받을 수 있는 컴퓨팅 환경을 뜻한다.

139 **다음 중 데이터 마이닝에 대한 설명으로 가장 적절한 것은?**

① 지식근로자가 체계적인 방식으로 자료를 저장 · 처리 · 관리할 수 있도록 해주는 프로그램을 한다.
② 인공지능기법을 통해 각 데이터의 상관관계를 자동적으로 규명하는 것으로서 데이터베이스 있는 정보를 기반으로 경쟁분석, 시장세분화, 추세분석, 민감도 분석 등을 예측한다.
③ 데이터베이스에 축적된 자료를 공통의 형식으로 변환하여 일원적으로 관리하는 데이터베이 를 말한다.
④ 사용자의 의사결정에 도움을 주기 위해 다양한 운영시스템에서 추출 · 변환 · 통합되고 요약 데이터베이스로 기업이 경쟁력 향상을 위해 신속하고 정확한 의사결정을 할 수 있도록 지원 주는 시스템이다.
⑤ 일반적인 데이터베이스 형태로 갖고 있는 다양한 정보를 사용자의 필요성에 따라 체계적으 분석하여 기업의 경영활동을 돕는 시스템이다.

정답 ②

정답해설 데이터 마이닝은 데이터베이스로부터 과거에는 알지 못했지만 데이터 속에서 유도된 새로운 데이터 모델을 발견 여 미래에 실행 가능한 정보를 추출해 내고 의사결정에 이용하는 과정으로 인공지능기법을 통해 각 데이터의 상 관계를 자동적으로 규명하여 데이터베이스에 있는 정보를 기반으로 경쟁분석, 시장세분화, 추세분석, 민감도 분 등을 예측한다.

오답해설 ① 데이터베이스 관리시스템에 대한 설명이다.
③ · ④ 데이터 웨어하우스에 대한 설명이다.
⑤ 데이터 마트에 대한 설명이다.

140 **린(Lean) 공급사슬과 애자일(Agile) 공급사슬에 대한 설명 중 린 공급사슬에 대한 설명이 아닌 것은?**

① 재고회전이 빠른 상품에 적합하다.
② 시장의 수요를 예측할 수 있어야 하고 라이프 사이클이 짧다.
③ 고객들이 저렴한 가격에 상품을 구입한다.
④ 고객들이 상품을 이용하면서 느끼는 효용이나 만족감 때문에 재구매한다.
⑤ 상품에 대한 정보가 풍부해 규칙적 공급관계가 형성된다.

정답 ④

정답해설 린(Lean) 공급사슬과 애자일(Agile) 공급사슬의 비교

린(Lean) 공급사슬	• 주로 편의품이나 생필품과 같은 재고회전이 빠른 상품이 적합하다. • 시장의 수요를 예측할 수 있어야 하고 라이프 사이클이 짧은 특징을 가지고 있다. • 생필품 위주로 구성되어 있기 때문에 고객들이 저렴한 가격에 상품을 구입한다. • 이러한 공급사슬을 이용하는 상품군은 수익률이 낮고 상품에 대한 정보가 풍부해 규칙적인 공급관계가 형성된다.
애자일(Agile) 공급사슬	• 주로 패션어패럴이라든가 액세서리와 같은 상품에 이용되는 공급사슬로 유행에 민감하기 때문에 라이프사이클이 짧다. • 수요 예측이 매우 어렵고 다양한 상품을 유통시킬 수 있는 특성이 있다. • 이러한 상품은 수익률이 매우 높으며 고객들은 상품을 이용하면서 느끼는 효용이나 만족감 때문에 상품을 재구매한다.

41 다음 글상자에서 QR(Quick Response)에 대한 옳은 설명만으로 나열된 것을 고르시오.

가. 서로 떨어져있는 기업과 부서 간의 물류정보가 실시간으로 전달된다.
나. 시장수요에 신속하게 대응하여 기업경쟁력을 향상시킨다.
다. 공급사슬에서 재고를 쌓이게 하는 요소를 제거한다.
라. 품질을 증가시킬 수 있는 정보를 조기에 획득할 수 있다.
마. QR을 사용함으로써 누적 리드타임이 감소한다.
바. 고객요구에 대한 반응시간을 길게 만드는 요인을 제거한다.

① 가, 다, 라, 마
② 나, 다, 라, 마
③ 가, 다, 라, 바
④ 나, 다, 마, 바
⑤ 다, 라, 마, 바

정답 ④

정답해설 QR 시스템은 생산에서 판매에 이르기까지 시장정보를 즉각적으로 수집해서 대응하며 회전율이 높은 상품에 적합한 시스템으로 재고부담감소로 인한 경쟁력의 강화 효과를 가져다준다. 공급사슬 상의 거래 업체가 생산 · 판매 및 유통에 대한 모든 정보를 공유 및 활용함으로써 불필요한 낭비를 제거한다.

142 의사결정(Decision Making)의 오류에 대한 설명으로 옳지 않은 것은?

① 과거 정보보다 최근에 주어진 정보에 더 큰 비중을 두는 경우로 경영자는 과거로부터 축적되어 온 정보보다 최근의 정보에 현혹되는 오류를 범할 수도 있는 것을 '최근성 오류'라 한다.

② 경영자는 선택된 대안을 실행하면서 무언가 잘못되어 가고 있다는 느낌을 받을 수가 있는데 잘못된 대안을 선택하고 실행을 되돌리지 못하는 경우를 '정당화 추구 오류'라 한다.

③ 경영자의 지나친 낙관주의, 자신과 기업 역량에 대한 과도한 자신감, 새로운 정보를 받아들이지 않으려는 강한 보수성 등 복합적인 요인에 의해 발생하는 것을 '과소평가 오류'라 한다.

④ 경영자는 단기적으로 손해가 발생하더라도 장기적인 이익이 되는 방향으로 의사결정을 선택해야만 정당하다는 오류를 '선택적 지각 오류'라 한다.

⑤ 경영자가 성공은 자신의 탓으로, 실패는 외부적인 환경 요인으로 돌리는 경우를 '귀인 오류'라 한다.

정답 ④

정답해설 ④는 '단기적 성과지향 오류'에 대한 설명이다.

143 RFID 작동원리에 대한 설명으로 옳지 않은 것은?

① 칩과 안테나에 맞는 정보를 리더에 입력하고 박스, 파렛트, 자동차 등에 부착한다.

② 안테나에서 주파수를 발사하며 태그로부터 데이터를 수신한다.

③ 안테나는 전송받은 데이터를 변조하여 리더로 전달한다.

④ 태그는 주파수에 반응하여 입력된 데이터를 안테나로 전송한다.

⑤ 리더는 데이터를 해독하여 호스트 컴퓨터로 전달한다.

정답 ①

정답해설 박스, 파렛트, 자동차 등에 부착하는 것은 태그이다.

144 지식근로자가 기업에서 활동할 때 가장 바람직하지 못한 자세에 해당되는 것은?

① 정보를 나름대로 해석하고 이를 활용해 부가가치를 창출해 낼 수 있어야 한다.

② 자신의 부가가치를 높이기 위해 끊임없이 지식을 쌓고 개선하며 개발하고 혁신한다.

③ 스스로가 달성하고자 하는 목표와 자신에게 기대되는 공헌을 이룩할 수 있어야 한다.

④ 세부적인 업무에 집중하여 사소한 문제들이 크게 확대되는 것을 미연에 방지해야 한다.

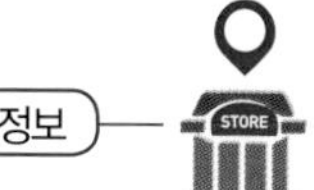

⑤ 풍부한 지적 재산, 투철한 기업가 정신, 평생학습 정신, 강한 창의성, 비관료적인 유연성 등을 갖추고 있어야 한다.

정답 ④

정답해설 지식근로자는 세부적인 업무에 치중하는 것보다는 더 넓은 시각을 갖고 근본 목적을 달성할 수 있어야 한다.

45 다음 중 QR(Quick Response)의 도입효과에 대한 설명으로 가장 적절하지 않은 것은?

① 신속하고 정확한 소비자 수요 동향 분석을 알 수 있어 시장변화에 대한 효과적인 대응이 가능하며 적정 수요량 예측으로 재고량이 감소되고 재고회전율도 향상되며 상품 품절을 방지할 수 있다.

② 소비자에 이르기까지 유통 상에서 발생하는 각 단계별 불필요로 인한 요소제거 및 시간단축으로 제품원가를 절감할 수 있다.

③ 기업 간 정보 공유를 바탕으로 소비동향을 분석하고 고객의 요구를 신속히 반영하여 재고품을 감소시킬 수 있다.

④ 유통의 흐름을 한 번에 파악할 수 있어 불필요한 시간과 비용을 절약함으로써 기업의 물류혁신을 추구할 수 있다.

⑤ 조직 간의 정보공유 및 신속한 정보전달이 가능하며 산업정보화에 의한 국제경쟁력을 강화한다.

정답 ⑤

정답해설 ⑤는 CALS의 기대효과에 대한 설명이다.

46 다음 중 효율적인 유통정보시스템을 구축할 경우 고려해야 할 특성에 대한 설명으로 옳지 않은 것은?

① 신중한 기획과 전사적 협력을 기반으로 유통산업의 업무 특성을 고려한 사용자 환경에 맞춘 개방적 시스템의 구축이 필요하다.

② 유통정보시스템의 개발은 유통경로 구성원 간의 효과적인 의사소통시스템을 구축하는 것이다.

③ 유통정보시스템은 경영정보시스템과 마케팅정보시스템이 상호 관련성을 갖고 조직되어야 한다.

④ 다점포 영업을 지향하는 유통경영의 형태에 비추어 정보에 대한 접근의 용이성과 보안성을 동시에 가능하게 하는 지역 분권식 데이터 관리와 포괄적 정보보안을 실현하여야 한다.

⑤ 유통정보시스템의 구축과정으로 목표달성 및 예산정책 등의 기획단계, DB시스템 구축 및 S/W · H/W · N/W 설계 등의 개발단계, 사용자교육 · 훈련 및 시스템의 문제점 파악과 개정작업 등의 적용단계 순으로 이루어진다.

정답 ④

정답해설 다점포 영업을 지향하는 유통경영의 형태에 비추어 정보에 대한 접근의 용이성과 보안성을 동시에 가능하게 하
중앙집중식 데이터관리와 포괄적인 정보보안을 실현해야 한다.

147 의사결정지원시스템(DSS)의 논리적 구성요소 중 DSS의 정보원에 해당하는 것은?

① 경영보고시스템
② 대화시스템
③ 데이터베이스시스템
④ 모델베이스시스템
⑤ 소프트웨어시스템

정답 ③

정답해설 데이터베이스시스템은 데이터베이스에 데이터를 저장하고, 저장된 데이터를 관리하여 조직에 필요한 정보를 생
해주는 시스템으로 다양한 목적의 정보 처리 시스템을 구축하는 데 필요한 핵심 요소다.

오답해설 ① **경영보고시스템** : 경영자에게 보고서를 제공하거나 조직의 과거 기록과 현재의 상태에 대한 온라인 정보를 제
한다.
② **대화시스템** : 사용자와 정보시스템과의 관계를 조정한다.
④ **모델베이스시스템** : 비교적 간단하고 융통성 있는 모델을 많이 구축하여 두었다가 사용자로 하여금 자연스럽
사용할 수 있도록 해준다.
⑤ **소프트웨어시스템** : 다른 DSS의 하위시스템을 조정한다.

148 CRM을 위한 구성요소 중 Back – end Applications에 대한 설명으로 옳은 것은?

① 기업 활동에서는 보이지 않지만 보이지 않는 면에서 여러 가지 다양하게 업무를 지원한다.
② 고객접점에서 이루어지는 다양한 서비스 활동부분을 지원한다.
③ 개인별로 차별화된 일대일 마케팅을 실시하면서 충성고객을 확보한다.
④ E-mail, 채팅, 팩스, 영업사원의 접촉, A/S 방문, 고객으로부터의 전화 등을 지원하는 애플리
케이션이다.
⑤ 기업 활동을 통해서 얻은 데이터를 고객별로 저장 · 분석하고 관리하여 기업활동을 원활하게
지원한다.

정답 ①

정답해설 CRM을 위한 구성요소

Front-end Applications	• 고객접점에서 이루어지는 다양한 서비스 활동부분을 지원한다. • 개인별로 차별화된 일대일 마케팅을 실시하면서 충성고객을 확보한다. • E-mail, 채팅, 팩스, 영업사원의 접촉, A/S 방문, 고객으로부터의 전화 등을 지원하는 애플리케이션이다.
Back - end Applications	• 기업 활동에서는 보이지 않지만 보이지 않는 면에서 여러 가지 다양하게 업무를 지원한다. • 고객접점 채널들뿐만 아니라 제품이나 서비스가 질 좋은 품질로 공급될 수 있도록 지원한다.
Database 구축	기업 활동을 통해서 얻은 데이터를 고객별로 저장 · 분석하고 관리하여 기업활동을 원활하게 지원한다.

49 다음 중 지식경영의 개념과 관련된 내용으로 옳지 않은 것은?

① 업무방식을 개선하고 능률적 운영을 공유한다.
② 구성원의 경험과 지식 및 전문성을 공식화한다.
③ 새롭게 창조된 형식적인 지식을 다시 암묵적인 지식으로 순화한다.
④ 지식관련 경영활동의 효과성 극대화와 지적자산으로부터 최대의 부가가치를 창출한다.
⑤ 개인의 독특한 지식과 능력에 따라 개인의 가치가 달라지고 신분의 수직상승이 쉽다.

정답 ⑤

정답해설 ⑤는 지식경제의 특징에 대한 내용이다.

50 e-비즈니스와 관련된 내용으로 옳은 것은?

① e-Mail : e-비즈니스 환경에서의 디지털 기술을 활용하여 공급자, 제조업자, 유통업자, 고객 등과 관련된 물자, 정보, 자금 등의 흐름을 신속하고 효율적으로 관리한다.
② e-SCM : 인터넷을 활용한 단일 통합채널을 통해 고객과 접촉하며 지역적 · 시간적 한계를 극복할 수 있는 고객 관리방법으로서 음성, 동영상, FAQ 등 다양한 기술로 고객응대를 할 수 있다.
③ e-Logistics : 정보통신기술을 기반으로 물류서비스 제공업체가 다양한 부가가치 물류서비스를 온라인상에서 구현하여 화주기업의 물류프로세스를 효율적으로 지원하는 활동이다.
④ e-Auction : 구매 요청, 승인, 입찰, 계약에 이르는 일련의 프로세스를 인터넷을 기반으로 전자적으로 수행하는 시스템을 말한다.
⑤ e-Procurement : 구매의 편리성, 접근성, 가격 결정에 고객참여가 가능한 능동성, 시 · 공간의 비제약성, 소액 · 저가 상품에 대한 경매 등으로 인해 고객들의 관심을 끌어 모으는 계기가 된다.

정답 ③

정답해설 e-Logistics는 사이버 물류 인터넷을 기반으로 운송, 보관, 포장, 하역, 재고관리 등 다양한 부가 가치 물류 서비스 구현하여 오프라인의 시간적 차이를 줄이고 업무 프로세스를 효율적으로 지원하는 활동으로 인터넷을 활용한 단 통합채널을 통해 고객과 접촉하며 지역적 · 시간적 한계를 극복할 수 있는 고객 관리방법으로서 다양한 기술로 객응대를 할 수 있다.

오답해설 ① e-SCM에 대한 설명이다.
② e-Mail에 대한 설명이다.
④ e-Auction에 대한 설명이다.
⑤ e-Procurement에 대한 설명이다.

151 전자자금이체 결제시스템의 특징에 대한 설명으로 옳은 것은?

① 전자적인 형태의 수표를 자신의 컴퓨터에서 직접 발행하여 상대방에게 전달함으로써 전자상거래의 결제수단으로 사용하는 형태이다.
② 은행에 신용계좌가 없더라도 사용할 수 있다.
③ 자금보관에 대한 안정성을 확보하는 데 한계가 있으며 거액의 상거래 또는 기업 간 거래 시 지불수단으로 부적합하다는 단점을 가진다.
④ 보안기법이 간단하여 트랜잭션 비용이 적게 든다.
⑤ 정보의 이용성과 익명성이 증가된다.

정답 ①

정답해설 전자자금이체 결제시스템은 은행권, 어음 등 종이에 의한 수단을 사용하지 않고 컴퓨터와 데이터통신을 응용해 전자 신호에 의한 지불 지시에 의하여 송금이나 결제 등의 자금 이동을 행하는 시스템을 말하며 전자적인 형태의 수표를 자신의 컴퓨터에서 직접 발행하여 상대방에게 전달함으로써 전자상거래의 결제수단으로 사용하는 형태이다.

오답해설 ② 전자자금이체 결제시스템은 자금이 당사자 간의 은행계좌로 이체되기 때문에 사용자는 은행에 신용계좌를 갖고 있는 사람으로 제한된다.
③ 현금 가치를 은행에 저장시킨 후 거래 당사자 간에는 은행계좌 간 자금이동을 위한 전자수표만 유통됨으로써 자금 보관에 대한 안정성을 확보할 수 있고 거액의 상거래 또는 기업 간 거래 시 지불수단으로 적합하다.
④ 전자자금이체 결제시스템은 발행자와 인수자의 신원에 대한 인증을 반드시 거쳐야 하는 문제로 여러 보안기법이 사용되기 때문에 트랜잭션 비용이 많다.
⑤ 거래사항이 중앙의 데이터베이스에 기록됨으로써 정보의 이용성은 증가되나 익명성이 저하된다.

52 다음 중 암호화 알고리즘의 종류와 내용으로 바르게 연결되지 않은 것은?

① 대칭형 알고리즘 - 암호화 키로부터 복호화 키를 계산해 낼 수 있거나 반대로 복호화 키로부터 암호화 키를 계산해 낼 수 있는 암호화 알고리즘이다.

② 공개키 알고리즘 - 대부분 암호화 키와 복호화 키가 동일하며 암호화 키를 공개키라 부르고 복호화 키를 개인키라 부른다.

③ 공개키 알고리즘 - 아무나 암호화 키를 이용하여 어떤 내용을 암호화할 수 있지만 오직 해당 복호화 키를 가진 사람만이 그 암호문을 복호화 할 수 있다.

④ 메시지 다이제스트 - 암호화 방법이 아니고 단방향 해시 함수를 이용하여 주어진 정보를 일정한 길이 내의 아주 큰 숫자로 변환해 주는 것이다.

⑤ 메시지 다이제스트 - 함수는 One-way이기 때문에 주어진 정보로부터 해시 값을 만들어낼 수는 있어도 반대로 이 해시 값으로부터 원래의 정보를 복구해낼 수는 없다.

정답 ②

정답해설 공개키 알고리즘은 암호화 키와 복호화 키가 서로 다르며 암호화 키로부터 복호화 키를 계산해 낼 수 없다. 따라서 대부분 암호화 키와 복호화 키가 동일한 것은 대칭형 알고리즘에 해당하는 설명이다.

53 ERP의 도입효과를 정보시스템의 측면에서 본 것이 아닌 것은?

① 표준화된 시스템으로 데이터의 일관성 유지

② 개방형 정보시스템을 채택함으로써 시스템상의 자율성과 유연성 증가

③ 영업에서부터 자재, 생산, 원가, 회계에 이르는 정보흐름 일원화

④ 클라이언트-서버시스템의 구현으로 시스템 성능 최적화

⑤ GUI 등 신기술을 이용하여 사용자에게 보다 편리한 정보 환경 제공

정답 ③

정답해설 ③은 ERP의 도입효과를 업무 측면에서 바라본 것이다.

154 **전자카탈로그와 종이카탈로그를 비교할 때 장 · 단점에 대한 설명으로 가장 적절하지 않은 것**

① 전자카탈로그는 개발에 있어서 현실적으로 기술과 비용 측면에서 어려움이 있고 종이카탈로
는 재료가 종이이기 때문에 날씨나 계절적으로도 영향을 받는다.

② 전자카탈로그는 상품을 검색하는 데 있어서 많은 정보를 신속하게 검색 가능하고 종이카탈
그는 한 번 인쇄를 한 후에도 변경이 한 번은 가능하므로 수정하는 데에는 어려움이 없다.

③ 전자카탈로그는 제품에 대한 정보의 변화가 있으면 신속히 대응할 수 있고 종이카탈로그는
용에 있어서 컴퓨터 시스템의 도움이 없어도 가능하다.

④ 전자카탈로그는 넓은 지역에 상품 정보를 배포하는 데 비용적인 면에서 저렴하고 종이카탈
그는 종이에 손쉽게 작성할 수 있으므로 작성이 수월하다.

⑤ 전자카탈로그는 자사와 자사 제품을 타사와 타사 제품과 비교하여 쇼핑 가능하고 종이카탈
그는 이동하는 데 전자카탈로그보다 수월하다.

정답 ②

정답해설 종이카탈로그는 한 번 인쇄를 한 후에는 변경이 불가능하므로 정보의 변경이 전자카탈로그에 비해 어렵다는 단
이 있다.

155 **유통정보시스템을 활용 목적에 따라 거래자료처리시스템, 지식업무시스템, 정보보고시스템,**
사결정지원시스템 및 중역정보시스템으로 구분할 때 의사결정지원용 정보시스템을 구축할
려사항과 가장 거리가 먼 것은?

① 유통과정상의 문제를 신속하게 해결할 수 있는 통일된 의사결정모형을 제공해야 한다.

② 유통경영관리자가 최적의 선택을 할 수 있도록 의사결정을 지원하고 기업 내부의 사안에 대
조사 및 조회할 수 있는 기능을 제공한다.

③ 유통경영관리자들의 행동특성을 반영한 의사결정 방법과 과정이 구현되어야 한다.

④ 사용자 인터페이스 기능의 설계 시 정보시스템과 유통경영관리자 간의 상호작용이 용이하도
하는 방안이 고려되어야 한다.

⑤ 의사결정지원용 정보시스템은 기업 내부의 사안에 따라 조사 및 조회할 수 있는 기능을 제
한다.

정답 ①

정답해설 의사결정지원용 정보시스템은 유통과정상의 문제를 쉽게 해결할 수 있는 다양한 의사결정모형을 제공해야 한다.

56 다음 중 전자상거래 조직이 아닌 것은?

① Brick-and-Mortar Organization
② Virtual Organizations
③ Pure-Play Organizations
④ Click-and-Mortar Organization
⑤ Click-and-Brick Organization

정답 ①

정답해설 Brick-and-Mortar Organization은 물리적인 판매자에 의해서 물리적 제품을 팔고 비즈니스의 활동을 오프라인 상에서 하는 조직형태이다.

오답해설 ② 온라인 가상조직형태
③ 순수 온라인 조직형태
④ · ⑤ 온라인과 오프라인을 동시에 추구하는 조직형태

57 SCOR(Supply Chain Operations Reference) 모델에 대한 설명으로 옳지 않은 것은?

① 비즈니스 프로세스의 관점에서 해당 기업의 공급업체로부터 고객에 이르기까지 계획, 공급, 생산, 인도, 회수가 이루어지는 공급망을 통합적으로 분석한다는 데 그 기초를 두고 있다.
② 공급사슬에 적용되기 위해 만들어졌으며 기본적으로 프로세스 참조 모델이면서 비즈니스 프로세스 리엔지니어링, 벤치마킹, 프로세스 측정의 특징을 가지고 있다.
③ 전체적인 공급망 성과측정을 위해 공급망의 신뢰성, 유연성, 대응성, 비용, 자산 등의 성과측정 분야를 제시하고 있다.
④ 조직 내외부의 관점에서 성과를 측정할 수 있으며 공급사슬관리의 성과측정을 위해 개발된 모형으로 계획, 조달, 제조, 인도, 반환 등의 기본프로세스를 가지고 있다.
⑤ 재무성과 중심 측정도구의 한계를 극복하기 위해 개발되었으며 주요 성과지표로는 재무, 고객, 내부프로세스, 성장과 학습 등이 있는데 이들 분야에 대해 측정 지표를 선정해 평가한 뒤 각 지표별로 가중치를 적용해 산출한다.

정답 ⑤

정답해설 ⑤는 균형성과표(BSC : Balanced Score Card)에 대한 설명이다.

158 **다음 물류정보 및 물류정보시스템에 대한 설명 중 적절하지 않은 것은?**

① 상품의 흐름과 물류정보의 흐름에는 충분한 시차가 필요하다.
② 물류정보시스템은 리드타임 정보와 수요예측 정보를 제공하여 기업의 생산량을 예측하고 물 지점 입지를 결정하는 데 중요한 정보로 활용된다.
③ 물류정보시스템을 통해 정보의 공유가 가능해짐으로써 생산계획과 조달계획을 조정할 수 있
④ 사전에 설정된 설비, 시설활용 목표, 서비스 수준 목표, 실제 달성된 서비스 수준을 고려하 물류활동의 참고자료로 이용할 수 있다.
⑤ 물류정보는 생산에서 소비에 이르기까지 물류활동을 구성하고 있는 운송, 보관, 하역, 포장 의 제 기능을 유기적으로 결합하여 전체적인 물류관리를 효율적으로 수행하게 하는 정보시 템이다.

정답 ①

정답해설 정보의 흐름과 상품의 흐름에 동시성이 요구된다.

159 **다음 중 POS(Point of Sale) 시스템에 대한 설명으로 옳지 않은 것은?**

① 판매장의 판매시점에서 발생하는 판매정보를 컴퓨터로 자동 처리하는 시스템이다.
② 판매장, 음식점, 전문점 등 여러 유통분야에 적용되고 있다.
③ POS 시스템과 바코드는 서로 다른 시스템 상에서 이용된다.
④ 금전등록기를 이용하여 일일이 자료를 입력하는 것에 비해 시간과 노력을 절약할 수 있다.
⑤ 상품별 판매정보가 컴퓨터에 보관되고 그 정보는 발주, 매입, 재고 등의 정보와 결합하여 필 한 부문에 활용된다.

정답 ③

정답해설 POS 시스템이 잘 활용되기 위해서는 상품에 부착할 바코드가 국가적으로 표준화되어야 한다.

160 **다음 중 e-CRM(Electronic Customer & Relationship Management)의 기대효과로 옳지 않 것은?**

① 시스템 자원의 활용도/예측의 적시화 및 자동화
② 무형/유형의 이익 창출

③ 고객서비스 향상
④ 마케팅/고객확보캠페인 비용 감소
⑤ 개별화를 통한 개인별 맞춤서비스

정답 ④

정답해설 CRM과 e-CRM의 효과 비교

CRM(Customer Relationship Management)의 도입효과	• 수익향상 : 기존고객유지, 기존고객의 수익성 향상, 수익성 있는 신규고객확보 등이 필요 • 비용절감 : 마케팅/고객확보캠페인 비용 감소, 마케팅 캠페인으로부터 오는 반응률 증가 등
e-CRM(Electronic Customer & Relationship Management)의 기대효과	• 시스템 자원의 활용도/예측의 적시화 및 자동화 • 무형/유형의 이익 창출 • 고객서비스 향상 • 개별화를 통한 개인별 맞춤서비스(일대일 마케팅 수행)

61 다음 중 CPFR(Collaborative Planning Forecasting and Replenishment)에 대한 설명으로 옳은 것은?

① 점포 · 상품별 판매 예측지는 적절한 재고목표치를 설정하는 데 사용되며 시계열적인 판매데이터, 계획된 판촉행사, 계절조정 등을 기초로 하여 작성된다.
② 유통공급망 내에 있는 업체들 간에 상호협력적인 관행으로서 기존의 전통적인 관행이 경제적 주문량에 근거하여 유통업체에서 공급업체로 주문하던 방식과 달리 실제 판매된 판매데이터와 예측된 수요를 근거로 상품을 보충시키는 방식이다.
③ 협업적 계획수립을 위해서는 모든 거래 파트너들이 주문정보에 대한 실시간 접근이 가능해야 하며 모든 참여자들은 공통된 하나의 스케줄에 따라서 운영활동을 수행한다.
④ 창고나 물류센터로 입고되는 상품을 보관하지 않고 곧바로 소매 점포에 배송하는 물류시스템으로서 보관 및 피킹 작업 등을 생략하여 물류비용을 절감할 수 있다.
⑤ 유통업체와 공급업체 간의 협조를 통하여 소비자의 구매형태를 근거로 소비자 구매패턴, 상품 및 시장동향 등을 파악하여 카테고리를 관리함으로써 업무를 개선시키고자 하는 것을 말한다.

정답 ③

정답해설 CPFR(Collaborative Planning Forecasting and Replenishment)은 기업이 거래처와의 협력을 통해 상품 계획과 예측을 하고 상품을 보충하는 수요 예측과 재고 보충을 위한 공동 사업으로 협업적 계획수립을 위해서는 모든 거래 파트너들이 주문정보에 대한 실시간 접근이 가능해야 하며 모든 참여자들은 공통된 하나의 스케줄에 따라서 운영활동을 수행한다.

오답해설 ① 자동발주시스템(CAO)에 대한 설명이다.
② 지속적인 상품보충(CRP)에 대한 설명이다.
④ 크로스도킹(Cross Docking)에 대한 설명이다.
⑤ 카테고리관리에 대한 설명이다.

162 경영자가 의사결정을 하기 위해서는 우선적으로 자료(Data), 정보(Information), 지(Knowledge)의 내용을 구별할 필요가 있는데 다음 중 특히 '정보'에 대한 설명과 가장 거리 먼 것은?

① 정보는 미래의 불확실성을 감소시킨다.
② 다양한 종류의 정보가 축적되어 특정 목적에 부합하도록 일반화된다.
③ 개인이나 조직이 의사결정을 하는 데 사용되도록 의미 있고 유용한 형태로 처리된 것이다.
④ 인간이 판단하고 의사결정을 내리며 행동할 때 그 방향을 정하도록 도와준다.
⑤ 정보의 특성으로는 정확성, 신뢰성, 단순성, 적시성 등이 있다.

정답 ②

정답해설 다양한 종류의 정보가 축적되어 특정 목적에 부합하도록 일반화되는 것은 지식이다.

163 다음 중 중역정보시스템에 대한 설명으로 옳은 것은?

① 효율적인 의사결정에 필요한 정보제공 및 지원
② 경영자의 질문에 대한 답변 및 보고서 형태의 정보제공
③ 데이터베이스의 데이터를 분석하고 결과를 제공하여 경영자의 의사결정 지원
④ 최고경영층이 전략적인 의사결정을 하도록 정보 지원
⑤ 전문가의 의견을 바탕으로 의사결정자에게 전문적 지식과 충고 제공

정답 ④

정답해설 중역정보시스템은 조직의 중역들이 경영기능을 수행하고 경영목적을 달성하는 데 필요한 조직 내외부의 주요정보를 정확하고 신속하게 조회할 수 있도록 지원하는 컴퓨터 기반 정보 시스템을 말한다.

오답해설 ① 경영의사결정 정보시스템에 대한 설명이다.
② 경영보고시스템에 대한 설명이다.
③ 의사결정지원시스템에 대한 설명이다.
⑤ 전문가시스템에 대한 설명이다.

64 다음 중 e-마켓플레이스의 특징과 기능에 대한 설명으로 가장 적절하지 않은 것은?

① 전자상거래의 가장 뚜렷한 특징 중 하나인 시공간의 제약 극복에 따라 다양한 업종에 걸쳐 다양한 품목의 국제적 거래에 적합하다.
② 오프라인상의 시장기능을 온라인상으로 옮겨놓은 개념이다.
③ 인터넷상의 가상시장으로 기업의 판매와 관련된 모든 서비스를 제공하는 공급자와 구매자의 B2B 전자상거래 커뮤니티이다.
④ 오프라인 상에서 이루어지던 불필요하고 복잡한 거래과정들을 합리적이고 효율적으로 변화시켜 거래 소요시간 및 거래비용을 획기적으로 절감시킬 수 있다.
⑤ 기존의 상거래기능만 존재하던 B2B 쇼핑몰 사이트와는 완전히 다른 개념으로 인터넷을 수단으로 구매기업과 공급기업 사이를 환전히 연결 및 통합하는 혁신적인 패러다임이다.

정답 ②

정답해설 e-마켓플레이스는 단순히 오프라인상의 시장기능을 온라인상으로 옮겨놓은 것이 아니라 전자상거래의 발전된 개념이자 그 범위를 확장시킨 것이기 때문에 전자상거래의 특징을 포함하게 된다.

65 다음 중 전자상거래의 기대효과를 소비자에 대한 긍정적인 측면에서 본 것이 아닌 것은?

① 편리하고 경제적이다.
② 가격이 저렴하다.
③ 비교 구매가 가능하다.
④ 충분한 정보에 의해 상품을 구입할 수 있다.
⑤ 반품 및 환불이 편리하다.

정답 ⑤

정답해설 소비자 측면에서 본 전자상거래의 기대효과

긍정적 측면	• 편리하고 경제적이다. • 가격이 저렴하다. • 비교 구매가 가능하다. • 충분한 정보에 의해 상품을 구입할 수 있다. • 심리적으로 편안한 상태에서 쇼핑이 가능하다. • 일시적인 충동구매를 감소시키고 계획구매가 가능하다.
부정적 측면	• 제품에 대한 실체감 부족과 결제와 배송으로 인한 반품 및 환불의 어려움이 있다. • 개인 정보누출의 우려가 있다.

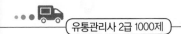

166 유통정보시스템 구축을 위한 데이터 관리에 대한 설명으로 옳지 않은 것은?

① 데이터메이스(DB)는 데이터 관리의 중복을 최소화하고 데이터 무결성 및 접근 권한 등 보안을 고려함으로써 많은 사용자가 동시에 접근하더라도 데이터의 안전성과 신뢰성이 보장되도 설계되어야 한다.

② 유통정보시스템은 기업의 유통활동을 지원하기 위한 업무기능을 전자적으로 구현하고 이와 련된 데이터를 통합적으로 저장 · 관리할 수 있도록 지원하는 시스템이다.

③ 데이터 웨어하우스는 기업의 운영시스템과 분리되며 운영시스템으로부터 많은 데이터가 공 된다.

④ 기업의 유통업무 활동지원과 관련된 원자재, 부자재, 공급자, 조달가격 등을 내부데이터로, 객불만처리대장, 고객성향, 고객서비스기록 등을 외부데이터로 대별하여 볼 수 있다.

⑤ 외부 데이터베이스에는 협력업체, 경영정보, 서비스 제공정보, 연구결과, 시장분석, 소비자 석, 정치 및 경제 환경 분석, 사회분화 정보 등이 있다.

정답 ④

정답해설 기업의 유통업무 활동지원과 관련된 원자재, 부자재, 공급자, 조달가격 등은 외부데이터로, 고객불만처리대장, 고 성향, 고객서비스기록 등은 내부데이터로 대별하여 봐야 한다.

167 유통정보시스템에 대한 내용으로 옳지 않은 것은?

① 유통정보시스템은 유통과정에 관련된 다양한 정보수집에 의해 의사결정권자가 목표달성을 율적으로 수행하는 데 도움을 줄 수 있도록 정보의 흐름을 통합하는 정보시스템이다.

② 유통정보시스템을 도입함에 따라 공급자로 하여금 수요자의 더욱 정확한 요구사항을 파악 수 있다.

③ 정형성과 개방성을 가지고 적절한 정보와 조직적인 흐름을 통해 의사결정을 지원해야 하며 사적 협력을 기반으로 유통산업의 업무특성을 고려하여 개방적 시스템의 구축이 필요하다.

④ 유통정보시스템의 구축과정은 일반적으로 기획단계, 기술적 구현단계, 실무적용 단계의 과 을 거친다.

⑤ 단기적이고 즉흥적으로 발생하는 문제를 해결하기 위한 시스템이다.

정답 ⑤

정답해설 유통정보시스템은 단기적이고 즉흥적인 문제해결을 위한 시스템이 아니라 상시적이면서 급변하는 환경에 신속 대응해야 한다.

68 다음 중 정보기술 분야의 표준화가 필요한 이유로 옳지 않은 것은?

① 상호운용성을 제공한다.
② 연구 및 개발비용을 절감한다.
③ 국내 무역을 보호하고 통제한다.
④ 소비자에게 편의성을 제공한다.
⑤ 제품 및 서비스를 개선한다.

정답 ③

정답해설 정보기술 분야의 표준화는 기술 무역장벽을 제거하고 국제 교역의 활성화를 촉진시키며 표준은 제작과정에서 소비자 및 시장의 요구가 반영되어 있어 표준을 사용한 제품 및 서비스의 시장진출 시 성공 가능성을 높여준다.

69 다음 중 의사결정단계에 대한 설명으로 적절하지 않은 것은?

① 의사결정단계는 사이몬(H. A. Simon)의 모형으로서 인지 및 탐색 → 대안설계 → 선택 → 실행 순으로 이루어진다.
② 인지 및 탐색단계는 문제의 본질을 인식하고 자료를 수집하는 단계로서 정보시스템은 의사결정이 필요한 상황에 대한 정보와 문제해결을 위해 필요한 대내외적 환경에 대한 정보를 제공해야 한다.
③ 실행 및 통제단계에서는 선택된 여러 가지 대안 중에서 최적의 대안을 실행할 수는 있으나 의사결정의 성공여부는 추적할 수 없다는 한계점을 가지고 있다.
④ 선택단계에서는 정보시스템을 활용하면 검토 중에 있는 여러 대안 중에서 적절한 대안을 선택하는 데 도움 받을 수 있으며 실질적으로 대부분의 의사결정자들은 의사결정시 최적 수준보다는 만족할 만한 수준을 선택하는 경향이 있다.
⑤ 대안설계단계는 문제해결을 위해 여러 가지 대안을 계획하는 단계로 의사결정대안을 개발하고 평가하는 것까지 포함되며 특히 고려해야 할 점은 의사결정 상황이 정형적인가 비정형적인가 또는 구조적인가 비구조적인가를 파악하는 것이다.

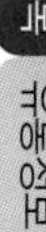

정답 ③

정답해설 실행 및 통제단계에서는 선택된 여러 가지 대안 중에서 최적의 대안을 실행하고 의사결정의 성공 여부도 추적하게 된다.

170 다음 중 국제선적식별번호의 약자는?

① UNSPSC ② GTIN
③ GDTI ④ GSNC
⑤ EPC

정답 ④

정답해설 국제선적식별번호(GSNC : Global Shipment Identification Number)는 상품의 매도인이 부여하는 번호로 운송용 화의 구성을 세계 어디서나 고유하게 식별하고자 할 때 쓰며 국가코드, 업체코드, 선적식별코드, 체크디지트 코드를 가지고 응용 식별자(AI) 402와 함께 표현한다.

오답해설 ① UNSPSC(The United Nations Standard Products & Services Code) : 전자상거래용 상품분류체계로 전자상거래를 위해 개발한 상품 및 서비스에 대한 분류코드, 모든 산업을 대상으로 한 전자상거래용 상품분류체계로서 세계적으로 가장 많이 활용되고 있다.

② GTIN(Global Trade Item Number) : 국제거래단품식별코드로 GS1-8(8자리), GS1-13(13자리), GS1-14(14자리)가 있으며 이를 전산으로 처리할 경우 모두 14자리로 입력해야 하므로 각 코드의 앞에 '0'을 채워 14자리로 만든 후 데이터베이스에 입력한다.

③ GDTI(Global Document Type Identifier) : 국제문서 형식식별코드로 문서를 형식별로 식별하는 GS1 식별코드이다.

⑤ EPC(Electronic Product Code) : 전자상품코드로 RFID태그에 제품정보를 나타내는 국제 표준 코드이다.

171 비교구매 비즈니스 모델의 종류와 설명으로 바르게 연결되지 않은 것은?

① 단순 비교 모델 – 각 판매자들은 사용자들로부터 주어지는 고정된 요구 사항에 대해서 자기 제공 가능한 제품의 부분 사양을 제공하고 이런 후보 제품들에 대해서 여러 가지 척도를 적용함으로써 최종 상품의 선택을 돕는다.

② 비교 유통자 모델 – 판매자가 즉각적인 비교에 의해 제품을 판매하는 유통자 모델이다.

③ 제조자 시발 비교 모델 – 판매자의 하나인 제품의 제조자가 직접 비교 주체가 되어 같은 제품군을 판매하는 판매자들을 비교 대상으로 삼아서 경쟁적 비교를 일으키는 형태이다.

④ 판매 구성 전문가 시스템 모델 – 구매자의 상황에 맞게 사양을 변경하거나 제품의 구성을 변경해주는 서비스를 전문가 시스템의 추론 기능을 이용해서 제공하는 시스템이다.

⑤ 경쟁자 시발 비교 모델 – 경쟁적 비교 구매를 촉발시키는 비즈니스 모델 중에서 가장 적극적인 형태로서 시장 안에 존재하는 경쟁자가 다른 판매자들의 특정 상대를 지목해 비교 대상으로 삼는 형태이다.

정답 ①

정답해설 ①은 다척도 비교 모델에 대한 설명이다.

72 유통정보시스템의 구성요소로 옳지 않은 것은?

① 하드웨어(Hardware)
② 소프트웨어(Software)
③ 데이터베이스(Database)
④ 서버(Server)
⑤ 네트워크(Network)

정답 ④

정답해설 유통정보시스템의 구성요소
- 하드웨어(Hardware) : 물리적인 컴퓨터 장비
- 소프트웨어(Software) : 컴퓨터의 작업을 통제하는 프로그램
- 데이터베이스(Database) : 체계화된 정보들의 집합체
- 네트워크(Network) : 시스템 및 고객과 기업 간을 연결
- 운영요원(People) : 시스템을 관리 · 운영 · 유지하는 사람들

73 다음 중 SCOR(Supply Chain Operations Reference) 모델의 특성으로 적절하지 않은 것은?

① 기업이 공급 사슬을 구축하는 데 참고할 모형을 제공한다.
② 데이터 흐름을 표현하는 프로세스 지향적 모델이다.
③ 구현은 다양한 도구를 활용할 수 있다.
④ 프로세스 정의 뿐 아니라 성과 항목, 측정 기준(지표), 최선의 실행 IT 지원 기능을 포함한다.
⑤ 용어와 비즈니스가 표준화되어 컨설턴트, 시스템 통합 업체, 사용자 간의 의사소통이 용이하다.

정답 ②

정답해설 SCOR(Supply Chain Operations Reference) 모델은 데이터 흐름이 아닌 업무 흐름을 표현하는 모델이다.

74 성공적인 웹사이트 구축을 위해 고려해야 할 요인으로 거리가 먼 것은?

① 정보의 내용이 진위와 더불어 공신력이 있는 내용이어야 한다.
② 새로운 정보의 추가 및 갱신을 신속하게 수행하여야 한다.
③ 첫 방문자도 찾고자 하는 목표를 쉽게 찾을 수 있어야 한다.
④ 콘텐츠 내용의 전문화가 필요하다.
⑤ 넓은 구조보다는 깊은 구조를 갖도록 디자인하여야 한다.

정답 ⑤

정답해설 폭은 이용자가 웹사이트를 방문했을 때 선택할 수 있는 곳을 말하는데 선택의 가짓수가 너무 많으면 이용자는 오려 혼란을 느낄 수 있고 적은 폭을 사용하여 깊이가 깊어진다면 이용자는 지나치게 많은 클릭을 하게 되어 자신 원하는 정보를 찾는 데 불편함을 느낄 수 있으므로 넓고 얇은 계층구조를 갖도록 하는 것이 바람직하다.

175 고객을 관리하기 위해 고객정보를 분석하는 데 활용되는 데이터 마이닝 기법과 그 내용으로 옳지 않은 것은?

① 연관성분석 – 데이터 안에 존재하는 품목 간의 연관성 규칙 발견
② 회귀분석 – 하나의 종속변수가 설명(독립) 변수들에 의해서 어떻게 설명 또는 예측되는지를 알아보기 위해 변수들 간의 관계를 적절한 함수식으로 표현하는 통계적 방법
③ RFM 모형 – 고객의 수익기여도를 나타내는 최근성, 구매성향, 구매횟수를 각 지표별 기준으로 정렬하여 점수화하는 방법
④ 군집준석 – N개의 개체들을 대상으로 P개의 변수를 측정하였을 때 관측한 P개의 변수 값을 이용하여 N개 개체들 사이의 유사성 또는 비유사성의 정도를 측정하여 개체들을 가까운 순서대로 군집화하는 통계적 분석방법
⑤ 의사결정나무 – 의사결정규칙을 나무구조로 도표화하여 분류와 예측을 수행하는 분석방법

정답 ③

정답해설 RFM 모형에서 사용되는 세 가지 지표는 최근성, 구매, 구매금액이다.

176 다음 중 전자상거래 배송에 관한 내용 중 잘못된 것은?

① 배송은 재화와 용역을 효용가치가 낮은 장소에서 효용가치가 높은 장소로 이동시키는 행위이다
② 인터넷 상점에서는 일부 무형상품을 제외하고 모두 배송되어야 한다.
③ 인터넷 상점의 배송형태는 변동이 없다.
④ 디지털 상품은 배송 관련 초기 구축비용이 소요되지 않으며 운영비용도 매우 저렴하다.
⑤ 디지털 상품의 경우 운영비용이 상당히 저렴하다.

정답 ③

정답해설 인터넷 상점의 사업자가 직접 상품을 생산하느냐, 단순판매만을 하느냐에 따라 배송형태는 달라질 수 있다.

77 다음 중 정보 · 자료 · 지식을 비교하는 설명으로 적절하지 않은 것은?

① 자료는 인간이 이해할 수 있고 유용한 형태로 처리되기 전 있는 그대로의 사실이거나 기록이며 지식은 다양한 종류의 정보가 축적되어 특정 목적에 부합하도록 일반화된 정보이다.
② 지식은 행동과 의사결정에 지침을 제공하는 본능, 아이디어, 규칙, 절차 등을 의미하며 정보는 적절하게 사용되어야 유용한 정보로서의 가치를 가진다.
③ 자료가 정보가 되려면 반드시 이용자의 목적에 부합 또는 적합하여야 한다.
④ 정확성을 갖춘 정보는 실수나 오류가 개입되지 않아야 하며 정보는 데이터의 의미를 명확히 하고 정확하게 편견의 개입이나 왜곡 없이 전달해야 한다.
⑤ 자료는 어떤 현상이 일어난 사건이나 사실을 그대로 기록한 것으로 숫자, 기호, 문자, 음성, 그림, 비디오 등으로 표현되며 정보가 양질일 경우 언제 어떤 상황에서도 그 가치는 변하지 않는다.

정답 ⑤

정답해설 정보는 아무리 양질의 정보라도 필요한 시간대에 이용자에게 전달되지 않으면 그 가치를 상실한다.

78 데이터베이스의 구성 요소에 대한 설명으로 옳지 않은 것은?

① 데이터베이스 파일 – 데이터베이스의 관리를 위한 프로그램의 집합으로 데이터베이스로의 접근을 통제하고 유지하는 기능을 수행한다.
② 응용프로그램 – 실제 업무에 사용되는 프로그램이다.
③ 데이터베이스 사용자 – 실제로 데이터베이스를 이용하는 최종 사용자이다.
④ 데이터베이스 관리자 – 사용자가 실제로 접촉하게 되는 데이터베이스 파일을 설계하고 관리한다.
⑤ 데이터마트 – 개별 부서에서 그 부서의 특징에 맞게 데이터를 검색 · 가공 · 분석할 수 있도록 해놓은 작은 규모의 전자저장 공간이다.

정답 ①

정답해설 ①은 데이터베이스관리시스템에 대한 설명이다.

179 다음 중 정보의 활용범주별 유형에 속하는 것은?

① 기업정보
② 개인정보
③ 내용정보
④ 이미지정보
⑤ 동화상정보

정답 ③

정답해설 정보의 유형
- **정보활동 주제별 유형** : 국가정보, 기업정보, 단체 · 법인 정보, 개인정보
- **표현방식별 유형** : 음성정보, 문자정보, 이미지정보, 동화상정보
- **활용범주별 유형** : 내용정보, 형식정보, 형태정보, 동작정보
- **정보내용의 형태별 유형** : 국가 및 지역별 정보, 영역별 정보, 대상별 정보, 내용별 정보, 건명별 정보

180 다음 중 EAN 코드와 관련된 설명으로 옳지 않은 것은?

① UPC 코드보다 하위레벨로 EAN 코드 판독기는 UPC 코드도 판독가능하다.
② 종류로는 EAN-13 표준형과 EAN-8 단축형이 있다.
③ 종류에 따라 제조업체 코드와 상품품목 코드를 표현하는 자리수가 다르다.
④ 국가코드는 3자리이고 체크디지트는 1자리이다.
⑤ 각 캐릭터는 두 개의 바와 두 개의 여백으로 형성된 7개의 모듈로 이루어져 있다.

정답 ①

정답해설 EAN 코드는 UPC 코드보다 상위레벨로 EAN 코드 판독기는 UPC 코드도 판독가능하다.

181 다음 중 최고지식경영자(CKO)가 지녀야 할 자질에 속하지 않는 것은?

① 의사소통능력
② 장기적인 전략적 비전
③ 기술적인 전문성
④ 독특한 가치관
⑤ 변화관리능력

정답 ④

정답해설 ④는 지식근로자가 지녀야 할 자질로 이를 통해 조직의 문화를 이해하고 수용해야 한다.

82 구조화된 전자상거래에 대한 설명으로 적절하지 않은 것은?

① 표준화된 거래형식과 데이터 교환방식에 따라 조직적이고 체계적으로 이루어지는 전자상거래이다.
② 불특정다수의 일반소비자들을 대상으로 하는 전자상거래로서 주로 인터넷을 이용한 온라인 쇼핑이 이에 해당한다.
③ 비교적 계속성이 있는 기어 간의 거래, 즉 제조업자와 유통업자 등 계속적 거래가 있는 기업 간에 거래에 관한 데이터를 교환함으로써 이루어지는 거래로 전자문서교화(EDI) 등의 형태로 실현되는 거래이다.
④ 정부조달의 전자화로부터 시작되었지만 민간부문의 기업들이 설계도면이나 부품의 데이터를 비롯하여 제품의 개발, 제조에서 유통 및 보수유지에 이르기까지 필요한 모든 데이터를 공유하는 것을 목표로 하여 도입하려는 광속상거래(CALS)가 있다.
⑤ 전자우편이나 전자게시판 등을 통하여 주로 개인 간에 1 : 1로 이루어진다.

정답 ⑤

정답해설 전자우편이나 전자게시판 등을 통하여 주로 개인 간에 1 : 1로 이루어지는 것은 비구조화된 전자상거래이다.

83 QR 시스템에 대한 다음 설명 중 옳지 않은 것은?

① 원료공급업체로부터 소매유통에 이르기까지 전체의 유통경로를 정보기술(IT)로 연결하여 업무의 효율성과 소비자의 만족을 극대화하기 위한 시스템이다.
② 소비자들이 원하는 시간에 맞추어 상품을 공급하고 불필요한 재고를 없애서 비용을 감소시킨다는 원칙에서 출발하였다.
③ 정보기술과 참여기술의 활동을 통하여 상품에 대한 소비자의 반응에 신속히 대처하며 비용을 절감하는 것이 목표이다.
④ 제품개발의 사이클을 짧게 하고 소비자 요구에 신속하게 대응하는 정품을 정량에 적정가격으로 적정장소로 유통시키는 것이다.
⑤ 원료공급업자에서부터 매장까지의 전체 공급 사슬을 리엔지니어링함으로써 비효율과 초과비용을 제거하는 데 초점을 맞추고 있다.

정답 ⑤

정답해설 ⑤는 효율적 고객대응(ECR)에 대한 설명이다.

184 다음 중 공급자 주도형 재고관리에 대한 내용으로 옳지 않은 것은?

① AR은 회전율이 빠른 상품에 대한 소매업자의 단품 판매관리나 재고관리의 부담을 덜어주고 에 다른 비용을 줄여준다.

② CR은 매장의 소비자로부터 얻은 재고 및 판매정보를 기초로 상품 보충량을 유통업체가 결정 는 방법으로서 공급자는 구매자로부터 매일 소매점 판매 정보나 물류센터출하정보를 통신망 통해 수신해서 필요한 상품을 공급하고 구매자는 이렇게 보충된 물량을 구매한다.

③ QR은 의류산업의 SCM 전략이며 의류 및 직물 제조업체와 소매업자 간 정보와 제품의 흐름 가속화시키기 위한 새로운 전략이다.

④ VMI는 제조업체가 발주 확정 후 바로 유통업체로 상품배송이 이루어지지만 CMI는 제조업 가 발주 확정을 하기 전에 발주권고를 유통업체에게 보내어 상호 협의 후 발주확정이 이루어 는 처리를 말한다.

⑤ JIT는 필요한 상품이 필요한 시기에 즉시 도착하기 때문에 재고의 유지가 필요 없거나 극소 의 재고를 유지함으로써 재고관리비용을 획기적으로 줄일 수 있는 시스템이다.

정답 ②

정답해설 CR은 매장의 소비자로부터 얻은 재고 및 판매정보를 기초로 상품 보충량을 제조업체가 결정한다.

185 다음 중 e-SCM의 도입효과로 옳지 않은 것은?

① 거래 · 투자비용의 최소화
② 자동 보충을 통한 재고 감축
③ 개별화된 고객 서비스 제공
④ 순환주기 단축
⑤ 수직적 확장 용이

정답 ⑤

정답해설 e-SCM은 고객과 기업 내부의 다양한 욕구를 만족시키고 업무의 효율성을 극대화하는 전략적 기법이며 이를 도 할 시 업무의 효율성 증가로 인해 판매량 역시 증가하므로 판매량 증가에 부응하여 새로운 설비나 시설, 건물을 입함으로써 기업의 생산능력을 확장하는 수평적 확장이 용이해진다.

86 기업이 보유하고 있는 지적자산을 형식지와 암묵지로 구분할 때 다음 설명에서 적절치 못한 것은?

① 형식지란 문서화되어 있고 보존이 가능하며 성문화할 수 있는 것들이다.
② 특허권, 상표, 사업계획, 시장조사, 고객목록 등이 형식지이다.
③ 기술 장인의 솜씨는 암묵지에 해당한다.
④ 사람을 머릿속에 있는 지식을 인식하고 생성하며 공유 및 관리하는 데 있어 암묵지에서 암묵지로 이동을 할 수 있도록 구현된 시스템을 지식경영시스템(KMS)이라 한다.
⑤ 제품별 운송 시 주의사항과 지침은 형식지에 속한다.

정답 ④

정답해설 지식경영시스템(KMS)은 조직 내 지적 자산의 가치를 극대화하기 위하여 통합적인 지식경영 프로세스를 지원하는 정보기술 시스템이다.

87 다음 물류정보시스템에서 사용하는 통합적 정보시스템의 설계방향에 관한 설명으로 거리가 먼 것은?

① 서로 관련되지 않은 개별의 활동들을 통합하여 수행할 때 필요하다.
② 하위시스템은 각종 자원(컴퓨터 설계, 데이터베이스, 정보 네트워크, 분석 툴 등)을 공동으로 이용할 수 있어야 한다.
③ 모든 분산된 자료를 공통된 지역에 보관함으로써 공통의 데이터베이스를 구축할 수 있어야 한다.
④ 정보시스템 내 특정 하위시스템의 자료(구매물류정보시스템)가 다른 하위시스템(판매정보시스템)에 공동으로 사용될 수 있도록 설계되어야 한다.
⑤ 통합적 정보시스템은 정보시스템 내 특정 하위 시스템의 자료가 다른 하위 시스템에도 활용할 수 있게 설계된 것을 말한다.

정답 ①

정답해설 통합적 정보시스템이란 정보시스템 내의 특정 하위 시스템의 자료가 다른 하위 시스템에도 사용할 수 있게 설계된 것으로 이를 위해서는 분산된 모든 자료를 통합하여 운영할 수 있는 데이터베이스 구축이 필수적이며 밀접히 관련된 활동을 통합하여 수행하는 것이 필요하다.

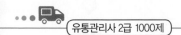

188 **협의의 MIS(Management Information System)와 ERP(Enterprise Rescue Planning)에 대** **비교설명으로 옳지 않은 것은?**

	구분	MIS	ERP
①	업무중심	TASK	PROCESS
②	업무처리형태	부문최적화	전체최적화
③	업무가치기준	고객중심	내부통제
④	DB구조	파일시스템	원장형
⑤	전산처리형태	중앙집중식	분산처리구조

정답 ③

정답해설 업무가치기준에서 MIS는 내부통제, ERP는 고객중심이다.

189 **ECR 전략의 내용과 거리가 먼 것은?**

① 관련 당사자 간 상호 신뢰가 중요하며 모든 당사자가 평등한 입장에서 추진되어야 한다.
② 물류의사결정을 지원하기 위한 물류정보시스템의 중요성이 강조되고 있다.
③ 조달에서부터 판매 및 소비에 이르기까지 물류의 전 과정을 관리한다.
④ 여러 가지 상황변수에 알맞은 다양한 성과측정 및 보상시스템이 구축되어야 한다.
⑤ 소비자들에게 양질의 제품과 서비스를 제공하는 것을 목적으로 한다.

정답 ④

정답해설 ECR 전략에서 성과측정 및 보상시스템은 공통적이고 일관성 있게 구축되어야 한다.

190 **전자상거래 비즈니스 모델에서 제휴형(Affiliate Model)에 대한 내용으로 옳은 것은?**

① 고객이 인터넷상에서 정보를 서핑하는 곳에 따라 어디서든지 구매 기회를 제공하는 모델로 웹사이트에 Purchase Point Click-through를 제공하는 제휴 파트너에게 매출의 일정액을 인센티브로 제공한다.
② 이용자의 충성도에 기초한 비즈니스 모델로서 이용자들은 이 사이트에 많은 시간과 노력을 투자하며, B2C보다는 B2B 모델로서 많이 활용되고 있다.

③ 인터넷을 이용한 전통적인 도소매상으로 매출은 카탈로그에 리스트 된 가격이나 경매를 통해 결정된 가격에 이루어지며 때로는 전통적인 상점에서는 불가능한 상품이나 서비스를 취급한다.
④ 기존의 유통망을 붕괴시킬 수 있다는 점 때문에 가격정책, 고객서비스 등에서 기존 유통망과의 마찰을 초래할 가능성이 있어 효과적인 유통망 관리가 핵심적인 성공요인이다.
⑤ 구매인과 판매인을 한 곳에 모아 거래를 촉진하는 모델로서 기업 간 거래(B2B)는 물론 B2C와 C2C에 모두 적용할 수 있다.

정답 ①

정답해설 제휴형(Affiliate Model)은 웹사이트 상에서 구매가 이루어진 경우에 제공하는 제휴 파트너에게 매출의 일정액을 수수료로 제공하고 제휴업체가 아무런 매출도 유발하지 않으면 비용을 지불할 필요가 없는 모델이다.

오답해설 ② 커뮤니티형(Community Model)에 대한 설명이다.
③ 상인형(Merchant Model)에 대한 설명이다.
④ 제조업체형(Manufacturer Model)에 대한 설명이다.
⑤ 중개형(Brokerage Model)에 대한 설명이다.

91 i-비즈니스와 e-비즈니스를 비교하는 설명으로 적절한 것은?

① i-비즈니스는 전자매체를 통해 이루어지는 거래행위 외에 온라인 비즈니스에 참여하는 고객 및 업체와의 관계, 정보의 흐름 등을 강조하는 개념이다.
② i-비즈니스는 인터넷, 인트라넷, 엑스트라넷을 통해 이루어지는 전자상거래, 온라인 뱅킹, 고객지원, 지식경영, 원격진료는 물론 행정, 교육 등의 공공 분야에 이르기까지 네트워크 환경에서 이루어지는 모든 업무를 포괄한다.
③ e-비즈니스는 전자상거래보다 좁은 개념이다.
④ e-비즈니스는 개념적으로 단지 상거래에 초점을 맞추기보다 인터넷을 통해 이루어지는 거래행위를 포함한 모든 · 정보의 흐름 등도 강조되는 개념이다.
⑤ e-비즈니스가 네트워크 환경 상에서 이루어지는 모든 업무를 포함하는 반면, i-비즈니스는 인터넷상에서 이루어지는 업무로 e-비즈니스보다 작은 개념으로 정의할 수 있다.

정답 ⑤

정답해설
- **e-비즈니스** : 인터넷을 기업경영에 도입하여 기존 기업의 경영활동영역을 가상공간으로 이전시킨 것으로 네트워크 환경 상에서 이루어지는 모든 업무를 포함한다.
- **i-비즈니스** : 단지 상거래에 초점을 맞추기보다 인터넷을 통해 이루어지는 거래행위를 포함한 모든 · 정보의 흐름 등도 강조되는 개념으로 인터넷상에서 이루어지는 업무로 e-비즈니스보다 작은 개념으로 정의할 수 있다.

오답해설 ① · ② e-비즈니스에 대한 설명이다.
③ e-비즈니스는 전자상거래보다 넓은 개념이다.
④ i-비즈니스에 대한 설명이다.

192 다음 중 RFID에 대한 설명 중 옳지 않은 것은?

① 정보를 읽거나 쓰기 위한 반도체칩을 내장하고 정보의 전송을 위해 안테나를 사용하는 무선 파수 시스템이다.

② 장소나 시간에 관계없이 컴퓨터 네트워크에 접속을 통하여 필요한 서비스를 제공받는 것이다

③ 국내에서는 모바일 RFID 포럼을 중심으로 온라인상의 콘텐츠나 서비스의 위치를 찾는 데 필 한 정보 제공을 위한 모바일 RFID 표준을 추진한다.

④ 미들웨어, 객체정보서버, 객체이력서버, RFID 검색서비스 등이 RFID 서비스 네트워크를 구 한다.

⑤ 구성요소로는 태그, 안테나, 리더 호스트 등이 있다.

정답 ②

정답해설 RFID는 무선주파수를 사용하여 수십 미터 떨어져 있는 태그를 비접촉으로 인식하여 필요한 정보를 제공받는 기 이다.

193 다음 중 인터페이스도구에 대한 설명으로 옳은 것은?

① 특수 목적을 가진 응용프로그램으로 특정영역에서 지식근로자의 업무시간을 줄이고 업무오 를 감소시키기 위해 사용한다.

② 어떠한 현상이나 사건을 컴퓨터로 모델화하여 가상으로 실행시켜 봄으로써 실제 상황에서 결과를 예측하는 것을 말한다.

③ 관리자와 지식근로자가 개인정보 단말기에서부터 데이터웨어하우스에 이르기까지 다양한 장매체에 있는 자료를 검토하고 가공하여 의사결정을 돕는 소프트웨어 도구이다.

④ 자료를 기계가 판독할 수 있는 형태로 정확하고 효율적으로 만드는 것을 말한다.

⑤ 데이터베이스에 있는 정보를 효율적으로 추출하기 위한 도구로서 마우스, 키보드, 스피커, 디오디스플레이 등이 이에 해당한다.

정답 ⑤

정답해설 인터페이스도구는 데이터베이스에 있는 정보를 효율적으로 추출하기 위한 도구로서 마우스, 키보드, 스피커, 비 오디스플레이 등이 이에 해당한다.

오답해설 ① 특수목적 응용프로그램에 대한 설명이다.
② 시뮬레이션에 대한 설명이다.
③ 의사결정지원도구에 대한 설명이다.
④ 자료수집도구에 대한 설명이다.

94 RFID/USN 시스템에 대한 보안 취약점과 보안 요구사항에 대한 보완책으로 적절하지 않은 것은?

① 킬 태그(Kill Tag) – 태그의 설계 시 8비트의 비밀번호를 포함하고 태그가 비밀번호와 'Kill' 명령을 받을 경우 태그가 비활성화 되는 방식
② 페러데이 우리(Faraday Cage) – 무선 주파수가 침투하지 못하도록 하는 방법으로 금속의 그물이나 박막을 입히는 방법
③ 워터마킹(Watermarking) – 디지털 콘텐츠에 저작권자의 고유마크를 집어넣는 방식
④ 방해 전파(Active Jamming) – 리더기가 제품을 읽지 못하도록 방해신호를 보내는 물건을 소비자가 들고 다니는 방식
⑤ 차단자 태그(Blocker Tag) – 전파 식별에 저장된 정보 접근을 선택적으로 차단하는 방식

정답 ③

정답해설 워터마킹(Watermarking)은 텍스트, 그래픽, 비디오, 오디오 등 멀티미디어 저작물의 불법 복제를 막고 저작권자를 보호하기 위한 디지털 콘텐츠 저작권 보호기술이다.

95 괄호 안에 모두 들어갈 수 있는 용어는?

CAO는 POS 데이터를 통해 얻어지는 상품정보를 분석해 자동으로 생산 및 판매를 위한 발주정보를 제공해 주는 시스템으로 (   ) 기반 정보시스템이기 때문에 유통업체와 제조업체가 규격화된 표준문서를 사용해야 하고 인프라가 다를 경우 (   ) 문서를 표준화해야 하며 유통업체와 제조업체 간 데이터베이스가 다를 때도 동기화가 요구된다. 이를 위해 표준화된 전자문서교환이 가능하도록 (   )와 같은 소프트웨어를 통한 데이터베이스의 변환이 요구된다.

① OEM
② MRO
③ EDI
④ KAN
⑤ EAN

정답 ③

정답해설 성공적인 CAO를 위해서 유통업체와 제조업체는 서로 주고받는 정보를 자동처리하기 위한 수단으로 정보를 전자적으로 전송하고 전송된 정보를 수령할 수 있어야 하므로 제조와 유통업체 모두 EDI 능력이 있어야 한다.

196 다음 중 정보에 대한 설명으로 옳지 않은 것은?

① 어떤 사물 · 상태 등 관련된 모든 것들에 대해 수신자에게 의미 있는 형태로 전달되어 불확실을 감소시켜 주는 것과 같이 수신자가 의식적인 행위를 취하기 위한 의사결정 및 선택의 목에 유용하게 사용될 수 있는 데이터의 집합을 의미한다.

② 인간이 판단하며 의사결정을 내리고 행동을 수행할 때 그 방향을 정하도록 도와주는 역할 한다.

③ 각각의 사실들이 지니고 있는 본래의 가치를 초월하여 새로운 부가가치를 지니는 방식으로 직화된 사실들의 집합체이다.

④ 개인이나 조직이 의사결정을 하는 데 사용되도록 의미 있고 유용한 형태로 처리된 자료들이

⑤ 어떤 목적에 도움을 줄 수 있는 기존의 모든 자료를 말하며 정부에서 발표하는 각종 통계자 이미 발표된 논문, 신문기사, 각종 기관이나 조사회사에서 발표되는 결과 등이 포함된다.

정답 ⑤

정답해설 ⑤는 2차 자료를 설명하는 내용이다.

197 소비자들을 자신의 고객으로 만들고 이를 장기간 유지하고자 하는 경영 방식은?

① SCM　② ERP
③ MRP　④ CRM
⑤ ECR

정답 ④

정답해설 CRM은 기업이 고객과 관련된 내외부 자료를 분석 · 통합해 고객 중심 자원을 극대화하고 이를 토대로 고객특성 맞게 마케팅 활동을 계획 · 지원 · 평가하는 과정으로 고객데이터의 세분화를 실시하여 신규고객획득, 우수고객 지, 고객가치증진, 잠재고객 활성화, 평생고객화와 같은 사이클을 통하여 고객을 적극적으로 관리하고 유도한다.

오답해설 ① SCM : 기업에서 원재료의 생산 · 유통 등 모든 공급망 단계를 최적화해 수요자가 원하는 제품을 원하는 시간 장소에 제공하는 '공급망 관리'를 뜻한다.

② ERP : 기업 전체를 경영자원의 효과적 이용이라는 관점에서 통합적으로 관리하고 경영의 효율화를 기하기 위 수단으로 정보의 통합을 위해 기업의 모든 자원을 최적으로 관리하자는 개념이며 기업자원관리 혹은 업무 통 관리라고 볼 수 있다.

③ MRP : 컴퓨터를 이용하여 최종제품의 생산계획에 따라 그에 필요한 부품 소요량의 흐름을 종합적으로 관리하 생산관리 시스템이다.

⑤ ECR : 소비자에게 보다 나은 가치를 제공하기 위해 식품산업의 공급업체와 유통업체들이 밀접하게 협력하는 략을 말한다.

98 다음 중 에스크로(Escrow) 서비스를 이용한 전자상거래 과정에 대한 설명으로 옳지 않은 것은?

① 구매자과 판매자 모두 에스크로 서비스 회원이어야 한다.
② 구매자의 상품대금을 즉각 판매자에게 입금하지 않고 제3자에게 예치하고 있다가 배송이 정상적으로 완료된 후 대금을 판매자에게 지급한다.
③ 전자상거래시 제안된 거래조건에 합의가 되면 에스크로 서비스가 개시된다.
④ 구매자는 상품수령 후 에스크로 사업자에게 구매승인 여부를 통보한다.
⑤ 전자상거래에서 구매자와 판매자 양측을 전자상거래 상의 피해사고로부터 보호할 수 있다.

정답 ①

정답해설 에스크로(Escrow) 서비스를 이용하려면 구매자와 판매자 중 어느 한쪽만 에스크로 서비스 회원이라도 이용할 수 있다.

99 EOS(Electronic Ordering System) 효과에 대한 설명으로 적절하지 못한 것은?

① 단품 발주 및 재고관리시스템에 대한 응용이 가능하다.
② 전자적 결합에 의해 고객 및 거래처와의 거래망을 구축할 수 있다.
③ 바코드 입력 등으로 입력 작업을 절약하고 신속 정확하게 처리할 수 있다.
④ 발주 데이터를 공유함으로써 매입 검수를 합리화할 수 있다.
⑤ 물품을 조기에 발주하여 품절을 방지하고 납품일정까지 정리할 수 있다.

정답 ②

정답해설 EOS(Electronic Ordering System)는 대형 컴퓨터를 이용하여 거래처에 자동으로 주문 후 항상 신속하고 정확하게 해당 점포에 배달해주는 시스템으로 판매에 필요한 물품을 조기에 발주하여 품절을 방지하고 납품일정까지 정리하는 시스템으로 공급망과 재고관리는 물론 주문 처리까지 자동화해서 자원계획과 구입을 간소화하는 데 목적이 있다.

200 **고객충성도 프로그램에 대한 설명으로 적절하지 않은 것은?**

① 데이터베이스로부터 과거에는 알지 못했지만 데이터 속에서 유도된 새로운 데이터 모델을 견하여 미래에 실행 가능한 정보를 추출해 내고 의사결정에 이용하는 과정이다.
② 고객의 반복적인 구매활동에 대한 보상으로 상품할인, 무료식품, 선물 혹은 여행 같은 인센브를 제공하기 위해 마련된 마케팅프로그램이다.
③ 데이터 웨어하우스의 가장 중요한 용도 중 하나는 고객충성도 프로그램을 통해 충성고객을 발하는 것이다.
④ 고객충성도 프로그램의 기본은 고객을 소비성향에 따라 분류하고 이들에 대한 정보를 체계시켜 크게는 소비세분시장의 요구를 파악하고 작게는 개별고객의 요구를 파악하여 이에 속 · 정확하게 대응하는 것이다.
⑤ 고객충성도 프로그램을 실행시키는 것이 고객관리로 이어지는 것이라기보다 고객관리가 우시되어야 한다.

정답 ①

정답해설 ①은 데이터 마이닝에 대한 설명이다.

201 **유통정보로부터 의미 있는 고객 성향과 패턴을 알아내기 위해 데이터마이닝을 활용하는 데로 사용하는 기법과 그에 대한 설명으로 옳지 않은 것은?**

① 분류 – 범주형 자료이거나 이산형 자료일 때 주로 사용하며 이미 정의된 집단으로 구분하분석하는 기법
② 추정 – 연속형이나 수치형으로 그 결과를 규정, 알려지지 않은 변수들의 값을 추측하여 결하는 기법
③ 예측 – 미래의 행동이나 미래 추정치의 예측에 따라 구분되는 것으로 분류나 추정과 유사 기
④ 유사통합 – 분류와 같이 이미 정의된 집단이 있어 이를 기준으로 구분하고 이와 유사한 자를 모으며 분석하는 결정 기법
⑤ 군집화 – 물리적 혹은 추상적 객체들을 비슷한 객체로 그룹화하는 기법

정답 ④

정답해설 데이터마이닝 기법 중 하나인 유사통합은 데이터로부터 규칙을 만들어내는 것으로 어떠한 것들이 함께 발생하는에 대해 결정하는 기법이다.

02 정보보안의 위협과 관련된 용어에 대한 내용으로 옳지 않은 것은?

① 에드웨어 - 인터넷 광고주들이 컴퓨터 사용자의 동의 없이 광고를 보여 줄 수 있도록 하는 것
② 트래픽 패딩 - 트래픽 흐름의 해석을 방지하기 위해 실제의 데이터가 아닌 임의의 데이터를 네트워크에 흘림으로써 트래픽 분석을 통한 정보유출을 방지하는 기법
③ 스니퍼 - 이메일, 메신저 등 다양한 방법으로 정상적인 메시지로 위장하여 거짓정보를 주고 사용자를 속이는 바이러스
④ 패킷변조 - 인터넷을 통해 전송 중인 패킷의 내용을 변경하거나 네트워크에 침투하여 컴퓨터 디스크의 데이터를 변경하는 것
⑤ 권한 상향 조정 - 시스템의 손상을 입힐 목적으로 접근하는 사용자에게 당초에는 허가되지 않은 권한을 시스템이 승인하도록 유도하는 과정

정답 ③

정답해설 스니퍼는 네트워크에서 데이터의 흐름을 모니터할 수 있는 프로그램이나 장치를 이르는 말로 네트워크 트래픽을 감시하고 분석하는 프로그램으로 트래픽 데이타를 분석하여 네트워크를 최적화하며 패킷에 잠입하여 정보를 가로채는 대표적인 크래킹 기술을 의미하거나 데이터베이스 분석 프로그램을 뜻하기도 한다. 거짓정보를 주어 사용자를 속이는 가짜 바이러스는 훅스이다.

03 웹 로그 파일 중 웹 사이트 방문자가 웹 브라우저를 통해 사이트 방문 시 브라우저가 웹 서버에 파일을 요청한 기록과 시간, IP에 관련된 정보 등의 기록을 남기는 것을 뜻하는 용어는?

① 시그널 로그
② 에러 로그
③ 리퍼러 로그
④ 팁 로그
⑤ 액세스 로그

정답 ⑤

정답해설 액세스 로그는 웹사이트에 접속했던 사람들이 각 파일들을 요청했던 실적을 기록해놓은 목록을 말한다. 여기에는 HTML 파일들이나 거기에 들어 있는 그래픽 이미지, 이와 관련되어 전송된 다른 파일들이 모두 포함된다. 액세스 로그는 다른 프로그램에 의해 분석되고 요약될 수 있다.

204 웹 언어 중 HTML에 대한 설명으로 가장 옳지 않은 것은?

① SGML(Standard Generalized Markup Language)을 모태로 만들어진 표준 언어이다.
② 웹 페이지의 제목, 문단, 하이퍼링크와 같은 내용들은 모두 꺾쇠에 둘러싸인 태그로 작성된다
③ 1989년 팀 버너스 리가 WWW의 하이퍼텍스트 시스템을 고안하면서 최초의 웹 서버와 웹 브우저 그리고 HTML이 탄생하였다.
④ HTML5는 기존의 플러그인들을 번거롭게 설치할 필요 없이 동영상이나 오디오 플레이어를 리우저 상에서 곧바로 구현하는가 하면 포토샵 같은 프로그램이나 게임까지 브라우저로 즐 수 있게 구현한다.
⑤ XML과 달리 규정된 태그만 사용하는 것이 아닌 사용자가 원하는 태그를 만들어 응용 프로램에 적용 가능하다.

정답 ⑤

정답해설 HTML이 정해진 태그를 가지고 표현하는 것이라면 XML은 사용자가 태그를 정의하여 사용할 수 있다.

205 B2C 전자상거래 성공요인으로 가장 옳지 않은 것은?

① 컴퓨터 및 통신기술을 통해 시장욕구 사항에 신속하게 대응할 수 있는 능력을 갖춰야 한다.
② 주문된 제품 혹은 서비스를 신속하게 고객에게 전달할 수 있는 효율적인 프리패스를 갖춰 한다.
③ 시스템의 페이지 로딩속도가 빠르며 언제나 접속이 가능하고 중간에 끊김이 없어야 한다.
④ 보안위협으로부터 거래데이터를 보호하기 위한 암호화 및 인증기술이 적용된 지불시스템을 취야 한다.
⑤ 신속한 과잉 사업 확장을 위해 재무적인 측면에서 비용대비 수익 비율을 최소화해야 한다.

정답 ⑤

정답해설 B2C(Business to Customer)는 기업이 소비자를 상대로 행하는 인터넷 비즈니스로 가상의 공간인 인터넷에 상점 개설하여 소비자에게 상품을 판매하는 형태의 비즈니스이다. 이러한 전자상거래 성공요인으로는 완벽한 정보의 공과 시장대응 능력, 다양한 상품 제공, 낮은 가격 제공, 현실성 있는 가상구매, 소비자 맞춤형 거래, 제품구매 편 성 제공, 안전한 거래, 신속한 배달, 용이한 반품, 개인정보와 거래데이터의 보호 등이 있다.

06 다음 내용에서 뜻하는 용어로 옳은 것은?

> 추가판매로 특정 카테고리 내에서 상품 구매액을 늘리도록 더 고기능의 상품을 추천하는 활동으로 고객이 100만 원에 세탁기를 검색하였을 경우 더 고가의 세탁기를 추천하는 것이 그 예이다.

① 업셀링
② e-selling
③ 크로스셀링
④ 텔레마케팅
⑤ 프로모션

정답 ①

정답해설 고객이 구매하려던 것보다 가격이 더 높은 상품이나 서비스 등을 구입하도록 유도하는 방식을 업셀링이라 하며 고객이 차츰 높은 등급의 상품을 구매하도록 유도하는 것도 포함된다.

07 유통정보시스템의 수평적 통합으로 발생하는 이점으로 옳은 것은?

① 계열구성원 서로 간의 이해수준을 높여 경로갈등의 해결 및 조정이 용이해진다.
② 중복된 경영활동을 통합 · 조정함으로써 중복되는 영업간접비용을 절감할 수 있다.
③ 유통 · 생산시설 등의 공동 이용으로 고정비용의 절감 등 시너지 효과를 기대할 수 있다.
④ 판매망의 다양화와 시장 확대로 유통경로에 대한 지배력을 강화할 수 있다.
⑤ 외부 환경변화에 대하여 생산 및 유통정책을 신속히 수정할 수 있다.

정답 ③

정답해설 수평적 통합이란 유사 업종의 기업이 해당 시장에서 규모와 범위의 시너지 효과를 창출하기 위하여 진행하는 제휴, 인수, 합병 등의 과정이다. 2개 이상의 기업이 자신들의 자본, 노하우, 마케팅, 지원 등을 결합하여 고정비용 등을 절감시키며 시너지 효과를 기대할 수 있다.

08 의사결정자들 간의 의사소통에 영향을 미치는 요소 중 물리적 위치와 시간에 따른 GDSS(그룹의사결정지원시스템)의 물리적 장치의 형태가 가장 올바르게 짝지어진 것은?

① 같은 시간 – 같은 장소 : Voice mail
② 같은 시간 – 다른 장소 : Conference calls
③ 다른 시간 – 같은 장소 : Screens sharing
④ 다른 시간 – 다른 장소 : Shared office
⑤ 같은 시간 – 같은 장소 : E-mail

정답 ②

정답해설 GDSS(그룹의사결정지원시스템)는 그룹 의사소통 및 집단 의사결정을 보다 효과적으로 지원하기 위해 구축대는 스템으로 Conference calls는 3인 이상이 하는 전화 회담을 뜻하므로 같은 시간 - 다른 장소의 형태이다.

209 의사결정 과정의 순서를 가장 올바르게 나열한 것은?

㉠ 문제파악
㉡ 정보 탐색과 결과 예측
㉢ 대안의 비교, 분석, 평가
㉣ 최적의 대안 선택
㉤ 대안 실행 및 평가

① ㉠ → ㉡ → ㉢ → ㉣ → ㉤
② ㉠ → ㉢ → ㉡ → ㉣ → ㉤
③ ㉠ → ㉡ → ㉢ → ㉤ → ㉣
④ ㉠ → ㉢ → ㉡ → ㉤ → ㉣
⑤ ㉠ → ㉢ → ㉣ → ㉡ → ㉤

정답 ①

정답해설 의사 결정 단계는 문제의 파악 → 정보의 탐색과 결과 예측 → 대안의 비교, 분석 및 평가 → 최적의 대안 선택 대안의 평가로 이루어진다.

210 지식경영과 관련한 암묵지의 예로 옳은 것은?

① 제품사양
② 매뉴얼
③ 화학공식
④ 조직문화
⑤ 컴퓨터 프로그램

정답 ④

정답해설 암묵지란 어떤 일정한 형식이나 규칙으로 표현하기 어려운 주관적이나 내재적인 지식을 말하며 개인이나 조직 경험, 이미지 혹은 숙련된 기능, 조직 문화 등의 형태로 존재한다. 이에 반해 형식지는 누구나 이해 또는 전달할 있는 객관적 지식이며 문서, 규정, 매뉴얼, 공식, 컴퓨터 프로그램 등의 형태로 표현될 수 있다.

11 전자지불시스템이 성공적으로 활용되기 위해 충족되어야 할 요건으로 옳지 않은 것은?

① 결제시스템이 의도하였던 제 기능을 수행하고 사용자들이 안전하다고 믿을 수 있도록 사기거래를 방지할 수 있어야 한다.

② 범죄 공격의 타깃이 될 수 있으므로 인터넷을 통해 전송되는 지불관련 정보의 불법적 노출, 변조 혹은 파괴를 예방시켜야 한다.

③ 판매자의 거래 정보가 밝혀지지 않도록 익명성이 보장되어야 한다.

④ 거래 당 비용이 거의 무시할 정도로 적어야 한다.

⑤ 개인 이외에는 함부로 전자상거래의 대금결제를 사용할 수 없도록 사용자 인터페이스를 설계해야 한다.

정답 ⑤

정답해설 전자지불이란 전자상거래의 대금 결제를 위한 핵심적인 기술요소로서 인터넷과 같은 개방형 네트워크상에서 고객이 물건 또는 정보를 구매한 대가로 금액을 전자적으로 지불하는 것을 말하며 전자지불시스템은 누구나 전자상거래의 대금결제를 위해 쉽게 사용할 수 있도록 사용자 인터페이스를 설계해야 한다.

12 바코드 기술과의 차별 요소측면에서 RFID(Radio Frequency Identification)의 특성에 대한 설명으로 옳지 않은 것은?

① RF 태그는 냉온, 습기, 열 등의 열악한 환경에서도 사용된다.

② RFID 기술은 고속 이동하는 상품을 인식할 수 있다.

③ RIFD 기술은 장애물 및 방향에 관계없이 정보 인식이 가능하다.

④ RIFD 기술은 무선통신 매체를 이용하여 비접촉식으로 동시에 다수 태그의 인식이 가능하다.

⑤ RIFD 기술은 관리레벨에 있어서 개품관리보다는 상품그룹별 관리에 적합하다.

정답 ⑤

정답해설 RFID(Radio Frequency Identification)는 자동인식 기술의 하나로 데이터 입력 장치로 개발된 무선(RF : Radio Frequency)으로 인식하는 기술이다. 바코드처럼 각 제품의 개수와 검수를 위해 일일이 바코드 리더기를 가져다 댈 필요 없이 자동으로 대량 판독이 가능하기 때문에 불필요한 리드 타임을 줄일 수 있고 정확도가 향상된다.

213 GS1 식별코드 중에서 상품식별코드는?

① GLN ② GRAI
③ GSIN ④ GINC
⑤ GTIN

정답 ⑤

정답해설 GS1은 유통물류를 비롯한 전 산업에 사용되는 상품 식별용 바코드, 전자문서, 전자카탈로그 등의 표준화를 주도 온 민간 국제표준기구로 그 중 상품 식별에 사용되는 국제표준 식별코드는 GTIN(Global Trade Item Number)이다

214 다음 중 ㉠, ㉡에 들어갈 용어로 옳은 것은?

> 우리가 알고 있는 대부분의 물리적 현상들은 어떤 주파수의 형식으로 자신을 드러내 보이고 있다. 이러한 신호의 주파수에는 하한선과 상한선이 있고 이러한 주파수의 범위를 (㉠)(이)라 한다. 전화기의 경우 음성을 전화기의 송화기를 통해 (㉡) 신호로 변환하여 전화선을 타고 수화기까지 전송되는 것이다.

① ㉠-보오, ㉡-디지털 ② ㉠-대역폭, ㉡-아날로그
③ ㉠-보오, ㉡-아날로그 ④ ㉠-대역폭, ㉡-디지털
⑤ ㉠-보오, ㉡-부호화

정답 ②

정답해설 대역폭은 특정한 기능을 수행할 수 있는 주파수의 범위로 헤르츠 단위로 측정된다. 대역폭은 정보 이론, 무선 통 신호 처리, 분광학 등 여러 분야에서 중요한 개념으로 다룬다. 아날로그 통신은 음성과 같이 시시각각 연속적으 변화하는 신호를 그대로 보내는 것을 말한다. 대표적인 것이 TV 등의 신호나 전화통신이 있다. 전화기는 송화기 부터 음성 아날로그신호를 그대로 나누어 소리의 크기에 따라 반송파의 진폭치를 바꾸고 주파수를 변화시킨다. 때문에 전송 중 잡음이 생기기 쉽다. 아날로그 통신은 경제적이고 점유주파수 대역폭이 좁다는 특징이 있다. 또 의의 시간에서 임의의 전압레벨을 추출할 수 있으며 회로가 간단해진다.

215 지식의 변환과정을 통하여 개인의 지식인 개인지가 조직차원의 지식인 조직지로 확산되어 가 과정을 서술한 것으로 ㉠~㉣ 안에 들어갈 용어를 순서대로 올바르게 나열한 것은?

> 지식은 개인의 암묵지가 다른 사람에게 전수되어 다른 사람의 암묵지로 변환되는 (㉠), 암묵지가 형식지로 변환되어 전파되는 (㉡), 형식지가 확대되어 또 다른 형식지로 변환되는 (㉢), 그리고 형식지로 표현된 지식이 개인의 암묵지로 변환되어 실제화되는 (㉣) 등의 변환과정을 갖는다.

① ㉠-사회화, ㉡-내면화, ㉢-외부화, ㉣-종합화
② ㉠-사회화, ㉡-외부화, ㉢-종합화, ㉣-내면화
③ ㉠-내면화, ㉡-외부화, ㉢-사회화, ㉣-종합화
④ ㉠-내면화, ㉡-사회화, ㉢-종합화, ㉣-외부화
⑤ ㉠-사회화, ㉡-종합화, ㉢-내면화, ㉣-외부화

정답 ②

정답해설 ㉠ **사회화** : 암묵지가 암묵지로 이전, 확대되면서 아이디어가 생성되는 과정을 의미하며 이는 개인들 사이의 폭 넓은 사회적 맥락에 의지한다. 개인의 경험, 세계관, 정신모델 등이 구성원 간 자유로운 교류와 소통을 통해 새로운 암묵지로 변환된다.
㉡ **외부화** : 사회화 과정에서 새로이 형성된 암묵지가 형식지로 변환되는 과정을 의미하며 이 단계에서는 특정 아이디어가 대화와 토론을 통해 문구, 기호, 이미지 등의 형식을 갖춘 구체적 개념으로 표출된다.
㉢ **종합화** : 외부화 과정에서 도출된 형식지가 다른 형식지와 비교, 결합, 연계되는 과정을 의미하며 이 단계에서는 조직 구성원 간 공유를 통해 도출된 형식지의 정제와 가치 확인이 이루어진다.
㉣ **내면화** : 정제된 형식지가 구체적인 실천을 통해 개인 및 조직의 암묵지로 내재화되는 과정을 의미하며 이 단계에서는 경험을 통한 학습이 매우 중요한 요소로 간주된다.

16 조직의 데이터를 수집하고 관리하는 일련의 절차에 관련된 사항으로 옳지 않은 것은?

① 운영계층에서 매일 실시간으로 발생하는 데이터를 수집하고 관리하는 거래처리정보시스템은 정확하고 구체적인 데이터를 다룰 수 있도록 구축되어야 한다.
② 각각의 운영 데이터베이스로부터 발생하는 대량의 데이터를 통합 관리할 수 있도록 데이터웨어하우스를 구축한다.
③ 중요한 데이터를 다른 사용자가 알아보지 못하도록 은닉하고 변형시켜 조직내부 구성원 중 인가받은 경우만 접근할 수 있도록 지원하는 기능을 정보세탁이라 한다.
④ 데이터 마이닝은 원래의 자료 그 자체만으로는 제공되지 않는 정보를 추출하기 위해 다양한 기술을 활용하여 대량의 정보 속에서 일정한 경향과 관계를 찾아내고 미래 행위를 예측하고 의사결정을 이끌어 내도록 지원한다.
⑤ W. H. Inmon에 의하면 데이터웨어하우스를 경영자의 의사결정을 지원하는 주제 중심적(subject-oriented)이고 통합적(integrated)이며 비활성적(nonvolatile)이고 시간에 따라 변화(time-variant)하는 데이터의 집합이라 정의하였다.

정답 ③

정답해설 정보세탁이란 의도적으로 흘린 정보를 언론 매체가 보도함으로써 사람들의 사상과 사고에 영향을 미치는 것을 의미한다.

217 **괄호 안에 들어갈 용어로 알맞은 것은?**

아마존의 경우 마케팅 대상에서 거의 제외되었던 하위 80% 고객의 매출이 마케팅의 주요 대상이었던 상위 20% 고객의 매출을 추월하는 현상이 일어났다. 이와 같이 개별 매출액은 작지만 이들을 모두 합하면 인기상품 못지않은 매출을 올릴 수 있는 틈새상품이 부각되는 현상을 일컬어 크리스 앤더슨은 (　　　)라 하였다.

① 파레토 법칙
② 무어 법칙
③ 멧칼프 법칙
④ 롱테일 법칙
⑤ 파킨슨 법칙

정답 ④

정답해설 롱테일 법칙은 80%의 사소한 다수가 20%의 핵심 소수보다 뛰어난 가치를 창출한다는 이론으로 이 때문에 '역(파레토 법칙'이라고도 한다. 예를 들어 온라인 서점 아마존닷컴의 전체 수익 가운데 절반 이상은 오프라인 서점 서는 서가에 비치하지도 않는 비주류 단행본이나 희귀본 등 팔리지 않는 책들에 의하여 축적되는 현상이 있다.

오답해설 ① **파레토 법칙** : 20%의 상품이 총 매출의 80%를 창출하고 20%의 충성스러운 고객들이 총 매출의 80%를 차지 다는 법칙
② **무어 법칙** : 인터넷 경제의 3원칙 가운데 하나로 마이크로칩의 밀도가 18개월마다 2배로 늘어난다는 법칙
③ **멧칼프 법칙** : 통신망 사용자에 대한 효용성을 나타내는 망의 가치는 대체로 사용자 수의 제곱에 비례한다는 칙
⑤ **파킨슨 법칙** : 관료조직의 인력, 예산, 하위조직 등이 업무량과 무관하게 점차 비대해지는 현상

218 **블루투스 기반으로 근거리 내에 감지되는 스마트 기기에 각종 정보와 서비스를 제공할 수 있 무선 통신장치는?**

① 딥러닝
② 옴니채널
③ 핀테크
④ NFC
⑤ 비콘

정답 ⑤

정답해설 비콘이란 블루투스 저에너지(BLE) 기술을 기반으로 근거리 내의 스마트 기기를 감지하고 각종 정보와 서비스를 공하는 근거리 데이터 통신 기술을 의미한다.

19 다음 정보보호 및 보안 인증과 관련된 내용 중 ㉠~㉢ 안에 들어갈 용어로 가장 옳은 것은?

(㉠)은 X.509 표준을 준수하여 공인 인증기관에서 발급하는 것으로 일반 국민들이 금융거래 및 전자상거래에서 이용하기 위한 (㉡) 인증서와 행정기관에서 행정 업무용으로 사용되는 (㉢) 인증서 등이 있으며 이들을 공인인증서라고 부른다.

① ㉠-전자서명, ㉡-NPKI, ㉢-GPIK
② ㉠-보안카드, ㉡-보안SMS, ㉢-GPKI
③ ㉠-보안카드, ㉡-Sync, ㉢-Async
④ ㉠-공개키 인증서, ㉡-Sync, ㉢-Async
⑤ ㉠-공개키 인증서, ㉡-NPKI, ㉢-GPIK

정답 ⑤

정답해설 ㉠ **공개키 인증서** : 특정 공개키가 특정 사용자에게 결합되어 있음을 증명하기 위해 인증기관이 발생하는 디지털 정보로 X.509 표준을 준수한다.
㉡ **NPKI** : 국가 전체를 대상으로 전자 거래의 안전성 및 신뢰성을 제공하기 위한 공개 키 기반 구조로 일반국민을 대상으로 전자 서명용 공인 인증서를 발급하는 구조
㉢ **GPIK** : 전자 정부 구축을 위해 행정 기관 간 전자 문서 교환 또는 국민을 대상으로 전자 행정 서비스 제공 시 해당 공무원의 신원 확인 또는 행정 전자 문서의 신뢰성을 제공하기 위한 체계로 행정기관, 금융기관 및 공공기관 등에서 사용

20 전통적인 CRM과 소셜 CRM의 상대적 차이점을 비교한 것으로 가장 옳지 않은 것은?

	구분	전통적인 CRM	소셜 CRM
㉠	역할	모든 직원이 참여	고객서비스 담당자
㉡	기능	프로세스 중심	대화 중심
㉢	접근	고객과의 접점 관리	커뮤니티 관리
㉣	가치	고객과의 주기적인 접촉	지속적인 고객 관여
㉤	모델	간단한 고객과의 거래관계	광범위하고 복잡한 관계

① ㉠
② ㉡
③ ㉢
④ ㉣
⑤ ㉤

정답 ①

정답해설 전통적인 CRM은 고객서비스 담당자의 역할만을 하지만 소셜 CRM은 모든 직원이 참여한다.

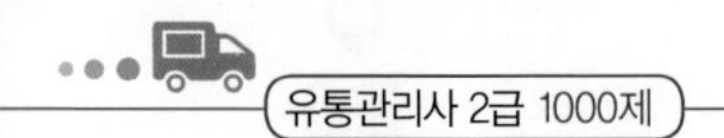

221 **마이클 포터 교수가 기업의 경쟁전략으로 제시한 차별화 전략 관련 활동에 해당하는 것은?**

① 생산성 저해 요소 제거
② 불필요한 자원의 낭비 요소 제거
③ 제품의 생산 원가 절감
④ 제품의 무상 서비스 기간 연장
⑤ 중복기능 제거를 위한 경영혁신 활동 수행

정답 ④

정답해설 차별화 전략은 경쟁사들의 모방하기 힘든 제품을 만들어 경쟁사보다 비싼 가격으로 판매하는 전략으로 제품의 상 서비스 기간 연장은 이에 속한다.

오답해설 ④를 제외한 나머지는 모두 비용우위 전략 활동에 해당한다.

222 **Hammer & Champy가 제시한 경영혁신을 위해 정보기술을 이용한 BPR(Business Proce Reengineering)을 실시할 때 고려해야 할 사항으로 옳지 않은 것은?**

① 단순한 과업단위를 떠나 목표나 결과중심으로 업무를 설계해야 한다.
② 통제 절차와 정보 처리를 통합하여야 한다.
③ 지역적으로 분산되어 있는 자원이라도 중앙에 모여 있는 것처럼 취급하여야 한다.
④ 정보는 여러번 정보 발생 지역에서 파악해야 한다.
⑤ 병행처리 업무는 결과의 통합이 아닌 처리과정 중에 조정하여야 한다.

정답 ④

정답해설 BPR 추진을 위해 지켜야 할 7원칙

- 일은 업무 단위가 아닌 결과 지향적으로 설계하라
- 통제 절차와 정보 처리를 통합한다.
- 지역적으로 흩어진 자원을 중앙 집중되어 있는 것처럼 취급하라
- 프로세스의 결과를 받는 사람이 직접 프로세스를 수행하도록 하라
- 병행 업무에 대해서는 결과가 아닌 과정을 연결하도록 하라
- 의사결정 지점을 실제 업무가 수행되는 곳에 두고 통제를 처리 과정의 일부로 만들어라
- 정보는 단 한 번만 정보 발생 지역에서 파악하라

23 비정형, 비구조적인 대향의 텍스트 데이터에서 특징을 추출하고 그 특징으로부터 유용한 정보를 발견하는 기술은?

① 데이터 마트
② 데이터 마이닝
③ 텍스트 마이닝
④ 오피니언 마이닝
⑤ 데이터 웨어하우스

정답 ③

정답해설 텍스트 마이닝이란 언어학, 통계학, 기계학 등을 기반으로 한 자연언어 처리 기술을 활용하여 반정형/비정형 텍스트 데이터를 정형화하고 특징을 추출하기 위한 기술과 추출된 특징으로부터 의미 있는 정보를 발견할 수 있도록 하는 기술이다.

24 데이터베이스에 저장된 데이터가 갖추어야 할 특징으로 옳지 않은 것은?

① 표준화
② 논리성
③ 중복성
④ 안정성
⑤ 일관성

정답 ③

정답해설 데이터베이스에 저장된 데이터들은 상호간에 밀접한 관계로 연결되어야 하고 중복 데이터를 가급적 배제하며 어떠한 질의에 대해서도 몇 초 안에 즉각적인 응답이 이루어지도록 해야 한다.

25 QR코드의 특징으로 가장 옳지 않은 것은?

① 작은 공간에 대용량의 정보 저장이 가능하다.
② 장애물 및 방향에 따라 정보 인식이 불가능할 수 있다.
③ 데이터의 오류 정정이 쉽다.
④ 부분적 손상에도 쉽게 복원이 가능하다.
⑤ 별도의 인식장치 없이 스마트폰을 인식장치로 사용할 수 있다.

정답 ②

정답해설 QR코드는 별도의 인식 장치 없이 스마트폰을 인식장치로 사용할 수 있고 오류 복원 기능이 있어 코드 일부분이 오염되거나 손상되어도 데이터 정보를 복원할 수 있다. 또한 코드 모양이 정사각형이라 360도 어느 방향으로 읽어도 정확하게 정보가 인식되며 바탕/배경 그림의 영향을 거의 받지 않고 작은 공간에 대용량의 정보를 저장할 수 있다.

226 **디지털 경제 성장 과정에서 나타나는 주요 변화로 옳지 않은 것은?**

① 인터넷을 통한 정보전달 속도 증대
② 고객에 대한 서비스의 효율성 증대
③ 인터넷을 통한 콘텐츠 전송 증대
④ 인터넷을 통한 물리적 제품의 소매 거래 감소
⑤ 영업 및 마케팅 비용 감소

정답 ④

정답해설 디지털 경제 성장 과정에서 나타나는 주요 변화 중 하나는 다양한 목적의 인터넷 거래가 크게 증가한다는 점이다. 인터넷 거래는 편리하고 정보의 조사가 용이하며 저렴한 가격에 구매가 가능하기 때문에 인터넷을 통한 물리적 제품의 소매거래가 증가한다.

227 **고객관계 관리를 위해 고객이 웹을 이용하는 동안 방문한 사이트, 머문 시간, 열람한 광고, 구매한 상품 등의 정보를 기록하고 관리하는 모니터링 기술은?**

① 웜 ② 스파이웨어
③ 클릭스트림 ④ 스프트웨어키로거
⑤ 하드웨어키로거

정답 ③

정답해설 클릭스트림은 사용자가 방문하는 웹사이트와 모든 페이지에서의 사용자 활동, 해당 페이지나 사이트에 머무른 시간, 페이지 방문 순서, 사이트에서 방문자가 참여하거나 의견을 남긴 모든 뉴스그룹에 대한 기록 등의 정보를 기록하고 관리하는 모니터링 기술이다.

228 **지식경영시스템의 역할로 가장 옳지 않은 것은?**

① 조직 내 구성원들의 지식을 집약하고 이를 바탕으로 새로운 지식 창출을 유도한다.
② 조직 내 구성원들을 지식화시켜 기업의 잠재적 경쟁력을 향상시킨다.
③ 지식을 XML데이터 형태로 저장함으로써 비즈니스 간 데이터 교환비용을 절감해준다.
④ 구성원 간의 지식개인화를 강화하여 푸시(push) 솔루션을 통해 가장 빠른 지식유통망을 확보해준다.
⑤ 기존 시스템의 데이터, 이메일, 파일시스템, 웹 사이트 등 외부지식을 유기적으로 통합하여 기업지식의 기반을 확대해준다.

정답 ④

정답해설 지식경영시스템은 조직의 인적자원이 쌓아 놓은 지식을 체계적으로 관리 · 공유함으로써 기업경쟁력을 향상시키기 위한 기업정보 시스템으로 지식을 XML 데이터 형태로 저장하여 비즈니스 간 데이터 교환비용을 절감해주며 구성원 간의 지식공유기능을 강화해주고 푸시 솔루션을 통해 가장 빠른 지식 유통망을 확보해준다.

29 인터넷 상표를 기술적으로 정의하면 도메인 이름을 의미할 수 있는데 이러한 도메인 이름을 선정할 경우 고려해야 할 요소로 가장 옳지 않은 것은?

① 기억하기 쉬운 형태로 되어야 한다.
② 고객의 주목을 끌 수 있는 독특한 것이어야 한다.
③ 제공하는 콘텐츠의 특징을 잘 전달할 수 있어야 한다.
④ 의미를 전달할 수 있도록 가능한 길게 표현할 수 있어야 한다.
⑤ 도메인을 사용할 고객의 입장에서 생각해야 한다.

정답 ④

정답해설 도메인 이름이란 숫자 형태의 IP 주소를 기억하기 쉽게 하기 위해 부여된 이름으로 좋은 도메인 이름을 설정하기 위해서는 짧고 간결하여 기억하기 쉬운 형태로 표현하고 소비자의 주목을 끌 수 있도록 독특하며 운영할 쇼핑몰의 컨셉에 맞게 그 특징을 잘 전달할 수 있어야 한다.

30 EPC에는 사용 목적에 따라 코드 유형이 정의되어 있는데 다음 중 거래단품에 사용되는 EPC 관련 코드로 가장 옳은 것은?

① SSCC
② GSRN
③ GTIN
④ GDTI
⑤ GIAI

정답 ③

정답해설 GTIN(Global Trade Item Number)란 국제거래단품식별코드로 거래단품 공급체인 상에서 가격이 매겨지거나 주문 단위가 되는 상품을 말하며 소비자에게 판매되는 모든 낱개 상품 뿐 아니라 묶음 상품, 기업 간 주문 단위로 이용되는 골판지 상자 단위도 거래단품의 범주에 포함된다.

231 **천재지변 등 여러 가지 원인에 의해 구축된 유통정보 시스템을 이용할 수 없는 상태로 있는 간으로 이용 불가능의 의미는 유통정보시스템이 오프라인이거나 사용할 수 없는 상황에 놓0 상태를 이르는 말은?**

① 아웃컨트롤타임
② 다운타임
③ 반응시간
④ 리시브타임
⑤ 타임아웃

정답 ②

정답해설 다운타임은 시스템을 이용할 수 없는 시간으로 일반적으로 네트워크와 서버에 적용되며 반의어로는 업타입이 있

232 **효과적인 전자상거래 사이트의 고객서비스를 위해 충족되어야 할 필수적 요소로 옳지 않은 은?**

① 내비게이션 및 디자인이 단순해야 하고 웹페이지가 최대한 빠르게 나타나야 한다.
② 이메일 문의에 신속하게 응답하고 수신자부담(080)의 고객지원 전화번호를 사이트에 표시하 고객지원 담당자는 온라인상에서만 고객의 구매과정을 도와주어야 한다.
③ 제품설명, 스펙, 가격 등의 제품관련 정보를 제공함과 동시에 번들링, 스마트 쇼핑카트, 교차 매 등과 같은 고급기능을 통해 구매를 용이하게 하여야 한다.
④ 할인쿠폰, 반품 시 환불, 신속한 제품배송, 무료 택배 등의 인센티브를 제공하여야 한다.
⑤ 안전한 거래에 대한 확신을 제공하고 수집된 데이터의 프라이버시 관리에 관한 안내를 게시 며 회사 로고표시를 통해 브랜드 정체성을 구축함으로써 전자상거래 사이트에 대한 고객의 뢰를 구축하는 노력이 필요하다.

정답 ②

정답해설 효과적인 전자상거래 고객서비스를 위해서는 이메일 문의에 신속하게 응답하고 수신자부담(080)의 고객지원 전 번호를 사이트에 표시하며 고객지원 담당자는 온라인뿐만 아니라 오프라인 상에서도 고객의 구매과정을 도와주 야 한다.

33 괄호 안에 들어갈 용어로 옳은 것은?

- 미국 UPS는 약 2억 5천만 개의 주소 데이터를 활용하여 최적화된 배달경로를 탐색하는 등 (　　　) 분석을 활용한 배송경로 최적화를 통해 배송시간 감축 및 관련 비용절감 효과를 얻음
- 고객선호도나 고객행동 예측 데이터 등을 활용하여 한 차원 높은 차별화된 고객 서비스를 제공할 수 있게 되었으며 이를 통해 고객을 이해하는 직관력을 높이는 데 (　　　) 분석이 활용
- 기상조건과 독감발생, 온라인 구매량 사이의 상관관계 분석을 통해 고객 행동을 예측하여 이전에 미처 알 수 없었던 사실들을 찾아내어 새로운 비즈니스 모델을 찾는 단서로 (　　　) 분석이 활용

① 군집분석
② 센싱데이터
③ 다변량통계
④ 기술통계
⑤ 빅데이터

정답 ⑤

정답해설 빅데이터란 기존 데이터베이스 관리도구의 능력을 넘어서는 대량의 정형 또는 심지어 데이터베이스 형태가 아닌 비정형의 데이터 집합조차 포함한 데이터로부터 가치를 추출하고 결과를 분석하는 기술이다.

34 다음 중 인트라넷의 특징으로 옳지 않은 것은?

① 어떠한 조직 내에 속해 있는 사설 네트워크
② 조직의 정보와 컴퓨팅 자원을 구성원들 간에 서로 공유
③ 개인별 사용자 ID와 암호를 부여하여 인증되지 않은 사용자로부터의 접근방지
④ 고객이나 협력사, 공급사와 같은 회사 외부사람들에게 네트워크 접근허용
⑤ 공중 인터넷에 접속할 때는 방화벽 서버를 통과

정답 ④

정답해설 고객이나 협력사, 공급사와 같은 회사 외부사람들에게 네트워크 접근을 허용하는 것은 엑스트라넷에 해당한다.

235 **지식경영시스템의 효과로 옳지 않은 것은?**

① 시장정보의 축적, 제품/서비스 향상, 지식의 활용성 증대, 지식의 공유 등을 통해 기업의 경
력을 강화할 수 있다.
② 공간과 시간을 뛰어넘는 브릭 앤 모르타르 유형의 기업 기반이 될 수 있다.
③ 지식공유가 활성화됨에 따라 사내 전문가 그룹이 형성되고 관심 분야 토론 등을 통한 새로
지식의 창조능력이 증대된다.
④ 지식베이스를 중심으로 축적된 지적 자산이 기업의 자산평가에 반영되어야 할 핵심 무형 자
이 된다.
⑤ 학습효과의 향상, 지속적인 지식창조활동 등을 통한 조직의 지식능력을 높일 수 있다.

정답 ②

정답해설 브릭 앤 모르타르는 전통적 방식인 오프라인 형태로 물건을 파는 기업을 뜻하는 말로 공간과 시간을 뛰어넘는 기
의 유형은 온라인과 오프라인의 결합을 뜻하는 말로 온라인 기업을 대표하는 클릭 앤 모르타르이다.

236 **인터넷에서 기존에 사용하던 HTML의 한계를 극복한 것으로 구조화된 문서를 전송 가능하도 설계된 텍스트 형식은 무엇인가?**

① HTML
② XML
③ SML
④ Python
⑤ Java

정답 ②

정답해설 XML은 인터넷에서 기존에 사용하던 HTML의 한계를 극복하고 SGML의 복잡함을 해결하는 방안이며 웹상에서
조화된 문서를 전송 가능하도록 설계된 표준화 텍스트 형식이다.

237 **한 기업이 자신의 가치 네트워크를 구성하는 다른 기업과 협력을 하는 동시에 경쟁을 하는 전 을 뜻하는 말은?**

① 코피티션
② 카르텔
③ 파트너십
④ 인소싱
⑤ 아웃소싱

정답 ①

정답해설 코피티션은 협동(cooperation)과 경쟁(competition)의 합성어로 기업 간 극단적인 경쟁에서 야기될 수 있는 위험요소를 최소화하고 자원의 공용화나 공동 R&D 등의 협력을 통해 서로 상생하자는 비즈니스 성공 전략이다.

38 파괴적(Disruptive) 기술에 대한 설명으로 옳은 것은?

① 좀 더 빠른 자동차, 좀 더 대용량의 하드디스크와 같이 이전보다 더 나은 기술적 진보를 이루어 내는 기술을 지칭한다.
② 기존에 시도하지 않았던 새로운 방식으로 일을 처리하거나 새로운 제품이나 서비스를 이끌어 내는 기술을 지칭하는 것으로 최근의 사물인터넷, 빅데이터 등이 대표적인 사례이다.
③ 기존 고객이 요구를 만족시켜 기존 시장을 확고히 이끌어 나가도록 지원하는 기술을 지칭한다.
④ 일반적으로 새로운 시장을 개척하면서 기존 시장의 가치를 보존시켜주는 역할을 한다.
⑤ 기존의 시장에서 더 질 높고 신속하며 저렴한 상품을 공급하는 경향이 있다.

정답 ②

정답해설 파괴적 기술이란 기존 시장이나 산업구조를 완전히 바꿀만한 잠재력을 가진 신기술을 말하며 기존에 시도하지 않았던 새로운 방식으로 일을 처리하거나 새로운 제품이나 서비스를 이끌어내는 기술을 지칭하는 것으로 최근의 사물인터넷, 빅데이터 등이 대표적인 사례이다.

39 데이터베이스 관리시스템(DBMS)의 장점으로 옳지 않은 것은?

① 데이터의 중복을 실시간으로 방지해 주고, 운영비가 감소하게 된다.
② 다수의 사용자와 응용 프로그램들이 데이터를 공유하는 것이 가능하도록 지원한다.
③ 데이터 간의 불일치가 발생하지 않도록 하여 데이터의 일관성을 유지할 수 있다.
④ 데이터베이스의 접근 권한이 없는 사용자로부터 데이터베이스의 모든 데이터에 대한 보안을 보장한다.
⑤ 데이터베이스에 저장된 데이터 값과 실제 값이 일치하도록 함으로써 무결성을 유지한다.

정답 ①

정답해설 데이터베이스 관리시스템(DBMS)의 장점으로는 데이터 중복의 최소화, 데이터의 공용, 일관성의 유지, 데이터의 무결성 유지, 데이터의 보안 보장, 표준화, 전체 데이터 요구의 조정 등이 있으며 단점으로는 운영비의 증대, 자료처리의 복잡화, 복잡한 백업과 복구, 시스템의 취약성 등이 있다.

240 어느 배너 광고의 임프레션(impression)이 하루 동안 5만 번 발생했고 CPM(Cost per Mille) 2만 원으로 책정된 경우 총광고료의 가격은?

① 1,000만 원
② 500만 원
③ 100만 원
④ 10억 원
⑤ 1억 원

정답 ③

정답해설 CPM(Cost per Mille)은 광고비용을 측정하는 모델의 한 종류로 1,000회 광고를 노출시키는 데 사용된 비용을 의미하며 광고 단가/광고 노출 횟수 × 1,000으로 계산한다. CPM이 2만 원일 경우 1회 노출에 따른 광고비는 20,000 ÷ 1,000 = 20원
따라서 총 광고료 = 5만 × 20원 = 100만 원

241 POS시스템의 도입으로 소매업체의 입장에서 얻을 수 있는 효과로 옳지 않은 것은?

① 오류등록의 방지 및 특매가격에서 통상가격으로의 환원이 용이하다.
② 자료의 교차분석으로 경쟁상품과의 판매경향을 비교 · 분석할 수 있다.
③ 상품구색의 정정화에 따른 매출 증대를 꾀할 수 있다.
④ 품절의 사전 방지로 매출액을 신장시킬 수 있다.
⑤ 사장품의 발견과 제거가 용이하다.

정답 ②

정답해설 POS시스템이란 판매시점에 자료를 수집, 처리하여 경영활동에 이용하는 시스템이다. 따라서 POS시스템을 도입하여 얻은 데이터는 해당 점포의 자료이므로 경쟁상품과의 판매경향을 비교 및 분석할 수 없다.

242 인터넷 상에서 전달되는 모든 패킷을 분석하여 사용자의 계정과 암호를 알아내는 해킹 기법은?

① 스푸핑
② 스니핑
③ 훼일링
④ 스패밍
⑤ 피싱

정답 ②

정답해설 스니핑은 네트워크 상에서 주고받는 패킷 정보를 추출하여 사용자의 계정 또는 패스워드를 탈취하거나 통신내용을 엿보는 해킹기법으로 스누핑과 유사한 개념이지만 스니핑이 주로 몰래 엿듣는 의미로 사용된다면 스누핑은 합법

청취의 의미로 사용한다.

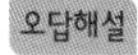
오답해설 ① **스푸핑** : IP주소 등 네트워크 통신과 관련된 것들을 속이는 것으로 가짜 웹사이트로 사용자가 방문하도록 하여 고객 정보를 유출시키고 허위 거래를 성사시키는 해킹 기법이다.
③ **훼일링** : 개인 정보를 활용해 특정 인물에 대해 가해지는 공격을 의미한다.
④ **스패밍** : 수신인이 원하지도 않고 관심도 없는 메시지나 각 뉴스그룹의 토론 주제와도 상관없는 기사 등 같은 메시지를 송신하거나 기사를 게재하는 행위이다.
⑤ **피싱** : 전자우편 또는 메신저를 사용해서 신뢰할 수 있는 사람 또는 기업이 보낸 메시지인 것처럼 가장함으로써 비밀번호 및 신용카드 정보와 같이 기밀을 요하는 정보를 부정하게 얻으려는 범죄이다.

43 송신자와 수신자가 동일 비밀 키를 이용해 메시지를 암호화 및 보호화하는 방식으로 옳은 것은?

① Rabin 암호화 방식
② ECC(Elliptic Curve Cryptography) 암호화 방식
③ DES(Data Encryption Standard) 암호화 방식
④ RSA(Rivest Shamir Adleman) 암호화 방식
⑤ McElieced 암호화 방식

정답 ③

정답해설 DES(Data Encryption Standard)는 IBM에서 개발한 대칭 키 암호화 알고리즘으로 암호화 키와 복호화 키가 동일한 암호방식의 가장 대표적인 알고리즘이다.

44 온라인에 특화된 마케팅 기법에 대한 설명으로 옳지 않은 것은?

① 퍼미션 마케팅 : 소비자와의 장기적인 대화식 접근법으로 소비자를 자발적으로 마케팅과정에 참여하게 한다.
② 버즈 마케팅 : 하나 웹사이트가 다른 웹사이트에게 그 사이트를 소개함에 따라 새로운 비즈니스 기회를 갖는 것에 대한 커미션을 지불하기로 동의하는 것이다.
③ 바이럴 마케팅 : 온라인 버전의 구전마케팅으로 고객들이 기업의 마케팅 메시지를 친구, 가족 혹은 동료들에게 전달하면서 새로운 고객을 확대하는 것이다.
④ 블로그 마케팅 : 판매를 목적으로 하는 광고뿐만 아니라 판매를 직접적인 목적으로 하지 않는 브랜드 광고를 게재하는 데 활용되는 것이다.
⑤ 소셜 네트워크 마케팅 : 온라인 커뮤니티를 통해 마케팅 활동을 하는 것이다.

정답 ②

정답해설 버즈 마케팅은 입소문 마케팅의 일종으로 소비자가 마케팅 메시지를 조장하는 데 도움이 되는 상품이나 서비
스스로 전달하는 것을 말한다.

245 2차원의 인식코드로 가장 거리가 먼 것은?

① Maxi 코드
② QR 코드
③ Code 128
④ Data Matrix
⑤ PDF417

정답 ③

정답해설 Code 128은 전체 ASCI 128문자를 모두 표현할 수 있는 연속형 심벌로지이며 수치 데이터를 심벌 문자 당 두
로 표현하는 1차원형 선형 바코드이다.

246 대용량의 데이터베이스로부터 데이터를 분석하는 기법인 데이터 마이닝 과정을 예를 들어 설
한 것으로 옳지 않은 것은?

① 연관성 – 시리얼을 구입한 고객의 70%가 우유를 구입한다.
② 군집 – 배낭을 구입한 고객은 얼마 후 코펠을 수입한다.
③ 분류 – 부도가 나는 고객의 특징은 수입에 비하여 카드 사용 비용이 높다.
④ 상관관계 – 날씨가 더울수록 에어컨의 판매량이 많다.
⑤ 추세 – 새로운 특정상품 판매량의 시계열 경향이 있다.

정답 ②

정답해설 군집분석이란 수많은 데이터를 유사한 특성을 지닌 몇 개의 소그룹으로 분할하는 것을 의미하며 유사성이 많은
을 그룹으로 묶음으로써 그룹 내에서의 동질성을 극대화하고 다른 그룹 상호 간의 이질성을 극대화시킨다. 시장
분화의 첫 단계로 판촉 활동의 반응이 높은 고객 선별, 구매습관이 유사한 사람들의 군집화 등이 있다.

47 데이터 가치분석 측면에서 볼 때 빅 데이터의 효용 가치로 옳지 않은 것은?

① 표본 추출된 데이터 분석이 아닌 전수분석이 이루어지면서 정보의 왜곡이 줄어든다.
② 데이터의 양이 커지면서 작은 데이터는 사용할 수 없었던 새로운 데이터 분석 기법을 적용할 수 있다.
③ 다양한 변수 사이의 새로운 관계를 발견한다.
④ 고객의 형태가 여과 없이 담겨있는 생생한 정형화된 데이터가 핵심이 된다.
⑤ 사건 발생 시점과 데이터 감지 시점 사이의 지연이 거의 없어 실시간 나우캐스팅이 가능하다.

정답 ④

정답해설 빅 데이터는 기존 데이터에 비해 규모가 방대하고 형식이 다양하며 순환속도가 매우 빨라서 기존방식으로는 관리 및 분석이 어려운 데이터 집합으로 규모면에서 전수분석이 가능해 정보왜곡이 줄어들고 다양성 면에서는 변수 사이의 새로운 관계를 발견할 수 있으며 속도 면에서는 실시간 나우캐스팅이 가능해 다양한 분야에 걸쳐 부가가치 유발효과가 크지만 대부분이 비정형적인 텍스트와 이미지 등으로 이루어져 있다.

48 (가), (나)에 들어갈 가장 적절한 SCM 전략은?

구분	(가)	(나)
주체	제조업체	유통업체, 소매업체
요구사항	신속한 대응	효율적인 고객대응
핵심	생산자 사이에 걸쳐 있는 유통경로상의 제약조건 및 재고를 줄임으로써 제품 공급체인의 효율성 극대화	제조업체 및 유통업체가 공급체인의 문제점을 개선하도록 협력관계 구축을 통하여 상호이익추구

① (가) QR, (나) ECR
② (가) QR, (나) CRP
③ (가) QR, (나) CAO
④ (가) ECR, (나) CAO
⑤ (가) CAO, (나) ECR)

정답 ①

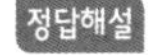

정답해설 (가) QR : 고객과 생산자 사이에 걸쳐 있는 유통경로상의 많은 재고를 줄임으로써 제품 공급 체인의 효율성을 극대화하는 방법론
(나) ECR : 전체 공급사슬에 있어서 서로간의 이익 최대화를 위한 데이터 공유, 기술, 비용 및 표준에 치중함으로써 판매자(제조업체)와 구매자(소매업체)가 서로 협력하게 하여 상호이익을 얻는 것

249 **지식경영시스템에 대한 설명으로 옳지 않은 것은?**

① 공동의 지식창고를 구축할 수 있는 컴퓨터정보시스템이 필요하다.
② 지식의 검색 및 수정기능이 있어야 한다.
③ 지식 디렉토리를 만들어 사용자들이 특정 분야의 전문가를 찾을 수 있도록 해야 한다.
④ 기업 경쟁의 무기인 지식은 구성원들이 개별적으로 보유하거나 특정 장소에 엄격하게 보관
어 있어야 한다.
⑤ 지식오염을 막기 위해 지식경영 책임자나 지식창조 관리자들은 시스템에 확보된 정보가 정
하고 유용한지를 확인하는 관리가 필요하다.

정답 ④

정답해설 지식경영시스템의 원칙 중 하나는 조직 내에 지식의 공동창고를 구축해야 한다는 것으로 경영환경 변화를 알고 기에 대응할 줄 알기 위해서는 지식이 필요하므로 조직원 누구라도 언제 어디서든 필요한 지식을 꺼내 쓸 수 공동의 지식창고를 갖춰야 한다.

250 **노나카와 다케우치가 주장한 지식변환의 네 가지 방식과 가장 거리가 먼 것은?**

① 사회화는 경험을 공유하고 이에 따라 사고모형이나 기량과 같은 암묵지를 창조해 내는 과정이
② 도제 장인의 기술을 관찰하고 모방하고 연습함으로써 장인의 솜씨를 배우는 것은 전형적인
면화 과정이다.
③ 암묵지를 형식지로 표현하는 과정을 외부화라 한다.
④ 형식지들을 체계적으로 조직하여 지식체계에 통합시키는 과정을 종합화라 한다.
⑤ 데이터베이스나 컴퓨터 네트워크는 종합화를 하는 데 훌륭한 도구이다.

정답 ②

정답해설 도제 장인의 기술을 관찰하고 모방하고 연습함으로써 장인의 솜씨를 배우는 것은 전형적인 사회화 과정이다.